KB120934

《대륙의 십자가》는 기독교를 다룬 책이라고 볼 수 있지만, 실은 '당 → 송 → 원 → 명 → 청'의 5대 제국과 현대 중국까지 1,400년 격동의 세월을 담고 있는 역사서입니다. 저자들은 저 거대한 대륙 곳곳에서 벌어졌던 수많은 역사적 사건을, 박진감 넘치는 전개와 날카로운 통찰로 우리에게 전해줍니다. 강력히 추천합니다.

설민석_단꿈아이 대표이사, 《설민석의 조선왕조실록》 저자

《대륙의 십자가》는 중국 기독교 역사를 거의 완벽하게 다룬 '최초의 책'입니다. 또한 1,400년에 달하는 중국 역사 전체를 엄밀하게 써 내려간 논픽션이기도 합니다. 치밀한 연구와 조사 결과를 유려한 문장으로 담아내는 한편으로 높은 학문적 성과를 폭넓게 제시하고 있습니다. 저 유구한 시간과 수많은 사건이 속도감 있게 전개되면서 그 속에서 저자의 통찰력이 이처럼 날카롭게 빛나는 책을 나는 지금까지 거의 보지 못했습니다.

레너드 스위트Leonard I. Sweet_드류대학교 신학과 교수, 빌 클린턴 전 대통령의 종교적 조언자

학자인 송철규 박사가 역사를, 기자인 민경중 특파원이 현재를 썼다. 이스라엘, 그리스, 터키가 아닌 중국으로 다녀온 기독교 순례기가 믿지 못할 만큼 신기하고 놀랍다. 상세한 역사 기술이 우리를 과거의 현장으로, 생생한 취재기가 다시 현재의 역사로 이끌며 사실성을 증명한다. 이 책을 가이드 삼아 얼른 순례지로 떠나고 싶은 마음이 솟구친다.

강형철_숙명여자대학교 교수, KBS 이사, 전 한국방송학회장

탁월한 중국 권위자와 신실한 저널리스트가 합작해 펴낸《대륙의 십자가》는 그 제목처럼 광활한 중국 영토로 퍼져나갔던 기독교 역사를 기록한 기념비적인 책입니다. 이 책을 통해 한국 기독교는 중국 선교사(宣敎史)의 어제와 오늘 그리고 내일을 통전적으로 조망하는 새로운 문에 비로소 들어서게 되었습니다. 기쁨과 감사의 마음을 담아 일독을 권합니다.

임성빈_장로회신학대학교 총장, 프린스턴 신학대학원 철학 박사

현상과 실체가 지나간 후에 남겨진 자국이나 자취를 우리는 '흔적'이라고 한다.《대륙의 십자가》는 중국 대륙에 사도행전 29장을 쓰려 했던 사람들이 새겨놓은 또 하나의 흔적이다. 이 흔적은 너무나 사실적이고 객관적이어서, 감히 감추거나 지우려는 생각조차 하지 못하게 한다. 새로운 것을 알아가는 일에 행복해하고 역사를 사랑하는 사람이라면 이 책은 커다란 기쁨의 흔적을 남길 것이다.

이영표_대한민국 전 축구국가대표

중국에서 기독교 역사를 탐험하고 다닌다는 것은 금단의 지역을 헤집고 다녀야 하는 위험한 작업과 같다. 남다른 용기, 노력, 열정 그리고 소명의식이 없다면 불가능하다. 기독교의 동방 전파가 이뤄진 당나라부터 현대에 이르기까지, 중국의 기독교 변천사를 중국 현지 중심으로 실증한 바가 탁월하다. '선교 대상에서 주역으로의 변신'과 그 노력을 추적한 저자들의 의지에 경의를 표한다.

문일현_중국정법대학교 교수, 베이징대학교 국제관계학·정치학 박사

《대류의 십자가》는 7년에 걸쳐 1,400년이라는 유구한 중국 기독교 역사의 현장을 직접 만난 책입니다. 기독교가 마침내 토착종교로 정착할 수 있는 방법과 그 성찰에 눈뜨게 해줍니다. 중국을 알고자 하는 독자들에게 필독서라 생각하기에 기쁘게 추천합니다.

박종순_한중기독교교류회 대표회장, 한국교회지도자센터 대표

《대류의 십자가》는 중국 대륙에 기독교가 처음으로 전해진 당나라 시대에서 이야기를 시작해 국가 차원에서 장려되었던 중세 역사를 면밀하게 다룹니다. 그리고 의료와 교육 인프라를 근대화하기 위해 헌신했던 선교사들의 이야기까지, 중국 기독교 역사를 다각도로 조명했습니다. 가히 역작이라 할 만합니다. 중국 선교를 꿈꾸는 목회자와 신학생들이 반드시 읽어야 할 책으로서 기쁜 마음으로 추천합니다.

이영훈_여의도순복음교회 담임목사, 국민문화재단 이사장

'과연 복음의 불모지에서 하나님은 일하실까?' 나는 종종 물었다.《대류의 십자가》를 보기 전에는 말이다. 이 책 곳곳에서 하나님은 답을 주셨다. "나는 한시도 중국을 잊은 적이 없다. 중국뿐이겠느냐. 나는 너희를 잊은 적이 없다." 대륙에서 펼쳐지는 기독교의 장엄한 서사시! 모든 독자가 만나보기를 강력히 추천한다.

김학중_꿈의교회 담임목사, 감리교 경기연회 감독

기자의 수련된 전문성이 필연적인 장을 만나면 그곳에서는 복잡했던 문제들이 명확하게 보이기 시작하고 길이 오롯이 드러난다. 중국은 방대한 영토와 기나긴 역사 때문에 여전히 우리에게 엉킨 실타래처럼 복잡하고 깊은 우물처럼 잘 보이지 않는 나라이다. 게다가 중국의 기독교는 도저히 감이 잘 잡히지 않는다. 그럼에도《대륙의 십자가》는 놀랍도록 차분하게 실타래를 풀어가며 깊은 우물에 빛을 비추어준다. 학부부터 박사까지 역사를 공부했음에도 중국에 대한 무지로 답답함과 갈증이 깊었는데 이 책 한 권으로 시원하게 해소되었다.

만약 중국을 이른바 '기독교 후진국' 정도로 생각하고 선교 대상으로만 여긴다면 반드시 이 책을 집어 들어야 한다. 중국 역사뿐 아니라 흥미진진한 현장 탐사기를 통해 자세하고도 큰 그림을 볼 수 있게 될 것이다. 중국의 기독교와 현재의 역동적인 현장을 보여주는 유일한 책이다. 기독교인뿐 아니라 역사에 관심이 있는 독자들에게 자신 있게 권한다.

김하나_명성교회 담임목사, 드류대학교 철학 박사

성경은 아브라함 이후 하나님이 2,000년 동안 '앗수르, 바벨론, 페르시아, 헬라, 로마' 등 5대 제국을 도구로 사용한 역사와 하나님의 세계 경영인 예수 십자가를 기록한 책입니다. 이후 서양에 전해진 '십자가의 기록'은 많습니다. 한편 《대륙의 십자가》는 중국 대륙을 지배했던 5대 제국의 역사와 그에 뿌리내렸던 기독교 역사를 통(通)으로 담아낸 탁월한 저작입니다. 저자의 통찰력에 찬사를 보내며 필독을 권합니다.

조병호_《성경과 5대 제국》 저자, 버밍엄대학교 역사신학 · 철학 박사

《대륙의 십자가》라는 묵직한 제목 때문에 내용이 어렵지 않을까 걱정했지만 한 장, 한 장 너무도 재미있게 술술 읽혔다. 우리가 꼭 알아야 하는 중국 5대 제국의 역사를 인물과 사건 중심으로 꼼꼼하게 챙겨주었다. 이 책을 읽는 동안 독자는 중국의 1,400년 역사를 생생하게 볼 수 있을 것이다!

이성미_방송인

중화문명은 거대한 용광로이다. 국경과 경계를 성(城)이 아니라 문(門)으로 인식한 제국은 다른 문화의 수용과 배제를 통해 복합 정체성을 만들었다. 그곳에 교회당과 성당이 세워졌고 기독교문명은 거대한 중국 역사에 필사적으로 뿌리를 내렸다. 그리고 제국의 도시에는 고난 속에서도 소명을 잃지 않았던 선교사들과 자생적 기독교인들의 역사가 켜켜이 쌓여 있다. 이런 점에서 중국이 서구와 만나기 시작한 이후의 역사는 기독교 전파를 빼놓고 기술할 수 없다.

그러나 중국이 기독교를 장려하기도 했던 역동적 역사를 생략한 채 박해와 수난으로만 여기는 편견, 오직 '중국 선교'에 매몰되어 중국 자체를 '동화' 대상으로 단순화하는 오류는 우리가 중국에서 기독교문명을 제대로 인식하는 것을 방해해왔다. 그러나 두 저자의 안내를 따라가다 보면 당나라에서 청나라까지의 기독교 역사, 기독교문명이 깊게 스민 도시 풍경, 그곳에서 소명 하나로 삶을 감당했던 선교사들, 그리고 그들의 수난과 사랑을 입체적으로 경험하게 된다. 또한 낯선 이방에서 기독교문명을 꽃피우며 '은혜의 강'을 흐르게 했던 선교사들의 눈물겨운 드라마가 우리로 하여금 옷깃을 여미게 한다.

지역 연구의 종착점은 그 사회의 '결과 떨림'을 온전하게 포착하는 것이다. 중국과 기독교에 대한 깊은 이해와 철저한 고증, 오랫동안 발품을 팔며 중국 5대 제국의 13개 도시에 흘린 무수한 땀, 중국 문화에 대한 이해와 문학적 깊이 없이는 드러낼 수 없는 유려한 문체, 무엇보다 저자들의 치열한 문제의식과 탐구 정신이 빛난다. 1,400년 동안이나 면면히 내려온 중국 기독교 역사와 도시의 역사를 두 저자는 이 책에서 온전히 되살려냈다. 보기에 참 좋았다.

이희옥_성균관대학교 정치외교학과 교수, 성균중국연구소 소장

대륙의
십자가

† 일러두기

1. 이 책에서 그리스도교(Christianity敎, Kristos敎)는 기독교(基督敎)와 같은 의미로 쓰이며 개신교, 천주교, 정교회를 모두 포함합니다. 개신교는 프로테스탄트 교회(Protestant Church), 천주교는 로마 가톨릭 교회(Roman Catholic Church), 정교회는 동방 정교회(Orthodox Church)를 지칭합니다.

2. 중국 인명과 지명은 현대 중국어 발음으로 표기했습니다. 단, 신해혁명(1911년)을 기준으로 과거 인물의 이름과 지역 명칭 가운데 국내에서 우리 한자음이 대중적으로 널리 쓰이는 경우에는 우리 한자음으로 표기했습니다.

3. 중국어 발음 표기는 국립국어원의 외래어표기법을 따랐습니다.

4. 한자, 영문 등의 원어는 처음 나올 때 한 차례만 병기하는 것을 원칙으로 하되 필요한 경우에는 중복 표기를 했습니다.

5. 원어 병기만 있을 경우 괄호를 넣지 않았고, 원어에 설명이 뒤따르는 경우에는 괄호를 넣었습니다. 생몰년과 함께 소개되는 인명의 원어 병기도 괄호를 넣었습니다.

중국 5대 제국과
흥망성쇠를 함께한 그리스도교 역사

대륙의
십자가

송철규 | 민경중 지음

메디치

프롤로그
영국의 선교사 묘지에서 대륙의 역사를 돌아보며

2019년 겨울, 한 해가 저물어가던 날에 런던의 레드힐을 찾았다. 런던 남부에 있는 레드힐은 조용한 시골마을이었다. 줄기차게 뿌려대는 비와 추운 바람을 타고 길에 낙엽이 가득했다. 좁고 구불한 길을 지나 언덕을 오르니 첨탑이 보이기 시작했고 이윽고 목적지인 교회에 다다랐다. 교회는 전체가 묘역으로 되어 있었다.

드넓은 묘역에서 데이비드 랜스보로의 묘를 찾아다녔다. 묘역에서 제일 낮은 곳 귀퉁이, 낙엽과 풀이 무성한 그곳에서 마침내 영면에 든 랜스보로를 마주할 수 있었다. 중국과 타이완을 위해 평생을 바쳤던 위대한 선교사의 묘는 그의 삶처럼 무척 소박했다.

런던으로 돌아오는 기차에서 차창에 비치는 풍경과 함께, 지난 7년 동안 중국 13개 도시를 탐방하고 기약 없이 원고를 쓰던 시간이 주마등처럼 빠르게 지나갔다.

이 책의 제목은 《대륙의 십자가》이다. 대륙은 중국을, 십자가는 그리스도교를 뜻한다. 독자들은 고개를 갸웃할지도 모른다. '종교는 인민의 아편'이라는 말에서 알 수 있듯이 사회주의국가들은 종교를 악습 취급하는데, 왜 하필 중국과 전 세계 제1종교인 그리스도교를 엮는단 말인가? 그런 의문이 드는 것도 당연하다.

결론부터 말하면, 중국이 이미 세계에서 가장 그리스도교와 가까운 국가가 되었기 때문이다. 2020년 현재 중국의 그리스도교인은 대한민국 인구의 2배인 1억 명에 달한다. 심지어 그리스도교인의 증가세가 계속된다면 10년 후에는 미국을 앞지를 것이 확실해 보인다. 한편 중국 대륙에서 그리스도교 역사는 길고 다채로운 서사로 가득하다. 중국보다 더욱 그리스도교와 연관이 깊은 국가는 유럽 각국을 제외하면 찾아보기 힘들 정도다. 중국 그리스도교 역사는 고구려와 치열한 전쟁을 벌였던 당나라의 태종 대(이세민)까지 거슬러 올라가며 현재까지 1,400년을 이어왔다. 로마와 유럽 각지의 선교기지들은 당나라 → 송나라 → 원나라 → 명나라 → 청나라를 거쳐 중화민국과 중화인민공화국 시대까지 수많은 선교사를 파견했고 동서양 문명의 만남을 주선했다. 중국 5대 제국에서 황제 주변에는 늘 그리스도교 선교사들이 있었다. 자연히 대륙의 그리스도교는 대륙의 제국과 흥망성쇠를 함께했다. 중국의 그리스도교는 종교의 영역이 아니라 역사의 영역으로 남아 있는 것이다. 그리고 이는 현재진행형이기도 하다.

다만 지금 중화인민공화국에서 그리스도교는 안타깝게도 혹독한 겨울을 나고 있다. 중국은 헌법상에 종교와 신앙의 자유를 명시하고 있지만 〈종교사무조례〉 수정안을 확정하여 종교활동에 통제를 강화하고 있기 때문이다. 중국 정부는 교회를 정부 기관에 등록하도록 강제한다. 그렇게 정부에 등록한 교회를 등록교회, 등록하지 않고 목회를 이어가는 교회를 미등록교회라고 한다. 그럼 중국 정부는 왜 그리스도교를 통제하에 두려고 하는 것인가? 그 이유는 중국의 역사에서 찾을 수 있다. 중국 역사를 되짚어보면 제국 말기에 신흥 종교집단이 발흥했고 이는 곧 정권 교체운동으로 연결되었다. 이러한 트라우마 때문인지 중국 지도부는 예방조치의 일환으로 종교 통제와 종교관계자 관리라는 행보를 보이고 있는 것이다.

이쯤 해서 우리(송철규, 민경중)가 이 책을 쓰게 된 이유를 밝혀야 할 것 같다. 2016년 가을, 우리는 오랜만에 모교를 찾았다가 우연히 재회했다. 띄엄띄엄 얼굴을 보고 주변에서 소식도 듣고 있었지만 새삼 각별했다. 우리의 인연은 1983년 대학 새내기 시절까지 거슬러 올라간다. 민경중은 지금도 그렇지만 당시 첫인상도 남달랐다. 가볍지 않고 진중했다. 학창시절에 깊은 교감은 나누지 못했지만 졸업 후 각자 학계와 언론계에 몸담아 20여 년을 지내면서도 이런 동질감은 지속되었다.

우리는 반가운 마음에 이런저런 이야기를 나누다가 '중국과 그리스도교의 역사'를 주제로 책을 써보자는 계획을 세우게 되었다. 사실 우리는 2013년부터 각자 중국의 베이징, 원저우, 시안, 난징 등 여러 도시를 탐사하며 그리스도교가 전파되고 발전하는 과정을 정리하고 있던 터였다. 대학캠퍼스를 떠나 사회생활을 하면서도 우리 둘 다 '중국'과 '그리스도교'라는 두 키워드를 늘 마음속에 간직하고 있었기 때문에 가능한 일이었다. 그리고 마침내 우리가 서로 만나 책을 함께 기획하면서, '중국'과 '그리스도교'라는 키워드를 '대륙의 십자가'라는 주제로 합칠 수 있었다. 이렇게 우리는 각자 2013년부터 이 책의 주춧돌을 준비한 셈이었고 책을 쓰는 작업은 2019년까지 7년 동안 이어지게 되었다.

우리는 중국 답사, 연구, 집필 계획을 세웠다. 다행히 메디치미디어로부터 후원을 받을 수 있었다. 다만 집필 과정이 순탄하지는 않았다. 사료와 문헌을 발굴하거나 글쓰기가 막힐 때는 시간과 노력을 들여서 해결할 수 있었다. 하지만 사드THAAD 사태 같은 것은 우리 힘으로 어떻게 할 수 있는 일이 아니었다. 한국의 그리스도교 내부에서 여러 사건이 잇따라 일어나기도 했다. 한국 독자들은 더 이상 '중국'에 열광하지 않았고 또 '그리스도교'를 정결한 종교로 인정하려 들지 않았다. 책의 두 기둥이 함께 흔들리는 형국이었다. 집필이 지체되자 한국 그리스도교의 문제와 중국의 종교 탄압 상황이 중첩되면서 좀 더 많은 회의와 고민이 이어졌다.

하지만 우리는 오히려 고난과 환란에 처한 이때야말로《대륙의 십자가》같은 책이 필요하다는 확신을 갖게 되었다. 중국과 그리스도교의 유구한 역사를 최대한 객관적으로 살펴봄으로써 중국에서 그리스도교는 수입 종교의 영역이 아니라 그 자체로 하나의 역사라는 점을 증명할 수 있었다.

이 책은 당나라부터 현대 중국까지 1,400년 역사를 담고 있다. 하지만 역사와 시간 순서를 따르지는 않는다. 오히려 중국 13개 도시라는 공간을 순회하고 마지막으로 중국 선교의 후방기지인 런던에서 끝을 맺는다. 예컨대 앞 장에서는 1300년대 원나라의 유럽 침공에 이어 황제의 도시 베이징(당시에는 칸발리크라고 불렸다)에 로마 선교사가 당도한 이야기를 다뤘다면, 그다음 장에서는 1850년대 제2차 아편전쟁과 상하이 의료선교사들의 삶과 죽음을 이야기하는 식이다. 언뜻 혼란스러울 수 있지만 이러한 스토리텔링 방식은 불가피한 일이었다. 왜냐하면 그리스도교와 중국의 조우와 충돌이 시간보다 공간에 큰 영향을 받았기 때문이다. 예컨대 그리스도교는 '당 → 송 → 원 → 명 → 청'에 이르는 다섯 제국 역사에서 결정적인 사건들에 큰 영향을 받았고 망국과 함께 묻혔다가 개국과 함께 되살아나곤 했다. 다섯 제국이 발흥한 지역이 서로 조금씩 다르고, 중국 역사를 좌우하는 사건도 서로 다른 곳에서 발생했기 때문에 자연히 그리스도교의 역사도 시간보다 공간을 축으로 움직여왔다.

'1장 시안, 당나라 불야성에서 일어난 대륙의 십자가'는 당나라 장안(지금의 시안)을 무대로 한다. 지금으로부터 1,400년 전 서양 문명의 그리스도교와 동양 문명의 중국이 처음으로 조우하고 융합되기 시작한 역사적 사건들을 집중적으로 조명했다. 특히 무려 1,000년 만에 세상에 모습을 드러낸 대진경교유행중국비의 비밀과 이를 유럽으로 밀반출하려던 '보물사냥꾼' 프리츠 홀름 이야기는 다른 역사서에서 찾아보기 힘든 사건의 속도감을 느낄 수 있게 해준다.

'2장 베이징, 원나라 권력의 심장부로 파고든 경교'는 장 제목에서 알 수 있듯이 원나라 칸발리크(지금의 베이징)를 무대로 한다. 당나라 시대에 흥했다가 몰락한 후 송나라 시대에 중국 각지에서 간신히 명맥을 유지하던 경교가 원나라 황실을 배경으로 역사의 전면에 나선 이야기를 담고 있다. 특히 바르 사우마를 시작으로 그리스도교의 여러 지도자가 유럽 대륙에서 중국 대륙까지 수천 킬로미터를 오갔던 위대한 모험과 그 경로를 유라시아 지도에 자세히 소개했다. 동서양 강국들이 군사적으로 충돌하는 것을 막기 위해 바르 사우마가 행한 일들을 원나라 황제의 편지와 함께 세세하게 실었다.

'3장 광저우, 청나라 개항과 중국의 사도행전'은 중국 대륙이 개항과 근대화의 소용돌이에 휘말렸던 시기를 다루고 있다. 이 장 전반부는 머나먼 중국까지 건너와 갖은 고생을 하다가 숨진 유럽 선교사들의 처참하기까지 한 삶을 다룬다. 후반부에서는 '중국의 사도'로 일컬어졌던 중국인 선교사들의 삶을 추적하고 정부의 탄압 아래에서 피 흘려야 했던 역사를 돌아본다.

'4장 원저우, 대륙의 예루살렘에서 교회의 폐허를 거닐다'에서는 영국이 본격적으로 중국 그리스도교 역사의 전면에 나선 이야기를 다루고 있다. 에드워드 수트힐을 비롯한 선교사들이 빈민 구제, 의료, 교육

부문에서 중국인들에게 헌신한 일화와 일제 침략을 받으면서도 그리스도교인들과 중국인들을 보호한 일들을 추적했다. 또한 문화대혁명 시기에 원저우의 중국인들에게 반애국주의 세력으로 매도당하고 종교활동을 포기해야 했던 비참한 역사도 재조명했다.

'5장 상하이, 중국 근대사의 거대한 소용돌이와 구국선교'에서는 중국 대륙 최대 도시 상하이에서 서양의 과학 문물을 중심으로 그리스도교가 정착되기까지 300년의 장대한 역사를 살펴본다. 특히 명나라 말기의 마테오 리치와 조선 실학자들에게 큰 영향을 미친 것으로 유명한 지식인 서광계를 시작으로 19세기 상하이에서 중국어성경을 완성하기 위해 분투했던 왕타오와 선교사들의 파란만장한 일대기가 담겨 있다.

'6장 난징, 태평천국운동과 현대 중국의 태동'에서는 청나라의 멸망을 종용한 태평천국운동과 과거의 중국을 뒤엎은 '국부' 쑨원의 이야기를 자세히 다뤘다. 이어서 문화대혁명 이후 사실상 붕괴되었던 중국 그리스도교를 재건한 딩광쉰과 미국 여성 작가로서 최초로 노벨문학상을 받은 펄 벅의 삶을 살펴본다.

'7장 전장, 쉔더탕의 기적과 푸른 눈의 애국자들'에서는 개인의 삶은 불행과 눈물로 가득했으나 중국인들을 사랑하고 중국에 헌신했던 허드슨 테일러와 중국 그리스도교 전파에 역사적인 족적을 남긴 내지선교회 이야기를 다룬다.

'8장 쑤저우, 지상에 천당을 건설한 도시'에서는 쑤저우를 무대로 태평천국군의 중흥과 몰락 그리고 도시 재건 과정에서 의료와 교육선교에 참여했던 그리스도교인들의 이야기를 다룬다. 당시 유럽과 비교해도 최신식이라 할 수 있었던 근대 병원들을 쑤저우에 세우고 중국인들을 아편 중독으로부터 구제하려고 노력했던 선교사들의 일생도 자세히 짚어본다.

'9장 항저우, 하늘과 맞닿은 물의 도시'에서는 14세기 원나라 시기에 이미 항저우에 그리스도교가 널리 전파되었다는 역사적 사실을 되짚어보고 중국의 패권이 명에서 청으로 넘어가는 혼란기에 그리스도교를 보호했던 마르티노 마르티니의 일생을 살펴본다. 특히 그는 중국에 서양 문물을 전하는 한편《신중국지도총람》을 제작하여 조선을 반도국가로 정확히 다루었다. 그때까지 조선을 섬으로 알고 있던 유럽인들의 잘못된 인식을 바로잡은 일이었기 때문에, 마르티노 마르티니의 활약을 자세히 살펴보는 것은 우리에게도 의미 있는 일이라 할 수 있다.

　'10장 닝보, 미국의 서양귀신과 스코틀랜드의 착한 마녀'에서는 19세기에 미국이 본격적으로 중국에 진출하면서 의료선교에 앞장섰던 맥고완과 매카티라는 두 선교사의 활동을 살펴본다. 한편 서양 귀신으로 오해를 산 윌리엄 마틴이 닝보 방언의 병음체계를 완성한 일화와 '중국과 결혼했다'는 최고의 찬사를 받은 '닝보의 마녀' 메리 올더시의 삶을 되짚어본다.

　'11장 허페이, 헤아릴 수 없는 눈물의 대지'에서는 문자 그대로 허페이의 그리스도교 잔혹사를 살펴본다. 특히 태평천국운동으로 시작된 전쟁, 그리스도교 혐오세력, 안칭사건, 국공내전을 연이어 겪으며 교회가 불타고 수많은 교인이 살해당하게 된 과정을 비단 종교의 영역이 아닌 중국 전체 역사에서의 비극으로서 자세히 다뤘다.

　'12장 타이완, 명나라와 청나라의 황혼이 내려앉은 섬'은 17세기에 네덜란드의 선교 활동이 실패할 수밖에 없었던 이유와 섬 전체가 청나라에 귀속되는 과정으로 이야기가 시작된다. 이후 200년 만에 그리스도교가 전파되고 의식주가 매우 열악했던 현실을 바꾸기 위해 노력한 선교사들과 일제 침략기의 일들 그리고 해방 이후 전무후무하게 부흥하기 시작한 그리스도교의 활동을 추적한다.

'13장 선양, 최초의 한국어성경과 만주 벌판의 봄바람'에는 대륙에서 변방에 불과했던 동북지방에 19세기 중반 천주교가 먼저 들어와서 자리를 잡고 이후 독일, 영국, 프랑스 선교사들이 진출하여 동북지방 최초의 교회를 세우고 그리스도교 성장에 기여한 이야기가 담겨 있다. 특히 최초로 영어로 된 한국어 교재, 한국사 도서를 제작하고 최초의 한국어성경을 출간한 존 로스의 일대기는 역사 독자들에게 특별한 울림을 선사할 것이다.

'14장 런던, 중국 대륙에 일생을 바친 이들의 마지막 안식처'는 중국 13개 도시를 모두 돌아본 뒤 런던에서 책을 정리하며 유럽의 중국 선교를 되돌아보는 장이다. 신교의 발흥과 영국 국교회 개혁 역사를 살펴보고 결과적으로 영국이 내지선교회를 통해 중국 그리스도교 역사에 커다란 영향을 미치게 된 과정을 일목요연하게 정리했다. 중국 그리스도교에 평생을 바쳤던 이들의 묘역을 참배하는 것을 마지막으로 7년에 걸쳐 14개 도시, 1,400년의 역사를 집대성하는 작업을 끝마쳤다.

우리는 이 책에 중국의 역사뿐 아니라 현대 중국의 종교정책과 그에 따른 종교 시설, 관계자의 삶을 담아내려 애썼다. 7년 동안 중국 13개 도시를 돌아다니며 그리스도교 유적과 현대 교회 그리고 교회 관계자들을 인터뷰했다. 그중에는 규모가 웅장한 대형교회도 있었지만 정부 통제를 피해 간판도 없이 비좁은 방에 모여 신앙을 유지하는 미등록 교회도 여럿 있었다.

한편 중국인들을 사랑하고 중국에 일생을 바친 성인들을 여럿 발굴해 이 책에 실을 수 있었던 것은 그리스도교 역사를 정리하는 차원에서도 보람찬 일이었다. 저 위대한 선교사들은 종교를 강요하기보다 빈민을 구제하고, 의료 활동을 하고, 학교를 세워 어린이들을 교육했다. 중국 대륙이 전쟁에 휘말렸을 때는 중국 사람들을 끝까지 보호하려

했고 그 과정에서 많은 이가 순교하기도 했다.

역사책을 사랑하는 독자라면 중국과 유럽 대륙에서 1,400년에 걸쳐 이어져온 새로운 역사 이야기를 발견하는 즐거움을 얻을 수 있다. 그리스도교에 몸담고 있는 독자라면 중국 그리스도교인과 연대하여 양국의 종교·문화 교류를 재건할 때 이 책에서 요긴한 정보를 풍성하게 얻어갈 수 있다.

이 책이 나오기까지 도움을 주신 분들에게 감사하다는 말을 전하고 싶다. 중국 답사 기간에 만날 분들을 주선해주신 오동일 교수님, 일일이 이름을 밝힐 수는 없지만 중국 각지에서 나 같은 나그네를 환대해주고 인터뷰에 성실히 응해준 많은 분, 인터뷰 내용을 정리해준 분들에게 감사의 뜻을 전한다. 그리고 원고가 완성될 때까지 무한한 인내심을 가지고 기다려준 메디치미디어 김현종 대표님, 졸고를 옥고로 만들어준 출판사 식구들, 학문의 길을 인도해준 선생님과 선후배 그리고 학생들. 또한 언제나 변함없이 지지와 성원을 보내주는 친구들과 믿음의 형제자매들, 아울러 불초자식을 위해 헌신한 부모님, 고락을 함께하며 늘 나의 부족함을 채워주는 아내, 해준 것 없지만 잘 자라준 아들과 딸에게 정말 감사하다.

《대륙의 십자가》의 장점을 부각하고 더욱 많은 독자들에게 알릴 수 있도록 도움을 주신 분들이 있다.《설민석의 조선왕조실록》으로 유명한 설민석 단꿈아이 대표이사님, 이희옥 성균관대학교 국가전략대학원 원장님, 강형철 숙명여자대학교 교수님, 임성빈 장로회신학대학교 총장님, 문일현 중국정법대학교 교수님은 역사 분야에서 우리 책이 갖는 가치를 저마다 멋진 문장으로 표현해 보내주셨다. 또한 전 대한민국 축구국가대표 이영표 님 그리고 방송인 이성미 님의 추천사는 우리 책이 많은 분량에도 불구하고 독자들이 어렵지 않게, 재미있게 읽을 것이라는 확신을 갖게 해주었다.

《성경과 5대 제국》의 저자로 이름 높은 조병호 하이기쁨교회 담임목사님, 박종순 한중기독교교류회 대표회장님, 김학중 꿈의교회 담임목사님, 김하나 명성교회 담임목사님, 이영훈 여의도순복음교회 담임목사님께도 머리 숙여 감사의 인사를 드린다. 유럽, 북미, 중국을 아우르는 방대한 그리스도교 역사를 이 책에 담을 때, 학자 입장에서 종교를 다루는 민감한 사안이라는 사실을 늘 자각하려 했다. 그래서 문장 하나하나에 신중을 기했다. 원고를 읽은 많은 목사님들과 신학자분들이 우리의 노력을 인정해주시고 또 기꺼이 추천사를 주셔서 책을 세상에 내놓는 데 큰 용기를 갖게 되었다. 그리고 드류대학교 신학과 교수이자 빌 클린턴 대통령의 '종교적 조언자'였으며 지금도 미국에서 가장 명망 높은 목회자 레너드 스위트 박사님께도 두 손 모아 감사의 인사를 드린다. 우리 책의 영문 번역본을 꼼꼼하게 읽어주셨고 과분할 정도로 멋진 추천사를 보내주셨다.

무엇보다 옛 친구를 잊지 않고 불러주고 처음부터 마지막까지 이 힘든 여정을 함께하며 물심양면으로 큰 힘을 실어준 민경중 동학에게 깊은 고마움을 느낀다. 내 옆의 친구가 아니었다면 이 책은 빛을 보지 못했으리라.

2020년 3월
런던에서
송철규

차례

3장 광저우, 청나라 개항과 중국의 사도행전

4장 원저우, 대륙의 예루살렘에서 교회의 폐허를 거닐다

5장 상하이, 중국 근대사의 거대한 소용돌이와 구국선교

6장 난징, 태평천국운동과 현대 중국의 태동

7장 전장, 쉰더탕의 기적과 푸른 눈의 애국자들

8장 쑤저우, 지상에 천당을 건설한 도시

9장 항저우, 하늘과 맞닿은 물의 도시

10장 닝보, 미국의 서양귀신과 스코틀랜드의 착한 마녀

11장 허페이, 헤아릴 수 없는 눈물의 대지

12장 타이완, 명나라와 청나라의 황혼이 내려앉은 섬

13장 선양, 최초의 한국어성경과 만주 벌판의 봄바람

14장 런던, 중국 대륙에 일생을 바친 이들의 마지막 안식처

1장

시안,
당나라 불야성에서
일어난
대륙의 십자가

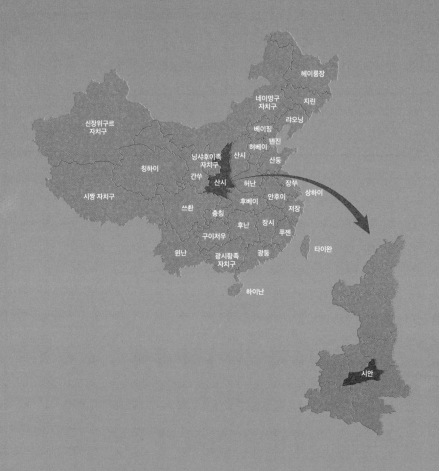

† 중국 대륙에서 시안의 위치

1623년, 명나라 왕조는 파국으로 치닫고 있었다. 안으로는 환관 위충현魏忠賢의 국정농단 때문에 내정이 혼란에 빠졌고 밖에서는 누르하치의 만주족이 청나라의 전신인 대금大金을 세우고는 전방위로 압박을 가하고 있었다. 한때 당의 수도로서 장안長安이라 불렸던 서안부도 망국의 기운을 피해가진 못했다.

800년 만에 깨어난 중국 그리스도교의 비밀

서안부는 당의 수도였을 때부터 도시가 바둑판처럼 가지런히 구획되었으며 규모도 거대했다. 골목마다 인파가 넘쳐났고 점포마다 진기한 물건으로 가득했으며 곳곳에서 음악소리가 끊이지 않았다고도 전해진다. 그러나 당이 소멸하면서 장안도 영화와 번영을 뒤로하고 쇠락할 수밖에 없었다. 그래서 1623년 서안부는 낡은 성벽과 폐허가 길게 늘어져 황폐했고 규모는 장안성 시절의 반의반에 불과했다.

그토록 혼란스러웠던 시대에 그 폐허에서 뜻밖에도 커다란 역사적 발견이 있었다. 무려 1,000년 동안 땅속에 잠들어 있던 그리스도교의 거대한 비석이 세상에 모습을 드러낸 것이다. 비석 이름은 '대진경교유행중국비'였다. 그 우연한 발견과 보존 상태에 대한 추측을 해보면 다음과 같을 것이다.

서안부 성 밖 남쪽의 한구석에 사람들이 모여 있었다. 서안부가 아직 장안성이었을 때는 도시 중심가에 해당하는 곳이었겠지만 이제는 성의 규모가 작아져 버려진 동네가 된 지 오래였다. 그곳은 옛 장안성 내에서 숭덕방崇德坊으로 구획된 자리였다. 그 사람들은 옛 폐허에 집을 세울 생각이었다. 지난 몇 년 동안 기근이 들어서 어쩔 수 없이 새롭게 땅을 개간하고 거처를 새로 만들려던 이들이었을 것이다.

사람들은 터파기를 시작했다. 연장은 볼품없었지만 땅이 단단하지 않아서 작업은 더디지 않았을 것이다. 꽤나 땅을 파고 내려갔을 때 다른 터에서는 볼 수 없었던 단단한 바위가 나타나 작업을 멈추게 만들었다. 어쩌면 인부의 괭이가 암석에 부딪히면서 부러지거나 불꽃이 튀었을 수도 있다.

옆에 있던 인부가 흙을 걷어내자 거대한 돌이 나타났다. 그 돌은 자연석이 아니라는 사실을 한눈에 알 수 있었다. 오히려 잘 다듬어진 석물처럼 보였다. 돌의 가장자리를 파보니 놀랍게도 용이 새겨진 비석 머리 부분이 드러났다. 용틀임하고 있는 용 여러 마리 앞에서 사람들은 필시 섬뜩함을 느꼈으리라.

비석의 머리, 몸체, 거북받침돌은 가지런하면서도 비스듬히 누워 있었다. 비석의 정체를 확인하기 위해 흙을 걷어내자 마침내 글자가 보였다. 물론 사람들은 읽지 못했을 가능성이 크다. 당시로서도 매우 생소한 '외국어'가 가득 새겨져 있었기 때문이다. 그들은 터파기를 방해하는 석물의 출현에 난감해하면서 불평을 쏟아냈을 것이다. "정과 망치로 조각내서 버리자!" 혹은 "바닥돌로 갈아버리자!"라고 외쳤을지도 모를 일이다.

다행히 그 비석은 그 자리에서 부서지지 않은 게 역사적 사실이다. 어쩌면 그때 그 자리에 대대손손 무릎과 손을 모으고 기도를 하는 관습을 유지하고, 죄인들을 위해 어딘가에 매달린 끝에 죽고 만 한 남자를 '믿는' 젊은이가 있었던 덕분일지 모른다.

"덩치를 보십시오! 설사 깬다 치더라도 엄청 시간이 걸릴 겁니다." 젊은이의 말에 사람들이 돌 주변 흙을 조금 더 치워봤을 것이다. 정말로 비석을 부수는 일이 만만치 않아 보였을 것이다. 젊은이가 신중한 성격이었다면 다음과 같이 말했을 것이다. "전에 여기가 어떤 절터였다는 말을 들었습니다. 이 비석이 그 절터와 관련된 것일 수 있습니다. 그리고 우리끼리 결정하기보다 사람들에게 먼저 알려야 하지 않겠습니까? 괜히 우리끼리 처리했다가 나중에 문제가 생기면 누가 책임을 집니까?" 사람들은 고개를 끄덕였다. "젊은이 말에 일리가 있어. 이 비석은 우리가 멋대로 처리할 일은 아닌 듯하네." 만약 그때 비라도 내렸다면 석물은 자신의 몸체를 더욱 명확히 드러내고, 비석 표면의 음각 글씨가 점차 선명하게 살아나는 신묘한 광경이 연출되었을 것이다.

다음 날, 비석 주변에는 어제보다 더 많은 사람이 몰려들었다. 인파 속에는 어제의 그 젊은이도 섞여 있었을 것이다. 엎어져 있는 석물을 바로 세워서 정체를 확인하기까지 많은 노력이 필요했을 것이다. 마침내 제대로 세운 비석의 머리도 뒤집었다. 뒤집은 머리 부분의 흙을 털어내고 보니 '대진경교유행중국비大秦景教流行中國碑'라는 큰 글자가 새겨져 있었다. 몸체 전후 좌우로 한자와 정체 모를 문자들이 새겨져 있었다. 마지막으로 받침돌을 세우니 거북이 형형한 눈으로 사람들을 노려보았다. 젊은이는 사람들 틈에서 석물에 각인된 글자들을 살펴보았지만 뜻 모를 말들뿐이었다. 하지만 어느 순간 분명 젊은이는 감탄하며 눈이 번쩍 뜨였을 게 틀림없다. 비석의 머리 부분에 있던 사람이 큰 글씨 위쪽의 흙을 털어내자 그곳에 새겨진 십자十字 문양이 드러났을 테니 말이다. 할머니 이야기 속의 그 남자, 다른 사람들을 위해 자기 목숨을 버린 남자가 매달려 죽었다는 십자가였다.

이 이야기는 당시 시대상과 발굴에 관한 역사적 사실을 토대로 저자들이 상상해본 것이다. 물론 당시 상황과 크게 다르지는 않을 것이다. 대진경교유행중국비가 발견된 이후 이를 확인하려는 사람들의 발길이 꾸준히 이어졌다고 한다. 이에 지역민들은 비석이 밀반출될까 우려되어 석물을 인근의 금승사金勝寺로 옮기고 승려들에게 관리를 맡겼다.

금승사는 당시 서안부 최대 규모의 사찰이었다. 당나라 때 실크로드로 향하는 서쪽 성벽에는 위로부터 차례로 개원문開遠門, 금광문金光門, 연평문延平門이라는 성문이 세 개 있었다. 그중 제일 위쪽의 개원문을 들어서면 바로 우측으로 의녕방義寧坊이라는 주거지역이 있었는데 그 폐허 위에 금승사가 자리해 있었다. 그런데 공교롭게도 이곳은 638년에 당 태종太宗의 칙령으로 최초의 경교사원인 파사호사波斯胡寺가 세워진 곳이었다. 745년에는 사찰 이름이 대진사大秦寺로 바뀌었다. 그 후로도 숭인사崇仁寺나 숭성사崇聖寺 등 여러 다른 이름으로 불렸다. 여하튼 금승사는 명에 이어 청에 이르기까지 시안 일대에서 가장 규모가 큰 사찰이었다. 그런데 아무리 큰 사찰이더라도 17세기 당시에는 현대처럼 신도들이 끊임없이 찾아오고 깔끔하게 관리된 모습은 아니었을 것으로 추측된다. 뒤숭숭한 사회 분위기 속에서 그나마 다른 비석 곁에 자리함으로써 밀반출의 걱정을 더는 정도였으리라. 경교비는 800년 가까이 땅속에 묻혀 있다가 땅 위에 다시 우뚝 서게 되었지만, 이번에는 비바람에 시달리며 그로부터 300년에 가까운 시간을 보내야 했다.

경교비 발견 소식은 중국의 학자들과 당시 중국에 와 있던 선교사들에게 빠르게 전달되었다. 인근 봉상부鳳翔府의 장경우張賡虞도 이상한 비석이 발견되었다는 소식을 듣고 찾아가 살펴보았다. 그는 평소 가톨릭 신자들과 교류가 있었기에 이것이 분명 가톨릭과 연관된 비석임을 직감했다. 장경우는 가톨릭 신자이자 학자로서 명망이 높았던

† **대진경교유행중국비**

왼쪽 그림은 대진경교유행중국비의 전체 모습이며 상부에 '大秦景教流行中國碑'가 크게 음각되어 있는 것을 볼 수 있다. 오른쪽 상단 그림은 비석에 새겨진 한자를 확대한 것으로 비문은 서역인 승려 애덤이 짓고 여수암이라는 사람이 썼다고 알려져 있다. 오른쪽 하단 그림은 비석에 새겨진 시리아 문자로서 경교 승려 70명의 시리아 이름과 한자명이 있다.

이지조李之藻에게 탁본을 보냈다. 전통적으로 주요 석각은 표면에 먹을 바르고 종이를 그 위에 덧대어 두드려 탁본을 만드는 경우가 많았다. 아울러 시안 근교에서 활동하던 예수회 선교사 니콜라스 트리고(金尼閣, Nicolas Trigault, 1577~1628)와 포르투갈 출신의 알바레 세메도(曾德照, Alvare de Semedo, 1585~1658)를 비롯한 많은 서양 선교사가 비문을 탁본해 본국으로 보내면서 로마 교황청과 외국의 학자들에게까지 전해졌다. 이후 각국은 이를 번역하고 연구함으로써 중국 경교에 대한 관심이 증폭되었다. 그 결과 대진경교유행중국비는 문자 그대로 '대진(大秦, 로마)의 경교(景教, 빛나는 종교)가 중국에 전파되고 유행하게 된 경위를 기록한 비문'이라는 사실이 밝혀졌다. 건립 시기는 비문 말미의 '건중建中 2년'이라는 기록으로 서기 781년임을 알 수 있었다.

청나라 정부도 비석의 정체를 확인하기 위해 움직였다. 처음에는 금석학자들을 중심으로 비석의 진위와 고증을 위주로 분석했지만 연구가 진척되면서 점차 학문적·역사적·종교적으로 접근하기 시작했다. 비문은 당대에 유행했던 사륙변려문四六騈儷文으로 작성되어 문장이 난삽하고, 그리스도교의 개념을 중국 실정에 맞게 한자로 옮기다보니 용어가 생경하고 난해한 부분이 많았다. 이 때문에 여러 연구자가 비석과 비석 문구 내용에 관해 오해를 하게 되었다. 서양 종교에 대한 이해가 부족했던 중국학자들은 경교 자체도 다른 종교와 혼동했다. 훗날 시리아어로 밝혀진 외국 문자의 정체와 내용을 알아내는 일은 엄두도 내지 못했다. 그리고 한자 풀이가 어려웠던 서양학자들은 비문 해석에 더 많은 시간과 노력을 기울여야 했다. 그 와중에 중국 선교사들이 중국 안팎의 관심과 의혹을 해소하는 데 큰 역할을 했다. 이렇게 역사 속으로 사라졌던 비석이 우연히 출토되면서 중국에 전해진 그리스도교의 존재가 입증되었다. 포르투갈 선교사 알바레 세메도는 당시 상황을 이렇게 적었다.

"이 탁본은 모두의 마음을 들뜨게 만들었다. 기뻐서 환성을 지르기도 했다. 오랫동안 기대해왔던, 고대 중국에 그리스도교가 전파된 사실이 증명되었기 때문이다……. 하나님의 그리스도교가 소중한 기념물로 남아 지금까지 온전하게 보존되었으니 하나님도 기뻐하실 것이며, 이제 그리스도교가 이 땅에 빠르게 회복될 것이라는 기대에 부풀어 올랐다. (후략)"

그러나 세월이 흘러 동치同治 연간(1861~1874)의 여러 전란으로 금승사는 처참하게 파괴되었다. 경교비는 다른 비석들과 함께 허허벌판에 버려졌다. 한때 많은 관심을 받았지만 관리하고 보존하려는 노력은 너무나

† **당대의 장안 복원도**　　　당나라 시대 장안의 복원도. 당시 장안은 도시 구획이 명확했으며
국제도시로 이름이 높았다.

부족했다. 반면에 해외에서는 경교비에 대한 관심이 갈수록 증폭되었
다. 이후 두 번에 걸친 아편전쟁과 함께 중국의 문호가 개방되면서 많
은 선교사가 중국을 찾았다. 그들은 해안 도시를 시작으로 서서히 내륙
으로 진출했다. 그들 중 경교비의 존재를 아는 이들의 답사가 이어졌고,
그 소중한 가치에도 불구하고 비바람을 맞으면서 허허벌판에 서 있는
모습을 보면서 감격과 함께 탄식이 이어졌다. 특히 영국에서는 여러 학
자가 주요 언론을 이용해 대영박물관으로 옮겨 보존하라고 촉구했다.

　영국의 존 스티븐슨John Stevenson 선교사는 경교비를 답사한 뒤《타임
스》에 실은 기고문에서 경교비의 대영박물관 유치를 건의하는 한편,
청 정부에 관리대책을 촉구했다. 청 정부는 국내외의 건의를 받아들
여 1891년에 비각을 설립하기 위해 산시陝西 관청에 100냥을 내려 보
냈다. 하지만 정작 현장에 도착한 돈은 5냥에 불과했다. 경교비는 아
쉬운 대로 처마 밑에 설 수 있었지만 결국 비바람을 완전히 피할 수는
없었다.

'보물사냥꾼' 프리츠 홀름이 경교비를 노리다

얼마 뒤 덴마크인 프리츠 홀름(何樂模, Frits von Holm)이 경교비에 관심을 가지게 되었다. 그는 덴마크 코펜하겐에서 태어나 해군 장교로 활동했고, 군 생활을 마친 뒤 상하이에서 영국 신문기자로 활동하고 있었다. 탐험가 기질이 다분했던 그는 런던에 돌아가 자료들을 검토한 뒤 '보물사냥'이라 부를 수 있는 위험한 계획을 세웠다. 즉 경교비를 확보해 밀반출하거나 그것이 어려울 경우 진품에 가까운 복제품이라도 확보한다는 계획이었다. 그는 이 계획을 영국과 미국, 일본 등의 관련 연구기관에 제안하고 사재를 털어 비용을 어렵게 마련한 뒤 일확천금을 위한 보물사냥에 나섰다. 1907년 3월 12일, 홀름은 뉴욕을 떠나 캐나다 몬트리올·밴쿠버, 일본 요코하마·고베·나가사키를 거쳐 톈진天津에 도착했다. 그리고 베이징에 들어가 입국 절차를 마치고 다시 톈진으로 돌아와 통역원을 고용하고 마필을 준비했다. 1907년 6월 3일, 마침내 시안에 도착한 그는 자료 수집에 나섰다. 그리고 6월 10일 홀름은 경교비와 대면했다. 그러나 그의 태도는 경교비를 아끼고 소중하게 보존하려는 사람과 거리가 멀었다. 비신碑身을 받치고 있는 귀부龜趺의 등을 발로 밟고 한껏 멋을 부린 채 사진을 찍었다.

그는 금승사 주지 위슈푱秀에게 뇌물을 주고 사찰 내의 방 2개를 임대했다. 자신의 통역인 닝보인寧波人 팡셴창方賢昌의 임시거처와 석공의 작업실을 마련하기 위한 조치였다. 그러나 상황은 녹록지 않았다. 지역 관리들이 그의 활동을 지켜보고 있었기 때문이다. 홀름은 밀반출계획을 접고 복제품 제작으로 마음을 굳혔다. 석공을 3명 고용해 일을 맡긴 뒤 사람들의 의심을 피하기 위해 6월 29일 시안을 떠나 한커우漢口로 향했다. 이 또한 치밀한 계산에 따른 행동이었다. 한커우로 가는 도중에 홀름은 통역 팡셴창을 푸핑富平의 채석장으로 보냈다. 팡셴창은 푸핑에서 홀름에게

† **프리츠 홀름**   프리츠 홀름은 자신이 유럽 귀족이며 학자라고 주장했다. 그가 학자였던 것은 사실
이지만 실제 행적은 '보물사냥꾼'에 가까웠다. 후기 역사학자들은 그가 경교비를
복제·반출했던 사건을 두고 '시안에서의 홀름-네스토리아 탐험'이라고 부른다.

고용된 석공과 만나 적합한 원석을 고른 뒤 시안으로 돌아가 복제품 제
작을 감독했다. 그런데 용의주도하게 진행되던 계획은 팡셴창에 의해 어
긋나기 시작했다. 팡셴창은 홀름과 관계에 균열이 생기자 복제품 제작 사
실을 형이자 골동품 수집가인 팡야오위方藥雨에게 알렸다. 그리고 진품
과 뒤바꾸려는 흑심을 내비쳤다. 그러나 팡야오위는 사안이 심각함을 깨
닫고 이 사실을 뤄전위羅振玉에게 전달했다. 뤄전위는 고고학의 대가로서
당시 학부學部(오늘날의 교육부에 해당한다) 참사관으로 일하고 있었다. 결국
이 음모는 산시陝西 순무巡撫(총책임자) 차오훙쉰曹鴻勛에게 전달되었다.

그사이 8월 18일, 허난河南성 일대를 둘러보던 홀름은 정저우鄭州에
서 전보를 받았다. 복제품이 완성되었다는 내용이었다. 그 즉시 정저우를

떠나 서안으로 건너간 홀름은 복제품을 세밀히 살펴본 뒤 더 정확한 보완작업을 지시했다. 이제 복제 작업은 더는 비밀이 아니었다. 경교비에 관한 소식을 접한 차오홍쉰은 사람을 보내 주야로 경비를 맡김으로써 진품과 복제품이 뒤바뀌는 불상사를 사전에 차단했다. 그리고 좀 더 안전하게 보존하기 위해 비림碑林으로 이전을 결정했다. 비림은 시안 일대에 흩어져 있던 주요 비석과 석각들을 한군데 모아 보관하던 곳이었다. 그런데 경교비는 그때까지 그 가치를 인정받지 못한 채 비림에 들지 못하고 노천에 방치되어 있었던 것이다. 1907년 10월 2일, 총 2톤 무게에 달하는 경교비는 해체된 채 수레에 실려 인부 48명에 의해 금승사의 폐허를 출발했다. 그리고 10월 4일 비림에 최종 안치되었다. 경교비는 그 이후 현재까지 시안 비림碑林박물관에 보관되어 있다.

이 일로 홀름은 통역 팡셴창과 결별하고 왕요우王猷를 새로운 통역으로 고용했다. 왕요우는 상하이에서 영어를 배운 뒤 산시고등학당 교무부장을 맡고 있었다. 왕요우는 중개자 역할을 훌륭히 소화함으로써 외교 문제로 비화할 수도 있는 사안을 원만하게 해결했다. 홀름은 그 덕분에 산시 양무국洋務局 관리들의 협조 속에서 복제품의 반출을 서둘렀다. 10월 3일, 운반을 위해 특별히 제작한 마차는 복제품을 싣고 정저우로 출발했고, 홀름은 10월 6일 시안을 떠났다. 복제품은 정저우에서 기차에 실려 한커우로 이동되었고, 한커우에서 배에 실려 상하이로 옮겨진 뒤 상하이에서 미국 기선에 실려 뉴욕으로 보내졌다.

1908년 6월 16일, 복제품이 마침내 뉴욕에 도착했다. 홀름은 미국에 도착하면 복제품을 손쉽게 처분해 큰돈을 만질 수 있으리라 예상했다. 그러나 당시 미국은 경제위기를 맞고 있었기에 처분하기가 쉽지 않았다. 할 수 없이 메트로폴리탄박물관에 임대해 조금이나마 입장료 수익을 거두었다. 그러던 중 1916년에 뉴욕의 부호이자 가톨릭 신자인 조지 릴리 부인이 그 가치에 주목해 복제품을 사들여 바티칸 교황청에

† 금강산 장안사의 대웅보전 대진경교유행중국비의 복제품이 전해졌다고 알려진 금강산
장안사의 옛 모습이다.

기증했다. 구입비용은 7,000달러로 홀름이 투자한 비용의 3분의 1밖
에 되지 않았다. 이로써 이 비석은 복제품임에도 바티칸 교황청 박물
관에 안치되는 영광을 얻었다. 홀름은 비석 전달을 명목으로 바티칸을
찾았다. 그 덕분에 일확천금의 목표는 이루지 못했지만 바티칸과 유럽
에서 큰 찬사를 받았다. 그는 이후 관련 저술과 각국에서의 강연으로
'보물사냥꾼'의 이미지를 벗고 탐험가와 고고학자의 길을 가게 되었다.

경교비 복제품은 이후로도 중국 안팎에서 수없이 제작되었다. 미국
예일대학과 일본 교토대학에도 다른 복제품이 세워졌다. 특이하게 한
국 금강산에도 복제품이 건립되었다. 고든E. A. Gordon이라는 연구자가
경교의 한국 전래를 연구하던 중 이를 기념하기 위해 1917년 금강산
장안사 부근에 복제품을 세웠다고 한다. 중국 내에도 현재 난징의 진
링金陵신학원을 비롯하여 각지에 여러 형태의 복제 비석이 존재한다.

네스토리우스학파, 이단으로 몰리다

선발대원이란 목표의식과 사명감이 투철한 사람일 수밖에 없다. 더욱이 신앙인으로서 선발대원이라면 그 결심이 남다른 사람들이다. 예수의 복음을 들고 중국으로 들어간 선발대가 중국 역사에서 반복 출현하는데 그 첫 만남은 당唐으로 거슬러 올라간다. 그렇다면 그리스도교의 기본 교리와 중국 당대의 전파 상황을 가장 사실적이고도 구체적으로 기술한 이 놀라운 비석은 어떻게 만들어졌을까? '로마의 빛나는 종교'인 경교는 어떤 종교였으며 어떻게 중국에서 유행할 수 있었을까?

그간의 연구를 종합해보면 경교는 네스토리우스파 그리스도교의 중국 명칭으로서 대진경교大秦景敎라고도 한다. 명칭에 대해서는 여러 설이 있다. 비문에 따르면 "진실하며 변치 않는 진리道는 오묘하여 명명하기가 어렵지만, 효용이 현저하여 경교景敎라 굳이 부르게 되었다"라고 기록되어 있다. '경景'은 '일日'과 '경京'으로 이루어져 있는데, '경京'은 '크다大'의 의미를 갖고 있다. 따라서 '경景'은 '크고大, 밝고炤, 빛나다光明'의 뜻을 담고 있다. 아울러 당시 교인들이 메시아를 '세상의 빛'으로 믿었기에 '경교'란 이름을 갖게 된 듯하다. "나는 세상의 빛이다"라고 공언한 예수의 말에 근거한다면 '경景'은 곧 '예수'이기에 '경교'는 '그리스도교'라는 의미를 갖는다고 하겠다.

경교는 콘스탄티노플(오늘날의 이스탄불)의 대주교인 네스토리우스 (386~450)에서 시작되었다. 네스토리우스는 안티오케이아학파의 대표적 신학자였던 데오도레Theodore of Mopsuestia 밑에서 수학했고, 강론가로 유명해져 당시 동로마제국의 황제였던 데오도시우스 2세에 의해 제국의 수도인 콘스탄티노플의 감독으로 임명되었다. 알렉산드리아학파는 예수 그리스도의 인격 안에서 신성과 인성의 연합을 주장한 반면에 안티오케이아학파는 신성과 인성의 구별을 주장했다. 네스토리우스는

† 네스토리우스   경교의 시조 네스토리우스는 에페수스 공의회에서 이단으로 몰려 파면되었다.

알렉산드리아학파와 안티오케이아학파 사이의 논쟁에 참여해 마리아가 하나님의 어머니라는 이른바 '신모설神母說'을 부인했다. 즉, 마리아는 '인간 예수를 낳은 그리스도의 어머니Christotokos'이지 결코 '신神으로서 예수의 어머니Theotokos'는 될 수 없다고 주장했다.

그러나 431년에 에페수스(에베소)에서 열린 3차 공의회에서 알렉산드리아의 주교 키릴로스Cyril of Alexandria는 예수의 신성과 인성이 합치되어 있기에 마리아 역시 '하나님을 낳은 어머니'라고 선언했고 네스토리우스는 그에 반대하다가 정죄되어 이단으로 내몰렸다. 네스토리우스는 451년에 칼케돈(오늘날 터키 지역의 도시)에서 열린 4차 공의회에서 권위 회복의 발판을 마련하려 했다. 그러나 오히려 그의 주장과 그에 동조하는 세력은 이단으로 확정되어 더욱 입지가 좁아졌을 뿐이다.

이후 네스토리우스는 이집트에서 유배 생활 중에 사망했고 그의 추종 세력은 동로마제국의 영역을 피해 중동 지역인 시리아를 거쳐 이란과 이라크 등 페르시아와 중앙아시아 지방에 정착했다.

네스토리우스파 그리스도교인들은 그 뒤 페르시아 사산 왕조(224~651) 시기에 조로아스터교의 핍박을 받았으나 국왕의 비호를 받아 존속하면서 점차 교세를 넓혔다. 선교본부를 이라크 바그다드에 두고 지역마다 교회를 만들었으며 복음을 전할 제자 양육에 주력했다. 그들의 선교 활동 영역은 중국을 제외한 이집트, 시리아, 팔레스타인, 아라비아, 인도 등 유라시아 전역에 퍼져 있었다.

경교, 당의 국가 공인 종교가 되다

페르시아는 5세기부터 실크로드를 거쳐 중국과 무역 거래를 하고 있었다. 특히 현재 이란과 이라크 지역이 중심이 되는 중앙아시아 지역에서는 소그드인들이 중계무역의 주요 담당자로 활발하게 활동했는데, 이들 중에는 네스토리우스파 그리스도교인들이 섞여 있었다. 이 소그드인들이 중국을 오가면서 네스토리우스파 그리스도교 선교의 발판을 마련했을 가능성이 높다. 중국 대륙에 있었던 네스토리우스파 그리스도교도들에 대한 최초의 기록은 서역에서 온 이민 가족의 수장 마르 세르기스를 언급한 것이다. 마르 세르기스는 578년에 실크로드의 거점도시인 간쑤甘肅성 란저우蘭州 인근의 린타오臨洮에 정착했다고 한다. 그런데 세월이 흐른 뒤 아시리아 동방교회 소속의 시리아인 올로푼(阿羅本, Olopun)이 635년(당 태종 9년)에 장안(지금의 시안西安)에 당도해 복음을 전하면서 마침내 중국 선교가 시작되었다. 올로푼은 아마도 중국 최초의 그리스도교인은 아니었겠지만 황제와 만나 정식으로 그리

† 에페수스 공의회 벽화   푸비에르 노트르담성당의 에페수스 공의회 그림이다. 에페수스 공
의회는 예수의 어머니 마리아를 성모聖母로 칭하는 문제를 놓고 알
렉산드리아학파와 안티오케이아학파의 뿌리 깊은 논쟁을 매듭지은
종교회의다. 네스토리우스 지지자들이 회의 참석에 늦었고 이 틈을
타서 알렉산드리아학파의 키릴로스가 회의를 주도했다. 결과적으로
네스토리우스는 배척되었고 테오도시우스 황제에 의해 페트라로
추방당하고 말았다.

스도교를 중국에 전한 최초의 인물임에 틀림없다. 올로푼은 페르시아
에서 신학교육을 받고 주교大德가 되었다.

한과 당을 비롯한 5,000년의 역사를 안고 있는 산시陝西성은 중국 문
명의 요람이다. 또한 산시성 수도인 시안은 서주西周와 진秦, 한漢, 수隋,
당唐을 비롯하여 12개 왕조의 수도로서 고대 동방문명의 발상지라 할
만하다. 기원전 202년에 전한의 수도가 되면서 장안長安이라는 이름을
얻게 되었고, 618년에 당의 수도가 되었으며, 이후 907년에 당이 멸망
할 때까지 실크로드의 거점도시로서 큰 역할을 했다. 이처럼 장안은
2,000년 이상의 역사를 간직한 고도이며 현재도 그 위상을 잇고 있다.
그래서 로마와 아테네, 카이로와 더불어 세계 4대 문명의 중심지 중 한
곳으로 평가된다. 그런데 이런 산시성과 시안이 놀랍게도 중국 최초로
그리스도교가 전파되고 흥성했던 곳임을 아는 이는 드물다. 당은 당시
세계 최대 제국이었고 장안은 그 제국의 수도이자 세계 일류도시 중

하나였다. 실크로드의 출발지이자 도착지였던 만큼 세상의 많은 것이 이곳에 운집했으리라 쉽게 짐작할 수 있다. 물론 그리스도교도 그중 하나였다.

하나님의 섭리와 예수의 복음을 중국에 전하기 위한 위대한 발걸음은 네스토리우스파 그리스도교 선교사 올로푼 일행의 여행으로 시작되었다. 올로푼 일행은 사명을 감당하고자 산을 넘고 사막과 강을 건너 장안에 이르렀다. "성경을 품에 간직한 채 기후와 풍향을 헤아려 갖은 어려움을 이겨낸(占青雲而載眞經, 望風律以馳難險)" 여정이었다. 올로푼 일행의 발걸음은 무거웠다. 사명감으로 나선 길이었으나 미래를 가늠할 수 없고 죽음을 각오한 여정이었다. 중국인 현장(玄奘, 602~664)은 구도求道를 위해 인도로 향했지만 네스토리우스파 그리스도교인들은 전도傳道를 위해 중국으로 향했다. 현장은 인도 고대어인 산스크리트어와 중세 인도아리아어인 팔리어 원전으로 불교 경전의 진의를 파악하고자 629년 인도로 들어갔다가 645년 귀국했고, 귀국 후에는 임종 전 19년 동안 가져온 불교 경전의 번역에 매진했다.

618년, 당은 위진남북조의 혼란을 종식하고 대륙을 통일하면서 공전의 발전을 이룩하기 시작했다. 개국 초기에 다양성과 포용성을 갖춘 개방정책이 긍정적으로 작용하여 당은 건국 이후 크게 번성했다. 특히 태종의 집권기인 '정관의 치적(貞觀之治, 627~649)'은 이를 증명한다. 현장이 이즈음 인도로 향했다는 것은 우연으로 치부할 수 없는 시대적 풍조였으리라 가늠할 수 있다. 그런데 경교 선교사의 당 입국 시기는 현장의 귀국보다 앞선다.

635년, 당 태종은 재상인 방현령房玄齡을 서쪽 교외까지 보내 올로푼 일행을 영접하고 자신이 직접 올로푼을 만나 외국 선교사에 대한 호의를 전했다. 태종이 올로푼에게 자국을 방문한 목적을 묻자 그는 성경을 전달하면서 선교 의사를 전했다. 태종은 올로푼에게 궁전에 머물면서 성경 번역에 집중하도록 배려했고, 심지어 올로푼을 침소로 불러 성경에 대해 진지하게 묻곤 했다. 태종은 올로푼이 전하는 복음을 듣고 좋게 여겨 중국 선교를 허락했다. 신화와 신의 문명이라 할 수 있는 서양 그리스도교 문명과 유불도儒佛道 삼교의 융합이 이루어지던 중국 문명의 역사적 만남은 그렇게 성사되었다.

638년 7월, 경교는 태종에 의해 국가 공인 종교가 되었다. 이처럼 당초부터 황제와 대신들은 외국 종교에 포용정책을 폈다. 경교도 페르시아와 당의 친분관계 덕분에 경전 번역과 의료 활동 등을 활발하게 펼치고 주요 도시마다 교회를 세우며 선교에 주력할 수 있었다. 올로푼이 입국한 이후 3년 만에 경교 선교사들이 21명으로 늘었다. 그들은 아시리아 동방교회의 전통을 따라 머리를 깎고 수염을 길렀다. 또한 기도와 예배, 구제와 전도 등 수도원의 엄격한 규칙을 일상에 그대로 적용했다. 전국 각지에 경교 사당이 건립되었고 올로푼은 중국 경교의 총주교에 임명되었다. 이와 더불어 많은 선교사가 당 정부의 관리로 활동했다.

실물 '대진경교유행중국비'를 만나러 가는 여정

2017년 10월, 우리는 대진경교유행중국비를 직접 보기 위해 시안을 방문했다. 비석은 중국 역사상 가장 귀한 비석만 모아 전시하고 있는 비림碑林박물관에 보관되어 있었다. 박물관으로 향하는 길에서 네스토리우스파 그리스도교가 이미 당나라 시대에 전파되었다는 얘기를 처음 들었을 때가 문득 떠올랐다. '대진경교유행중국비'라는 비석의 존재가 이를 증명한다는 사실을 처음 알았을 때, 우리는 적잖은 충격을 받았다. '땅 끝까지 주의 말씀을 전하라'는 사명 아래 언젠가는 중국에도 복음은 전해질 일이었겠지만 지금으로부터 1,400년 전에 이미 그리스도교가 대륙에 전파되었다는 얘기를 처음 듣는 사람이라면 누구나 놀라리라.

우리는 마침내 비림박물관에서 오래전 그리스도교의 교리를 기술한 대진경교유행중국비를 마주할 수 있었다. 높이 3미터, 폭 1미터, 두께 30센티미터가 넘는 대형 비석이었다. 거기에는 '대진경교유행중국비 大秦景敎流行中國碑'란 비석의 이름과 함께 1,789개 한자와 40여 개 시리아 문자가 적혀 있었다. 그리고 끝에는 사제 72명의 이름이 한자와 시리아 문자로 함께 새겨져 있었다.

경이로움을 느끼며 대진경교유행중국비 비문의 전반부를 살펴보았다. 번역본은 우심화의《대진경교유행중국비 비문 역주》를 참고했다.

보라, 영원불변하시고 참으로 고요하시며, 만유 이전에 존재하시되 시작이 없으시고 깊이를 헤아릴 수 없이 묘연하시며(혹은 무한하시고) 초월하신, 만유의 끝이 되시되 끝없이 오묘하게 존재하시도다. (인간이 알 수 없는 신비로운) 혼돈을 빚어 우주 만물을 창조하시고(혹은 기묘한 권능으로 우주 만물을 창조하시고), 하늘의 천사나 땅의 뛰어난 자들 모두의 위에 유일하고 거룩하신 분으로 존재하시는 분은 오직 우리의 삼위일체의 성부, 처음이 없으신 참 주님, 하나님이시다.

하나님께서는 열 '십' 자로 동서남북 사방을 확정하시고, 성령으로 하여금 음양의 이기二氣를 일으키고, 어두움이 변하여 하늘과 땅이 모습을 드러내고, 태양과 달이 운행하여 낮과 밤이 시작되었다(혹은 어두움이 움직여 하늘과 땅이 나누어지고, 태양과 달이 운행하여 낮과 밤이 있게 되었다). 뛰어난 솜씨로 만물을 창조한 후, 첫 사람 애덤을 창조하시었다. 사람에게 특별히 영기靈氣를 주고,

세상을 정복하도록 명하시었다. 최초의 선한 본성은 겸허하고 교만하지 않으며, 순박하고 깨끗한 마음엔 원래 욕망이 없었다.

그러다가 사탄이 간계를 꾸미며, 광명한 천사처럼 위장하고 나타났다. 선악을 알지 못하고 하나님의 말씀을 좇으며 에덴동산에 살고 있는 시조에게(혹은 선악과가 있는 에덴동산에 사는) 하나님과 동등하게 선악을 알 수 있다는 잘못된 생각(혹은 욕심)으로 하나님의 말씀을 거역하여 범죄하도록 시조에게 술수를 꾸몄다.

그러므로 수많은 이교異教의 종파가 줄줄이 모습을 드러내고, 다투어 사람들을 얽어매는 법망을 꾸며놓았다. 어떤 자는 사물을 의지하며 숭배하게 하고, 어떤 자는 만유萬有가 다 허무空하다 하여 유와 무(無, 空)를 불분명하게 하고, 어떤 자는 기도하고 제사를 드림으로써 복을 얻게 하였으며, 어떤 자는 자신의 선행을 으스대며 사람들을 속였다.

지략을 짜내고 궁리하느라 분주하고, 마음과 감정이 쉼 없이 수고하지만, 망연할 뿐(혹은 헛되어 소득이 없고), 긴장되고 조급해지므로 마치 온몸에서 열이 나는 듯했다. 짙은 어둠에(혹은 우매함과) 무지가 쌓여 길을 잃고, 오랫동안 헤매어(혹은 방황하여)(원점으로) 되돌아가지 못하게 되었다.

이에 우리 삼위일체의 성자, 크고 빛나신 메시아께서는 하나님의 영광을 가리고, 사람으로 세상에 태어나시었다. 천사는 기쁜 소식을 선포하고, 동정녀 마리아는 유대 나라(베들레헴)에서 성자 예수를 탄생하시었다. 밝고 큰 별이 나타나 기쁜 소식(혹은 사건)을 알리고, 페르시아의 몇몇 박사가 별빛을 보고 나와 예물을 바쳤다.

(메시아는) 24 선지자가 말한 《구약》의 율법과 예언을 이루시어, 웅대한 계획(혹은 天道)에 의해 가정과 국가(혹은 교회)가 다

스러지도록 했다. 삼위일체의 (제3위격이신) 성령의 무언의 새로운 가르침을 두시어(혹은 통하여), 바른 신앙에 이르도록 선한 역사가 이루어지게 하시었다. 팔복의 법도를 제정하시어, 죄인들로 하여금 (팔복의 내용에서 언급한) 완전한 자가 되게(혹은 될 수 있게) 하시었으며 믿음, 소망, 사랑의 문을 열어, 영생으로 나아가며 영원한 죽음을 면하게 하시었다.

예수께서 십자가에 못 박혀 매달리시고, 그의 영이 음부로 내려가 (구원받지 못한) 죄인들에게 전도함으로써 음부가 무너지어, 마귀의 망령된 권세가 모두 파멸되었다. 구원의 방주를 저어 음부에서 천성(혹은 天宮)으로 오르는 것과 같이, 인간들이 구원받을 수 있게 했다. 구원의 역사를 이루시고는, 한낮에 하늘로 오르셨다.《신약》27권을 남기시고, 위대한 가르침이 전파되어 사람의 심령이 개도開導되게 하시었다. 세례는 물과 성령으로 베풀어져, 사람들로 하여금 세상의 헛된 영화를 씻어내고 희고 깨끗해지게 했다.

(이에 우리는) 십자가를 표(印記, sign)로 들고, 사방의 모든 사람이 십자가 아래 모여 서로 구속拘束됨 없이 하나 되도록 힘쓴다. 목판을 두드려 사랑과 은혜의 소리가 울려 퍼지게 하고, 동쪽을 향한 예배 가운데 영생복락의 길로 나아간다.

(우리 경교전도자들이) 수염을 기르는 것은 외적 행함이 있고자 함이고, 정수리를 깎는 것은 마음속에 정욕이 없음을 나타내고자 함이다. (우리는) 노비를 거느리지 않고, 귀천을 가리지 않고 모든 사람을 평등하게 대하며, 재물을 쌓지 않고, 우리에게 있는 모든 것으로 궁핍한 자들을 돕는다. 금식할 때는 남이 알지 못하게 은밀히 함으로써 이루고, 조용히 행동을 삼가야 계율을 굳건히 지키게 된다.

매일 일곱 차례 예배와 찬송을 드림으로, 산 자와 죽은 자에게 크게 유익이 되게 하고, 주일에 한 번씩 성찬을 거행함으로, (주님의 대속의 공로로) 죄로 더럽혀진 마음이 깨끗이 씻어지고 다시 성결함을 회복한다.

진실하며 변치 않는 진리道는 오묘하여 명명命名하기가 어렵지만, 효용이 현저하여 경교景教라 굳이 부르게 되었다. 오직 진리道는 예수聖 없이는 넓혀지지 않으며, 예수는 진리 없이는 위대하지 못하니, 진리와 예수가 상호 부합하여 비로소 천하가 지혜롭고 밝게 되었다.

粤若常然真寂, 先先而无元, 窅然靈虛, 後後而妙有. 惣玄摳而造化, 妙衆聖以元尊者, 其唯我三一妙身无元真主阿羅訶歟! 判十字以之四方, 皷元風而生二氣. 暗空易而天地開, 日月運而晝夜作. 匠成万物, 然立初人. 別賜良和, 令鎮化海. 渾元之性, 虛而不盈. 素蕩之心, 本無希嗜. 泊乎娑殫施妄, 鈿飾純精. 閒平大扵此是之中, 隙冥同於彼非之內. 是以三百六十五種, 肩随結轍. 指織法羅, 或指物以託宗, 或空有以淪二, 或禱祀以邀福, 或伐善以矯人. 智慮營營, 恩情役役. 茫然無得, 煎迫轉燒, 積昧亡途, 久迷休復. 於是 我三一分身景尊弥施訶戢隱真威, 同人出代. 神天宣慶, 室女誕聖於大秦, 景宿告祥, 波斯覩耀以来貢. 圓廿四聖有說之舊法, 理家國扵大猷. 設三一浄風無言之新教, 陶良用於正信. 制八境之度, 錬塵成真, 啟三常之門, 開生滅死. 懸景日以破暗府, 魔妄於是乎悉摧, 棹慈航以登明宮, 含靈扵是乎既濟. 能事斯畢, 亭午昇真. 經留廿七部, 張元化以發靈關. 法浴水風, 滌浮華而潔虛白, 印持十字, 融四照以合無拘. 擊木震仁惠之音, 東禮趣生榮之路. 存鬚所以有外行, 削頂所以無內情. 不畜臧獲, 均貴賤於人. 不聚貨財, 示罄遺於我. 齋以伏識而成, 戒以靜慎為固. 七時礼讚, 大庇存亡, 七日一薦, 洗心反素. 真常之道, 妙而難名, 功用昭彰, 強稱景教. 惟道非聖不弘, 聖非道不大. 道聖符契, 天下文明.

비문 전반부에는 여호와 하나님阿羅訶의 존재와 함께 천지창조에서 시작하여 사탄娑憚의 유혹에 의해 인간이 타락하게 된 경위가 적혀 있다. 그리고 구원자인 메시아 예수가 인간의 육신을 입고 동정녀室女의 몸에서 태어나 구원의 복음을 전하게 된 이야기를 설명하고 있다. 삼위일체와 천지창조, 원죄, 구원, 성육신, 복음의 사명, 신약성경, 교회와 종교생활 등 그리스도교의 기본교리를 압축해 설명한 뒤 경교라는 명칭의 의미와 유래를 적고 있다.

후반부에는 동로마제국을 소개하고 경교가 중국에 전래된 150여 년의 과정과 활동 상황을 황제별로 기술하고 있다. 아울러 이스伊斯가 세운 전공과 선행을 칭송하고 경교 역사를 다시금 총괄하였다.

1. 당 태종 재위기간(626~649): 635년에 페르시아에서 파송한 올로푼과 선교사 21명이 장안에 도착했다. 태종은 의전재상 방현령房玄齡을 서쪽 교외로 보내 선교단을 환영했다. 선교단은 태종을 만나 경교의 성서를 진상하고 황실의 초상화를 받았다. 방현령은 황제의 조서에 따라 장안과 지방마다 교회의 건립을 지시했다. 아울러 경전의 번역 작업을 시작했다. 태종은 638년에 "이 교는 도덕적으로 숭고하며 심오한 신비감을 지니고 평화를 존중하는 종교이므로 국가가 공인하는 종교로 삼는다"며 경교를 격찬하는 조서를 내렸다.

2. 고종 재위기간(649~683): 고종은 올로푼에게 진국대법주鎭國大法主라는 관직을 하사하고 장안(長安, 西安), 뤄양洛陽, 사저우沙州, 저우즈周至, 청두成都 등을 비롯한 전국 10도 358주에 경교 예배당인 대진사大秦寺의 건축을 명했다. 아울러 고종은 매년 성탄절마다 성탄 축하음식을 하사했다.

{그런데 측천무후 집권기인 성력(聖歷, 698~700) 연간에 뤄양洛

陽 일대에서 불교계의 탄압이 있었다.}

3. 현종玄宗 재위기간(712~756): 현종은 어필 편액과 자신의 초상화를 하사했다.

{그런데 선천(先天, 712~713) 연간에 장안의 사대부들의 탄압이 있었다.}

744년(天寶 3년)에는 조지 선교사가 교회의 현판과 친필을 하사받았다.

4. 숙종肅宗 재위기간(756~761): 숙종은 자신의 고향 영주부에 경교 예배당인 대진사를 건립하고 영무군 등 5군에 교회를 건립했다. 안녹산安祿山의 난을 진압한 곽자의郭子儀의 보좌관이었던 경교사 이스伊斯에게 금자광록대부라는 직위를 하사했다. 이스는 황실로부터 받은 재물로 선행을 베풀고 구제활동을 하였으며, 매년 경건수련회를 개최했다.

5. 대종代宗 재위기간(762~779): 대종도 성탄절에 향품을 하사했다.

6. 덕종德宗 재위기간(779~805): 건중(建中, 780~783) 연간에 장안의 사대부들이 경교를 맹공격했는데 덕종이 적극 개입해 사태를 무마할 수 있었다. 이스가 곽자의와 함께 숙종, 대종, 덕종 3대의 황제를 모셨다. 공로훈장을 받은 이스는 덕종 황제에게 경교비 건립을 청원하여 윤허를 받았다. 이스의 아들인 경교 선교사 애덤景淨이 781년(建中 2년)에 경교비석의 원문을 기초하였고, 조영과장 여수암呂秀巖이 대진경교유행중국비를 건립했다.

위의 기록에서 알 수 있듯이 '대진경교유행중국비'는 이스가 경비를 대고 아들인 애덤이 원문을 작성한 뒤 여수암이 제작을 맡아 건립한 비석이다. 이스는 경교지도자로서 숙종과 대종과 덕종 3대에 걸쳐 경교의 기틀을 다지고 전국적 확산을 이끈 인물이다. 또한 곽자의의 보좌관으로서 '안사의 난安史之亂'을 평정할 때 큰 공을 세웠다. 그런데 경교비문의 좌측 아래에 시리아어로 다음 구절이 나온다.

> "그리스 기원 1092년(781), 토카리스탄Thokaresthan 발흐Balkh의 장로 밀리스Milis의 아들 쿰단(Kumdan, 즉 장안) 경도구京都區 주교 이즈드버지드Izdbuzid 장로가 이 석비를 세우다. 비에 기록된 것은 교주의 법도와 여러 장로가 친니(秦尼, 중국)의 여러 도시에서 설파한 도리이다.
> 주교 이즈드버지드의 아들 애덤 목사 승령보(僧靈寶, 이 세 글자는 한자로 되어 있다)"

이에 근거한다면 '이스(伊斯, Isse)'라는 이름은 '이즈드버지드'에서 첫 음을 빌려 표기한 것으로 보인다. 또한 비문에는 이스를 '백의경사白衣景士'로 지칭하고 있다. 이는 당시 이스가 수도회가 아닌 교구에 속한 '재속 사제(在俗司鐸, Secular Priest)' 신분이었음을 말해준다. 이스 역시 미리스 장로의 아들이었고 자신도 아들 '애덤'을 두었다. 따라서 당나라 경교 선교사들은 당나라 현지에서 가정을 꾸렸음을 알 수 있다.

이스의 아들 애덤Adam은 중국에서 태어나 중국인으로 자라면서 중국 문화와 함께한 흥미로운 인물이다. 비문 하단에 보면 애덤과 관련해 '중국Chinestan 교부Papas, 주교 겸 사제'라는 호칭을 찾아볼 수 있다. 당시 애덤은 중국 경교 최고 지도자 자리에 있었던 인물이었던 것이다.

애덤은 장안에 머물면서 오랜 시간 선교와 번역에 힘썼다. 그는 《경례상명황락경敬禮常明皇樂經》, 《천보장경天寶藏經》, 《다혜성왕경多惠聖王經》, 《보로법왕경寶路法王經》, 《삼위찬경三威贊經》, 《이리야법왕경伊

利耶法王經》등 시리아어 경서 서른두 권을 번역했다. 이들 중 몇 권은 훗날 간쑤성 남동쪽에서 발견된 둔황석굴에서 발굴되었다. 애덤은 불교와 도교 연구에도 열심이었다. 그 결과 불교 승려와 함께《육바라밀경六波羅密經》일곱 권을 번역했다. 경교비의 비문을 보면 그의 문학적 수양이 남달랐음을 알 수 있다.

지금까지 살펴본 대로 대진경교유행중국비는 그 역사적 가치가 매우 중대하다. 실제로 경교비는 런던 대영박물관의 로제타석Rosetta Stone, 파리 루브르박물관의 메사 비석Mesha Stele, 멕시코시티 멕시코박물관의 태양석Piedra del Sol과 함께 '세계 4대 비석'으로 일컬어진다. 이에 덧붙여 실크로드를 통한 동서 문명 교류의 상징물로서 '실크로드 최고의 비석'으로 불린다. 중국의 사학자 천위안陳垣은 경교비를 이렇게 평가했다. "경교비는 국내외 학술계에서 연구가 가장 활발한 비석이다. 실크로드를 통한 종교 전파에 관해 이 비석을 간과할 수 없기 때문이다. 중국에서 자생한 도교를 제외하고 불교와 이슬람교, 그리스도교, 마니교 등 고대 중국에서 유행했던 종교는 대부분 실크로드를 거쳐 전래되었다. 그런데 고대 중국, 특히 당의 통치자는 이런 이국의 종교에 대해 개방과 포용의 정책을 펼쳤다. 그리하여 당시 종교가 그같이 융성할 수 있었다."

동서양 종교의 만남

그리스도교 선교사들은 선교지에서 처음 선교를 시작할 때는 대체로 현지인, 현지 문화와 충돌이나 갈등을 겪곤 한다. 다만 이는 선교사들의 잘못이 아니라 선교의 자연스러운 과정이라고 볼 수 있다. 선교사들이 선교지의 문화를 파악하고, 선교지 언어로 성경을 번역하며, 선교방식과 선교대상을 선택하는 등 일련의 과정을 거치다가 그 과정에서 갈등과 충돌, 타협과 절충 등 각종 변수를 만나기 때문이다. 이 모든 단계가 토착화 과정이며 동시에 그리스도교의 중국화 과정이라 할 수 있다. 올로푼 일행도 당의 장안에 정착하면서 갈등과 충돌을 겪어야 했다. 실제로 비문에도 그리스도교의 중국화 과정이 상세히 나와 있다. 그 갈등과 충돌의 구체적인 원인을 알기 위해서는 우선 경교가 정착되기 전 중국의 종교와 사회상을 살펴봐야 할 필요가 있다.

사실 당대는 위진남북조 때 전래된 불교의 영향이 확대되는 시기였다. 이 불교가 기존의 유교 및 도교와 접목되면서 유불도 삼합과 원융圓融의 단계로 진전하게 된다. 중국은 한대에 모든 학설을 물리치고 유교를 통치이념으로 확정(罷黜百家, 儒家獨尊)했다. 그런데 후한 이후 위진남북조의 혼란기를 거치면서 도교가 흥성했고 불교가 전해지면서 괄목할 정도로 성행했다. 당 고조는 개국 이후 이런 풍조를 위험으로 간주하고 불교와 도교의 사원을 폐쇄했으며 각각 20만 명이 넘는 승려와 도사들을 환속시키는 정책을 취했다. 따라서 불교와 도교 신자들의 원성과 반발이 적지 않았다.

이렇게 고조가 종교계를 탄압했는데 어떻게 경교가 중국에서 성장할 수 있었을까? 그 이유는 앞서 말했듯이 당 태종이 경교의 정착과 전파를 적극 후원한 덕분이다. 태종의 이름은 이세민으로서 626년에 형이자 장자였던 이건성을 암살하고 부친을 퇴위시킨 후 권좌에 올랐다. 태종은 집권 과정에서 불교 승려들의 도움을 받았기 때문에 고조의 숭유억불 정책을 버리고 숭불 정책을 채택했다. 태종은 22년 동안 집권하면서 기본적으로 숭불의 태도를 취했지만 토착 종교인 도교와 기타 외래 종교에도 관대했다. 여기에는 경교도 포함되었는데 특히 태종이 크게 찬사를 한 성경이 마가복음일 가능성이 크다고 추측되곤 한다.

한편 태종의 뒤를 이은 고종의 가족은 독실한 불교신자였다. 고종의 아내가 바로 측천무후인데 한때 출가한 비구니였다. 그런데 고종은 이를 탐탁지 않게 여기고 기본적으로 숭유억불 정책을 취했다. 그 결과 유교를 제외한 기타 종교는 크게 위축되었다. 이처럼 지도자의 취향과 의지에 따라 종교정책은 변화가 많았고, 이에 따라 외래 종교는 흥성과 쇠퇴를 반복했으며 이 과정에서 많은 우여곡절을 겪어야 했다. 경교도 종교정책에 따른 외래 종교의 흥망에서 자유롭지 못했다. 대진경교유행중국비와 경교의 역사로 돌아가서 비문의 주요 용어를 정리해보면 선교사들의 노력과 고충을 알 수 있다.

먼저 비석에서 로마를 대진大秦으로, 페르시아를 파사波斯로 칭하고 있다. 중국 한나라에 로마의 존재가 알려졌고 그 이후로 중국은 로마를 일컬어 '대진국'이라 했다. 주지하듯이 예수 활동 시절에 중동이 로마의 통치를 받았기 때문에 중국은 서방에서 온 경교를 '대진교'로 칭했다. 그런데 그리스도교가 비잔틴 문명의 동로마제국에서 페르시아 문명의 사산 왕조를 거쳐 페르시아 영역 거주자들에 의해 전파되었기 때문에 네스토리우스파 그리스도교인 경교를 '페르시아교'로 혼용했다. 경교는 이밖에도 페르시아경교波斯景敎나 메시아교(彌施訶敎, 彌師訶敎)로 불리기도 했다.

경교비를 두고 명말청초의 중국학자들은 비석 내용과 경교에 대해 서로 의견을 달리했다. 예를 들어 명나라 예부상서였으며 청나라에 전향하여 새로운 시풍詩風을 개척한 전겸익錢謙益은 "경교가 마니교나 조로아스터교와 다르지 않다"고 평했다. 청의 유명 문인이었던 기윤紀昀도 "서양인은 곧 페르시아인이고 가톨릭이 곧 이른바 조로아스터교이다"라고 말했다. 이들이 경교와 다른 종교, 서양인과 중동인을 헷갈린 이유가 있다. 경교가 중국에 유입된 당 초에는 경교 외에도 마니교摩尼敎와 조로아스터교(拜火敎, 祆敎)의 활동이 활발했고 이 세 종교를 '삼진사三秦寺'라고 통칭했는데, 이를 두고 단일 종교로 오해했기 때문이다.

이처럼 전겸익과 기윤은 대학자였으나 서양 종교에 대한 무관심과 몰이해 때문에 잘못된 주장을 폈다.

반면에 항저우 출신 세례교인인 이지조李之藻는 위의 두 학자와 의견이 달랐다. 그는 《경교비의 글을 읽고 난 후讀景敎碑書後》라는 글에서 "삼위일체의 성부三一妙身는 곧 삼위일체이다"라고 설명한 후 경교가 "마테오 리치가 전한 그리스도교聖敎"라는 것을 확신했다. 이지조는 가톨릭과 경교의 차이를 명확히 구별하지는 못했지만 최소한 경교를 다른 외래 종교와 동일시하거나 연관짓지는 않았다.

경교가 유불도 3교의 용어를 차용한 이유

경교비에는 삼위일체三一의 개념이 곳곳에 존재한다. 성부 하나님을 일컫는 단어들로는 '유일하고 거룩한 분元尊', '처음이 없으신 참 주님無元眞主', '알라아阿羅訶' 등이 있다. 성자 예수님을 일컫는 단어들로는 '성자三一分身', '메시아彌施訶', '크고 빛나신 이景尊', '성자聖', '구세주景日' 등이 보인다. 성령을 가리키는 단어로는 '성령三一淨風'이 쓰였다. 프랑스의 중국학자인 폴 펠리오(Paul Pelliot, 1878~1945)가 둔황에서 발견한 《존경尊經》은 당에서 활동한 경교 선교사들이 번역한 성경이거나 교리문집으로 추정된다. 《존경》은 삼위일체를 각각 '성부妙身', '성자應身', '성령證身'으로 표현했다.

이밖에도 사탄娑殫, 천사(純精, 神天), 구약舊法, 구약에 나오는 선지자卄四聖 24명, 신약(新敎, 經), 동정녀室女, 팔복八境之度, 믿음과 소망과 사랑三常, 구원慈航, 세례法浴, 물과 성령水風, 십자가十字, 복음仁惠之音, 금식齋 등 성경에 나오는 여러 인물과 개념어가 문장에 나열되어 있다.

이처럼 경교 선교사들은 하나님의 섭리와 예수의 복음을 번역하는 과정에서 유불도 3교의 용어를 다수 차용했음을 알 수 있다. 당 황제의 배려 아래 성경 번역 작업을 하면서 당시 주요 종교였던 불교의 승려와 도교의 도사들과 수시로 접촉했을 테고, 유불도 삼가의 대표서적들을 많이 참조했으리라 예상할 수 있다. 그리고 중국인들이 성경을 쉽게 이해하도록 이미 통용되고 있는 단어를 차용할 필요를 절감했을 것이다. 대표적으로 하나님을 일컫는 '유일하고 거룩한 분元尊'이라는 단어는 도교의 최고신인 '원시천존元始天尊'에서 비롯한 것이다. 승천을 뜻하는 '승진昇眞'도 도교 용어인데, 도교의 궁극적 목표는 진인眞人이 되는 것이고 그 마지막 귀숙歸宿을 '승진'이라고 했다. 또한 당시 중국인들에게 익숙한 음양陰陽의 이기二氣로 하나님의 창조를 설명했으며 구원을 뜻하는 '자항慈航'은 불교 용어로 사람을 도와 인생의 고해苦海에서 벗어나게 한다는 의미가 있다. '삼위일체三位一體'는 '삼일묘신三一妙身'으로 표현했으며 '성부, 성자, 성령'은 '자부慈父, 명자明子, 정풍왕淨風王'으로 지칭했다.

아울러 교회를 지으면서 불교 사찰처럼 예배당을 대진사나 파사사 등 '사찰寺'로 불렀다. 페르시아 출신 성직자들은 대진승大秦僧으로 불렸는데 불교 승려처럼 머리를 깎고 승복을 입었으며 목탁을 치면서 교리를 낭송했다. 교회 벽에는 한자와 페르시아어로 성경 구절을 적었다.

선교사들이 유불도 3교의 용어와 예배 방식 그리고 승려 외모를 모방한 것을 보면 당시 선교사들의 고충을 능히 짐작할 수 있다. 중국과 중국인을 선교하기 위해 선교사들은 결과적으로 중국의 언어 습관과 생활 습관을 선택했다. 그 과정은 결코 쉽지 않았을 것이다. 각종 내부 갈등과 외부 저항을 충분히 예상할 수 있다. 그러나 생소한 종교 지식과 신앙을 전달하고 이해시키기 위한 불가피한 선택이었던 만큼 그들의 행동을 비난할 수는 없다. 물론 선교사들은 우상숭배와 불교의 관념을 비판하면서 주류 종교와 경교의 차이를 강조하는 것을 잊지 않았다. "어떤 자는 사물을 의지하며 숭배하게 한다(或指物以託宗)"고 지적하면서 다른 종교의 우상숭배를 비판했고 "어떤 자는 만유萬有가 다 허무空하다 하여 유有와 무(無, 空)를 불분명하게 한다(或空有以淪二)"고 지적하면서 불교와 도교의 관념을 비판했다.

경교의 전체적인 역사를 살펴보면 당시대에 그랬듯이 선교사들은 주기적으로 경교 전파와 차별화를 위해 부단히 노력했다. 원元대에 몽골어성경 번역이 있었고 명말청초에 가톨릭 선교사들에 의한 복음 전파가 있었으며 청 말에 개신교 선교사들에 의한 선교사역이 이어졌다. 그런데 명과 청대 선교사들의 활동은 남아 있는 문헌으로 자세히 알 수 있는 데 반해 당과 원의 선교 상황은 기록이 많지 않다.

한편 당대에 경교 선교사들은 황실의 배려 아래 성경 완역본을 완성했으리라 추측된다. 다만 안타깝게도 완역본은 문서로 남아 있지 않다. 전해지는 문헌도 많지 않고 연구 성과가 공유되지 않아 현재는 그 전모를 파악하기도 쉽지 않다. 경교비문의 저자로 알려진 애덤景淨이 당시 복음서와 바울 서신, 시편과 기도서, 시리아 문서 32권 등 성경과 예배 관련 서적을 번역했다고 하는데 그 번역본이 일부만 보존되어 있다.

교회당은 황폐해 터만 덩그러니 남다

중국에서 경교는 포교를 시작한 이후 약 50년 동안 번성했으나 이후 급격히 약화되었다. 특히 무종武宗이 845년(회창 5년)에 재상이던 이덕유李德裕를 앞세워 대대적인 불교 탄압정책을 펴면서 경교도 큰 타격을 입었다. '회창의 폐불會昌廢佛'로 일컬어지는 이 사건은 도교를 숭상하던 배타적인 무종이 불교를 탄압했던 역사적 사건이다. 그리고 이 과정에서 당시 삼이교三異敎로 불렸던 경교와 조로아스터교 그리고 마니교도 함께 박해를 받았다.

무종은 외래 종교의 교세를 조사하도록 명했다. 그 결과 사원이 4만 6,000개소에 성직자가 26만 500명이라는 실태를 파악했다. 그 뒤 경교를 비롯한 외래 종교 금지 조서를 반포하여 성직자 20만 명을 납세자인 양세호로 편입시켰다. 아울러 각 사원을 폐쇄하고 각종 종교 기물을 파괴했다. 그 결과 비문은 건립된 지 64년 만에 땅속에 묻히게 되었다. 비문을 땅에 묻은 이유는 신도들이 비문을 보호하기 위해서였으리라 추측된다. 실제로 발견 당시 비문은 파손된 흔적이 없었기 때문이다.

종교 탄압 1년 만에 무종은 33세의 나이로 죽고 선종宣宗이 즉위했다. 선종은 숭불 정책으로 불교를 복원했으나 경교는 쇠락을 면할 수 없었다. 더욱이 희종 즉위 6년이자 황소의 난이 한창이던 879년에는 지금의 광저우와 항저우를 비롯한 주요 도시에서 경교 선교사 등 외래 종교인들이 10만 명 이상 살해되었다. 결국 많은 경교 신자가 신앙을 포기하거나 비밀로 했고 선교사들도 다수가 추방되어 고국으로 돌아가야 했다. '교회당은 황폐해 터만 덩그러니 남아, 신자들이 돌아갈 곳이 막힌(寺廢基空在, 人歸地自閑)' 지경이 된 것이다.

그럼에도 경교는 중국 서부와 북부, 변경과 연안지역에 흩어져 송대까지 세력을 유지했다. 중국에 전파된 그리스도교는 고구려, 발해, 신라, 일본 등지에도 전해졌다고 고증되었다. 서방 종교였던 그리스도교가 중국을 거쳐 동아시아 전역에 파급될 수 있었던 것이다. 일부 몽골족도 송시대에 경교 선교사들에 의해 그리스도교를 접하고 신자가 되었다. 몽골제국이 성립되고 중국 대륙에 원이 개국되면서 경교도 왕족과 함께 재입성하여 부흥했다. 물론 그 이후에 100년이 채 안 되어 원이 멸망하자 명 초에 이르러 완전히 소멸한 것으로 보인다.

경교는 초기에 중국에서 안착하는가 싶었지만 두 가지 내부 요인 때문에 쇠락의 길을 걷게 되었다. 첫 번째 요인은 중국의 오랜 역사 속에서 발달해온 기존 종교 체계였다. 중국은 복희伏羲와 여와女媧가 등장하는 신화시대를 지나 하상夏商·은주殷周·춘추전국春秋全國시대를 거쳤다. 그리고 위진남북조시대를 지나 수당隋唐에 이르는 긴 역사를 이룩한 상태였다. 또한 그 속에서 유불도儒佛道와 민간신앙이 어우러진 종교적 토양도 단단했다. 이러한 환경에서 경교가 새로움과 신비함만으로 복음의 뿌리를 내리기란 결코 쉽지 않았다. 두 번째 요인은 경교의 선교 방식이었다. 경교는 본래 황실의 보호와 지원을 받으며 위에서 아래로 복음을 전파했다. 따라서 민중의 폭넓은 지지를 받기에는 한계가 있었다.

그럼에도 경교는 동서양 문명의 첫 만남을 성사시켰고 양자에게 사고의 틀을 확장시켰다. 이후 지속적인 접촉과정에서 갈등과 충돌이 많았지만, 타자에 대한 인식을 재정립하는 과정을 이어가게 된다.

시안 현지 탐방기:
1,400년의 시간을 뛰어넘어, 경교비와 동방의 피사탑을
만나다(1995, 2013, 2017년)

2017년 가을, 저자는 대진경교유행중국비를 실물로 마주하기 위해 시안으로 향했다. 여행을 준비하면서 고민이 많았다. 하필이면 중국 최대 명절인 국경절과 중추절 연휴가 겹쳤기 때문이다. 이 시기는 중화인민공화국 수립일인 10월 1일부터 7일까지 내륙과 홍콩 그리고 마카오 지역 전체가 황금연휴였고 14억 인구 중 절반 이상이 국내외로 이동할 것으로 보였다. 다행히 시안행 비행기표는 무난하게 구할 수 있었다. 다만 중국의 사드 보복조치로 한중 왕래가 크게 감소했기 때문이라는 점은 씁쓸했다. 인천국제공항을 출발해 시안으로 가는 비행기에 몸을 실었다. 문득 창으로 내려다본 서해는 무심하게 너무나 파랗고 맑았다.

1995년 시안과 처음으로 만났다. 한중 수교 이후 3년이 흘러 한국과 중국은 조심스럽게 가까워지고 있었다. 일반적으로 적대관계가 해소되면 제일 먼저 정부 차원에서 대사관을 설치하고 그다음으로 각 언론사가 지국을 설치하고 상주특파원을 파견한다. 이에 따라 국내 주요 언론사는 수교와 함께 홍콩지국을 베이징으로 옮기고 상주특파원을 보강했다. 당시 저자가 몸담고 있던 CBS도 주한중국대사관에 베이징 상주특파원을 파견하기 위한 지국 개설을 신청했다. 향후 중국의 국제 위상이 상승할 것으로 보였고 남북관계 개선을 위한 북한 접촉을 염두에 둔 것이었다. 그때 중국어과 출신인 저자에게 베이징

† **시안셴양국제공항**　시안셴양국제공항은 중국 북서부 최대 규모의 국제공항이다. 바야흐로 중국
경제의 눈부신 발전을 체감할 수 있다.

상주특파원이라는 임무가 주어졌다. 문제는 알 수 없는 이유로 2년간
허가가 나지 않았다는 것이었다. CBS보다 늦게 신청한 언론사는 지국
설치까지 허가받았는데 말이다. 여러 경로로 확인한 결과 원인은 'CBS'
라는 방송사 이름에 있었다. CBS는 영문으로 'Christian Broadcasting
Systems', 중국어로는 '基督敎廣播電臺'다. 즉 '기독교'라는 단어 때문
에 중국 정부는 한국이 기자가 아닌 선교사를 파견하는 것으로 오해
했던 것이었다. 아울러 중국 내부 사정에 정통한 한 관계자가 전하길
중국 정부는 서양의 그리스도교 침투를 가장 경계하기 때문에 절대
로 허가하지 않을 것이라며 괜히 시간낭비 말라고 충고했다.

　난감했고 큰 벽을 느꼈다. 우선 어떻게든 방법을 찾기로 했다. 다행
히 수교 전이던 1980년대 초반부터 중국에 태권도를 보급하며 중국
체육계의 고위 인사들과 친분을 쌓았던 재미동포 김 모 목사님을 소

개받을 수 있었다. 그 목사님은 과거에 불의의 사고로 한 팔이 없었지만 결코 낙담하지 않고 미국에서 활동하며 태권도 보급에 크게 기여한 위인이었다. 그리고 미국 시민권자라는 신분 덕분에 1980년대 초반부터 중국을 자유롭게 왕래할 수 있었다. 중국 베이징체육대학에 태권도학과를 정식으로 개설한 분으로서 사범 파견은 물론 물질적으로 큰 도움을 줬다.

우리는 김 모 목사님, CBS 권호경 사장님과 함께 베이징에서 중국 올림픽조직위원회 웨이지중魏紀中 사무총장을 만났다. 그리고 CBS가 그리스도교 정신을 바탕으로 한국 최초로 설립된 민영방송이라는 사실을 알리고 베이징 특파원을 파견하려는 목적을 설명했다. 그러자 '노력해보겠다'는 중국인 특유의 의례적인 답변이 돌아왔다. 차관급에 해당하는 고위관료를 만나 우리 의사를 전달했다는 게 성과라면 성과였다.

베이징 일정을 마치고 중국에 온 김에 두 분과 함께 시안을 찾았다. 베이징 서우두공항은 1990년대 중반만 해도 챙 높은 모자를 쓴 보안요원들이 보여주는 위압적인 태도와 낡은 시설로 악명 높았다. 더욱이 시안으로 향하는 비행기는 추락사고가 잦았던 구 소비에트연방의 낡은 투폴레프Tupolev-134 여객기였다. 어처구니없게 안전벨트마저 고장이 나 있었다. 시안으로 가는 여정은 이렇게 불안으로 가득했지만 장안성과 진시황릉, 병마용, 양귀비가 목욕했다는 화칭츠華清池 등 찬란했던 문화유적을 둘러보며 중국의 문화적 잠재력을 확인할 수 있었다. 아쉽게도 당시에는 대진경교유행중국비를 찾아갈 여유가 없었다.

그때로부터 22년이 흐른 2017년의 시안은 어떻게 변해 있을지 무척 기대되었다. 특히 그리스도교인으로서 당나라 때 만들어진 대진경교유행중국비를 직접 볼 수 있다는 흥분은 쉽게 가라앉지 않았다. '역사의 아버지' 헤로도토스는 그리스와 페르시아 전쟁을 탐구해《역사》를 썼다. 책 제목인 '역사'는 그리스어 '히스토리아이historiai'의 번역어로서 지금처럼 '역사'나 '역사학'이라는 의미가 아니라 '탐구, 탐구로 얻은 지식, 탐구결과에 대한 서술'이라는 일반명사였다. 그런 의미에서 대진경교유행중국비와의 만남은 단순한 '역사'를 목격하러 가는 게 아니라 오래전 중국에 전해진 그리스도교의 발자취를 '탐구'하러 간다는 확신이 들었다.

곧 시안에 도착한다는 기내방송을 듣고 창밖을 봤다. 멀리 마치 절해고도처럼 구름을 뚫고 나온 산들이 줄지어 서 있었다. 산시성 남부에 있는 친링秦嶺산맥 줄기 같았다. 전체 길이가 1,500킬로미터에 이르고 최고봉이 3,767미터인 타이바이산太白山을 품은 친링산맥은 중국의 황허와 창장長江 수계의 분수령을 이룬다. 관중평원은 한족에게 매우 특별한 의미가 있다. 진秦부터 당까지 13개 왕조, 74명의 황제를 배출한 중국 역사의 시원지이기 때문이다. 어떤 이는 저 산맥을 넘어 드넓은 평원을 차지하기 위해 치열한 전쟁을 벌인 반면에, 어떤 이는 오로지 복음 전파를 위해 경전을 품고 낯선 곳을 향하여 생명을 담보한 선교여행을 떠났으리라. 그 생각에 한참 엄숙한 기분에 사로잡혔다.

시안에 무사히 도착하고(주여, 감사합니다!) 눈을 떠보니 세련된 공항이 눈에 담겼다. 붉은색 행서체로 쓰인 '西安'이라는 이름이 새삼 반가웠다. 시안공항의 정식 명칭은 시안셴양국제공항西安咸陽國際空港이다. 이곳은 2018년 기준으로 연간 탑승객이 4,400만 명 오갔고 중국에서 일곱 번째로 크며 북서부에서는 최대 규모를 자랑한다. 공항은 시안과 셴양 사이에 자리해서 두 도시 이름을 모두 쓴다. 셴양은 기원전

221년 시황제始皇帝가 6국을 통일하고 수도로 삼은 곳이다. 시안은 당의 수도가 되어 인구 100만 명의 대도시로 성장하고 유럽에까지 이름을 떨쳤던 국제도시였으나 당의 몰락과 함께 쇠락했다. 그러다가 명이 건국되고 지금과 같은 성곽이 구축되었다.

우리는 호텔에 짐을 풀고 대진경교유행중국비가 있는 시안비림박물관으로 향했다. 이 박물관은 시안 중심부에 있으며 중국 전역에서 수집한 국보급 문화재 1만 1,000개를 소장하고 있는 국가1급 석각박물관이다. 시안비림박물관의 역사는 유구하다. 북송 관료였던 여대충呂大忠은 '석대효경비石臺孝敬碑'와 '개성석경비開成石經碑'가 비바람과 전란으로 훼손되는 것을 안타깝게 여겼다. 석대효경비는 당 현종의 친필이 담긴 비석이고 개성석경비는 문종의 명으로 837년에 중국 고전 12편을 114개 비석 양면에 새긴 비석이다. 여대충은 이들 비석을 1087년에 공자 사당인 문묘文廟로 옮기고 각지에 흩어져 있던 비석과 석각을 모아 관리하기 시작했다. 이것이 '비림碑林'의 시초가 되었다.

문묘는 꾸준히 확장되어 명대에 지금의 규모를 갖춘 후 청나라 시대에 이르러서 비림이라는 명칭을 갖게 되었다. 이곳은 당 최고의 명필 구양순歐陽詢과 동진의 서예가 왕희지王羲之, 안진경顏眞卿, 류공권柳公權 등의 친필을 담은 비석을 보유하고 있어서 중국 서법과 비석 연구자들의 성지로 각광받는다. 중국인들이 가장 좋아하는 작품은 당 태종 이세민의 소릉昭陵에서 가져온 소릉육준昭陵六駿 부조로서 6개 중 4개가 전시되어 있다. 이세민이 아끼던 6마리 말을 표현했는데 작품의 비율이 훌륭하고 사실적인 묘사와 명쾌한 선이 눈길을 사로잡는 걸작으로 평가받는다. 나머지 2개는 1914년에 미국으로 밀반출되어 현재 펜실베이니아대학 박물관에 소장되어 있다.

황금연휴를 맞이해 비림박물관 경내는 인산인해였다. 입구 양측으로 각종 탁본과 서법책, 문방사우 등을 파는 기념품 가게가 즐비했다. 한국에서 온 그리스도교인인 줄 어떻게 알았는지 한 상인이 "대진경교유행중국비 탁본이 있는데 사겠습니까?"라고 말을 건넸다. 비싼 입장권을 사서 정문으로 들어서니 '비림碑林'이라는 글자가 박힌 누각을 배경으로 사진 촬영이 한창이었다. 모두 7개 전시실 중 대진경교유행중국비는 제2실에 있었다. 그리스도교의 복음이 1,400년 전 당에 전해졌다는 사실을 접한 이후 40여 년 만에 마침내 실물을 대면한다는 생각에 가슴이 두근거렸다.

십자가와 연꽃이 조화를 이루는 경교비

제2전시실에 들어서자 왼편으로 대진경교유행중국비의 실물이 모습을 드러냈다. 인파 속을 헤집고 들어가 그 앞에 섰다. 경교비는 훼손을 막기 위해 두꺼운 유리로 싸여 있었다. 기단 위에 세워진 비석의 전고는 매우 높아서 3미터에 달하고 폭은 1미터, 두께는 28센티미터 정도였다.

경교비는 세워진 지 오래지 않아 땅속에 묻혀 숨죽여 지내야 했고 발견된 뒤에도 온갖 풍상에 시달린 탓인지 세월의 흔적이 역력했다. 예수가 인류의 죄를 씻기 위해 감당한 십자가는 그리스도인에게 매우 특별한 의미가 있다. 순교자들은 그 십자가를 가슴에 품고 천국을 꿈꾸며 스러져갔다. 그리고 때때로 그리스도인들이 고난을 축복으로 여기며 감내하게 하는 놀라운 능력을 부여하기도 한다. 비석의 십자가는 당나라 사람들에게 어떤 의미였을까? 그리고 경교를 포교하던 선교사

✝ **대진경교유행중국비의**
실제 사진과 탁본

여기저기 닳아 있고 누런 때가 비석을 덮고 있다. 그래도 '대진경교유행중국비'라는 한자가 선명하고 삼위일체 십자가도 두드러져 보인다.

들에게는 어떤 희망을 안겨줬을까? 중국 문화를 차용했기에 연꽃, 구름, 불꽃이 어우러진 십자가가 더욱 의미심장해 보였다. 이 십자가 도안은 현재 홍콩충지대학香港崇基學院의 휘장으로 사용되고 있다. 충지대학은 홍콩중문대학香港中文大學 내 9개 단과대학 중 하나로 홍콩 성공회 허밍화何明華 주교 등이 1951년에 세운 그리스도교 고등교육기관이다. 허밍화 주교는 1954년 연설에서 "연꽃에서 피어난 십자가 그리고 구름 가운데를 뚫는 화염을 나타낸 대진경교중국유행비의 십자가 도안이 충지대학의 상징이 되기를 바란다"고 말했다. 이는 홍콩이 중국 그리스도교의 발전에 기여한 역사와 밀접하게 연관되어 있다. 그리고 13개에 이르는 홍콩 내 그리스도교 대학의 건학정신과도 맞닿아 있다. 지금도 중문대학 행정건물 지하와 도서관 벽에는 경교비 탁본이 선명하게 걸려 있다고 한다.

경교비를 보면서 다만 하나 아쉬웠던 것은 경교비 관리가 부실했다는 것이었다. 중국 관광객들은 이 비석을 단순히 여러 비석 중 하나로 여기는 듯했다. 국보급 유물이라는 거창한 설명과 달리 별다른 보호장치 하나 없었고 아무렇게나 손대는 일이 가능했다. 심지어 어떤 부모는 아이를 기단인 거북이등 위에 앉힌 후 사진을 찍었다. 거북이를 재물과 장수의 상징으로 여기는 중국 관람객들은 거북이 머리를 쓰다듬으면서 복을 기원했다. 아쉽지만 발걸음을 옮기면서 미리 살펴봤던 비문 내용을 되새겼다.

대진사 발굴현장을 찾아서

시안 방문 이틀째를 맞았다. 일정은 대진경교중국유행비가 발견되었다는 시안 서쪽 저우즈周至현의 대진사를 둘러보는 것이었다. 앞서 경교비 발굴 상황을 구체적으로 추측해봤다. 시안 성내에서 경교비가 발굴되었다는 가설을 토대로 이야기를 구성한 것이다. 그런데 실제 발굴은 저우즈현 대진사에서 행해졌다는 가설도 있다. 학계에서는 아직도 분명한 결론을 내리지 못한 상태이다. 그래서 우리는 시안 성내와 대진사를 두루 살펴보기로 했다. 대진사는 경교비와 함께 대진사보탑寶塔을 보유하고 있다. 시안 시내에서 약 70킬로미터 떨어진 저우즈현으로 가기 위해 중국식 우버인 헤이처黑車를 불렀다. 기아자동차를 몰고 온 30대 운전자는 자신을 장 씨로 소개했다. 부모와 친척 돈을 끌어모아 영업을 시작했는데 벌이가 괜찮다고 했다. 대진사 위치와 방문 목적을 알려주고 한국에서 왔다고 하니 그곳에 볼 게 뭐가 있느냐는 듯 아리송한 표정을 지었다.

시내를 벗어나 고속도로를 달린 후 지방 국도로 접어들었다. 전형적인 시골 풍경이 눈에 들어왔다. 도로 양쪽으로 과일과 채소를 파는 좌판이 늘어서 있고 양꼬치와 국수를 파는 간이식당도 즐비했다. 그리고 시안취장농업박람원西安曲江農業博覽園과 세계적 규모의 자연식물원인 친링국가식물원秦嶺國家植物園이 눈에 들어왔다. 저우즈현은 상주인구가 60만 명으로 중국 기준으로 보면 '아주 작은 시골'이라고 한다. 그런데 친링국가식물원을 비롯해 명승고적이 많고 자연풍광이 수려하며 기세가 강한 지역으로 소개되고 있었다.

저우즈현을 소개하는 자료에서 눈에 띄는 대목이 있었다. '중국

† 대진사보탑

대진사보탑은 세월의 무게를 이기지 못하고 현재는 탑 본체가 서북방향으로 2.76미터 정도 기울어 있다. 그래서 '동방의 피사탑'이라는 별명도 얻었다. 진흙과 석고로 만들어진 대다수 장식 예술품은 수세기 동안 비바람에 많이 손상되었다. 대진사보탑 옆에는 대진경교유행중국비 복제품이 서 있는데 안타깝게도 완성도가 낮은 편이다.

도교의 발상지이자 중요 성지이며 세상에서 제일 축복받은 땅天下第一福地 러우관타이樓觀臺!' 당시대에 동로마에서 전해진 경교와 도교가 저우즈현에서 공존했다는 뜻이다.

　사실 도교는 중국에서 종교를 초월해 민속으로 정착해 지금까지 중국의 각 분야에 영향을 미치고 있다. 그런 도교의 성지임을 자랑하듯 '선도仙都'라는 거대한 현판과 함께 거대한 도장道場들이 대규모로 자리 잡고 있었다. 또 '재물신문화구역財神文化區'이라는 재미있는 간판이 눈에 띄었다. 중국인들이 가장 좋아하는 재물의 신神, 현단玄壇 조공명趙公明을 기리는 사당과 높은 탑 그리고 철 채찍과 재물단지를 든 조

공명의 동상이 서 있었다.

　다시 차를 타고 달리던 중에 멀리 산등성이 위로 오래된 사탑이 보였다. 그날의 목적지에 서 있는 대진사보탑이었다. 관광객이 많지 않은 곳이라 표지판도 없어서 길을 찾기가 어려웠다. 우리는 어쩔 수 없이 차에서 내려 한동안 헤맸다. 다행히 밭에서 일하시던 할머니를 만나 길을 물었다. 할머니의 친절한 설명에 따라 작은 숲길의 덤불을 헤치고 올라서니 대진사의 넓은 경내와 탑이 이방인의 방문을 반겨주었다.

　앞서 살펴본 대로 올로푼은 대표단을 이끌고 장안에 와서 당 태종의 포교허락을 받고 장안과 뤄양洛陽 등 전국에 대진사(교회)를 세웠다. 이곳 대진사도 그중 하나였는데 845년의 회창 폐불 당시 화를 피하지 못했다. 그 뒤로 천 년 사이에 경교와 도교와 불교 사원으로 번갈아 사용되다가 오늘에 이르렀다. 청대 가경嘉慶 연간(1796~1820)에 비밀결사 조직이었던 백련교白蓮敎 반란군이 저우즈현을 점령하면서 대진사도 화재로 소실되었지만 다행히 대진사보탑만큼은 피해를 입지 않고 원형을 유지했다고 한다.

　명대인 1536년에 산시성陝西省을 덮친 진도 8.7의 지진도 견뎌냈던 8각7층 대진사보탑은 높이가 약 40미터에 둘레는 10미터로서 당 태종 때(627~649)에 처음 세워진 뒤 청대에 이르기까지 수차례 보수를 거쳐 무려 1,300여 년을 버텨왔다. 과거에는 나무 계단으로 탑 꼭대기까지 올라갈 수 있었으나 지금은 시설이 낡아 1층만 공개하고 있었다. 1957년에 산시성 중요 유물로 지정되었고 1999년에 정부에서 자금을 지원해 보수작업을 한 덕분에 더 기울어지는 것을 막을 수 있었다. 대진사보탑은 동서양의 장식과 풍격이 공존하고 있었다. 경교와 관련된 점토인형과 고대 시리아 문자 그리고 옛 아시리아 문자와 문양이 새겨져 있었다. 고대 실크로드의 산물이자 중국의 서역문화 교류를 입증하는 문물로 국제학술계로부터 학술적 가치를 인정받고 있다.

대진사는 불교 사원으로 운영되고 있었다. 가사를 걸치고 모자를 쓴 두 사람이 대웅전 마루에 앉아 얘기를 나누면서 힐끔힐끔 쳐다봤다. 머리가 짧아 승려 같기도 하고 문화재보호를 위한 관리인 같기도 했다. 다가가서 이곳이 경교비 발굴 장소가 맞느냐고 묻자 보탑 옆을 가리켰다. 비림박물관에서 봤던 경교비의 복제품이 보탑 옆에 세워져 있었다.

복제품의 상태는 실물과 비교해 너무나 형편없었다. 자세한 발굴 지점을 묻자 자기들도 짐작할 뿐이라고 대답했다. 그 대신 보탑에 대해 장황하게 설명했다. 2.4미터 정도 기울어진 쑤저우蘇州의 후치우虎丘 탑보다 50센티미터나 더 크게 기울어 '동방의 피사탑'이라는 명칭을 얻었고, 경교비와 대진사와 더불어 경교를 상징하는 세 가지 중요한 유물이라는 것, 그리고 동서 문화교류와 실크로드의 산물로서 역사적으로 중대한 의미가 있고 연구 가치가 크다고 했다.

통일신라 시대의 돌십자가와 성모상

경교비가 세워진 781년의 상황을 상상해봤다. 635년, 네스토리우스파 그리스도교의 선교사들이 도착했던 장안은 인구 100만 명의 대도시로서 동로마나 페르시아의 어느 도시보다도 화려하고 번잡했다. 중국 전역에서 모여든 사람들뿐만 아니라 신라와 백제인 그리고 일본에서 건너온 승려와 상인들도 있었다. 그뿐만 아니라 페르시아와 중동의 상인들, 로마에서 온 낯선 외모의 서양인까지 흔히 볼 수 있었을 것이다. 마치 지금의 뉴욕이나 런던, 파리처럼 국제도시였던 게 확실하다.

그 후 150여 년 동안 로마사원이라는 뜻의 대진사는 전국에 수백 개가 세워졌다. 황제들은 성탄절이면 아기 예수의 탄생을 축하하는 선물을 보내고 부활절에는 예배에 쓸 제례용품까지 하사했다. 경교사제 애덤은 이 모든 것이 하나님의 은혜이고 축복이라며 감사 기도를 올렸을 것이다. 믿음이 있는 후손들에게 기록을 남기기 위해 석공을 불러 천지창조부터 애덤과 하와, 예수의 탄생과 십자가에서 죽은 지 사흘 만에 부활하사 인류를 구원하시고 승천한 내용을 담은 비석을 세우기로 했다. 그리고 781년 2월 4일 일요일(건중 2년 정월 초)에 대진경교유행중국비의 건립을 축하하는 예배를 드렸다. 경교사제들과 축하사절, 성도들은 기쁨으로 하나님을 찬양했을 것이다.

대진사의 높은 언덕에 서서 아래를 내려다봤다. 방금 지나왔던 도교의 발상지 선도仙都와 돈을 섬기는 재물신문화구역財神文化區이 한눈에 들어왔다. 왼쪽으로는 유럽식 성당을 본뜬 백색 건물도 보였다. 시안이라는 도시에 불교와 도교, 그리스도교, 이슬람교 등 여러 종교가 공존한다는 사실을 눈으로 확인할 수 있었다.

시안 숙소로 돌아가는 길에 문득 허기가 졌다. 허름해 보이는 시골 식당으로 들어갔다. 점심때를 한참 넘긴 시간이었지만 이방인을 맞이한 주인이 주방 불을 다시 켜고 면을 삶아 내어왔다. 한국은 거의 모든 밀가루를 수입하지만 중국은 현지 밀로 면과 빵을 만든다. 쫄깃한 면발이 그렇게 맛있을 수 없었다. 가게는 볼품없었지만 그때 맛본 국수의 맛을 잊을 수 없다.

식사를 마치고 전부터 꼭 가보고 싶었던 삼성전자 시안반도체공장으로 향했다. 마치 고속도로 진출입로처럼 여러 개 입구에 차단기가 내려져 있고 전자카드가 부착된 차량에만 출입이 허용됐다. 철조망 울타리가 세 겹으로 둘러졌는데 그 넓이가 마치 거대한 신도시처럼 느껴졌다. 출입구에서 한참을 달려서야 영문으로 된 삼성전자 간판이 모습을 드러냈다. 곳곳에 통근 차량으로 보이는 셔틀버스의 정류장이 있어 삼성전자 단지의 규모를 짐작하게 했다. 흰 와이셔츠를 입고 무전기를 든 보안요원들이 경계를 늦추지 않았다. 공장을 배경으로 사진을 찍으려고 하니 즉각 달려와 제지했다. 이때 운전기사가 친분이 있는 보안요원과 잠시 얘기를 나눌 테니 그 틈에 사진을 찍으라고 귀띔했다. 서둘러 사진을 찍고 차에 올랐다. 비록 내부는 볼 수 없었지만 삼성이라는 브랜드가 크게 다가왔다. 중국인들의 자존심이 담긴 당나라 수도 시안에 중국인들의 간청으로 중국이 부러워하는 삼성의 공장이 세워졌다는 사실이 뿌듯했다. 삼성에 대한 평가와는 별도로 한국의 기업이 지닌 위상을 직접 목격하고 자랑스러웠다.

한편, 경교가 통일신라까지 전래되었다는 주장도 있다. 1956년 경주 불국사 대웅전에서 '돌십자가' 1점이 출토되었고 이어서 '철제 십자무늬장식'과 '성모 점토상'이 발견되었다는 것이다. 숭실대학교 한국기독교박물관의 최병현 관장은 이것들이 기독교 유물이라고 추정했다. 이 유물들은 한국기독교박물관에 소장되어 있다. 다만 많은 문화재 전문가들은 이 유물이 통일신라 시대의 것이며 경교의 영향을 받은 기독교 유물이라는 것에 회의적이기도 하다.

일본에도 경교 선교사들의 문헌들이 남아 있는 것을 토대로 일부 사학자들은 당과 지속적으로 교류했던 신라와 백제에 많은 경교 신자가 있었으며 백제가 멸망하면서 이들이 일본으로 건너가 정착했다고 주장하기도 한다. 경교가 당을 거쳐 통일신라에 들어와 유행했으며 일본에까지 전해졌다는 주장이 역사적 사실로 증명되려면 앞으로도 많은 연구와 유적, 유물 발굴이 뒤따라야 한다.

2장

베이징,
원나라 권력의
심장부로 파고든
경고

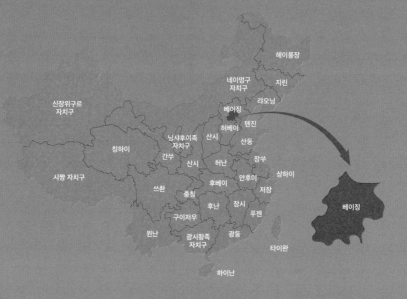

† 중국 대륙에서 베이징의 위치

베이징은 중화인민공화국의 수도로서 3,000년의 역사를 간직한 도시이며, 오랫동안 중국의 정치와 문화, 교통의 중심지였다. 중국에는 조대별로 수많은 도읍지가 있었으나 역사의 뒤안길로 사라져갔다. 그러나 베이징은 원대에 중국 대륙의 실질적 수도인 칸발리크大都로 정해진 후 그 지위를 지금까지 유지하고 있다. 베이징은 현재 상하이에 이어 중국 제2의 도시이며 중국에서 유동인구가 가장 많은 도시로 매년 평균 1억 명 이상이 도시를 드나든다.

몽골제국과 그리스도교

베이징은 오랜 기간 중국의 수도였기에 동서양의 거의 모든 것이 자의든 타의든 이곳을 거쳐갔다. 오랜 세월 속에서 이곳 베이징을 무대로 많은 역사적 인물이 활동했고 많은 사건이 발생했다. 베이징에는 휘황찬란한 푸른 기와를 머리에 인 자금성을 중심으로 천안문 광장과 인민대회당, 마오쩌둥毛澤東기념관, 그리고 교외의 명나라 십삼릉十三陵과 만리장성 등 거대 건축물들이 즐비하다. 그럼에도 베이징의 깊은 골목과 전통가옥 사합원에서는 일반 서민들이 통치자의 시퍼런 서슬과 국가제도의 팍팍함을 인내하며 각자의 삶을 영위해왔다. 아울러 외래 문명과의 만남과 갈등, 수용 과정이 중국의 수도 베이징을 무대로 다채롭게 펼쳐졌다. 특히 복음 전파를 지상 과제로 삼았던 서양 선교사들에게 베이징은 반드시 거쳐야 할 관문이자 산이었다. 중화의 담장에 둘러싸인 권력의 심장에 접근하기 위해 복음 전파자들은 많은 수고와 희생을 감내해야 했다.

앞서 당시대에 경교가 전래되어 한때 흥성했다가 종교 탄압 과정에서 쇠락한 역사를 살펴보았다. 이것이 그리스도교와 중국의 첫 번째 만남이었다. 그럼에도 경교 신자들은 송대에도 절멸되지 않고 중국 전역에 흩어져 신앙을 유지하고 있었다. 그런 중국 대륙에 새로운 변화가 찾아왔다. 몽골인인 칭기즈 칸이 몽골제국을 일으켜 중앙아시아와 중국 대륙을 석권하고 중동과 유럽까지 진출한 것이다. 몽골군의 존재와 출현에 대해 유럽인들이 느낀 공포는 상상 이상이었다. 자신들의 사고 밖에 있던, 세상 너머 동방에서 신출귀몰하는 기마대가 무시무시한 힘을 과시하며 압박해온 것이다. 칭기즈 칸 때에 몽골 군대는 특유의 기동성과 폭력성을 내세워 빠르게 영토를 확장했지만 많은 곳에서 통제력을 지속하지 못했다. 반면에 칭기즈 칸의 손자 쿠빌라이 칸Kublai Khan 은 달랐다. 1251년부터 북중국을 통치하면서 20년간 남송의 근거지인 남중국 탈환에 주력해 결국 남송을 멸하고 대륙을 장악했다. 1271년, 중국 문화에 호감이 있던 그는 중국 대륙 통치에 집중하기 위해 국호를 원으로 개칭하고 수도를 카라코룸에서 칸발리크(汗八里, Khanbaligh, 大都, 北京)로 변경했다. 칸발리크는 투르크어로 '칸의 도시'라는 뜻이다. 이로써 중국 대륙은 한족 중심의 중국 문화에서 몽골족 중심의 다문화 사회로 바뀐 것이다. 이와 더불어 기존 유불도 삼가 중심의 종교관에도 큰 변화가 일어났다.

원은 인종 차별로 사회를 지배했다. 몽골인과 색목인色目人이 지배층을 형성했고, 중국 북부의 한인과 남인(南人, 남부의 한인을 지칭)이 피지배층을 형성했다. 그중에서도 색목인의 역할이 두드러졌다. 그들은 전통적으로 동서를 왕래하던 상인세력을 중심으로, 주로 중앙아시아와 중동, 유럽에서 포로가 되어 강제 이주해오거나 유입되어온 서구인들이었다. 이들이 중국 각지에 배치되어 정치, 경제, 군사, 외교 등 행정 실무를 담당했다. 색목인은 다양한 인종으로 구성된지라 그리스도교와 이슬람교와 라마교 등 신앙 역시 다양했다. 원 조정도 색목인과 그들의 종교에 관대했다. 후에 취안저우의 주교직을 담당한 안드레아(安德烈, Andrea da Perugia) 신부는 원의 종교정책에 대해 이렇게 언급했다.

† **안드레아 신부의 묘비** 취안저우시의 해양역사박물관에 전시되어 있는 안드레아 신부의 묘비 복제본. 취안저우시는 안드레아 신부가 수도원을 세우고 주교직을 담당했던 곳이기도 하다. 묘비의 원본은 베이징에 있다.

"이 거대한 제국에서는 하늘 아래 모든 민족, 모든 다양한 종파가 자신들의 신념에 따라 자유롭게 사는 것이 허락된다. 누구나 자신의 종교로 구원받을 수 있다고 생각한다. 우리는 아무런 방해도 받지 않고 전도할 수 있었다."

그 덕분에 당대 이후 숨죽이고 있던 경교(그리스도교) 역시 사회의 전면에 나설 수 있게 되었다. 몽골제국의 왕족들 중에도 경교 신자들이 많았다. 특히 케라이트Keraitits족과 나이만Naiman족, 메르키드Merkid족과 옹구트Onguts족은 부족 전체가 경교 신자였다. 칭기즈 칸과 본처인 보르테 우진 사이에는 주치, 차가타이, 우구데이, 톨루이라는 네 아들이 있었다. 그중 막내인 톨루이의 아내는 케라이트 부족의 사라쿠타니바기

Sarakutanibagi였다. 그가 바로 경교 신자였다. 그는 당시 현명한 여성으로 알려져 2대 칸인 우구데이가 아들인 구유크의 신붓감으로 낙점했을 정도였다. 구유크는 후에 3대 칸이 된 인물이다. 그럼에도 그는 구유크가 아닌 툴루이를 선택해 아들 7명을 낳았는데 장남인 몽케는 4대 칸이 되었고, 4남인 쿠빌라이는 5대 칸이 되어 원元을 개국했다. 6남인 훌라구 칸은 일 칸국汗國을 세워 바그다드와 다마스쿠스를 정복했다. 훌라구 칸은 이런 말을 남겼다. "내 어머니 역시 그리스도교인이셨지. 나도 그리스도교인을 제일 아낀다네."

1240년에 원 왕조의 고관이던 안마기스安馬吉思가 남방에 경교 교회인 대광명사大光明寺를 건축했고, 모포제국 태후가 십자가교회를 건축했다. 1245년에는 안마기스의 제자 세르기스薛里吉思가 서독안사西瀆安寺, 자리파사慈利波寺, 십자사十字寺, 대흥사大興寺, 고안사高安寺, 감천사甘泉寺, 대보흥사大寶興寺 등 경교 교회를 7개 건축했다고 전한다. 기록에 따르면 원 초에 대도 지역에만 그리스도교 신자가 3만여 명 있었고, 전국적으로 대주교구가 설치되었다고 한다. 또한 경교 신자들은 병역이 면제되었고 면세 특권을 누렸다고 한다.

원대에는 그리스도교인을 '타르삭(tarsak, 達娑, '경외'와 '크리스천'을 뜻하는 페르시아어)'이나 '예르게운(也里可溫, Arkaun)'이라고 불렀기 때문에 그리스도교를 '경교' 대신 '예르게운也里可溫교'로 불렀다. '예르게운'이라는 호칭에 대해서는 의견이 분분하다. 히브리어인 '엘로힘(Elohim, 하나님)'에서 비롯되었다고도 하고 몽골어인 '예르게운Arkaun'에서 비롯되었다고도 한다. 따라서 '예르게운'은 '하나님을 믿는 사람들'이나 '복음을 따르는 무리', 또는 '복 있는 사람들'이라는 뜻이 된다. 원 정부는 중앙에 숭복사崇福司를 설치하여 마르(馬兒, mar, 예르게운교의 주교), 하시(哈昔, hasia, 교역자), 랍반(列班, rabban, 교사), 예르게운교와 십자가교회十字寺의 종교사무 등을 관리했다. 1315년에 사司를 원院으로 개정했는데 전국적

**† 원나라 시대
네스토리우스파
그리스도교의 석비**

몽골제국의 왕족들 중에도 경교 신자들이 많았다. 특히 케라이트족과 옹구트족은 부족 전체가 경교 신자들이었다.

으로 72개 관리소가 설치되었다고 하니 당시 상황을 짐작할 수 있다. 이는 당대 이후 잔존하던 경교 신자들과 몽골 왕족, 원 건국 이후 유입된 색목인들을 중심으로 이룩한 결과이다.

몽골의 기마부대가 중앙아시아를 거쳐 무서운 기세로 유럽으로 닥쳐왔다. 유럽 국가들과 종교계에서는 위협을 느끼고 불상사를 막기 위해 고심하던 중 몽골과 화의를 타진하기 시작했다. 그 결과 가톨릭 신부들이 몽골에 도착했고 외교와 군사 협상 과정에서 자연스럽게 가톨릭 신앙이 전해지게 되었다. 이것이 중국과 그리스도교의 두 번째 만남이었다. 그즈음 유럽은 이슬람세력과 벌인 장기간에 걸친 종교전쟁과 가톨릭 내부의 종파 분쟁, 외부의 정치적·종교적政教 갈등 등 많은 혼란을 겪고 있었는데 새로운 위협이 찾아온 것이다. 교황 인노첸시오

4세(Innocentius Ⅳ, 1243~1254 재위)는 리옹회의를 소집해 프랑스 루이 9세의 제7차 십자군 원정에 지지를 호소하면서 몽골제국과 우호협상을 벌이고 종교적으로 접근하기 위해 사절단을 파견하기로 결정했다.

1245년, 이탈리아 프란치스코회 신부인 지오반니 카르피니(栢朗嘉賓, Giovanni da Piano Carpine, 1182~1252)가 사절단을 이끌고 리옹을 출발해 1246년 7월에 몽골의 수도 카라코룸(호린, 和林)에 도착했다. 그는 몽골제국 3대 칸인 구유크 칸(정종)의 즉위식에 참석했고 황태후와 경교 신자들의 환대를 받았다. 지오반니 신부는 11월 13일에 구유크 칸을 만나 교황의 편지를 전달했다. 하나는 가톨릭의 교리를 서술한 것이고 다른 하나는 몽골군의 유럽 침공 중지를 권고하면서 잔혹한 살육을 멈추라고 훈계하는 것이었다. 하나님은 몽골의 악행을 잠시 두고 보시겠지만 속히 멈추고 자신들의 죄에 대해 용서를 구하지 않으면 이생뿐 아니라 내세에서도 큰 벌을 받게 될 것이라는 경고의 내용도 담고 있었다. 그러자 구유크 칸은 이렇게 말했다. "그대는 아는가? 그대들 서양인도 그리스도교인이면서 이방인을 멸시하지 않는가? 그대들은 하나님이 누구에게 은혜를 베푸는지 어떻게 안단 말인가? 우리도 하나님을 숭배하면서 하나님 권능에 힘입어 동서를 누비며 온 대륙을 휩쓸고 있다. 하나님의 권능이 아니라면 사람이 어떻게 이 일을 할 수 있겠는가?" 구유크 칸의 태도는 단호했다. 유럽 중심주의의 사고방식이 용납될 리 만무했다. 지오반니 신부도 구유크 칸의 말에 큰 충격을 받았을 것이다.

1254년 3월에는 프란치스코회 뤼브뤼키Guillaume de Rubruquis 신부가 다시 카라코룸에 들어가 다음 해 성탄절 기간에 두 번에 걸쳐 몽케 칸과 만나 체류와 선교를 요청했다. 하지만 그는 끝내 거절당하고 돌아올 수밖에 없었다. 431년 로마가톨릭(가톨릭)에서 파문된 네스토리우파 그리스도교와 로마가톨릭의 재회는 이렇듯 어색하게 시작되었고, 그 후로도 완전한 일체를 이루지 못했다.

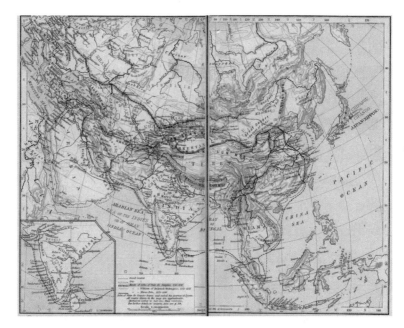

─────── 육상 경로

- - - - - - - 해상 경로

┿┿┿┿┿┿┿┿┿ 지오반니 카르피니 신부 사절단, 1245~1247년

─────── 뤼브뤼키 신부 사절단, 1254~1255년

━━━━━━━ 마르코 폴로, 1271~1295년

축적 1:40,000,000

† **지오반니 카르피니 신부,**
뤼브뤼키 신부, 마르코
폴로의 아시아 대륙 여정

지오반니 신부는 1245년에 리옹을 출발해 1년에 걸친 여행 끝에 칸발리크(베이징)에 도착해 구유크 칸에게 교황의 편지를 전달했다. 그러나 원나라 황제는 유럽 중심주의가 짙게 밴 편지를 거절했으며 네스토리우스파 그리스도교와 가톨릭의 역사적인 재회도 매우 어색했다. 그림은 중세 무역 지도로 살펴본 지오반니·뤼브뤼키 신부의 아시아 여정이다.

1275년, 마르코 폴로(Marco Polo, 1254~1324)는 아버지 니콜라와 삼촌 마페오와 함께 교황 그레고리오 10세(Pope Gregorius X, 1271~1276 재위)의 편지를 쿠빌라이 칸(세조)에게 전하고 신임을 얻었다. 그는 선교사가 아닌 상인이었으나 그리스도교인으로서 17년 동안 중국에서 원 정부의 관리로 머물며 동서 문화교류와 가톨릭 선교에 큰 역할을 했다. 또한 그가 구술한《마르코 폴로의 동방견문록》은 중국에 대한 환상을

유럽에 심기에 충분했다. 그 기록을 보면 몽골의 칸들이 부활절과 성
탄절 등 그리스도교의 주요 예배에 참석했음을 알 수 있고, 다른 종교
에도 관용정책을 펼쳤음을 알 수 있다.

몽골의 마르코 폴로, 사우마와 마르쿠스

1887년, 페르시아 서북부에 살던 솔로몬Salomon이 경교 신자인 투르크
족 청년에게서 시리아어로 된 수기 한 권을 얻었다. 표지에는《대주교
마르 야발라하 3세와 랍반 사우마 전기》라는 제목이 적혀 있었고 내
용은 랍반 사우마의 생애와 여행 기록이었다. 이 수기는 여러 손을 거
친 후 대영박물관에 보존되었고 프랑스어 역본을 시작으로 영어와 러
시아어 역본 등이 뒤를 이었다. 그런데 시리아어 수기는 페르시아어
로 된 원문을 번역하는 과정에서 내용이 많이 누락된 듯 간단하게 기
록되어 있었다. 그럼에도 이 기록 덕분에 600여 년 동안 묻혀 있던 역
사와 진실이 되살아났고 동서양 교류사를 다시 주목하게 되었다.
    바르 사우마(Bar Sauma, 1223~1294)는 경교 신자인 위구르인으로서 칸발
리크(베이징)에서 태어났다. 가정에서 종교 교육을 받고 자란 사우마는
1248년 전후로 칸발리크 서남쪽 팡산房山의 경교 사원 십자사十字寺에
은거하며 수도에 정진했다. 1260년에는 마르쿠스(Marcus, 1245~1317)가
불과 열다섯 살의 나이에 고향인 내몽골 투커투(마르코 폴로가 텐더天德
라고 언급했던 곳)를 떠나 6개월의 여행 끝에 십자사에 도착해 사우마를
만나 제자가 되었다. 마르쿠스는 훗날 중국의 대주교가 되면서 마르
야발라하 3세라는 이름을 받는다. 마르코 폴로가 1275년에 칸발리크
에 도착했을 때 사우마와 마르쿠스는 이미 수도 생활 27년 차였고 '랍
반Rabban', 즉 '교사'가 되어 있었다. 이해에 사우마와 마르쿠스는 예루

† 바르 사우마　　바르 사우마는 마르코 폴로와 동시대에 중국부터 유럽까지 주요 국가들을 두루
여행한 위대한 수도사이자 작가였다. 한편 그는 몽골의 대사로서 프랑크-몽골
동맹을 결성하기 위해 유럽의 여러 군주를 만났다. 그가 남긴 자료는 현대 역
사가들이 중세 유라시아 역사를 발굴하는 데 중요한 자료가 되었다.

살렘 성지 순례를 결정하고 여정을 시작했다. 그들의 순례는 비단 개
인 여행에 그치지 않고 동서 교류의 상징으로 승화되었다.

　1275년, 스승인 사우마와 제자인 마르쿠스는 칸발리크를 떠나 예
루살렘을 향한 순례길에 올랐다. 마르코 폴로가 칸발리크를 방문했던
바로 그해에 사우마와 마르쿠스가 순례길에 올랐다는 점이 의미심장
하다. 쿠빌라이 칸의 지령과 후원을 추측할 수 있지만 확인할 근거는
없다. 사우마는 오로지 예수의 행적을 만나 삶을 완성하겠다는 일념
으로 순례에 나섰다.

　사우마와 마르쿠스는 황허강을 따라 탕구트(지금의 둔황敦煌)에 도착

했고 열성적인 신앙과 순결한 마음을 간직한 모든 경교 신자에게서 환대를 받았다. 탕구트를 떠나서는 하서회랑河西回廊과 타클라마칸사막 남쪽을 어렵게 통과한 뒤 지금은 신장新疆과 허톈和田이라고 불리는 호탄과 카슈가르를 지났다. 호탄과 카슈가르는 옛 실크로드의 거점도시로서 마르코 폴로가 지나갈 때만 해도 번성했으나 사우마 일행이 방문했을 때는 이미 전쟁의 영향으로 폐허가 되어 있었다. 두 사람은 중국의 경계를 넘어서 우구데이 칸국을 거친 후 이란 북동부 호라산Khorasan 지역의 타브리즈Tabriz로 진입했다. 호라산은 수많은 투르크계 이슬람 왕조의 발상지이자 실크로드의 경유지였다. 당시에는 툴루이의 아들 훌라구가 1253년에 세운 일 칸국의 점령지였으며 타브리즈가 수도였다.

사우마 일행은 타브리즈의 한 수도원에 머물며 기력을 회복한 뒤 바그다드로 향했다. 당시 경교의 최고 지도자인 마르 덴하Mar Denha 대주교를 만나기 위해서였다. 그런데 그 무렵 마르 덴하가 바그다드를 떠나 마라가Maragha로 순행한다는 소식을 듣고 그곳으로 달려가 대주교와 감격적인 만남을 했다. 그리고 바그다드와 인근 지역을 방문해 그리스도교 관련 성지를 둘러보았으며 해당지역 경교 신자들의 환영을 받았다. 사우마 일행은 대주교의 주선으로 수도 타브리즈로 올라가 아바카Abaqa 칸을 접견하고 예루살렘으로 가는 통행증을 얻었다. 그들은 아르메니아와 조지아를 거쳐 물길을 이용해 예루살렘으로 가려 했다. 그러나 당시 잦은 전란으로 안전에 위협을 받아 바그다드로 돌아갈 수밖에 없었다. 대주교 마르 덴하도 그들이 예루살렘으로 가는 것을 만류했다. 또한 몽골제국 내에서 교세를 확장하기 위해 그들을 활용하고자 마음을 먹었다. 그래서 자세한 내막은 후세에 알려지지 않았지만 마르 덴하는 1280년 마라가에서 랍반 사우마를 순행총감독에 임명하고 랍반 마르쿠스는 키탄(Khitan, 혹은 키타이Khitai)과 옹구트족의 대주교로 임명했다.

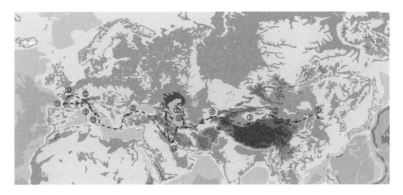

† 바르 사우마의 여행

① 바르 사우마가 베이징에서 태어나 교육을 받다
② 탕구트 - 랍반 바르 사우마와 랍반 마르쿠스가 예루살렘을 향해 떠나다
③ 호탄   ④ 카이두 칸의 진영에서 여행 허가를 받다
⑤ 아바카가 1282년에 칸이 되다
⑥ 마라가 - 1284년에 아르군이 칸이 되다
⑦ 아르메니아 ⑧ 콘스탄티노플 - 1287년에 안드로니코스 2세와 만나다
⑨ 로마 - 교황 호노리오 4세가 1287년에 세상을 떠나다
⑩ 파리 - 1287년 필리프 4세를 만나다
⑪ 가스코뉴 - 1287년 영국 왕 에드워드 1세를 만나다
⑫ 제노아 - 1288년에 니콜라스 4세가 교황에 선출되다
⑬ 1287년 6월 18일 에트나화산이 폭발하다
⑭ 바르 사우마가 1294년에 바그다드에서 사망하다

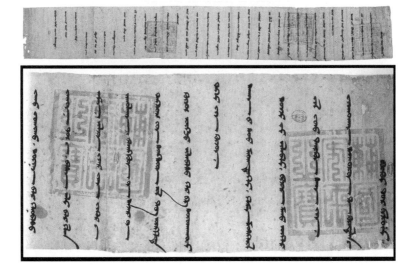

**† 바르 사우마가
언급된 편지**

랍반 사우마는 유럽 각국을 방문해 당시 각국의 주요 통치자들과 회의를 했다. 첫 번째 그림에서 보듯이 랍반 사우마는 아시아 대륙인 원의 칸발리크에서 출발해 유럽대륙 로마와 파리 그리고 보르도까지 여행했다. 두 번째 그림의 편지는 아르군 칸이 유럽 국가들과 동맹을 맺고 이슬람 세력에 대항하기 위해 랍반 사우마에게 맡긴 서신이다. 아르군 칸의 직인이 선명하게 보인다. 랍반 사우마는 동맹군 결성에 성공하지는 못했으나 동서양의 소통과 협상을 추진했다는 데 역사적인 의의가 있다.

사우마와 마르쿠스는 바그다드로 돌아왔지만 예루살렘 순례를 포기할 수 없었다. 한편으로는 칸발리크로 귀환하기도 막막했다. 당시는 동쪽 세계와 서쪽 세계가 충돌하던 때로 정세가 불안하고 전투가 잦아서 두 사람의 순례 의지는 심각한 위기에 직면했다. 그런데 1281년에 마르 덴하가 사망했고 마르쿠스는 36세의 나이로 바그다드에서 당시 그리스도교의 유력 종단이던 아시리안 동방교회의 대주교(1279~1317 재위)로 선출되어 마르 야발라하 3세(Mar Jaballaha, 1245~1317)가 되는 일이 일어났다. 그리고 사우마는 대주교의 내무총관이 되었다.

아바카 칸이 사망하고 다음 칸에 오른 테구데르Tekuder는 일 칸국을 이슬람 국가로 만들려 했다. 그는 본래 그리스도교도였으나 이슬람교로 개종하고 이름도 니콜라스에서 아흐메드로 바꾼 터였다. 테구데르의 뜻에 따라 일 칸국 내에서 경교 탄압이 계속되었고 야발라하 3세도 한때 투옥되었다.

다행히 테구데르 칸이 사망하고 아르군Arghun 칸이 집권하면서 대주교는 복권되었다. 아르군 칸은 불교도였으나 그리스도교도에게도 관대했다. 그는 로마 교황청을 비롯해 여러 유럽 국가와 동맹을 맺고 무슬림 군대인 맘루크에 대항하려 했으며, 사절단 파견을 추진하면서 사절단 구성을 대주교에게 의뢰했다. 1287년 3월, 대주교의 추천을 받아 사절단 단장이 된 사우마는 65세의 노구를 이끌고 흑해 연안의 트라브존Trabzon에서 배에 올라 로마 바티칸으로 향했다. 중간에 동로마제국 수도 비잔티움(지금의 이스탄불)에 들러 황제 안드로니코스 2세와 접견했다. 또 성소피아성당을 참관하고 그 거대한 규모와 말로 형용할 수 없는 아름다움에 감탄했다. 사우마는 비잔티움을 떠나 나폴리를 경유하여 1287년 6월 23일, 마침내 로마 바티칸에 도착했다.

그런데 공교롭게도 교황 호노리오 4세(Honorius IV, 1285~1287 재위)는 사절단이 도착하기 2달 전에 세상을 떠났고 신임 교황은 선출되지 않은 상황이었다. 바티칸의 대주교들은 사우마의 방문을 환영하면서도 예배 방식과 교리를 예민하게 살폈다. 그러나 사우마는 바티칸을 방문한 목적이 교리 논쟁을 하려는 것은 아니며 칸의 서한을 전달하고 교황을 알현한 후 유적지를 참배하는 것이라고 밝혔다. 바티칸은 사절단에게 성베드로대성당과 베드로의 묘 그리고 교황의 권좌 등을 참관할 수 있도록 배려했다. 아울러 사우마는 로마 시내의 여러 교회와 유적지들을 둘러볼 수 있었다.

신임 교황 선출이 늦어지자 사우마는 바티칸을 떠나 베네치아를 거쳐 프랑스 파리로 갔다. 파리에서 사우마는 젊은 국왕 필리프 4세Philippe IV를 만났다. 필리프 4세는 아르군 칸의 제안을 전해 듣고 크게 감동하여 대군을 파견해 연합 작전을 하기로 결정했다. 사우마는 한 달 동안 파리에 머물다가 1287년 10월 초에 가스코뉴의 수도 보르도로 가서 마침 그곳에 머물고 있던 영국 왕 에드워드 1세Edward I를 만났다. 당시 보르도는 영국령이었으며 에드워드 1세는 십자군전쟁에 강한 집착을 보인 인물이다. 따라서 에드워드 1세는 사우마의 이야기를 듣고 예루살렘을 수복하겠다는 강한 의지를 천명했다. 그리고 사우마에게 궁정 미사를 주관하게 하고 성대한 연회를 베풀어주었다. 이후 사우마는 추위를 피해 다시 베네치아로 이동해 그곳에서 겨울을 넘겼다.

1288년 2월 20일, 마침내 신임 교황인 니콜라오 4세(Pope Nicolaus IV, 1288~1292 재위)가 선출되었다. 그는 사절단이 바티칸에 도착했을 때 사우마를 처음 접견한 사람이었다. 교황의 권유로 부활절까지 바티칸에 머물게 된 사우마는 교황이 집전한 성찬식에 참여해 모든 과정을 지켜보며 큰 감동을 받았다. 그러나 바티칸을 떠나며 사우마가 받은 교황의 편지는 무척 실망스러웠다. 편지 내용은 아르군 칸에게 가톨릭 세례를 독촉하고, 마르 야발라하 3세에게는 성모 마리아의 신성을 부정하는 경교 교리의 '불순함'을 암시하면서 로마교회의 '순수한 신앙'을 준수하라는 것이었다.

1288년 말(혹은 1289년 7월), 사우마는 유럽에서 페르시아로 돌아와 아르군 칸을 만나 편지를 전달했다. 그러나 아르군 칸의 의도대로 유럽 군대와의 대對맘루크 연합 작전은 실현되지 않았고 종교적 변화도 실현할 수 없었다. 사우마는 아르군 칸에게 요청해 타브리즈의 궁문 옆에 교회를 지었으며 자신의 여행 과정과 견문 내용을 페르시아어로 기록했다. 오랜 여행에 지친 사우마는 칸발리크 귀환을 포기하고 페르시아에서 지내다가 1294년 1월 10일 71세의 나이로 세상을 떠났다. 1295년에 새롭게 즉위한 가잔 칸이 이슬람 정책을 펴면서 경교와 유대교 신자들이 살해당하고 재산을 빼앗겼으며 많은 교회가 파괴되었다. 그 과정에서 사우마에 관한 기록들까지 전부 사라지면서 마르코 폴로에 필적할 위대한 여행가의 수고는 600여 년 동안 묻혀버렸다.

사우마의 제자이자 동방교회 대주교였던 마르 야발라하 3세도 무사하지 못했다. 그는 극단적 무슬림에게 끌려가 온갖 고문을 당하다가 아르메니아 국왕에게 구출되어 겨우 죽음을 피할 수 있었다. 그도 칸발리크로 돌아가지 못하고 페르시아 각지의 교회가 파괴되는 상황을 지켜보다가 1317년 11월 13일에 마라가 지역 인근 수도원에서 72세의 나이로 세상을 떠났다.

경교와 가톨릭의 만남

1288년, 사우마는 로마 교황 니콜라오 4세를 만나 성직자를 파견해달라고 요청했다. 교황은 이 요청을 받아들였고 1289년에 프란치스코회 선교사 지오반니 다 몬테 코르비노(Giovanni da Monte corvino, 1247~1328)가 도미니크회 선교사 니콜라스Nicholas와 함께 몽골에 파송되었다. 몬테 코르비노는 중국 가톨릭의 선봉이자 선구자였다. 그들은 먼저 몽골제국 황제 쿠빌라이 칸에게 전해줄 교황의 편지를 갖고 아시아 선교의 거점 도시이자 성도마교회가 있는 인도 고야로 향했다. 그런데 동행자였던 도미니크 교회 니콜라스가 고야에서 사망하는 바람에 몬테 코르비노는 혼자 중국으로 향했다.

1293년, 몬테 코르비노는 원대의 주요 무역항이었던 취안저우泉州를 거쳐 1294년에 마침내 원의 수도인 칸발리크에 도착했다. 그러나 칸발리크에 도착하기 전에 쿠빌라이가 죽고 그 손자인 테무르 올제이투 칸(성종)이 대칸에 올라 있었다. 교황의 서신은 어쩔 수 없이 테무르 칸에게 전해졌고 테무르 칸은 몬테 코르비노에게 수도에 머물며 종교 활동을 할 수 있도록 허가했다. 몬테 코르비노는 테무르 칸을 만나 전도하는 과정에서 그가 경교 신자였음을 알게 되었다.

그런데 경교와 가톨릭이 만나는 과정은 순탄치 않았다. 가톨릭이 경교를 이단으로 낙인찍고 파문했던 역사가 양측 관계의 발목을 잡았다. 경교 신자들은 몬테 코르비노 일행이 중국에 도착하고 5년 동안 그들을 유럽의 첩자로 몰아서 수차례에 걸쳐 체포와 구금을 반복했다. 아울러 각종 행사에서 배제하고 모함하여 고립시키려 했다.

그럼에도 몬테 코르비노는 옹구트족 고당왕高唐王 고리지스闊里吉思의 도움을 받아 1294년에 신약성서와 시편을 몽골어로 번역하는 작업을 완수했다. 그는 신약과 구약성서의 내용을 그림으로 그려서 글을 모르는 사람들에게 가르쳤다. 고리지스는 쿠빌라이 칸의 외손자이자 장군으로서 경교 신자였으나 가톨릭으로 개종했으며 중국 대륙 최초로 신부 서품을 받은 인물이다. 고리지스라는 이름은 '조지Georges'라는 세례명과 관련이 있다. 당시 서도西都였던 시징(西京, 지금의 다퉁大同)에 성당을 건립했는데 이는 '산시山西성 최초'의 가톨릭교회당이었다. 몬테 코르비노는 10여 년 선교한 끝에 칸발리크의 세 지역에 교회당을 세웠는데 처음 교회에는 종탑이 있었고, 두 번째 교회는 이탈리아 상인이 제공한 부지에 약 200명을 수용할 수 있는 규모였다. 여기서 7~12세 아이들에게 세례를 주었으며 그리스어와 라틴어를 가르치고 가톨릭의 의식에 따라 예배를 드렸다. 이런 선교 활동으로 6,000명이 넘는 교인이 모였다.

1305년, 몬테 코르비노는 교황에게 보낸 서신에서 반대 세력의 견제와 방해가 없었다면 교인이 수천 명이 아니라 3만 명을 넘겼을 것이라고 감회를 피력했다. 그가 언급한 반대 세력은 주로 경교 신자들이었으리라 추측된다. 또한 서신에는 선교 인력를 보내달라는 내용도 있었다. 사실 몬테 코르비노는 아놀드라는 독일인 수도사가 합류할 때까지 11년간 선교사역을 혼자 감당하는 처지였다. 몬테 코르비노는 선교사를 5명 요청했다. 1307년에 교황 클레멘스 5세(Clement V, 1305~1314 재위)는 프란치스코회 수도사 7명에게 감독직을 부여해 칸발리크로 파송했다. 아울러 몬테 코르비노를 칸발리크 지역 대주교로 추대했다.

그러나 칸발리크까지 가는 긴 여로를 무사히 마친 이는 세 명에 불과했다. 그 세 명은 알부이니 출신의 게라르두스(傑刺兒, Gerardus da Albuini), 카스텔로 출신의 페레그린(裵萊格林, Peregrine da Castello), 페루기아 출신의 안드레아(安德烈, Andreas da Perugia)였다. 이들은 이후 차례대로 취안저우(泉州, 자이툰)의 주교직을 담당했다. 이후 1318년에 오도릭(鄂多利克, Friar Odoric) 신부와 야곱 신부가 중국에 파송되어 11개 성에서 선교하면서 중국 사정을 교황청에 보고했다.

몬테 코르비노 대주교는 1328년에 베이징에서 81세의 나이로 세상을 떠났다. 당시 중국에는 가톨릭 신자가 1만여 명 있었는데 주로 베이징과 취안저우 지역에 집중되어 있었다. 교황청에서는 파리대학 신학교수 니콜라스를 몬테 코르비노의 후임자로 내정해 베이징에 보냈지만 니콜라스 일행은 사고를 당해 중국에 들어가지 못했다. 원의 11대

† 지오반니 다 몬테 코르비노

몬테 코르비노 신부는 중국과 베이징 최초의 대주교가 되었다.
그는 34년간 선교사역을 하면서 무려 1만 명이 넘는 중국인에게
세례를 베풀었다.

황제 토곤 테무르 칸(혜종)은 몬테 코르비노의 후임자에 대한 소식이
없자 1336년에 안드레아 신부를 대표로 16명으로 구성된 사절단을 교
황에게 보냈다. 사절단은 1338년 프랑스 아비뇽에 도착해 교황 베네딕
토 12세(Pope Benedictus Ⅻ, 1334~1342 재위)를 만나 테무르 칸의 편지와 예
물을 전달했다. 그러자 교황은 같은 해에 답방 형식으로 특사 4명을 포
함한 선교단 52명을 파견했다. 1342년에 선교단이 칸발리크에 도착하
자 테무르 칸은 자인전慈仁殿에서 선교단을 접견하고 환영했다. 이때
테무르 칸은 선교단이 가져온 유럽 말을 보고 감탄하며 칭찬을 아끼
지 않았다. 선교단 중 마리뇰리Giovanni dei Marignolli 신부는 베이징에서
4년 정도 머무른 뒤 취안저우를 거쳐 유럽으로 돌아가 동방기행문을

남겼다. 이처럼 가톨릭과 바티칸은 중국 선교를 위해 지속적으로 노력했다. 하지만 선교는 진전되지 못하고 늘 다음을 기다려야 했다. 한편 경교는 1368년 원의 몰락과 더불어 쇠락할 수밖에 없었다.

중국에서 그리스도교가 다시 꽃을 피운 것은 경교 몰락으로부터 200년 이상 시간이 흐른 뒤였다. 그사이에 유럽에서는 마르틴 루터의 종교개혁이 확산되었고 마침내 가톨릭 내부에서도 자성 운동이 벌어져 그 일환으로 예수회가 탄생했다. 예수회는 철저한 교육으로 선교사를 양성하여 세계 선교에 나섰으며 특히 아시아 선교에 적극 헌신했다. 예수회 덕분에 명나라 말기부터 청나라 초기 사이에 그리스도교와 중국의 세 번째 만남이 이루어졌고, 그리스도교의 중국 선교는 비로소 큰 성과를 낼 수 있었다. 그리고 중국과 그리스도교는 근대 이후에나 네 번째로 만날 수 있었다. 제1차 아편전쟁(1839~1842) 전후로 중국이 서구 열강의 침략을 받는 과정에서 각국 개신교 선교사들이 들어오면서 선교 활동이 활발해진 것이다.

지금까지 살펴봤듯이 중국과 그리스도교는 네 차례 획기적으로 만났다. 주목할 점은 주된 무대 중 베이징이 특히 두드러졌다는 것이다. 두 번째 만남으로는 원대에 경교와 가톨릭이 중국 칸발리크에서 활동했으며 명말청초에 세 번째 만났을 때 주요 무대가 바로 베이징이었다.

지피지기의 지혜자, 마테오 리치

그리스도교가 중국에 전해지면서 제일 먼저 직면한 문제는 번역이었다. 그리스도교의 용어에 담긴 참뜻을 최대한 살려서 중국어로 옮기고 전파하는 일은 선교의 기본이자 핵심 과제였다. 그리스도교 전파 이전에 유교와 도교 그리고 불교가 이미 정착단계에 있었기 때문에

† **프란치스코 하비에르** 프란치스코 하비에르는 '하나님'이라는 용어를 현지화하는 과정에서
범했던 실수를 거울삼아 중국 선교에 나선 예수회 신부들에게 중국어
부터 먼저 배우라고 강조했다.

그리스도교 관련 용어를 정립하는 과정에서 전통사상과 기타 종교에
서 사용하던 용어를 차용하는 경우도 많았다. 그 과정에서 문제와 갈등
이 많았지만 이를 해결하기 위해 많은 사람이 헌신했다. 번역 임무를
맡게 된 초기 사역자들은 마테오 리치를 비롯한 가톨릭 신부들이었다.
마테오 리치는 중국에 도착한 뒤 중국어와 중국 문화를 이해하기 위한
과정을 거쳐 선교에 나섰기 때문에 중국인들에게 인정받을 수 있었다.
　1517년, 마르틴 루터가 당시 많은 문제를 안고 있던 가톨릭에 맞서
〈95개조 반박문〉을 게시함으로써 종교개혁운동이 일어났다. 루터는
가톨릭이 성경을 독점하면서 면죄부를 팔고 성직을 매매하는 등 그리
스도교의 본질에서 벗어났다고 비판했다. 이후 그리스도교는 15세기

부터 가톨릭과 프로테스탄트, 즉 구교와 신교로 분열되기 시작했다.

　프로테스탄트는 잘못된 관행에 '저항하는 사람들'이라는 뜻을 담고 있다. 가톨릭은 무너진 권위를 바로세우기 위해 내부에서 혁신운동을 벌였다. 스페인인 이냐시오 로욜라(Ignatius Loyola, 1491~1556)가 1534년에 파리대학 출신인 여러 동료와 예수회를 조직했고, 1540년에 로마 교황 바오로 3세(Pope Paulus Ⅲ, 1534~1549 재위)의 인가를 받았다. 그의 동료 중에는 아시아 선교의 아버지로 불리는 프란치스코 하비에르(Francis Xavier, 1506~1552)도 있었다.

　로욜라는 '이 세상 모든 것에서 하나님을 발견하는 것'을 신학의 중점 기조로 삼았으며 편협한 규정은 정하지 않았다. 유일한 원칙은 선교 대상지의 언어를 습득하는 것이었다. 이를 바탕으로 예수회는 로마에 총본부를 두고 원동지역 선교와 청년 교육을 주요 목표로 내세웠다. 예수회는 조직을 군대처럼 운영하며 로마교황에 대한 절대적 복종을 요구했고 단장을 대장(General, 총장)으로 칭했다.

　예수회는 신학과 철학 등 종교 교육뿐만 아니라 예부터 필수 교과목으로 여겼던 문법·수사학·논리학·수학·기하학·천문학·음악 등의 학습과 연구에 많은 공을 들였다. 5~9세까지는 라틴어 학습에 주력했고, 10~13세까지는 그리스어와 수사학, 시 그리고 역사 등을 배웠으며, 14~23세까지는 고전문학·논리학·철학·물리학과 신학 등을 학습했다. 이런 과정을 마친 예수회 선교사는 비범한 인문 소양과 과학지식으로 무장한 인문과학자이자 자연과학자였다. 여기에 신학 지식과 신앙을 겸비한 최고 엘리트들이었다. 그러나 '지혜자'가 되기 위해서는 지식만으로는 부족했다. 그들은 이후 각 선교지로 가서 각자 사역을 감당하면서 매순간 엘리트 의식과 인종 차별의식 등에 맞서 싸워야 했다.

　그 무렵 포르투갈과 스페인은 신대륙을 발견하면서 식민지 개척에 열을 올리고 있었다. 종교계에서는 이 기회를 이용해 인도 선교를 결정

† **미켈레 루지에리** 미켈레 루지에리는 여러 시행착오를 거쳐 최초로 '하나님'이라는 단어를 '천주天主'라는 한자어로 정착시켰다. 루지에리는 외모까지 현지화하려다가 그리스도교가 불교의 한 종파라는 오해를 심어주기도 했다.

했고 예수회가 그 임무를 맡게 되었다. 이후 예수회는 인도 고아Goa를 선교기지로 삼아 아시아 선교에 주력했다. 포르투갈은 1500년대 중반에 이미 인도를 넘어 중국의 마카오와 샤먼廈門, 닝보寧波까지 진출했다. 예수회 선교사들도 포르투갈의 상선을 타고 마카오에 도착해 선교를 시작했다.

그런데 당시 동방선교 임무를 맡은 예수회 신부들은 선교사역의 방향에 대해 서로 의견이 달랐다. 신부들은 크게 포르투갈화와 토착화로 구분되었다. 포르투갈화는 선교지의 사회·문화적 특성은 고려하지 않은 채 선교사들 자신이 배워서 익숙한 내용을 기계적으로 전수하는 것을 뜻했다. 토착화는 현지 언어를 파악해 사회·문화·전통을 충분히 이해하고 수용하여 현지 특색에 맞는 선교 전략을 도출하는 것을 말한다.

포르투갈화 신부들은 유럽우월주의로 무장하여 현지인을 무시하는 태도로 일관했다. 반면에 토착화 신부들은 평등주의에 입각했다. 토착화 신부들도 초기에는 선교자와 선교대상자의 문화체계가 달라 상호 이해에 어려움을 겪었다. 하지만 이들은 선교를 장기적인 안목으로 봤으며 대상지의 언어와 문화를 습득하고 현지인들에게 자신들의 지식과 교리를 충실히 가르쳐야 한다고 믿었다. 예수회 동양 순찰사인 알레산드로 발리냐노(范禮安, Alessandro Valignano, 1539~1606)는 후자인 토착화 정책을 지지했다.

1549년 하비에르가 일본에 도착해 선교를 시작했다. 우선 일본어를 습득하려고 노력했으나 쉽지 않자 일본인 신자 이케하타 야지로池端彌次郎에게 의지해 일본어 학습과 주요 신학 용어 번역에 힘썼다. 그런데 이케하타는 만물의 창조주이자 주관자인 '하나님Deus'을 번역하는 과정에서 마땅한 용어를 찾을 수 없었다. 그래서 어쩔 수 없이 일본 진언종眞言宗의 최고 존재인 '대일여래(大日如來, Dainichi)'라는 용어를 차용했다. 이에 대해 깊은 이해가 없었던 하비에르는 이케하타의 선택을 그대로 받아들였고, 일본인들을 대상으로 설교하면서 '창조주 하나님'을 '대일여래'로 언급했다. 이를 들은 일본인들은 무척 혼란스러웠을 것이다. 하비에르는 점차 실수를 줄여가며 선교에 힘썼고 규슈九州 일대에서 복음을 전파하는 일에서 큰 성과를 낼 수 있었다. 하비에르는 과거 하나님이라는 용어를 현지화하는 과정에서 범했던 실수를 거울삼아 중국 선교에 나선 예수회 신부들에게 중국어 선행 학습을 강조했다.

미켈레 루지에리(羅堅明, Michel Ruggieri, 1543~1607)는 하비에르의 충고를 듣고 나름대로 노력했으나 하비에르의 실수를 답습하고 말았다. 1584년, 루지에리가 출판한《천주실록》에 보면 그는 주요 신학용어를 한자로 번역하면서 처음에는 의역이 아닌 음역을 선택했다. 예를 들어 '하나님(데우스, Deus)'을 소리 나는 대로 '우스無私'라고 옮긴 것이다.

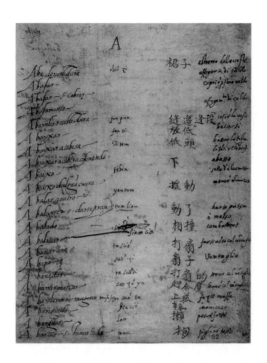

† 미켈레 루지에리가 작성한 포르투갈어-중국어 사전 일부

결과적으로는 이 또한 뼈아픈 오판이었다. 그럼에도 루지에리는 시행착오를 거쳐 처음으로 '하나님'이라는 단어를 '천주天主'라는 한자어로 정착시켰다.

루지에리가 현지화에서 범한 실패 사례는 몇 가지가 더 있다. 그는 중국인들이 불교문화에 익숙한 모습을 보고 선교하기 위해 불교문화를 채택했다. 승복을 입고 스스로 '인도의 승려天竺國僧'임을 내세운 것이다. 이처럼 본말이 전도되는 상황이 벌어지자 중국인들도 그리스도교를 불교의 일파로 오해할 수밖에 없었다. 그래서 루지에리가 마테오리치에 앞서 많은 성과를 이룩했는데도 중국 선교와 토착화를 위해서는 다음 진전을 기다려야 했다.

가톨릭이 중국 선교에 애를 먹던 때에 결정적인 돌파구를 마련한 이가 바로 마테오 리치(利瑪竇, Matteo Ricci, 1552~1610)였다. 그는 선배들의 실수를 발판으로 중국 선교를 토착화할 방법 찾기에 고심했다. 마테오 리치는 중국 선교를 하려면 중국어와 중국 문화에 대한 이해가 선행되어야 함을 처음으로 간파한 선교사였다. 그래서 중국어를 공부하여 말과 글을 자유롭게 구사할 수 있었고 중국 문화의 근간을 이루는 유불도의 핵심을 장악할 수 있었다.

마테오 리치는 먼저 루지에리와 달리 불교와 철저하게 거리를 두었다. 당시는 중국 지식인들마저 불교의 폐단을 통렬히 비판하던 때였다. 명나라 말기 한 승려는 자기가 몸담은 불교계의 현실을 비판하면서 사기꾼·폭력배·탈주범·부모를 살해하거나 상해를 입힌 패역범죄자·강간범·도둑이 버젓이 승려 행세를 하는 실태를 꼬집었다. 마테오 리치도 자신이 만났던 승려의 무례함과 무지 그리고 폭력성을 지적하면서 불교에 대한 혐오감을 숨기지 않았다. 반면에 유교에 대해서는 신중하게 접근해 취사선택하는 과정을 거쳤다. 즉, 춘추전국시대 초기 유가에 대해서는 긍정적인 평가와 호감을 표했으나 명대에 확립된 주자학에는 부정적인 평가를 내렸다. 당시 지식인 중에는 공허하고 비현실적인 이학理學에 환멸을 느끼고 새롭게 접한 서양학문西學을 긍정적으로 평가하며 '옛 성인들의 가르침古聖之敎'과 결부하는 이들이 등장하기 시작했다. 마테오 리치는 '경세치용經世致用'의 관점에서 당시 사회의 불합리와 모순을 타파하려는 중국 지식인들의 움직임을 파악하고 그 복고 경향을 간파했다. 중국 역사에서 보면 현실의 모순을 타개하는 방법으로 복고의 기치를 든 변혁운동이 주기적으로 일어나곤 했다.

초기 선교사들은 공자孔子를 종교지도자로 판단했다. 그러나 마테오 리치는 공자를 철학자이자 계몽운동가로 간주했다. 아울러 공자를 추앙하는 유교사회의 중국인들에게는 먼저 이성적으로 접근해 관심과 지지를 얻는 것이 중요하다고 확신했다. 이런 지지와 관심이 신앙적 접근의

† 마테오 리치 마테오 리치는 중국 대륙에 그리스도교 신앙을 정착하게 한 위대한 선교사이다. 그는 30대 청년 시절부터 죽을 때까지 중국 대륙에서 활동했으며 로마대학에서 습득한 서양 문물과 지식을 중국 지식인들에게 전수했다. 마테오 리치의 지식은 훗날 조선 실학자들에게도 큰 영향을 준 것으로 알려져 있다.

토대가 된다고 판단한 것이다. 그 일환으로 우선 접근 대상을 기층 민중이 아닌 지식인과 황실로 정하고 그들의 인정과 승인을 얻는 전략을 선택했다. 이런 판단과 선택은 오래 연구하고 노력한 결과였다. 상대에게 자신이 전할 내용을 강요하는 듯한, 그래서 상대에게 무례하게 비쳐질 단도직입적인 방법 대신 지혜롭고 노련한 우회적 방법을 택한 것이다.

마테오 리치는 중국 선교를 위해 1595년에 《교우론交友論》을 출판했다. 《교우론》은 소크라테스·아리스토텔레스·키케로·세네카·아우구스티누스·에라스무스 등 서양 유명 인사들에 관한 이야기와 명언 100개를 격언체로 편집한 책이었다. 공자는 벗에 대해 이렇게 말했다. "벗에는 도움이 되는 벗이 셋 있고, 해로운 벗이 셋 있다. 정직한 벗,

성실한 벗, 아는 것이 많은 벗은 도움이 되는 벗이니 이를 가까이하면 유익하다. 속이 좁은 벗, 아첨을 잘하는 벗, 말만 번지르르한 벗은 해로운 벗이니 이를 가까이하면 해롭다." 한편 마테오 리치는 《교우론》에서 벗에 대해 이렇게 말했다. "염색 공장 주변에 사는 사람들은 아무래도 염료에 물들기 쉽다. 이처럼 지혜로운 친구를 만나면 손을 맞잡고 머물기를 청해 교제하면 이익을 얻게 된다. 벗과의 교제는 옳고 그름이 없다. 벗의 장점은 배우고, 자신의 장점이 있다면 벗을 일깨우면 된다. 이렇듯 배움과 일깨움은 함께 있다. 상대의 장점을 배움의 대상으로 삼지 않고, 상대의 단점을 일깨워 고쳐주지 않는다면 매일 만나 교제하며 시간을 낭비할 필요가 있는가?" 마테오 리치는 "이웃을 네 몸같이 사랑하라!"는 성경의 가르침에 대해 '우애友愛'라는 개념을 내세워 중국인들에게 다가간 것이다. 마테오 리치의 이러한 접근법은 중국 지식인들의 관심과 호응을 이끌어내기에 충분했다. 1599년의 편지 글에서 마테오 리치는 스스로 만족하면서 다음과 같이 썼다. "이 《교우론》으로 사람들의 신뢰를 얻었다. 아울러 유럽의 성과를 알릴 수 있었다. 이 책은 문학과 지혜와 도덕의 결정체이다." 그는 치밀한 계산 아래 복음의 초석을 다졌고 선교의 큰 그림을 차근차근 그려나갔다.

마테오 리치는 1582년 마카오에 도착했다. 하지만 1601년에야 비로소 명 신종(神宗, 만력제, 1572~1620 재위)을 만날 수 있었다. 무려 19년 만이었다. 그는 신종에게 복음을 소개하고 예수와 마리아의 성화와 십자가 그리고 시계 등을 선물로 건넸다. 신종은 그중에서 시계를 가장 좋아했다. 신종은 마테오 리치를 통해 서양의 과학과 기술을 접하고 그의 포교를 허락했으며, 베이징에 숙소를 정해주고 일부 활동 자금도 지원했다. 그 결과 1605년에는 선무문宣武門 안에 가톨릭 성당이 건립되었다.

마테오 리치는 선교를 위해 서양 과학과 기술을 중국에 전수했다. 그의 노력으로 가톨릭 신자가 늘어났는데 그중에서도 서광계徐光啓와

† 마테오 리치와 서광계

1607년에 《기하원본》를 번역한 마테오 리치와 서광계. 마테오 리치는 중국 선교를 위해 그리스도교의 종교 지식뿐 아니라 다양한 학문서적을 전달하고 중국어로 번역하여 출판했다.

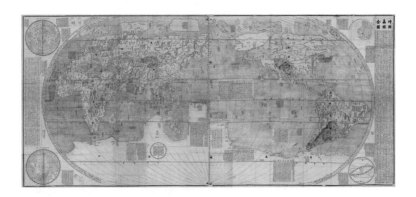

† 곤여만국전도

마테오 리치가 출판한 중국판 세계지도 《곤여만국전도》. 이 지도는 중국이 '세상의 중심中國'이라고 자부하던 중국 지식인들에게 세계 속 중국의 위치를 각인시키는 계기가 되었다.

이지조李之藻의 합류가 큰 힘이 되었다. 마테오 리치는 이 두 사람과 함께 종교서적인《천주실의天主實義》를 저술하고《기하원본幾何原本》과《동문산지同文算指》그리고《건곤체의乾坤體義》와《경천해經天該》와 같은 학술서적 등을 번역하고 저술했다. 아울러《곤여만국전도坤輿萬國全圖》라는 중문판 세계지도를 출판했다.

마테오 리치는 베이징에 설치된 천문대를 보고 매우 놀랐다. 베이징천문대에는 원나라 때 전해진 아라비아 천문학의 영향으로 혼천의渾天儀, 해시계, 간의簡儀 등의 천문기계가 설치되어 있었다. 그는 원대 이후 서양의 발전성과를 학술서적에 반영하여 전수함으로써 중국 천문학을 한 단계 향상시켰다. 이 과정에서 '점', '선', '면', '각', '비례', '평행', '면적', '체적', '천구', '지구', '음력', '양력', '경도', '위도', '측량', '적도' 등 현재 우리가 사용하는 많은 학술용어가 만들어졌다.

마테오 리치는 1610년에 자기 학생이면서 동시에 고해신부였던 사바티노 우르시스(熊三拔, Sabbatino de Ursis, 1575~1620)의 품에서 세상을 떠났고 베이징 텅공자란滕公栅欄에 묻혔다. 평소 마테오 리치를 존경해 아버지처럼 따르던 이지조가 비용을 부담해 장례식을 성대히 치렀다. 당시에는 서양 선교사들의 시신을 마카오로 보내 안장하는 게 관례였다. 그럼에도 마테오 리치가 베이징에 묻힌 것은 관례를 깬 만력제의 특별한 배려 덕분이었다. 마테오 리치를 시작으로 19세기 말까지 서양 선교사 100여 명이 베이징에 묻혔는데 묘는 의화단운동과 문화대혁명 때 파괴되었다가 후에 복원되었다. 교황 요한 바오로 2세(Pope Ioannes Paulus II, 1978~2005 재위)는 헌사에서 그를 이렇게 기렸다. "마테오 리치 신부의 가장 큰 공헌은 '문화융합'에 있다. 그는 가톨릭 신학과 교리 용어를 중국어로 적확하게 옮겨 예수그리스도에 대한 중국인의 이해를 도움으로써 복음의 기쁜 소식과 교회를 중국 문화 속에 꽃피웠다. (중략) 마테오 리치 신부는 이처럼 두말할 나위 없이 '중국인 속의

† 마테오 리치의
　묘소가 있는
　외국인 선교사 묘지

마테오 리치 선교사를 비롯한 100여 명의 외국인 선교사 묘역이 베이징 자금성 부근에 있는 중국공산당베이징당교학원 캠퍼스 안에 잘 정비되어 있다. 이 묘지는 중국판 양화진 묘역이라고 할 수 있다. 1949년 중국 정부 수립 이후 문화대혁명 등 역사적 고비에서 묘역의 파괴가 시도되기도 했다. 하지만 저우언라이 총리 등이 마테오 리치가 중국 문화와 과학의 발전에 이바지한 공을 인정해야 한다고 강하게 주장하여 지금까지 온전하게 보전되고 있다.

중국인'이자 위대한 중국학자였다. 성직자이자 학자로서, 가톨릭 신자이자 동양학자로서, 이탈리아인이자 중국인으로서 경이롭게도 문화와 정신세계의 심원한 융합을 이뤄냈다."

　마테오 리치의 뒤를 이어 중국에서 활동한 요한 애덤 샬(湯若望, Johann Adam Schall von Bell, 1592~1666)과 페르디난트 페르비스트(南懷仁, Ferdinand Verbiest, 1623~1688) 등의 선교사들도 망원경을 가져와 전달하는 등 중국 천문학 발전에 크게 이바지했다. 그 덕분에 선교에도 많은 도움이 되었다.

　그러나 명 정부는 몽골족 정권인 원의 뒤를 이은 한족 정권인지라 폐쇄적이고 배타적이었다. 서구 과학은 수용했으나 이질적 종교에 대해서는 반발이 심했다. 1616년 난징南京의 시랑侍郎이던 심관沈灌은 그리스도교의 교리가 민심을 어지럽히니 금지시켜야 한다는 상소를 올렸다. 신종은 이 상소를 받아들여 그리스도교의 포교를 금지하고 선교사들을 마카오로 추방했다. 그러나 선교사들은 서광계의 노력으로 다시 베이징으로 돌아와 소총과 대포 제작을 담당했고, 1643년에는 애덤 샬이 의종(毅宗, 숭정제, 1628~1644 재위)의 명을 받아 오류가 많은 기존의 역서인《대통회회력大統回回曆》를 폐지하고《숭정역서崇禎曆書》를 편찬하는 데 주도적으로 참가했다. 이는 중국 최초로 채택된 서양 역서로서 이후 중국 농민들의 농경에 많은 도움을 주었다.

'천주天主' 호칭과 제공사조祭孔祠祖 논쟁

앞서 언급했듯이 최초로 하나님을 천주天主로 번역한 사람은 이탈리아인 미켈레 루지에리 신부였다. 천주는 만물을 주재하는 '지극히 높은 하나님'이라는 뜻을 담고 있었다. 마테오 리치도 이를 수용해 그대로 사용했고 당시 중국인 학자들도 천주의 의미가 유가 경전에 등장하는 '상제上帝'의 의미와 부합한다고 평했다. 마테오 리치를 통해 입교한 학자 서광계도 지극히 높으신 하나님이라는 뜻으로 천주를 차용했으며 더 나아가 하늘天이나 상제라는 단어도 함께 사용했다.

그런데 마테오 리치가 속한 예수회 선교사들 사이에서는 천주라는 호칭을 두고 찬반 논쟁이 벌어졌다. 니콜로 롱고바르디(龍華民, Niccolo Longobardi, 1559~1654) 등은 하늘이나 상제는 만물을 창조한 하나님을 대표하는 호칭이 될 수 없다며 반대했다. 그러자 예수회 선교사들은 마카오를 통해 이 문제를 로마 교황청에 보고했다. 교황청에서는 여러 신학자가 깊이 연구했고 결국 천주라는 호칭을 사용하도록 승인했다.

† **애덤 샬**　애덤 샬을 비롯한 유럽 선교사들은 다양한 유럽 문물을 중국으로 가져왔다. 특히 천문 관측도구를 이용해 일식과 월식을 예측하여 중국 천문학이 발전하는 데 큰 도움을 줬다. 이는 중국 정부와 중국인들을 대상으로 한 선교를 더욱 원활하게 해주었다.

그럼에도 롱고바르디를 비롯한 일부 신부들은 천주를 비롯한 하늘, 상제 등 중국어로 된 용어 사용에 반대하며 라틴어 번역만 고집했다.

'천주' 호칭 논쟁과 함께 또 하나 문제가 있었으니 바로 '제공사조' 논쟁이었다. 유구한 유교문화를 자랑하는 중국은 공자孔子를 성인으로 대우하고 추모행사를 열었다. 그리고 조상에게 드리는 제사는 중국인에게 전통이자 풍습이었다. 공자를 종교지도자가 아닌 철학자이자 계몽운동가로 본 마테오 리치도 제공사조祭孔祠祖, 즉 '공자와 조상에 대한 제사'를 중국의 전통문화로 인정하고 종교와 결부하지 않았다. 그렇기 때문에 마테오 리치는 중국인들이 비석을 세워 기념하고 향불을 피워 제사하는 것을 문제 삼지 않았다.

그러나 후에 예수회를 비롯한 여러 선교사는 '제공사조'를 둘러싸고 격렬한 찬반 논쟁을 벌이게 되었다. 예수회 선교사들은 '제공사조'를 종교적 의미가 없는 중국 문화로 인정하고 중국 신자들이 행할 수 있는 전통이자 예의로 보았다. 반면에 프란치스코회와 도미니크회 선교사들은 조상에게 복을 비는 것과 공자에게 짐승을 바치고 제사하는 것은 전형적인 종교예식으로 엄연한 우상숭배라고 강하게 맞섰다.

로마 교황청은 이 문제를 해결하기 위해 1628년에 회의를 소집했다. 의제는 하나님에 대한 호칭과 '제공사조' 논쟁을 해결하는 것이었다. 제공사조 논쟁은 예의논쟁이라고도 한다. 로마 교황청은 오랜 토론을 거쳐 마침내 결론을 내렸다. '제공사조'를 우상숭배로 보지 않으며, 십계명 중 제5계명인 '부모 공경'으로 보아 인정하되, 호칭 문제는 베이징으로 돌려보내 현지에서 결정토록 조치한 것이다. 이에 당시 베이징의 흠천감(欽天監, 천문관장)으로 있던 애덤 샬 신부는 '천주'만을 인정하고 '천'과 '상제' 호칭을 금하면서 논쟁을 일단락지으려 했다. 그러나 이 두 논쟁은 이후로도 끝없이 이어졌다.

추기경회의를 소집한 교황 인노첸시오 10세(Pope Innocent X, 1644~1655 재위)는 도미니크회 신부 후안 바우티스타 데 모랄레스(黎玉范, Juan Bautista de Morales, 1597~1664)의 반대의견을 받아들여 1645년 9월에 제공사조 금지 명령을 내림으로써 1628년 로마 교황청의 결정을 번복했다. 그러자 중국 주재 예수회 선교사들은 마르티노 마르티니(衛匡國, Martino Martini) 신부를 로마로 보내 중국 현지의 현실을 전달하고자 노력했다. 마르티니 신부는 '제공사조'의 성격을 자세히 설명하면서 종교에 위배되지 않는 전통문화임을 강조하여 재심의를 공식 요청했다. 이에 교황 알렉산데르 7세(Pope Alexander Ⅶ, 1655~1667 재위)는 논의를 거쳐 1656년에 '제공사조'를 인정하는 명령을 내림으로써 1645년 선대 교황의 결정을 뒤집었다. 교황청에서 이렇게 상반된 두 가지 결정이 내려지자 중국 현지의 선교사들은 더욱 혼란에 빠졌다.

그러자 도미니크회의 후안 폴란코Juan Polanco 신부는 로마로 가서 교황 클레멘스 9세(Pope Clemens IX, 1667~1669 재위)에게 상반된 두 가지 결정의 효력 여부를 질문했다. 1669년, 클레멘스 9세는 두 가지 결정은 서로 배치되지 않으며 "의문의 근거와 환경 및 사정에 따라 준수해야 한다"는 모호한 발언으로 문제를 덮어버렸다. 클레멘스 9세의 이 결정은 이후 큰 파란을 불러왔으며 논쟁의 불씨를 남겼다. 중국에서는 파리외방전교회 소속으로 푸젠福建성 푸저우福州교구 주교였던 카를로스(閻當, Carolus Maigrot) 신부가 1693년 3월 26일자 목회서신에서 다음과 같이 결정했다.

카를로스 신부의 제공사조 논쟁 결정문

1. '천주'만 사용하고 '하늘'과 '상제'라는 용어를 금지한다.
2. 교회당 안에 걸린 '하늘을 공경하라敬天'는 현판을 내리고 사용치 않는다.
3. ('제공사조'를 인정한) 알렉산데르 7세의 결정을 받아들일 수 없다.
4. 매년 2회 거행되는 조상과 공자에 대한 제사의식 참여를 금지한다.
5. 망자를 위한 비석 건립을 금지한다.
6. 오해의 소지가 있으니 미신과 연관된 용어 사용에 신중해야 한다.
7. 교회학교의 교과서에 이단 학설의 서적을 혼용할 수 없다.

위의 목회서신 내용을 살펴보면 직접적인 언급은 없으나 중국 문화의 근간인 유불도 삼가의 경전과 주요 개념을 '미신과 연관된 용어'와

'이단 학설'로 단정하고 부정한 결정임이 확연했다. 카를로스 신부의 이 목회서신은 커다란 풍파를 불러왔다. 청의 강희제(康熙帝, 1661~1722 재위)가 가톨릭 금지령을 내리는 빌미가 된 것이다. 당연하게도 가톨릭 금지령 이후 중국 내 선교사역은 심각한 타격을 입게 되었다.

1704년 11월 13일, 교황 클레멘스 11세(Pope Clemens XI, 1700~1721 재위)는 성직자회의를 열어 카를로스 신부의 결정을 부연 설명하면서 중국에서 제공사조를 금지하는 회칙을 발표했다.

교황 클레멘스 11세의 제공사조 금지 회칙

1. 하나님을 일컫는 라틴어는 'Deus'인바, 중국어 번역어로 천주만을 인정하고 상제, 하늘은 금지한다. 성당에 '하늘을 공경하라'는 현판을 거는 행위도 금지한다.
2. 가톨릭 신자는 봄·가을에 공자에게 제사를 지내거나 조상신을 숭배하는 의식을 거행하는 행위는 물론 이를 방관하는 행위도 할 수 없다.
3. 청나라 관료나 지방 유지라 할지라도 가톨릭으로 개종하였다면 매월 2회 열리는 공자 제례에 참석할 수 없다.
4. 모든 가톨릭 신자는 사찰·사원을 참배하여 조상에게 기도하는 행위를 할 수 없다.
5. 가정에서나, 묘지에서나, 장례식장에서나 조상을 숭배하는 행위를 할 수 없다. 동행자가 비신자라는 이유로도 이런 행위는 할 수 없다.
6. 위에 열거하지 않은 중국 고유의 전통과 관습이 이교의 관습이 아니라면 중국인인 가톨릭 신자가 이를 지키는 것은 무방하다. 중국 관습이 가톨릭 신앙에 저촉되는지가 문제

† 교황 인노첸시오 10세

† 교황 알렉산데르 7세

첫 번째 그림은 전임자 인노첸시오 10세이고 두 번째 그림은 후임자 알렉산데르 7세이다. 이 두 교황은 공자와 조상에게 제사를 지내는 중국의 제공사조 허용 여부를 놓고 상반된 명령을 내리고 말았다. 바티칸의 이러한 모호한 태도 때문에 중국 선교사들은 커다란 혼란에 빠졌으며 결과적으로 18세기 중국에서 그리스도교가 쇠락하는 원인이 되었다.

라면 1차 판단은 중국 주재 교황 사절이 하고, 교황 사절
이 없을 경우 해당지역의 주교나 선교 지역 책임자에게 그
권한을 일임한다. 결론적으로 중국의 관습은 가톨릭 신앙
에 모순되지 않는 범위 내에서만 인정한다.

클레멘스 11세는 자신의 결정을 전달하기 위해 도우라(多羅, Mailland Towrnan) 주교를 특사로 파견했다. 도우라 주교는 1706년 12월과 1707년 6월 두 차례에 걸쳐 강희제를 만나 조심스럽게 교황청의 결정을 전달했다. 특히 두 번째 만남에서는 카를로스 신부를 대동하여 황제의 동의를 이끌어내려 했다. 그러나 강희제는 중국 문화에 대한 카를로스 신부의 몰이해를 지적하며 교황청 결정을 무시했다.

도우라 특사는 강희제와 만나는 것과 별도로 1707년에 난징에서 교황의 결정문을 모든 선교사에게 전달했다. 강희제는 도우라 특사의 행위를 자신과 중국 문명에 대한 도전으로 인식하여 관련자들을 전부 추방하고 이후 자신의 결정을 굽히지 않았다. 그 후 교황청에서는 여러 차례 타협안을 제시하며 청 정부와 대화와 해결을 시도했으나 강희제는 중화中華 논리 위에 굳게 서서 물러서지 않았다. 실제로 강희제를 비롯해 역대 청나라 황제는 중화를 강조하곤 했는데, 만주족을 한족 질서에 편입시켜서 만주족의 한족 지배를 정당화하려 했기 때문으로 추측된다.

강희제는 교황청과 협상에서 결코 물러서지 않았으며 1720년에 교황청 특사로 온 암브로시우스(嘉樂, Mezzabarba Carli Ambrogio, 1685~1741) 주교를 접견한 과정을 기록한 《가락래조일기嘉樂來朝日記》 1권을 로마로 보내 중국 의견을 설파하기까지 했다. 결국 로마 교황청은 클레멘스 12세(Pope Clemens XII, 1730~1740 재위) 때인 1739년 12월 8일에 중국 선교를 활성화하기 위하여 제공사조 금지령의 철회를 제안했고 1742년에 4개 조항을 발표하면서 제공사조 금지령이 마침내 해제되었다.

교황 클레멘스 12세의 제공사조 금지령 철회

제1조 공자 제례는 존경을 위한 전통 문화행사로서 가톨릭
　　　신자에게도 이를 허락한다.
제2조 공자의 화상이나 비석을 허가하고 허리 굽혀 절하는
　　　행위를 허가한다. 가톨릭인도 공자를 존경할 수 있다.
제3조 공개 행사에 가톨릭인도 피동적으로 참가할 수 있다.
제4조 망자의 영전과 비석 앞에서 허리 굽혀 절할 수 있다.

　이로써 200여 년 동안 계속된 제공사조 논쟁은 일단락되었다. 그러
나 1742년에 교황 베네딕토 14세(Pope Benedictus XIV, 1740~1758)가 앞선
클레멘스 11세의 결정을 재확인함으로써 논쟁의 불씨가 되살아났다.
그런데 이 과정에서 1696년에《중국현상신지中國現狀新誌》, 1701년에
《중국예의론中國禮儀論》등이 출판되면서 유럽에 중국학 열풍이 불었
다. 아울러 프랑스 예수회는 1702년부터 70여 년 동안 예수회 통신집
을 연속 출판하여 중국 문화의 전파자 역할을 담당했다. 그 후로 유사
서적들이 각국 언어로 출판되면서 유럽에서 중국에 대한 관심이 증폭
되었다.

　유럽의 중국 열풍에는 마테오 리파(馬國賢, Matteo Ripa, 1682~1745)라는
선교사가 커다란 역할을 했다. 그는 1720년 교황청 특사로 중국에 파
송된 암브로시우스의 통역원 중 한 명이었다. 예수회 소속은 아니었
지만 회화와 조각 분야에서 재능을 인정받아 청 정부의 관료로 발탁되
어 10여 년 동안 베이징에서 생활했다. 그는 제공사조 논쟁의 중심에서
괴로워하다가 가족의 병고를 이유로 황제의 허락을 받고 중국인 신자
다섯 명과 함께 고향 이탈리아 나폴리로 돌아갔다. 1732년, 마테오 리
파는 백방으로 노력한 끝에 나폴리에 유럽 최초로 중국 선교인력 전문
양성기관인 중화서원 Collgio dei Cinesi을 건립했다. 중화서원은 중국서원,

문화서원, 성가정聖家학원 등으로 불리기도 했다.

1888년에《이탈리아여행견문록》을 남긴 훙쉰洪勳은 중화서원을 방문해 궈둥천(郭棟臣, 1846~1923) 선생과 젊은 중국 학생들을 만났다. 궈둥천은 후베이湖北성 첸장潛江 출신으로 1861년 중화서원에 입학해 12년 동안 공부하고 중국으로 귀국하여 13년간 선교하다가 다시 나폴리로 돌아가 자기가 공부했던 학교의 교수가 되었다. 당시 중국 각 성 주교들은 학생을 선발해 장학금을 주면서 중화서원에 보냈다. 궈둥천의 말에 따르면 1891년을 기준으로 가톨릭 신자가 50만 명 있었고 그 가운데 후베이성에는 2만 3,000여 명이 있었다고 한다.

증오와 폭력 속에 피어난 사랑, 의화단운동

의화단운동으로 수많은 선교사와 그리스도교도가 죽임을 당했다. 하지만 그들은 죽음 가운데서도 중국인을 향한 사랑을 잃지 않았다. 오히려 중국인들을 용서하였고 중국의 선교사역이 끊이지 않고 이어지기를 바랐다.

캉유웨이康有爲로 대표되는 개혁 세력은 광서제(光緖帝, 덕종, 1874~1908 재위)에게 청의 국정을 개혁하고 부강한 국가를 목표로 하는 '변법자강變法自强'의 의견을 제시했다. 광서제는 이를 받아들여 개혁을 시도했다. 그러나 보수파 편에 선 서태후(효흠현황후孝欽顯皇后, 1835~1908)가 1898년에 광서제를 유폐하고 정권을 잡음으로써 개혁파의 노력은 수포로 돌아갔다. 이처럼 수구파가 정권을 잡자 외국인을 배척하는 풍조가 확산되었다.

중국인들은 외국 열강에 거듭 굴욕을 당하면서 무력감에 휩싸였다. 그 깊은 좌절감은 1898년에서 1900년 사이에 벌어진 의화단운동으로

† 마테오 리파

† 마테오 리파의 중국 풍경 동판화

† 1734년 예수회의 중국 지도

마테오 리파는 청 정부에서 일한 후 중국 청년 6명을 이탈리아로 데려와 중화서원을 건립하고 중국 선교사로 교육했다. 중화서원은 유럽 대륙 최고最古의 신학, 동양학 대학인 나폴리 대학으로 발전했다. 두 번째 그림은 마테오 리파가 동판으로 제작해 찍어난 중국 풍경이며 세 번째 그림은 예수회 선교사들의 연구를 토대로 1734년에 만들어진 중국 지도이다.

폭발했다. 중국은 개항 이후 서양으로부터 수입 규모가 대폭 증가하고 이전까지 자급자족을 하거나 농촌에서 농사를 짓던 백성들은 기존 경제구조가 붕괴하면서 파산하거나 빈농으로 전락하고 말았다. 이런 시대에 등장한 의화단은 가뭄 같은 천재지변을 비롯해 막대한 배상금으로 인한 증세까지 중국의 모든 문제를 외국인 탓으로 돌리는 비밀 결사조직이었다. 이들은 양귀洋鬼, 즉 서양인들에 대한 테러운동을 전개했다. 그즈음 근거 없이 떠돌던 소문이 양귀 사태를 부추겼고 특히 그리스도교 문화에 반발하는 세력이 급격하게 확산되면서 곧 서로 연합하게 되었다. 이들은 중국 각지의 교회와 목사, 선교사, 중국인 신자까지 주요 공격 대상으로 삼았다. 중국 각지의 백성들이 의화단운동을 지지하면서 외국인과 그리스도교에 대한 테러가 끊이지 않았다.

사실 그리스도교를 적대하는 이들도 나름대로 이유가 있었다. 여러 외국인 목사와 선교사가 교인을 확보하기 위해 일부 불순한 중국인을 가리지 않고 교인으로 받아들였기 때문이다. 중국인들은 그런 불순한 자들을 옹호하는 그리스도교 교회와 선교사들에 대해 반감을 키워갔다. 교회에 중국인들이 테러를 가하면 선교사들은 중국 정부를 압박해서 중국인들을 진압했고 이 과정에서 중국인들이 다시 교회를 공격하는 악순환이 이어졌다.

의화단은 백련교의 맥을 잇는 대도회大刀會에서 출발한 조직이었다. 이들은 체계적인 조직을 갖추진 못했지만 반反외세에 공감한 청 정부의 비호 아래 '청을 도와 외세를 몰아낸다(扶淸滅洋)'는 기치를 내걸고 급격히 세를 불려 곳곳에서 테러를 자행했다. 이들의 잔학행위는 상상을 초월한다. 의화단은 산둥山東성에서 시작하여 허베이河北성으로 활동 영역을 넓혀갔다.

이때 청 황족 자이이(載漪, 이혁단군왕, 1856~1922)도 비밀리에 의화단을 지원했다. 자이이는 서태후가 섭정으로 정권을 장악하던 중 광서제가

† 의화단원들과
의화단 진압에 나선
8개국 연합군

의화단은 산둥성에서 허베이까지 진출하면서 교회를 불태우고 200명에
달하는 그리스도교 선교사와 약 2만 명의 중국인 신자를 잔인하게 살해했
다. 이들은 톈진의 외국인 거류지를 침범한 후 베이징까지 진출했다. 당시
톈진에서는 의화단과 연합군 사이에 치열한 전투가 벌어졌다.

성인이 되자 광서제를 제거하고 꼭두각시로 삼으려던 왕족이었다. 서태후는 광서제를 폐위하고 자이이의 어린 아들 푸쥔溥儁을 옹립하고자 했으나 여론에 밀려 무산되었다. 이 과정에서 자이이는 개혁 세력과 외세에 앙심을 품었다. 아울러 사회 혼란을 틈타 광서제를 폐위하고 자기 아들을 옹립하려는 야심을 품고 있었다. 자이이가 의화단 활동을 후원하게 된 것은 어쩌면 자연스러운 일이었던 것이다.

심지어 관병들도 의화단운동에 가담하여 일본 외교관과 독일공사 케텔러를 살해했으며 베이징의 외국공사관구역을 포위 공격하기에 이르렀다. 20만 명으로 불어난 의화단은 광기에 휩싸여 현상금을 걸고 외국인과 중국 그리스도교도를 닥치는 대로 살육했다. 이에 일본, 러시아, 영국을 주축으로 미국, 독일, 프랑스, 이탈리아, 오스트리아 등 8개국 연합군이 베이징으로 진입하여 의화단을 진압했다. 이 사건을 배경으로 1963년에 미국에서 〈북경의 55일55 Days at Peking〉이라는 영화가 제작되었다. 이 영화는 의화단운동을 소재로 삼은 매우 독특한 성격이 있지만 서구인 중심 시각을 떨치지는 못했다는 평을 받는다.

서태후와 광서제는 시안으로 도망쳤지만 결국 8개국 연합군에 화의를 요청할 수밖에 없었다. 연합군은 청나라에 일방적인 평화협정을 강요했다. 베이징을 장악한 연합군은 분풀이로 약탈, 방화, 살인, 강간 등 잔혹한 짓을 저질렀다. 그러면서도 이른바 '의화단 의정서'를 작성해 중국인들이 문명에 대해 범죄를 저질렀다고 비난하고 폭동을 지지한 고위 관리들의 처형과 거액의 배상금을 요구했다. 구체적으로 살펴보면 첫째로 중국은 일본과 독일에 사죄하기 위해 특사를 파견하고, 둘째로 의화단 우두머리를 처벌하며, 셋째로 전쟁배상금으로 연 4퍼센트 이자로 6,750만 파운드(4억5,000만 냥)를 향후 39년 내로 지불하는 것이었다.

1900년, 서태후는 서양 세력을 견제하고자 의화단을 이용하여 전국

† 의화단운동 당시 8개국 연합군의 베이징 진입 장면을 묘사한 그림

각지에서 그리스도교반대운동이라는 의미의 교안敎案을 벌였고 그중
에서도 산시山西 지역 운동의 영향력이 가장 컸다. 당시 산시 순무巡撫
였던 위셴毓賢은 서태후의 명을 충실히 이행하여 산시 경내의 수많은
외국 선교사와 그리스도교인들을 닥치는 대로 살육했다.

　이렇듯 서로에 대한 무지와 피의 복수가 이어지며 인류 역사에서
또 하나의 비극이 펼쳐졌지만, 그 소용돌이 속에서도 사랑과 희망의 불
씨는 꺼지지 않았다는 것을 증명하는 일이 있었다. 서태후는 8개국 연
합군이 베이징에 입성하자 사태를 수습하기 위해 급히 위셴을 희생양
으로 삼아 파면했고, 그는 유배지인 신장성으로 가다가 란저우에서
처형당했다. 그로부터 11년 후 신해혁명이 일어나 청조 타도에 앞장선
혁명가들이 산시 지역에서 만주족을 무참히 살해하는 일이 벌어졌다.
그런데 이때 만주족인 위셴의 딸이 생명의 위협을 느껴 도망쳐 숨은
곳이 공교롭게도 그 지역 교회였다. 그 지역 선교사들은 그가 대학살의

주범인 위셴의 딸임을 너무나 잘 알고 있었다. 그럼에도 선교사와 교인들은 그를 받아주고 살해 위협을 피할 수 있도록 숨겨줬다.

또 다른 일도 있었다. 같은 1900년, 산시陝西 순무 돤팡端方은 위셴과 달리 지역 선교사들에게 서태후의 명을 3일 전에 미리 알려줌으로써 대피할 수 있도록 배려했다. 그 덕분에 선교사들은 베이징으로 이동해 8개국 연합군에게 보호를 받을 수 있었다. 그런데 선교사들이 베이징에 머물 때 일부 연합군 병사들이 한 중국 저택을 약탈하려는 장면을 목격했다. 그러자 모이 던컨(敦崇礼, Moir Dunkan)이라는 선교사가 이를 제지하여 저택을 온전히 지켜낼 수 있었다. 그런데 공교롭게도 그 저택은 바로 그들을 구해준 돤팡의 집이었다고 한다.

한편 의화단운동이 한창일 때 한 선교사는 죽음을 앞두고 고향의 가족에게 편지를 보냈다. 중국에서 벌어진 사건을 미처 알지 못했던 자녀들은 기쁜 마음으로 편지를 받았다. 그러나 편지에는 생각지도 못했던 글이 담겨 있었다. "사랑하는 아들딸아! 너희가 이 편지를 받을 때에 나는 이미 이 세상에 없을 것이다. 자신들이 무슨 일을 하는지 모르는 일부 중국인들의 손에 희생되었기 때문이지. 그러나 너무 슬퍼하지 말기를 바란다. 그리고 그들을 용서하기 바란다. 아울러 어렵겠지만, 너희들이 진심으로 원한다면 나의 뒤를 이어 이곳에 와서 하나님의 선교사역에 동참해주기를 바란다."

죽음을 코앞에 두고서도 증오와 원망보다 자녀들이 사역을 이어가주기를 기도한 것이다. 이처럼 폭력과 살인, 증오와 복수가 난무하던 의화단운동 기간에도 사랑과 공존이 면면히 이어지고 있었다. 훗날 이들의 값진 희생과 헌신이 중국 복음화에 결정적인 동력으로 작용했다. 아울러 돤팡과 위셴의 경우처럼 똑같은 일을 앞두고도 대처하는 자세에 따라 많은 이의 생사가 갈리기도 했다.

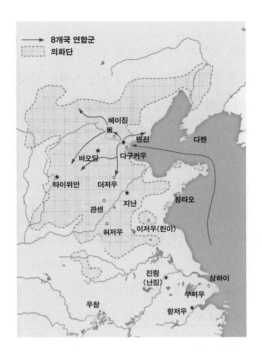

† 의화단의 활동지역과
8개국 연합군의 개입

중화사상에 젖어 있던 중국은 서구 열강의 힘을 과소평가하고 극단
적 방법으로 외부 세력에 저항했으나 결국 두 번의 아편전쟁 패배에
이어 또다시 큰 상처만 안고 백기를 들 수밖에 없었다.

무쇠인간, 왕밍다오

중국은 1911년에 신해혁명으로 봉건왕조를 몰아내고 중화민국을 수
립했다. 그러나 1920년에 중국공산당이 창당되면서 국민당 정부군
과 내전이 벌어졌고, 1937년부터는 일제의 침략이라는 외환을 겪었
다. 일제에 맞서기 위해 국민당과 공산당은 두 차례 국공합작을 했으나
큰 성과를 거두지 못했고 1945년에 일본이 항복하고 제2차 세계대전
(1939~1945)이 완전히 끝나자 내전은 더욱 격화되었다. 결국 장제스張介
石가 이끄는 국민당은 타이완으로 넘어가 국민당 정부를 수립했고 대
륙에서는 1949년에 마오쩌둥이 이끄는 공산당 정부가 수립되어 사회

주의국가가 되었다.

여기서 주목할 것은 국민당 정부가 미국의 전폭적인 지원에도 불구하고 국민의 지지를 받지 못한 반면에 공산당 정부는 시작은 미약했으나 국민 절대다수의 지지를 바탕으로 정권을 창출했다는 점이다. 당시 국민의 90퍼센트를 차지하던 농민을 혁명의 주체로 본 마오쩌둥의 '중국식 사회주의 혁명이론'이 이를 뒷받침하고 있다.

이런 역사의 맥락 속에서 중국의 그리스도교는 어떻게 자리했는가? 로버트 모리슨 이후 1800년대와 1900년대 초까지 많은 외국 개신교 선교사가 와서 중국 복음화의 기반을 마련했다. 이를 바탕으로 1920년대부터 중국 교회 내부에서 자치운동이 일어났다. 그리고 중국 교회는 크게 근본주의와 자유주의의 두 흐름으로 나뉘었다.

근본주의 세력은 세속에 관여하지 않고 복음의 순수성을 유지하기 위해 노력한 반면에 자유주의 세력은 민족의 독립을 위해 항일운동을 지원하고 현실적인 해방을 위해 노력했다. 그 결과 근본주의 세력은 반공反共을 내세운 국민당 정부에 경도될 수밖에 없었고 자유주의 세력은 공산당의 항일운동과 해방운동에 동참하게 되었다.

이처럼 파란만장한 역사 속에서 중국의 그리스도교는 신앙 고백의 길이 달랐기에 중화인민공화국 성립 이후 정치화와 복음화로 양분할 수 없는 중국식 교회 형태를 갖추었다. 이른바 '중국 특색 사회주의 건설 도상에서 교회가 해야 할 일을 찾는 것'이 1949년 이후 중국 교회 지도자들의 활동 목표가 되었다. 중국 국민 대다수가 사회주의 중국을 선택하였기에 중국의 그리스도교인은 사회주의 체제 내에서 생존 방식을 선택해야 했다. 그 와중에 왕밍다오는 신앙을 위해 힘든 길을 택한 사람이었다.

왕밍다오(王明道, 1900~1991)의 본명은 왕용성王永盛이다. 그는 의화단 운동이 한창이던 1900년 7월에 베이징의 가난한 그리스도교 가정에서 막내로 태어났다. 그의 아버지 왕즈허우王子厚는 미국 감리교에서 베이징에 세운 통런同仁의원의 의사로서 30세 때 리원이李文義와 결혼했다. 리원이는 어릴 적 런던선교회가 세운 베이징의 교회학교에서 공부했다. 1900년에 의화단운동이 벌어지자 왕즈허우는 임신한 아내와 큰딸을 데리고 대사관 지역으로 몸을 피했다. 그러나 많은 외국인과 중국 그리스도교인이 학살되는 광풍 속에서 왕즈허우는 두려움을 이기지 못해 자살했고 리원이는 임신한 몸으로 도망쳐 유복자인 용성을 낳았다.

외할머니는 용성을 받으며 '무쇠鐵子'라는 아명을 붙여주었는데 훗날 그는 이름과 같이 무쇠처럼 단단한 강골로 자라 어떤 위협에도 굴하지 않았다. 용성은 다섯 형제 중 막내였는데 다른 세 명은 일찍 세상을 떠났고 첫째 누나와 용성만 생존했다. 아버지가 죽은 후 그들의 삶은 비참하기 그지없었다. 용성은 가난 속에서 굶는 날이 많았기에 몸이 허약하여 늘 병을 달고 살았다. 또한 그가 살던 빈민가에서는 궁핍한 삶에서 비롯된 하층민들의 밑바닥 삶이 적나라하게 펼쳐졌다. 용성은 사회의 추악한 일면과 인간에 내재된 악한 품성을 매일처럼 보고 들으며 자랄 수밖에 없었다.

그럼에도 책을 가까이한 용성은 어머니의 도움으로 소학교에 입학하기 전에 이미 천자문을 비롯한 중국 서적은 물론이고 성경과《천로역정》같은 그리스도교 서적까지 섭렵했다. 그리고 9세 때 런던선교회가 세운 추이원萃文소학교에 들어가 공부했다. 이때 어머니가 영원토록 번창하라는 의미에서 '용성永盛'이라는 이름을 지어줬다. 그는 학교에서 전통 학문인 사서오경을 비롯해 수학, 역사 그리고 그리스도교에 대한 지식을 넓혀갔다. 아울러 학교의 각종 종교활동에 참여했고 어머니와 함께 런던선교회의 교회에 참석해 신앙을 키워갔다. 그러나 14세 때까지 습관처럼 교회에 다녔을 뿐 참 신앙을 알지는 못했다.

용성은 14세이던 해에 친구의 충고를 듣고 크게 깨달아 변화의 계기로 삼았다. 그해 부활절에 런던선교회의 한 예배당에서 세례를 받은 그는 전과 다른 삶을 살게 되었다. 사회의 혼란을 지켜보며 15세에는 정치가의 꿈을 키워 '중국의 링컨'이 되겠다고 다짐했다. 그리고 19세에는 영국인 존 웨슬리의 영향을 받아 종교 부흥을 통한 사회 개혁이라는 원대한 목표를 세웠다. 그러나 20세가 지나면서 이전까지의 포부가 모두 자신의 출세를 위한 것임을 깨닫고 선교사역에 평생을 바치기로 맹세했다. 물론 그 과정은 순탄치 않았다. 정치가와 사회 개혁가라는 자신의 포부와 전도자의 길 사이에서 3년 동안 심신을 깎는 고통의 시간을 보냈다. 그 와중에 큰 병을 얻어 죽음의 문턱까지 이르렀다. 그는 "내 병이 치료될 수 없다면 죽음을 받아들이겠습니다. 그러나 하나님께서 생명을 주신다면 더 이상 하나님의 뜻을 거스르지 않겠습니다!"라고 기도했다. 다행히 병을 털고 일어난 용성은 그때의 서원을 잊지 않았다.

후이원匯文대학 예과에 진학한 용성은 1919년 5·4운동으로 학교 수업이 중단되자 친구의 소개로 잠시 바오딩保定현의 소학교 교사로 있으면서 기독청년회를 만들어 신앙으로 학생들과 소통했다. 1920년에는 전도자로서 사명을 되새기고 '진리를 밝혀 사람들을 새로운 길로 이끈다(明道新民)'는 의미에서 특별히 이름을 '왕밍다오王明道'로 바꿨다.

20세기 초 중국에서는 서양 사회복음주의의 영향을 받은 교회 지도자들이 교회의 실용주의를 내세워 복음과 함께 의료, 교육, 문화, 과학 연구 등 사회 분야 전반을 개혁해야 한다고 주장했다. 일부 학자는 그리스도교를 '혁명의 종교'로 만들어야 한다고 주장했다. 그러나 왕밍다오는 이런 교계 지도자들과 사회 개혁 세력의 행동을 의심했다. 이는 미국의 문명비평가이자 신정통주의 신학자 라인홀드 니부어Reinhold Niebuhr의 영향이 컸다.

왕밍다오는 '자기 자신을 개조하지 못하면서 어떻게 사회를 개조할 수 있단 말인가?'라고 생각했다. 개혁을 외치는 자들 스스로 먼저 바뀌지 않고는 사회 개혁은 근본적으로 불가능하다고 믿었다. 복음이 가져오는 사회적 실효성은 단순한 부산물이지 그리스도교인이 추구해야 할 진정한 목표는 아니다. 그는 신앙의 본질이 사회 개혁이 아닌 믿음으로 거듭나 새로운 피조물이 되는 것이라고 확신했다. 종교는 사회가 아닌 개인의 문제로서, 오히려 사회와 격리를 불러오기도 하는데 이런 격리가 현실 사회를 객관적으로 평가하는 능력을 키워준다고 주장했다. 근본주의에 바탕을 둔 왕밍다오의 이런 반사회적 신앙관은 당시 많은 중국 문화계 인사와 교계의 사회복음파 인사들로부터 거센 비판을 받았다. 이것이 후에 그가 중국 그리스도교 삼자三自교회 가입을 거절한 직접적인 원인이 되었다.

왕밍다오는 그리스도교인의 사회적 위치에 대해 '속세와 격리出世'를 주장했다. '죄'의 측면에서 세상이 그리스도교인을 오염하지 못하도록 의식적으로 격리될 필요가 있다는 것이다. 그러나 기계적인 '성속이원론聖俗二元論'에는 반대했다. 즉, 성경 강독과 전도 등의 종교활동은 성스러운 일이고 일상생활은 속세의 일이라는 이분법은 잘못된 생각이라는 것이다. 일의 형태가 중요한 것이 아니라 하나님을 중심에 두고 하나님과 인간에게 진정 유익한 활동이라면 어떤 교회 활동보다 신성할 수 있다는 것이다. 그는 성경 연구뿐만 아니라 일반 독서와 시사문제도 소홀히 하지 않았다.

수많은 정치적 주장이 난무하던 민국시기의 혼란 속에서 '신앙은 개인의 몫'이라는 왕밍다오의 주장을 비판하던 사회복음주의자들은 점차 자신들의 정치적 견지를 공고히 했다. 반면에 왕밍다오는 중립을 견지하여 많은 도전을 받았다. 그런데 그의 이런 전통적·보수적 신앙관이 16세기 종교개혁자들과 청교도의 복음주의 신앙처럼 비판정신과 진취성을 담보함으로써 큰 반향을 불러일으켰다. 물론 현실사회에 대한 부정적 인식과 비관적 태도 때문에 많은 이에게 오해를 사기도 했다.

왕밍다오는 1925년에 가정교회를 시작했으며 20여 년 동안 중국 전역을 다니며 종파를 불문하고 많은 교회에서 강연했다. 1926년 11월에 항저우에서 약혼했던 류징원劉景文과 1928년 8월에 결혼하고 아들 텐뒤天鐸를 낳았다. 베이징을 중심으로 활동하던 왕밍다오의 집회에 신자들이 늘어나자 1936년 봄에 교회 건축을 시작해 1937년 8월 1일에 '그리스도교인회당(基督徒會堂, The Christian Tabernacle)'의 헌당예배를 했다. 이는 1930년대 중국 그리스도교 자립교회의 모범이었다. 외부 선교회의 지원 없이 온전히 중국인이 건립한 그리스도교 본색화本色化의 표본이었다. '정교분리'를 일관되게 주장하던 왕밍다오는 일본군이 베이징을 점령하고 '화베이그리스도교연합촉진회'를 만들어 가입을 종용할 때에도 거부했다. 그의 뜻은 한결같았다. "나는 엄중히 선언한다. 교회는 세속과 합류할 수 없고, 하나님의 사역자는 불신자의 지배를 받을 수 없다. 나는 또 엄중히 선언한다. 독실한 믿음과 은혜를 구하는 교회는 '불신파不信派' 세력이 장악한 교회와 연합할 수 없고, 하나님의 참된 사역자는 거짓 선지자와 거짓 인도자와 협력할 수 없다."

1927년부터는《영혼의 양식靈食》이라는 계간잡지를 창간해 자신의 주장을 펼쳤지만 자유주의 신학의 영향을 받은 당시 교회지도자들로부터 많은 비난을 받았다. 그리고 중화인민공화국이 성립되자 왕밍다오는 더한 고난에 직면했다. 1950년 5월, 중국의 그리스도교 지도자들이 〈중국 그리스도교선언〉을 발표하면서 제국주의와의 단절과 공산당 정권과의 밀착을 천명했다. 그러면서 '자치自治와 자양自養과 자전自傳'을 기치로 내건 중국 그리스도교삼자혁신운동이 시작되었다. 그러나 왕밍다오는 대세에 휩쓸리지 않고 정교분리 원칙을 고수했다. 그는 〈권력은 누구에게 있는가?〉라는 글에서 "집권자의 명령이 하나님 뜻에

† **왕밍다오**　왕밍다오는 당시 교회의 형식적인 목회 활동과 성경의 곡해 그리고 전도자들의 부정을 질타하면서 회개와 성결을 바탕으로 어떠한 외압에도 타협하지 않는 철저한 신앙을 외쳤다.

상충되지 않는다면 하나님께 순종하는 의미에서 그들에게 복종해야 한다. 그러나 그들의 명령이 하나님 뜻에 부합하지 않는다면 하나님께 순종할 뿐 그들에게 순종할 수 없다"고 밝혔다.

　삼자애국운동이 맹위를 떨치던 1955년 6월, 왕밍다오는 계간지《영혼의 양식》에 〈진리인가? 독소인가?〉와 〈우리는 신앙을 바란다〉라는 글을 실어 신앙의 견지에서 삼자운동을 비판함으로써 큰 파장을 불러일으켰다. 삼자운동 지도자들이 왕밍다오를 끌어들이려 회유와 비판을 거듭했으나 그는 끝내 이를 거절했다. 8월 7일의 주일예배에서 왕밍다오는 〈인자가 죄인의 손에 팔리다〉라는 마지막 설교를 하고 〈우리는 신앙을 바란다〉가 담긴 인쇄물을 나눠주었다. 그리고 그날 자정을 넘긴 8월 8일에 55세의 왕밍다오는 아내와 학생 18명과 함께 체포되었다. 체포된 이후 생명에 위협을 느낀 왕밍다오는 결국 강요에 의해 〈자아심판〉이라는 반성문에 서명하고 9월 말에 출옥했다. 그는 사회주의 건설과 항미원조(抗美援朝, 북한지원)운동을 파괴하고, 삼자애국운동을 공격했으며, 당과 정부를 적대시했다는 등의 죄목으로 '반혁명분자'가 되었다.

이후 자신이 곧 여러 번 예수를 부인한 베드로와 예수를 팔아넘긴 유다라고 자책하며 자신이 한 행동을 후회하던 왕밍다오는 1958년 4월 아내 류징원와 함께 공안국에 찾아가 반성문 내용을 부인함으로써 무기징역형을 받고 재차 투옥되었다. 류징원도 15년 형을 선고받았다. 류징원은 출소 후 여러 곳을 전전하며 갖은 고초를 겪었지만 성경 구절을 암송하고 찬송가를 부르며 힘든 시절을 이겨냈다. 1979년 11월 왕밍다오는 개혁개방의 영향으로 출소가 결정되었지만 석방증명서에 적힌 '반혁명죄'란 죄목을 인정하지 않고 이렇게 말했다. "하나님 앞에서는 내가 죄인이라고 자인합니다. 그러나 국가의 법률 앞에서 나는 어떤 죄도 지은 적이 없습니다."

1980년 1월에 80세의 고령이 되어 석방된 그는 상하이로 가서 벌써 출소한 아내, 아들과 재회했다. 부부는 오랜 수감생활로 시력과 청력을 거의 잃은 상태였다. 그럼에도 또렷한 기억력으로 성경을 암송하고 찬송을 이어갔다. 빌리 그레이엄 Billy Graham 목사를 비롯한 많은 해외 인사가 그의 위대한 사역에 감동해 직접 찾아와 위로했다. 그는 《맹자》의 말을 인용해 자신의 삶을 개괄했다. "《맹자》에 '부귀하여도 음탕하지 않고, 가난해도 뜻이 바뀌지 않으며, 위엄과 무력에도 굽히지 않는 것, 이를 일컬어 대장부라 한다(富貴不能淫, 貧賤不能移, 威武不能屈, 此之謂大丈夫)'는 말이 있습니다. 50세 이전에는 앞의 두 구절을 실천했다면, 50세 이후에는 세 번째 구절을 시작했지요." 그는 그리스도의 진정한 대장부였다.

1991년 7월 28일, 중국 교회의 거인인 왕밍다오는 자신이 사랑한 주님 품에 안겼다. 외할머니의 바람대로 왕밍다오는 연약함을 버리고 강건한 신앙인으로 살았고, 실패를 딛고 신앙의 승리를 쟁취한 그리스도교인이 되었다. 그로부터 채 1년이 지나지 않은 1992년 4월 18일에는 왕밍다오의 평생 반려자였던 류징원도 고난의 연속이었지만 영광스러운 삶을 마감했다. 왕밍다오와 류징원은 쑤저우 타이후太湖변에 합장되어 영원한 안식을 얻었다.

이처럼 왕밍다오는 질곡의 중국 근대사에서 평생 복음을 전한 선지자로서 하나님과 교회의 뜻을 견지하여 중국 그리스도교인의 모범이 되었다. 중국내지선교회의 전기를 쓴 레슬리 라이얼(賴恩融, Leslie T. Lyall, 1905~1996) 목사는 그를 니퉈성倪柝聲과 양사오탕(楊紹唐, 1898~1969)과 함께 '중국 교회의 3대 거인' 중 한 명으로 꼽았다. 그의 제자인 위안샹천 (袁相忱, 1914~2005)도 스승인 왕밍다오의 삶을 그대로 따랐다. 위안샹천은 20년이 넘는 오랜 수감 생활에도 불구하고 삼자교회 가입을 거부한 채 베이징에서 가정교회를 이끌다가 92세의 나이에 세상을 떠났다.

중심이 두 개인 자, 우야오종

우야오종은 같은 그리스도교인이지만 왕밍다오와 다른 길을 선택했다. 중국 그리스도교 삼자애국운동의 발기인으로 유명한 우야오종(吳耀宗, 1893~1979)은 광둥廣東성 순더順德 출신으로 목재 상인 가정에서 태어났다. 1913년 베이징 세무학당에 진학해 졸업 후 세관에서 일했다. 당시 세관원은 출세를 보장하는 직업이었다. 그런데 그즈음 미국의 선교사이자 세계그리스도교청년회 YMCA 사무총장인 존 모트(約翰 馬特,

穆德, John Raleigh Mott, 1865~1955)가 베이징에 와서 집회를 열었는데, 우야오종이 여기에 참석해 '예수님의 산상수훈山上垂訓과 팔복八福'이라는 강연을 듣고 크게 깨우친 뒤 신앙을 갖게 되었다.

우야오종은 1918년에 세례를 받고 베이징 감리회公理會에 가입했다. 참고로 교회일치(에큐메니컬)운동의 선구자인 존 모트는 1922년에 중화그리스도교협진회中華基督教協進會를 창립하여 중국 내의 복음 전파에 큰 영향을 미쳤고 1946년에 제2차 세계대전 이후 원조사업에 대한 공로로 노벨평화상을 받았으며 한국의 그리스도교 발전에도 기여한 인물이다.

우야오종은 1920년에 베이징YMCA 간사로 일하면서 유애사唯愛社를 조직했다. 1924년에는 미국으로 건너가 모더니즘 계열의 뉴욕 유니언신학교와 컬럼비아대학에서 신학과 철학을 공부하고 철학 석사학위를 취득했다. 1927년에 귀국하여 중화그리스도교청년회 전국협회 간사로 일했고 후에 그리스도교 유애사 중국 분회 주임을 겸임했다. 1937년 가을에는 다시 뉴욕으로 건너가 유니언신학교에서 공부하다가 다음 해 3월에 귀국하여 중화그리스도교청년회 전국협회 출판부 주임을 맡아 일했다. 중일전쟁 기간에는 충칭重慶에서 저우언라이周恩來를 두 번 만나 면담했고 전쟁이 끝난 뒤에는 상하이에서 활동했다.

중화인민공화국 성립을 앞둔 1949년 9월, 소군小群교회의 창시자로서 당시 교계에 명망이 높던 니퉈성이 자신의 소신을 내세워 중국 공산당의 정치 참여 제안을 거절했다. 그러자 우야오종은 유명한 교회 지도자가 아니었음에도 스스로 그리스도교계를 대표해 중국 인민 정치협상회의에 참가했다. 그러고는 1950년 9월에 처음으로 〈중국 그리스도교가 신중국 건설에서 노력해야 할 길〉이라는 선언문의 초안을 작성해 발표했다. 이 선언문에서 그는 자치, 자양, 자전이라는 '삼자'의 실현을 주장하면서 해외 교회와 모든 연계를 끊고 새로운 중국에서 새로운 그리스도교 건설을 내세웠다. 삼자三自는 중국인이 교회를 관리하고 외국 세력의 지배를 배제한다는 자치, 교회 운영에서 외국 교회의 재정 원조를 거부한다는 자양, 서구적인 의식을 배제하고 중국인 처지에서 전도한다는 자전을 통칭한 용어였다.

1951년에 이 선언문이 정식 발표되었을 때 당시 중국 그리스도교인 70만 명 가운데 40만 명이 서명했다고 한다. 이 서명이 압력에 따른 것인지 자발적인 것인지 의견이 분분하다. 이처럼 우야오종은 자유주의와 사회복음주의(모더니즘) 신앙을 가지고 정치와 연합하였기 때문에 근본주의자인 왕밍다오로부터 불신주의라는 비난을 받았다. 이후 우야오종은 전국인민대표자대회 상무위원과 정치협상회 전국위원회 상무위원을 역임하고, 중국 그리스도교 삼자애국운동위원회 주석과 중국 인민구제총회 부주석을 지내게 된다.

1951년부터 그리스도교 정풍整風운동이 벌어져 친미인사들에 대한 비판이 시작되었다. 이 시기를 전후로 서양 선교단체의 지원을 받던 많은 교파가 대부분 삼자교회로 전향했다. 그러나 왕밍다오의 베이징 스자샹史家巷교회당과 참예수교회眞耶蘇教會, 니퉈성의 소군小群교회 등 일부 중국 본토 인사들이 건립한 교파는 전향하지 않았다. 결국 1952년에 니퉈성은 체포되었고 삼자교회에 반대했던 각지의 지방교회도 차례로 퇴출되었다.

1954년에 중국 그리스도교 삼자애국운동위원회가 정식 성립되었고 우야오종이 주석에 선출되었다. 그리고 삼자운동에 참가하지 않은 인사는 누명을 덮어쓴 채 속속 활동 금지 조치를 당했다. 그러나 1966년부터 벌어진 10년간의 문화대혁명 기간에 삼자애국교회도 홍위병의 탄압을 피할 수 없었으며 우야오종도 척결대상이 되어 '노동개조'를 받아야 했다. 우야오종은 개혁개방을 앞둔 1979년 9월 17일 베이징에서 세상을 떠났다.

2004년부터 2005년까지 우야오종을 소재로 한 TV드라마 〈큰사랑 大愛〉을 방영할 예정이었으나 '중국 그리스도교'라는 민감한 사안을 다뤘기 때문에 결국 무산되고 말았다. 혹자는 우야오종을 다음과 같이 평가했다. "그는 원이 아닌 타원이다. 한편으로는 그리스도를 붙잡고 다른 한편으로는 당을 붙잡았던 두 개의 중심을 가진 인물이었다."

그럼에도 사회주의 체제 내에서 지금과 같은 교회 존립과 성장을 이끌었다는 측면에서 우야오종을 정치적이고 반복음적이라고 매도할 수만은 없다. 신중국 성립 이후 중국공산당 내부에서도 그리스도교에 대해 극좌적 반대파와 유연적 대처파의 양대 논쟁이 끊임없이 이어져 왔다. 저우언라이 총리는 '종교는 아편'이기 때문에 박멸해야 한다는 극좌적 반대파의 논리와 일정 정도 거리를 두면서 종교는 박멸될 수 없으니 정권 아래 두고 적절히 관리해야 한다고 생각했다. 사회주의 체제가 안정되면 종교는 자연스럽게 소멸될 것이라고 판단한 것이다. 이런 정권 수뇌부의 판단을 실천으로 옮긴 사람이 우야오종이었다. 그러나 극좌의 동란인 문화대혁명 기간에는 이런 논쟁조차 무의미했다. 앞서 살펴봤듯이 사인방의 극좌 무리가 홍위병들을 앞세워 중국의 전통 이념과 서양색의 모든 것을 폄하하고 파괴한 것이다. 그리고 저우언라이의 생각과 달리 중국 내에서 그리스도교는 개혁개방과 함께 크게 부흥했다.

베이징 현지 탐방기:
대륙의 수도에서 만난 조선족 목사님과 도시독립교회들
(2013, 2017, 2019, 2020년)

중국 제2의 도시인 베이징. 많은 선교사가 베이징에 복음의 씨앗을 뿌리기 위하여 수고와 희생을 감내했다. 쑤저우에서 오후 2시에 출발한 고속철은 5시간 30분 만에 베이징 남역에 도착했다. 중간에 주요 역에 여러 번 정차했음에도 쑤저우와 베이징을 5시간대에 주파한 것이다. 양쯔강을 건너 산둥평야를 달려 타이산泰山을 감상하고 지난濟南과 톈진을 지나 베이징까지 반나절 만에 이동하는 일을 과거 중국인들이 상상이나 했겠는가? 이처럼 21세기 중국은 고속철로 생활의 혁명을 맞고 있었다. 베이징은 언제 와도 중압감을 주는 도시이다. 고속철역과 바로 연결된 지하철을 타고 숙소에 도착에 여장을 풀고 내일의 만남과 찾아볼 장소들을 떠올리며 상념에 잠겼다.

다음 날 아침, 총원먼崇文門교회를 찾았다. 지하철역에서 나와서 뒷골목으로 들어서니 교회 건물이 눈에 들어왔다. 그런데 문이 잠겨 있는 게 아닌가? 당황스러워 다른 입구가 있을까 해서 그 일대를 한 바퀴 돌아보았으나 다른 출입구는 없었다. 할 수 없이 제자리로 돌아와 굳게 잠긴 대문 앞에서 허탈해하고 있는데 문 안쪽에서 웅성거리는 소리가 들렸다. 힘들게 찾아온 만큼 반드시 교회당을 보겠다는 일념으로 무작정 문을 두드렸다.

과연, 두드리니 문이 열렸다. 잠시 후 누군가 문을 열어주기에 신분을 밝히고 잠시 교회를 둘러보게 해달라고 부탁했다. 다행히 그는 별다른

✝ 총원먼교회 외부   총원먼교회는 베이징을 대표하는 등록교회(삼자교회)이다. 우리는 총원먼
교회를 둘러보며 오랜 역사와 풍상을 느낄 수 있었다.

제지 없이 우리를 안으로 안내해주었다. 안으로 들어서니 예배당 입구
에 제법 많은 사람이 모여 있었고 점심 무렵이라서인지 일부는 식사와
음료를 준비하고 있었다. 그런데 사람들 대화 속에서 한국말이 들리지
않는가? 마침 낯선 이의 방문에 책임자로 보이는 아주머니가 다가와
인사를 건넸다. 알고 보니 그 아주머니는 이곳 목사의 사모였다. 신분
을 밝히고 방문 목적을 설명하자 사모님은 바쁠 텐데도 친절히 설명
해주었다.

  장문철 목사와 원춘애 사모는 조선족 출신으로 지린吉林성 지안集安
에서 목회를 하다가 10년 전 베이징에 정착했다고 한다. 주중에는 베
이징의 각 처소에서 오이코스모임을 이끌고 주일 오후에는 이곳 총원
먼교회에서 한국어예배를 인도한다고 한다. 사모님과 대화를 마치고
교회당 안으로 들어서니 장문철 목사가 '성령사역의 은사'에 대해 콘
퍼런스를 진행 중이었다.

총원먼교회는 예전에 야스리탕으로 불렸다. 야스리탕亞斯立堂은 1870년 미국 북감리회美以美會가 교단 최초로 남아메리카 선교에 나섰던 애스버리Asbury 주교를 기념하기 위해 베이징과 화베이華北 지역 최초로 세운 그리스도교당이다. 교회 신자가 증가하자 1880년에 웨일리공회가 원래 자리에 새로운 교당을 신축하여 1882년에 완공했다. 그러나 1900년 여름, 의화단운동으로 건물이 불타 사라지자 1902년에 청 정부가 배상금을 내놓아 야스리탕을 재건하기 시작했고 1904년 봄에 완공되었다고 한다.

당시 야스리탕은 교당과 사무실, 목사주택 외에도 인근에 몇몇 건물과 토지, 묘지를 갖고 있었다. 교회가 각 분야로 활동 폭을 넓히면서 교회 주위로 퉁런同仁의원, 푸잉婦嬰의원, 후이원滙文유치원, 후이원소학교, 후이원중학교, 무전慕貞여중, 간호학교, 후이원대학(후에 옌징燕京대학으로 합병), 후이원신학원(후에 베이징신학원으로 개명) 등을 속속 건립했다. 그런데 중화인민공화국 성립 이후 이들 병원과 학교는 정부가 접수해 공립화되었고 1958년 여름부터는 베이징시의 각 교회가 연합예배를 드리게 되어 야스리탕은 활동이 중지되었다. 그 후 예배당과 부속 건물은 베이징시 제13여중이 점유하면서 학교 강당으로 사용되었다.

문화대혁명 중에는 무용 연습실로 사용되면서 교당의 각종 시설이 심하게 파괴되어 본래 면모를 찾아볼 수 없게 되었다. 그러다 1982년 봄에 베이징시 정부가 귀환조치를 취해 2만 위안을 모아 제125중학에 건네주었다. 이후 대규모 수리 작업을 거쳐 야스리탕이 베이징그리스도교회 총원먼탕崇文門堂으로 이름을 바꾸고 그해 성탄절부터 다시 예배를 드리기 시작했다. 그러나 인근의 여자중학교 건물은 국가에 귀속되었다.

† **총원먼교회 본당**   총원먼교회는 매년 두 차례 베이징 지역 목회자 콘퍼런스를 연다. 우리가 찾아간 날이 마침 5월 1일 노동절 휴일이라 행사를 진행하고 있었다. 우연이라고 하기에는 너무나 놀랍고 마치 준비되어 있었던 듯 감사한 만남이었다.

   예배당은 본당과 부당으로 나뉘어 있다. 두 예배당은 얇은 벽으로 연결되어 있어 나누거나 합쳐서 사용할 수 있다고 한다. 본당은 400여 개, 부당은 300여 개 좌석이 배치되어 있으며 양쪽 모두 원 형태로 목재 우산 구조라는 독특한 풍격을 갖추고 있다. 1990년에는 베이징시 중점문물보호단위로 지정되었고 2001년에는 국무원의 비준을 받아 전국 중점문물보호단위로 지정되었다. 베이징에서 가장 오래된 그리스도교당으로서 미국 전 대통령 조지 부시와 클린턴, 영국 켄터베리 대주교 조지 카이루이 박사, 빌리 그레이엄 목사 등이 여러 차례 방문하기도 했다.

   오랜 역사를 간직한 유서 깊은 교회를 방문해 살펴볼 수 있어서 무척 기뻤다. 그리고 그곳에서 동포 사역자의 헌신을 마주하게 되어 매우 뜻깊었다. 원춘애 사모가 식사를 거듭 권했지만 다음 일정을 위해 더 머물지 못하고 아쉽게도 발길을 돌려야 했다. 이후로도 중국 여러 곳을 방문해 해당지역의 선교사역을 둘러보았는데 그때마다 동포 사역자들의 헌신을 엿볼 수 있었다.

도시독립교회의 성장, 서우왕교회와 시온교회

현재 베이징에서는 미등록된 도시독립교회가 활발하게 성장하고 있다. 도시교회는 기존 가정교회에서 탈피하여 도시의 빌딩으로 진출하였으나 공식 법인단체가 아니다보니 정식으로 건물을 임대할 수 없다. 예배당을 임대하여 사용 중인 시온교회는 단기간에 600여 명이 출석하는 큰 교회로 성장했으나 최근 더욱 심해진 제재로 어려움을 겪고 있었다.

베이징교회의 특징은 미등록된 도시독립교회가 활발히 성장하고 있다는 것이다. 개혁개방 이후 1980년대 초반부터 교회의 부흥이 시작되었다. 농촌에 남아 있던 신앙의 불씨가 다시 활발하게 타오르기 시작하여 1990년대에 도시로 확대되었다. 지금은 도시의 교회들이 확실히 리더십을 갖고 움직이고 있다. 그 배경에는 1989년 6월 4일에 벌어진 천안문사태가 획기적인 계기가 되었다. 1993년 12월 말, 베이징의 중국인에게는 크리스마스보다 26일에 있었던 마오쩌둥 탄생 100주년 기념일이 더욱 크게 다가오던 때였다. 그만큼 그리스도교와 그리스도교 문화에 무지했던 시기였다.

이런 베이징이 복음과 만나는 과정에서 특히 한국 교회의 적극적인 지원이 힘이 되었다. 한국대학생선교회C.C.C.총무였던 홍정일 목사가 중국 대학생들의 종교적 스승이었는데, 그는 1980년 중반부터 두 달에 세 번꼴로 베이징을 드나들면서 중국 주요 대학생들과 함께 신앙운동을 벌였다. 이 대학생들이 훗날 중국 도시교회 리더로 성장했다. 또한 1992년 한중수교 이후에 한국기업의 중국 진출이 늘어나면서 조선족이 중국 전역으로 활동 범위를 넓혔는데, 그들 중에는 그리스도교인으로서 복음 전파 사역에 헌신하는 이들도 생겨났다. 김천명과 김명일, 최권 등이 대표적인 인물이다.

베이징에는 등록교회(삼자교회)도 견고하게 성립되어 있다. 이와 더불어 미등록 상태의 독립교회도 많이 발달해 있다. 그래서 베이징교회의 70퍼센트가 지식인층과 청년층 위주로 구성된 미등록 독립교회로 추산된다. 김천명金天明 목사는 칭화淸華대학 출신으로 대학 졸업 후 대학원에 진학해 석사과정을 이수할 수도 있었으나 목회자의 길을 선택했다. 1992년부터 대학생 사역에 꿈을 갖고 개척을 시작해 서우왕守望교회를 키웠다. '복음의 길을 밝히고 희망을 본다守望'는 뜻을 담은 교회로서 한때 베이징에서 가장 큰 미등록교회로까지 성장했으며 신자가 수천 명에 이르는 대형교회의 전형이 되기도 했다. 물론 일부 연구자들은 서우왕교회가 여러 단체의 연합으로 탄생한 교회로 김천명 목사는 2003년에 교회 지도자가 된 것뿐이라고 주장하기도 한다.

도시교회는 기존의 가정교회에서 탈피하여 도시의 빌딩으로 진출했다. 그런데 앞서 말했듯이 공식 법인단체가 아니어서 정식으로 건물을 임대할 수 없었다. 교인들이 급속히 늘어나 11곳 정도 집회소에 흩어져 예배를 드리다가 성도들의 모금으로 2,700만 위안(약 45억 원)을 마련하여 예배 장소로 사용할 건물을 임대했다. 그런데 공안국公安局에서 임대 계약 기간이 만료되는 시기에 맞춰 건물을 봉쇄했다. 공교롭게도 2009년 11월에 오바마 미국 대통령이 처음 중국을 방문하던 시기와 겹쳐 중국 정부에서 민감하게 반응한 결과였다.

더 나아가 김천명 목사를 비롯한 사역자 여섯 명이 가택연금되었다. 일부 사역자들은 회유 과정을 거쳐 방면되었으나 김천명 목사는 우리가 방문한 2017년에도 여전히 가택연금 상태였다. 정식 판결도 없어 정식 구금은 아니니 비공식적이면서도 현실적인 집행을 하고 있는 것이다. 서우왕교회 교인들은 항의의 의미로 2009년 11월부터 거의 10년 동안 하이뎬취海淀區의 공원에서 야외 예배를 이어가고 있고 지역별로 나뉘어 교회를 유지하고 있다.

현지 목사의 소개로 주소만 들고 어렵게 찾아간 시온錫安교회는 건물 밖에 아무런 표식이 없었다. 그래서 인근 사람에게 물어보니 바로 진입로를 가르쳐주었다. 시온교회 김명일 목사는 베이징대학 출신이다. 옌징燕京신학원을 졸업하고 교수로 활동하다가 2007년에 미국 풀러신학교에서 박사학위를 취득했다. 이후 시온교회를 개척하여 단기간에 교인이 600여 명으로 늘어났으며 지금은 규모가 더 커졌다. 그래서 예배장소를 임대해 교회당으로 사용하고 있었다. 언어별 예배와 청년예배를 보며, 지역별로 셀 모임을 주도하고 있었다. 평일 낮에 방문하여 김명일 목사님을 만날 수는 없었으나 베이징 독립교회 현장을 직접 확인할 수 있었다.

베이징에서 만난 한 목사는 지린성 조선족 3세대 출신이었다. 그는 베이징에서 대학을 졸업하고 한국에서 신학을 공부한 뒤 2005년부터 중국인과 한국인 교인을 대상으로 목회를 이어가고 있었다. 현재는 왕징望京에서 사역하고 있는데 오전에는 중국인을 대상으로 한 중국어예배를, 오후에는 한국어예배를 드린다고 한다. 미등록 독립교회다보니

† 시온교회 외부 사진 밖에서 보기에는 허름한 건물이었으나 승강기를 타고 들어서니 한 층 전체를 사용하면서 매우 큰 규모를 갖추고 있었다.

교회가 있는 건물 외부에는 팻말이 없었지만 교회가 위치한 층에 가니 넓은 예배실과 새신자실, 유치부와 유년부실, 사무실 등으로 나뉘어 교회의 면모를 갖추고 있었다.

현장을 방문했던 2017년 당시에는 비록 미등록교회이긴 하나 교회를 관리하는 공안국 내 국가보위부 요원들도 통제가 아닌 관리 차원으로 별탈 없이 교류한다고 했다. 중국 정부도 교회가 사회 안정에 일정한 역할을 담당한다고 인정하는 것이다. 이와 더불어 개발과 함께 부촌으로 변해가는 왕징을 대신하여 새로운 코리아타운으로 부상하고 있는 옌자오燕郊 지역에서도 교회가 개척되고 있다. 베이징에서 동쪽으로 50킬로미터 정도 떨어진 옌자오는 행정구역상 베이징은 아니지만 베이징 생활권으로 인구 100만 도시로 성장했으며, 현재 조선족 8만여 명이 거주하고 있다.

그런데 원고를 정리하던 2019년에 매우 안타까운 소식을 접하게 되었다. 서우왕교회의 신자가 서서히 감소해 100명도 남지 않게 되었고 결국 현지 경찰이 2019년 3월에 신자 30여 명을 연행해 심문하면서 교회의 완전 폐쇄를 선포했다는 것이다. 그리고 이보다 앞서 2018년 9월에 이미 시온교회가 폐쇄되었다는 소식도 뒤늦게 접했다.

중국 대륙에서 1,400년 그리스도교의 역사는 곧 고난의 역사였지만 그럼에도 불구하고 현재 베이징 교회들과 그리스도교인들이 겪는 시련은 매섭기 그지없다. 부디 조속히 베이징 교회가 정상화되고 그리스도교인들이 종교의 자유를 온전히 누릴 수 있기를 기원하며 이 장을 끝맺는다.

3장

광저우,
청나라 개항과
중국의
사도행전

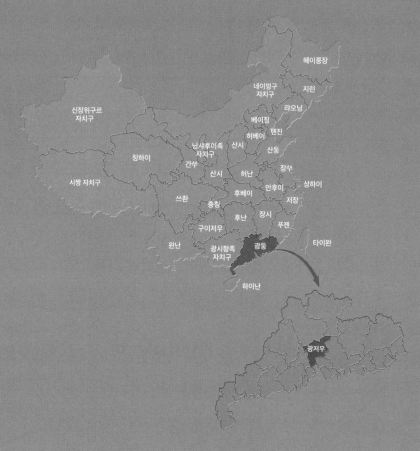

✝ 중국 대륙에서 광저우의 위치

19세기 이후 중국 해안에 빨간 돛을 단 복음선들이 도착했다. 복음선에 타고 있던 선교사들은 머나먼 동방의 큰 대륙 중국 땅에 첫발을 내딛고 복음의 씨앗을 뿌리기 시작했다. 복음의 씨앗은 점점 퍼져 성도들이 점차 늘어났고 교회가 세워지기 시작했다. 선교사들의 땀과 눈물이 배어 있는 교회를 방문하면서 그들의 헌신에 고개가 숙여졌고, 새로 생겨난 규모가 큰 교회를 보면서 중국 교회의 부흥에 감회가 몰려왔다.

중국 선교의 또 다른 출발점, 취안저우와 광저우

당唐시대에 이미 중국 땅에는 복음의 씨앗이 뿌려졌고 원대를 거쳐 명과 청 시대까지 지속되었지만 뿌리는 깊지 못했다. 가톨릭은 원대 이후로 중국의 주요 도시에서 명맥을 이어오고 있었다. 당대에는 실크로드를 통해 전파되었기에 실크로드의 기점이자 종점인 장안을 거쳐 전파되었으나 원대에는 바닷길을 이용해 개방 항구로 지정된 취안저우를 통해 복음이 전해졌다. 명과 청 시대에는 서구 열강이 식민을 개척하기 위해 개발한 항해술 덕분에 바닷길이 활성화되면서 중국 남부의 마카오와 광저우가 중국의 관문 역할을 하였다. 그래서 대부분 개신교 선교사가 마카오와 광저우를 통해 중국의 문을 두드릴 수 있었다.

광저우는 당대부터 해상 교통의 요지로 주목받았던 곳이다. 원시대에는 샤먼廈門과 푸저우福州 사이에 있는 취안저우가 대표적인 무역항이었고 광저우는 보조항이었다. 전란으로 육상 실크로드가 침체되자 해상 실크로드가 활성화되었고 취안저우泉州는 원 정부의 대외창구이자 국제항으로 큰 호황을 누려 아시아 최대 항구라고 불릴 정도였다. 취안저우는 원대에 유일하게 중국 남해에서 무역뿐만 아니라 정치와 문화의 중심지가 되었다. 기록에 따르면 취안저우를 기점으로 각국의 상인과 선박이 고구려를 비롯한 아시아, 자바와 태국을 위시한 동남아시아, 인도와 아라비아반도, 페르시아만 연안과 아프리카 동북부 지역까지 누볐다고 한다.

취안저우에서는 비단과 세마포와 견직물, 각종 도자기와 칠기, 상아세공품, 금은제품과 식품 등을 주로 수출했다. 그중에서도 '자이톤비단刺桐緞'은 이곳 특산품으로 유명했다. '자이톤Zaiton'은 가지에 가시가 있고 늦은 봄에 붉은 꽃을 피우는 엄나무이다. 당시 취안저우 지역민들이 많이 심었다. 1347년 이븐 바투타가 취안저우에 도착해 이곳을 '자이툰(Zaitun, 올리브나무)'이라고 불렀다. 올리브나무가 없는데도 자이툰이라 부른 것은 '자이톤비단'의 '자이톤' 발음에서 비롯한 듯하다. 당시에는 원 정부의 행정관료를 담당했던 색목인들이 중심이 되어 비단과 향료 무역을 독점했다.

이런 취안저우항에 국내외의 수많은 상인이 모여들었고, 원 정부의 개방정책 덕분에 각 종교의 예배당이 건립될 수 있었다. 취안저우에는 외국인 거주지역으로 '번방蕃坊'이 따로 있었고, 주요 민족별로 생활과 종교 등을 관장하는 자치 조직을 운영했다. 이곳을 거쳐 간 마리놀리(馬黎諾里, Giovanni dei Marignolli) 신부의 여행기에 따르면 화려한 성당이 세 개 있었다는 것으로 보아 경교 교회는 더욱 많았을 것으로 추측된다.

20세기에 들어 취안저우에서는 '취안저우십자가' 비석들이 다수 발굴되었다. 이 비문은 불교 양식을 수용해 구름과 연꽃 등의 문양이 선명했다. 형태는 제각각이지만 시리아어와 라틴어, 돌궐어와 위구르어 등의 문자와 함께 십자가와 천사의 모습이 새겨져 있다. 경교와 가톨릭에서 영향을 받았다는 것을 충분히 짐작할 수 있다. 이를 바탕으로 유추해보면 취안저우 지역에 거주하던 몽골인과 색목인을 중심으로 적지 않은 그리스도교인이 살고 있었다는 사실을 알 수 있다. 그러나 원이 몰락하고 한족 국가인 명이 들어서면서 그리스도교인들은 다시 잠적할 수밖에 없었다.

18세기 이후 유럽의 스페인과 포르투갈 등의 선발 주자는 물론 네덜란드와 영국 등의 후발주자들이 식민지 개척으로 축적한 부를 바탕으로 기술력과 군사력을 키워 인도와 인도차이나를 식민 경영하다가 차와 실크, 도자기의 나라인 중국과 교역을 시작했다. 그런데 영국에서는 19세기 이후 교역 대가로 막대한 은이 유출되자 인도에서 재배해 가공한 아편을 중국에 수출하여 무역수지의 균형을 맞출 수 있었다. 청 정부는 아편에 따른 사회문제가 심각해지자 아편 수입과 유통을 금지하고 반입된 아편을 몰수해 녹여버렸다. 그러자 영국에서 군대를 파견함으로써 전쟁을 시작했는데 이것이 바로 제1차 아편전쟁이다. 청은 선진 기술력과 군사력에 밀려 패배했고 연달아 불평등조약을 맺을 수밖에 없었으며 강제 개항이 뒤따랐다. 그 사이에는 개신교 선교사들이 있었다.

이렇게 서양과 중국은 상호 이해와 공존을 도모하는 우호적 만남이 아니라 상호 몰이해와 적대적 침탈이라는 역사를 시작하게 되었다. 그리고 그 사이에 서구 열강의 적대적 침탈과 함께 다시금 그리스도교가 중국에 전파되기 시작했다. 개항과 함께 서양 선교사들이 중국 전역으로 들어온 것이다. 한때 선교사의 신분과 역할에 대한 의구심과 부정적 시각이 팽배했다. 즉, 선교사들이 서구 열강의 중국 침탈에 앞장선 간첩이었다거나 주구走狗였다는 주장이다. 물론 일부 선교사가 통역을 겸한 매개자와 안내자 역할을 한 것은 사실이다. 그러나 대다수 선교사는 기층 민중과 함께 호흡하면서 교육과 의료선교에 주력했다. 또한 아편을 퇴치하기 위한 사회 계몽운동을 주도했다. 그럼에도 전체의 선행을 간과하고 일부의 악행을 확대하는 오해와 억측이 난무했다. 일부 세력은 이를 정치적으로 악용하여 이른바 '가짜 뉴스'를 쏟아냈다. 그 결과 의화단운동이라는 비극이 벌어졌다. 공산당이 이끄는 사회주의 국가가 된 이후에는 외세 척결과 중화 기치 아래 선교사들에 대한 부정적 시각이 주류를 이루었다.

당대부터 청대로 이어지는 가톨릭 중심의 기존 선교가 위에서 아래로 향하는 방식이었다면 청 말기 개신교 중심의 선교는 아래에서 위로 향하는 방식이었다. 그 파급력은 컸으나 과정이 지난했다. 성경의 개념을 전달하고 복음을 중국 문화에 뿌리내리기 위해 언어 차이를 극복해야 했다. 중국인들의 정서에 맞는 성서 번역과 개념 전달을 위해 당대와 원대, 명말청초에 이어 또다시 처음부터 시작해야 했다.

바위 문을 연 사나이, 로버트 모리슨

로버트 모리슨(馬禮遜, Robert Morrison, 1782~1834)은 서양인 최초로 중국 대륙에 파견된 개신교 선교사다. 그는 27년 동안 중국에 머물며 많은 업적을 남겼는데, 대표적으로 신구약 성경의 중국어 번역 작업을 꼽을 수 있다. 그 외에도 모리슨은 《중영사전》을 비롯해 중국학과 관련된 여러 책을 출판하여 서양에 소개했으며 교회와 학교를 세우고 병원을 운영하는 등 근대 동서양 문화 교류에서 선구자 역할을 했다.

모리슨은 1782년 1월에 영국 그레이트브리튼섬 북부 노섬벌랜드의 작은 마을인 모패스의 빈농 집안에서 여덟 형제 중 막내로 태어났다. 스코틀랜드 출신인 아버지는 잉글랜드로 내려와 뉴캐슬에 정착하면서 구두 수선공으로 일했다. 교회 장로였던 아버지는 가정예배를 드리며 자녀들을 신앙으로 교육했다. 모리슨은 1798년에 세례를 받고 영국 그리스도교장로회의 교인이 되었다. 1803년 선교사에 자원하여 런던 혹스톤신학원Hoxton Academy에 들어갔다. 이미 라틴어와 히브리어, 그리스어, 신학, 철학, 수학, 식물학 등의 지식을 쌓은 모리슨은 런던에

† 로버트 모리슨 마테오 리치가 16세기 서양 문물의 전파자였다면 19세기에는 로버트 모리슨이
동서양 문화 교류의 선구자가 되었다. 그는 중국 역사상 최초의 개신교 선교사
였으며 7년 동안 피나는 노력 끝에 첫 번째 중국 그리스도교인을 얻은 것으로
유명하다. 로버트 모리슨은 낮에는 일하고 밤에는 비밀리에 성경을 중문으로
번역하고 인쇄했다. 훗날 조선에서 최초로 순교한 로버트 토머스 선교사도 로
버트 모리슨이 번역한 성경을 품고 있었던 것으로 전해진다.

머무는 동안 중국어를 비롯하여 천문학과 의학을 공부했다.

1807년에 목사 안수를 받고 런던선교회London Missionary Society의 지시
로 중국 선교, 그중에서도 성경의 중국어 번역과 중영자전 편찬 임무
를 맡게 되었다. 모리슨은 중국으로 직항하는 동인도회사 소속 선박
을 이용해 중국으로 들어갈 계획이었으나 무슨 이유에서인지 그의 승
선은 거부되었다. 어쩔 수 없이 뉴욕을 거쳐 중국으로 향할 수밖에 없
었다. 1807년 1월 28일에 배를 타고 영국을 떠나 3개월 만인 4월 12일
미국 뉴욕에 도착한 그는 미국 그리스도교계 인사들의 환대를 받았
다. 3주 뒤 모리슨은 다시 미국 화물선 트라이던트호에 올랐다. 선장은

모리슨의 승선 이유를 듣고 회의적인 투로 물었다. "모리슨 선생, 정말로 당신이 우상을 숭배하는 중국인들의 관습을 고칠 수 있다고 생각하십니까?" 이에 모리슨은 조금도 주저하지 않고 답했다. "저는 할 수 없지만 하나님께서 이 모든 일을 해내실 것으로 믿습니다."

모리슨은 뉴욕을 떠나 자바섬과 마카오를 거쳐 1807년 9월 8일 마침내 광저우에 도착했다. 그는 마카오에 도착해서 이렇게 말했다고 한다. "오! 지구상에서 가장 큰 나라, 바위 같은 나라야! 그대는 언제나 문을 열어주겠는가?" 모리슨의 선입견 속에 그려진 중국의 인상을 엿볼 수 있는 말이다. 너무나 넓어서 할 일이 많은 곳, 그러나 좀처럼 선교할 기회를 허락하지 않는 곳. 그는 힘들겠지만 사명을 받들고 최선을 다하리라 다짐하며 중국 대륙으로 들어갔다.

모리슨은 중국에 도착한 뒤 중국인 가톨릭 신자 두 명에게서 비밀리에 중국어를 배우기 시작했다. 당시에는 현지인이 외국인에게 중국어를 가르치는 게 금지되어 있었다. 즉, 중국어를 가르치고 배우는 것은 당시로서는 목숨을 건 위태로운 일이었다. 1809년 모리슨은 마카오에서 메리 모튼과 결혼했고 영국 동인도회사의 초빙을 받아 통역원으로 일하게 되었다. 그는 선교회로부터 별다른 지원을 받지 않고 활동해야 하는 '자비량 선교사'였기 때문에 경제적인 부담을 스스로 해결해야 했다. 그가 동인도회사와 일한 이유는 동인도회사의 정보를 선교에 활용하기 위함이었다. 그러나 런던선교회에서는 변변한 지원도 하지 않으면서 그의 행동을 질책하는 데만 신경 썼다. 그럼에도 모리슨은 1834년에 동인도회사가 해산될 때까지 무려 25년 동안 통역원으로 일하면서 중국에서 발생하는 많은 문제를 해결할 수 있었다. 런던선교회에서도 그의 고충을 이해하고 1812년에 스코틀랜드 출신의 윌리엄 밀른(米怜, William Milne, 1785~1822) 목사를 파견하여 모리슨을 돕게 했다.

밀른은 자신이 지은 《그리스도교의 중국 선교 전반기 10년 회고》

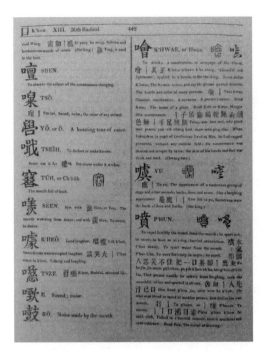

† 로버트 모리슨이 편찬한
　영화자전의 한 면

광저우는 당시 중국의 유일한 개방 항으로서 외국인의 출입이 잦고 광
저우식 영어가 통용되고 있었기에 통제가 엄격하진 않았지만, 당국에
적발될 경우 목숨을 장담할 수 없었다. 모리슨은 이러한 위험을 무릅쓰
고 중국어를 공부하면서 성경 번역과 영화자전 편찬 작업에 착수했다.

에서 모리슨의 초창기 성경 번역 과정을 이렇게 회상했다. "성경을 중
국어로 옮기는 과정에서 모리슨은 한동안 적합한 문체를 찾는 일에
많은 어려움을 겪었다. 다른 나라와 마찬가지로 중국어 역시 문언문
과 백화문 그리고 절충문체가 있었다. 처음에 모리슨은 절충문체를 받
아들였다. 그런데《성유聖諭》라는 책자를 보고 그 책을 본받기로 결심
했다. 전체가 백화문으로 되어 있고 공공장소에서 매달 두 차례 백성
에게 낭독함으로써 관련자들을 훈계하고 그들의 정치적 책임을 일깨
웠기 때문이다."

　여기서 밀른이 언급한《성유》는《성유16조聖諭十六條》를 가리킨다.
강희제가 통치하던 1670년에 반포된 교육헌장으로서 명과 청대에

백성에게 널리 유포된 생활규범이었다. 후에 옹정제는 확대판인《성유광훈 聖諭光訓》을 반포했다.《성유16조》의 내용을 살펴보면 다음과 같다.

강희제의《성유16조》

1. 부모에게 효도하고 형에게 복종함으로써 인륜을 중시하라 (敦孝悌以重人倫).

2. 종친들에게 관대함으로써 화목과 친절을 보여라 (篤宗族以昭雍睦).

3. 이웃과 화목함으로써 소송과 다툼을 방지하라 (和鄉黨以息爭訟).

4. 뽕나무 심기와 농업에 힘써 의식을 풍족하게 하라 (重農桑以足衣食).

5. 절약과 검소를 중시함으로써 재산 낭비를 막아라 (尙節儉以惜財用).

6. 학교를 번창케 해 선비로서 올바른 행위를 익혀라 (隆學校以端士習).

7. 이설을 근절해서 올바른 학설을 숭상하라 (黜異端以崇正學).

8. 법을 일러주어 무지몽매함을 깨우쳐주어라 (講法律以儆愚頑).

9. 예의와 양보의 미덕을 밝혀 풍속을 아름답게 하라 (明禮讓以厚風俗).

10. 본업에 성실함으로써 민의를 안정시켜라 (務本業以定民志).

11. 자식과 형제들을 훈육하여 그들이 나쁜 짓을 하지 않도록 하라(訓子弟以禁非爲).

† **윌리엄 밀른**   윌리엄 밀른은 로버트 모리슨을 도와 1810년에 중문《사도행전》을 1,000권
인쇄하여 발행했고 1814년에는《신약성서》를 중문으로 번역했으며 믈라카에서
《찰세속매월통계전》이라는 중문 잡지를 창간했다.

12. 거짓 고발을 근절해서 정직과 선량함을 유지하라

　　(息誣告以全善良).

13. 도망자들을 은닉하여 그들과 공범이 되지 않게 하라

　　(誠匿逃以免株連).

14. 세금을 완납하여 관청으로부터 독촉을 받지 않게 하라

　　(完錢糧以省催科).

15. 보갑제를 결성하여 도적과 약탈자를 진압하라

　　(聯保甲以弭盜賊).

16. 분노와 해묵은 원한을 풀어 육신과 생명이 중함을 보여라

　　(解仇忿以重身命).

　　이는 명과 청 정부의 공식 규범이자 율법으로서 지배이념을 생활 원
리로 개념화한 것이다. 밀른이 언급했듯이 명과 청 정부는《성유16조》

를 공공장소에서 정기적으로 낭독하고 설명하여 사회 기강을 계도했다. 이는 당시 사회에 널리 통용되는 생활규범으로서 절대적인 파급력과 구속력이 있었다. 내용을 봐도 좀 더 확대된 중국판 십계명처럼 느껴진다. 모리슨은 이《성유16조》에 착안해서 성경을 번역했다. 성경을 당시 중국 어문으로 옮기는 과정에서 모리슨은 대상 독자들의 눈높이에 글을 맞출 필요가 있었다. 아울러《성유16조》가 중국 민중에게 미치는 영향력을 감안하여, 그 언어를 활용해 성경의 파급력을 높이려 했다. 그런데 제7조에 명기되어 있듯이 중국은 유가와 유교를 정통 학문正學으로 숭상하고 있었고 그리스도교는 '이단'에 불과했다. 그 거리와 벽을 타파하기는 쉽지 않았다. 그럼에도 모리슨과 밀른은 흔들림 없이 사역에 충실했다.

이렇게 번역에 힘쓴 결과 1810년에 중문《사도행전》을 1,000권 인쇄하여 발행했고 1814년에는《신약성서》를 중문으로 번역했으며 차이가오蔡高에게 세례를 베풀었다. 차이가오는 형과 함께 인쇄소에서 일하던 중 자연스럽게 성경을 접하고 마카오 해안의 동굴에서 모리슨에게 세례를 받아 중국인 최초의 개신교인이 되었다. 이즈음 모리슨의 첫째 아들인 존(馬儒翰, John Robert Morrison)이 태어났다.

1815년 8월에 모리슨은 밀른의 도움을 받아 말레이시아 플라카Melaka에서《찰세속매월통계전(察世俗每月統計傳, Chinese Monthly Magazine)》이라는 중문 잡지를 창간했다. 1821년에 정간될 때까지 총 일곱 권이 발행되었는데 처음에는 500부를 인쇄했으나 후에 2,000부로 늘려서 동남아시아 화교들과 광저우 그리고 마카오 등지에 유포했다. 선교와 시사 뉴스가 주요 내용인 이 중문 잡지는 근대 중국의 선교, 뉴스, 인쇄, 출판 분야에서 역사적으로 매우 중요한 의미가 있다.《찰세속매월통계전》의 가장 큰 의의는 중국 그리스도교 선교에 지대한 역할을 했다는 것이다. 유교와 불교, 도교를 비판하면서 그리스도교를 선양하는

† **영화서원의 초기 모습** 말레이시아 믈라카에 건립된 영화서원의 초기 모습. 당시에도 믈라카를
비롯한 말레이시아와 인도네시아 일대에 많은 중국인이 살고 있었다.

형태를 띠었다. 다음으로 중서 문화교류에 한몫을 담당하여 현대 중국
어의 신조어 창제에 일정 부분 기여했다. 또한 처음으로 서양의 문장
부호를 소개함으로써 새로운 문장 형태를 제시했다. 이전까지 고대 중
국어문장에서는 표점과 문장부호가 없어 문장 해석에 많은 이론이 제
기되었다. 아울러 통속적인 백화문을 적극 활용함으로써 문어체에서
백화체로 넘어가는 과도기 중국문학에 힘을 보탰다.

1816년에는 모리슨이 영국인 모험가이자 해군 장교인 바실 홀Basil
Hall을 통해 중국어성경을 조선에 최초로 전해주었다. 같은 해에 밀른
은 믈라카를 방문하여 인쇄소의 중국인 노동자였던 량파梁發에게 세례
를 베풀었다. 믈라카는 말레이시아 쿠알라룸푸르 아래쪽의 해안 도시
로서 당시 유럽의 동서 해상교역 요충지였으며 1818년까지 영국 동인
도회사의 관할지역이었다. 모리슨은 믈라카에 있던 밀른의 중국 입국
이 어려워지자 함께 동남아시아 선교의 비전을 품고 '갠지스 너머 선
교회Ultra Ganges Mission'를 계획했다. '갠지스 너머'는 당시 영국인들이

동남아시아를 가리킬 때 쓰는 말이었다. 이 계획의 일환으로 1818년에 모리슨과 밀른은 선교사를 양성하기 위해 믈라카에 동남아 최초의 신학문 교육기관인 영화서원(英華書院, Anglo Chinese College)을 건립했다.

모리슨은 밀른과 함께 1819년에 드디어 성경 전체의 중문 번역 작업을 마쳤다. 11월 25일 런던선교회에 보낸 편지에서 모리슨은 임무를 완수한 소감을 이렇게 밝혔다. "하나님의 은혜로 구약과 신약성경 전체의 중문 번역을 오늘 마쳤습니다. (중략) 이 중대한 임무를 완수하기 위해 오랜 시간 대외 활동을 접고 인내와 의지력, 심신의 고요와 불편부당한 판단을 견지했습니다. 그래서 이 새로운 임무로 인해 편애에 사로잡히거나 사사로운 고집에 얽매이지 않을 수 있었습니다. 정확한 사상과 공경의 태도로 임하며 하나님의 성스러운 말씀이 잘못 전달되지 않도록 전전긍긍하고 노심초사했습니다. 이는 성경과 같은 책을 번역할 때 반드시 갖추어야 할 덕목입니다. (중략) 윌리엄 틴들은 기둥에 묶여 화형을 당하기에 앞서 큰 소리로 기도했습니다. '주여, 왕의 눈을 열어 볼 수 있게 해주소서!' 그의 기도는 이미 하늘에 닿아 응답을 받았습니다. 이제 우리도 간절하게 같은 기도를 드립니다. 중국 황제의 눈을 열어 볼 수 있게 해주소서!"

윌리엄 틴들(William Tyndale, 1494~1536)은 존 위클리프John Wycliff의 뒤를 이어 고대영어가 아닌 당시의 현대영어로 성경을 번역해 불법(?)으로 유포했다는 죄목으로 헨리 8세에 의해 화형을 당한 영국의 순교자이다. 모리슨 역시 귀한 복음을 대중에게 쉽게 전달하고자 했던 틴들과 같은 사명감으로 성경의 중문 번역에 매진했다. 모리슨과 밀른이 완성한 중문 성경이 중국 황제를 시작으로 중국 전역에 유통되어 복음이 자유롭게 전파되기를 간절히 바라는 마음이었다.

그런데 그 무렵 슬픈 일이 잇따랐다. 1819년 3월에 밀른의 아내 레이첼이 병에 걸려 어린 자녀를 넷 남기고 35세의 나이로 세상을 떠났다.

그에 이어 밀른도 폐결핵으로 고생하다가 1822년에 믈라카에서 37세의 나이로 눈을 감았다. 모리슨의 아내 메리도 영국에서 돌아온 지 얼마 되지 않아 콜레라에 감염되어 1821년 6월에 세상을 떴다. 모리슨은 1822년 10월 5일 일기에 이렇게 적었다. "9년 전 어제, 나는 아내와 함께 밀른 부부의 마카오 도착을 환영했다. 그런데 지금은 4명 중 3명이 40세도 안 되어 모두 세상을 떠나고 나만 홀로 남아 외롭게 지내고 있다. 그러나 주님의 뜻은 언제나 옳다. 그들 모두 복음을 허락하고 복음을 바라면서 자기 자리에서 세상을 떠났기 때문이다. 그들은 전장에서 충성스럽게 뼈를 묻었다. 주의 대업을 이루기 위해 생의 마지막 날까지 최선을 다했다. 그들은 조금도 물러서지 않았다. 가장 불행했던 메리조차 중국에 돌아온 뒤에야 죽음을 맞았다. 이것이 내 마음에 위로가 된다." 지금도 믈라카교회당 뒤편 네덜란드묘역에 가면 밀른 부인의 묘가 남아 있다. 밀른도 함께 묻혔다고 전해지나 그의 묘는 아직 발견되지 않았다.

모리슨은 아내와 밀른 부부를 먼저 떠나보내는 아픔을 딛고 1823년에 《신천성서神天聖書》라는 제목으로 성경 중문 번역본을 출판했다. 《신천성서》는 총 스물한 권으로 된 최초의 중문 성경 완역본으로서 '모리슨 번역본'으로 불린다. 아울러 모리슨이 편찬한 총 여섯 권 4,595쪽 분량의 《영화자전(英華字典, A Dictionary of the Chinese Language)》이 출판되었는데, 이는 중국 역사상 최초의 중영대사전이었다. 같은 해에 모리슨은 믈라카를 방문하여 량파의 아들 량진더梁進德에게 세례를 베풀었다. 아울러 량파를 중국 최초의 그리스도교 선교사로 임명했다. 그 무렵 모리슨은 영국 아시아학회의 회원이 되었고 중국에 머무는 동안 수집한 중국 책 1만 권을 영국의 대학도서관에 기증하기 위해 배에 싣고 영국으로 돌아갔다. 실로 16년 만의 귀향이었다.

1824년 3월 23일, 런던에 도착한 모리슨은 자신이 번역한 중문판 성경과 베이징지도를 영국 왕에게 기증했고 프랑스 아시아학회의 회원으로 선출되었다. 1825년에는 런던세계언어학원을 창립했고 영국 황실학회The Royal Society 회원에 선출되었으며 런던선교회 이사회에서 이사로 선임되었다. 1826년에 그는 다시 중국으로 돌아왔다. 량파는 모리슨의 조수로 활동하면서 선교와 저술에 힘썼다. 량파가 1832년에 저술한 《권세양언勸世良言》은 태평천국 지도자 홍수전洪秀全에게 직접적인 영향을 주어 중국 역사상 최초로 서양 그리스도교의 일부 교리를 바탕으로 국가권력을 세운 태평천국운동을 촉발했다.

이 무렵 모리슨은 미국을 비롯한 해외 선교단체에 중국 선교 지원을 요청하는 편지를 보냈고 이에 호응한 미국 선교사들이 처음 중국에 도착했다. 그중에는 미국 최초의 중국 선교사로서 중국 선교에 평생을 바친 엘리자 콜맨 브리지먼(裨治文, Elijah Coleman Bridgman, 1801~1861) 목사도 있었다. 브리지먼은 모리슨에게 중국어를 배우는 한편 량파의 아들 량진더에게 영어를 가르쳤다. 브리지먼은 모리슨의 권유로 1832년 5월에 영문판 월간지인 《중국총보(中國叢報, The Chinese Repository)》를 발간했다. 이 월간지는 1851년 12월에 정간될 때까지 20년 동안 발행되었는데 제1차 아편전쟁 전후의 역사를 연구하는 데 제일 중요한 참고문헌이 되었다. 브리지먼은 후에 모리슨교육회 운영을 주도했다. 브리지먼은 자신의 이름에 걸맞게 동서양 문화의 '가교 역할Bridge-man'을 담당했고 아내인 일라이자Eliza Jane Gillett Bridgman도 중국 여성 교육을 위해 상하이 브리지먼여학교裨文女塾와 베이징 베이만여학교貝滿女校를 설립하는 등 큰 역할을 담당했다.

모리슨은 브리지먼과 함께 1832년 9월 4일에 미국과 유럽의 여러 교회에 자신의 25년 중국 선교를 결산하며 지속적인 지원을 요청하는 편지를 작성했다. 그는 편지의 마지막에 이렇게 호소했다. "주의 많은 자녀가 다 함께 이 선교사역에 동참하고 있습니다. 출신 국가와 소속

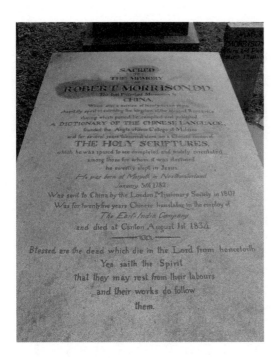

† **마카오에 있는 로버트 모리슨 묘지 묘석**

지금도 마카오에는 모리슨의 묘비와 기념교회가 있다. 교회 안에는 '태초에 말씀이 계시니라(太上有道)'는 요한복음 1장 1절의 구절이 새겨져 있다.

종파는 달라도 허물없이 협력하면서 우정과 사랑으로 보살피고 단결하여 일하고 있습니다. 이 보고서를 빌려 전 세계 그리스도교 교회의 관심을 끌 수 있기를 바랍니다. 동남아시아에 사는 4억 명에게 복음을 전하는 일에 다 같이 노력합시다."

1834년 7월 30일에 병으로 쓰러진 모리슨은 8월 1일 밤 52세의 나이로 광저우에서 숨을 거두었다. 장례식은 광저우의 주요 인사들이 모두 운집한 가운데 장엄하게 치러졌다. 그 이후 유해는 아들 존에 의해 마카오로 옮겨져 동인도회사의 묘지에 잠들어 있는 아내 메리 옆에 안치되었다.

1836년에 모리슨을 기념하기 위해 모리슨교육협회가 성립되었으며

1839년에는 새뮤얼 브라운(布朗, Samuel Robins Brown)이 미국에서 마카오로 건너와 모리슨학교를 개설했다. 지금도 홍콩에 모리슨기념관이 있다. 대륙에 첫발을 디딘 개신교 최초의 선교사로서 로버트 모리슨은 자신의 사역을 충실히 마쳤다. 그의 헌신이 바탕이 되어 이후 많은 후배 선교사가 각자의 영역에서 한 걸음씩 전진할 수 있었다.

근대 중국의 으뜸 사도, 귀츨라프

중국과 아시아 선교의 선두주자로서 로버트 모리슨과 함께 빼놓을 수 없는 선교사가 있으니 바로 독일 출신 카를 귀츨라프(郭實獵, 郭士立, Karl Friedrich August Gutzlaff, 1803~1851)다. 귀츨라프는 프러시아 프뤼츠Prytz에서 태어난 폴란드계 유대인이다. 독자로 태어난 그는 불과 네 살 때 어머니를 잃고 새어머니의 양육을 받았다.

　루터교 개혁파 신자였던 귀츨라프는 어려서부터 신앙 교육을 받아 15세이던 1818년에 이미 해외 선교를 결심했다. 마침 해외 선교의 열망을 담아 프러시아 국왕 프레드릭 윌리엄 3세에게 올린 헌시獻詩 덕분에 1821년 베를린에 있는 야니케 선교학교와 베를린대학에서 신학과 어학을 공부할 수 있었다. 다시 선교학교 야니케 원장의 추천으로 네덜란드선교학원에 들어가 선교에 필요한 지식을 습득했다. 그 후에는 파리로 건너가 동남아시아 선교에 필요한 자료를 수집했고 곧 런던으로 이동해 마침 휴가차 귀국해 있던 로버트 모리슨을 만나 중국 선교에 관한 정보를 얻었다. 1826년에는 네덜란드선교학원을 졸업하면서 루터교 목사 안수를 받고 24세이던 1827년에 네덜란드선교회Netherlands Missionary Society 소속으로 인도네시아 자바 선교를 위해 파견되었다. 중간 기착지인 자카르타에서 영국 런던선교회 소속 메드허스트 선교사를

† **카를 귀츨라프**   카를 귀츨라프는 빈탄섬으로 이동해 선교하던 중 푸젠성 출신 귀郭 씨의 양자가
되었는데 이때부터 궈스리에郭實獵라는 중국 이름을 갖게 되었다.

만나 중국 선교에 필요한 새로운 정보를 습득하며 많은 도움을 받았
다. 19세기 초중반에는 자바에도 많은 중국인이 거주하고 있었다. 그
래서 귀츨라프는 자바에 있는 중국인들에게서 중국어를 배우며 중국
선교의 꿈을 키웠다.

　귀츨라프는 톰린(湯雅各, Jacob Tomlin, 1793~1880) 선교사와 함께 개신교
선교사로서는 최초로 1828년 8월에 시암 방콕에 도착했다. 당시 방콕
에도 많은 중국인이 살고 있었는데 30만 명이 넘는 전체 인구 중 절반
이상이 중국인이었다. 그 덕분에 그는 방콕에서도 푸젠어와 광둥어를
익히며 중국 선교를 준비할 수 있었다. 그러던 중 1829년에 중국 선교
에 대한 갈등으로 네덜란드선교회를 탈퇴하여 독립했다. 같은 해에 런
던선교회에서 파송된 최초의 여성 선교사 마리아 뉴엘(紐惠露, Maria Newell,
1794~1831)과 결혼했으며 시암어와 라오스어, 캄보디아어, 베트남어 등

다양한 언어로 성경을 번역하는 사역에 헌신했고 여러 선교사와 함께 언어별 사전과 문법책 저술에 힘을 쏟았다.

그러나 1931년에 아내 마리아가 쌍둥이 딸을 출산하던 중에 신생아와 함께 세상을 떠나는 비극을 겪어야 했다. 귀츨라프는 큰 충격에 휩싸였다. 그럼에도 자신에게 부여된 사명을 저버릴 수는 없었다. 그는 중국 선교를 '성령에 의한 결정'으로 받아들이고 선교여행에 나섰다. 1831년부터 1835년까지 4년 동안 일곱 차례에 걸쳐 아직 쇄국 상태에 있던 중국에 들어가 중국옷을 입고 중국말을 하며 연해 지방을 돌아다니면서 복음전단지 10만 장과 소책자로 된 성경을 전달했다.

1831년, 귀츨라프는 6개월 동안 중국인 친구의 정크선을 타고 1차 선교여행을 감행했다. 방콕을 출발해 남베트남, 중국 남부 쿤룬섬, 샤먼廈門, 타이완, 저우산舟山열도, 닝보, 상하이, 윈산雲山, 랴오둥, 산둥, 톈진까지 올라갔다가 다시 마카오로 돌아오는 여정이었다. 마카오에서는 모리슨 부부를 만나 환대를 받았다. 1차 선교여행을 마친 귀츨라프는 마카오를 중국 선교의 전초기지로 정했다.

그래서 1832년과 1833년에 걸친 2차와 3차 선교여행은 마카오를 기점으로 이루어졌다. 2차 선교여행에서 귀츨라프는 통역자 신분으로 동인도회사의 로드 애머스트Lord Amherst호에 탑승하여 1832년 2월 마카오를 출발해 타이완과 닝보, 상하이를 거쳐 7월 15일에 산둥반도의 웨이하이威海에 도착했다. 애머스트호의 항해 목적에는 조선 국왕을 만나 통상 교섭을 논의하는 일도 포함되어 있었다. 애머스트호는 이를 위해 7월 16일에 웨이하이를 출발하여 7월 17일에 황해도 장산곶 근처 몽금도 앞에 정박했다. 그곳에서 귀츨라프는 조선인과 접촉해 소책자를 건넸다. 이로써 귀츨라프는 조선에 발을 디딘 최초의 개신교 선교사가 되었다. 당시 조선에서는 1801년에 벌어진 신유박해(辛酉迫害: 청나라 주문모 신부를 비롯한 조선인 신자 약 100명이 처형되고 약 400명이 유배된 가톨릭 박해사건)의 영향으로 이방인과 접촉이 극히 제한되던 시기였다. 그래서 그곳 주민들과 소통하기가 어렵자 애머스트호는 7월 25일에 충청도 고대도 안항으로 이동해 관리들을 만나 조선 국왕과의 접견을 요청했다. 그 과정에서 귀츨라프는 모리슨이 번역한 중문본 성경인 《신천성서》를 전달했고, 한글 자모에 대한 기본적인 이해를 바탕으로 주기도문을 한글로 번역했다.

아울러 일행과 함께 주민들에게 감자 재배요령을 가르쳐주고 감기환자 60여 명을 치료하는 등 선교를 위한 선행을 베풀었다. 그러나 조선 관리들의 견제로 국왕 접견이 성사되지 않자 8월 12일에 고대도를 떠났다. 남진하던 애머스트호는 8월 17일에 제주도 연안에 도착해 지형을 살폈다. 귀츨라프는 제주도를 향후 동아시아 선교의 거점기지로 삼겠다고 구상했으나 실현되지는 못했다. 9월 5일에 마카오로 돌아간 귀츨라프는 후에 한글 자모를 소개하면서 한글의 독창성과 우수성을 서양에 알렸다. 현재 충청남도 보령시 오천면 고대도에 귀츨라프 전시관이 세워져 그의 한국 방문 종적을 소개하고 있다.

귀츨라프의 3차 선교여행은 같은 해인 1832년 10월 12일에 이루어졌다. 그는 실프Sylph호를 타고 랴오닝성 펑톈(奉天, 지금의 선양瀋陽)까지 갔으나 입경이 거부되어 저우산과 진먼 그리고 샤먼을 거쳐 1833년 4월 29일에 마카오로 돌아왔다. 4차 선교여행은 존 비거John Bigger호를 타고 푸젠성 취안저우까지 가는 여정이었으며, 5차 선교여행은 같은 해 11월 12일에 콜로니 영Colony Young호를 타고 푸젠 각지를 돌아본 뒤 1834년 3월 24일에 마카오로 귀환하는 일정이었다. 그런데 그는 당시 동인도회사에 속한 마약 운반선을 이용해 선교여행을 다녔기 때문에 이후 많은 논란을 불러일으켰다.

귀츨라프는 5차 선교여행 뒤 곧바로 믈라카에 갔다가 영화서원에서 일하던 런던여성교육회 소속 메리 원스톨(溫施娣, Mary Wanstall, 1799~1849)

선교사와 재혼했다. 두 사람은 마카오로 돌아와 동양여자교육협회학교와 모리슨교육협회학교를 세워 여성과 장애인 교육에 힘을 쏟았다. 시각장애 소녀를 입양해 메리 귀츨라프라는 이름을 지어주었고, 그 뒤로도 아그네스, 라우라, 루시, 제시 등 장애 소녀들을 입양해 교육했다. 그들 중 아그네스는 런던시각장애인학교를 졸업하고 중국으로 돌아와 중국 최초의 시각장애인 교사이자 중국 최초의 시각장애인 선교사가 되었다.

귀츨라프는 마카오에 거주하면서 번역과 저술 활동을 병행했다. 1833년부터 1837년까지는 서양 역사와 지리, 과학과 문물을 소개하는 중국어 잡지《동서양고매월통기전東西洋考每月統紀傳》을 발행했다. 그리고 매드허스트, 브리지먼, 존 모리슨과 함께 로버트 모리슨의 성경번역본《신천성서》를 보완하여 귀츨라프역본《신유조서新遺詔書》와《구유조서舊遺詔書》를 발간했다. 그 과정에서 매드허스트가 로버트 모리슨 번역본의 오류를 신랄하게 비판하자 런던성서공회는 출판자금 지원을 거절해버렸다. 그래서 귀츨라프는《신유조서》와《구유조서》초판본을 각각 자카르타와 싱가포르에서 인쇄해야 했다. 이 성경은 태평천국운동 때《신유조성서新遺詔聖書》와《구유조성서舊遺詔聖書》로 이름만 바뀌어 그대로 사용되었다. 매드허스트는 이에 대해 다음과 같이 언급했다. "구약 부분에서 그들은 귀츨라프역본을 채용해 글자 하나 바꾸지 않았다. (중략) 신약 부분에서 그들은 나와 귀츨라프의 1835년 역본을 채용했다. (중략) 그것은 이 번역본의 최초 판본으로서 홍수전은 이 원본을 그대로 채용했다."

그런데 중국 대륙이 제1차 아편전쟁이라는 거대한 소용돌이에 빠져드는 와중에 귀츨라프는 주요 불평등조약과 침략행위에 통역으로 관여했고 결과적으로 중국인들에게 미움을 샀다. 그리고 말년에는 홍콩 행정관으로 일하면서 침략자라는 오명을 안아야 했다. 그는 1844년에 홍콩에서 활동하면서 '중국 선교는 중국인 스스로 감당해야 한다'는 신념을 가지고 중국 최초의 내지선교회인 복한회(福漢會, The Chinese Union)를 조직했다. 이때 창립회원 21명 중 귀츨라프와 로버츠(羅孝全)를 제외한 모두가 중국인이었다. 복한회에서는 중국인들을 고용해 내지 깊숙이 들어가 복음전단지와 소책자들을 배포함으로써 중국인 주도의 선교를 지향했다. 21명으로 시작된 회원은 1850년에 1,871명까지 증가했다. 아울러 유럽에서 발행되는 각종 간행물에 중국을 소개하고 선교를 격려하는 글을 올려 유럽에 중국 선교 열기를 불어넣는 데 크게 이바지했다. 1850년, 귀츨라프는 런던에서 《해외 선교잡지(The Gleaner in the Missionary Field)》를 창간했고 1852년 5월에는 '중국선교회(The Chinese Evangelization Society)'를 조직했다. 이 중국선교회가 1852년 9월 19일에 첫 번째로 파송한 선교사는 바로 중국 선교의 위대한 인물이며 중국내지선교회의 창립자인 제임스 허드슨 테일러(James Hudson Taylor, 1832~1905)였다.

그러나 그가 유럽에 가 있는 동안 복한회를 담당했던 바젤선교회 선교사들로부터 복한회 운영에 대한 지적과 비난이 이어졌다. 중국 현지 사정에 무지한 선교사들이 복한회 소속 중국인 사역자들 중 상당수가 자격 미달자라며 운영의 부실함을 지적한 것이다. 물론 복한회 회원 중에는 활동비를 착복하거나 행실이 불량한 사람도 적지 않았다. 이 문제로 괴로워하던 귀츨라프는 1851년 8월에 48세의 나이로 홍콩에서 숨을 거두었다. 그는 홍콩 해피밸리에 있는 공원묘지의 개신교 구역에 안장되었다. 그가 세상을 떠난 뒤 오래지 않아 복한회는 해체되었다.

귀츨라프의 묘비에는 '근대 중국의 으뜸사도 近代中國首位使徒'라고 적혀 있다. 그는 자신이 필명으로 자주 사용했던 '필레트노스 Philethnos'처럼 진정으로 '이방인을 사랑하는 사람'이었다. 그는 출산 중이던 아내와 두 딸을 모두 잃는 아픔을 겪기도 했지만 중국 선교를 향한 뜨거운 마음을 놓지 않았다.

귀츨라프는 오해의 소지가 있는 불미스러운 행동으로 침략자라는 비판을 받기도 하지만 십자가에 못 박힌 그리스도의 사랑을 본받아 평생토록 중국인을 형제로 생각하고 복음 전파에 헌신했다. 중국 반환 전에 홍콩 정부는 그를 기념하는 의미에서 홍콩섬 센트럴中環의 한 거리를 '귀츨라프 거리(吉士笠街, Gutzlaff Street)'로 명명했다.

중국의 사도 바울, 쑹상제

차이가오蔡高와 량파梁發 및 량진더梁進德 등 중국인 1세대 개신교 선교사들의 노력으로 복음의 씨앗이 중국 전역에 흩뿌려졌고, 더디지만 깊이 뿌리내리기 시작했다. 쑹상제(宋尚節, 1901~1944)는 1901년 9월 27일에 푸젠성 싱화興化부 푸톈蒲田현에서 쑹쉐렌宋學連 목사의 아들로 태어났다. 쑹상제 목사 이야기를 하기 위해서는 그의 부모 쑹쉐렌 목사의 삶부터 살펴봐야 한다. 쑹쉐렌은 중국의 1세대 개신교인으로 푸저우신학교를 졸업하고 고향에서 44년 동안 미국 감리회 목사로 활동했다. 쑹쉐렌은 자녀를 11명 두었는데, 쑹상제는 여섯째였다. 당시 쑹쉐렌은 경제적으로 매우 어려웠으므로 쑹상제의 출생은 짐으로 받아들여질 수 있었다. 그러나 그리스도교 신앙을 가진 쑹 목사의 가정은 아들 쑹상제를 주의 은혜로 받아들이는 의미에서 '주은主恩'이라고 부르며 축복했다. 훗날 쑹상제는 어린 시절을 떠올리며 이렇게 말했다. "아버지 쑹쉐렌은 나에게 사랑과 가르침과 영혼의 양식을 베풀어주셨습니다. 이런 아버지를 주신 하나님께 감사합니다. 그렇지 않았다면 오늘의 제가 있었겠습니까? (중략) 저는 비록 어둠 속에 있지만 빛 되신 아버지가 제 앞길을 비추고 계십니다."

† 쑹상제　어린 주은은 훗날 '중국의 사도'로 칭송을 받으며 중국 그리스도교 역사의 4대 인물로 꼽히는 쑹상제 박사가 되었다. 사진은 감리교에서 설교 중인 쑹상제 박사의 모습이다.

　　당시 싱화 일대는 쑹쉐롄 목사의 인도로 3,000명에 달하는 신자가 생겼고 교회가 크게 성장하던 중이었다. 쑹상제는 아홉 살 때 고향에서 열린 대규모 집회에 참가했고, 13세부터는 아버지와 함께 전도에 나서 '작은 목사小牧師'라는 말을 들을 정도였다. 그는 학습능력이 뛰어나 감리교에서 설립한 고등학교를 수석으로 졸업했으나 가정 형편상 대학 진학이 어려웠다. 이때 미국 선교사와 여러 후원자에게 도움을 받아 미국 아이오와주 웨슬리대학 장학생이 되어 18세이던 1919년 2월에 상하이를 떠나 유학길에 올랐다. 화학을 전공한 쑹상제는 생활비를 벌기 위해 일과 학업을 병행하느라 병에 시달리면서도 학업에 정진하여 상위권에서 빠지지 않았다. 방학 중에는 틈틈이 고향으로 돌아와 선교에 힘써 좋은 성과를 거두었다. 그러나 당시에는 진정한 종교인으로 각성하지 못했고 학식과 언변에 기대어 선교하는 수준에 머물렀다.

　　쑹상제는 우수한 성적으로 학부를 졸업하고 아이오와주립대학 대학원에 진학해 석사를 거쳐 1926년에 박사학위를 받았다. 이로써 성공

가도를 달릴 수 있는 미래가 열려 있었다. 교수 추천으로 독일로 가서 학업을 이을 수도 있었고 교수 초빙을 받아 중국 의과대학에서 일할 수도 있었다. 그러나 그는 모든 유혹을 떨쳐내고 신학을 공부하기 위해 1926년 9월에 뉴욕 연합신학원Union Theological Seminary에 들어갔고, '영적 세례'를 받고 '영적으로 새로운 사람이 된다'는 뜻의 중생重生을 경험했다. 다만 예수님의 희생과 섭리에 대한 감사로 웃고 우는 등 돌발적인 행동을 보여 사람들로부터 오해를 샀고 193일 동안 정신병원에 수감되는 일을 겪기도 했다.

쑹상제는 정신병원에서 성경을 40번 통독하며 기이한 체험을 하면서 자신의 삶을 복음 전파에 바치기로 마음먹었다. 친구들과 중국대사관의 도움으로 정신병원을 나온 뒤 오래지 않아 시애틀에서 배를 타고 귀국길에 올랐다. 중국에 도착할 무렵 그는 자신이 받았던 상장과 박사학위기 등을 모두 바다에 던져버렸다. 사도 바울처럼 세상의 명예를 모두 버리고 오로지 복음 전도자의 길을 가겠다는 의지의 표현이었다.

이후 쑹상제는 15년 동안 선교에 매진했다. 훗날 연구자들은 그의 선교 활동을 3년씩 다섯 단계로 나눠 규정했다.

1단계는 앞서 살펴본 대로 '물水'의 단계이다. 선교사역의 준비기로서 성장기 이후 1927년 11월에 미국을 떠나 귀국길에 오를 때까지 세례 요한처럼 '주의 길을 예비'한 시기이다. 그는 고향으로 돌아가 잠시 교회학교 교사로 활동했으나 1928년부터는 전도 사역에 전념하게 되었다. 부모의 뜻에 따라 위진화余錦華 여사와 결혼했으나 계속된 전도 여행으로 떨어져 있는 때가 더 많았다. 1930년 겨울, 후저우湖州에서 열린 '화둥기독화가정대회華東基督化家庭大會'에 참가했다가 광학회廣學會 여성 선교사 밀리칸(梅立德, F. R. Milican) 부인의 권유로 대중연설을 한 뒤 유명해지게 되었다. 그는 여러 대도시에서 강연을 마치고 상하이로 와서 강연을 위해 베델伯特利교회를 방문했다. 베델교회는 미국 유학생인 중국인 의사 스메이위(石美玉, Mary Stone, 1873~1954)와 미국 여선교사 제니 휴즈(胡遵理, Jennie V. Hughes, 1874~1951)가 설립한 교회였다. 이 강연에서 쑹상제는 '십자가'와 '중생'과 '예수 보혈' 등 기본 원리에 집중하면서 베델교회 관계자의 호감을 얻었고 이후 협력관계를 맺게 되었다. 또한 이후 강연에서 '죄'와 '회개'를 강조함으로써 많은 이를 인도해 더욱 명망을 얻었다.

2단계는 '문門'의 단계이다. 1931년 11월부터 쑹상제는 고향인 푸젠성을 떠나 베델교회 전도단에 참가해 전국적인 활동을 펼쳤다. 베델전도단은 그를 포함해 5명으로 구성되었다. 지즈원計志文을 단장으로 리다오룽李道榮, 린징캉林景康, 녜즈잉聶子英 등이 참여했다. 강연은 주로 지즈원과 쑹상제가 담당하고 다른 3명은 찬양과 번역 등을 담당했다. 이들은 3년 동안 13개 성 100여 개 도시를 다니며 10만여 명을 인도했다.

3단계는 '비둘기鴿'의 단계이다. 1933년 11월부터 중국 교회를 향해 성령이 비둘기처럼 임했기 때문에 붙은 명칭이다. 이 시기에 쑹상제는 베델전도단을 떠나 독립 전도자로 활동하면서 많은 중국인을 개신교로 이끌었고 그들 중 상당수가 이후 선교와 전도에 동참했다. 그는 사역기간 내내 강연 위주로 활동했고 '죄'의 문제를 중점적으로 지적했다. 강단에서는 큰 소리와 화려한 몸동작으로 좌중을 휘어잡았지만 평소에는 침묵하며 사람들과 격리된 생활을 했다. 그가 가는 곳마다 청중이 인산인해를 이루었다. 좋은 자리를 차지하기 위해 새벽 두세 시부터 강연 장소에 나와 기다릴 정도였다. 이처럼 쑹상제는 종교지도자로서 탁월한 능력을 보였으나 파벌을 이뤄 우두머리가 될 생각은 없었으므로 사랑과 미움을 동시에 받았다. 그의 선교는 국내에 그치지 않고 화교문화권인 동남아시아까지 확대되었다. 필리핀과 싱가포르, 인도네시아, 베트남, 태국, 타이완 등을 방문에 열정적인 강연으로 많은 이를 감동시켰고 그들 중 상당수가 현지에서 사역자가 되었다.

4단계는 '피血'의 단계이다. 1936년 11월부터 일본이 중국을 침략해 중국 전역이 피로 물들었다. 이 시기에 쑹상제는 계속되는 강행군으로 건강이 악화되어 지병으로 고생했다.

5단계는 '무덤墳墓'의 단계이다. 1939년부터 쑹상제는 폐암으로 투병하며 베이징의 병원에 갇혀 지냈다. 중국의 모든 항구가 일본군에 봉쇄된 것처럼 그 또한 어떤 활동도 할 수 없었다. 그의 예언대로 더이상 사방을 뛰어다니며 복음을 전할 수 없자 성경을 묵상하면서 찾아오는 이들에게 지혜의 말을 전할 수밖에 없었다. 1944년 8월 16일 새벽에 그는 아내를 향해 "하나님이 내게 이미 지시했으니 내가 돌아가야겠네"라고 말했고, 17일 새벽에 15년간의 사역을 마치고 신의 품으로 돌아갔다. 왕밍다오는 장례예배를 인도하면서 그를 일컬어 "성실하고 정직하며 어떤 허위도 없었던 성령의 위인"이라고 말했다. 쑹상제는 베이징 샹산香山에 안장되었다.

쑹상제는 생전에 매일 몇 시간씩 성경만 읽고 기도하였으며 밤에는 무릎을 꿇고 앉아 하나님의 계시를 받아 적었다. 이런 노력 때문인지 그의 심한 푸젠 사투리에도 불구하고 수많은 청자가 그의 강연에 주목하며 그 강력한 메시지를 적극 수용했다. 아울러 그의 선교가 크게 성공할 수 있었던 첫 번째 요인이 바로 '중보기도'의 힘이었다. 중보기도란 다른 성도의 기도를 함께 올리는 종교적 행위를 말한다. 쑹상제는 바쁜 일정 속에서도 언제나 수천 명의 기도제목이 담긴 여행가방 두 개를 들고 다니며 간절히 기도했다. 이것이 바로 그가 사역을 오랫동안 유지하고 많은 중국인을 하나님에게 이끈 원동력이 되었다. 그는 선교사역 과정에서 활동 영역을 점차 넓혀가며 중국인 선교사의 본보기가 되었다.

음악 선교사 양신페이와 '한밤의 노래'

한편 중국 선교 역사에 큰 족적을 남긴 인물로 양신페이(楊心斐, 1928~2011)를 꼽을 수 있다. 양신페이는 음악선교의 선구자로서 1928년에 푸젠성 샤먼에서 4대째 그리스도교인으로 출생했다. 할아버지는 신학을 공부한 뒤 목사가 되어 42년 동안 교회와 양로원과 초등학교 운영을 담당했다. 부모는 매일 밤 가정예배로 여섯 자녀를 교육했다. 그는 3세 때부터 무대에 올라 공연할 정도로 음악에 소질을 보였다. 그는 18세 때 하나님의 부르심을 받고 자신의 진로를 고민했다. 고민의 중심에는 음악에 대한 미련과 음악으로 알게 된 남자친구가 있었다. 그는 2년 넘게 고민하다가 어느 주일에 자신에게 증거를 보여주신다면 부름에 순종하겠노라 기도했다. 즉, 바로 오늘 두 명의 영혼을 하나님께 인도할 수 있다면 주님의 일꾼이 되겠노라 다짐한 것이다. 주일은 오전 예배와 오후 청년예배 등 일정이 빼곡한 날이라 그 같은 일은 불가능해 보였다. 그런데 놀랍게도 그날이 가기 전에 실제로 두 명의 영혼을 하나님에게 인도하는 기적이 일어났다. 그는 곧바로 진로를 결정한 뒤 한결같은 믿음으로 하나님과 한 약속을 지켰다. 그리고 평생을 독신으로 지냈다.

중화인민공화국이 성립되자 신앙이 양신페이를 힘들게 했다. 상하이음악학원에서도 신앙 때문에 멸시와 조롱과 비판을 받아야 했다. 그럼에도 성악 분야에서 놀라운 발전을 보여 1953년에 수석으로 졸업한 뒤 조교로 남을 수 있었다. 그는 이를 자신의 재능이 아닌 하나님의 보살핌으로 여겼다. 얼마 뒤 항저우문화국에 배치되었지만 하나님과 한 약속을 지키기 위해 1954년에 고향인 샤먼으로 돌아가 전도자 생활을 시작했다. 생활을 위해 성악과 피아노 교습을 하는 한편 병상에 누운 어머님을 보살피면서 가정교회를 이끌었다. 그러나 30세이던

1958년 7월에 '삼자교회' 가입을 거절했다는 이유로 체포되어 구금되었고 15년 동안 감옥에서 노동개조 생활을 감당해야 했다.

수감생활은 고난의 연속이었다. 1958년 대약진운동과 그 뒤로 3년간 이어진 기근으로 수감자 절반이 목숨을 잃었다. 그뿐만 아니라 양신페이의 신앙을 무너뜨리기 위해 온갖 고문이 이어졌다. 우상들을 앞에 세워놓고 무릎을 꿇도록 강요했다. 욕설과 구타가 계속되었고 교도관들이 그의 두 허벅지에 올라타 강제로 무릎을 꿇리려 했다. 하지만 양신페이는 쓰러져 눕는 한이 있어도 무릎을 꿇지 않았다. 1965년에 7년 동안의 수감생활을 마치고 마침내 석방되었지만 1966년에 문화대혁명이 시작되면서 또다시 노동개조 농장으로 끌려가 수감생활을 지속해야 했다. 그 어려운 시절 그를 지탱해준 것은 휴대용 성경이었다. 양신페이는 수단과 방법을 가리지 않고 성경을 숨겨 석방될 때까지 간직할 수 있었다. 그 덕분에 그 고난의 세월도 그의 기쁨과 평안을 빼앗진 못했다. 양신페이는 자신에게 닥친 시련과 어둠 속에서도 가장 아름답고 찬란하며 감동적인 노래를 들려주었다.

양신페이는 마지막으로 우핑武平에서 3년간의 하방下放을 마칠 때까지 자신이 있는 곳에서 복음을 전하기 위해 노력했다. 1974년에 출소한 뒤에도 샤먼으로 돌아가 전도를 계속하면서 복음 사역에 헌신했다. 그는 대학가 근처에 있던 집을 예배장소로 개방해 연령대별로 소모임을 구성해 가정교회를 이끌었다. 그리고 '언리恩立'라는 필명으로 자전체 간증서적인《한밤의 노래夜間的歌》를 출판했다. 그는 그 시절을 되돌아보며 이렇게 말했다. "나는 왜 스스로 한밤의 노래라고 생각했을까? 어둠 속에서도 하나님이 나와 동행하며, 나에게 놀라운 기적을 한없이 베풀어주셨기 때문이다. 나는 하나님이 그곳에서 나를 인도하심을 확실히 보았고, 하나님의 사랑으로 내 마음은 더할 나위 없이 행복했다."

1980년대 후반부터 중국 연안에 가정교회가 크게 성장하자 관련 기관에서 그를 찾아와 협박했다. 그러자 그는 담담하게 대답했다. "위아래의 각 기관도 크든 작든 언제나 모임을 하지 않습니까? 종파를 막론하고 거리에서든 위원회에서든 회의를 엽니다. 그런데 왜 우리 그리스도교인에게는 집회를 허락하지 않습니까? 성경은 우리에게 분명히 말씀하고 있습니다. '모이기를 폐하는 어떤 사람들의 습관과 같이하지 말고 오직 권하여 그날이 가까움을 볼수록 더욱 그리하자.'(히브리서 10장 25절) 국가 헌법은 모든 중화인민공화국 공민에게 신앙의 자유와 집회와 언론 등의 자유를 부여했습니다. 이는 모든 공민의 권리입니다. 무슨 근거로 우리 집회를 불허합니까? 어떤 법에 근거한 조치입니까? 수천 년 동안 우리는 모임을 해왔고, 오늘도 그러할 것입니다!"

양신페이는 2004년 이후 뇌졸중 때문에 여러 차례 병원에 입원했다. 오랜 고초로 반신마비가 와서 2004년 이후로는 휠체어를 사용하게 되었다. 그럼에도 그는 '휠체어 전도자'가 되어 마지막까지 하나님과 한 약속을 지켰다. 누구보다 순결하게 살았으나 마지막까지 "회개합니다!"를 외쳤던 그는 2011년 7월 23일 오전에 뇌출혈이 악화되어 영원한 안식을 얻었다. 신장新疆성에서 선교하던 개신교인들은 그를 추모하며 '하나님의 충성된 자녀이자 중국 개신교의 기반을 다진 선배로서 신앙의 길을 묵묵히 걸어간 본받을 모범'이라고 칭송했다. 또 다른 신도는 그의 아름다운 일생이 주님의 영광과 은혜를 증명하는 생애였다며 죽음을 애도했다. 양신페이는 음악이라는 도구를 활용해 평생 찬양으로 하나님에게 영광을 돌림으로써 중국의 많은 음악 선교인들의 선구자가 되었다.

광저우의 어린 양, 린셴가오

린셴가오(林獻羔, 1924~2013)는 1924년에 마카오의 그리스도교 가정에서 태어나 1936년에 홍콩에서 침례를 받았다. 란셴가오의 아버지 린쉔장 林權章은 아버지 린더젠林德鑑을 따라 미국으로 건너가 미시간주 디트로이트에 자리 잡았다. 린쉔장은 신앙을 접하고 뉴욕에서 신학을 공부한 뒤 이름을 사도 바울의 음역인 바오뤄保羅로 개명했다. 린바오뤄는 미국 생활을 접고 귀국하여 마카오 바이마강白馬港 침례교회 목사로 활동하던 중 1923년에 장쉔시張眷西와 결혼하여 다음 해에 린셴가오를 낳았다.

린바오뤄는 아들 이름을 '어린 양 그리스도에게 바치다'라는 의미로 '셴가오獻羔'로 지었다. 성인 '린林'도 광둥어 발음으로 '램lam'이었기 때문에 '어린 양 그리스도에게 바치는 양lamb'이 되었고 영어 이름도 'Samuel Lamb'이 되었다. 5세 때 급성 호흡기전염병인 티프테리아에 감염되어 목숨이 위태로웠는데 기도로 극복할 수 있었다. 이때의 경험은 그의 인생에 큰 영향을 미쳤다. 12세이던 1936년 여름, 린셴가오는 세례를 받고 그리스도인이 되었다. 그는 1937년에 중일전쟁이 발발하자 홍콩으로 피신해 황런皇仁서원을 다니다가 1942년에 광시廣西성 우저우梧州시 젠다오建道성경학원에 들어가 공부했다. 그러나 전쟁과 가난으로 학창생활을 안정되게 할 수 없었기 때문에 홍콩에서나 우저우에서나 끝내 졸업을 하지는 못했다.

린셴가오는 1945년 선교를 시작했다. 1950년에 광저우시 중심인 다마잔大馬站 35호에 있던 집에서 '다마잔복음회당'이라는 이름으로 교회를 열고 집회를 시작했다. 그는 중국 그리스도교의 삼자애국운동三自愛國運動을 순수 복음에서 벗어난 정치 선전으로 판단하고 가입하지 않았다. 1955년에 전국적으로 숙청운동이 벌어졌다. 8월에는 베이징에서

† **린셴가오** 린셴가오는 1979년 이래로 《성령의 목소리》라는 소책자 시리즈를 200권 넘게 출간했다.
그의 장례식에는 3만 명에 달하는 이들이 모여서 위대한 그리스도교인의 죽음을 애도했다.

왕밍다오가 체포되었고 9월 14일 밤에는 집회를 마친 린셴가오도 체
포되었다.《난팡일보南方日報》에는 "광저우의 그리스도교회에서 린셴
가오, 왕궈셴王國顯, 장야오성張耀生을 우두머리로 하는 반혁명집단이
혁파되다!"라는 머리기사가 실렸다. 린셴가오는 증거불충분으로 수감
1년 만인 1957년 1월에 석방되었다. 그런데 같은 해 연말에 사회주의
교육이라는 명목으로 스물네 개 교회 인도자 109명이 회의 출석을 요
구받았다. 그 회의의 핵심은 '삼자교회' 가입이었고 린셴가오는 출석하
지 않았다. 결국 1958년 5월에 다시 체포되어 20년 형을 선고받았다.
1958년 3월 12일《난팡일보》에는 다시 광둥성 그리스도교 우파분자
로 지목된 9명의 명단이 실렸는데 린셴가오는 그중 세 번째로 지목되
었다. 그는 여러 곳을 전전하다가 산시성 타이위안太原에 있는 탄광으
로 끌려가 모진 육체노동과 정신개조교육을 견뎌야 했다. 그 과정에서
만성 요통에 시달렸고 죽을 고비도 여러 번 넘겼다. 1978년 5월 29일
에 20년 수감 생활을 마치고 출소했으나 추가로 5년간의 감찰 기간이

이어졌다. 린셴가오는 1983년이 되어서야 진정한 자유를 누리게 되었다. 그는 권력에 굴하지 않고 출소한 뒤인 1979년에 다시 다마잔교회를 열고 예배를 재개했으며 신자가 수천 명이 넘었다. 예배 재개 이후 그는 약 160차례에 걸쳐 5,000여 명에게 세례를 베풀었다.

린셴가오는 자신의 종교행위가 국가법에 위배되지 않는 정당한 행위라는 것을 증명하기 위해 1988년 3월에 반포된 〈광둥성 종교활동장소 행정관리규정〉(통칭 〈33조〉)에 근거해 다마잔교회의 집회를 금지한 성정부의 처사에 이의를 제기했다. 〈33조〉에는 "인민정부의 비준을 거쳐 개방된 종교활동장소 중 등기 수속을 밟지 않은 곳은 반드시 인민정부의 종교 주관부서에 재등기수속을 밟아야 한다. (중략) 비준을 거치지 않고 독자적으로 (중략) 종교활동을 조직할 경우 인민정부의 종교사무 관련부서는 정지명령을 내려야 한다. 복종하지 않는 자는 공안기관이 사안의 경중을 따져 강제 판결한다"고 명시되어 있었다. 그런데 이 〈33조〉는 지방 문건으로서 중앙에서 반포한 종교 문건인 〈19호 문건〉에 위배된 조항이었다. "그리스도교인들이 집에서 집회를 하고 종교활동을 하는 것은 원칙적으로 허가할 수 없으나 강경한 제지도 할 수 없다"고 명시한 〈19호 문건〉은 반포 이후 오랫동안 중국 종교정책을 주도하는 문건으로 작용했다. 이는 "중화인민공화국과 국민은 종교 신앙의 자유가 있다"고 명시한 중국 헌법 제36조의 내용에 근거한 것이다. 따라서 자신을 '불법 전도자'로 지적하고 다마잔교회를 '불법 전도 집회'로 지정한 광둥성 정부의 처사는 부당하다고 강력히 주장한 것이다.

이런 고초를 겪으면서도 린셴가오가 흔들림 없이 신앙과 선교의 길을 걸어가자 해외 교계와 언론에서 그를 주목하기 시작했다. 그래서 1990년대에는 동남아와 서양의 언론사와 교계 인사들을 접견하며 자신의 견해를 소개하고 중국 미등록교회 현황을 알리는 데 주력했다.

다마잔복음회당은 2001년에 더정德政북로 야허탕雅荷塘 롱구이리營桂里 15호로 이전했고 여전히 성도 수천 명이 출석하고 있다. 1979년에 전도용 소책자인 《링인샤오총靈音小叢》 제1호가 발간된 후 이미 300호가 넘었다. 그리고 판권 없이 약 1만 권을 인쇄하여 전국 각지의 교회에 배부하고 있다.

2003년 중국 복음대회 당시 린셴가오는 녹화 영상에서 성도들에게 '자기 십자가를 지라'는 메시지를 전달하는 등 중국 미등록교회의 리더로서 큰 영향력을 행사했다. 이렇게 왕성한 활동을 하다가 2013년 7월에 병으로 입원하여 8월 3일에 향년 90세로 세상을 떠나 광저우 공동묘지인 인허위안銀河園에 안치되었다. 현재 다마잔교회는 여전히 명맥을 이어가고 있으나 최근 경색 국면에서 얼마나 더 생존할 수 있을지 장담하기 어려운 상태다. 그럼에도 어떤 환경 속에서도 복음 전파와 공의 구현에 헌신한 린셴가오는 중국 그리스도교의 거목으로 이름이 남을 것이며 발자취 또한 길이 기록될 것이다.

광저우 현지 탐방기:
위대한 선교사들의 유산과 중국 근대사가 전시되어
있는 곳(2017년)

선교 유적지와 교회를 탐방하기 위해 광저우에 도착한 뒤 숙소가 있는 사멘으로 향했다. 지하철에서 내려 숙소로 향할 때부터 비가 내리기 시작했다. 광저우는 비 내리는 날이 많아 비가 어울리는 도시이다. 아편전쟁 당시 영국군에 점령당했고, 쑨원孫文의 봉기로 신해혁명의 시발점이 되었던 광저우! 현재 광저우는 중국 제3대 도시로 나날이 성장하고 있지만, 1800년대에는 주장珠江강변의 상선 정박지가 생활의 중심지였다. 주장강은 광저우 사람들에게 '어머니의 젖줄'이자 삶의 터전으로 수많은 배가 오르고 내리던 통로였으며, 그 중심에 사멘이 있었다.

숙소를 사멘으로 택한 것도 나름의 이유가 있었다. 동서양의 만남과 그리스도교의 중국 전파가 시작된 곳에서 여정을 출발하고 싶었기 때문이다. 사멘沙面은 광저우 상인들이 외국인들과 거래하기 위해 '십삼행十三行' 상관을 중심으로 활동했던 최대 번화가 인근의 작은 섬이었다. 내륙에서 흘러내려온 주장이 커다란 모래톱을 만나 갈라지는 부분에 자리한 사멘은 그 자체가 원래 모래톱沙洲으로서, 남쪽으로는 바이어탄白鵝潭과 인접하고 북쪽으로는 모래로 육지와 연결되어 있었다. 명대에는 이곳에 '화제팅華節亭'을 설치해 외국 상인의 화물 출입을 관리했고, 청대 중엽에는 시구西固 포대를 설치하여 광저우성을 호위했다. 제2차 아편전쟁이 발발하자 영국과 프랑스는 '십삼행十三行이 파괴되었으니

† 현대 광저우 시가지

상관商館과 양행洋行을 원상회복해야 한다'는 명목으로 1859년에 청
정부를 압박하여 사몐을 조계지로 지정한 뒤 북쪽에 인공적으로 수로
를 파서 섬을 만들었다. 그리고 1861년 양광총독兩廣總督을 압박해 조
약을 체결하고 사몐을 영국과 프랑스 조계지로 확정했다.

　사몐은 1946년에야 비로소 다시 중국 정부에 귀속되었다. 이렇게 약
100년 동안 10여 개 국가가 사몐에 영사관을 설립했고, 9개 외국은행
과 40여 개 양행이 세워져 운영되었으며, 광저우구락부 등이 건립되었
다. 아울러 쑨원과 저우언라이 등 유명인이 발자취를 남겼고, 많은 역
사적 사건이 이어지면서 중국 근대사와 조계지 역사의 전시실과 같은
역할을 했다. 그래서 지금도 서양식 건물이 많이 남아 있으며, 영남嶺
南문화를 수용한 흔적도 볼 수 있어 연구가치가 매우 높다. 그 덕분에
사몐은 1996년 11월에 전국 중점문물보호단위로 지정되었고, 2010년
에는 광저우 아시안게임을 맞아 새롭게 단장되었다.

　사몐을 둘러보니 중국이 아닌 유럽의 어느 도시를 거닐고 있는 듯한
착각이 들 정도로 매우 이국적이었다. 오랜 세월을 말해주는 듯 거대
한 용수(榕樹, 고무나무의 일종)가 나열해 있는 사몐은 사방을 물로 차단
하여 서양인들만의 거주지로 삼았기에 화려하면서도 정갈한 모습을

보여주지만 왠지 모르게 불편했다. 강변으로 나가 도도히 흐르는 주 장강과 높이 솟은 빌딩들을 바라보면서도 그 옛날 이곳을 무대로 펼 쳐진 중국 근대사와 인물들을 회상하니 발걸음이 무거웠다. 1865년에 영국 성공회에서 세운 예배당인 사몐탕沙面堂이 남아 있었는데, 규모는 작지만 지금도 관광객들과 신도들을 위해 예배를 드리고 있다.

사몐에서 길을 나서 인근의 '십삼행'거리로 향했다. 예전의 모습은 거의 사라졌지만 간간이 보이는 옛 건물에서 1800년대 광저우 번화가 모습을 그려볼 수 있었다. 당시의 영화를 짐작하기 위해 '십삼행박물 관'을 찾아 둘러보던 중 박물관의 벽화 속에서 서양 선교사를 발견했 다. 그는 혼잡한 시장에 서서 전도지를 들고 전도에 열중하고 있었다.

중국의 다른 지역과 마찬가지로 광저우에도 선교 시기가 앞섰던 가 톨릭의 성당이 우뚝 솟아 있다. 광저우 성심대교당聖心大教堂, 일명 광 저우 석실천주당石室天主堂은 '십삼행가' 인근인 이더루一德路에서 볼 수 있다. 일반적으로 '석실'로 불리며 중국에서 현존하는 성당 중 유일 하게 화강암 벽돌로 건축된 고딕식 성당이다. 석실천주당은 프랑스 기 술자가 설계하고 광둥성 제시揭西현 출신 차이샤오蔡孝가 시공 감독하 는 가운데 중국 노동자들이 세운 건물로 1863년에 공사를 시작해 1888 년에 완공되었다. 높이 58.5미터, 남북의 길이 78.69미터, 동서의 넓이 35미터의 규모이고 건물 벽과 기둥은 모두 중국의 전통 석공예로 만든 벽돌을 이용했다. 정면에는 양쪽으로 높은 탑루를 세웠고, 천장은 십 자가 형태로 덮었으며, 사면 벽에는 채색 성화가 그려진 유리 모자이 크를 장식했다. 그래서 전체적으로 규모가 웅장하고 예술적 감각이 뛰 어났다.

광저우는 이처럼 19세기 이후 외국인 신부와 선교사들의 주요 활동

† **1805년 광저우 십삼행을 묘사한 그림**

'행行'이란 중국 항구에서 민간 무역 중개, 국가 사무로서 통관과 관세 징수를 대리하는 민간업을 가리킨다. 광저우는 명대 이래로 '십삼행+三行'이라 불리는 공행公行 연합을 보유했고 19세기 이후로 대규모 화물선이 빈번하게 왕래하는 국제도시로서 크게 성장했다.

지로서 중국 선교의 출발점이자 요람이었다. 모리슨과 귀츨라프 외에도 미국 침례회 로버츠(羅孝全, lssachar Jacox Roberts, 1802~1871) 목사가 빨간 돛을 단 복음선을 타고 복음을 전파했고, 십삼행 인근 톈즈天字부두 등 스자오東石角에 광둥성 최초의 웨둥침례교회粤東施醮聖會를 세우면서 복음의 씨앗을 뿌렸다. 이런 노력과 헌신에 힘입어 쑹상제와 양신페이, 린셴가오와 같은 중국 사역자들이 그 뒤를 이었다.

헌신이 열매를 이루다, 다마잔교회와 둥산탕

광저우에는 린셴가오의 헌신이 열매를 맺은 다마잔大馬站교회가 있다. 일반 가정집에서 예배를 하는 다마잔교회에는 사람들이 많을 경우 800명까지 모인다. 일반적으로 미등록교회의 집회 활동은 불법으로 간주되기 때문에 장소의 이동이 잦고 규모가 작은 편이지만 다마잔교회는 가정교회 중에서 규모가 큰 편이다. 린셴가오의 헌신에 힘입어 전도와 선교가 계속 이어진 덕분이다.

중국 그리스도교의 발자취를 살펴보기 위해 광저우를 방문한다고 했을 때 중국에서 선교했던 어느 목사님이 생소한 이름을 알려주며 린셴가오의 교회를 꼭 방문해보라고 권했다. 그렇게 하여 린셴가오라는 이름만 들고 다마잔교회를 찾게 되었다. 스마트폰 지도에 의지해 어렵게 찾아간 다마잔교회에서 교역자 한 분이 우리의 방문 목적을 듣고 교회 현황을 친절히 설명해주었을 뿐 아니라 교회 구석구석을 다니며 안내해주셨다. 2층으로 된 일반 가정집 구석구석에 자리를 마련하여 매주 정해진 집회를 하며 예배 장소로 사용하는데 많을 경우 800명까지도 수용할 수 있다고 한다.

1949년에 중화인민공화국이 들어서자 중국의 교회들은 외국인 선교사와 선교후원금으로 유지되던 이전까지의 선교 형식을 부정하고 '중국인에 의한 중국인을 위한 중국인의 교회'를 지향했다. 그래서 앞서 말했듯이 중국에 남아 있던 외국 선교사들을 모두 출국시키고 기존 교회를 토착화하기 위해 '삼자애국운동'을 벌였다. 그 이후 중국의 교회들은 '삼자'애국운동에 동참한 '삼자교회'와 정부 주도의 교회 간섭을 원치 않는 '가정교회'로 크게 양분되었다. 그 결과 사회주의 체제하의 중국 교회는 많은 우여곡절을 겪었다.

21세기가 시작되고 20년 가까이 흐른 지금은 삼자교회와 가정교회의 구분이 점차 사라지는 추세이다. '가정교회'라는 용어가 중국 그리스도교의 현실을 반영하기에 부족하므로 '삼자교회'를 '등록교회'로,

'가정교회'를 비롯해 '삼자교회' 등록을 거부하는 교회들을 '미등록교회'로 구분하는 것이 현실적이다. 그동안에는 각 지방정부도 미등록교회의 동태를 다 파악하면서도 큰 문제의 소지가 없는 한 그들의 활동을 묵인해왔다. 그런데 2018년 2월부터 좀 더 엄격해진 〈종교사무조례〉 수정안이 확정 시행됨으로써 중국 내 미등록교회의 활동과 신앙활동이 크게 위축되는 것을 넘어 탄압과 박해 단계에 이르고 있다. 미등록교회뿐 아니라 등록교회 역시 중국공산당의 통제 아래 심한 견제와 감시를 받고 있는 형편이다.

일반적으로 미등록교회의 집회활동은 '불법'으로 간주되기 때문에 장소의 이동이 잦고 규모도 작다. 그 대응방식에서 각 지방정부와 지도자의 성향에 따라 큰 편차를 실감할 수 있었다. 십자가 철거 같은 문제는 의외로 미등록교회가 아닌 등록교회에서 벌어지는 일이었다. 우리의 우려와 달리 다행히 등록교회와 미등록교회 사이에 갈등은 없었고 각자 영역에서 믿음의 길을 간다는 설명을 들었다. 다마잔교회에서 오래 머물지 못하고 발길을 돌렸으나 린셴가오의 헌신에 힘입어 광저우에 그리스도교가 틈틈이 전파되는 광경을 보며 숙연해졌다. 예배가 끝나면 골목까지 나와 성도들의 손을 일일이 잡으며 배웅하던 린셴가오의 모습이 그려졌다. 사람들에게 '어르신林伯'으로 불리던 린셴가오의 성품에서 디모데후서 4장 7절과 8절의 구절이 떠올랐다. "나는 선한 싸움을 싸우고 나의 달려갈 길을 마치고 믿음을 지켰으니 이제 후로는 나를 위하여 의의 면류관이 예비되었으므로 주 곧 의로우신 재판장이 그날에 내게 주실 것이며 내게만 아니라 주의 나타나심을 사모하는 모든 자에게도니라."

광저우 미등록교회의 대표 격인 다마잔교회를 방문하고 돌아오는 길에 등록교회로 유명한 둥산탕東山堂을 방문했다. 역시 광둥성과 광저우를 대표하는 등록교회답게 대규모 형태를 갖추고 있었다. 둥산탕은 1909년 5월 2일 처음 건축되었다. 이후 미국 남침례회가 1908년 쓰베이통진寺貝通津 9호에 예배 장소를 마련하고 1909년에 벽돌과 목조 구조로 된 1층 예배당을 지었다. 그 뒤 1923년에 원래 예배당을 허물고 지금의 예배당을 지었다.

일본 침략군이 광저우를 점령하면서 1938년 10월에 교회도 점령되었으나 일본이 항복한 뒤 회복되었고 1949년에는 교회 동북쪽에 목사관 주택을 지었다. 1950년 9월 23일에는 전국 중국인교회 지도자 40여 명이 둥산탕에 모여 〈중화인민공화국 건설과정에서 중국 그리스도교가 노력해야 할 길〉이라는 성명서를 발표했다. 1966년에는 문화대혁명이 일어나 폐쇄되었다가 1979년 7월 2일과 9월 30일에 광저우시 최초로 주일 예배가 회복되었다. 1999년 9월 28일에는 둥산탕 복당 20주년을 맞아 전면적으로 개조와 보수작업을 벌였다. 2007년 12월에 둥산탕을 전면 수리하여 현재 모습으로 준공했고, 2009년 9월 복당 30주년과 교회 건립 100주년 기념식을 거행했다.

거대도시로 끊임없이 진화하고 있는 광저우의 모습은 과거의 아픔을 찾아볼 수 없을 정도로 활기차고 질서정연하며 자유로웠다. 그러나 이런 광저우의 현재가 있기까지, 그리고 복음이 뿌리내리기까지 무수한 선구자의 피와 땀과 눈물이 밑거름이 되었음을 실감한 방문이었다.

† 둥산탕 부속건물 둥산탕은 세찬 빗속에서도 구건물과 신건물이 조화를 이루면서 웅장함을
자랑하고 있었다.

4장

윈저우,
대륙의 예루살렘에서
교회의 폐허를
거닐다

† 중국 대륙에서 원저우의 위치

원저우의 그리스도교 역사는 1876년 옌타이조약煙台條約으로 거슬러 올라간다. 1876년 9월 13일에 청이 영국과 옌타이조약을 체결했는데 이 조약에 원저우를 통상항구로 개방하는 조항이 포함되어 있었다. 조약 체결 이후 개방 항구로 지정되어 그리스도교가 전파되면서 원저우는 그리스도교 문화로 특화된 도시가 되었고 영국과 깊은 인연을 맺게 되었다.

그리스도교 문화로 특화된 도시

중국 그리스도교를 처음 접한 때는 고등학교 역사 시간이었다. 서양의 종교인 그리스도교가 중국에 그것도 당나라 시대에 수용되었다는 사실은 참으로 놀라웠다. 근대에 들어와 그리스도교가 전파된 한국과 비교하면 1,300여 년의 차이가 있는 셈이니 중국이 그리스도교를 얼마나 일찍 받아들였는지 실감이 나지 않았다. 그 후로도 중국이 그리스도교를 어떻게 이렇게 일찍 수용할 수 있었고 전파 과정은 어떠했는지 궁금했지만 그러한 호기심을 뒤로한 채 시간은 흘렀고 어느새 성인이 되어 바쁜 일상 속에 묻혀 살았다.

내지선교회 조시아 잭슨(蔡文才, Josiah Alexander Jackson)과 조지 스터트(曹雅直, 曹雅真, George Stott, 1835~1889) 선교사가 1867년 11월 원저우에 도착하여 선교를 시작했다. 잭슨은 원래 목수였고 스터트는 장애인이었다. 스터트는 원저우에서 '절름발이 서양인 跛脚番人'이라는 조롱을 당하기도 했다. 스터트는 19세에 무릎을 다쳤는데 후유증으로 왼쪽다리를 절단하고 병원에 있으면서 개신교를 믿게 되었다. 그로부터 몇 년 후 친구로부터 중국 선교의 필요성을 전해 듣고 선교사의 길을 선택했다.

그러나 몸이 불편했기 때문에 스터트의 지원서는 번번이 거절되었다. 그때 내지선교회의 허드슨 테일러를 만났다. 테일러는 지팡이를 짚고 외발로 선 스터트에게 물었다. "당신은 외발인데 어떻게 중국 선교를 결심하게 되었습니까?" 그러자 스터트가 답했다. "두 발이 다 있는 사람들이 가려 하지 않기 때문에 제가 반드시 가야 합니다." 다시 잭슨이 물었다. "만약 폭동이 일어나면 어떻게 도망가지요?" 스터트가 답했다. "애당초 저는 도망갈 생각이 없습니다." 스터트는 마침내 내지선교회 선교사가 되어 1866년 닝보에 도착해 중국어를 익혔고 영국 여성 선교사인 그레이스(曹明道, Grace Ciggie Stott)와 결혼한 뒤 원저우로 내려와 원저우 남부 핑양平陽에서 선교 활동을 시작했다. 그리고 1868년에 구두수선공인 예중제葉鐘杰에게 세례를 베풀어 원저우에서 첫 열매를 맺었다. 스터트가 1869년에 자신의 거처에서 원저우 최초의 서양식 학교인 런아이의숙仁愛義塾이라는 남자학당을 열었는데 1902년에 '총전崇眞소학교'로 개명했다.

1877년 2월 18일, 원저우 세관이 세워지고 영국인 호버슨이 초대 세무사가 되었다. 세관 안에는 우정국도 있어서 우편 업무를 겸했다. 4월 1일에는 스터트가 원저우 최초의 그리스도교 교회당을 건립했으며 스터트 부부는 연이어 원저우 최초의 여학당을 개설했다. 이 여학당은 후에 '위더育德여학교'란 이름을 갖게 되었다. 영국의 자딘 매서신(Jardine Matheson, 怡和洋行) 소속 콘퀘스트Conquest호가 상하이에서 면포 등의 서양 화물을 싣고 4월 29일에 원저우에 도착했다. 9월에는 원저우 주재 초대 영국영사인 알바스터가 도착하여 임시 영사관을 개설했다. 병을 치료하기 위해 영국으로 돌아갔던 스터트는 1889년 4월에 세상을 떠났으나 아내 그레이스는 다시 원저우로 돌아와 1895년까지 선교 활동을 이어갔다.

1878년 잉커만(李華慶, 李應克, R. Inkermann Exley) 목사가 닝보에서 원저

† 조지 스터트　조지 스터트는 비록 장애가 있었지만 중국 선교에 도전했으며 중국인들에게 세례를 베풀고 원저우 최초의 서양식 학교를 만들기도 했다.

우로 건너와 원저우 최초의 감리교회인 '청시탕城西堂'을 건축했다. 잉커만이 건강도 돌보지 않고 교회 건축에 매진했기에 불과 3년 만에 선교의 기반을 마련할 수 있었다. 그러나 그는 1881년 병으로 세상을 떠나고 말았다. 1882년 11월에 원저우와 중국에 커다란 발자취를 남길 윌리엄 에드워드 수트힐 목사 부부가 중국에 도착하여 잉커만 목사의 뒤를 잇게 되었다.

원저우를 '중국의 예루살렘'으로, 윌리엄 에드워드 수트힐

영국 감리교회 선교사인 윌리엄 에드워드 수트힐(苏慧廉, William Edward

Soothill, 1861~1935)은 원저우를 중국의 예루살렘으로 만드는 데 중요한 역할을 한 인물이다. 또한 그는 유명한 교육자이자 유럽의 정상급 한 학자이기도 했다. 중국 근대사의 격동기 속에서 수트힐의 삶은 시대의 축소판이었다. 티모시 리처드, 옌푸嚴復, 왕궈웨이王國維, 차이위안페이蔡元培, 후스胡適, 구셰강顧頡剛 등 중국 근대사의 유명인들이 수트힐과 직간접적으로 교류했다. 메소디스트Methodist는 '참 그리스도인'을 말하며 존 웨슬리(John Wesley, 1730~1791)가 평생의 과업으로 삼았던 성서적 그리스도교Scriptural Christianity의 구현을 기치로 내걸었던 종파이다. 웨슬리와 연관되어 '감리교'로 통칭하기도 한다.

1883년 1월 12일, 22세의 수트힐은 약혼녀 루시(蘇路熙, Lucy Farrar Soothill, 1858~1932)와 함께 원저우에 도착한 뒤 원저우 방언을 열심히 공부하여 6개월 뒤에는 원저우 방언으로 전도에 나설 정도가 되었다. 원저우 방언은 표준어官話와 달리 지방색이 농후한 언어로서 원저우 지역에서만 통용되었기에 원저우를 장기적인 삶의 터전으로 삼는다면 반드시 익혀야 했다.

수트힐은 1년 뒤에 루시와 결혼하여 딸을 낳고 중국 생활에 적응해 갔다. 처음에는 외국인 부부에 대한 호기심 때문에 지역민들의 관심을 얻었으나 선교 사업은 곧 난관에 부딪혔다. 수트힐은 지역민들의 오해를 풀어주고 공감을 이끌어내기 위해 서양 문명을 전하고 다른 선교사들과 함께 진료소를 열어 지역민들을 치료하고 아편 퇴치운동을 벌였다. 그리고 정착 초기부터 거주지 옆에 서원을 차려 학생들을 가르치기 시작했다. 수트힐 부부는 더욱 적극적으로 선교를 했으며 외국인의 중국어 학습을 돕기 위해《4,000 상용한자 학생포켓자전》을 편찬하고 서양에 중국어 서적들을 소개했다. 또 1882년 원저우 방언의 발음 규칙에 근거해 '라틴문자로 한자 발음을 대체하는 병음문자'를 개발했다. 현재 베이징의 중국사회과학원 언어연구소에 이 병음문자로 된

† **윌리엄 에드워드 수트힐**　　수트힐은 말라리아 치료제인 퀴닌이나 아스피린 같은 상비약을
들고 돌아다니며 학질이나 감기에 걸린 중국인을 치료했다.

책과 교본이 보존되어 있다. 1893년에는 라틴어 병음을 이용해 원저
우 방언으로 된《4복음과 사도행전》을 출판했다. 현재 통용되는 로마
자 한어병음은 이처럼 수트힐을 비롯한 많은 선교사의 노력을 바탕으
로 한 것이다.

　그런데 1884년 10월 4일에 원저우에서 반그리스도교운동인 '갑신
교안'이 발생했다. 당시 수트힐은 신자 30명과 예배를 드리고 있었는
데 군중 일부가 예배 장소를 포위하고 돌을 던졌다. 그들과 충돌하면
서 그의 숙소와 서원 그리고 청시탕 등 교회당 여섯 곳이 불탔다. 갑신
교안이 끝난 뒤 수트힐은 병원과 학당을 복구하는 데 총력을 기울였
다. 여러 의사를 청해 병원을 유지하던 중 1897년 존 딩 레이(定理, John

Ding Ley)가 원저우에 와서 딩 레이定理병원을 열었다. 딩 레이병원은 중국 남부 최초의 서양식 의원이었다. 이 병원은 1906년에 '브래더白累德의원'으로 개명했고 1949년에 다시 '원저우시 제2인민병원'으로 이름을 바꿨다.

화재로 사라졌던 청시탕은 1898년에 중건되었다. 수트힐은 중건 과정을 기록한《성전중건기重建聖殿記》를 돌에 새겨 후세에 남겼다. 지금도 청시탕에 들어서면 좌대 사이로 성전 지붕을 버티는 기둥이 있다. 그리고 그 초석 사면에서 다음과 같은《성전중건기》글귀를 선명하게 볼 수 있다.

> ### 윌리엄 에드워드 수트힐의《성전중건기》
>
> 1878년, 영국 선교사 잉커만이 배를 타고 중국에 와 원저우에 머물면서 복음을 전파했다. 그런데 그는 4년간 노력하다가 하나님 곁으로 돌아갔다. 1882년부터 내가 잉커만의 뒤를 이어 책임을 맡게 되었다. 그때부터 이곳에서 살았는데 신도들이 매우 적었다.
>
> 1884년에 이르러 갑자기 사탄의 영향으로 악당들이 재물을 약탈하고 우리 교회를 불태웠으며 우리 서원을 쑥대밭으로 만들고 우리 살림집에도 불을 질렀다. 이듬해 성전을 짓기 위해 영국 선교회의 자금 지원을 받았다. 그러나 주일에 모인 사람은 몇명 되지 않아 적막했고 지역 친교모임을 개설할 수 없었다. 여러 해 동안 복음은 널리 전해지지 않았고 어리석고 미혹에 빠져 우상을 숭배하는 습관을 탄식할 뿐 실로 인간의 힘으로 되돌릴 수 없는 지경이었다. 그런데 헤아릴 수 없는 주님의 뜻을 어떻게 예측할 수 있겠는가?
>
> 10년 가까운 시간 동안 은혜의 빛이 점차 밝아져 복음이 점

점 확대되었고 인근 네다섯 개 지역에 전파되어 모임이 일흔 개에 이르렀으며 신도도 3,000여 명으로 늘어났다. 그래서 주일마다 본당에 남녀노소가 몰려들어 문 안에 빈자리가 없을 정도였다. 몇 년 동안 친교모임의 교인들이 수시로 권면하여 이렇게 부흥할 수 있었다. 나의 처음 소원도 이 정도까지는 아니었으니 이 어찌 하늘의 뜻이 아니겠는가?

작년 봄에 회의를 열어 성전을 중건하기로 하고 교회 규모를 더 키우고 천장을 높여 예배를 잘 드릴 수 있기를 바랐다. 주님의 은혜로 국내외에서 후원이 이어졌기에 자재를 갖추고 일꾼을 모아 새벽부터 저녁까지 건축하여 10개월이 지난 지금 비로소 완공되었다. 바라건대 복음이 방방곡곡 널리 전해지고 나날이 뜨거워지길 소망한다. 그리하여 이런 이유로 돌에 새겨 후세에 길이 전해지도록 했다. 주의 은혜와 하나님의 사랑하심과 성령의 감화가 세세무궁토록 본당에 임하기를 기도하노라. 아멘.
1898년 영국 선교사 윌리엄 수트힐 쓰다.

重建聖殿記

主降一千八百七十八年, 英國傳教士李華慶, 航海東來中國, 寓溫郡嘉會裏傳耶穌聖教. 僅閱四年, 即歸道山. 自八十二年, 僕來繼李任. 其時居住於此, 信者甚寡. 至八十四年, 忽丁魔劫, 突遭惡黨劫掠財物, 焚我教堂, 蕩我書院, 火我居房. 次年英會捐資建造聖殿. 主日聚集者尚寥寥無幾, 幷未分設友會. 多歷年所, 福音莫得廣宣, 嘆習俗愚迷共崇偶像, 實非人力所能挽回, 詎意主旨難測. 近十年來, 恩光漸照漸明, 聖道愈推愈廣, 地則有四五邑, 會則有七十奇, 人則有三千餘. 即本堂每逢主日, 男女扶老携幼而來, 門內幾無隙地. 數年之內, 藉衆會友随時勸化, 始復有此興盛也. 僕之始願未及此, 今及此豈非天乎? 去年春議重建聖殿, 繼長增高俾得禮拜觀瞻. 幸托主恩, 中外集資成數, 庀材鳩丁, 昕夕董治, 月

圓十度, 方始告竣. 僕望自是福音處處廣行, 聖道蒸蒸日上. 爰敍其緣由, 勒石以

垂不朽云. 願救主恩, 天父博愛, 聖靈感化, 長臨本堂, 世世無窮, 亞們.

主降世一千八百九十八年英國傳教士蘇慧廉識.

1893년, 수트힐은 원저우 방언으로 된《신약성경》완역본을 완성했
다. 이해 가을에는 원저우 최초의 고등교육기관인 예문藝文학당이 건
립되었는데, 개교식에는 지역 유지들은 물론 청 말의 유명학자인 순이
랑孫貽讓과 영국 선교사이며 유명 학자인 티모시 리처드(李提摩太, Timothy
Richard) 같은 명사들도 참석했다. 1905년에는 수트힐 부인이 예문여학교
를 창립했다. 1906년 당시 중국 내 공립대학은 징스京師대학당과 베이
양北洋대학당과 산시山西대학당 세 개뿐이었다. 수트힐은 비록 짧은 기
간이었지만 티모시 리처드가 세운 산시대학당의 교장을 맡기도 했다.

1911년, 수트힐은 영국으로 돌아가 '화중華中대학' 건립을 위한 모
금활동을 벌였으나 제1차 세계대전(1914~1918)이 발발하여 계획이 무
산되었다. 그러나 몇 년 뒤 수트힐 부인이 베이징에 '페이화培華여중'
을 설립했다. 제1차 세계대전이 발발하자 중국은 독일에 선전포고를
하였고 중국노동자 20만 명이 전쟁에 참여했다. 저우언라이와 덩샤오
핑등 훗날의 지도자들도 이때 프랑스로 건너가 선진문물을 접하고 꿈
을 키웠다. 1911년에 프랑스에서 창립된 중국노동자청년회에서는 전
쟁에 참여한 중국노동자들을 후원했는데 수트힐도 이 모임에 종교 담
당 주임간사로 참여했다.

1920년에 수트힐은 중국학 관련 업적을 인정받아 옥스퍼드대학 중
국학 교수에 초빙되어 재임 기간《중국과 서양》을 저술하고《묘법연
화경妙法蓮花經》을 번역했으며《중국불교용어사전》을 편찬했다. 그 가
운데《중국불교용어사전》은 지금까지도 불교 연구 분야의 필독서로

서 활용되고 있다. 또한 그는 《논어》를 영어로 옮겼는데 이 번역본 역시 옥스퍼드대학에서 가장 인정받는 고전이 되어 30여 차례 판본을 거듭했고 지금까지도 판매되고 있다. 1920년대 이후 차이위안페이蔡元培나 후스胡適 등 중국 지식인들이 옥스퍼드대학을 방문할 때마다 그 안내를 수트힐이 맡았다. 수트힐의 후임자는 바로 중국 근대 한학漢學의 대가인 천인커陳寅恪였는데 이때는 또 제2차 세계대전이 발발하여 성사되지 못했다.

1900년에 벌어진 의화단운동을 종결짓기 위해 피해보상 차원에서 배상금 지불을 결정한 《신축조약辛丑條約》(경자배관庚子賠款이라고도 한다)을 집행하기 위해 중국 전문가인 수트힐이 영중 경자배관위원회 위원으로 활동했다. 이 과정에서 수트힐은 후스와 차이위안페이 등 중국 지식인들과 깊은 교감을 나눴다. 1925년에는 경자배관 문제를 논의하기 위해 영국과 청의 대표가 상호 국가를 방문했는데 수트힐은 중국 측 배상법률 고문위원을 맡았다. 1926년에는 다시 영국특사인 웰링턴 경과 함께 대표단원으로 상하이를 방문했다. 그는 며칠 휴가를 내어 원저우를 다시 방문했는데 당시 그 소식을 듣고 나온 원저우인들에게서 대대적으로 환영을 받았다.

그는 1928년에 미국 컬럼비아대학 초청으로 6개월간 방문학자 생활을 했다. 이 프로그램의 첫 번째 초청자는 둔황敦煌석굴을 탐사하고 대량의 둔황 문물을 구입해 프랑스로 가져갔던 프랑스의 탐험가 폴 펠리오(伯希和, Paul Pelliot)였고, 두 번째 초청자는 이백李白의 시와 《요재지이聊齋志異》를 번역한 허버트 가일즈(翟理斯, Herbert Allen Giles)였으며, 수트힐이 세 번째였다. 1929년 수트힐은 자신의 학생이던 존 페어뱅크스(費正清, John King Fairbank, 1907~1991)에게 중국어 학습과 중국 연구를 권했고, 이 덕분에 그는 훗날 중국학 연구의 대가가 될 수 있었다.

1935년 5월 14일 밤, 수트힐은 75세의 나이로 옥스퍼드에서 사망했고 옥스퍼드대학 내 묘지에 안장되었다. 그는 원저우에서 25년을 살면서 150여 개 교회를 세우고 중국인 1만여 명에게 예수 그리스도의 복음을 전했다. 그만큼 그는 온전히 원저우와 중국을 위한 삶을 살았다. 원저우는 수트힐 덕분에 근대도시의 기틀을 마련했고 '중국의 예루살렘'이 될 수 있었다. 그는 앞서 언급했듯이《중국 선교A Mission in China》와《원저우 방언으로 된 신약 번역본》,《원저우 방언의 라틴어 병음체계》,《중국3대종교》,《4,000상용한자 학생포켓자전》 등의 책을 남겼다. 특히《중국 선교》에는 원저우에서의 선교 활동이 자세히 나와 있고 당시 찍었던 가치 있는 사진들이 첨부되어 있다.

수트힐의 선교 방식은 "유대인과 함께 있으면 유대인처럼 행동하고, 그리스인과 함께 있으면 그리스인처럼 행동하라"고 했던 사도 바울의 영향을 받았다. 그래서 수트힐은 앞서 살펴봤듯이 원저우에 온 지 6개월 만에 원저우 방언을 익혀 지역민들과 편하게 교류했으며, 후에 원저우 방언으로 성경을 번역하는 기틀을 마련할 수 있었다.

수트힐은 당시 중국 지식인들과 폭넓게 교류해 선교 활동의 폭을 확장했다. 그중에서도 후스와 수트힐 부녀의 교류는 특별하다. 1926년을 전후로 후스는 소비에트연방을 공개적으로 찬양하고 계획경제에 미련을 갖는 등 사회주의사상에 경도되어 있었다. 그즈음 후스는 수트힐의 딸 도로시와 서신을 주고받았다. 이 서신으로 종교적인 시각에서 후스의 사상을 엿볼 수 있다. 주지하듯이 마르크스는 '종교는 아편'이라고 단정했다. 현재 우리 머리에 각인된 이미지와 달리 후스는 그 당시에 좌경화한 행보를 보였다. 후스는 서양의 반공反共선전이 과장되었다고 여겼다. 그래서 소비에트연방을 여행하면서 그들의 체제를 적극 찬양한 반면 어두운 면에는 눈을 돌렸다. 이랬던 후스가 후에는 반공주의자로 돌아서서 대륙을 떠났기 때문에 한동안 중국에서는 '반동문인'으로 치부하기도 했다.

참고로 수트힐의 딸 도로시 호지(謝福芸, Dorothea Hosie, 1885~1959)는 닝보에서 태어났으며 어머니 루시와 함께 베이징 페이화培華여학교를 설립했다. 중국에서 오래 생활하다가 영국으로 돌아가 유명 작가가 되어 중국을 소재로 하는 작품들을 남겼고 아버지 수트힐의 중국어 원고를 정리하는 일도 했다. 도로시의 남편 알렉산더 호지(謝立三, Sir Alexander Hosie, 1853~1925)도 한학자였으며 후에 원저우와 충칭, 타이완 주재 영국영사를 지냈으나 수트힐보다 10년 앞선 1925년에 세상을 떠났다.

영국 선교사에서 중국인 목사로

1911년 윌리엄 수트힐 목사 부부가 사역을 마치고 영국으로 돌아가자 1912년부터 헤이우드(海和德, J. W. Heywood) 목사가 그 뒤를 이었다. 헤이우드는 교회의 자립을 위해 기금을 모으기 시작했다. 외국의 후원에 의지하지 말고 언젠가는 중국 교회가 자립해야 한다는 그의 의견에 원저우와 인근 지역의 그리스도교인들이 전폭적으로 지지를 보냈다. 아울러 성도의 본분인 신앙생활은 물론이고 경제 기반 마련과 인재 배양 등을 강조했다.

이 시기에 원저우교회는 급속히 발전했다.《중화그리스도교회연감》제3기(1916)의 기록을 보면 원저우 감리교회 소속 집회소가 250개고, 세례 교인이 3,500명이며 예배 참석자는 7,000명이었다. 선교 보조원 250명은 의무적으로 매월 두 차례 전도를 나갔는데 사례비 없이 여비만 약간 받고 활동했다. 원저우 성내에 서양인 의사가 담당하는 병원이 두 곳 있었는데 방문자 수가 약 1만 7,000명이었다. 또 서양인 목사가 교장인 대학 학생이 116명이었다. 선교사역은 서양인 목사 셋이 담당했는데 그 후 신자 수가 두 배로 늘 때에도 선교사는 증가하지 않았다.

1925년, 상하이에서 '5·30사건'이 발생했다. 5·30사건이란 1925년에 일어난 반제국주의 민중운동이다. 이 사건은 5월 15일, 상하이 소재 일본인 방직공장에서 파업 중인 노동자에게 일본경비대가 발포하면서 노동자와 학생들의 시위가 고조되고 5월 30일에 상하이 조계의 영국 경찰이 시위대를 향해 발포하면서 시작되었다. 청시탕의 요우수 쉰尤樹勛 목사가 상하이에서 사건을 목격하고 원저우로 돌아와 애국심에 충만하여 교회의 자립운동을 펼쳤다.

청시탕교회는 주일학교 교육으로 지역 교회 발전에 크게 이바지했다. 1929년 자체적으로 '아동주일학교 초급과'라는 주일학교를 처음 개설했다. 첫해에 20명으로 시작해 다음 해에는 120명으로 늘었다. 1932년에는 다시 '아동주일학교 계몽과'를 신설하여 학생 40명을 모집했다. 다른 조직인 아동장려회 학생 72명을 포함하여 1932년에 청시탕교회에서 종교교육을 받은 학생이 194명이었다. 1934년 1월, 아동주일학교는 원저우 감리교회 소속 '아동종교교육부'로 확대 편성되었고, 런던 대학 문학학사인 여교사를 초빙해 그 임무를 맡겼다. 후에 이 아동종교교육부는 '중화 감리교 원저우교구 종교교육부'로 확정되었다. 이런 노력에 힘입어 1938년 초 원저우 교구 내에 아동주일학교 44개소, 교원 254명, 학생 1,246명으로 발전했다. 그중 청시탕에만 교원 31명과 학생 214명이 있었다.

1936년 8월에는 청시탕에서 '그리스도교 코이노니아회', 일명 '옥스퍼드 코이노니아'가 시작되었다. 지역 교회, 병원, 학교, 세관, 우정국, 회사 등의 지도자들도 대거 참여하여 묵상과 기도, 찬송, 성경봉독, 간증, 토론, 묵도의 순으로 집회가 진행되었다. 이 모임이 점차 커지고 반응이 좋아 다른 교구들로 확대되었다. 아울러 신자들의 기본 소양을 높이기 위해 청시탕에서는 '일반인을 대상으로 한 종교교육'도 진행했다. 그래서 1937년부터 '민중 문맹퇴치운동'과 '주일 문맹퇴치운동'을 병행했다. '민중 문맹퇴치운동'은 야간학교 형태로 20~40세 남녀 주민을 대상으로 매일 1~2시간씩 교육하여 1~2개월이 지나 일정 수준이 되면 수료시켰다. '주일 문맹퇴치운동'은 글을 모르는 신자들에게 성경과 찬송가를 주고, 매 주일 오후 2시부터 이미 교육을 끝낸 신자에게 성경구절을 암송하고 그 뜻을 설명하는 형태로 진행되었다.

또 감리교 원저우 교구는 1937년부터 '그리스도교가정운동'을 진행했다. 매주 목, 금, 토요일 저녁 7~9시 사이에 각 신도들의 가정을 방문하여 가정예배와 성경공부 방법을 가르치고 자녀들의 종교교육을 권면했다. 어빙 스콧 목사는 수트힐과 헤이우드 선교사의 뒤를 이어 위에 언급한 많은 사역을 하며 원저우 그리스도교 발전에 지대한 공헌을 했다.

스콧 목사가 영국으로 돌아간 뒤에는 에이욜트(愛樂德, W. B. Ayoltt, 1906~1997) 목사가 뒤를 이었다. 그의 재임 기간에는 일본군의 습격을 받아 어지러운 상황이었으나 이런 외부 혼란에 흔들리지 않고 원저우 교회를 안정적으로 이끌었다. 1940년에는 저둥浙東신학원 원장을 맡아 많은 교회 지도자를 배출했다. 이로써 차츰 중국인 목회자들이 원저우 지역의 교회를 책임지게 되었다. 1950년 9월 6일, 마지막까지 남아 있던 영국 선교사들이 원저우를 떠나면서 원저우교회는 온전히 중국인의 교회가 되었다.

그런데 1952년 1월 13일, 주민 3,800명이 청시탕에 모여 제국주의자들이 종교를 이용해 중국을 침략한 죄악상을 비판하는 성토대회가 열렸다. 그 자리에서 영국 제국주의자들이 73년 동안 원저우 감리교회를 이용해 교육을 통한 문화 침략, 영성靈性을 통한 반공반민운동, 반애국 삼자운동 등을 자행했다면서 그들의 죄악상을 성토했다. 위에서 언급한 선교사들의 사역을 되새겨본다면 터무니없는 날조이자 음모였다. 실로 은혜를 원수로 갚는 처사였다. 이 성토대회는 사회주의 체제에서 불가피한 정치적 운동이었으나 원저우 교계에는 커다란 타격을 주었다. 그리고 어떻게든 새로운 체제 속에서 적응하는 방법을 찾아야 했다.

1958년에는 중국 정부가 주도하는 원저우시 그리스도교 삼자애국운동위원회가 확대회의를 개최했다. 이 확대회에서 중국 그리스도교는 종파를 초월해 모든 교회를 연합하고 인사권과 조직을 통일하며 교회 소속 동산과 부동산을 통일 집행하여 사회주의 제도와 규정에 맞지 않는 것은 철저히 개혁하기로 결정했다. 당연하게도 종교적 설교는 불가능해졌고 예배는 점차 정치 강연으로 변질되었다.

문화대혁명이 시작된 1966년 9월 16일에는 홍위병들이 청시탕을 폐쇄하였고 교회 지도자들이 공개비판을 받았으며 모든 교회 활동이 중지되었다. 성경과 찬송가를 비롯한 모든 종교 간행물이 미신물품으로 간주되어 불태워져 성경과 성직자와 교회가 없는 3무無교회로 전락했다. 원저우 특유의 그리스도교 문화는 이를 기점으로 삼자교회보다는 가정교회 중심으로 재편되었고, 그들만의 신앙방식을 채택하게 되었다. 박해와 탄압이 거세질수록 흔들리고 쓰러지기보다는 믿음의 심지를 더욱 굳건히 유지해나갔다. 문화대혁명 당시 중국 전역에서 그리스도교를 포함한 많은 종교의 기반이 와해되었을 때에도 원저우교회는 오히려 암암리에 크게 성장했다. 물론 그에 따른 희생도 적지 않았다. 원저우는 150여 년 그리스도교 역사 속에서도 문혁 이전까지 괄목한 만한 성장은 없었다. 아울러 지식인도 많지 않았다. 이런 상황에서 유물론과 무신론 사상이 가져온 충격의 여파는 컸다.

그런데 문화대혁명이 끝나고 개혁개방이 되면서 원저우의 그리스도교 인구는 놀랍게 회복되었다. 150년이 넘는 원저우의 복음 역사가 저력을 발휘한 것이다. 아울러 전국적으로 유명한 원저우 상인들의 네트워크를 통해 전국 각지의 교회 재건과 신앙 수복운동이 들불처럼 번져갔다. 원저우 교인들은 정치상황에 상관없이 자신의 자리에서 신앙을 지키고 있었던 것이다. 2013년에 《수트힐을 찾아서》라는 책을 펴낸 선자沈迦도 원저우의 5대째 그리스도교인이었고 그의 아들까지 친다면 6대째 그리스도교 집안이다. 그는 《수트힐을 찾아서》란 책으로 중국 내에서 큰 반향을 일으켰으며, 현재는 캐나다 밴쿠버에 거주하면서 북미 지역에서 활동하고 있다.

그런데 문제는 원저우 개신교인 특유의 집단문화가 타지 개신교인에게는 불편하게 작용했다는 점이다. 즉, 원저우 상인들은 상거래를 위해 전국 각지에 거점을 마련하고 영업을 하게 되면 그곳에 가정교회를 구축하여 예배를 드렸다. 그리고 이 가정교회가 자연스럽게 해당지역 복음화를 위해 앞장서게 되었으니 그 지역 선교를 위해서도 바람직한 현상이었다. 문제는 이렇게 만들어진 가정교회가 '원저우인만을 위한 원저우인만의 교회'로 변질되는 현상을 보인 것이다.

또한 원저우 가정교회는 복음 전파라는 대승적 차원에서 삼자교회와 원만한 관계를 유지할 수 있음에도 거리를 유지하면서 자신만의 방식을 고집했다. 물론 전국적으로 가정교회를 보급하기 위해 헌신한 원저우 개신교인의 수고는 결코 부정할 수 없는 업적이자 성과였다. 그럼에도 이런 아집이 타지 개신교인에게는 부정적으로 비쳐졌다. 그래서 타지에 가 원저우를 '중국의 예루살렘'이라고 지칭하면 부정하지는 않되 크게 호응하지도 않는다. 그만큼 중국 개신교인들에게 원저우 교회의 이미지는 매우 복합적이면서 특별하다. 그렇다면 왜 원저우교회가 이런 특색을 갖게 되었을까?

중국의 유대인

원저우는 뒤쪽의 산악지형 때문에 내륙과 왕래가 매우 드물었다. 1980년대까지도 항저우에 가는데 21~23시간이 걸릴 정도였다. 외부와 유일한 통로는 배를 이용한 수로뿐이었다. 상하이처럼 원저우도 양쯔강과 운하를 통해 중국 내륙지역과 왕래할 수 있었다. 이런 이유로 원저우는 어로활동을 주로 하는 어업이 발달했고, 내륙보다는 바다를 이용해 외부세계로 나갈 수 있었다. 아울러 언어도 전국 공용어와 달리 지역만의 특수한 언어로 발달하여 '원저우만의 지역문화'를 형성하는 데 큰 영향을 미쳤다.

이는 원저우만의 역사문화와도 관련이 깊다. 원저우문화도 중국 전체 유가문화의 한 갈래이나 성격을 달리하는 '영가학파'의 영향을 받았다. '영가永嘉'는 현재 현縣 이름으로 남아 있으나 남송시대부터 원저우 일대를 통칭하는 단어였다. 영가학파는 남송시대 절동浙東학파를 선도하던 집단으로 공리학파로도 불렸다. 철학적으로 영가학파는 우주에 충만한 것이 사물物이요, 그 사물 자체에 존재하는 것이 도道라고 판단했다. 이처럼 유물론 사상과 공리주의적 성격을 지닌 영가학파는 왕카이주王開祖와 천푸량陳傅良 등으로 이어지다가 예스葉適가 집대성함으로써 주희朱熹의 이학理學파, 육구연陸九淵의 심학心學파와 함께 송·명 시대를 풍미했다.

영가학파의 핵심은 '경세치용經世致用'과 '의리병거義利幷擧'이다. 즉 실용적이고 공의公義와 공리公利를 함께 중시하는 풍조가 면면히 이어져온 것이다. 상공업과 통상을 장려하고 감세를 주장하여 남송의 경제를 진작하려고 노력했다. 이는 상공업 경제와 시장경제가 발달하여 자본주의 초기발전단계에 이르렀던 남송 상황과 밀접한 관련이 있다. 상품경제가 국가와 사회에 미치는 영향을 일찌감치 간파한 원저우인들은 '과감하게 천하를 선도하는(敢爲天下先)' 창업정신의 소유자였다.

그러나 원저우 중심의 이런 주장은 송대와 명대에 걸쳐 중국의 핵심 주류에 들지 못했다. 원저우인들은 이를 매우 안타깝게 생각한다. 공

의와 공리를 함께 추구하는 원저우의 영가문화가 중국 문화의 주류에
포함되었다면 중국의 자본주의도 더욱 일찍 발달하여 봉건제의 폐단
을 일찌감치 해소할 수 있었으리라 생각하기 때문이다. 천푸량과 예
스 등 영가학파의 주요 인물들은 개인적인 부의 축적을 넘어 자선과
공익, 도덕 등을 실천했다. 이런 전통이 부의 축적을 넘어 이상과 포부
를 실현하려는 원저우인들의 특별한 정서이자 뼛속 깊이 뿌리내린 정
수精髓가 되었다고 자부한다. 그래서 원저우를 '중국의 예루살렘'이라
칭하는 동시에 원저우인을 '중국의 유대인'이라고 부르는 것이다.

　그래서 중국 내에서도 '원저우모델溫州模式'이라는 용어가 생겨났
다. 원저우모델이란 '소상품·대시장' 발전구조를 가리킨다. 즉, 생산규
모와 기술력, 운송자본은 적은 상품이지만 전국에 세워놓은 대규모 시
장네트워크를 기반으로 수익을 극대화하는 모델을 말한다. 이 원저우
모델은 개혁개방 이후 중국경제의 고속성장 단계에서 중국 전역의 발
전모델로 작용했다. 이런 원저우의 영가문화가 그리스도교 신앙과 완
전하게 결합되어 중국 기타 지역과는 남다른 시너지를 창출한 것이다.

　2011년 7월 23일에 원저우에서 고속철 열차가 탈선하면서 43명이
사망하고 211명이 부상하는 참사가 일어났다. 중국 정부는 사망자들
을 모두 화장하여 장례 절차를 조속히 마무리지으려 했다. 그런데 원
저우의 그리스도교인들이 집단 시위에 나섰다. 장례 절차를 그리스도
교식으로 치러야 한다는 주장이었다. 중국 정부에서는 이례적으로 그
리스도교식 장례를 허용했다. 사회주의 국가인 중국에서 시위를 한다
는 것은 정부에 대한 저항으로 엄격하게 제한하고 있으며 당사자들이
겪어야 할 고통도 적지 않다. 그럼에도 원저우의 그리스도교인들은 용
감하게 시위에 나선 것이다. 이처럼 원저우 그리스도교인은 다른 지역
과 구별되는 그들만의 강인한 힘을 갖고 있다.

　물론 그리스도교뿐만 아니라 원저우는 전통 종교 신자들의 비중도

매우 높다. 현재 원저우의 그리스도교 인구가 15퍼센트로 전국에서 제일 높게 나타나긴 하나, 불교와 도교 인구도 타지에 비해 높다. 이는 원저우인 특유의 강한 종교 성향을 보여준다. 또한 원저우와 인근의 도시들은 명대와 청대 이래로 조정에서 반대파로 낙인찍힌 인사들의 유배지였다. 이를 달리 생각해보면 그들은 대부분 민주적이고 양심적이며 능력 있는 인물들이었다고 판단할 수 있다. 그들을 중심으로 영가학파가 형성된 것이다. 이런 지역에 조지 스터트와 윌리엄 수트힐 목사 등을 통해 복음이 전해지자 남다른 부흥이 찾아왔다.

원저우교회는 1970년대와 1980년대에 걸쳐 괄목할 만한 성장을 보였다. 그리스도교를 믿게 되면서 죄를 뉘우치고 회개함으로써 도박과 음주 등 나쁜 생활 습관을 청산하는 변화가 일어났다. 당시 지역민들은 교인들의 변화에 놀라면서 겁을 내기도 했지만 그리스도교인들은 자신들의 변화를 자랑스럽게 생각하며 스스로 전도에 힘쓰게 되었다.

현지인들은 원저우에 이렇게 그리스도교인이 많은 이유는 한국의 그리스도교 부흥처럼 하나님의 계획이라고 말한다. 원저우도 한국처럼 하나님의 선택을 받아 특별한 사명을 담당하게 되었다고 말이다. 원저우 사람들은 세상 어디에 가든지 바로 상회商會 중심으로 집결했다. 그들은 어디에서든 원저우인 상인들끼리 모인다. 대기업은 없으나 중소기업끼리 모여 협력하면 결코 무시할 수 없는 힘을 발휘하게 된다. 이렇게 어디를 가든지 원저우상회가 연합하고, 원저우상회가 연합하는 곳이면 어디든 교회가 생겨난다. 꼭 상회가 아니라 단순히 타지에 나가 거주할 경우에도 꼭 교회를 세운다.

이런 모습이 마치 낙인과 같이 원저우인의 기질로 자리 잡았다. 원저우교회에서도 교인들에게 늘 이 점을 강조한다. '상거래를 위해 어디에 자리 잡든지 그곳에 교회를 세우라! 그러면 하나님께서 큰 복을 주시리라!' 이런 특별한 축복과 사명을 받은 덕분에 원저우 그리스도교인들이 크게 성장했으리라 짐작할 수 있다. 이들은 어떤 환난과 핍박이 닥쳐와도 하나님의 계획이라 믿고, 더 많이 인내하고 희망을 가졌다. 이것이 바로 원저우의 '양회兩會모델', 즉 '상회와 교회가 함께 가는 모델'이다. 원래 중국 각 기관에 '양회'가 있듯이 중국 그리스도교도 '삼자애국운동위원회'와 '중국 그리스도교협회'라는 '양회'를 중심으로 관련 사무를 처리하고 있다. 이를 빗대어 원저우만의 '양회모델'을 정리한 것이다. 원저우상회는 중국 내에서 450개가 설립되어 있고, 해외에서도 100여 개 국가에 원저우상회가 운영되고 있다. 이는 국내외를 막론하고 그만큼의 원저우교회가 존재함을 뜻한다.

원저우는 또 집단문화가 강해 한 사람이 그리스도교인이 되면 온 가족이 신앙을 갖는 경향이 있었다. 그래서 원저우 일대에는 '기독촌'이나 '예수촌'으로 불리는 마을이 많았다. 이런 경향은 외국 이민의 경우에도 동일하게 나타났다. 이처럼 행복과 고난을 함께 나누는 원저우인들의 집단문화가 지역의 그리스도교 부흥에도 큰 밑거름이 된 것이다.

원저우 현지 탐방기:

무너진 산장교회와 폐허 속 붉은 십자가 앞에 서서

(2016, 2017년)

우리는 지인의 소개로 원저우를 방문했을 때 미등록교회 목사님과 그리스도교 기업인들을 차례로 만날 수 있었다. 인터뷰는 원저우 그리스도교인 기업인회관에서 이루어졌다. 이들은 초면임에도 반갑게 맞이해주었고 우리 질문에 성실히 답변해주었다. 바쁜 일과 속에서도 시간을 할애해 한국에서 온 믿음의 형제들에게 하나님의 섭리와 축복을 기쁨과 감사로 전해주었다. 다음은 원저우 그리스도교 기업인들과 나눈 대화를 재구성한 것이다.

저자: 예전에 중국 중앙방송국에서 제작한《원저우 가족》이라는 드라마가 한국에 방송된 적이 있습니다. 그 드라마로 한국인들은 원저우에 대해 깊은 인상을 받았습니다. 원저우인이 기업과 창업을 중시하고, 경제상황이 어려울 때에도 이탈리아와 유럽 등 세계로 꾸준하게 진출하였더군요. 원저우에 그리스도교인이 많은 것과 이러한 기업문화가 관련이 있나요?

목사님: 창업을 중시하고 해외로 꾸준히 진출하는 성향은 원저우의 지난 역사와 관련이 깊습니다. 그러나 원저우에서 그리스도교가 부흥한 것은 무엇보다도 하나님의 원대한 계획 아래 진행되었기 때문이라고 믿습니다. 이는 한국이 하나님의 은혜 가운데 신앙을 성장시키고 많은

† **현대 원저우 시가지 모습**

선교사를 세계에 보낸 것과 같습니다. 우리는 하나님이 원저우인을 특
사로 선택했다고 믿습니다. 우리는 이를 '양회모델'로 부릅니다. 원저
우인은 어디를 가든지 '상회商會'를 조직합니다. 대부분 대자본 기업이
아닌 소자본 기업이다보니 자연스럽게 단합하고 협력하게 됩니다. 비
록 작은 움직임에서 시작되었지만 돌이켜보면 이런 움직임이 결코 무
시할 수 없는 큰 힘으로 작용하게 되었습니다.

아울러 원저우인이 진출하여 상회가 조직된 곳에는 어김없이 '교회
敎會'가 서게 됩니다. 이는 중국의 다른 지역 상인들과 비교했을 때 원
저우인만의 특징이라고 할 수 있습니다. 다른 지역 상인들은 타지로 진
출했을 때 교회를 세울 생각을 하지 않는데 원저우인은 상회를 세운 곳
에는 항상 교회를 세운다는 일종의 사명감을 갖고 있습니다. 이처럼 원
저우인에게는 일종의 유전자처럼, 풍성한 사명감이 낙인되어 있습니
다. 어떻게 이런 사역을 감당하게 되었을까요? 많은 환란과 핍박 중에

서도 무한한 인내와 더 큰 미래의 소망을 안고 때마다 어려움을 딛고 일어났습니다. 이는 하나님의 원대한 계획으로밖에 설명할 수 없습니다.

저자: 참으로 놀라운 섭리이군요. 또 다른 이유는 없을까요?

목사님: 물론 원저우의 역사, 문화와도 관련이 깊습니다. 당연하게도 중국 유가문화의 영향을 받았지만 그 배경은 사뭇 다릅니다. '영가학파永嘉學派'가 원저우 고유의 지역특색을 대변합니다. 영가학파의 기원을 말하기 위해서는 핵심단어인 '의리병거義利竝擧'를 이해해야 합니다. '의義'란 말 그대로 '의로움'을 말하고, '이利'란 이익을 말합니다. 즉, 공의와 이익을 함께 중시하여 공상업을 모색하는 것입니다. 이런 이유로 원저우문화는 송대와 명대를 거치면서 중국의 주류문화에 속하지 못하고 변방으로 밀려났습니다. 그래서 중국의 고대 자본주의가 발달하지 못했다고 생각합니다. 만일 영가학파의 가치관이 중국 문화의 주류문화에 채택되었다면 원저우 화폐의 세계화가 미국보다 빨랐을 것입니다. 영가학파의 대표적 인물인 천푸량과 예스 등의 사상은 겉만 번듯한 것이 아니라 공익과 도덕과 자선을 함께 아우르는 것입니다. 우리는 이런 이상을 실현한다는 포부를 갖고 있습니다. 이처럼 원저우인에게는 원저우문화의 정수가 깊이 뿌리박혀 있습니다.

저자: 그래서 그리스도교 신앙이 전파되었을 때 독특한 원저우문화와 잘 융합되어 그리스도교 문화가 활짝 피어날 수 있었군요.

목사님: 덧붙이면 역사적으로 이곳 용자永嘉, 타이순太順, 루이안瑞

安 등지는 민주적이고 양심적 인사들의 유배지였습니다. 이런 인물들이 영가학파를 형성하게 된 것입니다. 이런 원저우에 조지 스터트와 윌리엄 수트힐 등의 선교사가 와서 교회의 기초를 놓았습니다.

저자: 윌리엄 수트힐 선교사에 대해서는 원저우 출신의 선자沈迦 씨가 쓴 책으로 잘 알고 있습니다.

목사님: 그렇군요. 아시겠지만 문화대혁명 동안 전국 교회들이 많은 핍박을 받았습니다. 원저우도 예외는 아니었지요. 원저우시에서 이 지역을 '종교 청정지역'으로 선포했을 정도로 교회가 철저히 파괴되었습니다. 그런데 돌이켜보면 놀랍게도 원저우교회가 크게 성장한 시기는 오히려 문화대혁명 기간이었습니다. 선자 씨 등의 세대도 당시 상황에서 성장했습니다.

저자: 그래서 원저우는 '중국의 예루살렘'이라는 말을 들을 정도로 교회가 부흥하게 된 거군요.

목사님: 신자가 상대적으로 많아 그런 말을 듣게 되었는데 이는 하나님이 원저우를 사랑하시기 때문이라고 생각합니다. 물론 원저우인의 특성과도 관련이 있습니다. 먼저, 원저우의 교회 역사는 150년 정도로 그리 길지 않습니다. 문화대혁명 이전까지 원저우의 신앙은 그리 깊지 않았습니다. 또한 지식인들이 많지 않아 유물론과 진화론 등 사상적 충격이 그다지 깊지 않았습니다. 그다음으로 원저우인은 단체의식이 강해 한 사람이 신앙을 갖게 되면 가족 전체로 전파되는 경향이

강합니다. 그래서 원저우 인근에는 기독촌이나 예수촌 등 마을 사람 전체가 그리스도교를 받아들이는 경우가 많습니다. 해외에 나갈 때에도 가족과 친지, 친구들과 함께 갑니다. 이처럼 동고동락하는 단체의식과 근면성실함이 모여 복음을 접한 이후에도 교회 건립과 복음 전파에 남다른 노력과 재능을 보여 중국 내에서도 알아주는 지역이 되었습니다.

저자: 원저우를 '중국의 예루살렘'이라고 하듯이 원저우인을 가리켜 '동양의 유대인'이라고 부르기도 합니다. 그 이유가 무엇일까요?

목사님: 원저우인들의 특성과 관련이 있다고 생각합니다. 중국에서는 1970년대와 1980년대에 성령의 역사로 많은 병자가 치료를 받고 음주, 도박, 절도 같은 나쁜 습관을 고치며 눈물로 죄를 회개하고 복음을 받아들였습니다. 그래서 이제 중국의 예루살렘, 동양의 유대인이라는 호칭은 큰 의미가 없습니다. 저는 오히려 베이징 같은 다른 도시가 중국의 예루살렘 같은 역할을 대신하고 있다고 생각합니다. 사실 중국의 예루살렘이라는 칭호도 저는 달갑지 않습니다. 예루살렘은 돌 하나조차 얹혀 있지 않을 정도로 철저히 파괴되기도 했고, 예수님이 못 박힌 곳이기도 합니다. 우리는 이를 유념할 필요가 있습니다.

저자: 원저우에는 도교나 불교를 포함해 다른 종교 신자들도 많다고 들었습니다.

목사님: 맞아요. 원저우에서 그리스도교인의 비율은 15퍼센트 정도

될 거라고 추산하고 있습니다. 그런데 사실 불교 신자의 비율이 그리스도교보다 더 높습니다. 중국의 다른 지역에 비해 원저우의 불교와 도교 인구 비율이 매우 높게 나옵니다. 이처럼 원저우의 종교 인구가 높은 이유는 앞서 언급했듯이 집권 정부에서 배제되거나 유배된 비주류 인물들이 의지할 대상을 찾다보니 종교를 갖게 되었고 그것이 이어져서 형성된 전통이 아닌가 합니다.

저자: 내륙 쪽으로 산이 가로막고 있어서 자연적으로 고립된 원저우의 지리적 특성이 원저우만의 고유한 그리스도교 문화를 형성하는 데 또 다른 영향을 미친 것은 아닐까요?

목사님: 그렇습니다. 1980년대까지만 해도 항저우를 가려면 20~30시간 걸렸습니다. 오직 바닷길을 통해 상하이를 가야 내륙으로 들어갈 수 있었습니다. 따라서 그리스도교뿐만 아니라 불교와 미신 등도 깊게 뿌리를 내리고 있었습니다. 그런데 이제는 원저우 교인들이 국내외를 막론하고 다양한 출로로 '사람 낚는 어부'의 역할을 하고 있습니다. 현재 전 세계 110여 개국에 원저우상회가 존재하고, 상회가 있는 곳엔 어김없이 교회가 존재합니다. 그래서 우리는 해양문화를 대표하는 푸른색을 좋아하고, SNS상에서도 '어부'라는 아이디를 많이 사용합니다(웃음).

저자: (웃음)원저우교회와 관련하여 특별히 언급할 만한 유적지나 인물, 교회 등을 소개해주시겠습니까?

목사님: 장쥔탕將軍堂을 소개하고 싶습니다. 최근 10여 년 동안 구이 저우貴州, 산시山西, 안후이安徽성 등의 벽지에 20여 개 지교회를 개설하여 교육과 선교, 사역자 양성에 힘쓰고 있습니다. 또 용관탕永觀堂은 80년 역사를 지닌 교회로 현재 시내에 교회당 세 개를 건립했습니다. 특별히 원저우는 현재 공업도시로 성장하고 있어 내지의 노동자들이 대량으로 유입되고 있습니다. 이런 추세에 발맞춰 기업교회가 많이 설립되어 있습니다. 기업교회에서 복음을 접하고 세례를 받은 노동자들이 고향으로 돌아가 교회를 세우고 사역자로 활동하는 순환모델을 형성하는 중입니다. 아직 통계상으로는 많지 않지만 이런 교회 활동은 계속 증가할 것입니다.

저자: 앞서 언급한 윌리엄 수트힐 선교사도 빼놓을 수 없겠지요?

목사님: 맞습니다. 조지 스터트는 영국선교회의 선교전략을 받아들여 평민화의 운영모델을 실천하였습니다. 윌리엄 수트힐 선교사도 학교와 병원 건립 등 해외 선교기관의 후원단계를 넘어 자립단계를 지향했습니다. 앞서 언급한 80년 역사의 용관탕도 중화인민공화국 성립 전부터 자립교회로 불렸습니다.

저자: 어느 미국학자는 중국이 멀지 않은 시기에 세계 최대 그리스도교국가가 될 것이라고 예언했는데 어떻게 생각하십니까?

목사님: 교회의 성장은 경제력과 밀접한 관련이 있습니다. 한국의 경제성장이 교회에 미친 영향을 보면 알 수 있지 않습니까? 많은 한국

기업가가 그리스도교인이라고 알고 있습니다. 그렇다면 중국도 이와 유사한 방향으로 가리라 예상합니다. 단, 이를 위해서는 반드시 중국 교회가 정결해야 한다는 전제가 필요합니다. 그래야 크게 부흥할 수 있습니다. 아울러 중국의 지도자가 그리스도교 신앙을 포용해야 합니다.

공터의 나무들이 자라다, 다시 찾은 산장교회

실은 사진 한 장만 보고 원저우행을 택했다. 그리고 이 여정은 중국 전 지역에 흩어진 그리스도교 역사의 흔적을 찾는 계기가 되었다. 2014년 사진 속 원저우 산장三江교회 건물은 너무나 처참했다. 산언덕의 전망 좋은 곳에 지어진 건물은 마치 폭격 맞은 것처럼 힘없이 허물어져 있었고 옆에서는 대형 불도저 두 대가 부지런히 기둥과 벽체를 부수고 있었다.

또 다른 사진 속에는 허물어지기 전 크고 작은 여러 개 첨탑과 하얀 벽체 건물이 이곳이 교회였음을 말해주고 있었다. 사진과 곁들여진 기사에는 '동방의 예루살렘이라고 불리는 중국 원저우 산장교회 강제철 거, 교인들 집단 반발'이라는 제목이 붙어 있었다. 철거 당일인 2014년 4월 27일은 마침 일요일이었다. 4월 6일부터 교인들은 중국 공안들의 제지에도 불구하고 교회 앞 계단에서 철거 반대농성에 돌입했다.

완공을 앞뒀던 산장교회가 왜 철거되어야 했을까? 보도에 따르면 당시 저장성 서기였던 샤바오룽夏寶龍이 십자가의 크기와 높이가 건축법을 위반했다며 교회를 철거하도록 지시했다고 한다. 하지만 사실은 현지 시찰 중 중국 원저우 시내에서 가장 잘 보이는 곳에 십자가가 세워진 것을 보고 그리스도교의 급격한 성장에 경계심을 갖게 되었다고 한다. 이에 산장교회 성도들은 스스로 방패가 되어 교회 철거에 저항했지만 당국은 그리스도교 탄압의 본보기로 산장교회를 흔적도 없이 파괴하고 말았다.

"십자가를 철거하지 말라. 십자가 대신 내 목을 주겠다." "당신들이 내 목을 가져간다 하더라도 나는 하나님과 함께 행복을 찾을 것이다."

2014년, 중국 공안들과 철거인부들에게 이렇게 호소했던 74세 교인 양주메이를 포함해 산장교회 철거를 막았던 교인들 모습이 눈에 아른 거렸다. 성도들은 교회를 지키기 위해 목숨을 아까워하지 않았다. 처참하게 파괴된 산장교회 사진을 보며 언젠가 꼭 그 현장을 찾아가리라 다짐했다.

산장교회가 철거되고 2년이 지난 2016년 2월 11일, 나는 무작정 원 저우를 찾아갔다. 산장교회를 묻고 물어서 도착한 곳에는 교회 건물이 철거되어 공터만이 덩그러니 있었다. 그곳에 있는 것이라고는 교인들이 심었을 것으로 보이는 가늘고 앙상한 나무들뿐이었다. 탄식과 함께 기도가 저절로 나오면서 웨슬리의 〈언약예배 기도문〉이 생각났다.

〈언약예배 기도문〉
나로 하여금 행함이 있게 하옵소서
나로 하여금 고난을 받게 하옵소서
당신이 원하는 일 저에게 맡겨주옵소서
당신만을 위하여 칭찬을 받게 하옵시고
당신만을 위하여 짓밟히게 하옵소서
······

이 기도문이 산장교회 성도들의 기도문과 같이 여겨졌다. 문득 나무

† **외부가 헐린 산장교회**   20여 일간의 철야 농성에도 불구하고 4,000석 규모의 산장교회는 한순간에 철거됐다. 파괴 전과 후의 사진은 너무도 충격적이다.

들로 눈이 갔다. 비록 앙상하지만 산장교회 성도들은 핍박과 고난이 계속되는 상황에서도 신앙을 지켜가고 있으리라. 나는 이에 하나님의 사랑을 느꼈고 중국을 통한 열방의 메시지가 있음을 확신했다.

이토록 신실한 산장교회 교인들의 믿음은 과연 어떻게 생겨났을까?

신앙의 자유가 완벽하지 않지만 그 속에서 신앙과 믿음이 단단해지고 있는 산장교회를 보며 중국 교회에 대해 알고 싶은 호기심이 증폭되었다. 중국의 교회와 그리스도인들에 대한 책을 써서 이런 성도들의 눈물과 기도를 널리 알리고 공유해야겠다고 다짐하며 산장교회가 있던 공터에서 발길을 돌렸다.

그로부터 1년이 지난 2017년 3월, 우리는 산장교회를 다시 찾아가기로 했다. 이번에는 혼자가 아닌 우리가 되어 원저우로 향했다. 비행기가 원저우공항에 착륙했을 때는 늦은 밤이었다. 유난히 느리게 진행되는 수속 절차가 지루하게 느껴졌다. 휘황찬란하게 빛나는 네온사인들을 보며 원저우는 '돈 많은 상인들의 도시'라 불릴 만큼 화려한 도시임을 또다시 실감할 수 있었다. 붉은 네온사인을 보며 어딘가에서 붉은빛을 비추고 있을 또 다른 형상인 십자가가 생각났다. 원저우에 그리스도교인이 중국 전역에서 제일 많다기에 교회 또한 많으리라 예상했지만 십자가는 찾아보기 힘들었다. 외신에서는 원저우교회에 대한 탄압이 심해지면서 교회와 십자가가 철거되고 있다고 전했다. 그래서인지 좀처럼 보이지 않는 십자가를 아쉬워하며 우리는 숙소로 발걸음을 옮겼다. 다음 날 아침 현장을 방문했다. 산장교회의 공터를 다시 찾은 것이다.

그런데 우리는 교회 공터에서 놀라운 광경을 발견할 수 있었다. 작년에는 공터에 마치 꽂혀 있는 듯했던 앙상한 나무들이 이제는 많이 자라나 푸른 잎사귀를 드리우고 강인한 생명력을 뿜내고 있었고, 그 나무기둥마다 붉은색 십자가가 그려져 있는 게 아닌가. 아직 색이 바래지 않은 붉은 십자가에서 우리는 눈을 뗄 수 없었다. 분명 산장교회 성도들은 여전히 이곳을 찾아 예배를 드리고 있을 것이다.

† **산장교회 공터에 자라난 나무와 붉은색 십자가**   교회 철거를 지시한 샤바오룽 서기는 건물만 사라지면 교인이 줄고 신앙이 약해지리라 생각했을지 모른다. 하지만 산장교회 교인들은 전보다 더욱 강인한 믿음을 가지게 되었을 것이다.

눈에 보이는 교회는 파괴되었지만 마음속 교회는 여전히 살아 있었던 것이다.

원저우를 떠나며

원저우 기독 실업인과 나눈 대화에서 알 수 있듯이 현재 원저우교회는 크게 타지선교와 지역선교에 치중하고 있다. 타지선교는 원저우교회가 그간의 부흥을 바탕으로 구이저우貴州성과 산시山西성, 안후이성 등지의 도시에 재정과 인력을 지원하는 것이다. 산간벽지에 20여 개 이상의 교회를 짓고 후원하는 장군교회將軍堂가 이런 타지선교에 앞장서고 있다. 지역선교는 현재 원저우가 공업도시로 크게 성장하는 과정에 있기

† 청스비아오깐교회의
　QR코드 헌금 안내서

이 교회에는 스마트폰으로 헌금을 낼 수 있는 QR코드까지 갖춰져 있어서 무척 놀라웠다. 처음에는 일종의 문화적 충격이었으나 교인의 편의를 고려한 조치라고 생각하니 수긍이 갔다. 물론 다소 논란이 있겠으나 한국 교회에서도 조만간 핀테크를 활용하게 될 것이라 생각한다.

때문에 전국 각지에서 노동자들이 유입되고 있는데, 이런 노동자들과 중소기업가들을 대상으로 교회가 활발하게 활동하고 있다. 인근 지역 선교 역시 지역 상인들을 중심으로 탄탄히 자리 잡고 있다. 원저우에서 방문했던 한 미등록교회는 시내 중심부의 빌딩 한 층을 세내어 대예배실과 유치부실, 유년부실, 기도실, 새신자실, 응접실 등 큰 규모를 갖추고 있었다.

† **바이러스 방역을 위한**
　중국 교회의 헌신과 봉사

2019년 말 이후 우한을 중심으로 코로나19 바이러스가 확산하자 중국 교회와 그리스도교인들은 방역과 예방활동에 적극적으로 참여했다. 한편으로는 모바일앱 위챗에서 기도문을 공유하기도 했다. 사진은 원저우의 교인들이 마스크와 방역물품을 시민들에게 전달하는 모습을 찍은 것이다.

　한국의 경제가 발전하고 그리스도교가 부흥하였듯이 중국도 경제가 지속적으로 성장함에 따라 그리스도교 역시 크게 부흥하리라 예상된다. 그런데 교회의 성장에 앞서 교회 정결이 전제되어야 하고, 중국의 지도자들이 그리스도교를 포용하려는 자세가 전제되어야 한다는 그리스도교 기업인의 지적은 의미심장하게 다가왔다. 원저우의 일부 그리스도교인은 '러시아의 오늘이 중국의 내일'이라고 언급했다. 즉, 사회주의국가였던 소비에트연합이 현재 러시아연방으로 변모하였듯이 중국이 그런 과정을 거쳐 변화할 것이라는 전망이다. 그 과정에서 종교, 특히 그리스도교의 역할을 기대하고 있다. 그래서 서양에서는 중국이 2050년에 지상 최대의 그리스도교국가가 되리라 예상하지만, 원저우 그리스도교인들은 이 시기를 2030년으로 앞당겨 전망하고 있다. 다분히 낙관적인 전망으로 들리지만, 그들의 전망이 현실로 이루어지기를 기도하리라. 그리고 설령 중국 정부의 견제와 탄압이 오래 지속된다 하더라도 언젠가는 중국의 그리스도교가 크게 부흥하는 날이 도래하리라 믿는다.

원저우교회의 부흥은 모임에서 시작되었다. 그들은 어디를 가든 상회 중심으로 결집하였고, 그들이 모인 곳에서 교회가 생겨났다. 이로써 그들은 하나님에 대한 신뢰를 더욱 굳건히 하며 성도의 하나 됨을 이뤄갔다. 그리고 공동체 안에서 서로를 돌아보며 자만을 경계하고 깨어 있기 위해 노력했다. 그럼에도 원저우 그리스도교인 특유의 집단문화로 인해 원저우교회의 모습은 타지 그리스도교인들에게 부정적으로 비치고 있다. 이러한 문제는 집단이나 지역을 넘어서 중국 전역의 문제로 확대되고 있다. 그래서 일부 원저우 그리스도교인은 원저우가 '중국의 예루살렘'으로 불리는 것을 반기지 않는다. 예루살렘이 돌덩이 하나 얹혀 있지 않을 정도로 철저하게 파괴된 도시였으며, 예수를 못 박아 죽음에 이르게 한 도시였기 때문이다. 그만큼 자만을 경계하고 근신하려는 태도와 의지를 보여주는 것이다.

저장성浙江省에서 십자가 철거 작업이 진행되면서 원저우 일대를 포함한 저장성 전체의 교회 십자가가 300개 넘게 사라졌고, 새롭게 변경된 〈종교사무조례〉가 2018년 2월부터 시행됨에 따라 중국 교회에 대한 통제가 크게 강화되고 있다. 중국 정부의 탄압과 핍박이 계속되고 있고 미등록교회(가정교회)에 대한 삼자교회(등록교회) 가입 강요가 나날이 거세지는 상황에서 중국 교회는 복음에 합당한 옷을 입고 한마음

한뜻으로 신앙을 위해 협력해나가야 할 것이다. 짧은 방문이었지만 원저우만의 개성과 특색을 실감할 수 있었다. 우리는 원저우 기독 상인들의 배웅을 받으며 원저우 남역에서 닝보로 가는 고속철에 올랐다. 한국에서 일상으로 돌아와 바쁘게 살던 중에 우리는 또 한 번 편치 않은 소식을 접하게 되었다.

교회가 파괴된 지 정확히 4년이 지난 2018년 4월 28일에는 장례식을 다녀오던 교인 여러 명이 폐허가 된 현장을 찾았다가 체포되었다는 것이다. 공안 조사결과 해당 모임이 미리 계획된 것이 아니라는 사실을 확인한 뒤에야 이들을 석방했다고 한다. 하지만 철거 당시 강하게 반대했던 교인들은 여전히 철저한 감시를 받고 있고 구속됐던 산장교회 황이지黃益梓 목사는 2017년 4월 교회 파괴 3주년을 앞두고 구류조치를 당하는 등 여전히 자유롭지 못한 상황이라고 한다. 그러나 산장교회의 교회는 건물일 뿐 보이지 않는 것을 믿는 성도들의 모임으로 존재한다는 사실을 중국 공안이 어떻게 알겠는가?

스데반이 순교한 이후 흩어진 제자들이 곳곳에 교회를 세우며 선교의 지평을 넓혀갔던 것처럼 산장교회 철거 이후 교회 성도들이 오히려 세계 곳곳으로 뻗어나가 교회를 세워갈 것이라는 기대가 들었다. 원저우만이 아닌 아직 교회가 세워지지 않은 민족과 세계 가운데 교회를 세우는 것이다. 그것이 어쩌면 산장교회를 철거하신 하나님의 뜻인지도 몰랐다. 현장에서 뛰는 감정을 가까스로 다스리고 나서야 원저우가 그리스도교와 남다른 인연을 맺고 있는 도시임을 알게 되었다.

5장

상하이,
중국 근대사의
거대한 소용돌이와
구국선교

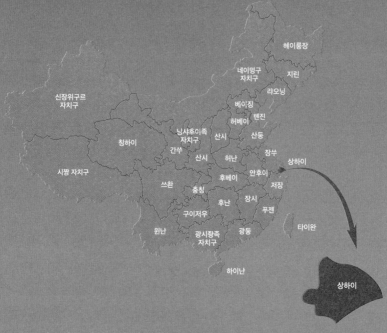

† 중국 대륙에서 상하이의 위치

상하이上海는 양쯔강 하류의 삼각지에 자리 잡은 도시로 중국에서 경제가 가장 발달한 국제도시이다. '2,000년 역사를 보려면 시안을 가고, 1,000년 역사를 보려면 베이징을 가며, 100년 역사를 보려면 상하이를 가야 한다'는 말이 있다. 이렇듯 상하이는 중국 근대사의 축소판이다. 상하이는 제1차 아편전쟁 이후 서양에 의해 개방항구로 지정된 뒤부터 급속히 발전하여 20세기 초 국제도시로 발돋움했고 전쟁과 혁명의 소용돌이 속에서 다양한 모습을 보여줬다. 또 서구 영향을 크게 받아 청 정부 해체 과정에서 광저우와 함께 개혁 세력의 주요 활동지로 역사의 발자취를 남겼다. 지금은 중국 개혁개방 정책의 상징이자 세계와 소통하는 대표적 대외창구 역할을 담당하고 있다.

중국 선교의 전초기지로

상하이에 가면 대부분 찾게 되는 와이탄 너머 동방명주탑東方明珠塔처럼 상하이는 '아시아의 진주'로 거듭나기 위해 많은 우여곡절을 겪어야 했다. 그리고 당연하게도 상하이의 근대사 속에서 그리스도교인들의 노력과 헌신으로 많은 결실을 맺었다. 18세기 후반, 유럽과 미국의 그리스도교 각 종파에서는 선교회를 조직하여 해외 선교에 열을 올렸는데, 중국도 그 대상지에 포함되어 있었다. 상하이에 처음 발을 내디딘 개신교 선교사는 앞서 언급했던 독일인 카를 귀츨라프이다. 그는 1831년에 아편 밀수선을 타고 세 차례에 걸쳐 상하이를 오갔다. 당시에는 쇄국정책으로 선교사의 입국이 불법인 상황이라 귀츨라프는 상하이의 지형과 항구 그리고 주민의 상황만을 살폈다.

제1차 아편전쟁 이후 청은 1842년에 영국과 난징조약을 맺었다. 이에 따라 상하이도 다섯 곳의 통상 개방지역으로 선정되어 선교의 문이 열렸다. 1843년, 영국 런던선교회의 월터 메드허스트(麦都思, Walter Henry Medhurst, 1796~1856), 윌리엄 록하트(雒魏林, William Lockhart, 1811~1896), 윌리엄 무어헤드(慕維廉, William Muirhead, 1822~1900) 등이 상하이에 들어와 난징조약에 의거해 교회와 병원 그리고 인쇄소 등을 건설하고 주거용 건물을 짓기 시작했다. 메드허스트는 자카르타에서 인쇄소를 건립했던 경험을 살려서 출판과 인쇄 분야에 주력했고 록하트는 런지仁濟의원과 셰허協和의원을 설립하여 의료선교에 주력했다. 무어헤드는 지리학자로서 번역 선교에 주력했다. 메드허스트는 자카르타의 인쇄소를 상하이로 옮겨와 중국 최초의 근대인쇄소인 모하이서관(墨海書館, The London Missionary Society Press)을 설립하고 감독했다. 그 후 유명 선교사 10여 명이 이곳에서 활동했고, 태평천국의 간왕幹王 홍인간洪仁玕, 왕타오와 인연을 맺기도 했다.

메드허스트를 비롯한 세 사람은 상하이 최초의 종교갈등사건敎案인 '칭푸靑浦사건'의 당사자이기도 하다. 1848년 3월, 메드허스트, 록하트, 무어헤드는 중국 내지 선교를 금한 당시의 지방법을 어기고 장쑤江蘇성 칭푸현에 들어가 선교 활동을 벌였다. 당시 선원 1만여 명이 칭푸현에 체류 중이었다. 세 사람은 사람이 많은 시장에서 선교 전단을 나눠주다가 선원들과 충돌이 일어났고 곧이어 폭행을 당해 온몸이 피투성이가 되었다. 칭푸현령은 급히 선교사들을 호위하여 상하이로 돌려보냈지만 상하이 관아에서는 메드허스트 일행을 가해자로 결론지었다.

이때 상하이 주재 영국영사가 중국 정부에 대항하여 관세와 선박 봉쇄를 빌미로 군함을 이끌고 난징에 진입해 양강총독兩江總督을 협박했다. 그 결과 지방관이 파직되었고 선원 수십 명이 체포되었으며 '구타와 재물 탈취의 죄'로 곤장 100대를 맞고 주동자 두 명은 군대로 징집되었다. 그리고 사건 발생지 인근 10여 개 마을이 선교사들에게 은 300량을 배상하는 것으로 마무리되었다.

문제는 이런 상황이, 외국인이 불평등조약을 이용해 중국에 들어와 낯선 교리를 선전하고 서구 열강이 무력을 앞세워 금전적 피해를 주는 상황으로 보였다는 점이다. 자연히 많은 중국인이 그리스도교와 선교

† 난징조약 중국은 제1차 아편전쟁에서 패배하고 불평등조약인 난징조약을 맺었다. 이후 3개 후속
조약을 맺게 되며 극도로 불평등한 조약과 추가 개정 압박은 결국 제2차 아편전쟁의 불씨
가 되었다. 결과적으로 독립국으로서 중국은 완전히 침몰하게 된다.

사들에게 반감을 가질 수밖에 없었다. 그럼에도 대부분 선교사들은 복
음 전파와 전도 기반 확충이라는 임무에 충실했기 때문에 점차 활동
영역을 넓혀갔다.

　그 후 영국 성공회와 미국 성공회, 장로회, 침례회, 감리회 등 각 종
파들이 상하이로 진출하여 교회를 짓고 선교기지로 삼은 다음 중국 선
교를 시작했다. 그래서 제2차 아편전쟁(1856~1860) 이후 그리스도교의
중국 선교는 크게 발전했다. 그 결과, 1877년과 1890년, 1904년 세 차
례에 걸쳐 각 교파 대표자들이 참가하는 중국 선교대회가 열리는 등
상하이는 중국 선교의 전초기지 역할을 했다.

　이처럼 상하이는 근대 이래로 100여 년 동안 상공업이 크게 발전하
여 국제도시로 성장했고, 그리스도교도 기존 주민은 물론이고 도시에
새로 유입되는 인구를 신자로 맞이하면서 도시에 큰 영향을 미쳤다.
상하이가 서구적인 도시로 발전하자 영국과 미국 등에서 유학한 지식
인들이나 상하이에 세워진 그리스도교 학교에서 체계적인 교육을 받
은 지식인들이 운집하여 상하이와 중국 그리스도교의 발전을 이끌었
다. 1903년 초에는 반제反帝반봉건反封建운동의 영향을 받아 샤추이팡
夏粹芳과 쑹야오루宋耀如 등 13인의 발의로 중국 그리스도교회가 성립

되었고《중국기독인신문中國基督徒報》이 창간되었다. 1906년에는 상하이 자베이탕閘北堂의 위궈전兪國楨 목사가 미국 북장로회의 관리감독에서 벗어나 중국 자체의 그리스도교 자립교회 전국총회를 발족했다. 이로써 중국 그리스도교의 자립운동이 시작되었다.

제2차 국공내전(1946~1950)을 유리하게 이끌며 중화인민공화국 성립을 앞두고 있던 1948년에는 우야오종吳耀宗이 주간지《천풍天風》에 〈그리스도교의 시대비극基督敎的時代悲劇〉 등의 글을 발표하여 그리스도교가 이미 제국주의 사상이자 문화침략의 도구이며 사회변혁의 저항세력으로 전락했다고 성토하고 중국 교회는 서양의 통제에서 벗어나 독립적이고 자주적으로 거듭나야 한다고 주장했다.

중화인민공화국 성립 이후 우야오종은 그리스도교의 여러 지도자와 연합하여 1950년에 상하이에서 중국 그리스도교 삼자혁신운동을 발의했다. 같은 해 9월 23일자《인민일보》에 우야오종 등이 작성한 〈중화인민공화국 건설과정에서 중국 그리스도교가 노력해야 할 길〉이라는 제목의 삼자혁신선언문이 실렸다. 삼자운동에 관해서는 2장에서 구체적으로 살펴봤다.

1954년 7월 22일부터 8월 6일까지 베이징에서 거행된 중국 그리스도교 전국회의에서 우야오종을 주석으로 하는 중국 그리스도교 삼자애국운동위원회가 정식 성립되었다. 이후 중국 그리스도교는 '사회주의 체제 아래의 변형태'로서 존재하게 되었고 이에 불응한 일부 세력은 지하화하면서 가정교회와 미등록교회 형태로 명맥을 이어갔다.

중국 그리스도교의 초석, 서광계

2장에서 살폈듯이 마테오 리치는 중국에 도착하자마자 '현지어와 현지

† 월터 메드허스트　　　　　　　† 윌리엄 록하트

칭푸사건은 개신교의 중국 전래 이후 최초로 발생한 종교갈등사건으로 월터 메드허스트, 윌리엄 록하트, 윌리엄 무어헤드는 그리스도교를 혐오하는 중국인들에게 폭행을 당했다.

문화를 빠르게 장악하여 복음의 현지화에 힘쓴다'는 예수회 창립자 이냐시오 데 로욜라의 원칙을 충실히 이행했다. 마테오 리치는 중국어와 중국 문화를 학습하면서 중국의 사상체계를 파악하고자 노력했다. 그 과정에서 자연스럽게 중국에서 유교의 영향력과 그리스도교와의 연관성을 간파했다. 그래서 중국에서 그리스도교를 선교하기 위해서는 유교를 배척하기보다는 '활용'한다는 전략을 세웠다. 유교를 선교의 파트너로 삼은 것이다. 반면, 불교와 도교의 폐단과 거리를 인식했다. 그래서 선배 선교사들의 실수와 오류에서 벗어나 반불도反佛道와 친유親儒 노선을 택했다. 이는 불교를 선교의 파트너로 삼았던 일본의 경우와 비교된다. 이런 선교 전략을 세운 마테오 리치의 중국 파트너이자 핵심 조력자로 나선 이들이 바로 서광계徐光啓, 이지조李之藻, 양정균楊廷筠 세 사람이었다. 이들은 '중국 가톨릭의 3대초석聖教三柱石'으로 불렸으며, 그중에서도 서광계는 '그리스도교의 중국화'를 실현한 주요 인물이다.

서광계(徐光啓, 1562~1633)는 명대의 유명 과학자이자 고위 관료로서 상하이 출신이다. 지금도 상하이 서남부에 '쉬자후이徐家匯'란 지역이 있는데 바로 '서광계 일가의 거주지'라는 의미를 담고 있다. 서광계가 죽자 후손들이 묘지 주변에 모여 살면서 집성촌을 형성한 것이다. 쉬자후이는 물줄기 세 개가 합쳐지는 곳으로서 점차 상업지역으로 번화하기 시작했다. 가톨릭 예수회에서도 마테오 리치를 기리며 강남 선교구 총본부를 이곳에 설치했다. 그래서 주교부와 수도원, 장서루, 기상대, 인쇄소, 학교 등이 속속 건립되었다. 쉬자후이 가톨릭당은 지금까지도 극동 최고의 성당으로 평가되고 있다. 상하이 쉬자후이에 가면 광치공원光啓公園이 있고 서광계의 묘소와 기념관이 자리 잡고 있다. 기념관에는 마테오 리치의 구술을 받아쓴 번역서《기하원본幾何原本》과 저서인《농정전서農政全書》가 있으며 중국 최초의 세계지도《곤여만국전도坤輿萬國全圖》등이 전시되어 있다. 아울러 서광계와 마테오 리치, 애덤 샬과 페르비스트 등 4폭의 인물화가 인상적이다.

마테오 리치는 핵심 용어를 정립하기 위해 오랜 고민을 거쳤다. 어떤 면에서 그는 그리스도교의 핵심 용어를 조급하게 강요하기보다 중국 현지에서 자연스럽게 결정되기를 기다렸다는 느낌이다. 마테오 리치는 마카오를 거쳐 중국에 들어온 뒤 광저우 일대에 오랜 기간 머물며 철저한 학습을 마쳤다. 그리고 최종 목적지인 수도 베이징으로 가던 도중 1600년에 난징南京에 머물렀다. 마침 서광계도 스승인 자오홍焦竑을 보러 난징에 왔다가 마테오 리치와 뜻깊은 첫 만남을 했다.

1596년에 예수회 신부 라차로 카타네오(郭居靜, Lazaro Cattaneo)를 만나 유럽의 과학과 그리스도교 신학을 접했던 서광계도 실학實學의 선구자로서 마테오 리치에게 질문을 쏟아냈다. 그들은 첫 만남에서부터 밤을 새워 각종 주제에 대해 토론했다. '삼위일체'도 그중 하나였다. '성부와 성자와 성령은 하나'임을 뜻하는 '삼위일체'는 기독론의 핵심으로 325년 니케아공의회에서 확정된 이념이다. 이 삼위일체를 이해하기 위해 고심하던 서광계는 마테오 리치와 토론한 끝에 이해의 실마리를 얻었다. 마지막 날, 서광계는 마테오 리치에게 자신의 꿈에 대해 언급했다. "꿈에 세 칸짜리 집에 들어섰는데 한 방에는 노인이 있었고, 한 방에는 청년이 있었으며, 나머지 방에는 아무도 없었다. 삼위일체를 이렇게 이해해도 되겠느냐"고 묻자 마테오 리치는 아쉬운 대로 그렇게 이해하면 된다고 말했다. 마테오 리치는 그때까지 삼위일체에 대응하는 적확한 중국어 단어를 찾을 수 없었기 때문에 전략적으로 이 논의를 회피하고 지연했다. 반면에 중국 지식인들은 이 문제를 이해하고자 다각도로 접근을 시도했다. 서광계는 1603년에 다시 마테오 리치를 만나러 난징으로 갔다가 로차(羅如望, Joannes de Rocha) 신부를 만나 세례를 받고 그리스도교인이 되었다. 그의 세례명은 '바울保祿'이었다.

이후 서광계는 그리스도교의 장점을 높이 사서 당시 중국사회의 변혁을 이끌 주요 이념이 될 수 있다고 판단해 그 교리를 적극 옹호했다. 1612년에는 《태서수법泰西水法》 서문에서 "내가 단언컨대 그리스도교는 유교를 보충하고 불교를 갱신할 수 있다(余謂其教必可以補儒易佛)"고 주장했다. 그리스도교 탄압이 있던 1616년에는 선교사들을 변호하는 〈변학장소辨學章疏〉라는 글에서 그리스도교와 유교와 불교의 관계를 이렇게 정리했다. "여러 신하가 섬기는 그리스도교는 진실로 왕권을 보좌하기에 유익하고 유학을 보충하고 불교를 바로잡을 수 있습니다. (중략) 온 나라 백성들이 잘못을 행해 상제에게 죄를 지을까 신중하고 두려워한다면 그들의 법도가 정말로 사람들에게 선을 행하도록 하는 데 탁월하고 분명할 것입니다. 이렇게 풍속을 교화할 수 있다면 서양인 신하들의 말이라 하더라도 저는 그들의 주장을 살피고 그들의 서적들을 고찰해 참고하는 것이 모두 다 망령된 것이 아니라고 생각합니다."

서광계가 그리스도교를 지지하던 시기는 명이 기울고 만주족이 흥성하던 때였다. 따라서 당시에는 불교의 폐단과 공허한 유교사상을 혁파하고 농학, 수학, 과학, 군사학, 천문학 등 실용학문實學으로 쇠퇴한 국운을 되살리고자 하는 지식인이 적지 않았다. 이들은 때마침 마주하게 된 가톨릭 선교사들을 통해 유럽의 학문과 문명에 경도되어 학구열을 불태웠으며 그리스도교를 유럽문명의 핵심으로 알고 관심과 연구와 질문을 쏟아냈다. 그 과정에서 그리스도교인이 많이 생겨났다.

명 후반기에는 환관 세력이 정권을 농단했다. 이런 현실을 비판하며 사회 변혁을 꿈꾼 이들이 장쑤성 우시無錫의 동림서원東林書院을 중심으로 결집해 활동했기 때문에 이들을 '동림당東林黨'으로 통칭했고 환관 세력을 '엄당奄黨'으로 통칭했다. 이 동림당원들이 마테오 리치를 비롯한 서양 선교사들과 중국 그리스도교인을 긍정적으로 인식하고 밀접하게 관계를 맺었다. 마테오 리치도 선박 전복사고로 난창南昌에 머물던 중 백록동서원白鹿洞書院에서 강의한 일을 계기로 원장인 장황章潢과 친분을 쌓은 뒤 동림당 유생들과 교류하며 후원자들을 늘려갔다. 마테오 리치는 베이징에 진출한 뒤 1605년에 '난탕南堂'을 건립해 유럽 문물과 그리스도교 교리를 전파했다. 난탕 이웃에는 동림서원의 베이징 분원격인 서우산首善서원이 자리하고 있었다. 서우산서원은 명과 청의 교체기에 폐쇄되었다가 서광계의 청원으로 청대에 난탕의 일부로 편입되었다. 지원紀昀은《열미초당필기閱微草堂筆記》의 〈여시아문如是我聞〉편에서 "옛 명대 서우산서원은 지금 서양 천주당이 되었다"고 언급했다. 이처럼 선교사들과 동림당 유생들은 서로 협력했다. 동림당 유생 중에서도 실용적이고 선진적인 서구 문명을 적극적으로 수용하려는 '실학파'가 등장했다. 이들은 정치를 우선하는 일반 동림당원과 달리 번역과 과학, 국방과 천문학, 재정과 민생에 심혈을 기울였다. 서광계는 그 대표자 격이었다. 서광계가 극도로 혼란한 정권 교체기에 당쟁에 휘말리지 않고 중립을 유지할 수 있었던 이유는 명망과 권세에 뜻을 두지 않고 신앙을 기반으로 긴 안목을 갖고 사회적 책임을 중시했기 때문이다.

복사復社는 '작은 동림小東林'이나 '동림의 후예嗣東林'로 불리는 명 말기 민간 연합결사체였다. 1631년에는 장푸張溥라는 인물이 각지의 결사를 연합해 결성한 조직이기도 하다. 복사는 처음에는 '옛 학문을 연구하고 문화를 부흥시킨다(硏究古學, 復興文化)'는 기치를 내걸었으나 정권 교체기와 맞물려 항청抗淸운동의 핵심 세력이 되었다. 물론 사회구제도 주요 활동 중 하나였다. 전통적으로 선당善堂이라는 자선단체가 존재했지만 이들은 주로 동족, 동향, 동종업종 중심으로 전개되었다. 그러나 명 말에는 그리스도교 선교를 위해 기존의 경계를 넘어서 '열린 구호救護'를 지향했다. 이처럼 구제도 선교와 맞물려 활발히 전개되었다.

1634년, 산시陝西 지역에서 왕정王徵이 가톨릭 평신도 자선단체인 '인회仁會'를 조직했다. 왕정은 〈인회서약仁會約〉에서 이렇게 천명했다. "서양지식인이 전한 가톨릭은 교리가 인간을 초월하고 의미가 견실하다. 핵심은 결국 인仁이다. 인의 발현은 크게 두 가지다. 하나는 만물 위에 있는 천주를 사랑하는 것이고, 또 하나는 다른 사람을 자신처럼 사랑하는 것이다. 진실로 하나님을 사랑할 수 있다면 자연스럽게 사람을 사랑할 수 있다." 이처럼 인회는 그리스도교 신앙을 기반으로 한 평신도 자선단체로서 의식주, 의료, 장례, 숙박 등의 지원을 담당했다. 이 인회는 이름은 다르지만 전국적으로 결성되어 사회구제에 큰 역할을 담당했다. 이런 단체는 회원제로서 일정액의 헌금을 모아 기금제로 운영되었다. 또 권리와 의무를 갖고 회장과 총무, 재무와 감사 등 조직을 갖춘 서구화된 사회단체로서 활동했다.

명 말 실학파 지식인들은 그들끼리 네트워크를 조성해 지연과 학연과 혈연 등 각종 교류와 연합을 이어갔다. 서광계 가문과 당시 상하이의 또 다른 유력가문이던 판씨 가문의 결연도 유명하다. 판윈돤(潘允端, 1526~1601)은 상하이의 유명관광지인 예원豫園의 건립자이다. 예원은 판씨의 주택인 세춘당世春堂 서쪽에 지은 거대한 정원이다. 이 판씨 가문이 서광계 가문과 사돈관계를 맺었고 그 후 그리스도교인이 되었다.

판씨 가문의 세춘당과 달리 당시 서광계의 저택은 '아홉 칸 집九間樓'으로 불렸다. 명 만력(萬曆, 1572~1620) 연간에 지어진 2층집인데 위아래로 방이 모두 아홉 칸으로 되어 있어 이런 이름이 붙었다. 1607년에 부친상을 당한 서광계는 상하이로 내려와 삼년상을 치렀다. 1608년에는 이탈리아인 신부 라차로 카타네오가 서광계의 초청으로 아홉 칸 집에 머물면서 상하이 선교를 시작했다. 오래지 않아 서광계의 친척과 친구들을 비롯해 200여 명이 그리스도교에 입교했다. 심관沈灌이 주도한 제1차 난징박해(1616~1617) 때는 선교사들을 적극 변호하고 구명에 힘썼다.

서광계는 다시 베이징으로 올라가 활동하던 중 '엄당'의 영수인 위충현魏忠賢의 견제로 낙향해 《농정전서農政全書》 60권을 완성했다. 그리고 청 정부의 부름을 받아 베이징으로 올라가 예부상서禮部尙書와 문연각文淵閣 학사로 활동하면서 《숭정역서崇禎曆書》 편찬을 주도했다. 그러다가 1633년 11월에 베이징에서 세상을 떠났다. 중국 그리스도교와 학문의 발전을 위해 헌신한 큰 별이 진 것이다.

그리스도교에 대한 서광계의 노력은 자손들의 헌신으로 이어졌다. 그리고 그들의 헌신은 가문의 영광으로 돌아왔다. 서광계의 외아들 쉬지徐驥의 세례명은 야고보James였는데, 5남 4녀를 두었다. 그 가운데 둘째 딸의 세례명은 칸디다Candida였는데 훗날 쉬타이 부인許太夫人이라는 이름으로 유명해졌다. 그리고 서광계의 18대 후손인 니구이전倪桂珍은 중국 현대사를 주름잡은 쑹씨 세 자매(쑹아이링宋藹齡, 쑹칭링宋慶齡,

쑹메이링宋梅齡)의 어머니다.

  1637년에 상하이 가톨릭 교무를 담당하던 이탈리아 출신의 예수회 선교사 브란카티(潘國光, Frarcuis Brancati, 1607~1671)가 판씨 저택 서쪽 방을 예배실인 성모당(聖母堂, 제일천주당으로도 불림)으로 만들어 미사를 주관했다. 그가 판씨 성을 따른 것도 판원콴에게서 영향을 받았기 때문으로 추측된다. 브란카티는 중국어와 중국 문화에 정통하여 많은 중국인이 그를 따랐다. 그 결과 매년 세례자가 약 3,000명에 달했다고 한다. 신자가 나날이 증가해 기존 예배실로 감당할 수 없게 되자 1640년에 판씨의 고택인 세춘당世春堂을 개조해 새로운 예배당인 경일당(敬一堂, 옛 천주당老天主堂으로도 불림)을 세웠다. 이때 판원콴의 후손인 판푸潘復와 서광계의 손녀인 쉬타이 부인이 큰 역할을 했다. 브란카티는 이 경일당에서 28년간 사역했고 인근 지역을 순회하며 작은 예배소 열 곳을 세워 신자 수만 명을 양육했다고 한다. 앞서 언급했듯이 상하이 지역에서도 인회가 결성되었는데 브란카티가 '성모회聖母會', '고난회苦難會, '천신회天神會' 세 모임을 이끌었다. 성모회와 고난회는 각각 성모 마리아와 예수를 기리는 모임으로 주일예배와 연계되어 종교 성향이 다분했다. 천신회는 아동교육에 치중한 모임이었다. 교육에 치중했던 상하이 숭장松江의 문인회文人會와 비슷한데 이 역시 선교의 장으로 활용되었다. 서광계의 손녀 쉬타이 부인은 각종 서적과 재정으로 천신회를 후원함으로써 브란카티 신부에게 힘을 실어줬다. 브란카티의 봉사와 헌신이 지역민들을 감동시켜 거리마다 그의 덕행을 칭송했으며 너나없이 복음을 갈구했다.

  한편 만주족 군대가 난징과 양저우揚州를 점령하고 상하이 방면으로 내려오자 지역민들이 항청 운동에 가담했다. 이때 서광계 가문과 반씨 가문이라는 유력 가문이 합류해 큰 힘을 실어줬다. 브란카티 신부도 항청 운동의 지도자로 활약했다. 시간이 흘러 1665년에는 청 정부가 가톨릭 금지령을 내렸다. 경일당은 폐쇄되면서 파괴되었고 브란카티를 포함한 그리스도교인들은 광저우로 압송되었다. 브란카티는 광저우에서 교인으로서 반드시 지켜야 할 네 가지 법규에 관한 해설서《성교사규聖敎四規》를 출판했다.《성교사규》는 상하이에서 재판본이 나왔는데 후에 조선에도 전래되어 가톨릭 신자들에게 읽혔다.

1671년에 가톨릭 탄압이 해지되자 경일당은 성당의 면모를 되찾았다. 그러나 아쉽게도 브란카티는 광저우에서 병으로 세상을 떠났다. 사람들은 늘 경일당을 그리워한 브란카티를 배려해 시신을 상하이로 옮겨와 장사지냈다.

중국어성경의 완성자, 왕타오

영국 런던선교회 메드허스트(麦都思, Walter Henry Medhurst)와 미국 감리교 선교회 브리지먼(裨治文, Elijah Coleman Bridgman) 등 19세기 중반 중국에 와 있던 외국 개신교 선교사들이 뜻을 모아 중국어 대표역본(위임본委辦本이라고도 함) 성경을 번역했다. 로버트 모리슨의 번역본이 있었지만 속어와 비어가 많아 완정하다고 볼 수 없었기 때문이다. 1850년에《신약》이 완역되었고 1853년에《구약》이 완역되었다. 이때 최종 감수자는 바로 왕타오王韜였다. 그런데 매번 반복되는 오랜 논쟁에도 불구하고 '하나님God'에 대응하는 단어를 놓고 합의점을 찾지 못했다. '신' 또는 '상제'가 거론되었지만 반대 의견이 많았다. 결국 대표역본 성경 번역을 마치고 인쇄에 들어가서도 최종 결정을 내리지 못하고 해당부분을 모두 빈 공간으로 남기는 사태가 벌어졌다. 그 후 결국 미화성경회美華聖經會는 '신'을 채택했고, 대영성서공회大英聖書公會는 '상제'를 채택해 출판했다. 이로써 '신판神版'과 '상제판上帝版'의 구분이 생겨났다.

그럼에도 이 중국어 대표역본 성경은 출판 당시부터 크게 찬사를 받았다. 1890년에 상하이에서 열린 중국 선교대회에서 윌리엄 무어헤드는 이 성경 번역에 대해 다음과 같이 평가했다. "독자라면 누구나 이 번역본이 갖고 있는 경전으로서의 아름다움과 운율을 칭찬할 것이다. (중략) 의심할 여지없이 누구도 넘보지 못할 장점이 많다. 문학작품인 동시에 뛰어난 학술성도 갖추었다. 현지 문화에 적응하기 위해 적합한 변형을 취했기 때문에 박식하다는 이들도 읽어보면 전례 없는 찬사를 보낼 것이다. 이 모두가 성경학 분야에서 최고의 성취를 보여주는 것이다."

그러나 일부 선교사들은 이 번역본이 성경의 본의에서 많이 벗어나 있다고 지적하며 반대 의견을 제시했다. "이 번역본의 행간에서 (그리스도교의) 천국의 신비보다 (유교의) 성인의 도리를 더 많이 느낄 것이다. 따라서 신령한 수양이 부족한 독자들로 하여금 문장의 운율에 미혹되거나 예수를 공자로 오해하게 하는 우를 범하였다." 그 중심에 왕타오(王韜, 1828~1897)가 있었다. 왕타오는 유가의 전통과 문학적 수양을 갖춘 중국인이자 세례를 받은 그리스도교인이었다. 이처럼 중서문화가 왕타오 한 몸에 체현되어 대표역본 성경의 형태로 드러난 것이다.

왕타오는 창저우(長州, 지금의 쑤저우시 우현吳縣) 출신으로 일찍부터 지역 사숙私塾의 훈장이던 아버지 왕창구이王昌桂 아래에서 유가 경전을 익혔다. 1845년에 쿤산昆山에서 열린 지방 과거시험에 합격해 수재秀才가 된 뒤 거인擧人을 거쳐 진사進士가 되기를 꿈꿨다. 그러나 난징에서 열린 시험에서 연이어 낙방하고 가정 형편도 어려워 관리의 꿈을 접을 수밖에 없었다. 그러다가 1849년에 영국 선교사 메드허스트의 제안으로 상하이 모하이서관에서 일하게 되었다.

왕타오는 모하이서관에 딸린 인쇄소에서 활자 인쇄기에 깊은 인상을 받고 서점 경영을 꿈꾸게 되었다. 그는 이곳에서 13년 동안 일하면서 알렉산더 와일리(偉烈亞力, Alexander Wylie, 1815~1887), 윌리엄 밀른의 아들 찰스 밀른(美魏茶, William Charles Miline, 1815~1863), 윌리엄 무어헤드(慕維廉, 1822~1900), 조셉 에드킨스(艾約瑟, Joseph Edkins, 1823~1905) 등의 선교사와 친분을 맺었다. 그리고 이들과 함께《중영통상사략華英通商史略》,《중학천설重學淺說》,《광학도설光學圖說》,《서국천학원류西國天學源流》 등의 서적을 완성했다. 이 책들은 선교사들이 구술하고 왕타오가 한문으로 기록하는 방식으로 쓰였다.

영국 런던선교회는 1843년에 홍콩에서 대표자대회를 열고 모리슨 성경 번역본의 문제점을 지적한 뒤 상하이지회 메드허스트와 밀른에게 새로운 번역본 작업을 맡겼다. 그들은 다섯 명으로 번역팀을 꾸려서 주말을 제외하고 매일 4시간씩 원문과 대조하며 의견을 교환했다. 이때 왕타오는 메드허스트의 중국어 조수이자 최종 감수자였다. 그 결과 1850년에《신약성경》 번역을 마쳤고 1853년에는《구약성경》 번역을 마쳤다. 이 대표역본 중국어성경은 영국 성서공회의 해외표준역본으로 채택되어 그 후 6년 동안 11판을 거듭하며 당시 중국에서 가장 널리 읽히는 성경 번역본이 되었다.

성경 번역은 왕타오를 예수에게로 이끌었다. 번역을 마친 그는 중병으로 고생하다가 그리스도를 영접하며 이렇게 말했다. "그의 복음의 목표는 우리 영혼의 구원에 있다. 그가 이 목표를 이루기 위해 육체적 고통을 감내하고 말할 수 없는 정신적 고통을 인내했기에 한없는 미덕과 인자가 자연의 한계를 뛰어넘을 수 있었고, 끝 모를 사랑과 선량함이 세상과 같이 드넓을 수 있었다. 이를 깨달아 그를 믿는 사람들은 마땅히 그의 바람을 이루고 더 나아가 세계에 그의 복음을 전파해 모든 인류가 복을 누리게 해야 한다. 예수가 인류를 구원하기 위해 희생되었기 때문이다." 그는 런던선교회에 세례신청서를 제출했고 1854년 8월 26일에 세례를 받고 그리스도교인이 되었다.

문제는 왕타오가 정치적 포부를 버리지 못했다는 것이다. 그는 태평천국 충왕忠王 이수성李秀成에게 황완黃畹이라는 가명으로 전향서를 전달했다. 중국의 그리스도교국가 재현을 표방한 태평천국은 1862년 난징에 수도를 마련하고 상하이를 압박하고 있었다. 그런데 왕타오의 전향서가 청 정부에 발각되었다. 그는 청 정부에 체포될 위험에 빠지자 상하이 주재 영국 영사의 도움으로 홍콩으로 피신했다. 이 영국 영사는 다름 아닌 메드허스트 선교사의 아들 월터 헨리Sir Walter Henry Medhurst였다. 홍콩에서 왕타오는 당시 홍콩 영화서원 원장이자 메드허스트의 친구였던 영국 런던선교회 선교사 제임스 레그(理雅各, James Legge, 1815~1897)의 배려로 홍콩런던선교회 숙소에 머물며 중국의 주요 경전인《십삼경十三經》의 영어 번역을 도왔다.

1867년에 제임스 레그가 고향인 스코틀랜드에서 왕타오에게 편지를 보내 유럽을 둘러보고 자신의 고향으로 와서 중국 경전 번역을 계속하자고 제안했다. 이에 왕타오는 그해 겨울에서 이듬해 봄까지는 프랑스와 영국을 돌아보며 유럽의 현대문명을 체험했고, 1868년부터 1870년까지는 스코틀랜드에 머물며 레그 선교사를 보좌했다. 기차와 전보, 수도 등과 같은 유럽 선진문명과 런던 국회의사당을 방문해 영국 입헌군주제와 의원내각제에 대해 느낀 깊은 인상을《만유수록도기漫遊隨錄圖記》라는 책에 담아 중국인의 각성을 촉구했다. 번역을 마친 중국의 경전들은 출판되자마자 영국에서 큰 반향을 불러일으켰다. 이때 왕타오는 에든버러대학과 옥스퍼드대학의 초청을 받아 공자와 유학을 강연함으로써 중국인 최초의 강연자라는 영광을 안게 되었다. 그는 강연에서 영국의 불평등행위를 지적하며 양국의 상호 우호와 존중을 강조했다. 더 나아가 아편의 피해를 호소하며 영국의 아편 수출 금지를 역설했다.

홍콩으로 돌아온 왕타오는 이미 문을 닫은 홍콩 영화서원을 1871년에 인수해 '중화인무총국中華印務總局'으로 만들고 서구 문물과 유신사상을 소개하는 서적들을 보급하여 중국사회를 개량하려고 노력했다. 이때 번역되거나 편역된 책들이 일본에 소개되어 메이지유신의 밑거름이 되었다. 1874년에는 중국 최초의 정치논설 일간지 《순환일보循環日報》를 창간했다. 이후 그는 상하이에서 이루지 못한 꿈을 홍콩에서 신문기사라는 형태로 마음껏 펼쳐보였다. 800여 편의 기사에서 언론의 영향력을 마음껏 발휘함으로써 자신의 입지를 공고히 할 수 있었다. 훗날 그는 린위탕林語堂에게 '중국 기자의 아버지'란 칭호를 받았다.

왕타오는 직접 쓴 기사에서 당시 리훙장李鴻章이 말한 '변혁기變局'를 '중국 4,000년 역사에서 전례 없던 창조기創局'로 인식했다. "수십 개 서양국가가 중국이라는 한 나라에 모인 것은 중국을 약화하려 함이 아니라 강화하기 위함이요, 중국에 화를 입히고자 함이 아니라 복을 입히고자 함이다"라고 주장했다. 무력을 앞세운 서구 열강의 침탈이라는 현실을 전화위복으로 삼아 중국의 고질적인 병폐를 수술해 새로운 중국을 지향했던 그의 열정을 가늠케 한다. 그리고 상중하 세 편으로 이루어진 정론문政論文 〈변법자강變法自强〉을 발표했다. 〈변법자강〉은 1898년 무술변법戊戌變法으로 이어지는 중국 근대화운동을 촉발했다. 왕타오는 중국에서 '변법'이라는 구호를 처음으로 외친 당사자이다. 아울러 봉건 독재 폐지를 주장하면서 '민중과 함께 정치하면서 천하를 다스리는' 입헌군주제 건립을 제안한 중국 최초의 인물이기도 하다.

왕타오의 개혁 주장은 일본 개혁파 인사들의 주목을 받았다. 왕타오는 1879년에 일본 문인의 초청으로 4개월 동안 도쿄, 오사카, 고베, 요코하마 등을 둘러보고 일본기행문인 〈부상일기扶桑日記〉를 썼다. 그리고 1884년에 청 정부의 입국 허가를 받고 23년 만에 다시 상하이로 돌아와 《신보申報》의 편집장을 맡았다. 1886년에는 거즈서원格致書院의

원장을 맡아 개혁을 이끌 인재 양성에 힘썼다. 특히 아동교육의 필요성을 절감하고는 서원 내에 기숙사學塾를 세워 학생들에게 학업뿐 아니라 생활 개조를 제공하기 위해 노력했다. 자유토론식 수업과 면담시험을 채용했고 내외국인을 불문하고 주요 개혁 인사들을 강사와 시험관으로 초빙해 당시 중국 교육의 일대 혁신을 가져왔다. 왕타오는 중국 전통 학문을 익히며 성장했지만 서양의 근대 학문에 눈뜬 뒤 중국의 근대화를 위해 '성경'과 '민주' 이념을 중국인들에게 선물했다. 그는 1897년 5월에 상하이에서 세상을 떠났다.

중국 근대 개혁의 선구자, 티모시 리처드

티모시 리처드(李提摩太, Timothy Richard, 1845~1919)는 존 레이턴 스튜어트와 함께 중국인에게 무척 익숙한 외국인 선교사다. 그는 영국 침례교회 선교사로서 영국 남웨일스 카마던셔Carmarthenshire의 철강 노동자 가정에서 태어났다. 스완지 사범학교와 하버포드웨스트학원에서 공부한 뒤 광산 지역에서 초등학교 선생님으로 일했다. 20세에 신학대학에 진학했고 23세에 런던 침례회에 가입한 뒤 중국 선교를 자원했다.

티모시는 1869년 11월 17일에 영국 리버풀을 떠나 1870년 12월 상하이에 도착했다. 그리고 곧바로 영국 침례회의 선교 거점인 산둥성 옌타이煙台로 이동해 인근 칭저우靑州 등지에서 선교를 하며 중국어를 배우고 유교와 이슬람교에 관한 저술을 남겼다. 그는 민중이 아닌 관료와 지식인을 대상으로 하는 선교전략을 재빠르게 터득했다. 티모시의 전기를 쓴 윌리엄 수트힐은 이렇게 평가했다. "그는 수년간 내지 선교를 하면서 선교 방법을 터득했다. 지식인과 관리를 우선 대상으로 하여 위에서 아래로 접근하면 그 파급력이 크고 접근하기에도 수월하다.

물이 위에서 아래로 흐르게 하는 것이 아래에서 위로 흐르게 하는 것보다 쉬운 이치이다. 그래서 먼저 상류층 인사에게 전도하기로 결정했다." 티모시는 중국 유생들의 장삼을 입고 가짜 변발을 달아 선비와 의사의 모습으로 다가갔다. 1880년 9월에 티모시는 톈진에서 당시 청 조정의 실세였던 리훙장李鴻章과 처음 만나 그의 지지를 얻었다.

티모시는 1878년 초에 극심한 가뭄을 겪고 있던 산시 지역으로 가서 구제활동을 했다. 1876년부터 1879년까지 중국 북부에 유례없는 가뭄과 기근이 이어져 2,000만 명에 가까운 사망자가 발생했다. 이는 당시 유럽 전체 인구와 맞먹는 숫자였다. 남아 있는 풀뿌리가 없었고 나무껍질은 전부 벗겨졌으며 가축은 찾아볼 수 없었다. 부모는 아이들을 사고팔았으며 인육을 먹는 곳도 있었다. 굶어 죽은 사체가 사방에 널브러져 까마귀와 까치의 밥이 되었다. 여기저기서 지옥도를 방불케 하는 장면이 펼쳐졌다. 티모시가 잠시 거주했던 칭저우에서는 주민 90퍼센트가 사망했다. 티모시는 중국의 미래를 위한 영혼 구원도 필요하지만 당장에 중국인의 육신을 구제하는 게 시급하다는 것을 깨달았다. 그는 여기저기 남아 있는 외국 선교사들을 모아 내지로 들어가 구제활동을 하려 했다. 그러자 청 정부와 많은 관료가 그의 의도를 의심하기 시작했다. 외국 선교사들이 구제를 빌미로 대중의 환심을 사서 정부 정책을 이간질하고 외세의 주장을 대중에게 이식하려 한다고 본 것이다. 그래서 청 정부는 당시 산시성 순무를 맡고 있던 쩡궈취안曾國荃에게 서양 선교사의 활동을 돕되 포교는 제재할 것을 지시했다. 쩡궈취안은 청 말의 유력 인사였던 쩡궈판曾國藩의 동생이었다.

이에 쩡궈취안은 티모시의 방문이 마뜩치 않았다. 백은 2,000냥을 보여주며 피해가 가장 큰 이재민들에게 나눠줄 테니 통행증을 발부해달라고 해도 반응이 신통치 않았다. 그러나 티모시에게 다른 의도가 없다는 것을 알게 된 후 쩡궈취안은 태도를 바꾸어 티모시 일행에게

† 티모시 리처드 티모시 리처드는 선교 활동 중 산둥성 지난濟南과 칭저우, 웨이팡灘坊 등
지에 침례교회 산둥교구를 건립하고 때론 비밀리에, 때론 공개적으로
활동했다.

적극 협조하고 지방 관리들에게도 티모시를 지원토록 했다. 티모시는
상하이의 영자 신문에 중국 북방의 재난 소식을 알려 후원을 호소하
는 한편 산둥재해구호위원회를 만들었다. 그리고 1877년 가을까지 상
하이와 해외로부터 백은 3만 냥을 모금해 7만여 명의 목숨을 살렸다.
아울러 '참되신 하나님께 간구하세요(祈求眞神)'라는 팻말을 들고 다니
며 난민들에게 복음을 전했다. 그 결과 2,000여 명을 교회로 인도할 수
있었다. 1878년에 상하이에서는 중국재해구호기금위원회가 성립되었
고 무어헤드가 책임을 맡아 국내외로부터 백은 20만 냥을 모금해 산
시 지역에 전달했다.

1878년 10월, 티모시는 옌타이로 가서 스코틀랜드장로회 선교사인

메리 마틴Mary Martin과 결혼했다. 티모시가 결혼하기 위해 산시성을 떠나 산둥성으로 가려고 하자 쩡궈취안은 청 정부에 상소를 올려 티모시 일행의 선행을 칭찬함으로써 서양 선교사를 폄하하는 보고서를 올린 다른 지역의 평가를 잠재웠다. 티모시 부부는 결혼식을 올리고 곧바로 타이위안太原으로 돌아와 구제활동을 계속했다. 티모시가 가져온 금액은 많지 않았지만 이후 일기와 보고서 형태로 해외에 산시 지역의 실정을 알리면서 마침내 거액을 모금할 수 있었다. 통계에 따르면 티모시와 서양의 기부자들이 모금한 돈으로 구제한 가정이 10만 가구였고, 구제받은 사람은 25만 명에 달했다고 한다. 외국으로부터 모금한 20여 만 냥 가운데 티모시 일행이 12만 냥을 집행했다고 한다. 이 일이 있은 뒤 티모시는 쩡궈취안의 두터운 신임과 지지를 받았다. 그리고 중국인들에게 진심 어린 감사와 존경을 받았다. 당시 많은 선교사가 보여준 선행은 단순히 환심을 사기 위한 전략이거나 종교적·문화적 침략이 아니었다. 그들의 행동은 인류애에서 비롯된 자연스러운 행동이었으며 병자를 치료하고 좌절한 사람들을 위로했던 예수를 본받아 행한 일이었다.

티모시는 중국 관리들에게 서양의 과학기술을 소개하면서 선교에 매진했다. 그는 1,000파운드를 들여 과학 서적과 실험기구를 구매해 자기계발을 게을리하지 않았다. 이후 중국 대중에게 코페르니쿠스의 지동설, 화학 이론과 쓰임, 증기기관의 이로움, 전기의 놀라운 활용 등 과학 지식을 직접 시범을 보이며 강연하여 큰 호응을 불러일으켰다.

1886년에 베이징으로 간 티모시는 저술과 강연 활동을 이어갔다. 방문단을 조직해 선진국의 교육, 종교, 공업, 교통 분야에 대해 연구할 것을 촉구하고 중국의 교육개혁을 위해 20년 동안 매년 100만 냥을 지원해달라고 제안하기도 했다. 그러나 리훙장은 "우리에게는 그렇게 많은 돈과 그렇게 오랜 시간이 없다!"고 대답했다. 11월에는 쩡궈판曾

國藩의 부탁을 받고 그의 아들 쩡지저曾紀澤의 가정교사로 들어가 영어를 가르쳤다. 쩡지저는 티모시의 교육개혁 주장을 열렬히 지지했다. 1890년에는 리훙장과 약속한 대로 톈진으로 가서 영문판《차이나타임스》의 중문판 주필과《톈진일보》의 주필을 맡아 청조의 개혁을 주장하는 사설을 지속적으로 발표했다. 1년 남짓 동안 200여 편의 글을 쏟아냈고 1895년에 이 글들을 모아 상하이 광학회에서《시사신론時事新論》(총12권)이라는 제목으로 출판했다.

1891년 10월, 티모시는 상하이로 건너와 영국 프리메이슨 기금으로 설립된 '동문서회同文書會'를 이끌었다. 동문서회는 사실 '광학회廣學會'란 이름으로 더 유명하다. 동문서회의 정식 명칭은 '중국인에게 그리스도교와 일반지식을 전하는 모임Society for Diffusion of Christian and General Knowledge among the Chinese'이었다. 티모시는 전임자였던 알렉산더 윌리엄슨(韋廉臣, Alexander Williamson, 1829~1890) 선교사가 세상을 떠나자 그 뒤를 이어 동문서회 총간사를 맡아 이름을 광학회로 바꿨다. '종교라는 울타리에서 벗어나 중국 학계와 정치계의 발전에 영향을 준다'는 목표로 그 후 1916년까지 25년 동안 광학회의 책임을 맡아《만국공보萬國公報》와《교회공보敎會公報》등 잡지 10여 종을 출간했다. 이 시기에 광학회는 중국에서 2,000여 종의 서적과 소책자, 잡지, 전단지 등을 출판하여 중국 최대 규모로 발돋움했으며 중국사에서 가장 중요하고 영향력 있는 출판사가 되었다.

티모시는 유명 서적의 번역을 주도하기도 했다. 이런 저작물은 당시 중국사회 사조의 변화에 큰 영향을 주었을 뿐만 아니라 19세기 말 중국의 개혁 사조를 주도적으로 이끌었다. 그의 주요 저서와 번역서로는《중국에서의 45년》(회고록),《7국신학비요》,《천하5대륙의 강대국》,《백년일람》,《유럽8대왕전》,《서양신사람요》,《신정책》등 20여 종을 들 수 있다. 그중에서《서양신사람요泰西新史攬要》는 영국인 로버트 매킨지Robert Mackenzie의 저작인《19세기역사》를 티모시와 차이얼캉蔡爾康이 공동 번역하여 1895년에 출판한 책이다. 19세기 유럽과 미국의 정치와 변화의 역사를 소개한 책으로 출판 뒤 큰 호응을 얻어 3만 부를 인쇄할 정도였다. 청 말의 유명 정치인 웡통허翁同龢가 이 책을 광서제(光緒帝, 덕종, 1874~1908 재위)에게 추천했고, 1896년의 무술변법戊戌變法 시기에 광서제가 탐독하는 주요 서적이 되었다.《7국신학비요七國新學備要》에서는 서양 각국의 교육 현황을 소개하면서 청 정부에 교육개혁 비용으로 매년 백은 100만 냥을 투자할 것을 건의했다.

앞서 언급했듯이 티모시의 선교 방식은 마테오 리치와 유사하다. 그는 서구문화를 활용하여 중국 지식인과 고급관리 등 저명인사들과 접촉했다. 리훙장과 장즈둥張之洞, 쩡궈취안曾國荃, 줘종탕左宗棠, 쑨원과 같은 개혁인사들과도 돈독한 관계를 맺으면서 청 말 유신운동에 큰 영향을 주었다. 장즈둥은 1,000냥을 광학회에 후원하기도 했다.

청 말 중국사회는 '서양 문물의 도래西學東漸'에 힘입어 지식인들 사이에 변혁의 파도가 점차 강하게 일고 있었다. 무술변법(戊戌變法, 변법자강운동, 1898)은 이런 시대의 필연적 산물이었다. 티모시는 무술변법의 참여자이자 정신적인 지도자 역할을 했다. 무술변법이 시작되기 전에 티모시는 베이징에서 량치차오梁啓超와 캉유웨이康有爲 등과 친분을 맺었다. 그는 량치차오를 중국어 개인비서로 채용해 함께 지내면서 그에게 많은 영향을 주었다. 량치차오는 티모시의 권유로 당시 사회 흐름을 주도한 많은 글을 발표했다.《음빙실문집飮氷室文集》에서 서양 정치제도에 관련된 글들은 대부분 티모시의 영향을 받은 것이었다.

캉유웨이와 량치차오 등은 광학회가 출간하는 주간지《만국공보》의 애독자였다. 티모시의 선교 동역자인 윌리엄 수트힐도《만국공보》에 관해 "판매량이 제일 많고 파급력도 가장 강해 중국의 많은 유신세력이 이 잡지의 영향을 받았다"고 언급했다. 이 덕분에 티모시의 건의는 대부분 캉유웨이의 변법 계획에 그대로 반영되었다. 그는 급진적이고 폭력적인 혁명Revolution에 반대하고 점진적인 유신維新과 개량Evolution 을 원했다. 그리고 그 바탕에 그리스도교 문명이 자리해야 한다고 믿었고 중국의 유신세력이 이런 생각을 공유하고 있다고 여겼다. 그러나 량치차오의 노력에도 불구하고 무술변법은 서태후를 비롯한 보수세력에 의해 실패로 돌아갔고, 중국은 쑨원의 혁명까지 새로운 시대를 미뤄야 했다. 이렇듯 동서고금을 막론하고 개혁은 기득권의 반발과 개혁세력 내부의 조급함으로 실패하는 경우가 다반사였다. 무술변법이 백일천하로 끝난 뒤에도 티모시는 유신세력의 신변을 보호하기 위해 백방으로 노력했다. 이처럼 무술변법과 의화단운동 기간에 티모시는 청 정부 고위층 인사들과 활발하게 교류하고 외국인을 청 정부에 참여시키면서 중국을 '영국'의 보호 아래 둘 것을 여러 차례 건의했다. 티모시는 많은 업적에도 불구하고 이런 점에서 '서구 식민주의의 대변인'이라는 평가를 받으며 오점을 남겼다.

1900년에 산시성에서 의화단운동이 벌어지자 서태후가 티모시에게 협조를 구했다. 의화단운동이 끝난 후에 티모시가 산시대학당(현 산시대학)을 설립하려 하자 서태후는 이를 승낙하고는 그를 산시대학당 서학서재西學書齋 총리로 임명하여 베이징과 상하이, 타이위안太原을 자유롭게 왕래할 수 있도록 조치했다. 아울러 청 정부는 티모시에게 관직을 하사했다. 티모시는 의화단운동을 겪으면서 참사를 예방하는 길은 대중 교육의 확산밖에 없다고 생각하고 대학 설립을 추진하게 된 것이다. 중국에 대한 그의 무한한 애정을 기념하고자 지금도 산시대학 교내에는 티모시의 석상이 세워져 있다.

1916년 5월, 티모시는 건강상 이유로 광학회 총간사직에서 물러나 영국으로 돌아갔다. 그리고 강연과 회고록 저술을 이어가던 중 1919년 4월 20일 런던에서 74세의 나이로 세상을 떠났다. 현재 산둥성 칭저우

青州시에 티모시를 기념하는 교회인 바이주성탕拜主聖堂이 있다. 이 교회는 1910년에 건립된 현지 최대 침례교회이다.

티모시는 허드슨 테일러와 함께 중국 선교에 매우 큰 영향을 준 인물 중 한 사람이었다. 45년 동안 중국인의 영혼을 구원하기 위해 노력했고 25년 동안 광학회를 맡아 중국인의 사고를 일깨웠다. 아울러 그는 중국을 복음화하기 위해 무엇보다도 먼저 중국 사람들의 육신을 구원해야 할 필요성을 느끼고 구제활동에 헌신했다. 당시 극심한 가뭄으로 재산과 친인척을 잃은 이들의 물질적 어려움을 해소해주고 이들에게 친구이자 이웃이 되어준 것이다.

신앙으로 구국의 길을 걷다, 쑹자수

중국 근현대사를 살펴보면 찰리 존스(Charles Johns, 1864~1918)라는 인물을 찾을 수 있다. 찰리 존스는 한국에 잘 알려져 있지 않으나 그 행적과 가문은 중국 근현대사와 중국 그리스도교 역사에서 매우 중요한 부분을 차지하고 있다. 찰리 존스는 쑹자수宋嘉澍라는 이름으로 알려진 한족으로 본명은 한자오준韓敎準이며 하이난성 원창文昌 출신이다.

찰리 존스, 즉 한자오준은 하이난 객가(客家, Hakka)인이었다. 연구에 따르면 한자오준의 조상은 본적이 허난성 샹저우相州 안양安陽으로 북송시대 유명한 재상인 한치(韓琦, 1008~1075)의 집안이었다고 한다. 북송 때에 북방 유목민족의 침입으로 중원사람들이 남방으로 대거 이동하였는데 이때 남방 객가인이 형성되었다. 한씨 집안의 한셴칭韓顯卿도 저장浙江성 후이지會稽 현령과 광둥성 롄저우廉州 태수를 거쳐 1197년에 원창 진산錦山에 정착하게 되었다.

그래서 한자오준 가문에는 고대 한어漢語의 모습을 간직한 객가 방

† 쑹자수 쑹자수는 헌신적인 선교사이자 중국 근대사에서 빼놓을 수 없는 '쑹자매'의 아버지이기도
하다. 쑹자매는 20세기 초 중국 역사에서 가장 중요한 역할을 한 인물들과 결혼하게 된다.

언과 중원 풍습이 그대로 남아 있었다. 청대에 들어와 한씨 가문은 뤄
더우羅豆 피우포圮烏坡촌에 살다가 창사이취昌洒區 루위안路園촌에 정
착했다. 한자오준은 1864년에 아버지 한홍이韓鴻翼와 어머니 왕씨의
삼형제 중 정준政准과 즈준致准에 이어 막내아들로 태어났다. 아버지
한홍이는 심성이 너그러워 사회 구제에 모든 재산을 쓰고 빈민으로 전
락하고 말았다. 1872년, 한자오준은 가정 형편이 어려워지자 맏형인
정준을 따라 인도네시아 자바에 가서 일을 했다.

한자오준은 11세 때인 1875년 태평양을 건너 쿠바에 잠시 머문 다음
3년 후 미국으로 가서 외삼촌에게 몸을 의탁했다. 외삼촌인 쑹宋 씨는
미국 매사추세츠주 보스턴에서 비단과 차 등을 판매하던 화상華商이
었는데 아들이 없었다. 그래서 쑹 씨는 한자오준을 양자로 거두고 자수

嘉澍라는 이름을 지어줬다. 양아버지인 외삼촌은 미국 혁명사에 정통한 영어교사를 불러 쑹자수에게 영어를 가르쳤다. 쑹자수는 이로써 링컨 등을 비롯한 미국의 민주혁명사상을 접할 수 있었고, 부패한 청조를 몰아내고 민주혁명을 이루는 꿈을 키워갔다.

쑹자수는 외삼촌의 상점에서 일하면서 미국에 유학 중이던 중국 친구들을 사귀었는데 그들은 쑹자수에게 진학하여 공부할 것을 권유했다. 쑹자수도 점원으로 살기보다는 현대문명을 공부하고 더 넓은 교육을 받고 싶었지만 외삼촌은 단호하게 반대했다. 실무와 상점 경영을 우선시했기 때문이다. 오래지 않아 독립을 결심한 쑹자수는 미국 해안 경비대에 지원했고 순찰선에서 근무하게 되었다. 독실한 그리스도교인이었던 선장 에릭 가브리엘슨Eric Gabrielson이 쑹자수를 특별히 보살 피면서 그리스도교를 전도했다. 에릭 선장이 미국 남부 노스캐롤라이나의 군항인 윌밍턴으로 전출되자 쑹자수도 그를 따라 노스캐롤라이나주로 갔고 현지 감리교회의 리카르도 목사를 알게 되었다. 1880년 11월 7일, 16세의 쑹자수는 리카르도 목사로부터 세례를 받고 찰리 존스 쑹Charles Jones Soong이라는 미국 이름을 갖게 되었다. 이때부터 그는 '찰리 쑹'으로 불리게 되었다.

선교사의 꿈을 키우던 쑹자수는 1881년 4월에 노스캐롤라이나주 트리니티칼리지(듀크대학교의 전신)에 입학했다. 이 과정에서 줄리안 카 Julian S. Carr의 후원을 받았다. 줄리안은 미국 남북전쟁(1861~1865) 당시 남군의 장군이었으며 상인으로서 트리니티칼리지의 중요한 기부자이자 박애주의자였다. 쑹자수는 감리교도들의 부탁으로 정식 절차 없이 특별입학을 할 수 있었다. 미국 동남부는 전통적으로 유색인종에 대한 차별이 있었기 때문에 쑹자수 같은 중국인이 지역학교에 진학하기가 쉽지 않은 상황이었다. 그럼에도 학교 측에서는 중국인을 중국 본토에 파송할 수 있다는 희망에 찰리의 학업을 적극 후원했다.

1년 뒤 쑹자수는 테네시주 내슈빌에 있는 벤더빌트대학 신학원으로 전학했다. 그는 신학 공부 이외에도 민주주의 사상을 깨우쳐 미국 흑인해방운동을 지지하고 찬사를 보냈다. 그가 신학원을 졸업하던 1885년 당시 미국에서는 중국인 박해운동이 벌어져 차이나타운이 불타고 많은 중국인이 살해당했다. 중국인 박해운동의 원인은 대륙횡단 철도부설사업이 활발하게 진행되면서 중국인 이민자들이 대폭 증가하며 대두된 여러 사회문제에 있었다. 쑹자수는 이런 상황을 지켜보면서 해외 중국인들이 수모를 겪지 않으려면 강한 조국이 필요하다는 사실을 절감했다. 그래서 부패한 청조를 타도하기 위해 혁명운동에 투신하기로 결심하고 1885년 졸업과 함께 목사 안수를 받고 1886년 1월에 선교사 신분으로 상하이로 이동했다.

중국에 돌아온 쑹자수는 쑤저우와 상하이 등지에서 선교 활동을 시작하고 반식민주의운동과 반청운동에 참여했다. 교회학교 영어교사로 활동하기도 했는데 그의 학생 중에는 '백화운동'으로 유명한 문학가 후스胡適도 있었다. 쑹자수는 선교 활동과 구국운동을 병행하는 데 많은 어려움을 느꼈다. 그래서 점차 선교 활동의 비중을 줄이고 구국운동에 초점을 맞춰갔다.

쑹자수는 2년 뒤 상하이에서 메이화美華인쇄소를 세워 중문 성경을 주로 인쇄했고, 인쇄 사업이 잘되어 재산을 모으기 시작했다. 그 이후로 사업을 확장하여 수입 기계 대리점과 상하이 푸펑福豊제분소를 경영하는 등 상하이 초기 매판상인으로 성장했다. 그로부터 20여 년 동안 쑹자수는 각고의 노력 끝에 거대 자산가가 될 수 있었다. 그는 이렇게 모은 재산으로 그리스도교 전파와 민주혁명을 지원했다. 그 일환으로 창설한 것이 중화 그리스도교청년회였다.

1894년 여름, 역사적인 만남이 이뤄졌다. 쑨원이 루하오둥陸皓東과 함께 상하이에 왔다가 쑹자수를 만나게 되었고 이를 계기로 두 사람이

혁명 동지가 된 것이다. 쑹자수는 선교 활동을 하면서도 암암리에 혁명 관련 간행물과 소책자를 인쇄했다. 1912년 1월 1일, 중화민국 성립 이후 쑹자수는 쑨원과 함께 일본을 방문했고 2차 혁명 당시에는 온 가족과 함께 일본으로 피신했다. 쑹자수는 사업으로 모은 재산으로 쑨원의 민주혁명운동을 적극 지원했다. 그는 쑨원의 흥중회興中會와 중국동맹회中國同盟會 건립을 적극 지원해 거액을 후원하고 선전조직을 이끌었다. 아울러 공익사업에도 신경을 써서 교회학교와 어린이공원 그리고 대중의료센터 건립에 참여했다. 이처럼 쑨원은 쑹자수의 전폭적인 지원에 힘입어 신해혁명辛亥革命을 완수할 수 있었다.

1886년 여름에 쑹자수는 니구이전倪桂珍과 결혼했다. 니구이전은 본적이 저장성 위야오餘姚현이며 1869년 상하이에서 태어났다. 그의 외가는 앞에서 언급했던 서광계 가문이었다. 니구이전의 아버지도 사위에게서 영향을 받아 그리스도교인이 되었다. 쑹자수에게는 자녀가 여섯 있었으니 아이링靄齡, 칭링慶齡, 쯔원子文, 메이링美齡, 쯔량子良, 쯔안子安이었고 모두 상하이에서 태어났다. 대중에게는 쑹자수의 세 딸이 더 유명하다. 장녀인 쑹아이링은 1914년 일본에서 당시 중국의 거대 자산가였던 쿵샹시孔祥熙와 결혼했고 1973년 미국 뉴욕에서 세상을 떠났다. 차녀인 쑹칭링은 1915년에 쑨원과 결혼했다. 쑹칭링은 1981년 5월 임종 전에 중국공산당에 가입했으며 베이징에서 사망했다. 셋째 딸인 쑹메이링은 1927년에 장제스蔣介石와 결혼해 중화민국의 영부인이 되었으며 2003년 뉴욕에서 사망했다. 장남인 쑹쯔원은 중화민국 시기에 정치가이자 금융가이자 외교관으로 활동하다가 1971년 샌프란시스코에서 사망했다.

쑹자수의 자녀들은 역사적 평가를 차치하더라도 쑨원, 장제스와 함께 중국 현대사의 중심에 서서 직간접적으로 역사를 만들어갔다. 쑹자수는 가난을 피해 미국으로 건너가 신학문과 그리스도교를 접하고

† **쑹자매** 쑹자매를 키워낸 쑹자수는 신앙을 바탕으로 구국의 길을 걸었다. 사진은 쑹자매이며 왼쪽부터 쑹칭링, 쑹아이링, 쑹메이링이다.

중국으로 돌아와 중국의 혁명을 일구고 마침내 명문가를 이뤘다.

서양 그리스도교에 영향을 미친 중국인, 워치만 니

'워치만 니Watchman Nee'라는 이름으로 알려진 니퉈성(倪柝聲, 1903~1972)
은 중국 그리스도교 역사에 길이 기록될 종교인으로 그 자신도 파란만
장한 삶을 살았다. 그는 1903년 11월 4일에 광둥성 산터우汕頭에서 태
어났고 본적은 푸젠성 푸저우福州다. 원명은 아버지가 '조상을 빛내라'
는 소원을 담아 니수주(倪述祖, Henry Nee)라고 지었는데 후에 그리스도교

인이 되고서는 '경종을 울리다'란 뜻의 니뒤성(倪柝聲, Watchman Nee)으로 이름을 바꿨다. 이름 중 '탁柝'은 옛날 야경꾼들이 쓰던 딱따기 또는 종을 두드릴 때 쓰는 나무막대를 가리킨다. 그래서 니수주는 예수를 영접한 이후 '잠들어 있는 영혼을 일깨우리라'는 소망을 담아 '뒤성'이라는 이름을 선택했다.

니뒤성은 서양 그리스도교에 영향을 미친 최초의 중국 개신교인으로서 교회자립운동인 '소군小群교회'운동의 창시자로 잘 알려져 있다. 20세기 초에 '무리가 예수를 둘러앉았다가'라는 마가복음 3장 32절에 의거하여 소군교회의 회복과 사도시대의 회복을 주장했다.

니뒤성이 태어났을 당시에 이미 세상을 떠난 할아버지 니위청(倪玉成, 1840~1890)은 푸저우 미국 공리회(회중교회Congregational Church) 소속 목사로서 1세대 중국인 목사 중 한 사람이었다. 그의 아버지 니원시우(倪文修, 1877~1941)는 산터우의 세관 공무원이었다. 니원시우는 푸저우의 유명 학교인 영화서원을 졸업하고 교회음악에 공헌하였으며 홍콩에서 사망했다. 어머니 린허핑(林和平, Peace Lin, 1880~1950)은 빈농의 딸로 어려서 푸저우상인인 린 씨의 양녀로 들어갔으나 부부의 따뜻한 보살핌을 받으며 자랐다. 양부의 병을 기도로 치료해준 미국 감리회 목사로부터 양부와 함께 세례를 받고 그리스도교인이 되었으며 미국 유학을 준비하기 위해 상하이 중시中西여중에서 공부했다. 이 학교는 영어 수준이 매우 높은 교회학교였다. 린허핑은 활발한 성격으로 쑨원의 혁명 활동을 지지하여 애국훈장까지 받은 인재였다. 린허핑은 그 뒤 푸저우로 돌아가 자신이 다니던 톈안탕天安堂에서 당시 가장 유명한 여자부흥사였던 위츠두(余慈度, Dora Yu, 1873~1931)의 설교를 듣고 중생을 체험한 뒤 니원시우와 결혼해 5남 4녀를 낳아 길렀다. 첫째와 둘째를 딸로 낳자 대를 중시하는 시어머니의 훈계를 들어야 했다. 셋째 아이를 임신한 후에는 이스라엘 예언자 새뮤얼을 낳은 한나처럼 아들을 소원하는 기도를 올렸고 그 응답으로 낳은 아이가 바로 니퉈성이었다.

니퉈성의 부모가 모두 미국 감리회 푸저우 톈안탕교회의 교우였기 때문에 니퉈성은 미국 감리회의 감독으로부터 유아세례를 받았고 여섯 살 때에는 가족과 함께 본적지인 푸저우로 돌아가 살았다. 그는 1916년에 영국 성공회에서 세운 명문학교 트리니티서원(三一書院, 현재 푸저우 창산취創山區 공원서로公園西路에 있는 푸저우외국어학교)에 들어가 서양식 교육을 받았다. 그러나 1920년 전후에 반그리스도교운동이 전국을 강타했다. 이때 니퉈성은 헌금 걷기에만 열중하고 평소에는 근면과 실천이 없는 목사들과 허울뿐인 교인들을 보며 신앙에 대해 회의와 혐오를 느끼게 되었다. 그의 어머니도 외모에만 신경 쓰고 도박과 향락에 빠져 자녀들과 소통이 없었다.

다행히 부모와 종교에 실망했던 니퉈성이 신앙을 회복하는 놀라운 사건이 찾아왔다. 하루는 아이들이 놀다가 꽃병을 깨뜨렸는데 니퉈성이 한 줄 알고 어머니가 손찌검을 했다. 그런데 며칠 후 집으로 돌아온 어머니가 자신이 잘못했다고 고백하고 울며 용서를 구하는 것이 아닌가? 평소 잘 알고 지내던 위츠두가 유명한 설교자가 되어 푸저우에서 전도 집회를 열었고 거기에 참석한 어머니가 크게 감동을 받아 회심한 것이었다. 어머니의 변화된 모습을 본 니퉈성도 위츠두의 집회에 참석해 크게 깨닫고 죄를 회개하며 신앙을 돌아보게 되었다. 그리고 위츠두의 소개로 영국 성공회 선교사였으나 은퇴해 푸저우 인근의 바이야탄(白牙潭, 지금의 창러長樂시 잉첸營前진)에서 조용히 살고 있던 마가렛 바버(和受恩, Margaret E. Barber, 1866~1930)를 찾아가 가르침을 받았다. 마가렛은 독립선교사로서 영적 생활에 충실했고 니퉈성은 그에게 '빛나는 그리스도인'이라는 찬사를 바쳤다. 또한 그 시기에 니퉈성은 신앙의 동지인 왕즈王峙와 왕자이王載 형제, 왕렌쥔王連俊, 먀오사오쉰繆紹訓, 루중신陸忠信과 친분을 맺었다.

1922년 여름, 19세가 된 니퉈성은 24세의 해군군관 왕자이王載 부부와 함께《사도행전》에 기록된 초대교회의 모습을 본떠 떡을 떼며 성찬식을 열었다. 얼마 뒤 일곱 명이 합류해 왕자이의 집에서 푸저우교회를 세웠다. 이 푸저우교회는 무종파를 내세운 최초의 소군교회였다. 그 이후 신도가 늘자 처음으로 독립된 집회소를 차렸다. 그런데 1924년에 왕자이가 상하이로 건너와 미국 선교사에게 안수를 받고 목사가 되자 푸저우교회 내에서 분쟁이 일어났고 그 과정에서 니퉈성이 제명되었다. 니퉈성은 분쟁에 휘말리는 것을 피해 푸저우 교외에 은거하며 유명한 시가집인《내가 만약 조금이라도 바른길을 벗어난다면我若稍微偏離正路》을 썼다. 1926년 하반기에는 폐결핵에 걸려 요양을 위해 푸저우에 머물면서《기독도보基督徒報》를 창간하고 복음서국福音書局을 건립했으며 신비파와 경건파 그리고 프리머스형제회와 관련된 서적을 탐독하며 전도사역의 기초를 닦았다. 이와 아울러 문자사역, 정기집회, 지방교회 건립, 청년훈련 등을 골자로 하는 선교사역의 큰 틀을 구상했다.

1927년에 상하이로 건너온 니퉈성은 동역자들과 함께 '기독교인집회소基督徒聚會處'를 세웠고 푸저우의 복음서국을 옮겨와 '복음서방書房'을 열어 문서선교와 지방교회 건립의 거점을 마련했다. 아울러 창사長沙에서 의사로 활동하던 위청화兪成華를 동역자로 초빙했다. 소군교회 성도들 간의 긴밀한 유대와 인도자들의 열성이 결합되어 1937년 중일전쟁 이전까지 30여 개 도시에 교회가 건립되었다. 그 뒤 1930년대와 1940년대를 거치면서 니퉈성이 상하이와 항저우, 칭다오와 난징 등을 돌며 집회를 연 덕분에 소군교회 교인이 급격히 증가했다.

1934년에 니퉈성은 항저우 집회를 마치고 소꿉친구였던 장핀후이張品惠와 결혼했다. 1930년대는 두 차례 유럽을 방문해서 영국인 테어도어 스파크(史百克, Theodore Austin Sparks, 1885~1971)와 앵거스 키니어(金彌爾,

Angus I. Kinnear) 등 교회 지도자들을 만났다. 그리고 마가렛이 소개해준 영국 프리머스형제회와 묵상주의(靜寂主義, Quietism) 관련 서적을 탐독하고 많은 영향을 받았다. 덴마크에서는 '로마서' 위주로 강연을 했고 후에 이를《정상적인 그리스도인의 교회 생활》이라는 책으로 정리했다. 다만 동생의 부탁으로 생화학공장 관리를 맡았다가 교회 활동에 부정적인 영향을 미쳐서 교회로부터 활동 중지 명령을 받기도 했다. 후에 그는 자신의 과오를 인정하고 교회로 복귀했고 많은 성도가 반갑게 맞아주었다. 1948년에는 교인들의 헌금으로 상하이 난양루南陽路집회소를 건립했는데 수용 인원이 3,000명에 달했고 당시 상하이 그리스도교를 통틀어 가장 큰 예배당이 되었다.

니뭐성은 기성교회와 서양 선교사들의 사역을 비판하면서 그들을 '양 도둑'이라고 불렀다. 그는《정상적인 그리스도인의 교회 생활》이라는 책에서 "교파는 일종의 죄악이며 타락한 조직이다. 정과 욕심에서 벗어나는 것이 성서적이다"라고 설파하며 다음 세 가지를 주장했다.

기성교회와 서양 선교사들에 대한 니뭐성의 세 가지 비판
첫째, 교파는 성서적인 것이 아니며, 교파의 결말은 부패이다.
둘째, 교회는 자립해야 하며, 외부의 지배를 받아서는 안 된다.
셋째, 중국 교회는 성서의 말씀에 순종하고 사도의 본분으로
돌아가야 한다.

중국의 많은 그리스도교인이 그의 주장에 동조하여 소군교회로 몰려들었고 기성교회와 선교사들은 니뭐성과 소군교회를 맹렬하게 비난하기 시작했다. 그럼에도 니뭐성은 사도들에게 권한을 집중하는 '예루살렘모델'과 계획에 따라 동역자를 파견해 선교 거점을 늘려가는 '복음이민'운동을 전개했다. 그 결과 1949년 무렵에는 교회가 700여 개로

늘었고 교인이 8만여 명에 이르렀다. 이는 당시 중국 전체 그리스도교
인구의 10퍼센트였다. 1948년 말에는 제2차 국공내전의 정세를 관망
해 먼 미래를 바라보며 동역자들을 계획적으로 타이완과 홍콩 그리고
동남아시아에 파견했다.

이렇듯 중국 대륙에서 그리스도교를 헌신적으로 전파하던 니퉈성에
게 주위 사람들은 중국 정부를 조심해야 한다고 충고하곤 했다. 중화
인민공화국 성립 이후 삼자애국운동과 규탄대회가 벌어져 서양 선교
사들은 중국을 떠나고 기존 교회들이 큰 타격을 입었던 터였다. 그럼
에도 니퉈성은 홍콩에서 상하이로 돌아왔다가 1951년 4월에 중국 정
부의 초청을 받아 베이징으로 이동해 전국그리스도교회의에 참석했다.
그는 소군교회를 비롯한 예수가정교회나 참그리스도교회 등 중국의
독립교회는 이미 삼자원칙을 실행하고 있다고 자부했기에 더 이상 문
제될 게 없으리라 판단했던 것으로 보인다. 그러나 1952년 4월, 니퉈성
은 비밀리에 체포되어 중국 동북지방으로 압송되었고 1956년에 다른
동역자들과 함께 상하이에서 '니퉈성 반혁명집단사건'이라는 명목으
로 공개 규탄을 받았다.

니퉈성 반혁명집단사건을 기점으로 소군교회는 결국 쇠락할 수밖
에 없었다. 난양루집회소는 중국공산당에 귀속되어 징안靜安체육관으
로 개조되었고 니퉈성은 15년 형을 선고받고 상하이 형무소에 갇혔
다. 이때 소군교회와 니퉈성의 신학적 관점을 비판해온 홍콩 젠다오建
道신학원의 량자린梁家麟이 《니퉈성의 영욕과 부침倪柝聲的榮辱升黜》이
라는 책을 출판해 니퉈성의 업적을 부정하는 데 앞장섰다. 이러한 행위
때문에 량자린은 수많은 중국 그리스도교인에게서 비난과 항의를 받
아야만 했다.

니퉈성의 아내 장핀후이는 옌징燕京대학 외국어과를 졸업하고 생물
학 석사학위를 취득한 인재였다. 그는 문화대혁명의 광풍이 한창이던

1971년 11월에 모진 핍박에 시달리다가 상하이에서 병사했다. 그리고 니퉈성도 다음 해인 1972년 6월 1일 새벽에 상하이시 관리하에 있던 안후이安徽성 광더廣德현 바이마오링白茅嶺 노동개조농장에서 69세의 나이로 세상을 떠났다. 가족들이 그의 사망 소식을 듣고 달려왔을 때 시신은 유족의 허락 없이 이미 화장되고 소장품도 불탔다고 한다. 농장 관리는 니퉈성의 베개 밑에서 발견한 쪽지를 손녀에게 건넸다. 거기에 이런 글이 적혀 있었다. "그리스도는 하나님의 아들로서 인류의 죄를 위해 돌아가신 뒤 3일 만에 부활하셨다. 이는 우주 역사에서 가장 큰 사건이다. 나는 그리스도를 믿기에 죽는다. 니퉈성." 후에 니퉈성과 장핀후이 부부는 쑤저우시 외곽의 샹산香山공동묘지에 합장되었다.

니퉈성은《사랑케 해주오讓我愛》,《주님의 사랑 크고 깊도다主愛長闊高深》,《포도의 일생葡萄一生的事》,《베다니와 우리가 헤어진 뒤自伯大尼稱與我們分手後》를 비롯해 여러 시가집을 창작하고 번역하여 많은 중국 그리스도교인의 신앙을 일깨웠다. 그는 중국 그리스도교를 한 단계 격상시키고 교회가 나아가야 할 방향을 제시한 선구자로 칭송되고 있다. 니퉈성의 헌신적이고 파란만장한 일생은 미국, 홍콩, 타이완에서 여러 번 전기로 출판되었다. 2009년 7월 크리스토퍼 H. 스미스Hon. Christopher H. Smith를 비롯한 미국 의회는 중국 순교자 니퉈성의 공헌을 기리고 경의를 표했다.

주의 은혜를 흠뻑 받다, 무언탕

상하이교회를 대표하는 교회는 무언탕(沐恩堂, 慕爾堂)이다. 빨간 벽돌과
나무로 지어진 교회 위의 뾰족한 첨탑에는 5미터 높이의 빨간 십자가
가 달려 있다. 무언탕은 상하이 시내 중심인 황푸취黃浦區 시장중루西
藏中路 316호에 자리 잡고 있다. '무언沐恩'은 '주의 은혜를 흠뻑 받다'
는 뜻이다. 원래 무언탕은 청나라 광서제 때인 1887년에 미국그리스
도교협회 전도사 리더李德의 헌금으로 설립된 그리스도교 감리교회
예배당이었다.

1900년에는 당시 신도였던 무어Moore의 도움을 기념하기 위해 무어
탕(慕爾堂, Moore Memorial Church)으로 이름을 바꾸기도 했다. 처음에는 한
커우루漢口路와 윈난루雲南路 입구에 지어졌지만 1929년에 시장중루에
있는 중서여학당에 자리를 양보하고 1930년에 고딕식 적조건물로 완
공되었으며 1,000여 명을 수용할 수 있는 예배당과 음악실을 갖추고
있다. 1941년 12월에 태평양전쟁이 시작되고 일본군이 침공하자 무어
탕은 일본군의 마구간으로 사용되었다. 전쟁이 끝난 뒤인 1958년에
황푸 구역 연합예배장소로 지정되면서 비로소 '무언탕'으로 이름을 바
꿨다. 개혁개방 이후에 예배 활동이 재개되면서 상하이의 중심교회로
다시 자리 잡게 되었고, 1989년 9월 25일에 상하이의 보호문화재(근대
건축물)로 지정되었다.

자오스광(趙世光, 1908~1973)이 1924년에 이곳에서 세례를 받고 1945
년에 '생명의양식세계선교회Bread of Life World Mission'를 창립했다. 생
명의양식세계선교회는 훗날 생명의양식교회(靈粮堂, Bread of Life Christian
Church)로 발전했다. 1965년에는 한국을 찾아 서울, 부산, 대구 등지에
서 선교대회를 열었다. 지금도 홍콩과 타이완을 비롯한 동남아시아
각국에 생명의양식교회가 존재한다.

† **무언탕교회 외부 모습** 무언탕교회는 뾰족한 고딕식 첨탑과 빨간 벽돌 그리고 나무로 지어진
교회의 모습이 정갈하면서 인상적이다.

무언탕은 헝가리 건축가인 라스로 우덱(鄔達克, Laszlo Hudec)이 설계를
맡았다. 1936년에는 한 미국 신도의 헌금으로 무언탕 꼭대기에 5미터
높이의 빨간 십자가를 달았다. 무언탕의 십자가는 여느 교회와 달리
모터가 설치되어 회전하면서 빛을 발해 색다른 풍경을 자아낸다. 무언
탕은 평소 대외에 개방하지 않는다. 일요일에만 오전 7시와 9시, 오후
2시와 5시 네 차례 예배를 진행하며 이때 일반인들도 참관할 수 있다.
이런 종교활동 이외에도 야학이나 공부방 등 다양한 사회문화 활동을
병행하고 있으며 교회 내부에는 화둥華東신학원이 설치되어 있다.

한편 무언탕은 우리 역사와 매우 밀접하게 연관되어 있다. 일제강
점기인 1920년을 전후해 독립운동은 그 전략이 외교독립론, 무장투쟁
론, 실력양성론 등으로 여러 가지였고 독립운동가들도 출신 지역에 따
라서 계파가 나뉘어 있었다. 그러던 중에 세계 각지에 흩어져 있던 독

립운동가 130여 명이 무언탕에 모여 국민대표회의를 개최하고 독립
운동의 각 노선을 초월해 단결을 논의했다. 이렇듯 무언탕은 한국의
독립운동 역사에서 매우 유서 깊은 장소였다.

무언탕 이외에도 중국 근대사 100년이 압축된 상하이에는 여러 교
회당이 즐비하다. 미국 북장로회가 1860년 상하이에 처음 세운 칭신
탕清心堂, 1896년에 고딕양식으로 건축되었으며 가톨릭의 상하이교구
주교당인 쉬자후이徐家滙가톨릭당, 1910년에 미국 남침례회 선교사
프랭크 로린슨(樂靈生, Frank Joseph Rawlinson, 1871~1937)이 건립한 화이언탕
懷恩堂, 1912년에 제7일안식일예수재림교회 예배당으로 처음 세워졌
다가 1997년에 건립되어 신중국 성립 이후 신축된 교회 중 최대 규모
를 자랑하던 후둥탕滬東堂이 있다.

또한 1923년에 미국 남감리회가 상하이에 두 번째로 건립한 교회당
이며 건립 당시 상하이 최대 규모의 예배당이었던 징링탕(景靈堂, 景林堂)
이 있으며, 1925년 당시 상하이 외국인들의 헌금을 모아 건축한 최대
규모의 국제예배당國際禮拜堂, 그리고 1925년에 미국 성공회가 로마네
스크양식으로 지은 주성탕諸聖堂 등 기념비적인 교회들이 상하이 전역
에 있다.

상하이에서 매우 특이한 교회로 완방萬邦선교교회도 있다. 이 교회
는 조선족 출신의 최권 목사가 시무하는 미등록교회다. 교인이 한때
1,200여 명에 이르렀으나 2009년 11월에 폐쇄 조치를 받고 지금은
11개의 작은 교회로 나뉘어 예배를 드리고 있다고 한다.

† **무언탕교회 내부**   스테인드글라스 창문 사이로 들어오는 형형색색의 빛이 십자형 회랑에
퍼지면서 성스러운 분위기가 연출되곤 한다.

상하이 현지 탐방기:

중국 그리스도교의 현재와 미래에 대한 진지한 인터뷰

(2015, 2017, 2018, 2019년)

난징에서 출발한 고속철은 오래지 않아 상하이 홍차오虹橋역에 도착했다. 홍차오란 '무지개다리'라는 뜻인데 그 아름다운 이름처럼 저자의 여러 추억이 깃든 곳이기도 하다. 푸둥浦東공항이 생기기 전 상하이의 관문이던 홍차오! 마침 상하이를 중심으로 사업을 하고 있는 지인이 직접 차를 끌고 마중을 나왔다. 우리는 반갑게 재회한 뒤 코리아타운으로 정착한 금수강남錦繡江南 쪽으로 이동했다.

사드의 영향 때문인지 중국 내 한국인들이 전체적으로 큰 타격을 입고 있다는 말에 마음이 무거웠다. 점심시간에는 현지 조선족 목사님과 합석해 식사를 했다. 그리고 자리를 옮겨 목사님에게 상하이와 인근 사오싱紹興 지역의 그리스도교 상황을 들을 수 있었다.

저자: 안녕하세요. 귀한 시간 내주셔서 감사합니다. 먼저, 어떻게 그리스도교를 접하게 되셨는지요.

현지 목사님: 옌볜 투먼이 고향인데 대학 시절에 교수님 부부를 통해 그리스도교를 알게 되면서 신앙을 갖게 되었습니다. 당시에 교회는 매우 위축된 상태였습니다. 옌볜에서 신학교를 다니다가 후에 상하이로 옮겨왔습니다.

✝ **현대 상하이 시가지**

저자: 상하이로 오신 후에는 어떤 활동을 하셨는지요.

현지 목사님: 1994년에 신앙을 접하고 옌벤에서 신학교를 다니다가 상하이로 내려와 10년 동안 직장인을 중심으로 사랑방교회를 이끌었습니다. 당시 직장 노동자 중에는 외지인이 많아서 숙소가 필요했지요. 그들은 재미교포의 공장건물을 장기 임대해 생활했습니다. 이런 장기 임차인들 중심으로 직장선교회가 성립되었습니다. 당시 한국 기업과 기관들의 상하이 진입이 늘어나면서 한국인 교인도 증가했고, 더불어 조선족 인원도 늘어나자 교회가 빠르게 증가했지요. 현재는 담임목사를 맡고 있는 사오싱의 교회에서 안식년을 맞아 쉬고 있습니다. 그럼에도 이곳 상하이에서 미등록교회를 인도하고 있습니다.

저자: 상하이뿐 아니라 상하이 인근 도시들도 비슷한 상황이었겠네요.

현지 목사님: 그렇습니다. 사오싱은 오랜 역사의 문화도시로 대문호 루쉰魯迅의 고향으로 유명합니다. 하지만 지금은 중국 최대도시인 상하이의 '2선 도시'로서 원단과 염색 등 각종 공장이 밀집된 산업도시가 되었습니다. 2008년부터 사오싱에서 조선족 청년들의 모임을 이끌었습니다. 원단과 염색은 산업 특성상 많은 인력이 필요합니다. 그만큼 귀한 선교 대상입니다. 3년 정도 지나자 조선족뿐 아니라 많은 한족 청년이 교회에 나오게 되었습니다. 조선족 청년들은 경제적 여력은 없지만 민족적 지향도 있고 가족 중심의 삶을 추구합니다. 이들은 자녀 양육 중심으로 생활하면서 문화 활동도 중시합니다. 중국에서 조선족으로 살아가지만 민족어인 한글을 고양하고 다음 세대에 전수하는 일은 매우 중요합니다. 교회가 그 중심에서 소중한 역할을 하지요.

저자: 조선족에 대한 한족의 시각은 어떤가요?

현지 목사님: 한족은 우리 조선족 중국인을 만나면 한국인인지 조선인인지 물을 뿐, 중국인이냐고 묻지 않습니다. 여기서 조선은 북한을 말합니다. 한국에서도 조선족에 대한 인식이 좋진 않지요? 중국 내 조선족의 입지는 한국의 경제와 불가분의 관계에 있습니다. 한중 관계도 물론이고요. 다행스럽게도 한류 유행이 이어지면서 조선족에 대한 호감은 계속 높아지고 있습니다. 이처럼 한중의 경제와 문화교류에서 조선족의 적극적 역할이 중요해졌습니다. 그리고 중국 교회에서도 조선족의 적극적 역할을 기대하고 있습니다. 사오싱은 다른 도시에 비해 다민족 다문화의 경향이 높습니다. 이 점이 선교에서 큰 자양분이 됩니다. 현재 미등록 상태인데 안 될 줄 알면서도 명분을 갖고자 교회 등록을 신청했습니다.

저자: 저는 곧 중국 동북부의 선양瀋陽을 방문할 예정입니다. 조선족 비중이 높은 둥베이3성(랴오닝성遼寧省과 지린성吉林省과 헤이룽장성黑龍江省)의 중점도시이지요.

현지 목사님: 그러면 로스 선교사의 사역지를 꼭 방문해보세요. 한국 그리스도교의 요람으로 초대 한국 교회의 훌륭한 목사님들이 대부분 로스를 비롯한 둥베이3성 선교사들에게서 영향을 받았습니다. 중화인민공화국이 들어선 이후에는 중국 내 외국인 선교사들이 모두 추방되었는데, 가장 마지막까지 남아 있던 분이 바로 방지일(方之日, 1911~2014) 목사였습니다. 방지일 목사는 평안북도 출신으로 평양숭실대학과 평양장로회신학교를 거쳐 평양대흥운동의 진원지였던 장대현교회의 전도사를 지냈던 분입니다. 1937년부터 중국 선교사로 파송받아 산둥 지역에서 사역하셨습니다. 1957년까지 칭다오에 남아 있다가 중국 정부에 의해 북한으로 추방될 뻔했지요. 이 일이 해외에 알려지면서 중국에 남은 마지막 그리스도교 선교사였던 방지일 목사는 한국으로 갈 수 있었습니다.

저자: 중국에 있던 선교사로부터 복음을 받은 한국 교회가 일찍부터 중국의 복음화를 위해 귀한 헌신을 했습니다.

현지 목사님: 맞습니다. 그리고 오늘날 중국 교회를 논하려면 뿌리를 찾아 올라가야 합니다. 그중에서도 중국내지선교회를 이끈 제임스 허드슨 테일러의 헌신이 놀랍지요. 그의 가문은 현재 5대에 걸쳐 중국 선교에 헌신하고 있습니다. 지금은 중국에 들어오지 못하고 타이완에 머물며 선교사역에 임하고 있습니다.

저자: 네. 저도 전장鎭江을 방문했을 때 허드슨 테일러와 그 가문의 선교 활동을 전해 듣고 깊은 감명을 받았습니다. 저희가 잠시 둘러본 바로는 교회도 중국 성별, 도시별로 차이가 있고 나름의 특색이 있다고 느꼈습니다.

현지 목사님: 중국 교회를 이해하기 위해서는 역사를 살펴봐야 하지만 현재와 미래를 보기 위해서는 바링허우(八零後, 1980년대 출생자)와 지우링허우(九零後, 1990년대 출생자) 그리고 링링허우(零零後, 2000년대 출생자) 세대를 봐야 합니다. 선교 대상으로 40대, 30대, 20대 중국인들이 중요하다는 말입니다. 이제는 더 이상 삼자교회와 가정교회의 구분이 의미가 없습니다. 미래 세대를 위한 미래 교회를 준비해야 합니다.

저자: 미래의 중국 교회를 위해서는 전제돼야 할 사항들이 있을 텐데요.

현지 목사님: 그렇습니다. 제도적 측면에서 과거에는 정부와 종교가 대립하는 관계였죠. 하지만 2017년 지금 기준으로 생각하면 미래에는 정책 차원에서 융합 구도로 가리라 예상합니다. 중국공산당 지도부는 찬란한 문화강국을 지향하면서 중화권의 역량을 하나로 결집하려하고 있습니다. 중국 그리스도교가 주장하는 중국화와 본색화本色化는 다분히 정치적 견지입니다. 목회자로서는 신앙이 좀 더 본토화되어야 한다고 생각합니다. 조금 더 '열린 자세'라고 할 수 있지요. 다음으로 평신도들 처지에서 보면 바링허우, 지우링허우, 링링허우는 인터넷세대여서 과거의 이데올로기적 사고가 거의 없습니다. 한국인들이 생각하는 '사회주의 체제 아래의 중국인'이 아니지요. 이것이 저들 인터넷세대의

장점이자 단점입니다. 새것에 대한 거부감이 없다는 장점이 있지만 반면에 삶에 대한 이론적이고 논리적인 근거와 지향이 없이 직관에 의존한다는 단점이 있습니다. 현실을 탈피해 초이성적이고 신비적인 사고에 대한 관심이 많습니다. 이들을 보듬기 위해서는 포스트모더니즘에 입각한 접근이 필요합니다. 점차 국제화되고 있는 문화 성향 속에서 같은 고민을 하는 미래 세대, 국가와 지역을 초월한 신세대를 향한 고민이 필요합니다.

저자: 이 지역에서 교인들은 계층별, 세대별로 어떻게 구성되어 있나요?

현지 목사님: 정확하지는 않으나 부자와 빈자가 3 대 7, 초신자와 신실한 신자가 1 대 3, 장년층과 청년층이 6 대 4 정도로 보면 될 것 같습니다. 물론 교회마다 지역마다 다르지만 전체적으로 크게 다르지 않습니다. 사오싱의 경우 기업 창업자와 대표들도 있고, 농촌 인구가 도시로 집중되면서 운영이 어려운 교회도 많습니다. 과거 선교의 주목표가 농촌 교회의 부흥이었다면 이제는 사람들이 도시로 이동해 농민공으로 정착하고 있으니 도시교회의 성장에 주목해야 합니다. 이를 '이머징 처치Emerging Church'로 볼 수 있는데, 이것이 최근 그리스도교 교회의 한 형태로 정착되고 있습니다.

저자: 신세대에 맞는 새로운 교회 형태의 필요성을 말씀하시는군요. 한국 교회도 한때 놀라운 성장을 이뤘고, 그 성과를 중국 교회와 나누고자 노력한 때가 있었습니다. 그런데 최근 들어 한국 교회는 그런 성

장 동력을 잃은 느낌입니다.

현지 목사님: 한국 교회가 개혁개방 이후 다시금 기지개를 켠 중국 교회에 큰 역할을 했다고 봅니다. 그런데 몇 단계 과정을 거쳤지요. 1단계에는 한국 교회가 마치 돈 많은 부자와 회장님처럼 중국 교회에 다가왔습니다. 재정 지원을 빌미로 주도권을 쥐고 자신들의 이름을 높이려 하였지요. 2단계에는 마치 대학교 교수처럼, 학교 선생님처럼 다가왔습니다. 가르친다는 명분 아래 지적하고 훈계하는 모습이었지요. 그러나 이제 이런 관계는 더 유지되어서는 안 되고 유지될 수도 없습니다. 형제 관계라는 새로운 단계로 나아가야 합니다. 중국이라는 매개를 거쳐 한국에 복음이 전해졌듯이 예수를 믿는 형제로서 서로 안부를 묻고 필요를 채울 수 있는 새로운 단계를 지향해야 합니다.

저자: 귀한 지적이라고 생각합니다. 그렇다면 현시점에서 한국 교회가 중국 교회를 위해 할 일이 무엇입니까?

현지 목사님: 현재 한족 교회는 목양牧養이라는 측면에서 갈급함이 있습니다. 양적으로나 외향적으로 크게 부흥하는 듯이 보이지만 현실적으로는 많은 어려움을 겪고 있습니다. 그중에서 가장 큰 문제는 신자들을 이끌 목회자가 턱없이 부족하다는 것입니다. 이 목양 시스템을 구축하기 위해 한국 교회의 소그룹 모임 같은 성공 사례를 도입하려는 시도가 있었습니다. 그러나 성공 사례는 사례일 뿐 모델이 될 수 없습니다. 돌은 강물에 떨어질 때 같은 곳에 떨어지지 않는다는 말이 있습니다. 특정 시대, 특정 조건, 특정 상황에서 그런 성공 사례가 나올 뿐입

니다. 한국 교회의 성공이 중국 교회의 성공을 보장하지 않는다는 말입니다. 현재 중국 상황에 맞는 별도 시스템이 필요합니다. 중국 교회에서는 한국 교회를 따라야 한다는 의식 자체에 부정적입니다. 이미 한국의 유명 교회와 방송국에 관해 여러 학습경험이 있습니다. 아울러 미국 교회의 장점을 흡수하기 위해 성공 요인을 살펴봤지만 그 또한 회의적이었습니다. 일반화할 수는 없지만 미국 교회는 경영 중심의 신학이 깔려 있습니다. 신학이 박약한 상태에서 경영을 도입한 나머지 말로는 제 자운동이라 하지만 목회자 위주, 개별 교회 위주의 상황이 되어버리고 말았습니다. 이것은 각각의 사찰을 중심으로 하는 불교와 다름없습니다. 이런 교회는 불교적·유교적 입장을 탈피하지 못한 곳입니다. 화려하게 이파리만 피워놓고 정작 열매는 맺지 못한 교회라고 할 수 있습니다.

　저자: 하지만 피상적으로 느끼기에는 중국 교회의 성장이 두드러집니다.

　현지 목사님: 삼자교회, 즉 등록교회의 장점이라 할 수 있습니다. 외향적으로 교회 건물이 증가하고 대형화하며 신자가 증가하는 게 중국 교회의 부흥처럼 보일 수 있습니다. 그러나 외향적 무리를 양산해 종교의 자유를 과시하는 중국 정부의 개방 정책의 성과로 치장될 위험이 있습니다. 내부적으로는 여러 문제를 안고 있습니다. 한국의 이단들이 중국에 진출해 많은 소란을 일으키고, 종교성이 강한 중국인들의 마음을 혼란케 하는 어둠의 세력이 창궐할 위험이 다분합니다. 아울러 중국 정부의 통제도 여전합니다. 웨이신(微信, Wechat) 같은 SNS도 검열이 있어서 민감한 화제는 자제해야 합니다.

저자: 평신도인 우리가 중국 그리스도교에 관한 책을 저술한다는 일은 나름의 소명이자 버거운 도전으로 느껴집니다. 혹시 우리에게 충고해줄 말이 있나요.

현지 목사님: 두 저자의 도전을 적극 지지합니다. 두 분이 쓰는 책이 한국 교회의 각성제가 되어야 합니다. 이것이 기회입니다. 오히려 목회자의 시각이 아니기 때문에 객관성을 담보할 수 있습니다. 중국 교회를 설명하고 분석하다보면 역으로 한국 교회를 각성하게 하는 계기가 될 수 있습니다. 이곳 장쑤성과 저장성만 하더라도 활동이 활발합니다. 원저우도 다녀왔다고 했는데, 중국 신앙의 관문인 원저우교회는 뿌리가 깊습니다. 해외 지원도 지속적입니다. 그런데 그들의 편협함이 방해가 되기도 합니다. 베이징과 상하이 지역 청년들 중에는 해외 유학 등을 통해 주체적으로 사고하는 이들이 많습니다. 이들은 미래 중국 교회의 큰 자산이 될 것입니다.

저자: 귀한 시간 내주시고 유익한 이야기를 전해주셔서 감사합니다. 중국에서 복음 사역자로 귀한 일꾼이 될 것을 믿습니다. 감사합니다.

상하이 여행은 의심과 두려움을 안은 채 시작했다. 운명처럼 신앙의 벗을 만나고, 중국 그리스도교에 관한 책을 만들어보자는 뜻밖의 제안을 받았을 때 가상한 용기로 의기투합하여 시작한 발걸음이었다. 하지만 계획을 짜고 하나씩 이행하는 과정에서 미처 살피지 못했던 여러 문제가 마음을 어지럽혔다.

스스로 저자라고 일컫는 우리는 누구란 말인가? 중국을 정말 잘 아는가? 그리스도교인이지만 신이 보시기에 충성된 종이라 할 수 있는가? 이런 우리가 중국의 그리스도교를 다룰 자격이 있는가? 발을 내디딜수록 이런 고민은 깊어만 갔다.

그런데 가는 곳마다, 만나는 사람마다, 글을 정리할 때마다, 힘과 위안을 받았다. 많은 위대한 선교사처럼 우리는 할 수 없지만 우리가 믿는 신이 우리를 인도해주리라는 믿음이 생겼다. 완벽이라는 교만을 내려놓고 부족한 대로 지금 이 순간 우리가 해야 할 사명이 있다고 마음을 가다듬었다. 인간의 작은 지식과 지혜로 진리를 간파한다는 것 자체가 어불성설이지만 진리에 다가가려는 작은 몸짓은 필요하지 않겠는가? 세상의 평판과는 상관없이 중국 땅에서 일어난 하나님의 놀라운 섭리와 그 사역에 동참한 많은 이의 헌신을 기록하고 전하고 싶었다.

중국의 전도자들이 이런 우리의 부담을 많이 덜어주었고 큰 격려를 잊지 않았다. 세상의 모든 문제로부터 자유로울 수 없는 동시대의 그리스도교인과 우리 문제를 함께 고민하고 싶었다. 우리의 정리 작업이 어떻게 마무리될지 모르겠지만 욕심을 버리고 담담하게 일정을 소화해보자는 마음을 다졌다. 상하이에서 만난 전도자들의 격려에 고무된 우리는 다음 행선지를 향해 다시 발길을 옮겼다.

6장

난징,
태평천국운동과
현대 중국의
태동

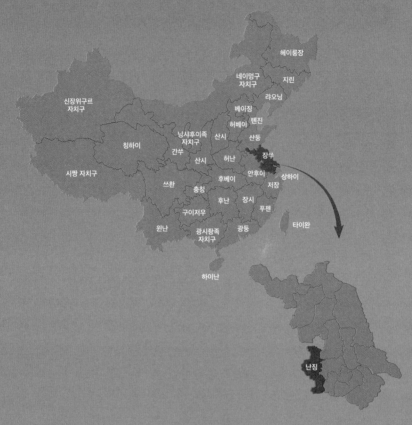

† 중국 대륙에서 난징의 위치

중국 땅을 누빈 그리스도교 선교사들은 영혼을 살리겠다는 뜨거운 마음으로 해안 도시를 거쳐 내지에 도착했다. 선교사들은 그리스도교의 전파가 저조한 내지에서 전도에 땀방울을 쏟았고 그 수고와 헌신은 지금 교회의 모습으로 남아 있다. 선교사들은 현지인들과 함께하기 위해 그들과 같은 옷을 입고 같은 음식을 먹으며 같은 문화 속에서 살았다. 우리는 중국 내지의 도시들을 거닐며 선교사들에 의해 뿌리 내린 그리스도교가 아름답게 열매를 맺은 모습을 확인할 수 있었다.

그리스도교를 잘못 받아들인 홍수전

그리스도교가 중국에 전파되는 과정에서 중국의 시대 상황과 맞물려 특별한 인물이 등장해 중요한 사건을 주도했다. 중국에 들어온 선교사들의 꿈은 중국 전역에 그리스도교를 전파하는 것이었다. 그런데 이런 꿈을 잘못 해석하여 '그리스도교적 이상세계의 구현'이라는 명목으로 중국을 혁명의 소용돌이로 몰아넣은 사람이 있었으니, 바로 홍수전(洪秀全, 1814~1864)이다.

홍수전은 광둥성 화花현 출신 객가인이다. 당시 제1차 아편전쟁 이후 광둥성 상황은 매우 열악했다. 상하이를 비롯해 개방항이 늘어나자 대외무역을 독점하던 광저우의 매력이 사라져 광둥의 경제가 큰 타격을 입었다. 그러자 실업자들이 늘고 도적질이 횡행하여 사회 불안이 가중되었다. 이런 사회 분위기를 틈타 만주족을 몰아내고 한족 정권을 수립하려는 비밀 결사조직들이 생겨났다.

위와 같이 사회가 혼란에 빠지기 전인 1836년에 홍수전은 진사 시험을 보았으나 낙방했다. 어느 날 그는 광저우의 길을 걸어가다가 영국 선교사로부터 전도 책자인 《권세양언勸世良言》을 건네받았다. 그는 처음에는 큰 관심을 기울이지 않았다. 그 뒤로 길가에서 점쟁이 노릇을 하며 시험공부에 매달렸지만 연이어 낙방하자 낙심하고 말았다. 그는 어쩔 수 없이 고향으로 돌아갔고 40일 동안 고열로 환각 증세를 보이며 크게 앓았다. 그때 꿈에 봤던 장면이 《권세양언》의 내용과 비슷하다고 느끼고 이를 탐독하던 중 나름의 깨달음을 얻고 그리스도교인이 되었다.

홍수전은 1847년에 사촌동생인 홍인간洪仁玕과 함께 광저우 십삼행 인근 뚱스자오東石角교회를 찾아 로버츠 목사에게 두 달 정도 교리 학습을 받았다. 이때 홍수전은 그리스도교 교리를 온전히 이해하지 못하고 개인의 경험과 욕망을 덧붙여 태평천국의 이념과 조직을 구체화했다. 이후 그는 '하나님을 숭배하는 모임'인 배상제회拜上帝會를 조직했다. 이처럼 그가 그리스도교인이 된 동기는 오로지 영적 필요에 따른 것은 아니었다.

홍수전은 하나님을 천부天父라 부르고 예수는 하나님의 장자長子이며, 자신 역시 하나님의 아들이자 예수 그리스도의 동생이라고 공언했다. 아울러 여인의 전족纏足과 인신매매를 금지하고 만주족 고유의 호복胡服과 변발辮髮도 금지하고 명나라 시대 한족 복장을 할 것을 천명했다. 이처럼 홍수전은 그리스도교인과 여성과 한족의 지지를 끌어내고자 노력했다. 홍수전의 계획대로 각지의 부호와 청년들이 무리를 지어 몰려들었다. 그 과정에서 향후 홍수전을 도와 조직을 이끌게 되는 친구 펑윈산馮雲山을 비롯해 양슈칭楊秀淸, 샤오차오꾸이蕭朝貴, 스다카이石達開도 합류했다. 당시 광둥성과 광시성에 기근이 들어 백성들이 기아에 허덕였으나 청의 관리들은 아무 대책도 내놓지 못했다. 홍수전은 백성들의 불만을 토대로 1851년에 군대를 일으켜 '태평천국太平天國' 건립을 표방했다. 그리고 토착민들에게 밀려난 객가인들을 흡수하고 반청反淸이라는 공동 목표를 가진 천지회天地會와 결탁했다. 이렇게

† 홍수전

홍수전은 그저 순수한 의도로 그리스도교인이 된 것이 아니었다. 그는 그리스도교를 이용해 외국인에게서 동정을 얻고 중국 교인들의 지원을 받아 자기 세력을 키우려는 정치적 야심을 갖고 있었다.

홍수전의 군대는 여러 지역의 반군과 정부군을 빠르게 흡수해 세력을 키워갔다.

태평천국군은 중국 서남부에서 출발해 용안永安, 꾸이린桂林, 창사長沙, 웨저우岳州를 거쳐 1853년 1월에 중부지방에 있는 우창武昌을 함락했다. 우창에서 선박을 대거 확보하고 수군을 보강한 태평천국군은 양쯔강을 따라 난징으로 향했다. 태평천국군은 100만 명의 지지자를 기반으로 1853년 3월에 결국 난징을 함락시킨 뒤 청군 3만여 명을 몰살했다. 홍수전은 난징을 '천경天京'으로 명명하고 태평천국을 선포했다. 성경 속의 천국을 지상에 건설한 것이다. 그는 각료들을 임명하고 독립국을 자처하는 한편 전열을 정비해 베이징으로 진격하고자 했다.

청 정부는 홍수전을 반역자로 규정하고 반군을 '장발적長髮賊' 또는 '발비髮匪'로 불렀다. 태평천국 군대가 변발을 자르고 예전처럼 장발을 했기 때문이다. 당시 청 조정에서는 문종文宗이 죽고 어린 목종穆宗이 제위에 올라 생모인 서태후가 섭정을 하고 있었다. 청 왕조를 세우는 데 근간이 되었던 팔기군八旗軍도 이제는 쓸모없이 제도로만 남은 상태였기 때문에 정부군은 반군을 진압할 힘이 없었다. 그래서 지역의 의용군에 의지할 수밖에 없었다.

서태후가 반군을 진압하라는 명을 내리자 쩡궈판曾國藩과 쩡궈취안曾國筌, 쥐종탕左宗棠 등이 향토군鄕勇인 샹湘군을 조직해 동원했고, 리훙장李鴻章과 후린이胡林翼 등이 친왕勤王군을 소집하여 태평천국의 군대에 맞섰다. 그 와중에 영국과 또다시 마찰이 빚어졌다. 홍콩에 정박해 있던 애로Arrow호가 영국 국적의 배인지라 영국 깃발을 달고 있었는데, 선원들 중 해적 혐의를 받는 자가 있어 청 관리들이 배에 올라 그를 체포한 것이다. 그러자 홍콩 주재 영국 영사인 파커스는 중국 관리의 행동이 영국 국기를 모독했다며 청 정부에 항의서한을 제출했다.

그 무렵 공교롭게도 프랑스 선교사가 광시廣西성 관리에게 살해당하는 사건이 벌어졌다. 아시아 식민정책에 관심이 많던 프랑스의 나폴레옹 3세는 이를 빌미로 군대를 파병해 영국군과 연합하여 광저우를 공격했다. 영국과 프랑스 연합군은 광저우의 따구大沽 포대를 파괴하고 성을 차지한 뒤 베이징을 압박하기 위해 톈진으로 향했다. 당시 청 정부는 태평천국운동 때문에 연합군에 대항할 여력이 없었다. 결국 프랑스에 사신을 보내 강화를 요청하고 1858년에 영국과 프랑스 양국과 불평등조약인 톈진조약을 체결했다.

이듬해인 1859년에 영국과 프랑스 관리가 조약 이행을 위해 베이징으로 향하는데 광저우의 따구 포대에서 관리들이 탄 배를 향해 포가 발사되는 일이 벌어졌다. 화가 난 영국과 프랑스 군대는 베이징으로 쳐들어가 원명원圓明園을 파괴했다. 원명원은 건륭제가 선교사에게 명해 건립한 별궁으로서 서양식 건축양식으로 지어져 화려하기 이를 데 없었다. 그러나 그 별궁은 양국 군대에 의해 원형을 찾기 힘들 정도로 철저히 파괴되어 오늘에 이른다. 아울러 양국 군인들은 베이징을 휘젓고 돌아다니며 약탈과 방화를 일삼았다. 약탈한 물품은 공공연하게 경매에 붙여져 세계 전역으로 고가에 팔려나갔다. 결국 1860년에 청 정부는 러시아공사 이그나체프의 중재로 양국과 베이징조약을 체결했다. 그 내용은 다음과 같다.

청이 영국, 프랑스와 맺은 베이징조약

1. 청은 배상금 1,600만 냥을 지불한다.
2. 뉴창牛莊, 떵저우登州, 전장鎭江, 딴수이淡水, 차오저우潮州,
   총저우瓊州, 톈진 등의 항구를 무역항으로 개방한다.
3. 그리스도교 선교를 승인한다.
4. 외국 공사의 베이징 거주를 승인한다.
5. 외국 선박의 양쯔강 통행을 승인한다.
6. 영국에 홍콩의 주룽九龍반도를 할양한다.

청 정부는 이렇게 영국과 프랑스 양국과 굴욕적이고 불평등한 베이징조약을 체결한 뒤 겨우 기운을 추슬러 태평천국 군대를 상대하게 되었다. 이때 미국인 워드가 청을 도와 신식 군대인 총기부대를 인솔해 연승을 거두면서 '상승常勝장군'이라는 별명을 얻었다. 그러나 워드는 저장성에서 전사했고 영국 군인 고든이 그 뒤를 이었다. 이처럼 청 정부군의 분전으로 태평천국 군대는 점차 세력이 약화되었고 내분까지 겹쳐 세력이 급속히 와해되었다.

1860년에 홍수전은 광저우 시절 자신에게 그리스도교 교리를 가르쳐줬던 로버츠 목사를 초청해 그의 도움을 받고자 했다. 그러나 로버츠 목사는 홍수전이 스스로 예수의 동생을 자처하며 이를 인정하라고 강요하자 태평천국에 대한 기대를 접고 그의 곁을 떠났다. 결국 홍수전은 독약을 먹고 자살했고 천경으로 불렸던 태평천국의 수도 난징은 1864년 7월에 함락되었다. 이로써 '모두가 평등한 지상낙원의 건설'을 꿈꾸었던 태평천국은 15년 만에 종지부를 찍었다.

미국 국적의 중국인 학자 위잉스余英時는 "태평천국의 그리스도교는 왜곡이 극에 달해 있었다. 그러나 중국인이 처음으로 서양의 관념을 이용해 자신의 문화 전통을 맹렬히 공격했다는 점에서 그 상징적 의미는 매우 중대하다"고 평가했다.

꿈과 환상 속에서 우연히 접한 성경내용을 자기중심적으로 해석한 홍수전은 자신을 섬기는 새로운 종교를 만들어냈고, 이를 기반으로 일으킨 태평천국은 15년 동안 2,000만 명의 사상자를 내며 허무하게 막을 내렸다. 자신을 하나님의 아들이라 칭한 홍수전에게는 죄에 대한 인식도 없었으며 예수 그리스도의 십자가의 공로도 없었다.

과거의 중국을 뒤엎고 현대의 중국을 마련한 그리스도교인, 쑨원

쑨원(孫文, 孫中山, 1866~1925)은 신해혁명으로 중화민국을 건국한 국부國父이다. 그는 1866년 광둥성에서 빈농의 막내아들로 태어났다. 그가 자란 샹산香山현 취헝翠亨촌은 바다 건너로 홍콩이 보이고 남쪽으로는 마카오가 있는 시골이었다. 유년시절 그의 가정은 고구마로 끼니를 때워야 할 정도로 어려웠고 나중에는 큰형 쑨메이孫眉가 일찌감치 하와이로 나가 매달 송금해주는 돈으로 연명했다. 잠시 귀국한 형에게 하와이 소식을 전해 들은 쑨원은 12세이던 1878년에 형을 따라 하와이 호놀룰루로 향했다. 그는 난생처음 웅장한 화륜선火輪船과 광활한 바다를 접하면서 서양 학문을 흠모하고 세상에 대한 궁리를 시작했다.

† 쑨원

청나라 말기에 봉건주의를 타도하고 현대 중국을 태동케 한 주역으로 그리스도
교인이 여럿 존재했다. 그중 가장 대표적인 인물이 국부國父 쑨원이다.

쑨원은 1879년에 호놀룰루 이올라니학교 Iolani College에 입학했다. 이
학교는 1862년에 영국 성공회 스타일리 주교가 건립한 8년제 기숙학
교로서 쑨원이 입학한 당시에는 알프레드 윌리스Alfred Willis 주교가 교
장을 맡고 있었다. 기록은 없지만 졸업연도를 감안하면 6학년부터 시
작한 듯하다. 시골 촌놈인 그가 영어를 알 길이 없었지만 빠르게 적응
해갔다. 그는 서양식 교육으로 그리스도교와 서구역사, 수학과 과학,
체육과 군사 등 다방면의 지식을 빠르게 습득했다. 도서관에서 최신 서
적과 신문을 읽으며 시사 상식을 넓혀갔고, 일요일에는 세인트앤드류
성당St. Andrew's Cathedral에서 예배와 함께 성가대 등 여러 활동에 적극
참여했다. 시골 소년이 세계적 안목을 지닌 인물로 재탄생되는 과정이

었다. 윌리스 주교 부부는 그를 특별히 아껴 언제나 식사를 같이하고 성경을 해설해주었다. 1882년 졸업 당시 쑨원은 영어문법 과목에서 차석을 차지할 정도였고 하와이 왕국 칼리카우아왕에게 직접 졸업장을 받았다.

형인 쑨메이는 쑨원이 학교를 졸업하고 자기 사업을 도와주기를 바랐다. 하지만 쑨원이 계속 공부하기를 원하자 쑨메이는 동생을 호놀룰루 오아후학교Oahu College에 진학시켰다. 이 학교는 미국 그리스도교공리회(회중교회) 선교사가 1841년에 세운 호놀룰루 최고 상위학교로서 특히 영어와 역사교육으로 유명했다. 쑨원이 신앙과 학업 모든 면에서 두각을 나타내자 선교사와 선생님들이 그에게 입교를 권했고 그는 이 일을 형에게도 알렸다. 그러나 유교적 생활 방식을 고집한 쑨메이는 동생을 귀국시켜버렸다.

1883년, 성경을 들고 5년 만에 귀국한 쑨원에게 중국은 자신이 생활했던 하와이와는 너무나 뒤떨어져 있었다. 그는 아쉬운 대로 지역사회를 개량해보고자 도로 건설, 가로등 설치, 야경단 조직 등을 건의했다. 그중에서도 우상을 숭배하는 민간신앙이 큰 골칫거리였다. 촌민들에게 구습을 떨쳐내라고 충고해봤지만 반감만 키울 뿐이었다. 쑨원의 친구 루하오둥陸皓東이 베이디먀오北帝廟에 들어가 신상을 파괴했는데 촌민들이 쑨원을 의심해 해치려 하자 급히 홍콩으로 피신했다.

1883년 11월에 홍콩으로 건너온 쑨원은 영국성공회가 운영하는 빠추이拔萃서원에서 공부하던 중 미국 공리회 찰스 헤이거(喜嘉理, Charles Hager) 목사를 알게 되었다. 헤이거 목사는 쑨원의 내력을 전해 듣고 다시 입교를 권했다. 이에 쑨원은 친구 루하오둥과 함께 헤이거 목사에게 세례를 받고 정식으로 그리스도교인이 되었다. 이때 '일신日新'과 '일선逸仙'이라는 이름을 갖게 되었다. 쑨원은 교회 2층에 기거하면서 공부에 매진하는 한편 틈날 때마다 헤이거 목사를 도와 교회 일에 힘썼다. 헤이거 목사는 후에 쑨원을 이렇게 평가했다. "누군가 후원과 도움을 주었다면 쑨중산 선생은 틀림없이 유명한 선교사가 되었으리라. 그의 열심과 의지라면 반드시 많은 이를 그리스도에게 인도했으리라."

1884년 4월, 쑨원은 홍콩의 중앙서원The Central School으로 전학했다. 1862년에 세워진 이 학교는 홍콩 최초의 공립학교로 영어를 사용하는 영국식 학교였다. 쑨원은 중앙서원에서 영국 역사와 프랑스대혁명을 배우면서 입헌군주제와 공화국의 정치제도를 접했다. 이해에 그는 형의 소개로 고향으로 돌아가 루무전盧慕貞과 첫 번째 결혼을 했다. 그러나 결혼 뒤에도 홍콩에서 학업을 이어갔고 매주 왕위추王煜初 목사의 설교를 들었으며 헤이거 목사와 고향 인근을 다니며 전도에 힘썼다. 이처럼 쑨원은 홍콩에 머무는 동안 신앙을 키웠고 자유와 평등과 박애라는 혁명정신을 고양했으며 혁명 동지들을 늘려나갔다. 루하오둥과 정스량鄭士良과 천사오바이陳少白 등 쑨원의 혁명 초기 동지들은 대부분 그리스도교인들이었다.

쑨원은 세상을 구제하겠다는 결심에 따라 진로를 의학으로 선택했다. 홍콩을 떠나 광저우로 건너가 보지博濟의원에서 의학 공부를 시작했고 1892년 시이西醫서원을 졸업하고 의사 면허를 얻어 1893년에 마카오에서 약국을 개업했다. 그러나 이후 혁명에 전념하면서 혁명 동지들과 함께 1895년에 광저우 총양重陽봉기를 주도했지만 실패했다. 그리고 그해 11월에 하와이 호놀룰루로 피신했다. 광저우 봉기에서 쑨원의 친구 루하오둥이 체포되어 교수형에 처해졌다. 이로써 루하오둥은 흥중회 최초의 열사이자 중국 혁명 과정에서 사망한 최초의 그리스도교인이 되었다. 그는 중화민국 '청천백일기靑天白日旗'를 디자인한 사람이기도 하다.

총양봉기 이후 쑨원은 일본 망명과 런던 구금사태를 거치면서 국내외의 혁명 세력을 규합해 신해혁명을 이끌었고 이후 중화민국 초대

대통령에 취임했다. 쑨원이 런던에 있을 때 청나라 관원들에게 붙잡혀 중국 대사관에 억류된 적이 있었다. 그는 탈출하기 위해 백방으로 노력했지만 희망이 보이지 않았고 지푸라기라도 잡는 심정으로 대사관 직원인 영국인 컬에게 자신이 중국의 정치범이라고 밝히고 도움을 요청했다. 그러자 컬이 느닷없이 그에게 아르메니아 역사를 아느냐고 물었다. 잠시 생각을 정리한 쑨원은 컬에게 답했다.

"터키의 술탄이 아르메니아인들을 학살하려는 이유는 아르메니아인들이 그리스도교인이었기 때문입니다. 중국 황제가 나를 죽이려는 이유 역시 내가 정치 개혁을 요구하는 그리스도교인이기 때문입니다. 이제 내 목숨은 그대 손에 달렸습니다. 이 사실을 외부에 알려 살려주지 않으면 나는 갈기갈기 찢겨 죽게 될 것입니다. 사람을 죽음에서 구해내는 것과 죽음으로 몰아넣는 것 가운데 무엇이 선이고 무엇이 악이겠습니까? 우리가 하나님에게 충실한 것과 고용주에게 충실한 것 가운데 무엇이 더 중요합니까? 정직한 영국을 보전하는 일과 부패한 중국 정부를 도와주는 일 가운데 무엇이 더 중요합니까?"

결과적으로 쑨원은 외부와 연락이 닿아 위기에서 벗어나 혁명을 이어갈 수 있었다. 참고로 아르메니아는 로마제국에 앞서 301년에 그리스도교를 국교로 제정한 세계 최초의 그리스도교 국가였다. 쑨원은 자신의 혁명 동기는 이집트의 노예 생활에서 이스라엘 백성을 이끌어낸 모세의 이야기와 인간을 죄의 사슬에서 해방시킨 예수의 사상에서 비롯되었다고 밝혔다. 그는 "혁명은 불이고, 그리스도교는 기름입니다. 사람들은 나의 혁명만 보고, 나의 신앙을 보지 못합니다. 기름이 없으면 어떻게 불이 일어나겠습니까?"라고 말했다. 한편으로는 "혁명의 성공은 온전히 하나님의 은혜에 매달렸기 때문입니다!"라고 밝히기도 했다.

† 1915년 쑨원과 쑹칭링의 결혼사진

쑨원은 노년에 자신의 삶을 돌아보며 많은 그리스도교인 덕분에 혁명정신을 유지할 수 있었다고 고백했다. 1924년 중국 그리스도교청년회 25주년 경축대회에서는 경축사에서 이렇게 언급했다. "교회가 중국에 들어와 중국의 풍조가 개벽되고 인민의 사상이 계발되었습니다. 우리가 이민족의 사슬을 벗었습니다. 모세가 이스라엘 민족을 이끌고 이집트를 탈출했듯이 말입니다." 그리고 임종을 앞두고 이렇게 말했다. "나는 시종일관 그리스도교인이었습니다. 나뿐만 아니라 내 아들, 며느리, 딸, 사위, 장인, 장모, 아내, 처제, 처남, 친척 모두 그리스도교인이었습니다. 가족예배를 드렸고, 훌륭한 목사님이 계시면 찾아가 가르침을 청했습니다. 누가 나를 그리스도교인이 아니라고 말하겠습니까?"

1925년에 세상을 떠난 쑨원의 유해는 그의 유언대로 1929년에 난징의 쯔진산紫金山에 묻혔다. 그의 유해가 안치된 중산링中山陵은 지금도 내국인과 외국인을 불문하고 난징을 방문하는 사람이라면 누구나 방문하는 명소가 되었다. 그는 대륙과 타이완의 구분 없이 모든 중화권 국가와 중국인에게 국부國父로 추앙받는 인물이다. 그래서 그를 기념하는 건물이 대륙의 광저우와 타이완의 타이베이 그리고 싱가포르 세 곳에 건립되어 있다. 한 역사가는 쑨원의 일생을 이렇게 정리했다. "쑨중산은 그리스도로 인해 의학을 공부했고, 의학을 공부하였기에 혁명에 나설 수 있었다. (중략) 그리스도와 의학과 혁명, 이 세 가지는 그의 생애 전환점마다 밀접한 연관을 맺고 있다. (중략) 그는 그리스도의 신앙을 잊지 않았고, 의학의 원칙을 놓치지 않았으며, 혁명은 아직 완성되지 않았다는 간절함을 놓지 않았다. 이런 상보적 표현이 이 위대한 인물을 가장 아름답게 한다."

현대 중국 교회의 기틀을 다진 딩광쉰

현대 중국 그리스도교의 존립과 발전의 역사에서 딩광쉰(丁光訓, 1915~2012)은 결코 빼놓을 수 없는 인물이다. 딩광쉰은 1915년에 상하이의 그리스도교 가정에서 태어났다. 그의 외할아버지가 성공회 목사였고 어머니도 신실한 교인이었다. 교회의 전통에 따라 태어난 지 4개월 만에 세례를 받았고, 매주 가족과 함께 교회에 나가 예배를 드렸다. 이렇듯 딩광쉰은 어려서부터 그리스도교 신앙교육을 받으며 성장했다. 이런 자연스러운 신앙 환경 속에서 자란 딩광쉰은 사회주의 중국이라는 환경에서도 평생 신앙의 길을 버리지 않았고, 중국 그리스도교의 불씨가 꺼지지 않고 성장할 수 있도록 최선의 노력을 기울였다.

학창시절에도 품행과 성적을 겸비했는데, 특히 수학 성적은 시종

선두권에서 벗어나지 않았다. 1931년에 그는 상하이 성요한대학 St. John's College 부설 중고등학교를 우수한 성적으로 입학했고 졸업한 후에는 1937년에 다시 성요한대학 토목과에 진학했다. 아버지는 아들이 뛰어난 엔지니어가 되어 편안한 삶을 살기를 바랐다. 그런데 딩광쉰은 아버지의 바람과 달리 대학 진학 후 1년이 지난 어느 날 문과로 전향하여 영어와 신학을 공부하게 되었다. 그의 이런 결정은 결코 갑작스러운 충동이 아니었다.

가정 내에서는 어머니가 딩광쉰이 외할아버지처럼 신학을 공부해 교회에 헌신하기를 바랐다. 그리고 딩광쉰도 일본이 중국의 동북 지방을 침공해 나라의 운명이 위태로운 당시 상황에서 엔지니어 기술 습득보다 사회 개조가 급선무임을 깨달았다. 아울러 그리스도인으로서 그리스도교가 사회를 구제할 수 있다고 판단했다. 진로를 결정한 뒤 그리스도교 학생단체 활동에 참가하면서 자신의 생각을 좀 더 구체화하고 현실화할 수 있었다.

딩광쉰은 1937년부터 1942년까지 6년에 걸쳐 상하이 성요한대학에서 공부를 마치고 문학사와 신학사 학위를 취득한 뒤 성공회 목사가 되었다. 이후 1942년부터 1945년까지 상하이 그리스도교청년회 학생부 간사로 활동했다. 상하이교회학교 시절부터 그리스도교청년회 시절까지 그는 다방면에서 활발하게 활동했다. "섬김을 받으러 온 것이 아니라, 섬기러 왔노라(非以役人, 乃役於人)"고 한 예수님의 정신에 기초하여 사회와 민중에 대한 봉사를 열심히 했다. 여름캠프와 겨울캠프 및 강연회와 토론회를 조직했고 합창반을 조직하여 공연을 이끌었으며 공장을 참관하고 간행물을 출판했다. 딩광쉰은 이러한 청년회 활동을 하며 많은 인재와 교류했다. 그중에는 당시 그리스도교청년회 전국협회 학생부 간사를 맡고 있던 우야오종吳耀宗도 있었다.

중일전쟁 당시 사회적 책임을 절감한 딩광쉰은 상하이 그리스도교

학생연합회를 이끌면서 신앙과 애국을 아우르는 활동을 적극적으로 전개했다. 베이징과 톈진 등 중국 북부가 일본군에 함락되면서 많은 학생이 상하이로 몰려들었고 상하이 학생들도 전쟁의 여파로 학업을 이어가기 어려운 상황이 되었다. 이에 상하이청년회에서는 상하이 학생구제위원회를 조직하여 국내외에서 기부금을 모집해 어려운 학생들의 학업과 생활을 도왔다. 딩광쉰도 학생구제위원회 일원으로 열심히 활동했지만 1937년에 일본군이 상하이를 점령하고 1941년에 태평양전쟁이 발발함으로써 크게 위축될 수밖에 없었다.

그즈음 상하이에 머물러 있던 세계그리스도교 학생동맹 간사 구즈런顧子仁 목사의 초청으로 국제예배당의 겸임목사가 되었다. 국제예배당은 각국 교인이 교파에 상관없이 영어로 예배를 하는 교회여서 비교적 개방적이고 사교활동이 많았다. 딩광쉰은 구즈런 목사와 합의해 주일 오후에 학생 예배를 신설하고 예배 후 사회문제와 시국에 관한 토론회를 열었는데 이후 자연스럽게 학생운동의 지도자로 부각되었다.

1945년에 일본제국이 항복하자 우야오쭝과 동지들은 '중국 그리스도교민주연구회'를 조직하여 향후 중국 그리스도교의 발전 방향에 관한 보고회와 토론회를 했고 이때 딩광쉰도 집행간사를 맡아 중요한 역할을 했다. 1946년에는 중국 그리스도교청년회의 파견으로 아내인 궈슈메이郭秀美와 함께 1년 동안 캐나다로 건너가 캐나다그리스도교학생운동본부의 간사로 활동했다. 그 후 1947년부터 1년 동안 미국 뉴욕 컬럼비아대학 사범학원과 뉴욕 트리니티신학원에서 공부했고 1948년부터 3년 동안은 스위스 제네바 세계그리스도교학생동맹의 간사로 활동했다.

딩광쉰이 해외에 있는 동안 중국에서는 제2차 국공내전이 벌어졌고 중화인민공화국이 성립되었다. 많은 해외 친구가 딩광쉰에게 무신론을 주장하는 사회주의 중국으로 귀국하지 말라고 말렸다. 그러나 그는 1951년 말에 친구들의 만류를 뿌리치고 가족과 함께 상하이로 돌아왔다. 당시 중국 그리스도교계는 우야오종이 이끄는 '삼자애국운동'이 한창 진행 중이었다. 딩광쉰은 '삼자애국운동'의 본질을 깊이 이해하고 적극 지지하는 편에 섰다. 그 후 1951년부터 1980년까지 30년 동안 상하이 광학회廣學會 총간사와 난징 진링셰허신학원 원장, 난징대학 부총장 겸 종교연구소 소장을 역임했다.

난징의 진링셰허신학원金陵協和神學院은 해방 이후 11개 종파의 신학원을 연합하여 만든 신학원으로서 1952년에 새롭게 구성된 이사회에서 37세의 딩광쉰을 원장으로 선출했다. 딩광쉰은 향후 사회주의 중국에서 신앙과 국가를 모두 고려하는 목회자 양성이 핵심 과제임을 절감하고 이 분야에 정통한 신학자 양성이 교회의 미래와 직결된다는 것을 확신했다. 그래서 신학원 원장을 맡은 뒤 종파에 상관없이 신학 교사들을 두루 초빙하여 미래의 중국 교회 지도자 양성에 앞장섰다. 그리고 1955년에는 성공회 주교에 임명되었다.

주지하듯이 문화대혁명 기간에 그리스도교는 커다란 타격을 입어 전멸되다시피 했다. 그러나 시련과 박해 속에서도 믿음의 뿌리는 흔들리지 않았다. 아울러 중국공산당은 문혁 10년 동안 당의 과오를 인정하고 '종교 신앙의 자유' 정책을 부활했다. 그래서 1980년에 중국 그리스도교 제3기 전국대회를 개최하고 만장일치로 딩광쉰 주교를 삼자애국운동위원회 주석 및 중국 그리스도교협회 회장에 선출했다. 이로써 딩광쉰은 개혁개방 이후 중국 그리스도교의 명실상부한 지도자가 되었다.

그런데 그가 감당해야 할 업무는 상상할 수 없을 만큼 막중했다. 앞서 언급했듯이 문혁 10년 동안 다른 종교와 마찬가지로 그리스도교 역시 중대한 피해를 보았다. 기반이 와해된 상태에서 개혁개방 이후 교인들이 급속도로 증가하니 많은 혼란이 빚어졌다. 지역마다 편차가 심해 일부 지역에서는 중앙의 정책 지시를 무시한 채 교회와 교인들의 합법적 권리를 침해하고 탄압하는 일이 속출했다. 이에 딩광쉰과 협회 지도부는 이런 상황을 중재하고 기반을 재건하며 새로운 발전단계에서 그리스도교를 정립할 필요가 있었다. 아울러 중단된 대외교류를 재개하고 중국 그리스도교의 특수한 상황을 이해시켜야 했다. 이처럼 중국 그리스도교를 회복하기 위한 그의 노력은 어떤 비난에도 흔들리지 않는 확고한 업적으로 평가할 수 있다.

이밖에도 딩광쉰은 1980년부터 1989년까지 장쑤성 정치협상회의 부주석, 전국인민대표자대회 상무위원회 위원, 전국인민대표자대회 외사위원회 위원 등을 역임하면서 기회가 있을 때마다 종교정책의 문제들을 거론하며 중국 그리스도교가 새롭게 성장할 수 있는 기반을 조성했다. 그리고 이런 숨 가쁜 대외활동 속에서도 신학원 원장으로서 강의를 하며 차세대 인재들을 교육하고 길러내는 일도 게을리하지 않았다. 그 결과 현재 중국의 그리스도교 인구는 약 1억 명으로 추정되고 개방된 예배당도 1만 2,000개에 달한다. 운영 중인 신학원도 전국적으로 17개에 이르고 졸업생 2,700명을 배출했다.

1985년에는 중국 최고의 순수 NGO단체인 애덕기금회愛德基金會가 창립되었는데 딩광쉰이 주도적으로 참여했다. 애덕기금회는 중국의 사회개발을 지속가능한 상태에서 자체적으로 해결하자는 기본 취지를 바탕으로 상당수 그리스도교인이 참여하고 해외 선교회의 기부도 받는 비그리스도교기구이다. 초기에는 외국과 홍콩의 기부금 비율이 높았으나 점점 중국 기업인과 청년 전문가들의 참여 비중이 높아지고 있다. 교회 건설을 배제하고 농촌개발과 보건의료, 장애인복지, 교육과 출판 등의 분야에 주력하고 있다. 1986년에는 연합성경협회The United Bible Societies와 애덕인쇄공사The Amity Printing Company라는 합자회사를 만들어 난징에서 대규모 인쇄소를 운영하면서 중국 내에서 유통되는 모든 성경을 출판하고 있다. 2008년 기준으로 애덕기금회는 연간 1억 위안의 운영기금을 돌파함으로써 중국 최대 비영리단체로 도약했다.

1989년부터 1997년까지 딩광쉰은 전국 정치협상회의 부주석, 중국 그리스도교 삼자애국운동위원회 명예주석, 중국 그리스도교협회 명예회장, 진링셰허신학원 원장 등을 역임했다. 2003년 3월에는 전국 정치협상회의 제10기 제1차 회의에서 제10기 전국 정치협상회의 부주석에 당선되었고 2006년 8월에는 제8기 세계종교평화회의에서 명예주석으로 당선되었다. 딩광쉰은 2012년 11월 22일에 난징에서 98세를 일기로 세상을 떠났다.

노벨문학상을 받은 최초의 미국 여성 작가와 《대지》

어느 소설에 보면 키가 크고 찬 바람에 시달리는 나무처럼 빼빼 마른 외국인 선교사가 최하 빈민층으로 전락한 왕룽王龍이 끄는 인력거에 올라 선교 전단지를 전달하는 장면이 나온다. 전단지에는 살결이 하얀 남자가 십자로 된 나무에 걸려 있었다. 수염이 텁수룩한 얼굴에 두 눈이 감겨 있는 머리를 한쪽 어깨 쪽으로 축 늘어뜨리고 허리께에만 천으로 가린 맨 몸 상태로 보아 죽은 게 틀림없는 사람 모습이었다. 왕룽은 겁을 먹은 채 그림의 남자를 보며 점점 호기심이 생겼다. 그 그림 아래에 무슨 문자가 있으나 일자무식인 왕룽은 그 뜻을 전혀 알 수 없었다. 그러나 그 전단지는 며칠 뒤 아내 오란이 신발을 튼튼히 하기 위해 신발 밑창에 넣어 꿰매어지고 만다. 왕룽이 기근으로 땅을 버리고 남쪽 대도시로 내려와 인력거꾼으로 지내면서 겪게 되는 일화이다. 이 이야기 속 도시가 바로 난징이다. 그리고 이 소설은 바로 펄 벅의 《대지》이다.

펄 벅(賽珍珠, Pearl Sydenstricker Buck, 1892~1973) 여사는 우리에게 《대지》로 잘 알려진 미국 작가이자 인권 및 여성권리 운동가이지만 장로회 선교사이기도 하다. 미국 웨스트버지니아주 힐스보로에서 태어난 지 3개월 만에 장로교 선교사인 부모와 함께 중국으로 건너와 장쑤성 전장鎭江시에서 18년 동안 생활했다. 어린 시절에 그는 중국인 유모가 들려준 수많은 중국이야기들 속에서 상상력을 키워갔다.

펄 벅은 그 후로 쑤저우宿州, 난징, 루산廬山 등지에서 총 40년 정도 생활했기에 중국어를 '제1언어'라 칭했고 전장을 '중국의 고향'으로 꼽았다. 1900년에 중국 북방에서 의화단운동이 일어났을 때 처음에는 미국으로 귀국했다가 1902년에 다시 전장으로 돌아왔다. 지금도 전장시 펑처風車산에 가면 펄 벅이 다녔던 충스崇實여중이 있고, 그 안에 옛집이 남아 있다.

1917년 5월에 미국 장로교 선교회에서는 농업 기술교육을 위해 25세의 농학자를 파견했다. 그는 존 로싱 벅John Lossing Buck으로 펄 벅과 결혼한 뒤 안후이安徽성 쑤저우宿州에 거주했다. 그들 결혼은 부모가 반대했고 우려대로 결혼 생활이 순탄하지는 않았다. 그럼에도 그는 남편과 함께 가뭄과 기근으로 고생하는 화베이華北 지역 농민들의 현실을 체험했다. 이때의 경험은 훗날 《대지》를 비롯한 작품 창작에 큰 밑거름이 되었다.

1921년 하반기에 펄 벅 부부는 미국 교회에서 세운 진링金陵대학(1952년 난징대학으로 합병됨)의 초청을 받아 난징으로 와서 교내의 한 독립 건물에 거주하게 되었다. 현재 난징南京대학 꾸러우鼓樓 캠퍼스 베이위안北園에는 3층으로 된 서양식 건물이 세워져 있는데 펄 벅이 중국을 떠나기 전까지 장기간 머물던 곳이며 지금은 펄벅기념관으로 조성되어 있다. 중국어를 모국어로 하는 미국작가였던 펄 벅은 여기서 중국 농민의 생활을 다룬 장편소설 《대지The Good Earth》를 집필했다.

그는 집필 당시 상황을 이렇게 회상했다.

"어느 날 아침 나는 다락방을 치우고 커다란 중국식 책상 앞에 앉았다. 창밖으로 낙타 등처럼 생긴 산이 시야에 들어왔다. 그 후 나는 매일 아침 청소를 끝내고 나면 그곳에서 타이프로 《대지》의 원고를 썼다. 내가 쓰려던 이야기는 오래전부터 내 머릿속에 뚜렷이 그려져 있었다. 사실 그것은 내가 살아오면서 보고 들었던 사건들을 통해 확실하고 빠르게 형성되었다. 나의 열성은 내가 깊이 사랑하고 찬양하는 중국의 농민과 일반 대중을 보며 느꼈던 노여움으로 인해 용솟음치고 있었다. 소설의 배경으로는 화베이의 시골을 택했고, 작품에 나오는 남쪽의 부유한 대도시는 바로 난징이었다. 이러한 소재는 나에게 익숙한 것들이었고, 등장인물도 자신처럼 잘 아는 사람들이었다. 나는 이 시기에 중국 농민들과 그들의 놀라운 힘, 선량하고 익살스러우며 민첩하고 슬기로운 기질, 냉소와 소박성, 타고난 재치, 자연스러운 생활 습성을 너무나 잘 알고 있었다. 중국 인구의 대부분을 차지하는 중국 농민은 너무나 우수한 백성이었다. 그런데 그들의 무지함 때문에 의사표현이 서투른 점은 인류의 손해라고 생각되었다. 오랫동안 중국에 살면서, 나는 무거운 짐을 등에 지고 짐승보다도 더한 육체적인 고통 때문에 말라비틀어진 농부의 얼굴을 볼 때마다 참을 수 없는 분노를 느끼곤 했다."

펄 벅의 남편인 존 벅은 농학자였으며 진링대학에 농업경제과를 만들어 과주임을 맡으면서 농업기술과 농장관리 등의 과목을 가르쳤다. 그 후《중국농가경제》등을 저술하는 등 미국에서 중국문제 전문가로 인정받았다. 펄 벅은 진링대학 외국어과에서 강의했고 후에 국립중앙대학과 동남대학 등에서 교육학과 영문학 등을 강의했다. 아울러 1921년 10월에 사망한 어머니의 뒤를 이어 장로회 선교사가 되었다.

이처럼 펄 벅은 강의와 창작을 병행하면서 사회활동에도 적극적으로 참여했다. 쑨원의 장례를 준비하던 기간에는 중국 주미대사였던 스자오지施肇基 박사와 쑨원 사체의 방부처리를 맡았던 타일러 박사를 집에 머물게 했으며 경극의 대가인 메이란팡梅蘭芳, 현대문학가인 쉬즈모徐志摩, 후스胡適, 린위탕林語堂, 라오서老舍 등 문화계 인사들과 폭넓게 교류했다.

펄 벅은 1922년에 루산廬山 구링牯嶺에서 처음 작품 집필을 시작해 1923년에 처녀작인 《또 중국에서也在中國》를 시작으로 후속작을 계속 내놓았다. 1925년에는 민족이 다른 청춘 남녀의 사랑을 다룬 단편소설 〈어느 중국여성의 말一個中國女子的話〉을 발표했다. 이는 펄 벅 자신과 중국의 청년작가 쉬즈모의 사랑을 반영한 작품이다. 또 다른 작품에서는 주인공이 결국 비행기 사고로 죽는 장면이 그려지는데 1931년에 쉬즈모가 탄 비행기가 난징을 이륙해 베이징을 향하다가 지난濟南 부근에서 추락해 그가 숨진 사실과 정확히 일치한다. 이처럼 펄 벅은 자신의 작품 곳곳에서 쉬즈모를 향한 그리움과 안타까움을 그대로 투영했다.

1927년 장제스가 이끄는 북벌군(국민혁명군)이 난징을 공격해오자 많은 외국인이 공포에 휩싸였다. 펄 벅 역시 난민이 되어 중국 지인들의 도움을 받아 난징을 떠나서 일본 나가사키로 피신했다. 장제스의 국민당 정부가 수립된 뒤인 1928년 여름에 다시 돌아왔을 때에 펄 벅의 숙소는 처참하게 망가지고 약탈을 당한 상태였다. 그러나 다행히도 세상을 떠난 어머니를 추억하며 써놓았던 《카일리 전기》의 원고는 온전히 나무상자 안에 보관되어 있었다. 그는 후에 이 원고를 다듬어 《이방인》이라는 이름으로 발표했다. 펄 벅은 집필활동을 재개하여 전에 발표했던 〈어느 중국여성의 말〉과 미발표된 속편을 모아 장편소설 《천국의 바람天國之風》의 출판을 결정했다. 오래지 않아 또 다른 신작 소설인 《왕룽王龍》의 원고가 난징의 진링대학에서 뉴욕의 출판사로 보내졌다. 중국 농민의 생활을 핍진하게 묘사한 작품에 감동한 출판사는

† **펄 벅** 펄 벅은 미국 여성작가로서 최초로 노벨문학상을 받았다. 오른쪽 사진은 펄 벅이 쓴 〈어느 중국여성의 말〉에서 주인공의 모티브가 된 중국 청년작가 쉬즈모이다.

출판에 적극 찬성하면서도 작품명이 사람들에게 너무 낯설다며 '대지'와 같은 이름으로 바꿀 것을 제안했다. 결국 이 원고는 1931년 봄에《대지》라는 제목으로 출간되었다.

《대지》는 출판 이후 1931년과 1932년에 미국에서 최고의 베스트셀러가 되었으며 곧 독일어와 프랑스어, 네덜란드어, 스웨덴어, 노르웨이어 등 번역본이 계속 출간되었다. 그는 이 소설로 1932년에 퓰리처상을 수상했고 1938년 미국 역사상 두 번째, 미국 여성작가로서는 최초로 노벨문학상을 수상했다. 그는 퓰리처상과 노벨문학상을 동시에 수상한 유일한 미국 여성작가이며 현재 외국어 번역본이 가장 많은 미국 작가이기도 하다.

1932년, 펄 벅이 중국을 떠나 미국으로 돌아간 뒤 많은 일이 벌어졌다. 뉴욕에서 강연 도중 선교 활동을 비판한 것이 문제가 되어 장로회 선교사 자격을 박탈당했다. 1935년에는 남편과 이혼하고 펜실베이니아주 퍼커시에 정착했다. 같은 해에 《대지》의 후속작인 《아들들Sons》과 《분열된 일가A House Divided》를 모두 포함한 《대지 3부작The House of Earth》을 출판했다. 아울러 이 책들을 출판하던 존 데이 출판사 사장 리처드 월시Richard J. Walsh와 결혼했다.

그는 이런 집필 활동 외에도 미국에서 인권과 여성권리 운동에 적극 참여했다. 1939년에 장편소설 《애국자》, 극본 《중국에 날아든 빛》, 산문집 《중국의 소설》을 출판했고 1940년에는 웨스트버지니아주립대학에서 문학박사학위를 취득했다. 1942년에 펄 벅 부부는 동서양연합회East and West Association를 창립하여 아시아와 서양의 문화교류에 힘썼다. 1942년에는 마지막으로 중국을 방문하여 중국인들의 항일전쟁을 지지했고 1943년 7월에는 중국과 미국의 작가와 학자들을 펜실베이니아의 숙소로 초청하여 미중관계에 대한 토론회를 벌였다.

1949년에 중화인민공화국이 수립되고 미중관계가 단절되었다. 그 이후로 펄 벅은 '펄 벅 재단'을 세우고 미국 군인과 아시아 여성들 사이에 태어난 고아들을 지원하거나 입양하는 일에 앞장섰다. 1960년에 처음 한국을 방문하여 서울과 대구, 부산 등지에서 강연을 하는 한편, 전쟁고아에 대한 깊은 관심을 갖게 되었다. 1963년에는 어느 한국인 가정의 3대에 걸친 이야기를 다룬 소설 《살아 있는 갈대》를 출판하기도 했다. 노령에도 불구하고 1969년까지 다섯 차례에 걸쳐 한국을 방문해 한미 혼혈고아들의 교육과 복지를 위해 노력했고 고아들을 만나 꿈과 희망을 전하는 일에 매진했다. 그러던 중 1972년에 닉슨 대통령이 중국 방문을 선포하자 펄 벅은 NBC의 특별 프로그램 진행자 자격으로 중국 방문을 기대했으나 중국 측의 완곡한 거절로 뜻을 이루지 못했다.

펄 벅은 1973년 3월 6일에 버몬트주 댄비Danby에서 81세의 나이로 세상을 떠났다. 그는 한 친구에게 보낸 편지에 이렇게 밝혔다. "나는 미국인이 중국인을 이해하고 사랑하는 데 그 누구보다 많은 일을 했다고 자부합니다. 현재 중국 대륙과 왕래가 끊긴 상태이나 미국인은 전과 다름없이 중국인들에게 관심을 갖고 지켜보고 있습니다."

중화인민공화국 성립 이후 반동 작가로 낙인찍혔던 후스는 의료와 교육 등 외국인 선교사의 선교 활동과 관련하여 진링金陵대학(지금의 난징대학) 개교 40주년 기념식의 축사에서 이렇게 말했다. "40년이라는 각고의 노력 끝에 '문화침략'이라는 오명을 얻었습니다. 이것이 '문화침략'이라면 저는 큰 소리로 외치겠습니다. '환영합니다!'" 중국 여인으로 살았던 미국인 펄 벅 여사는 동서양의 문화를 온몸으로 융화해 출판과 봉사라는 문화선교로 선의의 '문화침략'을 감행한 '시대의 여인'으로 우리 기억 속에 남아 있다.

난징 현지 탐방기:
십자가와 오성홍기가 나란히 선 중국 그리스도교 총본산
(2013, 2017년)

여러 번 방문하여 익숙해진 난징은 봄볕을 받아 환하게 빛나고 있었다. 고속철에서 내려 도심으로 이동하면서 보니 오랜 역사를 뒤로하고 거대도시로 용틀임 중이었다. 장쑤성은 중국 동부 해안지역에 위치한 행정구역으로 청대에 명명되었다. 장닝江寧부와 쑤저우蘇州부의 앞 글자를 땄으며 예부터 '생선과 쌀의 고장魚米之鄕'이라 불렸다. 중국에서 지대가 가장 낮고 평원이 펼쳐진 가운데 300여 개 강과 호수가 발달되어 있다. 또한 동서로 양쯔강이 관통하고 남북으로 경항京杭대운하가 자리 잡고 있어 '물의 고장水鄕'이라 할 만하다. 타이후太湖는 중국 5대 담수호 가운데 하나이다.

이런 지리적 여건을 바탕으로 난징에서는 중국의 고대사가 면면이 펼쳐져 흥망성쇠가 이어졌다. 장쑤성의 수도 난징은 시안과 뤄양洛陽, 베이징과 함께 중국 4대 고도 중 하나이다. 229년에 동오東吳가 이곳을 수도로 삼은 이후로 동진, 남조의 송·제·양·진, 남당, 명, 태평천국, 국민당 등 10개 정권이 난징에 도읍을 정했다. 그래서 '육조고도六朝古都'나 '십조도회十朝都會'라는 칭호를 얻었다. 그만큼 금릉金陵, 말릉秣陵, 건업建業, 건강建康, 천경天京 등 다양한 이름을 갖고 있다.

1368년, 주원장朱元璋이 명을 건국하여 이곳을 수도로 정하면서 '난징南京'이라는 이름을 갖게 되었다. 그러나 1421년에 영락제가 베이징으로 천도하면서 수도의 지위를 잃게 되었다. 당대 시인 두목杜牧은

† 현대 난징 모습

〈진회하에 배를 대다泊秦淮〉라는 시에서 세월의 무상함을 이렇게 노래했다.

〈진회하에 배를 대다〉
안개가 차가운 강물 휩싸고 달빛이 모래톱 감싸는
밤, 진회하에 배를 대니 술집이 가깝더라
술집의 아가씨들 망국의 한을 알지 못하고
강을 사이에 두고 〈후정화〉를 부르더라

煙籠寒水月籠沙
夜泊秦淮近酒家
商女不知亡國恨
隔江猶唱後庭花

지금도 공자의 사당인 부자묘夫子廟 앞에 가면 난징의 옛 영화를 재현한 진회하의 물길이 관광객들의 눈길을 사로잡는다. 특히 대낮처럼 불을 밝힌 밤풍경이 아름답다. 두목 역시 난징의 진회하를 찾아, 향락에 빠져 수隋에게 멸망한 남조 진陳의 운명을 한탄했다. 이처럼 인간의 희로애락과 흥망성쇠가 점철된 이 땅에도 복음의 씨앗은 어김없이 뿌려졌다. 여기에 마테오 리치가 큰 역할을 했다. 그는 베이징에 정착하기 전 난징에 머물며 이후 가톨릭의 든든한 후원자였던 서광계 등과 교류하였고, 양명학 좌파 사상가이자 이슬람교인이었던 리즈(李贄, 이탁오李卓吾)와 대보은사大報恩寺 승려 쉐랑雪浪 등과 변론하며 지식인들의 큰 반향을 불러일으켰다. 그리고 체류가 길어지자 뤄스완羅寺灣공소를 지었는데 이곳이 지금의 스구石鼓로 가톨릭성당으로 이어졌다.

"이 터는 곧 예수 그리스도라"

모초우루탕은 난징을 대표하는 등록교회이다. 이 교회는 미국 선교사들이 일찍이 터를 닦은 교회로 현재는 성도 4,000여 명이 예배에 참석하고 있다. 우리는 난징에 도착한 이튿날 난징을 대표하는 등록교회 모초우루탕을 방문했다. 1867년, 영국 내지선교회 선교사에 의해 난징에 처음 개신교가 전해졌으나 언어 소통이 힘들어 큰 성과가 없었다. 그 후 1873년에 미국 북장로회 알버트 위팅(韋理, Albert Whiting) 선교사 부부와 1874년에 찰스 리먼(李滿, Charles Leaman) 선교사 부부가 오면서 본격적인 선교사역이 시작되었다.

위팅 부부와 리먼 부부는 1884년에 첫 예배당과 밍더明德여중을 지었고 1888년에 밍더여중 옆에 400명을 수용할 수 있는 '예수회당耶蘇 會堂'을 지었다. 이 예수회당은 1927년에 '한중탕漢中堂'으로 개명했으나 얼마 뒤 파괴되었다. 그래서 1936년에 건축을 시작해 1942년에야 비로소 1,000명을 수용할 수 있는 고딕식 교회를 완공하고 다시 한중 탕이라 이름 붙였다. 중화인민공화국 성립 이후 1954년에 한중탕은 '모초우루탕莫愁路堂'으로 이름을 바꿨다. 당시 난징에 4개 교회당이 남아 있었는데 1958년에 교회당이 통폐합되고 문화대혁명 기간을 거치면서 크게 훼손되었다. 그 뒤 1980년에 예배가 재개되었고, 예전의 모습대로 복원하는 과정을 거쳤다. 그래서 딩광쉰을 비롯한 중국 그리스도교의 주요 인물이나 해외인사들이 난징을 방문할 때마다 이 교회당에서 설교했다. 교인은 4,000여 명이고 예배와 각종 집회가 개설되어 활발하게 활동하고 있다.

우리가 방문했을 때는 평일 오후여서 예배당이 조용했다. 외관과 내부가 옛 모습을 그대로 간직하고 있었고 주춧돌 위에는 평위샹馮玉祥의 글씨로 "이 터는 곧 예수 그리스도라"라는 고린도전서 3장 11절이 새겨져 있었다. 평위샹은 신해혁명의 주축으로서 중국 국민당과 공산당 양측에서 모두 중용할 정도로 명망이 높았다. 아울러 '그리스도 장군基督將軍'이라고 일컬어질 정도로 독실한 신앙인이기도 했다. 한중탕은 1937년에 일본군의 난징대학살 기간에 난민수용소 역할을 하며 많은 이를 일본군의 만행으로부터 구제했다.

예배당에 앉아 조용히 기도를 마치자 한 청년이 다가와 말을 걸었다. 그는 대장정大長征 이후 마오쩌둥과 홍군의 근거지였던 옌안에 온 대학생이라고 했다. 그리고 이 교회가 아닌 미등록교회(가정교회)를 섬기고 있다고 했다. 잠시 이야기를 나누는 과정에서 미등록교회의 고충을 들을 수 있었다. 현재 중국 정부가 법치를 내세우며 등록을 종용하고 있지만 미등록인 상태로 남아 자신들만의 원칙을 지키려는 교회들의 고충도 짐작이 되었다. 그럼에도 장쑤성과 난징은 큰 틀에서 볼 때 중국 그리스도교의 중심이라 할 만하다.

현재 중국의 수도는 베이징이다. 그러나 중국 그리스도교의 중심은 감히 난징이라고 말할 수 있다. 난징은 장쑤성의 성도(省都, 도청소재지의 개념)이자 중국 그리스도교 사역자들을 양성하는 진링셰허金陵協和신학원을 품은 도시로서 중국 신학을 이끌고 있는 중국 그리스도교의 허브이기 때문이다.

난징을 방문한 첫날에 진링셰허신학원을 찾아가 교수님의 안내를 받았다. 신학원은 구도심을 떠나 난징 동남부 장닝江寧구에 신캠퍼스를 갖고 있었다. 다른 대학들도 이곳에 새로운 캠퍼스를 만들어 대학 타운을 이루고 있었다. 생각보다 신학원의 규모가 매우 컸다. 2017년 여름 당시 정문 옆으로는 연말 완공을 목표로 교회당을 비롯한 커다란 복합건물을 신축 중이었다. 그리고 행정동 건물 앞에는 모조품이긴 하나 '대진경교유행중국비'가 세워져 있어 시안을 방문해 직접 보지 못한 아쉬움을 달래주었다. 우리는 난징을 방문한 이후 2018년에 비로소 시안을 방문해 진품을 접할 수 있었다.

중국은 지역별로 신학원이 있어 해당지역에서 학생들을 선발하는데 진링셰허신학원만 전국에서 학생들을 선발한다고 했다. 현재 중앙정부와 성정부에서는 적극적인 지원과 함께 모집인원의 확충을 독려하고 있다고 한다. 다니는 곳마다 실감했듯이 목회자가 절대적으로 부족한 현상황을 타개해보려고 노력 중이었다.

† 현재 모초우루탕 외관

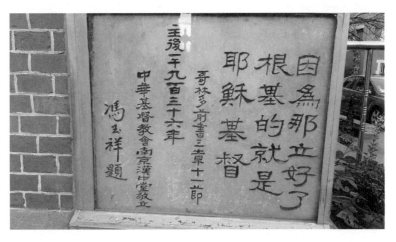

† 모초우루탕의 주춧돌

모초우루탕은 오랜 역사 속에서도 옛 모습을 그대로 간직하고 있다. 모초
우루탕의 주춧돌 위에는 "이 터는 곧 예수 그리스도라"라는 고린도전서
3장 11절이 새겨져 있다.

† 난징협화신학원과
  대진경교중국유행비
  복제품

난징협화신학원은 중국 최고最古 전통신학원 중 하나로 이름이 높다. 직접 가보면 중국 그리스도교의 산실인 신학원 건물과 중국 국기인 오성홍기가 묘한 대조를 이루며 서 있는 광경을 볼 수 있다. 또한 신학원 내부에는 실물과 똑같이 복제된 대진경교중국유행비가 세워져 있다. 방문객들은 이 비석 앞에서 중국 그리스도교의 유구한 역사를 확인할 수 있다.

　모초우루탕과 달리 근래 들어 새롭게 지은 대형교회당이 있다는 말을 듣고 성쉰탕聖訓堂을 찾아갔다. 성쉰탕은 5,000명을 수용하는 대형교회당으로 양쯔강 연안에 자리 잡고 있었다. 그러나 다른 지역의 신설 교회당과 마찬가지로 진입이 불편하고 접근성이 떨어졌다. 2014년에 난징에서 유니버시아드대회가 개최되었는데 난징시는 이를 위해 양쯔강 옆에 대규모 종합 스포츠센터를 조성했다. 그리고 그 부지 안에 외국 선수단의 종교활동을 위한 성쉰탕을 건축했다. 2007년 11월 말에 교회 건축을 시작해 2013년 3월에 완공되었다. 이 교회는 당시 난징의 10대 랜드마크 중 하나로 소개되기도 했다.

　우리가 방문했을 때는 평일 낮이라 인적이 드물었다. 시설은 잘 갖추

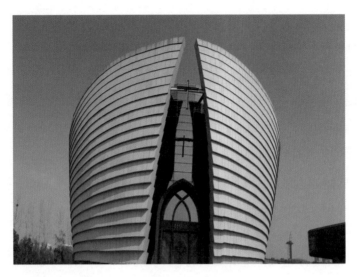

† 성선탕 외관 사진　소문대로 규모가 크고 커다란 방주 형태의 아름다운 외관을 자랑하고 있다. 2013년 4월 20일에 성대한 부활절예배를 드렸는데 영국 BBC가 생중계를 했다고 한다.

어져 있으나 교회 자체의 생동감과 활력은 느낄 수 없었다. 세계대회를 개최하며 언론의 관심을 끌기 위해 대규모 시설을 갖춰놓고는 정작 예배와 신앙 활동은 저조한 느낌이었다. 텅 빈 예배당에 잠시 앉아 머리 숙여 기도했다. 이렇게 멋진 예배당을 지어주셨으니 이 안을 가득 채우고, 이 난징을 중국 복음의 중심이요 중국 신학의 중심으로 귀히 사용해달라고 말이다.

신학교 교수님과 대화

난징에 도착해 난징의 신학교와 주요 교회를 둘러본 다음 저녁시간에 현지의 목사님을 만나 난징의 교회와 중국 그리스도교의 현황에 대해 많은 이야기를 나눴다. 다음은 대화 내용을 정리한 글이다.

민경중: 소중한 시간 내주셔서 감사합니다. 간단하게 저희를 소개하 겠습니다. 저는 한국 그리스도교방송국CBS 기자 출신으로 방송국 최 초로 베이징 특파원을 지냈습니다. CBS는 1954년에 한국 최초로 세 워진 그리스도교방송국입니다. 미국인 설립자가 1970년에 CBS를 KNCC에 인도했습니다. 19명의 목사와 장로들이 이사진을 구성하고 통합 감리합니다. 목사님의 설교만이 아니라 그리스도교적 교양을 갖 고 대중에게 시사문제와 문화로 접근한다는 설립목표 아래 지금까지 그 사역을 충실히 담당하고 있습니다. 한국의 민주화운동을 이끄는 주역이자 한국그리스도교의 발전을 이끄는 중추로서 큰 호응을 얻고 있습니다.

CBS 중국 특파원을 개설할 때 많은 진통을 겪었습니다. 1992년 한 중수교 이후 1994년에 인가를 신청했습니다. 중국 정부는 '그리스도 교방송국'이라는 이름만 듣고 그리스도교적 이념을 전파하는 선교단 체로 오해해 인가를 꺼렸습니다. 그래서 최종인가까지 3년이 걸렸지 요. 당시 중국체육대학교에 태권도학과를 개설한 재미 한국인 선생님 으로부터 많은 도움을 받았습니다. 마침내 최종인가를 받아 한국 CBS 초대 중국 특파원으로 베이징에 들어갔습니다.

송철규: 저는 대학원에서 중국문학을 전공했고, 졸업 후 대학 중국 학과에서 학생들을 가르치고 있습니다(2017년 취재 당시). 저희는 대학 동기이자 그리스도교인으로서 졸업 후 각각 언론계와 학계에서 활동

했지만 앞선 간단한 소개에서도 알 수 있듯이 중국과 그리스도교라는 두 키워드를 붙잡고 살아왔습니다. 그러다가 우연한 기회에 다시 만나 중국 그리스도교에 대한 책을 기획하고 이렇게 중국 전역을 다니며 취재하고 있습니다. 마침 이곳 난징을 방문하는 기회에 한국의 목사님으로부터 교수님을 소개받고 이렇게 찾아뵙게 되었습니다. 중국 그리스도교를 이해하려는 저희와 독자들에게 교수님의 말씀이 큰 도움이 될 것입니다. 먼저 목사님께서는 어떻게 신앙을 접하고 활동하셨습니까?

현지 목사님: 먼저 두 분의 노고에 감사드립니다. 두 분의 노력이 한국의 독자들에게 좋은 영향을 미치리라 믿습니다. 저희 집안은 신의주 출신입니다. 1986년에 친척 방문으로 한국에 가 6개월 동안 체류하면서 교회에 다니며 복음을 접했습니다. 그리고 옌지延吉로 돌아가 현지교회를 다녔습니다. 1987년 가을에 헤이룽장성으로 청년회 수련회를 갔는데 거기서 설교를 들으며 눈물을 쏟았습니다. 그때 중생을 체험했습니다. 그 뒤 오스트레일리아 유학을 거쳐 한국 신학교에 적을 두고 10년간 신학을 공부했습니다. 신학 공부와 목회를 병행했는데, 당시 조선족 교회를 개척해 출석교인 400명의 교회로 성장했습니다. 그때 북한 정부 관련자들이 찾아와 옥수수와 쌀 등 농산물 지원을 요청하더라고요. '곳간에서 인심난다'고 하지 않습니까? 농산물이 일부 군대로 들어갈지라도 여하튼 북한 동포들에게 돌아갈 것이라는 희망으로 지원했습니다. 이후 저는 톈진에서 20여 년간 목회했으며 난징은 4년차입니다. 5년 동안은 조선족 교회를 인도했고, 15년 동안은 한인 교회를 인도했습니다.

민경중: 옌지를 비롯한 동북지방에서 한국선교에 대한 잡음이 많았는데요.

현지 목사님: 일부 한국선교사들의 과장된 보고로 중국 그리스도교에 대해 오해를 불러일으킨 면도 없지 않다고 생각합니다. 한국선교사들은 주로 가정교회를 상대로 선교합니다. 훌륭한 분도 있으나 교회들이 한국선교사들 때문에 오히려 분열하는 경우가 많습니다. 이제는 한국인 선교사들이 사역하기 힘든 상황이지요. 중등 도시 이상에서 50명 정도의 성도만 있으면 헌금만으로도 교회 존립이 가능합니다. 100명 정도면 괜찮습니다. 이런 도시 가정교회는 사회적 지위를 갖고 경제적으로 풍족한 지식인들 위주입니다. 이들이 도시교회의 주류를 이룹니다. 이제는 중국에서 생활비가 1만 위안도 부족한 편입니다. 따라서 소도시와 농촌으로 가면 교회 사역이 점차 더 힘들어질 것입니다. 한국선교사가 좋은 동기와 열정으로 왔으나 중국을 몰라서 복음을 전하기보다 한국 문화를 전하는 문화전도사가 되었습니다. 선교 측면에서 보면 바람직하지 않습니다. 지금까지 갈등이 많았지만 앞으로 전망은 더욱 어렵습니다.

민경중: 장쑤성 일대에 있는 유명한 교회들을 소개해주시겠습니까?

현지 목사님: 과거 중국 그리스도교 역사에서는 초기 선교사역이 왕성했던 원저우와 닝보寧波가 중심지역이자 강세지역이었지요. 그러나 이후 장쑤성이 그 중심지역을 물려받았습니다. 허드슨 테일러의 사역 중심지가 바로 전장鎭江과 난징이었지요. 도시마다 대표성을 띤 교회

들이 있습니다. 장쑤성 최대 교회는 화이안淮安의 성언탕聖恩堂입니다. 2층으로 되어 있고 성도가 1만 명 이상으로 현재(2017년 방문 당시) 제일 부흥하는 교회입니다. 항저우杭州의 충이탕崇一堂은 규모도 크고 성도들의 뜨거운 신앙으로도 유명합니다. 쑤저우蘇州 호반에 있는 두수후탕獨墅湖堂도 크게 성장하는 교회입니다. 그리고 장쑤신학원의 분교가 있는 쑤첸宿遷에는 항저우 충이탕보다 큰 교회가 있습니다. 사오싱紹興도 대형교회를 새로 짓고 있고, 난징의 성쉰탕은 5,000명 규모의 교회입니다. 유니버시아드대회를 기념해 성도도 없는 상황에서 정부의 지원으로 건축되었습니다. 그런데 저장성과 장쑤성이 중국 교회에 잘못된 본을 보여주고 있습니다. 교회 짓기 시합을 벌이고 있습니다. 이런 교회를 둘러보면 정말 화가 납니다. 난징시 삼자교회 주석이 성쉰탕의 담임목사인데 정치색이 다분합니다. 사모 목사님이 더 영성이 뛰어납니다. 목회자의 영성에 따라 교회의 성격이 결정됩니다.

민경중: 교회는 어떤 방식으로 건립되나요?

현지 목사님: 중국에서 종교를 관장하는 기관은 '종교사무국'으로 중앙과 각 성에서 활동합니다. 이 종교사무국에서 최근 발표한 자료에 따르면 장쑤성에만 4,651개 등록교회(삼자교회)가 있고 교인은 300만 명에 이른다고 합니다. 그러나 매년 변동이 심합니다. 요즘 교회가 대형화 추세인데 작은 교회들이 합병하여 큰 교회를 짓고 있습니다. 그래서 숫자는 줄었지만 규모는 커졌습니다. 등록교회는 다양한 사례로 건립됩니다. 쑤저우 두수후탕처럼 정부에서 100퍼센트 지원하는 경우도 있고 땅을 주는 경우도 있습니다. 또 정부에서 땅을 주고 부자들이 헌

금하여 짓는 경우도 있습니다. 우시無錫 장인江陰에 정부가 땅을 주고 한 부자가 3,000만 위안(50억 원)을 헌금해 교회를 지은 경우가 이에 해당합니다.

송철규: 목회자에 대한 사례는 어떻게 지급하나요?

현지 목사님: 삼자교회 목회자의 월급은 지역마다 다릅니다. 톈진의 경우 월급을 양회兩會에서 줍니다. 교회 헌금의 40퍼센트를 양회에 넘기면 양회에서 월급을 줍니다. 그런데 장쑤성의 경우에는 거의 개개 교회에서 책임을 집니다. 당연히 교회의 경제력에 따라 월급 차이가 있겠지요. 우시無錫 지역은 담임목사의 경우 1만~1만5,000위안(170만~250만원) 정도로 높습니다. 물론 월급이 없는 경우도 있지요. 헌금을 주체 못하는 경우도 있고 헌금이 거의 없는 경우도 있습니다. 우시 지역 장인시의 삼자교회 주석은 자매 사업가인데 갑부로 유명하지요. 중국의 최고 부촌인 화시華西촌에 대해 들어보셨지요? 바로 그곳입니다. 촌민 8만 명의 국내총생산이 600만 명 규모의 도시와 맞먹는다고 하지요. 주식투자로 크게 성공했는데 최근에는 쇠퇴하고 있습니다. 타이후太湖변의 이싱宜興시 역시 교회의 성장이 두드러집니다.

송철규: 등록교회가 의외로 활성화되고 있군요.

현지 목사님: 등록교회를 연구하기 위해서는 난징을 중심으로 해야 합니다. 현재 중국 그리스도교의 중심은 난징입니다. 사회주의 중국 그리스도교를 정립한 딩광쉰, 신학교 2개, 애덕愛德기금회, 세계에서

성경을 제일 많이 인쇄하는 애덕인쇄소 등이 난징을 기반으로 하지요.

민경중: 딩광쉰이라는 인물에 대해 알게 되었습니다. 애덕기금회 회장과 장쑤성 그리스도교회 회장 등 중국 그리스도교계와 정계에서 화려한 경력을 갖고 있더군요.

현지 목사님: 딩광쉰은 사회주의 중국에서 활동한 그리스도교인으로서 복음주의 신학에서 보면 비판할 수도 있습니다. 그러나 어려운 환경에서 중국 그리스도교를 정립하고 애덕기금회와 애덕인쇄소를 운영한 역사를 본다면 그의 공로를 인정해야 합니다. 저도 처음에는 비판적으로 바라보았지만 이제는 객관적으로 접근할 필요가 있습니다. 그의 공로를 인정해야 합니다.

송철규: 한국에서는 삼자교회를 부정적으로 바라보고 있습니다.

현지 목사님: 한국 교회가 중국 교회를 너무 모릅니다. 삼자교회는 출발 당시 잘못한 일들도 많습니다. 그러나 그것은 역사고 역사는 흘러간 과거가 되었습니다. 현재 삼자교회는 복음적입니다. 물론 삼자교회 지도자 중에는 부정적 인물도 있으나 전체적으로 보면 긍정적입니다. 장쑤성의 경우 현재 추세는 가정교회(미등록교회)가 약세이고 삼자교회가 강세입니다. 아울러 장쑤성의 삼자교회는 포용적입니다. 물론 지역별·도시별 차이를 보입니다. 제 경우에는 삼자교회와 가정교회 모두를 인도하고 있습니다. 저장성에서는 강제로 십자가를 내리고 있지만 장쑤성에서는 열심히 십자가를 올리고 있습니다.

외부 십자가 설치와 철거 문제는 당서기의 결정이 관건이지만 지역별 성향에 따라 많은 영향을 받습니다. 주관적 판단이지만 장쑤성은 집단주의가 강하고 저장성은 개인주의가 강합니다. 장쑤성은 교회와 정부의 관계가 원만하지만 저장성은 개인주의라 정부와 관계가 원만치 않습니다. 그래서 이런 지역적 특색으로 인해 문제가 발생합니다. 원저우가 특히 가정교회가 강하지요. 그런데 '중국의 예루살렘'이라는 평가도 재고해봐야 합니다. 원저우교회는 개인주의와 세속주의에 물들어 있습니다.

송철규: 중국의 일반 신자들은 주로 어떻게 신앙생활을 시작하게 되나요?

현지 목사님: 한족 신자들, 그중에서도 신학원 학생의 경우를 보면 가정배경이 70퍼센트이고 개인 출발이 30퍼센트 정도입니다. 일반 중국인들은 배경이 없는 경우 주로 기적(치유와 신유)을 경험하며 시작합니다. 병자들의 경우 사망선고를 받았으나 교회에서 교제와 기도로 낫게 된 경우가 많습니다. 중국 교회에서는 신유의 은사가 많이 일어나고 있습니다. 대학생과 대학졸업자 중에는 1989년 6·4 천안문사태를 계기로 신자들이 많아졌습니다. 많은 경건서적, 특히 유진 피터슨(Eugene H. Peterson, 1932~2018)의 영성 관련 서적이 엄청 팔리는데, 이는 중국 신세대들이 심적·영적 공허감을 느낀다는 반증입니다. 현실적으로 중국은 사회주의국가가 아니라 국가자본주의입니다. 자본주의국가와 크게 다르지 않지요. 사회주의라는 간판만 걸고 있는 것입니다. 중국이 어떻게 사회주의국가입니까?

민경중: 종교사무조례 수정안이 곧 확정될 듯합니다(이 인터뷰는 2017년에 진행했으며 2018년 2월에 수정안이 확정 공포되었다). 이에 대해 중국 정부의 종교 규제가 더욱 심화되리라는 염려가 많은데요.

현지 목사님: 염려는 충분히 이해합니다. 현재 중국사회는 경제가 발전했지만 정신적 공백이 생겨 불안한 상황입니다. 따라서 각 분야 특히 종교 분야에서 규범화가 필요합니다. 중국에서 규범화가 가장 잘된 지역이 장쑤성입니다. 장쑤성의 규범이 조례에 많이 반영될 것입니다. 제 판단으로는 종교사무조례 수정안은 핍박이나 억압이 목표가 아니라 규범화가 목표입니다. 그 과정에서 갈등과 오해가 있을 수 있으나 그 자체가 목표는 아니지요. 앞서 언급했듯이 중앙정부에서는 '그리스도교는 장쑤성 난징에서 배워라!'라고 말합니다. 중앙정부가 장쑤성의 그리스도교를 나쁘게 보지 않는다는 말입니다. 불편한 것은 있겠지만 중국적 상황에서는 필요하다고 봅니다. 정부와 교회의 대화가 막히면 저장성의 사태가 발생합니다.

2011년에 중앙통일전선부와 대화할 때 많은 주장이 나왔습니다. 삼자교회를 없애자, 정치와 종교를 연루시키지 말자, 가정교회와 통합하여 능력 있는 자가 교회를 맡도록 하자, 삼자교회를 유지하되 정부의 관리와 무관한 자전自傳분야로 성질을 변경하자, 삼자교회는 물론 가정교회 연합(예를 들어 협진회協進會)도 인정해 다원화하자는 등 각양각색의 의견이 제시되었지요. 그런데 어떤 방향이든 정부가 원해도 안 되는 이유는 삼자교회 일부 지도자들이 정치색이 다분해 본을 보여주지 못하기 때문입니다. 영성은 없고 자기 이익만 챙기는 사람들이지요. 이들이 본을 보여주지 못하니 가정교회가 그들을 보고 삼자교회 전체를 평가하는 것입니다. 다양성을 포용할 정도로 성숙되진 않은 상태입니다. 그렇다고 다원화가 어렵지는 않습니다.

가정교회의 등록문제가 관건입니다. 중국 정부는 삼자교회로 귀속 또는 정식 등록을 주장합니다. 누차 지적하지만 지역마다 편차가 있습니다. 장쑤성에 가정교회가 적은 이유는 포용적이기 때문입니다. 가정교회를 등록해주고 그 교회 지도자를 인정하며 등록교회의 절차대로 교육합니다. 2,000여 개가 넘던 가정교회가 지금은 200~300개 정도만 남아 있는 상황입니다. 가정교회 70~80퍼센트가 삼자교회 안으로 들어왔다는 말입니다. 그런데 저장성의 가정교회들은 삼자교회로 귀속하기를 기피하고 있습니다. 한편, 중국 정부는 그리스도교신학교와 불교대학 등 종교대학 설립과 확장을 적극 지지합니다. 학비의 50~80 퍼센트를 정부에서 지원합니다.

일선 교회들은 포용적입니다. 삼자교회는 교회가 문제가 아니라 삼자교회 일부 고위층의 문제가 더 심각합니다. 기득권의 이득을 지키기 위해 충돌이 생길 수밖에 없습니다. 그리스도교에 대한 중국 정부의 이해가 이전과 달리 다양해졌습니다. 정부도 정부 이익을 챙기려 할 것입니다. 불가피한 상황이지만 크게 보면 규범화는 맞는 것 같습니다.

민경중: 중국 교회의 본색화本色化에 대해서는 어떻게 생각하십니까?

현지 목사님: 아직까지 그리스도교 중국화 또는 본색화가 도대체 뭐냐에 대해 정의하기가 혼란스럽습니다. 해마다 그리스도교 중국화에 대한 포럼을 진행합니다. 중국화라는 방향은 맞는데 도대체 중국화가

무엇인지에 대해 의견이 분분합니다. 신앙은 타협하지 않습니다. 순수한 신앙을 보전하는 전제하에서 어떻게 중국화를 이룰 수 있는지가 고민입니다. 우선 교회건물은 유럽 양식을 지양하고 중국 양식으로 진행될 것입니다. 진링셰허신학원 옆의 교회도 중국 양식으로 짓고 있습니다. 예배내용이 더 중요한데 그리스도교 음악의 중국화라든지 사회주의 사회와의 상호적용도 마땅한 절차라고 생각합니다. 지금도 그리스도교 중국화에 대해 정확히 모르겠으나 말할 필요도 없는 듯합니다. 문화로 보면 당연한 접근이지요. 오히려 한국 학자들의 책을 보면 문제의 해답을 찾기가 더 수월해집니다. 예를 들어 아시아 문화를 바탕으로 한 김세현 교수의 의견은 매우 타당합니다. 결국 그리스도교 중국화는 칼뱅주의로 가는 것입니다.

송철규: 듀크대학 양평강楊鳳崗 교수는 중국 교회를 진단하는 논문에서 삼색시장론을 펼쳤습니다. 종교조직과 신앙 활동이 합법인 것을 '레드 마켓紅市', 종교조직과 신앙 활동을 금지하고 탄압하는 것을 '블랙 마켓黑市', 종교조직과 신앙 활동이 합법은 아니지만 법에 저촉되지 않는 것을 '그레이 마켓灰市'으로 분류했는데요. 미국은 홍색이고 중국 삼자교회는 회색이며 중국 도시가정교회는 흑색이라고 진단했습니다. 이 점에 대해서는 어떻게 생각하십니까?

현지 목사님: 그의 논리대로라면 회색시장인 중간형태의 교회가 주류를 형성하지 않겠는가 생각합니다. 특히 베이징이나 톈진 등 북방에 회색교회가 주류를 이루고 있습니다. 김명일 목사의 베이징 시온교회나 서우왕守望교회, 최건 목사의 상하이 완방萬邦교회 등이 이에

속하는데 나름의 한계를 안고 있습니다. 청년층과 식자층을 주요 대상으로 삼고 있는데, 일반 서민층을 흡수하지 못하기 때문에 건강하지 못하다고 생각합니다. 반면에 전통 가정교회나 삼자교회를 보면 사회적 약자층이 많습니다. 이처럼 노인과 여자와 병자와 문맹을 고루 수용해야 합니다. 건강한 교회는 색깔이 다양하고 여러 세대를 아우르는 노력이 뒷받침되어야 합니다.

송철규: 항저우 총이탕崇一堂을 방문했을 때 어린이 성가대 모습을 보고 큰 은혜를 받았습니다.

현지 목사님: 맞습니다. 그런 아이들이 중국 교회의 미래이자 주역입니다. 어른에 대한 목양도 중요하지만 어린이를 위한 주일학교 교육도 매우 중요합니다. 법적으로는 불법입니다. 중국헌법에서는 18세 이상 성인이 되어야 합법적으로 신앙을 선택할 수 있습니다. 그 전에는 종교를 강요할 수 없습니다. 그러나 이를 엄격히 따지지 않고 묵인하고 있습니다. 양회 차원에서는 어쩔 수 없는 상황이지요. 성경이야기와 성경동화, 관련 영상물이 공공연히 유통되고 있습니다. 주일학교 교사들도 활동하고 있고요. 지금 추세로는 주일학교 교육이 많이 활발해질 것입니다.

송철규: 요즘 한국 교회는 젊은이들이 교회 출석을 기피하는 추세입니다.

현지 목사님: 중국은 발전의 단계가 섞여 있습니다. 한국 교회가 성

장 과정에서 보여준 모든 단계가 섞여 있지요. 요즘은 포스트모더니즘적 형태를 띠고 있습니다. 대외적으로 널리 알려진 총이탕도 이에 해당하지요. 그런데 성공신학과 기복주의 색채가 있습니다. 이곳 담임목사가 중앙정부에 체포되어 구금되었습니다. 전국 양회에서 함께 활동했으며 청년층을 상대로 훌륭한 사역을 했지요. 그런데 서로간의 문제로 안타까운 일이 벌어졌습니다. 억울하다고 생각합니다.

민경중: 현재 중국 교회의 고민은 역시 목양이겠지요? 중국의 여러 교회를 다녀봤는데 성장은 빠르나 목양이 따라가지 못하고 있었습니다.

현지 목사님: 그렇습니다. 현재 중국 교회는 인재의 양육과 목양문제가 화두입니다. 총이탕의 경우 주일 예배에 담임목사가 안 계시고 윤번제로 돌아가며 담당합니다. 난징의 경우에는 담임목사가 석 달에 한두 번꼴입니다. 주임목사 다음으로는 부목사가 아닌 일반목사가 예배를 인도합니다. 이처럼 목회자 수가 절대적으로 부족합니다. 목사 안수를 받은 사람이 적습니다. 현재는 평신도 목회가 주 형태입니다. 설교가 아니라 세례 중심입니다. 세례도 하고 침례도 합니다. 세례와 침례는 교회에 따라 그리고 계절에 따라 선택합니다.

장쑤성의 경우 5,000개 교회에 목사가 400명입니다. 중국에서는 장로도 목회하는 사람인데 600명입니다. 제대로 공부하고 졸업한 전도사가 500~1,000명이고, 6개월에서 1년 정도 공부한 평신도 전도사도 많습니다. 이들이 거의 평신도 리더십을 발휘합니다. 그래서 목양이 어렵습니다. 이런 점이 안타깝지요. 신학교가 적고 신학을 제대로 가르칠 수 있는 분이 적습니다.

진링셰허신학원은 전국적 신학교로서 전국에서 학생을 선발합니다. 중앙정부에서 재정을 지원하기 때문에 재정이 풍부합니다. 반면에 장쑤신학원은 자체 교회를 갖고 있으나 재정을 자력으로 충당하고 있습니다. 장쑤신학원의 학생은 쑤첸宿遷시에 있는 분교를 포함해 600명에 달합니다. 이는 진링셰허신학원보다 많은 숫자입니다. 푸젠성은 지역 특색의 마주媽祖 신앙과 도교신앙이 뿌리 깊은 지역임에도 푸저우신학원이 복음 전파와 목회자 양성에 큰 역할을 하고 있습니다.

진링셰허신학원의 경우 중앙정부에서 오히려 증설을 독려하고 있습니다. 학교건물을 많이 증설하고 학생 모집을 800명으로 확대하라고 재촉하고 있습니다. 현재 1년에 100명 넘게 모집하고 있습니다. 그런데도 중앙 통일전선부 부부장이 난징에 와서 더 많이 모집하라고 독촉했습니다. 한국과는 개념이 전혀 다르지요.

장쑤성의 경우 삼자교회(등록교회)의 대표성을 띠고 있어 모집 확대를 종용하고 있으나 어려움이 많습니다. 우선 난징의 토지가격이 비싸 장소가 난항입니다. 그래서 분교를 세우는데 이제는 가르칠 사람이 없습니다. 장쑤신학원의 경우 내년에 700명을 모집할 예정이고 담임 목회자들에 대한 재교육을 하게 됩니다. 그런데 가르칠 사람이 없습니다. 장쑤신학원은 대학원도 개설할 예정입니다. 교수진이 약해서 주로 싱가포르 트리니티대학과 협력하여 그곳에서 계속 교수진이 오고 있습니다. 또한 집중강의 형식으로 싱가포르와 홍콩 등지에서 화교교수가 오고 있습니다. 그런데 화교라고는 하나 문화가 달라 이해 정도가 다릅니다. 그래서 고민입니다.

저 역시 중국 그리스도교 양회 위원이자 중국 그리스도교 중앙위원으로서 정책을 좀 바꾸라고 계속 강조하고 있습니다. 해외 학위 취득자에게 문호를 개방하라고 말입니다. 이처럼 중국 교회의 수요는 많은데 공급이 너무 부족합니다. 한국 교회가 많이 약화되었으나 목양 측면에서는 여전히 배울 점이 많습니다. 한국 신학이 동양의 옷을 입고 있기에 중국 신학에 많은 도움이 됩니다. 한중관계의 경색이 풀리면 한국 교회 사람들을 초청하여 가르칠 계획입니다.

민경중: 그렇다면 한국 교회가 중국 선교에서 개선해야 할 점을 말씀해주시겠습니까?

현지 목사님: 관계가 중요합니다. 한국은 모든 면에서 급하게 서두릅니다. 관계도 안 맺어졌는데 열매부터 생각하기 때문에 문제입니다. 한국의 대형교회는 선교와 복음을 비즈니스로 접근하려 합니다. 중국의 300만 세례교인을 상대로 상품을 판매해 이득을 보려고 접근합니다. 실패는 자명합니다. 관계는 이제 시작입니다. 마음과 시간과 돈 모든 면에서 장기적인 접근이 있어야 합니다. 장쑤성의 경우 재정적으로 부자입니다. 국내총생산이 광둥성 다음으로 전국 2위입니다. 중국 100대 도시 가운데 장쑤성의 대도시 13개가 다 들어가 있습니다.

사드THAAD 사태로 한중관계가 매우 경색되어 있는데 이는 중국인들이 억압된 감정을 표출하는 하나의 사례일 뿐입니다. 저는 중국인들에게 한국 물건을 부수지 말고 미국 물건을 부수라고 말하고 싶습니다. 미국이 제일 문제입니다. 중국인들은 이번 사건을 억압된 감정을 표출하는 계기로 바라보고 있습니다.

송철규: 이번 방문으로 중국 교회에 대한 무지와 오해와 염려를 많이 해소하게 되었습니다. 믿음의 동지로서 중국 교회의 상황을 한국 교회에 객관적으로 전달하는 것이 목표입니다. 한중 교회의 상호 우호적인 교류를 위해서는 많은 노력이 필요합니다. 한중 양측 모두 각각에 대한 오해가 적지 않습니다. 한국 교회는 중국 삼자교회에 대해 잘못된 인식을 갖고 있고, 중국 교회는 한국 교회를 이단으로 가득한 곳으로 오해합니다.

현지 목사님: 맞습니다. 한국의 만민교회나 신천지교회 등이 재력을 내세워 중국으로 건너와 세력을 확장하려 합니다. 그런데 중국 교회의 변별력이 약해서 쉽게 넘어갑니다. 이를 한국 이단의 침투로 간주해 한국 교회 전체를 부정적으로 바라보는 경향이 있습니다. 그래도 우리 교회를 건강하게 만들면 그런 세력은 자연스럽게 사라집니다. 주의할 점은 이런 이단은 오히려 모든 면에서 친절하다는 것입니다. 이단으로 간주되는 '하나님의 교회'가 목동 교회를 인수한 뒤부터 슈퍼 앞 풍경이 달라졌다고 하지 않습니까? 오히려 이전 교회 시절보다 더 좋아졌다고요. 그러니 혼란이 가중됩니다. 이런 사교邪敎 때문에라도 종교사무조례 수정안과 같은 규범화 논의가 필요합니다.

송철규: 마지막으로 한 말씀 해주시겠습니까?

현지 목사님: 교회는 목사님이 아니라 하나님을 보고 다녀야 합니다. 그리고 신앙에서 중요한 것은 설교를 잘하는 목사님이 있느냐 없느냐가 아니라 그 설교를 받아들이는 나의 자세입니다. 중국 교회도 하나

님의 섭리에 따라 지금에 이르렀습니다. 빠를 수도 늦을 수도 있겠지만 결국에는 예수의 복음이 중국 전역에 차고 넘칠 날이 올 것입니다. 이를 위해 끝까지 달려갈 것입니다.

민경중: 귀한 시간 내주시고 귀한 말씀 주셔서 감사합니다.

7장

전장,
쉰더탕의 기적과
푸른 눈의
애국자들

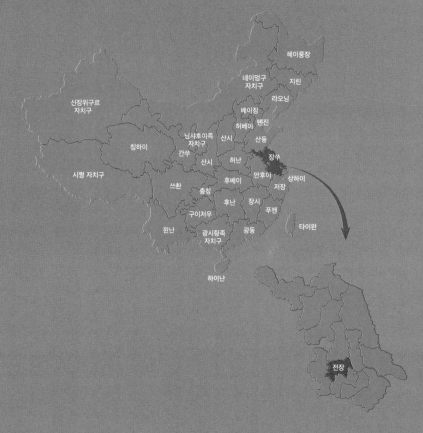

각 지역 라벨:
헤이룽장, 네이멍구 자치구, 지린, 라오닝, 신장위구르 자치구, 베이징, 텐진, 허베이, 산시, 산둥, 닝샤후이족 자치구, 칭하이, 간쑤, 산시, 허난, 안후이, 장쑤, 상하이, 시짱 자치구, 쓰촨, 충칭, 후베이, 저장, 후난, 장시, 푸젠, 타이완, 구이저우, 윈난, 광시좡족 자치구, 광둥, 하이난, 전장

† 중국 대륙에서 전장의 위치

허드슨 테일러는 전장의 중국내지선교회 창립자로서 개인의 삶은 불행과 눈물로 점철되었으나 오직 신앙으로 모든 것을 이겨낸 위대한 인물이다. 그는 1832년 5월 21일, 영국 중부의 요크셔주 반즐리Barnsley에 있는 독실한 그리스도교 가정에서 태어났다. 증조부인 제임스 테일러는 결혼식을 하는 날 새벽에 '나와 나의 집안은 주님을 섬길 것입니다'라는 여호수아 24장 15절 아래에서 깊은 신앙을 갖게 되었고 이 성경 구절은 지금까지도 테일러 가문을 이끌고 있다.

중국을 품은 사람, 허드슨 테일러

허드슨 테일러(戴德生, James Hudson Taylor, 1832~1905)의 부모는 약제사였으며 테일러를 임신한 상태에서 그를 훗날 중국 선교의 일꾼으로 하나님께 드리겠다고 서원했다. 테일러는 어릴 때부터 늘 아버지를 따라 시골을 다니며 전도에 힘썼다. 자라면서 부모와 친구들로부터 해외 선교 소식을 접했고 중국 선교에 특별히 큰 관심을 가져 당시 4억 중국인에게 다가갈 수 있는 날이 오기를 소망했다.

테일러 가족은 중국에 관심이 매우 많았다. 그래서 당시 유행하던 새뮤얼 그리스월드 굿리치Samuel Griswold Goodrich의 책《피터 팔리의 중국과 중국인 이야기Peter Parley's Tales about China and Chinese》를 함께 애독했다. 이 책은 아름다운 글과 삽화 덕분에 당시 아이들에게서 많은 사랑을 받았다. 이처럼 중국 선교는 테일러의 유년시절부터 평생의 꿈이자 소원이었다.

그러나 놀랍게도 테일러는 한때 신앙을 거역한 적도 있었다고 한다. 그때 어머니와 큰누나 아멜리아Amelia의 간절한 기도 덕분에 신앙인으로 돌아올 수 있었다고 전해진다. 그래서 테일러는 1849년부터

1853년까지 중국어 학습은 물론이고 의학을 공부하고 꾸준하게 운동을 하는 등 중국 선교를 위해 각종 준비 작업에 몰두했다. 메드허스트(麥都思, W. H. Medhurst) 선교사가 쓴《중국: 현황과 전망China: Its State and Prospects, with Special Reference to the Spread of the Gospel》을 읽고 의학의 중요성을 깨달은 후에는 19세 때 집을 떠나 의학에 전념했다.

어머니가 편지를 보내 건강을 염려하자 테일러는 다음과 같이 답장을 보냈다. "매년 중국인 1,200만 명이 하나님을 모른 채 희망도 없이 목숨을 잃고 있습니다. (중략) 우리가 어떻게 이를 방치할 수 있을까요? (중략) 중국을 위해 무언가를 하지 않으면 안 된다고 생각해요." 그런데 1년 뒤 런던의학원으로 옮겨 외과 수업의 일환으로 해부 실습을 하다가 잘못하여 성홍열에 걸렸다. 의사는 테일러가 회복할 가망이 없다고 판단했다. 테일러는 눈앞에 닥친 죽음이 아니라 그렇게 열망하던 중국에 가지 못하게 될까봐 걱정했다. 그는 중국 선교사역을 위해서라도 죽을 수가 없었다. 그리고 어떤 병이라도 반드시 이겨내 믿음이 없는 교수에게 신의 존재를 증명해 보이리라 다짐했다. 과연 그 믿음대로 테일러는 성홍열을 극복해냈고 건강을 되찾았다. 얼마 후 결혼 승낙을 받기 위해 약혼자의 부모를 찾아갔다. 그런데 그가 선교를 위해 중국으로 갈 생각이라고 하자 약혼자 부모는 딸을 염려해 결혼을 반대했다. 테일러는 중국 선교라는 꿈을 위해 약혼자와 헤어질 수밖에 없었다.

테일러의 중국 선교에 독일 선교사 귀츨라프의 영향도 컸다. 앞서 3장에서 살펴봤듯이 귀츨라프는 선교여행과 저술활동으로 유럽에 중국의 상황을 소개하고 선교열풍을 일으켰다. 유럽에 잠시 돌아온 귀츨라프는 1850년에 런던에서《해외 선교잡지The Gleaner in the Missionary Society》를 창간했는데 테일러가 그 잡지의 애독자였다. 후에 테일러는 중국내지선교회를 창립하면서 "귀츨라프야말로 중국내지선교회의 원조이다"라고 언급했다. 1853년, 테일러는 런던의 중국선교회(C.E.S,

† 허드슨 테일러 허드슨 테일러는 자신을 어디로 보내든 그 길을 따르겠노라 기도했고 '나를 위해 중국으로 가라!'는 신의 음성을 들었다고 한다.

The China Evangelisation Society)에 가입했고, 같은 해 9월 19일에 중국선교회의 첫 번째 선교사가 되어 중국 파송을 명받고 리버풀에서 상하이로 가는 배에 올랐다. 훗날, 테일러는 어머니와 헤어지던 날을 이렇게 회상했다. "나는 그날을 영원히 잊지 못할 것이다. 어머니의 가슴에 흐르던 울음소리가 내 가슴을 찔렀다. 그때야 비로소 온전히 깨닫게 되었다. 우리를 위한 하나님의 사랑이 얼마나 큰지를 말이다. 우리를 위해 독생자를 내어놓을 정도로……." 테일러의 어머니도 그날을 이렇게 회상했다. "테일러가 애통해하는 나를 보고 일부러 배에서 내려와 위로하며 말했다. '어머니, 울지 마세요. 짧은 이별일 뿐 조만간 다시 만날 수 있을 거예요. 제가 떠나는 것은 명예나 부를 위함이 아니고, 중국인들에게 예수를 전한다는 영광스러운 목표를 위해서입니다.'"

1854년 3월 1일, 스물두 살의 테일러는 156일간의 오랜 항해 끝에 상하이 우쑹커우吳淞口에 발을 내디뎠다. 그리고 같은 해 11월, 중국선교회에서 파견한 윌리엄 파커Dr. William Parker 의사 부부와 아이들이 상하이에 도착하여 테일러와 함께 일하게 되었다. 1854년부터 1857년까지 테일러는 상하이를 기점으로 총 18차례에 걸쳐 저장성과 장쑤성 일대를 돌며 의료선교에 힘썼다. 그리고 영적 스승인 윌리엄 번스(賓惠廉, 賓爲霖, William Chalmers Burns, 1815~1868) 목사를 만나 함께 활동하면서 중국 선교와 영성에 대해 큰 가르침을 받았다. 여덟 번째 선교여행 당시 항저우만 선교에 앞서 푸른 눈에 머리카락이 회색인 테일러는 중대한 결심을 하고 행동에 옮겼다. 중국인들에게 친근하게 다가가기 위해 중국옷을 입고 머리카락을 다듬어 염색과 변발을 한 것이다. 그 이전까지 테일러처럼 온전하게 중국인과 동화된 선교사는 없었다. 그 덕분에 선교 효과는 놀라웠다. 중국인에게 다가가고자 한 그의 노력에 중국인들이 호응해주었다.

1856년 10월, 테일러는 상하이를 떠나 닝보에 도착해서 중국선교회 존 존스(祝恩賜, John Jones)와 함께 거주하며 신앙의 동역자이자 친구가 되었다. 그런데 오래지 않아 중국선교회와 약간의 견해 차이가 생겼고 선교회 자체적으로도 적자 문제가 생겼다. 이에 테일러는 1857년 5월에 중국선교회를 탈퇴하여 '닝보선교회'의 이름으로 독립 선교를 시작했다. '여호와이레(耶和華以拉, 여호와가 우리를 위해 준비하신다)'와 '에벤에셀(以便以設耳, 여호와가 언제나 우리를 도와주신다)'은 당시 거주하던 건물의 대문 양측에 걸어놓은 대련對聯 문구였다. 그 말대로 오직 여호와에게 의지할 수밖에 없는 상황이 된 것이다. 어떤 상황에서도 하나님이 도와주시고 이끌어주신다는 믿음으로 이후 '여호와이레'와 '에벤에셀'은 테일러와 중국내지선교회의 표어가 되었다.

물론 어려움만 있지는 않았다. 닝보에 머무는 동안 선교사 마리아

† 허드슨 테일러와
　마리아 테일러

테일러 부부는 중국인들에게 성경과 복음을 전파하는 선교사이자 헌신적인
의료를 제공하는 의사였다. 이들 부부는 중국 풍습을 따라 결혼식을 올렸으
며 일상에서도 최대한 중국인처럼 살기 위해 노력했다. 하지만 불행하게도
마리아와 두 아이는 너무 일찍 허드슨의 곁을 떠나고 말았다.

다이어(Maria Dyer, 1837~1870)를 만나 사랑하게 되었다. 마리아는 1853
년 닝보에 도착해 앨더시(艾迪綬, Mary Ann Aldersey) 여사가 설립한 교회 여
학교에서 교사로 있었다. 마리아의 아버지 새뮤얼 다이어도 초기 중국
선교사로서 중국 한자를 개량해 인쇄 효율을 높이는 데 공헌한 인물이
다. 다이어는 1843년에 마카오에서 병사하여 로버트 모리슨의 묘 옆
에 묻혔다. 1858년 1월 20일, 스물한 살의 마리아는 중국옷을 입고 변
발을 한 테일러와 닝보 영국영사관에서 결혼식을 올렸고 다음 해 7월
에 첫딸인 그레이스 테일러 Grace Dyer Taylor를 낳았다.

　1859년 8월, 중국 선교 7년 차를 맞이했을 때 동역자인 파커가 아
내를 잃고 영국으로 돌아가면서 테일러가 닝보의 병원을 맡게 되었다.
많은 일을 담당하고 있던 테일러에게 병원 가득 채우고도 외부에서
계속 몰려드는 환자들은 커다란 부담이었다. 파커가 남기고 간 경비도

1개월분에 불과했고 테일러의 재정 상태도 열악한 상황이었다. 그런데 양식이 떨어져 미래를 알 수 없던 어느 날 기적처럼 편지 한 통이 전해졌다. 봉투 안에는 편지와 함께 50파운드 수표가 들어 있었다. 닝보 병원의 사정을 전혀 모르는 사람이 멀리 런던에서 후원금을 보내준 것이다. 이런 은혜가 이어지면서 테일러는 병원을 운영할 수 있었다.

그러나 오랜 과로로 기관지염을 앓던 테일러는 호흡곤란 증세를 겪으면서 병원 침대에서 새해를 맞을 수밖에 없었다. 당시 테일러는 교회 설교, 노방 전도, 방문객 영접, 서신 답장, 회계와 경리, 전도여행, 의료봉사 등을 모두 감당해야 했다. 이윽고 그의 몸은 과중한 사역으로 망가져갔다. 그 와중에도 테일러는 영국의 아버지에게 청년 전도사를 다섯 명 파송해달라는 편지를 썼고 여동생에게도 다음과 같은 명언을 담아 편지를 보냈다. "나에게 만일 1,000만 파운드가 있다면 중국에 전액 헌납할 것이고, 나에게 만일 목숨이 1,000개 있다면 하나도 남김없이 중국에 바치겠다. 아니, 중국이 아니라 그리스도에게! 구주를 위한 일에 아낄 것이 무엇이란 말인가?"

중국내지선교회의 탄생

1860년 7월 19일, 테일러는 치료를 받기 위해 마리아와 딸 그레이스를 데리고 상하이에서 귀국길에 올랐다. 닝보교회의 왕라이쥔王來君 형제도 동행하면서 병중인 테일러를 간호했다. 왕라이쥔은 영국에 도착한 뒤에도 테일러를 도와 성경을 번역했다. 런던에 도착한 후, 테일러는 즉시 닝보어로 된 신약성경과 찬송가, 복음전단지 인쇄에 착수했다. 그리고 3년이 흐른 뒤에야 비로소 7년간 헤어져 있던 양친을 만나기 위해 고향으로 향했다.

† 그레이스 테일러

테일러 부부의 첫째 딸 그레이스 테일러. 허드슨 테일러는 자녀를 8명 두었
지만 그레이스 테일러를 잃는 등 네 명의 자녀를 먼저 신의 곁으로 보내고
말았다. 하지만 그는 결코 포기하지 않고 중국내지선교회를 이끌었다.

1861년 1월, 테일러는 간암을 비롯한 각종 병증으로 절대적인 요양
이 필요하다는 의사의 진단을 받고 4년 반 동안 영국에 머물 수밖에
없었다. 그는 영국에 머무는 동안 황실외과학원의 회원 자격으로 외
과와 산부인과 의사 자격증을 취득했다. 아울러 닝보어로 된《찬송
가》를 완성했고, 왕라이췬의 도움을 받아 고프Frederick F. Gough 목사와
함께 로마자병음 '닝보어 신약성경'을 수정 번역했다. 또한 그의 기도
대로 제임스 메도우(必道生, James J. Meadows) 부부를 비롯한 선교사 다섯
명을 닝보로 보낼 수 있었다.

테일러와 마리아는 1864년 말부터 6개월 동안《중국의 영적 요구와
주장China's Spiritual Need and Claims》이라는 책 집필에 몰두했다. 그런데 집
필 과정에서 놀라운 사실을 깨닫게 되었다. 그 무렵 영국 각 선교회에서
파송한 선교사가 115명에서 91명으로 줄었고, 활동 지역도 연해지역

5개 도시에 집중되어 있으며 내지선교사는 전무하다는 사실이었다. 테일러 부부는 매달 복음도 모른 채 죽어가는 중국인들을 떠올릴 때마다 잠을 이룰 수 없었다. 1865년 6월 말에 테일러는 휴가 차 찾은 영국 남부 해안의 브라이튼 해변을 거닐면서도 중국 상황을 모른 체할 수 없었다. 해결책을 고심하며 기도하던 그는 선교사 스물네 명과 함께 중국 내지로 들어가 복음 전파에 매진하기로 결심했다.

테일러는 런던에 돌아가 은행에서 '중국내지선교회'라는 이름으로 계좌를 개설하고 10파운드를 입금했다. 이것이 중국내지선교회China Inland Mission의 시작이었다. 이후 테일러는 각지를 돌며 중국내지선교회의 성립을 알렸고《중국의 영적 요구와 주장》을 출판했다. 이 책은 3주 만에 재판을 찍을 정도로 큰 반향을 불러일으켰다. 1865년 10월, 테일러는 존 스티븐슨John Stevenson 부부와 조지 스터트(曹雅直, George Stott)를 선교사로 중국에 파송함으로써 앞서 파송한 다섯 명과 함께 중국내지선교회의 기틀을 마련했다. 영국 내에서도 런던 세인트 힐Saint Hill에 테일러 부부의 중국 선교를 돕는 무리가 구성되어 선교 후원금 모금과 선교지원자에 대한 교육과 상담을 맡아주었다.

1866년 5월 26일, 어느 정도 건강을 회복한 테일러는 아내와 네 아들 그리고 선교사 16명과 함께 중국으로 향했다. 당시 영국과 중국은 관계가 악화되어 있던 터라 많은 이가 그의 중국행을 만류했다. 하지만 테일러는 중국 선교라는 자신의 비전에 확신을 가지고 배에 올랐다. 항해 도중 거친 폭풍우와 풍랑을 만났지만 1866년 9월 30일에 무사히 상하이에 도착했다. 이후 선교 활동에서 크게 두각을 나타낸 테일러 일행은 중국까지 타고 갔던 차茶운반선 램머무어호의 이름을 따 '램머무어 파티Lammermuir Party'로 불리게 되었다.

테일러는 선교여행을 다니면서 온갖 고난과 역경에 맞닥뜨렸다. 길거리에서 노숙을 해야 하는 경우도 허다했다. 하지만 그는 이런 고생을

† 닝보어 성경 창세기 부분 　영국성서공회에서 출간한 닝보어 성경의 창세기 부분

비전에 대한 확신으로 이겨냈다. 앞서 언급했듯이 테일러는 중국인들의 오해와 멸시를 줄이고 복음을 더욱 쉽게 전하기 위해 중국옷을 입고 머리카락을 염색한 뒤 변발을 했다.

1868년, 중국 내륙으로 들어가 선교사역에 열중하던 중 테일러에게 불미스러운 사건이 벌어졌다. 프랑스 선교사가 운영하는 유아원의 아이들 수십 명이 사망하자 각종 유언비어가 나돌면서 반그리스도교 정서가 팽배했고 내지선교회 선교사들에게도 그 여파가 미쳤다. 양저우 揚州의 한 신사(紳士, 사회지배층)가 서양인의 출입을 혐오한 나머지 일부 지역민들과 공모하여 허드슨과 동역자에게 누명을 씌워 해치려 한 것이다. 도피 과정에서 레이드(李愛恩, Henry Reid) 선교사가 테일러 부인을 보호하려다가 기와 파편에 맞아 눈을 다쳤고 테일러 부인은 2층에서 뛰어내리다가 발을 다쳐 출혈이 심했다. 에밀리 브레츨리(白愛妹, Emily Blatchley)도 함께 뛰어내리다가 왼팔을 다쳤다. 테일러 일행은 가진 것을 모두 빼앗기고 간신히 지역 관병을 불러 위기를 모면했다. 그럼에도 테일러는 복수를 하거나 배상을 요구하기는커녕 다시 양저우에 와서 복음을 전하겠다는 의지를 다졌다.

그런데 뒤이어 무척 슬픈 일이 테일러에게 닥쳤다. 중국에서 두 아들과 두 딸을 잃고 사랑하는 아내까지 신의 곁으로 간 것이다. 마리아는 콜레라와 산후 후유증으로 33세에 세상을 떠났다. 테일러는 눈물로 아내와 아이들을 모두 전장에 묻었다. 1871년에 잠시 영국으로 귀국했다가 부모의 동의를 얻어 같은 내지선교회 소속 제니 폴딩(福珍妮, Jennie Faulding)과 재혼했다.

중국내지선교회는 다른 선교회와 달리 나름의 선교 원칙이 있었다. 첫째, 특정 종파에 소속되지 않아 선교사역의 조건을 갖춘 그리스도교인이라면 누구나 가입할 수 있었다. 둘째, 중국 전역에 복음을 전파한다는 목표 아래 특정 지역을 기점으로 활동하고 다시 주변 지역으로 확장해가는 형태를 띠었다. 이를 위해 한때 청년 부부 선교사를 파견하는 운동을 벌였는데 이 때문에 많은 오해와 비난을 받기도 했다. 셋째, 중국 현지 문화와 풍속에 적응하여 현지의 생활과 언어, 복식 등에서 중국인과 차이를 최소한으로 하도록 노력했다. 넷째, 다른 세력을 끌어들이지 않았다. 예를 들어 '의화단운동' 중에도 영국 정부의 보호를 받지 않았고 희생자에 대한 보상을 요구하지도 않았다. 다섯째, 교육 수준보다 선교에 대한 열정을 더 중시했다. 그래도 중국내지선교회 소속 선교사 중에는 케임브리지대학 졸업생이 7명이나 있었다. 여섯째, 경제적 지원은 모금이나 대출이 아니라 온전히 자발적 후원금에 의존했다. 매달 남아 있는 후원금은 선교사들에게 동등하게 배분했다. 이것이 선교사들의 월급이었다. 그래서 선교사들의 월급은 일정치 않았다.

† 램머무어 파티 1866년 램머무어 파티이다. 램머무어 파티는 자유로운 선교 활동을 할 수 있을지 확신 없이 중국으로 떠났지만 옌타이조약이 체결되어 이동의 자유와 선교의 자유를 가질 수 있게 되었다.

오로지 믿음만으로 그 힘든 사역을 감당해야 했던 것이다. 일곱째, 선교사역의 최우선 목표는 복음 전파와 영혼 구원이었고 문서선교와 의료·교육 사업은 부차적이었다.

앞서 언급했듯이 '램머무어팀'을 비롯해 남녀 선교사 22명으로 시작된 중국내지선교회는 1866년부터 테일러가 세상을 떠나던 1905년까지 39년에 걸쳐 진행되었다. 39년 동안 테일러가 미국, 독일, 스웨덴, 노르웨이, 스위스, 핀란드, 이탈리아 등에서 중국 선교를 위한 강연회를 연 덕분에 각국의 많은 선교사가 중국 내지 선교에 동참했다. 테일러가 세상을 떠난 1905년의 통계를 보면 중국내지선교회 소속 선교사가 825명, 중국 동역자가 1,152명, 조직을 갖춘 교회가 418개, 복음기지와 집회소 등이 1,424개, 학교가 150개, 세례받은 자가 1만 8,625명이었다. 중국내지선교회 총본부는 항저우에서 시작되어 선교 지역이 내륙으로 확대되면서 점차 서북쪽으로 이동해 신장新疆 디화(迪化, 지금의 우루무치(烏魯木齊)까지 진출했다. 하지만 불행하게도 1950년 중국의 정치 상황과 동서냉전의 여파로 중국을 떠날 수밖에 없었다.

중국내지선교회의 성공 요인

이처럼 중국내지선교회가 크게 성공할 수 있었던 첫 번째 요인은 테일러가 활동했던 40여 년간 중국 정세가 비교적 안정적이어서 선교사들의 내지 출입이 자유로웠던 데 있다. 그리고 당시에는 외국인에게도 선교의 자유가 있었다. 아울러 테일러는 우수한 조직 운영 능력과 행정 능력을 바탕으로 20여 년 동안 내지선교회를 훌륭하게 이끌었고 1885년에는 경험 많은 선교사 열 명을 뽑아 선교회 운영을 맡겼다. 이는 조직 확대와 발전에 중대한 밑거름이 되었다. 또한 테일러는 자신의 능력에 자만심을 갖지 않았으며 오직 믿음으로 모든 열악한 조건을 극복하려 했다. 이처럼 중국 내지 선교의 기틀을 마련한 테일러는 '중국 내륙의 은인'으로 불리며 중국인들의 사랑을 받았다.

"나에게 만일 1,000만 파운드가 있다면 중국에 전액 헌납할 것이고, 나에게 만일 목숨이 1,000개 있다면 하나도 남김없이 중국에 바치겠다"고 선언했던 테일러는 스위스에서 요양하던 중 의화단운동으로 내지선교회의 많은 선교사와 교인들이 목숨을 잃었다는 소식을 듣고 깊은 시름에 빠졌다. 그러나 그는 어떤 보상도 요구하지 않았다. 그는 둘째 부인 제니가 암으로 사망하자 스위스에서 장례를 지냈다. 그리고 다시 중국으로 돌아와 양저우와 전장, 한커우(漢口, 지금의 우한武漢), 허난을 거쳐 창사에 도착했다. 테일러는 평생을 피땀으로 일군 중국을 가슴에 안고 1905년 6월 3일에 73세의 나이로 창사長沙에서 세상을 떠났다. 1853년, 그리스도의 사랑을 품고 중국에 도착한 그는 52년이 흐른

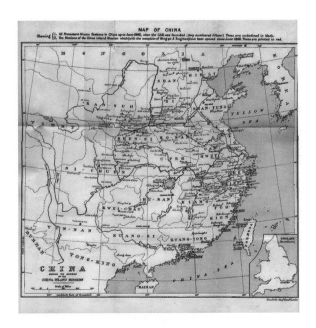

† 1902년 당시 중국내지선교회 선교지도

1905년에 중국인의 사랑을 받으며 그리스도의 품으로 돌아갔다. 그의 시신은 유언에 따라 전장鎭江으로 옮겨져 아내 마리아 그리고 요절한 자녀들과 함께 양쯔강변의 뉴피포牛皮坡 서양인선교사묘지에 묻혔다.

당시 그곳에는 140여 명의 묘가 있었다. 그의 묘비명에는 한자로 히브리서 11장 4절 "그가 죽었으나 그 믿음으로써 지금도 말하느니라"가 적혀 있다. 그리고 "내가 진실로 진실로 너희에게 이르노니 한 알의 밀이 땅에 떨어져 죽지 아니하면 한 알 그대로 있고 죽으면 많은 열매를 맺느니라"라는 요한복음 12장 24절을 좇아서 테일러 부부를 합장한 묘석에는 많은 밀알을 새겨놓았다. 장례식이 있던 날, 상하이와 런던에서는 테일러를 기리는 대규모 추도회가 열렸다.

그러나 20세기에 들어와 많은 격변을 겪으면서 서양인선교사묘지는 크게 파괴되어 종적을 감추었다. 테일러의 후손들은 부모의 기일이 되면 매장지로 추정되는 장소를 찾아 추도예배를 드릴 수밖에 없었다. 그런데 2013년에 전장시 도시계획에 따라 녹화사업이 진행되던 중 의문의 비석이 발견되었다. 비문 등을 참고하여 수소문해본 결과 바로 테일러 부부의 묘비와 묘석임이 밝혀졌다. 다른 선교사들의 묘비와 묘석은 문화대혁명 당시 크게 훼손되고 사라졌지만 유독 테일러 부부의 것만 온전히 묻혀 있다가 100여 년이 지나서 발견된 이유가 있었다. 세월과 함께 묘비와 묘석이 땅속에 묻혔고 그 자리에 잡화창고가 세워져 파손을 면했기 때문이다. 중국 그리스도교인들이 테일러 부부의 묘비를 원래 자리에 안치하려고 했으나 지역주민들이 반대했으므로 인근의 푸인탕福音堂에 보관하다가 2014년 4월에 쉔더탕宣德堂교회로 이전했다.

이처럼 허드슨 테일러 사랑의 사역은 160여 년이 흐른 지금까지도 수많은 선교사와 중국 그리스도교인 그리고 그 자손에 의해 계속되고 있다. 특히 후손들은 대대로 중국 선교를 위해 헌신했고 지금도 계속되고 있다. 테일러의 아들 프레데릭 하워드 테일러Frederick Howard Taylor는 64년간 중국 선교사역을 감당했고 손자인 제임스 2세(戴永冕, James II)는 허난, 산시, 타이완 등지에 교회를 세우고 성경학교를 개설하는 등 평생을 중국 그리스도교에 바쳤다. 1929년에 태어난 증손자 제임스 3세(戴紹曾, James III)는 진주만 사건이 발생한 뒤 일본군에게 붙잡혀 산둥성 수용소에 갇히기도 했다. 제임스 3세의 아들인 제임스 4세(戴繼宗, James IV)는 1959년에 타이완에서 태어나 현지인과 결혼하여 타이완에 거주하면서도 중국 선교에 계속 관심을 쏟고 있다.

허드슨 테일러의 삶에서 한 알의 밀이 죽음으로써 열매 맺는 삶이 무엇인지를 돌아볼 수 있다. 그리스도를 섬기는 자들의 헌신과 희생이 없이는 죽어가는 영혼들을 그리스도에게로 돌아오게 할 수 없다.

전장 현지 탐방기:
청년 그리스도교인들과의 뜨거운 만남,
푸인탕(2017년)

청년은 교회의 희망이며 기둥이다. 푸인탕교회에서 뜨겁게 예배드리
는 청년들을 마주할 수 있었다. 그들이 깊은 감격 속에 진정으로 예배
를 드리는 모습을 보며 감사의 기도를 드리지 않을 수 없었다. 오래전
전장에 뿌려진 복음의 씨앗으로 자라난 그들이 중국 선교를 넘어 세
계복음화를 이끌어낼 것이라는 감동이 몰려왔고 시편 110편 3절 "주
의 권능의 날에 주의 백성이 거룩한 옷을 입고 즐거이 헌신하니 새벽
이슬 같은 주의 청년들이 주께 나오는도다"가 절로 떠올랐다.

우리는 허페이에서 고속철을 타고 전장으로 이동하여 숙소에 짐을
푼 뒤 펄 벅(賽珍珠, Pearl Sydenstricker Buck)의 옛집을 찾아 나섰다. 지도를
보며 숙소에서 가까운 길을 찾아 걸어갔으나 아파트 공사 현장이 길
을 막고 있었다. 어수선한 공사장 길을 돌아 겨우 찾아가 보니 문이 잠
겨 있었다. 허탈하게도 외관만 살펴볼 수 있었다. 우리는 다음 날 다시
그 집을 방문했으나 여전히 내부를 볼 수는 없었다.

1914년에 뎡윈산(登雲山, 지금은 펑처산風車山)이라는 동산에 동인도식
2층 건물이 세워졌으니 특색 있어 보였을 것이다. 그러나 지금은 건설
중인 아파트단지에 둘러싸여 존재감이 없다. 그래도 아파트 홍보라는
개발업자의 의도와 관광지 개발이라는 시의 의도가 맞아떨어졌는지, 진
입로와 건물 부근이 공원 형태로 잘 정리되고 있었다. 그 집은 1938년에
노벨문학상을 받은 펄 벅이 전장鎭江에서 18년 동안 거주하던 곳이다.

† 현대 전장시

동시에 그가 중국 문화를 연구해 동서양 문명을 융합하여 훌륭한 결과물을 낸 현장이기도 하다. 2002년에는 장쑤성 문물보호단위로 지정되기도 했다.

전장은 경항대운하의 물길과 양쯔강이 만나는 교통과 물류의 중심지다. 양쯔강을 사이에 두고 맞은편의 양저우揚州와 함께 예부터 크게 발달했다. 그래서인지 벽돌로 지은 청나라 말의 상회 건물과 이곳에 일찌감치 진출했던 영국대사관 그리고 미국 텍사코Texaco의 건물이 이채로웠다. 아울러 나루터를 중심으로 번화했던 시진西津의 고풍스러운 풍광도 전장의 영화를 잘 보여주고 있었다.

베이징 부분에서 이미 살펴보았듯이 원대에는 전국적으로 그리스도교인(당시의 예르게운교인)들이 상당히 많았다. 그들은 주로 지배층인 몽골인과 색목인들이었다. 기록에 따르면 지리적 이점 때문인지 이곳 전장 지역에만 대흥국大興國, 운산雲山, 취명聚明, 사독안四瀆安, 고안高安, 감천甘泉, 대광명大光明, 대법흥大法興 등 예르게운교회가 여덟 개 있었다고 한다.

마침 인근에 대한민국 임시정부 활동기지 유적이 있어 어렵게 찾아가보았지만 저녁시간이라 문이 잠겨 내부를 살펴볼 수 없었다. 임시

† 푸인탕교회 외관

† 푸인탕교회 내부   150년 전 전장에 뿌려진 그리스도교의 씨앗이 싹을 틔우고 자라서 푸인탕
교회처럼 깊은 역사를 갖게 되었다.

정부 인사들은 상하이를 떠나 항저우와 자싱嘉興을 거쳐 전장으로 들어
와 1935년 11월부터 1937년 11월까지 2년간 활동했다. 이후 중일전쟁이
일어나자 국민당 정부와 함께 창사長沙와 광저우, 류저우柳州를 거쳐

충칭으로 이동했다. 나라를 잃고 낯선 곳을 전전하며 조국 독립을 위
해 고군분투했을 애국지사들의 모습을 상상하니 마음이 편치 않았다.
이런저런 감상에 젖어 거리를 헤매던 끝에 마침내 목표했던 장소에 이
를 수 있었다.

그곳은 1889년 미국 북감리회美以美會가 설립한 푸인탕福音堂교회
였다. 벽돌담 안으로 들어서자 오래된 교회건물이 보였다. 밤 8시가 넘
었는데 교회에 불이 환하게 켜져 있었다. 교회 본당에는 교인들이 몇
없었지만 반갑게 맞이해주는 전도사님의 안내로 본당 뒤편 건물로
향했다. 본당과 바로 붙어 있는 건물 역시 교회에서 1918년에 세운 학
교 건물이었는데 지금은 교회 부속 건물로 이용하고 있었다.

그곳에서 청년 찬양집회가 열리고 있었는데 시간이 지나면서 점점
많은 청년이 모여들었다. 잠시 청년들과 만나볼 수 있을지 전도사님에
게 물어봤다. 그러자 전도사님은 흔쾌히 허락하시고 모임 인도자에게
내용을 전달했다. 소개를 받고 앞에 나가 대한민국에서 왔다고 하니 청
년들이 크게 환영해주었다. 모두가 하나님의 자녀요 형제자매임을 밝
히면서 믿음의 동반자로서 열심히 주님을 찬양하는 청년들을 축복했
다. 그리고 서툴지만 알고 있는 중국어 복음송가 〈제일 좋은 친구 되
시는 주님最知心的朋友〉을 불렀다. 너무나 잘 알려진 곡이었기에 청년
들이 함께 불러주었다.

〈제일 좋은 친구 되시는 주님〉
내게 제일 좋은 친구 되시는 주님
내가 제일 사랑하는 길동무 되시는 주님
맘속으로 날마다 주님을 묵상하며

주님 만나길 원합니다

인생의 모든 단계마다
인생의 모든 전환점마다
주님이 항상 손잡아 이끌어주시고
주님 곁으로 인도하셨지요

갈 길을 일러주시고
사망의 길로 미끄러지지 않게 하시니
주님의 사랑 어찌나 크고 넓은지
내 마음 놀랄 뿐입니다

주님만 계신다면 다른 건 필요 없어요
내 맘 주님과 하나로 이어져
주님을 따르기로 맹세했습니다
영원토록 변함없이

〈最知心的朋友〉
主你是我最知心的朋友
主你是我最親愛的伴侶
我的心在天天追想着你
渴望見到你的面

在我人生的每一个臺階

在我人生的每一个小站

你的手總是在攙拉着我

把我帶在你身邊

告訴我當走的路

沒有滑向死亡線

你愛何等的長闊深高

我心發出驚嘆

有了主還要什么

我心與主心相連

我已起誓要跟隨主

永不改變

   중국 내지에 복음을 전파하기 위해 평생을 바친 허드슨 테일러의 삶과 잘 어울리는 찬송이었다. 푸인탕 청년들은 연고도 없으나 복음의 발자취를 따라 찾아온 이방인을 반갑게 맞이해주고 뜨겁게 호응해주었다. 청년들과 만나고 나오자 전도사님은 푸인탕에 대한 소개와 함께 자매교회 격인 쉔더탕宣德堂을 꼭 방문해볼 것을 권해주셨다. 이미 쉔더탕에 대해 기초적인 정보를 알고 있었지만 전도사님이 진지하게 권유하니 반드시 방문하겠노라 약속할 수밖에 없었다. 숙소로 돌아가는 길을 친절히 설명해주시는 여전도사님과 헤어진 후 피곤하지만 푸근한 마음으로 허드슨 테일러와 함께 전장의 밤길을 걸을 수 있었다.

쉔더탕의 기적

다음 날 택시를 타고 쉔더탕으로 향했다. 전장시 지우화산九華山 남쪽
에 자리 잡고 있는 쉔더탕은 고속철역인 전장남역鎭江南站이 가까우며
최근 인근 지역 개발로 교통이 점차 편해지고 있다.

따가운 햇볕을 받으며 교회 안으로 들어섰다. 토요일 오전이라 인
적은 없었다. 그리고 대로변에서 약간 떨어져 있어 교회로 접근하기가
불편하다는 인상을 받았다. 교회 건물만 보고 가는 게 아닐까 염려하
던 차에 대형버스가 들어오더니 많은 사람이 내려 본당으로 들어가는
게 아닌가. 그래서 인솔자로 보이는 사람에게 다가가 우리 이름을 먼
저 밝히고 이곳에 저렇게 많은 사람이 토요일에 방문하는 이유를 물었
다. 인솔자는 자신들이 푸저우의 큰 교회 교인들이며 단체여행 중 들
른 것이라고 말했다.

잠시 후 본당에 들어가자 현지의 여성 목사님이 푸저우 교인들을
앉혀놓고 쉔더탕을 소개하기 시작했다. 그 덕분에 쉔더탕에 얽힌 이야
기를 전해 들을 수 있었다. 아무도 없어서 그냥 발길을 돌려야 하나 했
는데 쉔더탕 이야기를 들을 수 있게 되어 무척 고무되었다. 목사님은
쉔더탕 건립에 얽힌 이야기를 열성적으로 설명해주었다.

"쉔더탕宣德堂이라는 교회 이름은 허드슨 테일러의 4대손인 제임스
3세(戴紹曾, James III) 목사가 인쑤화尹素華 목사에게서 부탁을 받아 작명
한 것입니다. 베드로전서 2장 9절 '(전략) 이는 너희를 어두운 데서 불
러내어 그의 기이한 빛에 들어가게 하신 이의 아름다운 덕을 선포하게
하려 하심이라(因此你們可以宣揚上帝的美德. 祂曾呼召你們離開黑暗, 進入祂奇妙的光明)'

는 말씀에서 '아름다운 덕을 선포한다'는 문구를 교회 이름에 붙였지요. 여러분도 잘 아시다시피 허드슨 테일러는 중국내지선교회를 창립해 중국 선교에 평생을 헌신했습니다. 그 덕분에 우리가 지금 여기 전장에서 하나님의 자녀가 될 수 있었습니다. 따라서 우리는 하나님의 섭리와 허드슨 테일러의 헌신을 좇을 책임과 사명이 있습니다. 많은 선교사의 정신을 계승하는 것이 우리 쉔더탕의 지향점입니다. 우리는 선배들의 선교정신을 계승하여 복음 전파에 힘쓸 것입니다.

쉔더탕 공사 과정 또한 하나님의 놀라운 섭리 가운데 진행되었습니다. 총공사비는 2,700만 위안(약 46억 원)가량입니다. 처음에 장소를 선정하면서 많은 성도가 의아해했습니다. 당시 매우 외지고 황량한 곳이었기 때문입니다. 그러나 기도를 거듭할수록 하나님이 예비하고 축복한 땅임을 확신했습니다. 그리고 2010년에 기초공사를 시작했습니다. 그런데 자금 부족으로 공사를 진척할 수 없었습니다. 몇 달이 지난 뒤 시당국에서 와보고 왜 공사 진척이 없냐며 물었습니다. 당시 교회 자금은 40여 만 위안(약 7,000만 원)이 전부였습니다. 이 돈으로 교회를 건축한다는 게 어불성설이었지요. 그러나 놀라운 일이 일어났습니다. 교회의 자금 부족 소식을 들은 전장시 당국이 적극적으로 지원에 나섰습니다. 전장의 한 회사로부터 1,200만 위안(약 20억 원)을 기부금으로 받아준 것입니다. 교회 자체적으로는 100여 만 위안(약 1억7,000만 원) 헌금도 어려울 상황이었는데 이런 놀라운 역사가 일어난 것입니다. 또 한 자매는 수십만 위안을 헌금하기도 했습니다.

처음 교회 건립 장소를 이곳으로 정했을 때 많은 이가 의아해하고 황당해하고 반대하기도 했지만 교회 건축을 시작한 뒤 근처에서 자연온천이 발견되었고, 그 덕분에 호텔과 별장들이 속속 들어서면서 이 일대가

† **쉔더탕 외관**   도심에서 남쪽으로 20분 정도를 달리면 보이는 교회. 웅장하고 독특한 외형 때문에 멀리서도 단번에 교회 건물임을 알 수 있다.

신흥 개발구역이 되었습니다. 최근에는 난징의 지하철이 전장까지 연장된다는 소식이 전해지면서 부동산 시세가 폭등했습니다. 교회 건립 초기에는 평당 4,688위안(약 80만 원)이었는데 지금은 6,500위안(약 110만 원)까지 치솟았습니다.

이런 은혜와 축복 속에 2010년 10월 26일에 공사를 시작해 2014년 11월 14일에 헌당예배를 드렸습니다. 2013년 겨울에는 완공 전이지만 은혜 가운데 성탄예배를 드렸지요. 헌당식에는 허드슨 테일러의 5대 손인 제임스 4세(戴繼宗, James IV) 목사가 참석해 유창한 중국어로 교회의 건립과 하나님의 축복에 대해 설교했습니다. 현재 주예배당과 종탑인 더성러우德生樓만 완공되었고 주예배당 양편으로 행정과 교육을 담당할 복합건물과 양로원 건물이 들어서면 마치 펼쳐진 성경책의 형상을 갖추고 영적 공간이 펼쳐지게 됩니다. 더성러우는 내부공사를 거쳐 허드슨기념관으로 단장될 것입니다.

그런데 건축 과정에서 또 하나의 숙제가 생겼습니다. 교통이 불편해 나이 드신 성도님들의 왕래가 매우 불편했지요. 교회 목사님이 여러 번 시 교통부서를 찾아가 교회 앞에 정류장을 만들어달라고 요청했지만 불가능하다는 답변만 돌아왔습니다. 정문 양쪽으로 정류장이 있으니 그 간격을 무시하고 중간에 정류장을 증설할 수 없다는 설명이었습니다. 성도들은 이에 멈추지 않고 기도를 시작했습니다. 기도의 불길은 새벽예배를 만들었고, 매일 아침 6시부터 7시까지 기도의 발길이 끊이지 않았습니다.

어느 날, 제가 일이 있어 정문을 나서다보니 인부들이 땅을 파고 있었습니다. 제가 가서 축복하며 뭐 하시냐고 물으니 버스정류장 안내판을 설치하는 중이라고 말하지 않겠습니까? 이 기쁜 소식을 목사님께 전화로 알려드렸는데 목사님도 모르고 계셨습니다. 물론 많은 성도가 기도와 함께 백방으로 노력한 결과이지요. 버스정류장이 생기고 난 뒤 많은 노선버스가 교회 정문을 지나면서 시내에서 접근하기가 월등히 좋아졌습니다. 교통카드로는 0.25위안이면 되고 어르신들은 경로우대카드로 더 저렴하지요. 교회로 오는 성도들의 발길을 가볍게 해주니 큰 은혜가 아닐 수 없습니다.

교회 초기에는 교인이 100명 정도였습니다. 지금 이 본당의 1층과 2층을 합하면 2,000여 명을 수용할 수 있는데 현재는 교인이 1,000명 정도입니다. 이곳 아래의 지하실이 여기보다 공간이 더 넓습니다. 그래서 예배 외의 각종 활동은 주로 지하공간에서 합니다. 주일 오후에 각종 성경모임이 열리는데 구약과 신약을 번갈아가며 진행합니다. 수요일에는 기도회가 열리고, 금요일에는 청년모임과 여성모임이 열리며, 토요일에는 영성모임이 열립니다.

특별히 토요일 저녁에는 주로 혼례 행사가 열립니다. 즉, 예배당을 대외에 개방하여 희망자들의 신청을 받아 혼례를 주관합니다. 우리는 이 또한 선교사역의 일환이라고 생각합니다. 실제로 혼례로 많은 역사가 이루어집니다. 혼례 과정에서 신앙이 없던 신부가 눈물을 흘리며 복음을 받아들이는 성령의 역사와 축복이 종종 이루어집니다. 불신자들은 이런 행사가 아니면 평생을 가도 교회에 발을 들일 필요를 느끼지 못하고, 그럴 기회도 없습니다. 이런 혼례 행사로 교회를 모르던 일가친척과 친구들이 교회에 와 그리스도교를 이해하고 신앙을 접하는 계기가 됩니다.

대형 혼례가 거행된 적도 있습니다. 70대부터 80대까지 노인부부 60쌍의 합동결혼식이었지요. 어르신들 중에는 정식으로 결혼식을 올리지 못한 분들도 많고 면사포를 써보지 못한 분들도 많아 교회에서 양복과 드레스를 입고 혼례를 치러봤으면 하는 아쉬움과 희망이 많습니다. 그래서 신랑신부 60쌍이 이곳 본당에서 빨간색 양탄자를 밟으며 입장해 혼례를 치렀습니다. 힘든 시절을 슬기롭게 극복하면서 두 손을 맞잡고 풍파를 헤쳐온 노년의 부부들에게는 유형·무형의 은혜와 축복이었을 것입니다. 아울러 가정 형편으로 혼례를 치르지 못한 청년부부

30쌍의 혼례를 주관하기도 했습니다. 교회를 단지 십자가가 걸려 있는 건물로만 인식하는 젊은이들이 이런 혼례로 하나님의 섭리와 교회의 사역을 이해하는 계기가 됩니다. 이 또한 선교의 한 방법이 아니겠습니까?

쉔더탕은 특별히 선교를 위해 '사람 낚는 어부得人漁夫' 프로그램을 운영하고 있습니다. 50여 년 전 미국 장로회에서 개발한 프로그램으로 현재 많은 나라에서 시행 중입니다. 중국에서는 2000년에 원저우교회에서 시작했는데, 큰 성과를 거둬 원저우교회가 크게 부흥하는 계기가 되었지요. 그러자 우시無錫교회도 2002년부터 이 프로그램을 도입해 많은 이에게 복음을 전하게 되었습니다. 3년 만에 수천 명을 인도했으니까요. 지금 우시교회는 교인이 7,000여 명에 이릅니다.

쉔더탕도 자극을 받아 2006년부터 '사람 낚는 어부' 프로그램을 진행했습니다. 1기 훈련으로 제자를 12명 배출했습니다. 각각이 처음에는 대원 1명으로 시작했지만 학습과 훈련을 거쳐 대장으로 성장합니다. 대장은 곧 교사가 되지요. 이렇게 9명이 모이게 되면 한 팀을 이룹니다. 이 팀이 다시 후원과 기도와 교육을 통해 또 다른 팀의 구성을 돕게 됩니다. 저도 목사이지만 이 프로그램에 적극 가담해 현장에서 교인들과 함께 사역합니다. 병원을 방문하게 되면 병자들에게 다가가 대화하고 위로하고 기도하는 과정에서 자연스럽게 복음을 전하게 됩니다. 서두르지 않고 곳곳에 복음의 씨를 뿌리는 겁니다. 그리고 매주 예배 후에 지하실에 모여 공과 교재를 갖고 전도학습에 임합니다. 그 과정 자체가 은혜요 축복이지요.

이제 허드슨 테일러 선교사에 대해 잠시 소개하려고 합니다. 그는 1905년에 창사에서 세상을 떠났습니다. 당시 그는 하나님의 계시를 받고 후난성 창사를 방문 중이었습니다. 생이 얼마 남지 않았음을 알았지만 창사 지역 선교를 지원하기 위함이었지요. 그런데 쓰러진 뒤 죽음을 예견하고 창사의 형제자매들에게 죽은 뒤 자신의 관을 전장으로 옮겨달라고 부탁했습니다. 아내 마리아와 아이들이 전장에 묻혀 있었기 때문입니다. 마리아는 허드슨 테일러와 12년 6개월을 함께했습니다. 그리 긴 시간은 아니었지만 마리아는 테일러를 적극 지지했습니다. 그런데 부부가 복음 전파를 위해 밤낮없이 밖으로 뛰어다니느라 정작 자신의 아이들을 돌보지 못했습니다. 마리아 자신이 의사였음에도 당시의 열악한 의료 환경 때문에 아이 넷이 모두 생명을 잃고 이곳 전장에 묻혔습니다.

　허드슨 테일러는 스물한 살 때에 예수 그리스도에게 온몸과 마음을 바칠 것을 다짐했습니다. 이후 우리가 잘 아는 명언을 남겼지요. '나에게 만일 1,000만 파운드가 있다면 중국에 전액 헌납할 것이고, 나에게 만일 목숨이 1,000개 있다면 하나도 남김없이 중국에 바치겠다. 아니, 중국이 아니라 그리스도에게! 구주를 위한 일에 아낄 것이 무엇이란 말인가?' 그가 전장에 묻힐 당시 아들이 기록한 중문 묘비명에는 히브리서 11장 4절 '(전략) 그가 죽었으나 그 믿음으로써 지금도 말하느니라(他雖然死了, 却仍然借着信心說話)'가 새겨져 있었습니다. 그리고 마리아와의 합장묘석에는 밀단의 형상을 새겨 넣었습니다. 테일러 부부는 다른 선교사 140여 명과 함께 전장의 외국인공동묘지에 안치되었습니다. 우리가 만일 성실하게 복음을 전파하지 않는다면 이 선교사들에게 참으로 부끄러울 것입니다. 또한 바울의 말대로 복음을 전하지 않으면 주 예수님께 부끄러울 것입니다. 생활 여건이 나아질수록 이런 사명감을 깊이 새겨야 합니다.

쉔더탕이라는 이름은 중국 선교를 위해 내지선교회를 창립하여 평생을 사역한 허드슨 테일러의 선교정신을 계승하고 확장하는 의미에도 잘 부합합니다. 아울러 본당과 함께 종루 건립도 계획하고 있었는데 이름을 짓지 못하고 있었습니다. 그러던 차에 묘석이 발견되면서 '더성러우德生樓'란 이름을 붙이게 되었습니다. 당시 건물에 새겨진 이름의 색상에 대해서도 금색이나 붉은색으로 하자는 의견이 분분했습니다. 그러나 5대손인 제임스 4세 목사는 과장하거나 눈에 띄는 것을 꺼렸던 테일러의 품성을 감안해 분홍색으로 결정했습니다. 그래서 가까이 다가가야 제대로 보입니다.

전장은 오랜 역사를 간직한 도시로서 큰 규모는 아니지만 양쯔강 중하류의 축복받은 곳이지요. 양쯔강 맞은편으로는 양저우시를 마주 보고 있습니다. 쉔더탕은 큰 교회라고 할 수 없지만 주예배당에 2,000여 명을 수용할 수 있는 중형교회입니다. 현재 전장시의 등록교회(삼자교회)가 70여 개이고 미등록교회까지 포함하면 90여 개입니다. 전장시 인구가 300여 만 명인데 그리스도교인은 6만 명 남짓입니다. 따라서 선배들이 이루지 못한 사명을 계승해 이를 완성해야 합니다. 앞으로도 어디에 계시든지 기도로 우리 사명에 동참해주시기 바랍니다. 감사합니다."

목사님은 기도로 청중과의 만남을 마무리했다. 목사님의 설명이 끝난 뒤 밖으로 나와 본당 뒤편의 높게 솟은 건물을 돌아봤다. 건물 외벽에 '더성러우'라는 분홍색 글씨가 크게 새겨진 종루였다. 이 종탑을 건설 중이던 때 마침 허드슨 테일러 부부의 묘비와 묘석이 확인되었다. 그래서 시정부의 적극적인 지원을 받아 거대한 묘석과 묘비를 운반하여 이곳에 안치했다. 방문했을 당시에는 아직 완공 전이라 종루 건물은 어수선했다. 묘비도 깨진 채로 담벼락을 의지한 상태로 버려져 있어 아쉬움이 컸다. 그러나 제대로 자리를 갖추게 되면 많은 이에게 허드슨 테일러와 그 가족이 중국에 남긴 귀한 업적을 오래도록 기념하게 되리라는 확신이 들었다. 짧은 일정이었지만 전장에서 선구자들과 만난 것이 깊은 울림을 주었다.

허드슨테일러기념관, 더성러우에 가다

2017년에 우리가 쉔더탕을 방문한 이후 더성러우가 마침내 완공되었다. 2018년 6월 5일에는 더성러우에 마련된 허드슨테일러기념관戴德生紀念館 제막식이 거행되었다. 제막식에는 쉔더탕의 띵젠쥔丁建軍 목사와 인쑤화尹素華 목사, 장쑤성 삼자교회 주석 장커윈張克運 목사, 양저우 삼자교회 부비서장인 주밍화朱明華 목사 등이 참석했다. 그리고 특별히 허드슨 테일러의 5대손인 제임스 4세 목사도 함께 참석해 의미가 깊었다. 제막식에서는 전장시 연합성가대의 찬양과 특별찬양에 이어 장커윈 목사가 〈위를 향해 자라자向上生長〉라는 제목으로 마태복음 13장 1~9절에 나오는 '씨 뿌리는 자의 비유' 말씀을 나눴다. 아래에 그의 설교를 요약해보았다. 그의 설교는 현재 중국 그리스도교 지도자의 시각을 가늠할 수 있는 좋은 자료라고 생각되고 한국 그리스도교에 던지는 의미심장한 화두라고 여겨진다.

"'씨 뿌리는 자의 비유'에서 그 핵심은 예수 그리스도의 복음을 수용하고 실천할 수 있는 바른 자세와 마음을 갖는 것이다. 진리를 이해하지 못하거나 뿌리가 약하거나 시련을 이기지 못하는 사람은 복음을 수용할 수 없다. 오직 진리를 이해할 수 있는 자만이 열매를 맺을 수 있다. 예수의 말씀은 그 시대에 국한되지 않고 오늘 우리에게도 유효하다. 그런 의미에서 허드슨 테일러는 중국인들에게 결코 자기 자신을 내세우지 않고 오직 예수 그리스도의 진리를 중국 땅에 심고자 전심전력했다.

중국 교회를 위해 고민할 첫 번째 문제는 '범교인화'이다. 그리스도교인이라면 중국인 모두가 예수를 영접하길 바라지만 영적으로 준비된 사람만이 복음의 씨앗을 마음밭에 심고 하나님을 만날 수 있다. 현재 중국 그리스도교인은 4,000만 명에 이른다고 알려져 있다. 그러나 예수님과 올바른 관계를 유지하는 사람이 과연 얼마나 될까? 복음을 전하고 교인을 목양하여 그들이 진정으로 하나님 말씀을 깨닫게 하는 것이 현재 중국 교회가 당면한 도전 과제이다.

두 번째는 '눈물로 씨앗을 뿌리는 것'이다. 파종하는 사람에게는 균일함이 중요하다. 씨앗이 좋은 땅에 뿌려지지 않았다는 것은 파종하는 이의 태도와 성의 문제이다. 현재 중국의 복음사역에서 성경을 억지 해석하거나 자신을 높이는 경우가 종종 발생하고 있다. 중국은 개혁개방 40주년을 맞았다. 이제 그리스도교계는 '마구잡이 파종' 단계를 넘어 '정확하고 세밀한 파종' 단계로 나아가야 한다. 절대적인 수량 증가 차원을 넘어 '질적 제고' 단계로 나아가야 한다. 허드슨 테일러처럼 눈물로 씨앗을 뿌리는 사람만이 기쁨과 축복을 줄 수 있다.

세 번째는 뿌리부터 튼튼히 해야 한다는 것이다. 복음은 전체 선교 역사 과정에서 시간과 장소에 맞게 생각하고 실천해야 한다. 땅 끝까지 가서 제자를 삼아야 하지만 동시에 말씀이 육신이 되는 신학의 관점에서 보면 씨앗과 땅의 관계를 깊이 고려해야 한다. 그리스도교가 세계로 전파되는 과정에서 문화적으로 접근해 사람들이 그리스도교만 보고 핵심인 예수 그리스도를 놓치는 경우가 있었다. 그리스도교가 전파되는 곳에서는 어디서든지 문화적 긴장감이 존재했다. 그런데 허드슨 테일러는 중국옷을 입고 중국어를 말하며 그리스도를 전파했다. 문화를 전한 것이 아니라 예수 그리스도를 전한 것이다."

쉔더탕의 헌당예배에서 장커윈 목사의 설교에 이어 제임스 4세 목사도 연단에 나와 간증을 나눴다. 그는 1983년부터 전장에 와 선조인 허드슨 테일러와 마리아의 묘소를 찾다가 35년 만에 찾은 과정을 언급하면서 더성러우 건축에 참여한 성도들에게 감사를 표했다. 그는 '신앙의 전승', '자기를 버리고 따르다', '오직 그리스도', '하나님을 향한 믿음' '주께 헌신'이라는 다섯 가지 핵심주제를 갖고 참석자들과 은혜를 나눴다.

'눈물을 흘리며 씨를 뿌리는 자는 기쁨으로 거두리로다'라는 시편 126편 5절처럼 피와 땀과 눈물을 흘리며 중국 땅에 귀한 복음의 씨앗을 뿌렸던 허드슨 테일러의 헌신이 한 알의 겨자씨와 밀알이 되어 중국 전역에 이루 헤아릴 수 없이 풍성하게 열매 맺어가고 있었다.

8장

쑤저우,
지상에
천당을 건설한
도시

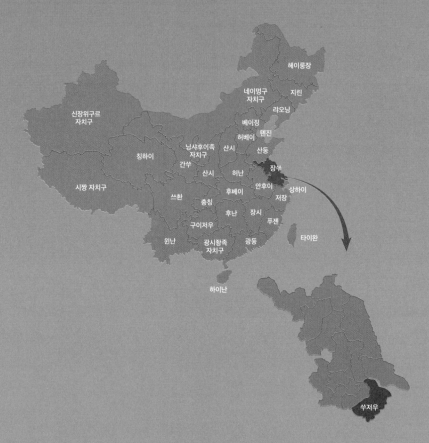

† 중국 대륙에서 쑤저우의 위치

쑤저우蘇州 구도심의 동남쪽에 있는 두수호獨墅湖 동쪽에 고딕양식의
대형교회 '두수후탕'이 있다. 그리고 호수를 배경으로 큰 십자가가 높
이 세워져 있다. 큰 십자가 앞에서 무릎 꿇고 기도에 열중하는 한 청년
을 보았다. 하나님을 간절히 찾는 이들이 있기에 중국 교회에 회복과
부흥이 있으리라 예측할 수 있었다.

천년수향에 전해진 복음

전장鎭江역을 출발한 고속철은 1시간 만에 쑤저우역에 도착했다. 20년
전 배낭여행을 왔을 때와 전혀 다른 풍광이 눈앞에 펼쳐졌다. 강산이
두 번이나 바뀌었으니 어쩌면 당연한 일이기도 했다. 20년 전에는 주
요 관광지와 문학 관련 유적지를 중심으로 살펴봤지만 이번에는 저녁
약속 전에 쑤저우의 주요 교회들을 둘러볼 계획이었다. 지도로 검색해
보니 다행히 시 중심부에 교회가 모여 있었다. 지하철을 타고 숙소로
가서 짐을 내려놓고 곧바로 쑤저우 교회들을 향해 발걸음을 재촉했다.

쑤저우는 장쑤성 동남부에 위치한 '양쯔강 삼각주경제권'의 주요
도시이다. 옛 호칭은 우쥔吳郡이며 중국 10대 주요 관광도시 중 하나
로서 '위로 천당이 있다면 아래에는 쑤저우와 항저우가 있다(上有天堂, 下
有蘇杭)'는 말처럼 자연경관과 인문경관이 빼어난 도시이기도 하다. 또
한 '강남의 원림이 천하제일이고, 쑤저우의 원림이 강남제일이다(江南
園林甲天下, 蘇州園林甲江南)'라는 말에서 알 수 있듯이 쑤저우는 중국식 정원
의 진수를 보여주는 원림으로 유명하다. 지금도 졸정원拙政園, 류원留
園, 창랑정滄浪亭, 서원西園 등 완전한 형태의 원림 60여 곳이 남아 있다.

또한 풍교楓橋와 한산사寒山寺의 고향으로 수많은 시인과 묵객이 발자취와 글자취를 남긴 고장이기도 하다.

종교적으로는 유불도 3교의 영향력이 막강한 곳이었다. 유가 신사紳士들은 보름에 한 번꼴로 향약 활동을 통해 민중을 계도했고 불교와 도교사원이 곳곳에 있었다. 영암산사靈岩山寺는 불교 정토종淨土宗의 주요 성지였고, 서원사는 율종律宗의 중요 사원이었으며, 한산사는 역사와 문화의 명승지였다.

쑤저우는 물의 도시라고도 할 수 있다. 곳곳이 물길로 이어져 육로보다 수로가 더 발달했다. 물은 맑은 기운을 간직하고 있으며 중국인들이 중시하는 해음諧音으로 빼어남秀과 통한다. 중국인들은 물의 이치를 깨달은 자는 예에 통달하고 지혜로운 자가 많다고 여긴다. 따라서 배를 삶의 근간으로 삼아 생활하던 쑤저우 사람들의 언어인 오어吳語는 물의 부드러움을 간직하고 있다. 이와 더불어 예부터 전해오는 쑤저우의 여러 노래吳歌는 천년 역사의 윤기를 전해준다. 이런 문화 저변 덕분에 쑤저우는 선비의 고장으로서 개방성과 포용력을 담보해 외래문화 수용에 적극적이었다. 기록에 따르면 개신교에서 본격적으로 선교하기 이전인 명말에 가톨릭 선교사 마테오 리치가 당시 장쑤 순무의 초청으로 쑤저우에 잠시 들렀다고 한다. 이때 그의 설교로 신자 10여 명을 얻었다고 한다. 이것이 현재 전해지는 기록 가운데 그리스도교의 복음이 쑤저우에 전파되었음을 증명하는 최초의 역사 기록이다.

대영제국을 비롯한 서구 열강은 제1차 아편전쟁 이후 난징조약을 이용해 통상 부분은 물론 주요 항구도시의 개항을 얻어냈다. 하지만 선교는 제한적으로 허가를 받을 수 있을 뿐이었고 내지 선교는 여전히 허용되지 않았다. 1844년, 미국과 청의 왕샤望廈조약으로 광저우, 샤먼, 푸저우, 닝보, 상하이 다섯 개 항에 대한 선교가 가능해졌다. 곧이어 프랑스와 청의 황푸조약으로 병원과 학교 건립, 교회당 보호 등의 내용이 보강되었다. 물론 개방 항 다섯 곳에 한정된 조치였다. 당시 프랑스는 가톨릭 선교에 집중한 반면 영국과 미국은 개신교 선교에 집중했다. 참고로 미국 감리교는 흑인노예해방문제를 두고 남북 간 의견차이로 1844년에 북감리회美以美會와 남감리회監理會로 갈라져 각각 중국 선교에 임했다. 1845년에 광저우 주재 영국·미국·프랑스 외교관들이 청 정부 대표인 치잉耆英과 협상해 신교와 구교의 차별을 없애고 향후 선교 확대의 기틀을 마련했다.

물론 중국 선교의 길이 열린 데에 대한 내지의 반응은 부정적이었다. 1851년에 양강총독 루젠잉陸建瀛은 〈내지인민습교장정內地人民習教章程〉을 발표해 그리스도교의 확산을 견제했다. 외국 교인들이 다섯 개 개방 항구에 건립된 교회당에서만 예배를 드려야 하고 내지에서는 임의로 선교하는 것을 금한다는 내용이었다. 아울러 조약을 위반해 경계지역을 넘어 함부로 행동할 경우 지역 관청이 체포해 각국 영사관에 송치한 뒤 처벌하는 것을 허가한다고 덧붙였다. 그러나 당시 정황상 구속력은 미약했다.

그즈음 쑤저우 상황은 매우 혼란스러웠다. 태평천국운동이 급속하게 세력을 확장해 1853년 3월에 난징을 수도로 정하고 쑤저우와 상하이를 압박했기 때문이다. 태평천국군은 십계명을 기반으로 유교, 불교, 도교를 비롯한 기타 종교를 배척했다. 그 과정에서 중국 민간신앙의 기반을 파괴하고 각종 신상을 파괴했다. 이런 상황에서 쑤저우 지배층이 대거 상하이로 피신해 쑤저우의 재정 기반이 상하이로 옮겨감으로써 쑤저우의 도시 기능이 마비되기 시작했다. 이처럼 태평천국의 내우內憂와 서구 열강의 외환外患에 시달리던 중국인들 가운데 선비紳士층은 외세에 대한 반감으로 기존 질서를 옹호하는 향약鄕約을 설파했다. 하지만 민중은 각종 국가 세금과 기타 지역 세금에 시달리던 터라 이런 혼란을 오히려 담담하게 받아들였다. 공교롭게도 이런 상황에서 그리스도교가 쑤저우와 다시 만나게 된 것이다.

이렇듯 내지 선교가 공식적으로 허용되지 않았던 1850년에 쑤저우에 개신교 선교사가 첫발을 디뎠다. 그의 이름은 찰스 테일러였다. 1848년에 미국 남감리회에서 보낸 찰스 테일러(Charles Taylor, 1819~?)와 젠킨스B. Jenkins 선교사가 차례로 상하이에 들어와 서양식 주택과 교회를 짓고 선교기지를 마련했다. 이들은 상하이와 난징 사이를 다니며 선교했다. 쑤저우는 중점 선교 지역 중 한곳이었다. 선교 당시 찰스 테일러는 '따이 의사戴醫生'로 불렸다. 찰스 테일러는 태평천국군이 난징을 점령한 뒤인 1853년 6월에 상하이로 가던 도중 전장에서 태평천국의 장수 나대강羅大綱을 만나 선교와 통상 문제를 논의했다. 나대강은 테일러에게 태평천국의 견해를 담은 편지를 상하이 주재 영국영사에게 전해달라고 부탁했다. 그런데 1852년 말, 젠킨스는 아내의 병 때문에 귀국한 상태였고 1853년 말에는 테일러도 5년간의 중국 생활을 접고 귀국했다. 그러나 젠킨스는 1855년에 램버스(藍柏, J. W. Lambuth) 등 선교사 세 명과 함께 다시 상하이로 돌아왔고 후에 상하이 주재 미국영사를 지내다가 곧 세상을 떠났다. 테일러는 후에《5년간의 중국여행기》에 쑤저우에 처음 입성할 때를 다음과 같이 생생하게 기록했다.

"1850년 11월 월요일 밤, 나는 외국인 2명, 중국 친구 1명과 함께 양식포대를 들고 대여섯 리를 걸어서 상하이 쑤저우 강변의 어느 다리에 이르러 배를 타고 쑤저우로 향했다. 깊은 밤이라 인적이 드물었고 배가 조용히 움직였다. 그때 외국인은 모두 중국식 복장으로 사람들의 주목을 피하고 있었다. 배는 50리를 가 황뚜黃渡에 도착했다. 다시 길을 나서 쿤산昆山까지 100여 리를 걸었다. 나는 처음 내지에 이르렀다. 길가에 사람들이 몰려들자 기회를 보아 전단을 배포했다. 쿤산은 쑤저우와 상하이

사이의 유일한 구릉지대였는데 쿤산에서 쑤저우까지는 하룻길이었다. 우리는 수요일 오후에 모두 중국인으로 변장하고 쑤저우에 이르렀다. 성을 들어설 때 보니 물길 양측으로 점포들이 빼곡하여 성황을 이루고 있었다. 성에 들어간 뒤 가마꾼을 고용해 현묘관玄妙觀에 이르러 고대 건축물인 성황묘城隍廟와 북사탑北寺塔 등지를 유람하고 참관했다. 어떤 이가 명승지는 대부분 교외에 있다고 알려줬지만 우리는 그 즉시 가고 싶진 않아서 사자림獅子林으로 가 유람했다. 그러고는 배를 타고 산당山塘을 돌아 호구虎丘로 가서 사찰과 탑을 관람했다. 배를 창문閶門에 묶어두고 성으로 들어가 시장을 걸어가는데 우리를 보고는 이상하고 기이하게 여기지 않고 이방인을 멸시하지 않기에 중국 복장을 하지 않더라도 거리를 다니는 데 거리낌이 없겠다고 생각했다. 내가 쑤저우를 처음 방문하는 것이니 아마도 쑤저우 사람이 외국인을 보는 것도 이번이 처음이리라. 나는 뱃사공에게 일러 성을 한 바퀴 둘러본 뒤 부푼 마음으로 돌아왔다."

1853년에는 영국 런던선교회 윌리엄 무어헤드와 알렉산더 웨일리(偉烈亞力, Alexander Wylie, 1815~1887)가 태평천국 진영으로 가기 위해 쑤저우로 잠입했다. 당시 전장과 양저우는 이미 태평천국군에게 점령된 상태였다. 그리고 상하이로 진군을 앞두고 있었기 때문에 쑤저우성과 사람들의 경계가 매우 삼엄했다. 무어헤드 일행은 변장했지만 중국인과 다른 겉모습을 가릴 수 없었던 듯하다. 결국에는 사람들에게 발각되었고 간첩으로 간주되어 관청으로 압송되었다. 이 사건을 접한 관리는 무어헤드 일행을 심문하고 처벌하는 대신 이들을 상하이로 돌려보냄으로써 사건이 마무리되었다.

마침내 선교의 문이 열린 것은 1856년 톈진조약 이후였다. 영국, 프랑스, 미국, 러시아는 톈진조약을 통해 개방 항구뿐만 아니라 내지에서도 자유롭게 선교하며 중국인의 신앙의 자유를 보호할 권리를 획득했다. 그런데 당시 조약문에는 가톨릭만 언급되어 있고 개신교에 대한 언급이 없었다. 이에 당시 미국 측 부대표를 맡고 있던 새뮤얼 웰스 윌리엄스(衛三畏, 1812~1884) 선교사는 영문판 조약 원문에 '프로테스탄트'를 집어넣어 개신교가 가톨릭과 동일한 권리를 획득하도록 했다. 아울러 영국 역시 영문조약에 '항구와 다른 곳'이라고 표기해 내지에 대한 선교 권리를 획득했다.

　톈진조약 이후 합법적으로 쑤저우에 입성한 최초의 선교사가 누구인가를 두고 역사적 해석이 분분하다. 상하이 일대에서 활동했던 웨일리 공회 선교사 램버스(藍柏, J. W. Lambuth)가 꼽히기도 한다. 그는 1859년에 태평천국의 충왕忠王 이수성李秀成의 통행깃발을 위조해 쑤저우에 첫발을 디뎠다고 하지만 신빙성이 떨어진다. 왜냐하면 1859년은 태평천국군이 쑤저우를 점령하기 전이었기 때문이다. 앞서 살펴보았듯이 쑤저우 사람인 왕타오(王韜, 1828~1897)는 1848년 상하이로 가 영국 런던선교회에 고용되어 여러 선교사와 친분을 쌓았다. 그가 남긴 《왕타오일기》에 따르면 적어도 1859년 3월 이전에 이미 쑤저우 선교가 시작되었음을 알 수 있다. 그는 기록에서 그리피스 존(楊格非, 楊篤信, 楊約翰, Griffith John, 1831~1912) 선교사를 언급했다. 존은 영국 런던선교회의 유명한 선교사로서 1855년 목사가 되어 아내와 함께 중국에 왔다. 중국에 도착한 존은 상하이에서 중국어를 배우고 1856년부터 단독 선교에 나섰다. 그는 태평천국군의 점령지역을 다니며 비교적 자유롭게 선교했다. 그 과정에서 쑤저우와 난징 등지를 방문해 지식인과 관료가 아닌 일반인들을 대상으로 선교했다. 왕타오는 1859년 3월 7일자 일기에 "최근에 영국인 그리피스(楊雅翰)가 쑤저우 우먼婁門에 건물을 빌려 선교를 시작했는데 조만간 장소를 물색해 예배당을 짓겠다고 말했다"

고 적었다. 이것이 쑤저우 선교의 최초 기록이다. 이후 존은 장장 51년 동안 한커우를 중심으로 활동하면서 '화중華中선교의 아버지'이자 '화중의 사도'로 일컬어지게 되었다. 중국에 오기 전에는 키가 작고 동안이라 '꼬마' 소리를 듣기도 했지만 중국의 복음화를 위해 한커우에서의 51년을 포함해 모두 57년을 중국 선교에 헌신했으며, 이것이 그를 '거인'으로 만들었다.

1860년 6월에 태평천국 군대가 쑤저우를 점령했다. 그 당시에 미국 남침례회 선교사인 탈튼 크로포드(高第丕, Tarleton Perry Crawford, 1821~1902), 제임스 홀름즈(花蘭芷, James L. Holmes, ?~1861), 제시 하트웰(赫威尔, 海雅西, J. B. Hartwell, 1835~1912) 등이 쑤저우에 들어와 태평천국 군대의 충왕忠王 이수성에게 환대를 받고 '좋은 인상'을 남겼다. 쑤저우 주둔군 사령관이던 이수성은 홍수전과 달리 서양 선교사들에게 호의적이었다.

7월 초에는 홍수전의 사촌동생 홍인간洪仁玕과 친분이 있던 영국 런던선교회 조셉 에드킨스(艾約瑟, Joseph Edkins, 1823~1905)와 그리피스 존(杨格非), 영국 성공회 목사 버든(包尔騰, J. S. Burdon), 영국 감리회 목사 존 이노센트(伊諾森, John Innocent), 프랑스 파리복음회 목사 오스카 라우(勞, Oscar Rau) 등 5명이 2차로 쑤저우에 들어와 이수성과 홍인간을 만났다. 에드킨스는 1854년에 상하이에서 홍인간에게 천문학과 역법 등을 전수한 적이 있었다. 존 일행과 이수성의 접견 상황을 당시 기록은 이렇게 전하고 있다.

> "손님들은 충왕의 질문에 답하면서 그리스도교 신자이자 하나님을 따르는 사람으로서 뵙기를 청한다고 말했다. 이에 충왕이 그리스도교 교리 가운데 몇 가지 중요한 원칙을 열거했고 후에 외국에서도 이런 원칙을 지킨다고 하자 만족스러워했다. 그가 '28수' 중 어느 날에 하나님께 경배를 드리는가 물었고 선

교사들은 방수房宿, 각수角宿, 정수井宿, 성수星宿 4일이라고 답했다. 그러자 충왕은 그들에게 태평천국의 경배일과 같다고 했다. 선교사들은 충왕에게 태평천국 인사들 중 무한한 권위와 영향력을 가진 간왕(幹王, 홍인간)이 일찍이 상하이와 홍콩에서 외국 선교사의 보호를 받은 적이 있다고 말했다. 이에 충왕은 감사를 표하면서 듣자 하니 간왕의 친구인 로버츠(羅孝全, Issachar Jacox Roberts, 1802~1871)가 지금도 여전히 화난 지방에 있다고 기쁘게 말했다. 충왕이 외국 손님들에게 하고 싶은 말이 있는지 묻자 선교사들은 일부 친구와 동포들이 무역을 하는데 실크무역을 할 때 스싱實興과 난더南得 지역에서 천국天國군의 방해를 받지 않았으면 좋겠다고 대답했다. 아울러 이 무역을 계속할 방법이 있다면 중국인과 외국인 모두에게 이익일 것이라고 말했다. 이에 충왕은 태평천국도 그러길 원하지만 무역을 계속하려면 천왕의 법규에 따라 관세를 납부해야 한다고 지적했다.”

이처럼 선교사들은 자신들과 태평천국이 그리스도교라는 공통분모를 가졌다고 판단하여 우호적으로 접근하면서도 현실적인 문제를 잊지 않았다. 태평천국의 지도자들 역시 선교사들을 환대하고 서양의 협력을 이끌어내고자 노력했다. 1860년 9월 22일에는 로버츠 선교사가 난징으로 가는 도중에 쑤저우에 들러 이수성에게 환대를 받았다. 그리고 12월에 존이 교회당 건립을 요청하고 태평천국군이 이를 지지하자 그는 크게 기뻐하며 “장쑤성은 10년 내로 명실상부한 그리스도교 터전이 될 것이다”라고 선언했다. 그러나 상황은 그렇게 순조롭게 진행되지 않았다.

처음에 이 외국 선교사들은 태평천국군과 배상제회拜上帝會의 주류가 그리스도교인이라 판단하고 선교에 확신을 가졌다. 하지만 시간이

† **크로포드 부부**   탈튼 크로포드는 쑤저우를 거쳐 산둥성 떵저우로 가서 선교하면서 복음선교회
Gospel Mission를 창립했다.

지나면서 저들의 교리가 왜곡되어 있음을 깨닫고 바로잡으려 노력했
지만 큰 성과를 거두진 못했다. 선교사들은 태평천국이 그리스도교
교리를 공유하기 때문에 선교의 좋은 파트너가 되리라는 희망을 안고
있었다. 그러나 홍수전은 독자적인 논리와 주장이 있었기 때문에 서
양 교회와 연합하기를 원하지 않았다. 선교사들도 태평천국의 관계자
와 접촉하는 과정에서 그들의 논리와 주장이 그리스도교의 교리에서
크게 벗어나 있음을 확인하고 점차 거리를 두다가 이윽고 적극적인 반
대로 돌아섰다.

　태평천국은 난징에 수도를 정하고 청과 대립하며 자신들의 입지를
공고히 하고자 노력했다. 서구 열강도 처음에는 태평천국과 접촉하며
자신들의 이익을 확대하고자 노력했다. 그러나 태평천국이 자신들의

요구를 고집하면서 점차 서구 열강과 관계가 악화되었다. 그래서인지 1860년에 쑤저우에서 여덟 차례에 걸쳐 미국과 영국 선교사들이 태평천국과 접촉하며 활로를 모색하려 했으나 합의점을 찾지 못했다. 그 이후로 태평천국군이 쑤저우에서 물러난 1863년까지 선교사들도 쑤저우를 찾지 않았다.

사실 태평천국의 일부 정책들은 쑤저우 민중의 지지를 얻었고 향후 그리스도교 복음 전파에 긍정적으로 작용했다고 볼 수 있다. 또한 쑤저우는 역사 이래 중국의 식량창고이자 재정적 기반으로서 국가 재정의 수요 수입원 역할을 했다. 따라서 각종 국세뿐만 아니라 지방세도 적지 않아 일반 민중의 부담이 매우 컸다. 태평천국은 초기에 이런 세금을 감면해 민중의 호응을 이끌어냈다. 그 덕분에 태평천국의 그리스도교 사상은 민중의 호감을 얻을 수 있었다. 이 또한 이후 그리스도교 전파에 대한 반감을 줄여주었다.

그럼에도 1886년 남감리회 윌슨(惠會督, A. W. Wilson) 선교사 부인이 미국에 있는 딸에게 보낸 편지 글을 보면 당시 그리스도교에 대한 쑤저우 민중의 생각을 엿볼 수 있다. 윌슨 부인은 쑤저우 거리의 아이들이 자신을 볼 때마다 눈을 감는 것을 보고 이상하게 생각했다. 나중에 알고 보니 '예수쟁이'가 눈알을 빼내 약을 만들고 그 약을 먹으면 저절로 그리스도교를 믿게 된다는 헛소문이 돌았기 때문이었다. 이런 헛소문이 어떻게 만들어졌는지는 알 수 없지만 당시 쑤저우 사회 전반에 선교사들에 대한 적대감이 만연해 있었음을 알 수 있다. 그럼에도 선교사들은 민중의 적대감 앞에서 위험을 무릅쓰고 의료선교와 교육선교를 통해 복음을 전파했다.

문서선교도 그리스도교 전파에 한몫했다. 1870년 중국에 도착한 후 쑤저우와 닝보에서 선교하던 미국 북장로회 조지 피치(費啓鴻, George F. Fitch, 1845~1923) 선교사가 1888년 상하이에 미화서관(美華書館, American

Presbyterian Mission Press)을 건립하고 《신민新民》, 《개풍開風》, 《신학통문神學通門》, 《성일과聖日課》 등의 그리스도교 서적을 발간했다. 이런 서적들이 쑤저우에 유통되면서 독자가 꾸준히 증가했다. 특히 각 지역 언어를 이용해 재발행되기도 했는데 쑤저우의 경우 오어 번역본이 발행되어 사회빈곤층이 그리스도교를 이해하는 데 큰 도움이 되었다.

고아에게 쏟아진 은혜, 램버스와 차오즈스

태평천국의 점령기가 끝나고 청이 쑤저우를 수복한 이후 쑤저우 인사들이 상하이 등지에서 귀환하면서 도시 기반 시설, 제도, 인력이 정비되기 시작했다. 그 과정에서 선교사들이 들어와 의료선교와 교육선교에 박차를 가했다. 이때 쑤저우 선교에 적극적으로 나선 단체는 미국 감리교와 남장로회, 북장로회, 남침례회 등이었다. 1867년 1월에 중화그리스도교회(장로회) 소속 베일리(裵義理) 부부가 쑤저우에 와서 민가 세 채를 빌려 선교 활동을 시작했다. 같은 해에 상승군常勝軍을 이끈 고든 휘하의 미국인 군관이 장로회 선교사 자격으로 쑤저우에 들어와 자리를 잡고 포교를 시작했다. 1868년 전후로는 런던선교회 윌리엄(威廉)과 내지선교회 허드슨 테일러 선교사가 포교당을 짓고 선교를 시작했다. 그러나 이들은 몇 년 뒤 사정이 여의치 않자 쑤저우를 떠나야 했다.

1869년에 미국 남감리회 제임스 램버스(藍柏, James William Lambuth) 선교사가 두 번째로 쑤저우를 찾아와 타고 온 배를 종루鍾樓 근처에 정박하고 배와 연안에서 선교를 시작했다. 그러나 쑤저우 사람들에게 램버스는 이방인일 뿐이었다. 다행히 램버스와 인연이 있던 '단추를 만드는 이李 씨'가 어린 아들과 함께 세례를 받고 교인이 되었다. '단추를 만드는 이 씨'는 쑤저우 인근 난쉰南潯 사람으로 상하이에 있을 때 램버스에게 호감을 갖고 있었다. 또한 그의 아내 원聞 씨는 램버스가 상하이에 설립한 여학교의 학생이었다. 이들 부부는 램버스 권유로 쑤저우로 이사해 램버스의 선교사역을 도왔다. 당시 상하이에 거주하던 램버스는 아직 교회가 세워지지 않았던 쑤저우에 올 때마다 이들 부부의 집에 머물며 선교에 나섰다. '단추 만드는 이 씨'는 이후 오래지 않아 중국인 목사가 되어 감동적인 설교로 많은 중국인의 환영을 받았다.

램버스는 중국인 차오즈스曹子實와 동행하기도 했다. 1847년에 저장성 자싱嘉興현 슈수이秀水에서 태어난 차오즈스는 어릴 때 부모를 잃고 고아로 떠돌았다. 1858년에 또래 친구들과 상하이에서 구걸로 생활하던 중 램버스 부부를 만나 양자가 되었다. 램버스 부부는 그를 살뜰히 보살피고 성경을 읽어주며 감사와 은혜를 깨닫게 해주었다. 이때부터 차오즈스는 그리스도교를 믿게 되었고 램버스 부부의 교회가 그의 집이 되었다. 그는 1859년에 램버스 부인 Mary Isabella McClellan이 건강이 악화되어 미국으로 귀국할 때 함께 건너가 세례를 받고 그리스도교인이 되었다. 차오즈스는 당시 자신에게 세례를 베풀었던 마셜C. K. Marshall 주교의 이름을 따 자신의 영어 이름을 찰리 마셜Charley Marshall로 지었다.

램버스 부인은 요양을 마치고 중국으로 돌아왔으나 차오즈스는 부인의 배려로 미국에 남아 그의 친구인 데이비드 켈리D. C. Kelly의 도움을 받았다. 그러던 중에 1861년 미국에서 남북전쟁이 벌어졌고 켈리는 남부군 군의사로 전장에 투입되기도 했다.

남북전쟁이 종결된 후 차오즈스는 켈리 어머니의 도움으로 대학을 졸업할 수 있었다. 그리고 10년간의 미국생활을 마치고 1869년에 뉴욕을 떠나 중국 상하이로 돌아와 램버스 부부와 합류했다. 램버스 부부는 선교사역을 위해 그를 쑤저우로 파견했다. 그래서 차오즈스는 1870년에 쑤저우에 도착해 교회 친구인 인친산殷勤山의 집을 빌려 포교소를

† 차오즈스　　차오즈스는 켈리의 동료이자 조수로서 의사 못지않은 의술을 익히게 되었고 그 덕분에
남북전쟁에 참전한 유일한 중국인으로 역사에 이름을 남겼다.

차렸다. 이곳이 쑤저우 최초의 미국 감리교 선교 거점이었다. 차오즈
스는 선교사로 활동하면서 의료 경험을 살려 병자들을 돌보고 불우한
학생들을 모아 교육에도 힘썼다. 차오즈스는 1871년에 또 다른 곳에
주일학교를 세웠는데 훗날 보시博習서원과 둥우東吳대학으로 이어지
는 춘양存養서원이다. 인친산이라는 상인은 램버스의 든든한 조력자
가 되었다. 인친산은 쑤저우 사람으로 뛰어난 사업 수완 덕분에 부유
한 상인이 되었다. 그러던 중 상하이에서 램버스의 설교에 감동받아
1856년에 세례를 받고 쑤저우 최초의 감리회 그리스도교인이 되었다.
제2차 아편전쟁(1856~1860)이 끝나고 1858년 텐진조약이 체결되면서 중
국 내지 선교의 문이 열리자 인친산은 램버스 선교사의 권유로 고향인

쑤저우로 돌아와 1870년에 자신의 집을 예배당으로 헌납하고 미국 감리회의 선교 활동을 도왔다. 자신이 직접 쑤저우 일대를 다니며 전도에도 힘썼다.

차오즈스는 선교사로 활동하면서 상하이와 쑤저우에서 많은 그리스도교인을 만났다. 그중에서 옌용징, 찰리 쑹과의 인연은 그와 그의 가정에 큰 영향을 미쳤다. 옌용징顔永京은 공자의 제자인 안회顔回와 당대 서예가인 안진경顔眞卿의 후손으로서 성공회의 후원으로 미국에 유학했으며, 귀국한 뒤에는 상하이 영국영사관 통역과 상하이 훙커우虹口 성공회당인 지우주탕救主堂의 목사로 활동했다. 그는 상하이 세인트존스대학(지금의 푸단復旦대학과 통지同濟대학의 전신) 창립자 중 한 사람이기도 하다.

배움이 적었던 차오즈스는 동서고금을 아우르는 박식함을 갖춘 옌용징을 존경해 많은 시간을 함께하며 지식을 전수받았다. 그 과정에서 옌용징의 여동생에게 호감을 느껴 쑤저우와 상하이를 오가며 사랑을 키워갔고 마침내 1874년에 상하이에서 결혼해 1녀 2남을 두었다. 딸 차오팡윈曹芳芸과 둘째 아들 차오윈샹曹雲祥은 쑹칭링과 쑹메이링과 함께 중국 최초의 국비유학생으로 미국에 유학했다. 맏아들인 차오레이겅曹雷庚은 인친산의 딸과 결혼한 뒤 상하이 그리스도교청년회 초대 중국인 총간사를 지냈다. 둘째 아들인 차오윈샹은 예일대학을 졸업하고 하버드대학에서 석사학위를 마친 뒤 귀국해 여러 활동을 하다가 1922년에 칭화清華대학 총장 자격으로 칭화국학연구원 창립위원으로 참가하여 량치차오梁啓超, 왕궈웨이王國維, 천인커陳寅恪, 자오위안런元任 등의 대학자들을 길러냈다.

그리고 차오즈스는 쑹씨 자매의 아버지 찰리 쑹과 사제지간으로 만났다. 하이난다오海南島에서 상하이로 건너온 찰리 쑹이 상하이어에 곤란을 겪자 교회 측에서 상하이어 교사로 차오즈스를 소개해준 것이다.

차오즈스는 고아에서 시작했지만 훗날 복음의 일꾼으로 세우고, 이윽고 훌륭한 가문을 이루게 해준 여호와의 은혜를 찬양했다. 그리고 신분에 상관없이 차오즈스를 사랑으로 품은 옌용징 가족도 우리를 감동케 한다.

중국 내륙 인재의 산실, 보시의원과 둥우대학

1876년에는 파커(潘愼文, A. P. Parker, 1850~?) 선교사가 램버스의 파송으로 쑤저우에 와서 차오즈스의 사역에 동참하게 되었다. 파커는 중국어를 빠르게 습득해 교재를 편찬하고 중국의 고전과 역사 연구에 힘썼다. 그리고 교육사역을 교회 건축만큼 중요하게 생각하여 완전기숙학교 건립을 목표로 미국 현지의 모금활동을 발의했다. 그 결과 1878년에 미국 테네시주에 살던 버핑턴Buffington이 6,000달러를 기부하여 텐츠좡天賜莊에 땅을 매입해 선교사 주택과 학교를 지었다. 1879년에는 스취안제十全街에 있던 학교도 텐츠좡으로 옮겨와 춘양서원存養書院으로 이름 짓고 교장이 되었다.

학교 규모가 점차 커지자 파커는 학교를 증설하고 최다헌금자인 버핑턴의 이름을 기려 보시서원(博習書院, Buffington Institute)으로 이름을 바꿨다. 이 보시서원은 쑤저우 최초의 교회학교가 되었다. 이때 램버스 선교사의 아들 월터(藍華德, W. R. Lambuth, 1854~1921)도 학교 인근에 진료소를 건립했다. '중서의원中西醫院'이라는 이름의 이 진료소는 후에 보시의원으로 통합되었다. 월터 램버스는 상하이에서 나고 자랐으며 학업을 위해 미국으로 건너가 의학박사가 되었다. 중국으로 돌아온 그는 1877년 쑤저우에 들어와 진료소를 열고 의료선교에 헌신했다.

보시의원 설립자 윌리엄 파크(柏樂文, William Hector Park, 1858~1927)는

미국 테네시주 네슈빌에 있는 벤더빌트대학 의과와 뉴욕 밸뷰 의과대
학에서 공부를 마치고 램버스 선교사의 아들 월터와 함께 중국에 들
어온 뒤 1882년 12월 17일 쑤저우에 도착했다. 그의 노력으로 1883년
4월 8일에 '보시博習의원'이 건립되었고 1883년 11월 8일에 정식 개원
했다. 아울러 의료 인력 양성기관인 보시의학당(후에 보시고등의학당으로
개명)도 함께 건립하였다.

  설립 초기인 1883년에 보시의원은 경영에 어려움이 있었지만 내원
환자가 증가하면서 경영이 호전되어 선순환을 거듭할 수 있었다. 쑤저
우 당국의 허가와 지원을 얻어 우수한 환경을 조성하고 이로써 환자들
을 제대로 치료하여 명성을 쌓은 것이다. 독일의 물리학자 빌헬름 콘
라트 뢴트겐은 1895년에 엑스선을 발견해 의학계에 일대 혁명을 일으
켰다. 그런데 보시의원은 불과 2년 만인 1897년에 이 엑스선 기계를 설
치하여 환자를 진료했다. 미국 감리교에서 중국 선교를 얼마나 중시했
는지 잘 보여주는 예다.

  보시의원은 훌륭한 선교의 장이 되었다. 병자들은 진찰을 받지 않
는 시간이면 목사와 이야기를 나누었다. 목사가 개별 병실을 찾아 상
담하기도 하고 여성 환자에게는 여성 전도자가 복음을 전했다. 병원
에는 중문과 영문으로 된 종교서적이 비치되어 전도자들이 병자들의
열람을 도와주었다. 기록에 따르면 1897년에 시각장애인 두 명이 치료
를 받고 그리스도교인이 되었다. 그리고 의과학생들 대다수가 교회 교
사들이었다. 1898년에 5명이 교인이 되었는데 3명은 치료받던 환자였
고, 1명은 병원에 묵으면서 아들을 돌보던 아버지였으며, 나머지 1명
은 병원 정문을 관리하던 문지기였다.

  위에서 보듯이 보시의원에서 치료를 받고 그리스도교인이 된 경우
가 적지 않았다. 또한 간호사를 점차 여성으로 대체하기 시작했다. 현
대에는 간호사 성비에서 여성이 다수다. 하지만 100년 전인 19세기 말

† 윌리엄 파크

† 윌리엄 파크의 진료

这张照片拍摄于 1892 年 8 月，图中诊室用水师龙提督捐款建造。柏医生正为老娘接牙。她全神贯注，竟未注意到有人在拍照片。边上身着绸缎的年轻女子，负气吞下金耳环 3 只、金戒指 2 个、疗药 2 瓶、面粉 1 匣。柏医生仅让她服下内裹棉花的蜡丸。金物即随大便出来了。

19세기 후반, 선교사들의 병원은 해안의 개방 항구에 집중되어 있었고 내지에는 전무한 상태였다. 따라서 윌리엄 파크가 설립한 보시의원은 상하이에서 베이징에 이르는 중국 내륙 최초의 현대식 병원이 되었으며 최신식 의료장비로 많은 중국인을 치료했다.

중국에서 남자 환자를 여성 간호사가 돌본다는 것은 상상조차 할 수 없는 일이었다. 그런데 교회병원에서 여성 간호 인력을 훈련해 점차 확대해나가면서 중국인들의 인식도 바뀌어갔다.

윌리엄 파크는 45년 동안 쑤저우에서 의료 사역과 의료인력 양성에

Group gathered in the Christian Cemetery, Soochow, at the interment service of the ashes of Dr. W. H. Park, November 10, 1928

† 쑤저우 안락원에 안치된   지금도 매년 쑤저우대학 제1부속병원의 의사와 간호사들이 파크
　 윌리엄 파크   박사의 묘소를 찾아 넋을 기린다고 한다.

매진하다가 은퇴하여 미국으로 돌아간 뒤 1927년에 세상을 떠났다. 당
시 많은 쑤저우 사람이 그를 '좋은 사람'이라는 뜻으로 '보하오런柏好
人'이라고 불렀다. 파크의 친척들은 쑤저우와 인연을 생각해서 유골을
쑤저우로 가져와 안락원安樂園에 묻고 비문에 '쑤저우의 파크 박사'라
고 새겼다. 그런데 안락원은 문화대혁명 때 파괴되었다. 당시 그곳 유
골들은 평황산鳳凰山묘지로 옮겨졌다가 지금은 쑤저우 샹산香山공원묘
지로 이전 안치되었다. 훗날 캐나디인 의사로서 중일전쟁 때 중국에
파견되어 활동하다가 숨진 뒤 마오쩌둥이 찬사를 보내고 중국인들에
게 추앙을 받게 된 대표적 외국인이 헨리 노먼 베쑨(Henry Norman Bethune,
1890~1939)이다. 그런데 윌리엄 파크는 이보다 훨씬 전에 쑤저우에서
오랫동안 중국인의 심신을 치료하여 쑤저우와 중국인들에게 깊은 인
상을 남겼다. 그는 신분의 귀천을 가리지 않고 자신의 신앙을 의술로 펼
친 위대한 그리스도교인이었다. 보시의원과 보시고등의학당은 1902년
에 둥우東吳대학에 편입되었다. 그리고 중화인민공화국 성립 이후 쑤
저우제일인민병원을 거쳐 지금은 쑤저우대학 제1부속병원으로 이어
지고 있다.
　19세기 말부터 20세기 초까지 그리스도교 각 종파에서 쑤저우에

† 1900년 쑤저우 둥우대학의 초창기 모습

† 쑤저우 둥우대학
   제1대 이사진

사진은 쑤저우 둥우대학 제1대 이사진과 1900년 쑤저우 둥우대학의
초창기 모습이다.

교회학교를 스물한 곳 건립했다. 둥우대학(東吳大學, Soochow University)은
1900년에 미국 감리교가 쑤저우 톈츠좡天賜庄에 건립한 중국 최초의
서양식 대학교이다. 어째서 더 일찍 개방되고 선교 규모가 훨씬 컸던 광
저우나 상하이가 아니라 쑤저우에 최초의 서양식 대학이 들어섰을까?

그 이유는 내지 선교를 위한 선교사들의 노력 그리고 역사 이래 수많은 인재를 배출하고 고도의 인문환경을 만들어온 쑤저우의 저력이 작용한 결과로 생각해볼 수 있다.

파크와 데이비드 앤더슨은 지역 선교사들과 합의하고 당시 양강총독이던 류쿤이劉坤一와 장쑤의 순무 루촨린鹿傳霖의 동의를 얻어 지역 대학 설립을 추진했다. 톈츠좡 지역의 토지를 매입하고 중국과 미국에서 모금 활동으로 건립자금을 마련해 1900년 3월에 둥우대학이 정식으로 개학했다. 예부터 둥우東吳는 상서로운 기운이 깃든 곳으로 인재가 많이 배출되었기에 교명을 '둥우대학'으로 명명했다고 한다. 개학 당시 교사는 중국인과 외국인 각 3명씩 6명이었고 학생은 45명이었다. 1900년 12월에 학교 이사회 규정이 갖춰지고 《만국공보萬國公報》의 창간인 영 알렌(林樂知, Young J. Allen)이 초대 이사장이 되었으며 데이비드 앤더슨이 초대 교장이 되었다. 이후 각종 부속 건물을 증축하고 부속 초·중·고등학교 등이 생기면서 더욱 완정한 체제를 갖추었다.

둥우대학은 '완전인을 배양한다Unto a Full Grown Man'는 교훈 아래 무수한 전문 인력을 양성했다. 중국인 최초의 노벨상 수상자인 리정다오李政道도 둥우대학 출신이다. 그래서 둥우대학은 중화인민공화국 성립 이전에 중국 남부 최고의 대학으로 손꼽혔다. 위에서 살펴봤던 차오즈스도 1900년에 둥우대학 설립자로 참여했다. 그를 기념하여 1930년에 세운 즈스탕子實堂이 지금도 둥우대학의 현신인 쑤저우대학 내에 자리 잡고 있다.

쑤저우의 주요 교회들

1872년에는 미국 남장로회 선교사 햄든 두보스(杜步西, Hampden Coit DuBose, 1845~1910) 부부가 쑤저우에 와 양위샹養育巷에 부지를 마련해 교회를 지었다. 두보스는 중국금연회 Anti-Opium League in China를 만들고 초대 회장을 지낸 인물이다.

두보스는 1891년에 미국 남장로회 지도자에 선임되었고, 38년 동안 쑤저우에서 사역하다가 1910년에 65세로 쑤저우에서 세상을 떠났다. 햄든의 아들인 팔머(杜翰西, Palmer Clisby Dubose)가 아버지의 뒤를 이어 쑤저우로 와 선교에 임했다. 그 후 양위샹에 있던 교회가 1925년에 재건되면서 '두보스를 기념한다'는 의미로 '쓰두탕思杜堂'이 되었다. 그러나 중화인민공화국 성립 이후 1951년에 '반제국주의'의 구호 아래 '스투탕使徒堂'으로 개명되었고 1950년대 말 대약진운동 기간에는 연합예배당 역할을 하면서 다시 '예쑤탕耶蘇堂'으로 이름을 바꾸었다. 문화대혁명 기간에는 폐쇄되어 고무공장으로 사용되다가 1980년 4월 6일 부활절을 맞아 장쑤성에서 가장 먼저 개방되어 다시 예배를 볼 수 있었다. 이로써 스투탕은 문혁 이후 장쑤성 최초로 개방된 교회가 되었고 지금도 이 지역을 대표하는 등록교회로서 활발하게 교리를 전파하고 있다. 스투탕은 쑤저우에 현존하는 유일무이한 스페인풍 교회당이라는 점이 흥미롭기도 하다.

한편 미국 그리스도교 남감리회가 쑤저우에 세운 첫 번째 교회인 성요한당聖約翰堂은 '첫 번째 교회'라는 의미에서 '서우탕首堂'으로 불렸다. 성요한당은 앞서 언급한 미국 감리교 선교사 파커(潘慎文, A. P. Parker, 1850~?)가 1881년에 텐츠좡天賜莊에서 땅을 매입해 세운 400석 규모의 교회였다. 후에 신도가 증가하고 교회가 빠르게 발전하자 1915년에 미국 미주리주 세인트루이스시의 세인트존스교회로부터 후원을 받아 미국인 존 무어John. M. Moore 박사의 설계로 기존 건물을 헐고 800석 규모의 새로운 예배당을 지어 '성요한당'으로 명명했다. 이 이름은 특별히 그리스도교 감리회 창시자인 존(요한) 웨슬리를 기념하는 뜻을 담고 있다. 성요한당의 독특한 풍격을 본떠 크기는 다르나 모양이 같은 교회가 미국 세인트루이스와 일본 고베神戶에도 세워졌다. 당시 800석 규모의 성요한당은 쑤저우를 대표하는 10대 건축물 중 하나였다.

20세기 초 중국 교회의 본토화와 자립운동이 일어나면서 리중탄李仲覃 목사가 중국인 최초의 주임목사敎區長로 부임했다. 훗날 그의 손자인 리정다오李政道 박사는 미국으로 건너가 중국계 미국인 과학자가 되어 1957년에 노벨 물리학상을 수상했다.

1949년 중화인민공화국 성립 이후 성요한당은 많은 어려움을 겪었다. 사회주의 체제에서 성요한당은 1958년부터 쑤저우 제일인민병원의 간호사학교와 민간주거시설로 사용되면서 크게 훼손되었다. 앞서 언급했듯이 쑤저우제일인민병원의 전신은 미국 감리회 선교사이자 의사였던 윌리엄 파크가 세운 보시의원이었다. 개혁개방 이후 쑤저우 그리스도교 관련단체가 시정부에 반환 요청을 했고 1994년 7월에 승인이 되면서 1995년 7월 쑤저우그리스도교 양회兩會에 귀속되었다. 1996년 10월에 대규모 보수와 복원 공사가 시작되었고 1998년 5월에 현재 형태로 완공되었다. 2003년에 정식 종교활동 장소로 허가를 받고 2005년 11월에 정식 개방되어 예배와 집회 활동 장소로 회복되었다. 지금은 쑤저우그리스도교 양회 사무처이자 쑤저우 남부 평신도사역자義工 훈련센터 역할을 담당하고 있다. 교회 안에는 리중탄 목사의 사역 내용이 적힌 묘비명이 남아 있다.

두 번째 교회인 '궁샹宮巷 러췬서후이탕樂群社會堂'은 1892년에 착공하여 '얼탕(二堂, 두 번째 교회)'으로 불렸다. 미국 남감리회 선교사인 토머스 헌(韓明德, Thomas A. Hearn) 등이 1890년에 쑤저우에 들어와 이듬해인

OPINIONS OF
OVER 100 PHYSICIANS

—ON THE—

USE OF OPIUM....
IN CHINA

.....COMPILED BY.....
WILLIAM HECTOR PARK, M.D.

† 햄든 두보스의
아편금지논설문집

햄든 두보스는 중국인들을 금연으로 이끌고자 노력했다. 19세기와 20세기 초반에 중국에서 '금연'은 '아편 흡연 금지'를 의미했다. 사진은 그가 저술한 《아편금지논설문집》이다.

1891년에 러췬탕樂群堂을 세웠고 1892년에는 지우스탕救世堂을 세웠다. 러췬탕은 1921년에 '러췬서후이탕'으로 확장되었다. 문화대혁명 기간에는 시의 건설국, 방직국, 교육국, 위생국 등 관공서로 쓰이다가 1986년 10월 11일에 예배당으로 복원되어 지금에 이른다. 지금은 시 중심에 '궁샹그리스도교당'이라는 이름으로 건재하며 번화가 중심에 있어 오가는 사람들이 쉽게 접근할 수 있는 이점이 있다.

지우스탕은 1924년 5월에 미국 남감리회 선교사 토머스 헌이 양위샹養育巷 무자화위안慕家花園 입구로 이전하여 현재에 이른다. 그래서 무자화위안탕慕家花園堂 혹은 미국 감리교회가 쑤저우에 세운 세 번째 교회당이라는 뜻에서 '싼탕三堂'으로 불렸다. 잉화英華여중도 이 교회당에서 창립한 교회학교였는데 지금은 쑤저우 16중학교가 되었다. 1959년부터 쑤저우 그리스도교가 정책에 따라 연합예배를 드리게 되자 지우스탕은 폐쇄되어 신화서점의 창고로 쓰이다가 웨딩드레스 매장으로도 바뀌었다. 뒤편 부속 건물은 이미 일반 주거지로 바뀌었다. 2004년 말에 보호건축물로 지정된 뒤 귀속정책으로 2010년에야 교회로 회복되었다. 그래서 2010년 8월에 다시 개방하여 12월 12일에 복당예배가 거행되었다. 개발과 함께 쑤저우의 규모가 날로 커지면서 기존의 교회들도 신개발지역에 별도 집회장소를 마련하는 추세이다.

이처럼 그리스도교는 불평등조약과 함께 쑤저우에 입성했으나 이후 교육과 의료 분야에서 꾸준히 활동했다. 1946년까지 쑤저우에는 감리회, 장로회, 성공회, 침례회, 안식일교 등 여덟 개 종파 열네 개 교회와 아홉 개 분당, 포교소가 있었다. 중화인민공화국 성립 이후 1955년 4월에 쑤저우그리스도교 삼자애국운동위원회가 성립되자 이들은 사회주의 체제에서 생존과 발전 방향을 모색하게 되었다.

쑤저우 현지 탐방기:
한 폭의 수묵화처럼 샹청탕, 호숫가에 우뚝 솟은 두수후탕
(2017년)

쑤저우의 주요 교회들을 둘러보고 나니 약속시간이 되어 다시 지하철을 타고 이동했다. 지하철역에서 빠져나오니 낮과는 또 다른 밤 풍경이 펼쳐졌다. 하늘을 찌를 듯 치솟은 빌딩 조명이 어둠을 몰아내고 있었는데 정돈된 거리 풍경이 쑤저우의 오랜 역사를 무색하게 할 정도로 초현대적이었다. 중국의 주요 도시들이 그러하듯 쑤저우도 구도심을 기점으로 외곽을 향해 무한 확장 중이었다.

쑤저우 현지 목회자를 만나 함께 이동한 셰탕라오제斜塘老街는 '물의 고장水鄉' 쑤저우의 옛 모습을 재현한 거리였다. 수로 사이로 여러 음식점이 들어서 있었고 비단잉어와 조각상 그리고 반달형으로 아름답게 장식된 다리가 다양한 볼거리를 제공하고 있었다. 그곳에서 목회자와 함께 쑤저우 특색이 잘 드러난 음식을 먹으며 현지 교회와 중국 그리스도교에 대해 많은 이야기를 나누었다.

2017년 방문 당시 쑤저우의 그리스도교 인구는 30만 명으로 추산된다고 했다. 그런데 목회자는 30여 명뿐이어서 목회자 1명이 1만여 명에 달하는 성도를 담당하는 격이라고 한다. 그러니 평신도사역자義工의 도움이 절대적으로 필요한 상황이었다. 이는 중국 전역의 현실로서 중국 그리스도교의 최대 화두는 목회자 양성이었다. 쑤저우도 다른 도시들처럼 그리스도교 인구가 꾸준히 증가하자 도시를 대표하는 대형교회가 세워져 전도에 앞장서고 있었다. 쑤저우를 대표하는 신설교회는

† 현대 쑤저우 시가지

샹청탕과 두수후탕이다.

샹청탕相城堂은 2015년에 새롭게 건축한 교회당이다. 쑤저우 샹청취相城區의 교회 신도가 2만 명이 넘어서고 황차오黃橋 징따오탕景道堂과 뚱차오탕東橋堂, 리커우蠡口집회소聚會點만으로는 사역을 감당하기 힘들게 되자 장쑤성과 쑤저우시의 각 관련기관이 협조하여 새 교회당을 세운 것이다.

샹청탕은 양청후陽澄湖서로西路의 북쪽이자 후치우虎丘습지공원 동쪽에 자리 잡고 있었다. 2011년에 계획을 세워 2013년에 공사를 시작해 2015년 말 완공식과 함께 11월 24일에 헌당예배를 드렸다. 교회 3층에 본당이 있고 1층에 소예배실 네 개가 있다. 남북에 각각 3층 건물이 있고 두 건물을 잇는 회랑 구조로 되어 있는데 약 1,200명이 동시에 예배를 드릴 수 있는 규모이다. 현재 샹청탕에는 목사 2명과 전도사 1명이 소속되어 있고 매주 600여 명의 성도가 예배를 드리고 있다.

한편 두수후탕獨墅湖堂은 이름 그대로 쑤저우 구도심의 동남쪽에 있는 호수인 두수후獨墅湖 동쪽에 세워진 대형교회이다. 전형적인 고딕양식의 건축물로서 커다란 광장을 중심으로 주예배당과 목사관 그리고

† 샹청탕 외관   샹청탕은 수묵화 속의 검은색과 회색의 조화를 살려 중국 색채를 강하게 발산하는
교회로 유명하다.

종루로 이루어져 있다. 장쑤성 정부의 지원으로 2008년에 공사를 시작
해 2010년에 완공되어 4월 4일 부활절에 첫 예배를 드렸다.

다음 날 일찍 주일을 맞아 두수후탕으로 향했다. 구도심에서 지하철
로 위에량완月亮灣역에서 내려 도시를 걸으며 고풍스러운 옛 이미지를
벗고 초현대식으로 변모하는 쑤저우를 다시 한번 실감할 수 있었다. 그
런데 의아한 점은 중국 각지에 신설된 대형교회들이 대부분 접근성이
떨어진다는 것이다. 위치는 좋은데 교인들이 자주 드나들기에는 교통이
불편한 경우가 많았다. 두수후탕도 예외는 아니었다.

그래도 호숫가에 자리 잡은 교회 규모가 시선을 압도했다. 예배당과
조금 떨어진 호숫가에 커다란 십자가가 세워져 있는데 그 앞에 무릎 꿇
고 앉아 기도에 열중하고 있는 청년이 보였다. 커다란 교회 건물보다
그 청년의 뒷모습이 눈을 사로잡으면서 더욱 큰 거인의 형상으로 다가
왔다. 그 뜨거움과 열정 앞에서 부끄러움과 함께 감동이 몰려왔다.

† 두수후탕 외관

　예배당 안은 예배 시작 전이었는데도 다양한 연령층이 어우러져 거의 모든 자리가 가득 차 있었다. 찬양단이 강단에서 찬양으로 예배를 이끌고 있었는데 조심스럽게 앞으로 가자 봉사요원이 빈자리를 찾아 안내해주었다. 얼마 후 본예배가 시작되었고 순서에 따라 찬양과 기도가 이어졌다. 많은 교인과 함께 전광판에 나오는 가사를 따라 부르며 은혜와 감사를 드렸다. 이윽고 어제 만난 목회자가 강단에 올라 고린도후서 1장 3절에서 7절을 인용해 '고난 뒤의 영광'이라는 주제로 설교를 시작했다. 예수의 고난과 부활을 통해 고난의 참된 의미를 깨닫고 그리스도인으로서 고난을 두려워하지 말며 고난에 처한 형제자매를 위로하고 고난 뒤에 있을 더 큰 영광을 생각하라는 귀한 메시지였다.

　다음 일정 때문에 예배당을 빠져나와 1층으로 나오다보니 모자母子실에도 아이들과 부모가 가득 차 있었다. 교회에서 개최하는 어린이 캠프도 무척 활발하다고 한다. 그런데 앞서 언급했듯이 목회자가 절대적으로 부족해 목사와 전도사 그리고 평신도교역자가 지정된 교회의 설교와 사무를 담당하면서 동시에 다른 여러 교회에 가서 순회 설교까지 맡는다고 한다. 두수후탕은 대형교회라 장쑤성신학원 분교가 설립되어 매년 10명 이상이 교육을 받는다. 그리고 이들은 수료 이후 곧바로 목회 현장에 투입된다.

중국 교회와 한국 교회의 협력

아쉬움을 뒤로하고 교회를 나와 다음 목적지로 발걸음을 옮기면서 넓게 펼쳐진 두수후의 수평선을 바라보았다. 수평선 너머에는 새롭게 변모하는 쑤저우가 펼쳐져 있었다. '위로 천당이 있다면, 아래에는 쑤저우와 항저우가 있다'는 말이 빈말로 들리지 않았다. 쑤저우의 주요 교회를 둘러보면서 장쑤성과 쑤저우는 삼자교회의 체계가 잘 잡혀 있다는 사실을 확인할 수 있었다. 그러면서도 삼자교회는 가정교회와 관계가 원만하다는 것도 알게 되었다.

앞서 언급했던 쑤저우의 교회들은 대부분 삼자교회이다. 6장에서 밝혔듯이 장쑤성은 현재 중국의 신학을 선도하는 곳으로 중국 그리스도교의 중심이다. 중국 정부와 그리스도교 양회도 '그리스도교의 중국화'에 초점을 맞추고 있다. 그 핵심이 바로 '중국신학'의 정립이다. 그래서 삼자교회와 가정교회라는 이분법도 점차 의미를 잃고 있으며 등록교회는 '현재 중국이 요구하는 불가피한 형태의 교회'라는 것이 등록교회 목회자들의 생각이었다.

1949년 중화인민공화국 성립 이후 왕밍다오, 니퉈성, 쑹상제 등은 정부체제 내에 들어가지 않고 미등록교회를 자처했다. 반면에 우야오종은

정권에 합류하여 삼자운동를 성립시켰다. 그 때문에 가정교회 관점에서
봤을 때 정부 요구에 수용해 교회를 등록하는 일은 매우 난처한 숙제
이다. 가정교회는 삼자운동 초기의 탄압과 문화대혁명 시기의 고난 등
여러 역사적 사건으로 입은 상처가 남아 있어서 현 정부의 권유와 회
유를 원천적으로 거부하는 상황이다. 또한 정부에 등록하여 삼자교회
에 귀속될 경우 목회자 지위에 변동이 생길지도 모르는 상황을 피하고
싶은 이유도 있다. 여하튼 미등록 상태는 가정교회의 신념이기 때문에
등록을 거부하는 상황이다.

아울러 신비주의 색채가 짙은 중국인들의 종교 성향을 감안할 때 많
은 이단을 분별할 능력이 부족한 실정이다. 이런 점에서 미등록교회는
신학 지식이 없거나 신비주의 성향의 목회자가 예배를 인도할 위험이
있다. 그러나 사회 각 분야와 계층별로 다양한 형태의 교회가 필요하다
는 측면에서 미등록교회의 존재를 인정하는 상황이다. 2017년 방문 당
시 중국 정부에서는 종교를 '긍정의 에너지正能量'로 보았다. 사회발전
이라는 측면에서 종교의 긍정적 영향력을 중시하고 있었다. 중국은 경
제발전과 더불어 가치관의 혼란이 극심한 시기에 있고 종교의 힘을 빌
리려는 의도가 있으며 오히려 신앙을 장려하는 분위기였다. 그래서
이를 중국 그리스도교 발전의 청신호로 보았다.

그러나 2017년에서 불과 2년이 흐른 2019년에는 상황이 급속히 악
화되었다. 정부의 규제와 통제가 삼엄한 상태라는 것이다. 중국의 그
리스도교 인구는 급속하게 증가하고 있지만 많은 이단과 사이비운동
그리고 위험한 성령운동 등으로 교회 스스로 고난에 처한 상황이다.
이에 더해 중국 전역의 교회와 십자가를 파괴하는 등 교회를 향한 중
국 정부의 탄압과 핍박도 가속화되고 있다. 등록교회와 미등록교회를

† **두수후탕 내부 사진**　　　십자가를 높이 세운 교회 첨탑이 인상적인 곳이다.

가리지 않고 규제와 통제를 넘어 폭압이 이어지고 있다. 사실 이것은 그리스도교뿐만 아니라 모든 종교가 처한 현실이다.

　향후 한국 교회는 어려움을 겪고 있는 중국 교회와 어떻게 협력해야 할까? 먼 안목으로 본다면 미등록교회뿐만 아니라 등록교회와 협력하여 중국 그리스도교 발전에 도움이 되는 방향을 모색해야 하지 않을까? 공식적인 교류의 패러다임을 정립할 필요가 있으며 이런 교류가 차츰 증가할 것이라 확신한다. 멀지 않은 장래에 중국 그리스도교와 교회의 체제가 정립되기를 기도하면서 우리는 쑤저우와 아쉬운 작별을 했다.

9장

항저우,
하늘과 맞닿은
물의 도시

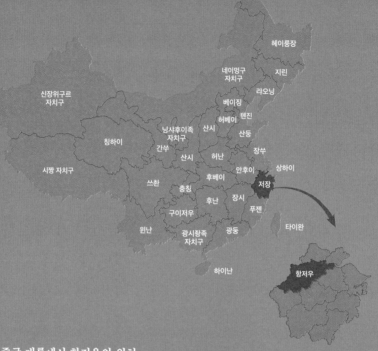

† 중국 대륙에서 항저우의 위치

항저우 시후

〈호수에서 술 마시니 맑다가 비가 오네〉

수면이 반짝반짝 맑은 날이 좋은데

사방이 어둑어둑 비가 와도 멋지네

서호를 서시에 비교한다면

옅은 화장 짙은 분 무엇과도 어울리네

〈飮湖上初晴後雨〉

水光瀲灩晴方好

山色空濛雨亦奇

若把西湖比西子

淡粧濃抹總相宜.

시후와 비단의 도시에 전해진 복음

앞에 소개한 시는 소식蘇軾의 〈호수에서 술 마시니 맑다가 비가 오네〉
이다. 항저우와 시후를 멋들어지게 표현한 시이다. 흔히 '소동파'로 불
리는 소식은 항저우 시장을 두 번 역임하면서 많은 유산을 남겼다. 중
국의 물길이 빚어낸 아름다운 도시 항저우. 오랜 역사 속에서 산과 강
그리고 호수가 어우러져 만들어내는 황홀경에 취해 얼마나 많은 묵객
이 항저우의 아름다움을 노래했던가.

　1936년 이후 일련의 고고학적 발굴로 항저우 일대에 이미 5,000여
년 전부터 촌락이 형성되었고 각종 사회 활동이 있었다는 게 밝혀졌다.
신석기시대 항저우 일대의 사회활동을 일컬어 량주浪渚문화라 한다.
항저우는 당나라 말기 5대10국 시대에 오월吳越국의 수도였고 남송시
대에는 150여 년간 임안臨安이라는 이름으로 수도로서 영광을 누렸다.
수나라에서 시작한 대운하 공사가 완성되면서 항저우는 뤄양洛陽까지
이어지는 운하교통의 허브로 크게 발전했다. 항저우를 가로지르는 첸
탕錢塘의 원명은 '첸탕錢唐'이었는데 당 시기에 나라 이름과 황제 이름
을 피하는 관습인 피휘避諱의 명목으로 지금 같은 한자로 바뀌었다고

한다. 현재 항저우의 관광명소인 시후西湖의 원명은 첸탕후錢塘湖였는데 당 이후 도시 중심이 호수 동쪽으로 이동하면서 자연스럽게 '서쪽 호수'로 불리게 되었다.

"쑤저우蘇州에서 태어나, 항저우杭州에서 살고, 광저우廣州의 음식을 먹고, 황산黃山에 가서 일하고, 류저우柳州에서 죽어라"라는 중국 속담이 있다. 그만큼 항저우는 중국 내에서 살기 좋은 도시로 유명해 '행복 지수가 가장 높은 도시' 순위에서 매년 1, 2위를 다툴 정도이다. 종교적으로는 역시 유교와 불교 세력이 강했다. 그중에서도 동진東晉시대인 326년에 인도에서 온 승려 혜리慧理가 지었다고 하는 영은사靈隱寺는 중국 선종禪宗의 10대 사찰이며 동시에 아주 크고 부유한 사찰 중 하나이다. 이렇듯 항저우는 쑤저우와 함께 지상천국으로 불리는지라 국제 교류 과정에서 해외에 일찌감치 알려졌고 그리스도교 전파도 뒤따랐다.

몽골족이 통치하던 원대에는 중국 전역에 색목인과 외국 상인을 중심으로 네스토리우스파 그리스도교가 널리 전파되었다. 1325년부터 3년 동안 중국을 여행한 이탈리아인 선교사 오도릭(Friar Odoric, 1286~1331)은 1330년에 구술로 《오도릭의 동방기행문》을 남겼다. 이 기록에 따르면 당시 항저우에도 네스토리우스파 그리스도교인이 적지 않았음을 알 수 있다. 1278~1282년에 네스토리우스파 그리스도교가 항저우에 전파되었으며 당시 마셰리지스(馬薛里吉思)라는 선교사가 전장鎭江과 항저우 일대에 예르게운也里可溫 사원 일곱 곳을 세웠다고 한다.

명 말기인 1583년 9월, 중국 마카오에 머물고 있던 이탈리아인 예수회 신부 미켈레 루지에리(羅明堅, Michele Ruggieri, 1543~1607)는 마테오 리치와 함께 광저우 인근의 자오칭肇慶으로 들어가 중국 선교를 시작했다. 그러던 중 자오칭 책임자로서 미켈레와 친분이 있던 왕판王泮 덕분에 수도인 베이징으로 올라갈 수 있는 기회가 찾아왔다. 왕판의 고향

친구이며 베이징 부임을 앞두고 있던 정이린鄭一麟에게 자신의 의사를 전달한 것이다. 그러나 정이린은 외국인과의 동행이 불러올 정치적 파장을 우려한 나머지 자기 고향인 사오싱紹興에서 선교하라고 루지에리를 설득했다. 루지에리는 정이린의 권유에 따라 포르투갈인 예수회 신부 안토니오(麥安東, Antonio de Almeida)와 함께 광저우에서 상선을 타고 1586년 1월에 사오싱에 도착하여 환대를 받았다.

그러나 몇 개월 동안 루지에리 일행의 선교 활동이 점차 활발해지자 왕판과 정이린 가족은 그들의 활동이 자신들의 앞날에 부정적인 영향을 주지 않을까 걱정하기 시작했다. 이에 왕과 정의 가족들은 루지에리 일행의 조속한 귀환을 요청하는 가짜 편지를 만들어 보여주며 자오칭으로 복귀하라고 종용했다. 이에 루지에리 일행의 베이징행은 불발되었다. 그럼에도 루지에리는 아쉬움을 달래기 위해 조금 더 북상해 항저우를 방문하고 한시漢詩 세 편을 남겼다. 이로써 루지에리는 항저우에 들어온 최초의 선교사가 되었다. 그러나 항저우에서 선교 활동을 할 시간은 많지 않았다. 기록에 따르면 1586년 7월에는 루지에리 일행이 이미 자오칭에 돌아가 있었다. 루지에리는 1588년 로마 교황청의 부름을 받고 이탈리아로 돌아갔다가 1607년에 살레르노Salerno에서 생을 마감했다.

앞서 2장에서 살펴봤듯이 마테오 리치는 그 후 1589년 사오저우韶州, 1595년 난창南昌, 1599년 난징을 거쳐 1601년 마침내 베이징에 입성해 활발한 활동을 벌였다. 이때 마테오 리치는 가톨릭의 중국 선교에 크게 이바지한 중국 지식인들을 만났다. 그들은 서광계처럼 대부분 강남 인사들이었다. 이지조, 양정균, 위춘시처럼 항저우 출신이 있었고 주궈줘朱國祚, 선더푸沈德符 등 자싱嘉興 출신이 있었다. 이들 중 이지조와 양정균은 서광계와 함께 '중국 가톨릭의 3대 주춧돌三柱石'이 되었다.

이지조는 마테오 리치가 그린 《세계여도世界輿圖》에 매료되어 가톨릭 신부들에게 천문과 지리를 배웠고, 1602년에 마테오 리치의《곤여만국전도坤輿萬國全圖》제작을 도왔다. 직접 서문을 쓰고 비용을 마련해 지도 출판을 주도했다. 이후 이 지도는 한국과 일본에까지 전해져 큰 영향을 미쳤다. 이지조는 또 서광계와 함께《기하원본》번역에 참여하는 등 천문과 지리, 수학 등의 서구 학문 전수에 중대한 역할을 했다. 마테오 리치는 이지조에 대해 "품성이 정직하고 진리를 갈구하기에 먼저 과학의 기본 지식으로 시작해 점차 교리를 알려주었다"고 언급했다. 그만큼 이지조는 신앙에 적극적으로 다가섰다.

　1610년 5월에 마테오 리치가 베이징에서 세상을 떠나자 그해 연말에 니콜로 롱고바르디(龍華民, Niccolo Longobardi, 1559~1654)가 신임 예수회 중국교구장으로 부임했다. 1611년 4월, 이지조는 부친상을 당해 귀향하던 중 난징에 들러 선교사들에게 항저우 선교를 요청했고 니콜로는 이를 받아들여 이탈리아인 라자레(郭居靜, Lazare Cattaneo, 1560~1640)와 니콜라스(金尼閣, Nicolas Trigault, 1577~1628), 마카오 출신 종밍런鐘鳴仁을 항저우에 파견했다. 신부들은 1611년 5월 8일에 이지조의 집에서 첫 미사를 드렸다. 이것이 가톨릭의 항저우 선교에 관한 최초 기록이다. 이후로도 포르투갈인 펠리스(林裴禮, Felice da Silva)와 피에르(黎寧石, Pierre Ribero, 1572~1640), 마카오 출신 스훙지石宏基 등이 속속 항저우에 와 선교 활동을 이어갔다.

　곧이어 항저우 관료가문 출신으로 불교신자였던 양정균楊庭筠이 동향인 이지조와 신부들의 권유로 그리스도교인이 되었고 집안의 불당을 예배당으로 바꿔 '지우주탕救主堂'으로 명명했다. 그리고 라자레 신부에게 세례를 받고 미카엘이라는 세례명을 얻었다. 1616년에는 양정균의 부인도 라자레 신부에게 세례를 받고 그리스도교인이 되었다. 양정균은 감사하는 마음으로 선교사들이 임시로 머물고 있는 숙소를 매입해 예수회에 기증했다. 아울러 산지를 매입해 가난한 성도들과 신부

† **마르티노 마르티니 묘역** 마르티노 마르티니는 생전에 '중국을 구제한다'는 뜻으로 중국 이름을 '위광국'으로 지을 정도로 중국과 중국인을 사랑했다. 명이 몰락하고 청이 대륙의 패권을 장악하는 시대의 소용돌이 속에서도 꿋꿋하게 선교사의 사명을 다했다.

들의 묘지로 사용했다. 양정균이 죽자 그의 아들도 전답을 보태 선교사 묘역을 조성했다. 이것이 지금의 마르티노 마르티니 묘역이다.

심관이 주도한 제1차 난징박해(1616~1617)가 일어나 가톨릭 포교가 금지되고 많은 선교사가 체포되거나 추방되었다. 이때 이지조는 서광계와 함께 베이징에서, 그리고 양정균은 항저우에서 선교사들을 적극 변호했고 난징에서 체포된 선교사들에 대한 구명 활동에 온 힘을 다했다. 양정균은 아직 체포되지 않은 선교사들을 자신의 집으로 피신시켰다. 그래서 한때 양정균의 집은 항저우와 인근 지역 선교사들의 도피성 역할을 했다.

난징박해가 끝나자 이지조는 항저우로 돌아와 서구 학문에 관한 저술과 번역 작업에 몰두했다. 1621년의 예수회 보고서에 따르면 당시 항저우의 가톨릭 신자가 300명이었다고 한다. 난징박해에도 항저우에서는 그리스도교인의 입지가 견고했던 것이다. 1627년 가을, 양정균은 톈수이차오天水橋 부근에 있던 자기 집과 전답을 모두 교회에 헌납했고 이를 바탕으로 항저우 최초의 가톨릭성당이 탄생했다. 그리고 그해 연말에 양정균은 세상을 떠났다.

1659년에 이탈리아인 선교사 마르티노 마르티니는 로마에서 돌아왔고 저장 지역 순무 퉁궈치佟國器의 지원을 받아 양정균이 헌납한 집 부근의 땅을 매입해 성당을 확장했다. 1661년에 완공된 이 '지우주탕'은 당시 중국 최고의 성당이었다. 프랑스 선교사 루이(李明, Louis Le Comte, 1655~1728)는 베이징으로 향하던 중 항저우에 들러 이 성당을 보고 크게 감명을 받아 이렇게 기록했다. "항저우 성당의 우아함과 장엄함에 우리는 찬탄을 금치 못했다. 눈길을 주는 곳마다 금빛으로 반짝이는 장식과 무늬와 유화가 가득했다. 모든 것이 그렇게 장식되어 있었고 더 나아가 단계별로 담긴 의미도 각각 달랐다. 중국인들은 빨강과 검정을 조화시킨 아름다운 칠 장식을 완벽하게 재현했고, 황금색 꽃송이와 기타 도안으로 각종 기물과 장식을 부각함으로써 세상에서 가장 아름다운 효과를 구현해냈다."

지우주탕은 청의 강희제康熙帝도 관심을 보였다. 1699년 3월 강희제가 제3차 강남 시찰을 할 때였다. 항저우 성당에서 시무하던 이탈리아인 선교사 엠마누엘 로리피스(潘國良, Emanuele Laurifice, 1646~1703)가 우시無錫까지 나가 강희제를 맞이했다. 3월 22일 항저우에 들어온 강희제는 황실 선박에서 연회를 베풀고 시후를 유람했다. 이때 수행단이었던 프랑스 선교사 장 프란시스(張誠, Jean Francios Gerbillon, 1654~1707)와 호아킴 부베(白晉, Joachim Bouvet, 1656~1730)가 로리피스와 동승했다. 강희제는 사람을 보내 항저우 성당을 시찰케 했고 보수공사를 결정한 후 로리피스에게 전달했다. 다음은 로리피스의 말이다. "폐하께서는 지난번 항저우에서 제게 천주당을 시찰토록 명하셨고, 저는 성당이 화재로 불타 보수공사가 아직 끝나지 않았음을 알려드렸습니다. 이에 폐하께서 오늘 은 100금을 하사해 로리피스로 하여금 보수공사를 마치도록 명하셨습니다." 로리피스는 성당을 중건하면서 정문 위에 '황제의 명으로 건립하다(敕建)'라는 글을 새겨 넣었다. 이렇듯 서양 선교사들이 전한 복음은 항저우와 항저우 사람들에 의해 뿌리내리기 시작했다.

중국의 대변인, 마르티노 마르티니

마르티노 마르티니(衛匡國, Martino Martini , 1614~1661)는 이탈리아인으로 가톨릭 예수회 신부이자 중국학의 대가이다. 1614년 이탈리아 타란토에서 태어난 마르티니는 17세이던 1631년에 로마대학에 가 수학을 공부했고 1632년 예수회에 가입했다. 1638년에 중국 선교사로 파견받고 12월에 제노바를 떠났으나 폭풍우 때문에 리스본으로 돌아갈 수밖에 없었다. 1640년에 인도 고아에서 대기하던 중 1642년에 다시 중국으로 출발했다. 이듬해인 1643년 비로소 마카오에 도착해 중국 선교를 시작할 수 있었고 29세 때에 저장성 란시蘭溪를 거쳐 항저우에 도착했다. 그야말로 천신만고 끝에 중국 항저우에 도착해 선교를 시작하게 된 것이다.

마르티노 마르티니는 '중국을 구제한다'는 뜻으로 중국 이름을 '위광국'으로 했고 호號는 '돕다'는 뜻이 담긴 '제태濟泰'로 정했다. 선교 초기에는 항저우와 란시, 사오싱, 닝보, 펀수이分水 등지에서 활동했고 이후 난징과 베이징, 산시성, 푸젠성, 장시성, 광둥성 등 수많은 지역에 발자취를 남겼다. 그는 명 말의 전란을 겪으면서도 많은 중국 지식인과 교류했다. 남명 융무제隆武帝의 요청으로 궁에 들어가 유럽의 지식을 전했는데 특히 대포와 화약에 관한 것들에 중점을 뒀다. 이때 남명 정권에서 마르티니에게 용무늬 관복을 주었으나 그는 그 관복을 미사드릴 때 사용했다.

1646년 6월, 마르티니는 융무제의 명으로 원저우 인근 펀수이에

갔다가 청의 군대에게 습격을 받았다. 그는 자택 앞에 '서양에서 온 가톨릭 선교사 기거泰西天學修士寓'라는 팻말을 내걸고 수중에 있던 과학 기기와 책 그리고 성상 등을 거실에 진열해놓았다. 이 모습을 본 청군 장교가 그를 항저우로 호송하여 성당에 머물게 했고 청군 복장을 갖추고 머리를 뒤로 빗어 넘겨 청 지지자로 보이게 했다.

1650년 봄에는 베이징으로 가 순치제를 만났고 같은 해에 예수회 중국 선교단의 명을 받아 중국을 떠나 로마 교황청으로 향했다. 2장에서 언급한 대로 당시 중국에 와 있던 선교사들 사이에는 '공자와 조상에게 정기적으로 제사祭孔祀祖를 지내는 중국인들의 관습'을 우상숭배로 볼 것인가에 대해 논란이 끊이지 않았다. 마르티니는 중국 교구의 특파원 자격으로 중국 특유의 문화를 설명하기 위해 교황청으로 향했다.

1654년 말 로마에 도착한 마르티니는 '제공사조祭孔祀祖' 논쟁에 대한 견해를 제시했다. 그는 마테오 리치의 선교 이념을 변호하면서 중국 신자들의 '제공사조'가 우상숭배와는 거리가 먼 중국 고유의 관습이라는 사실을 강조했다. 결국 로마 교황청은 그의 견해를 받아들여 '제공사조'가 그리스도교 신앙에 문제되지 않는다는 결정을 내렸다. 그러나 이 결정은 일부 근본주의자들이 지속적으로 문제를 제기하여 번복되었고 이후 중국 선교에 부정적인 영향을 미치게 되었다.

마르티니는 중국에 체류하며 진행했던 연구를 바탕으로 《중국상고사》와 《중국어법》 등을 저술함으로써 중국 문화를 유럽에 소개하는 데 큰 역할을 했다. 《중국어법》은 유럽에 소개된 최초의 중국어 문법 책이다. 마르티니의 책은 1615년에 마테오 리치가 사후에 남긴 《그리스도교중국원정사》 이후 유럽인에게 전해진 최고의 중국학 자료다. 마르티니는 유럽의 초기 중국학 연구의 기초를 세웠고 이후 중국학 연구의 중심이 프랑스로 넘어가기 전에 이탈리아에서 마지막 절정을 장식하게 한 학자로 평가된다.

† **마르티노 마르티니** 마르티니는 청군 장교의 보호 아래 안전을 보장받았고 대륙의 권력이 명에서 청으로 넘어가는 전환기에도 선교사역을 이어갈 수 있었다. 1648년 항저우에서 마르티니에게 세례를 받고 입교한 사람이 250명에 달했다.

　　마르티니는 여러 학술 업적을 남겼지만 그 최고 성과는《신중국지도총람 Novus Atlas Sinensis》을 제작한 일이라고 할 수 있다. 지리학자이기도 했던 그는《신중국지도총람》으로 동아시아에 대한 유럽의 지리적 오해를 일시에 없애버렸다. 1655년에 출간된《신중국지도총람》은 중국 각 지역을 다룬 17장의 지도와 171쪽에 달하는 자세한 설명으로 중국 전역의 지리적 정보를 상세하게 소개했다. 특히 조선을 반도국가로 정확히 다룸으로써 그때까지 조선을 섬으로 알고 있던 유럽인들의 오해를 바로잡을 수 있었다. 마르티니는 조선을 이렇게 묘사했다. "조선은 매우 풍요로운 땅이며 밀과 쌀이 풍부하다. (중략) 조선에서는 인삼이 많이 재배되며 금과 은이 풍부하게 매장된 산들이 많다. 그리고

† 마르티노 마르티니의
《타타르전쟁기》표지 삽화

마르티니는 명과 청의 전쟁을 다룬 《타타르전쟁기韃靼戰記》를 저술해 유럽에 전했다. 이 책은 당시 만주족이 남하하면서 한족을 살육하고 점령하는 과정을 충실히 기록한 귀중한 사료이다.

조선인들은 동해안에서 진주를 채집한다."

1656년 1월에 마르티니는 중국으로 돌아가기 위해 중국행 선교사 9명, 인도행 선교사 3명과 함께 뱃길에 올랐으나 중간에 프랑스 해적을 만나 감금되었다. 다행히 그가 해적 두목을 잘 설득하여 풀려날 수 있었고 일행은 제노바로 돌아왔다. 1657년 4월에 그는 페르디난트 페르비스트(南懷仁, Ferdinand Verbiest, 1623~1688) 등 예수회 선교사 16명을 이끌고 다시 리스본에서 중국으로 출발했고 1658년 7월에 일행 중 6명만이 마카오에 도착했다. 인도네시아 마카사르해협을 지날 때에는 폭풍우가 몰아쳤고 조타수마저 항해를 포기했지만 마르티니가 키를 잡고 버틴 끝에 해협에서 빠져나올 수 있었다. 이렇듯 마르티니는 유럽과 중국을 오가는 세 번의 항해에 11년을 보내야 했다. 페르비스트는 후에 마르티니를 이렇게 회상했다. "키가 크고 건장했으며 덥수룩한 수염이

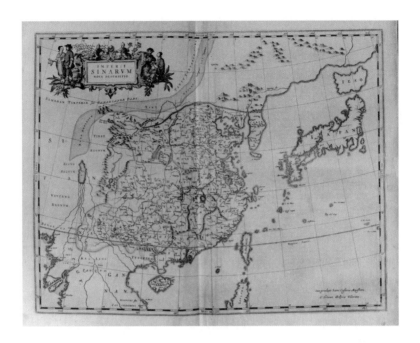

†《신중국지도총람》

마르티니는 조선의 지리, 사회, 문화를 이 지도에 기록했다. 물론 그 기록은 그가 직접 체득한 게 아니고 중국 자료를 참고해 작성했다는 한계가 있지만 조선에 대해 유럽인들이 관심을 갖고 '조선관'을 형성하게 하는 최초의 기록이 되었다는 데 큰 의의가 있다.

경외심을 불러일으켰다. 성격이 쾌활하고 언제나 웃음을 잃지 않았다. 그는 전쟁으로 피폐해진 사람들을 격려했다. 다 부서져가는 배의 갑판 위에서 보여준 비범한 용기는 이미 전설이 되었다."

1659년 6월에는 항저우로 돌아와 선교 활동을 재개했다. 그는 당시 저장성 순무 퉁궈치의 도움으로 땅을 구입해 가톨릭 성당을 건립했다. 퉁궈치의 부인이 가톨릭 신자로서 마르티니의 고충을 헤아려 성당 건립을 도왔던 것이다. 그러나 마르티니는 '지우주탕' 완공을 앞두고 콜레라에 걸려 1661년 6월 6일에 48세의 나이로 세상을 떠나고 말았다. 그는 항저우 다팡징大方井성당에 묻혔다. 다팡징성당은 중국 최초의 서양식 성당으로 건립 당시 양쪽 벽면을 그리스도의 행적을 담은 벽화로

장식했다. 지금도 항저우 중산북로中山北路에서 원형을 유지한 채 예배
장소로 사용되고 있다.

　진위 여부를 떠나 마르티니를 향한 중국 신도들의 사랑이 얼마나 극
진했는지 전해주는 일화가 있다. 그가 세상을 떠난 지 17년이 지난 1678
년, 다팡징성당 묘지가 습기로 관리하기가 어려워지자 이장을 위해 마
르티니의 관을 열었다. 그런데 의복도 원형을 유지하고 있었고 사체도
거의 손상되지 않은 상태였다고 한다. 신도들은 그를 새로운 교회로 옮
겨 2층 의자에 기도하는 모습으로 앉혀놓았다. 그리고 해마다 그의 머리
카락과 손톱을 정리하고 얼굴과 몸을 씻겨주었다고 한다. 1877년까지
200년 동안 이렇게 관리하다가 점차 부패가 진행되자 비로소 관에 넣
어 성당 안 묘지에 안장했다고 한다. 현재 항저우식물원 서북쪽에는
마르티니의 묘와 선교기념공원이 조성되어 있다. 1985년에 원래 자리
에 중건된 것이라고 한다.

　마르티니를 향한 신도들의 사랑은 먼저 신도를 향한 마르티니의 깊
은 사랑에서 시작되었다. 전 세계 사람들을 위해 희생양이 된 예수의 사
랑이 마르티니를 통해 중국 땅에 흘러들어갔다고 볼 수 있다. 다만 2장
에서 제공사조 금지에 관해 살펴봤듯이 1704년과 1715년에 중국 신
도의 제공사조를 금지하고 이를 어긴 신자는 파면한다는 교황청의 결
정이 청나라 포교에 결정적인 장애가 되었다. 강희제는 내정간섭이라
판단하고 가톨릭의 선교를 금지했다. 이후 옹정제와 건륭제도 가톨릭
의 포고 금지령을 내려 선교사들을 추방하고 성당을 폐쇄했다. 이로써
항저우의 복음 사역은 제1차 아편전쟁 이후 난징조약이 체결되기까지
130여 년 동안 중단되었다.

항저우 현지 탐방기:
중국에서 가장 존경받던 미국인, 존 레이턴 스튜어트를 찾아서
(2017년)

사오싱을 출발한 고속철은 달리는가 싶더니 어느 순간 항저우에 도착했다. 언제나 쑤저우와 함께 거론되기 때문에 혼란스럽지만 항저우는 저장성의 성회(省會, 도청소재지 개념)이고 쑤저우는 장쑤성에 속한 도시이다.

숙소로 이동하기 위해 택시를 탔다. 옛날 같으면 목적지를 설명하기 위해 애를 먹고 혹시 기사가 일부러 우회로를 택해 바가지를 쓰지 않을까 걱정했겠지만 이제는 스마트폰의 중국지도 앱에서 목적지를 선택하고 길안내를 누르면 최적화된 길을 음성으로 안내해주니 스마트폰을 기사에게 건네주기만 하면 되었다. 스마트폰과 내비게이션의 결합으로 중국 여행이 한결 수월해졌음을 실감했다. 숙소와 교통편도 스마트폰 검색으로 예약과 발권이 가능했다. 좌충우돌하던 과거 풍경이 사라져 편리하긴 했으나 돌발 상황과 변수의 연속이라는 여행의 묘미를 잃는 것 같아 여정이 조금은 싱겁게 느껴졌다. 우버 차량의 활약과 QR코드의 위력을 항저우에서 실감하면서 중국의 빠른 행보에 어지러울 정도였다.

항저우에 도착하자마자 숙소에 짐을 부리고 현지 미등록교회 전도사를 만났다. 그는 항저우의 그리스도교 상황과 교회 사역에 대해 이야기해주었다. 전도사는 원저우 출신으로 예배처를 옮겨 다니며 대학생과 청년들을 대상으로 목회를 하고 있었다. 다음은 전도사와 인터뷰한 내용을 정리한 것이다.

† 현대 항저우

저자: 교회는 어떻게 운영하시나요?

현지 전도사: 삼자교회는 대부분 성도들의 자발적 헌금으로 운영합니다. 항저우와 원저우 등을 포함하여 미등록교회는 예배당을 지을 때 정부의 보조를 받지 못합니다.

저자: 건축헌금 같은 형태로 헌금을 모아 건립하는군요.

현지 전도사: 정부는 기본적으로 가정교회를 인정하지 않습니다. 그렇기 때문에 성도들의 헌금에 절대적으로 의존합니다. 예배당으로 이용할 방세를 내기 위해 약정헌금 등으로 자금을 모아 임차대금으로 사용합니다.

저자: 목회자는 어떻게 충당하나요?

현지 전도사: 삼자교회의 목회자는 대부분 중국 정부에서 인정하는 신학원 졸업생입니다. 예를 들어 저장성의 목회자들은 대부분 저장신학원 출신이지요. 이들이 삼자교회에서 경험을 쌓고 목회를 하게 됩니다. 중국 정부에서는 목회자들을 각각의 종교구에 배속시켜서 관리합니다.

저자: 정부 차원에서는 종교의 자유를 보장하면서도 한편으로는 관리를 하는군요.

현지 전도사: 철저하게 관리합니다. 저장성에서 벌어진 십자가 철거 사건과 총이탕의 구요섭顧約瑟 목사님 처벌사건도 정부가 교회를 관리하는 과정에서 발생한 것이지요. 삼자교회에서는 정부의 지시에 따라 목회자가 바뀝니다. 상식적으로는 교회 내에서 장로와 집사들이 회의를 열어 목사의 자격 여부를 결정해야 하는데 삼자교회는 종교국의 결정에 따라 목회자가 바뀝니다. 정부는 행정수단을 이용하여 삼자교회를 관리합니다. 따라서 경우에 따라 정부와 교회의 구분을 명확히 할 수 없습니다.

저자: 그렇다면 가정교회는 상황이 어떻습니까?

현지 전도사: 우리 같은 가정교회의 원칙은 '가이사의 것은 가이사에게, 하나님의 것은 하나님께'입니다. 정부의 처사와는 확실히 구분됩니다. 우리 목회자는 성직자로서 성경의 원칙대로 교회의 일에만 전념합니다. 교회 규정에 따라 일정 기간을 거치고 시험을 봐서 목사 자격을

얻게 됩니다. 문제가 있을 경우에도 정부와 상관없이 교회의 규정에 따라 처리할 뿐입니다. 가정교회와 삼자교회의 구별이 여기에 있습니다. 가정교회는 성경의 진리에 따라 처리합니다.

저자: 일반 성도가 중국사회 각 영역에서 겪는 갈등이나 어려움은 없나요?

현지 전도사: 현재 중국 각 계층에 그리스도교인이 존재합니다. 사기업은 물론이고 공공기관 종사자 중에도 그리스도교인들이 적지 않습니다. 그러나 총체적으로 보면 아직도 통제가 엄격합니다. 예를 들어 군대처럼 정부의 주요 기관에서는 신앙의 자유를 허용치 않습니다. 공산당원의 경우 무종교 원칙이 철저합니다. 종교인은 공산당원이 될 수 없습니다. 특히 그리스도교인의 경우 더욱 민감합니다. 그런데 불교 신자의 경우에는 개인 성향으로 받아들여 묵인해줍니다.

저자: 그리스도교인과 불교인에 대한 시각과 관용의 정도가 다르군요.

현지 전도사: 불교는 정적이고 거리감이 없다는 생각에 쉽게 수용되는 반면에 그리스도교는 서양 종교라는 고정관념이 있는 듯합니다. 그래서 우리 형제자매들은 신앙인으로서 어느 정도 제약을 받습니다.

저자: 그렇다면 이슬람교는 어떻습니까?

현지 전도사: 이슬람교 역시 통제가 엄격합니다. 특히 중국 서북부의

유혈사태가 이슬람교 교인들과 관련되어 있어 정부의 집중 통제를 받고 있는 형편입니다. 십자가 철거사건이 벌어진 근래 몇 년 동안 원저우와 타이저우臺州, 항저우 등지 일부 기관에서는 종교와 신앙에 대한 설문지를 나눠주고 작성토록 했습니다. 심지어 많은 학교 교사에게 교회 출석을 고집하면 교사직을 잃게 될 것이라고 경고하기도 했습니다. 2016년 성탄절 즈음하여 교육국에서 각 학교에 통지문을 보내 유치원부터 대학에 이르기까지 교회의 성탄절 행사에 참가하는 것을 금지했습니다. 따라서 이런 사회 환경에서 신도들은 큰 스트레스와 도전을 받습니다. '신앙을 고수할 것인가? 이런 통제에 따를 것인가?' 하고 말이죠. 목회자들은 성도들을 격려하고 주를 위해 담대히 행동할 것을 설파하지만 믿음에 따라 차이를 보이게 마련입니다.

저자: 이제 곧 종교조례 수정안이 확정될 전망인데 이에 대해 어떻게 생각하십니까?(2017년 인터뷰 당시는 종교조례 수정안이 확정되기 전이었다.)

현지 전도사: 종교조례 수정안에 따르면 가정교회는 기본적으로 불법조직으로 확정됩니다. 이전까지는 불법이지만 어느 정도 활동공간을 인정했습니다. 그러나 수정안이 확정되면 가정교회는 재정과 집회 장소 등을 포함해 완전 통제를 받게 되고 활동 영역이 완전히 위축됩니다. 그래서 후베이성의 어느 가정교회 목사님은 교인 10만여 명에게 서명을 받아 항의서한을 작성하여 중앙정부에 발송했습니다. 정부에서 이 서한을 받고 읽어보았는지는 알 수 없습니다. 결과가 어떻게 될지는 지켜봐야지요.

저자: 수정안이 번복될 가능성은 희박할 텐데요.

현지 전도사: 수정안이 확정되면 수천만 중국 가정교회 성도들에게 큰 걱정거리가 되겠지요. 반대 의견도 쏟아질 것입니다. 그러나 정부에 직접 항의하기보다는 기도와 인내로 하나님께 갈 길을 간구할 것입니다. 문화대혁명의 동란 속에서도 중국 그리스도교인은 신앙을 지켰습니다. 그 어려운 시기를 이겨내고 지금 이렇게 많은 교회와 교인들이 굳건하게 믿음을 이어가고 있지 않습니까? 이 모든 것이 신의 섭리라고 생각합니다.

저자: 중국 정부의 관리조직에 대해 다시 한번 정리해주시겠습니까?

현지 전도사: 중국 통일전선부 산하에 종교국이 있고 그 아래에 다른 종교와 함께 중국 그리스도교협회와 삼자애국운동위원회라는 양회 兩會가 존재합니다. 삼자교회는 이 양회와 종교국의 관리를 받고 있습니다. 총이탕의 구요셉 목사와 같은 경우도 십자가 철거사건에 항의하자 종교국에서 그에게 다른 죄명을 씌워 체포 감금했습니다. 그런 처사에 동의하지 않거나 항의하는 움직임은 없었습니다. 정부의 통제가 두려우니까요. 이것이 삼자교회 체제의 현실입니다. 그런데 삼자교회는 근래에 큰 도전에 직면했습니다. 저장성에서만 근래 들어 2,000여 곳에서 십자가가 철거되었는데 대부분 삼자교회이고 가정교회는 몇 군데되지 않습니다. 정부로부터 허가받은 합법적인 교회로 90퍼센트 이상을 차지하던 삼자교회에서 이런 사건이 벌어지자 내부에서도 갈등이 생기고 있습니다. 18세 이하 공민은 입교할 수 없으며 다른 지역에 가서 전도할 수도 없습니다. 예를 들어 항저우의 목회자가 원저우나 닝보에 가서 전도할 수 없습니다. 이를 위해서는 전도허가증을 받아야 합니다.

† **중국종교국 건물**   중국종교국은 삼자교회의 십자가를 철거하고 그리스도교인 인명부를
작성해서 국가가 종교를 폐쇄적으로 관리하는 정책을 시행하고 있다.

다른 지역에 가서 설교하거나 신학원에 가려면 양회 지도자의 서명이
있어야 합니다. 이것이 삼자교회의 어려움입니다.

저자: 항저우의 가정교회 상황은 어떤가요?

현지 전도사: 삼자교회는 집회 지역이 정해져 있어서 그 지역을 벗어
날 수 없습니다. 반면에 가정교회는 장소에 상관없이 예배장소가 정해
지면 집회를 열 수 있습니다. 정부가 이를 일일이 관여할 수 없습니다.
이것이 가정교회와 삼자교회의 큰 차이점이고 정부에 위기감으로 작용
하는 듯합니다. 가정교회는 조직이 없어 산만한 듯 보이지만 신앙으로
연결되어 상호 긴밀히 연계하고 있습니다. 항저우에도 가정교회가 많습
니다. 각자 독립되어 있으나 서로 기도하고 교류합니다. 정부에서는 이런
가정교회를 불법으로 간주하고 삼자교회 가입을 유도하고 있습니다.
가정교회는 하나님을 믿는 신앙을 가지고 산에서나 공원에서나 어디서

든지 예배를 드릴 자유가 있습니다. 그런 면에서 삼자교회의 압박에 굴하지 않습니다. 우리는 예수그리스도를 믿는 교회를 중심으로 생각합니다. 반면에 삼자애국운동회는 기본적으로 교회가 아닙니다. 삼자교회는 정부의 허가 아래 예배를 드리고 복음을 전할 수 있지만 가정교회는 언제나 정부의 압박을 받아야 하는 어려움이 있습니다. 그러나 정치적 압박은 항상 존재했기 때문에 이제는 적응했습니다. 그래서 정부에서 불허하면 불허하는 대로 다른 곳으로 이동해 예배를 드리거나 규모를 분할하여 소규모 단위로 예배를 드리는 등 상황에 맞게 대처하고 있습니다. 원저우의 교회들이 대표적이고 베이징의 서우왕守望교회도 마찬가지입니다.

다만 가정교회의 문제점은 목회자 양육입니다. 삼자교회는 국가의 신학원에서 목회자를 양성하는데, 그곳에서는 국기를 내걸고 국가를 부르며 마르크스-레닌주의(볼셰비키주의)를 공부합니다. 가정교회도 신학원이 있지만 상대적으로 작고 은밀하며 체계적이지 못합니다. 그래서 홍콩과 말레이시아, 싱가포르, 한국, 미국 등 해외 신학원과 연계해 강사들을 초빙하여 체계적이고 정규적인 신학교육을 받고 싶습니다. 그러나 이런 내용을 표면적으로 노출할 수 없기에 안타까울 따름입니다. 선교의 중요성에 대해서도 많은 가정교회가 각성하고 있지만 이를 실천하는 데 많은 어려움을 겪고 있습니다. 예를 들어 교회 내에 여성 청년이 많고 남성 청년은 부족합니다. 따라서 신앙으로 맺어지기 어려운 현실입니다.

저자: 전도사님은 어떻게 믿음을 접하게 되셨습니까?

현지 전도사: 아버지는 불신자였지만 어머니께서 그리스도교 가문의 4대손이었습니다. 어머니에게 신앙교육을 받았지만 어릴 때는 신

앙을 제대로 이해하지 못했습니다. 아버지는 어머니의 신앙도 반대했습니다. 학교에서는 신앙을 배척하는 무신론 교육을 받았습니다. 아버지와 함께 타지에 나가 장사하다가 23세에 고향인 원저우로 돌아갔습니다. 그때부터 본격적으로 예수님을 알게 되어 지하신학원에 다니며 성경을 공부했습니다. 당시에는 신학원이라기보다 성경연구반 형태였습니다. 마침 목사였던 이모부의 권유로 복음을 접하고 교회에 나가게 되었습니다.

저자: 어머니의 영향이 컸군요.

현지 전도사: 어머니는 매일 아침과 저녁에 우리 삼형제를 위해 기도하셨습니다. 그럼에도 맏이인 저는 집에 있는 성경도 보지 않고 청년모임 활동에도 그다지 열의가 없었습니다. 한번은 이모와 이모부의 권유로 마지못해 성경연구반에 들어가게 되었습니다. 수도원처럼 산속에 거처가 있어 외부와 완전히 차단된 곳이었습니다. 이모와 이모부는 내가 한 달을 버티지 못할 것이라고 걱정했습니다.

저자: 그곳에서 어떻게 생활했는지 말씀해주시지요.

현지 전도사: 매일 아침 4시에 일어나 손전등을 들고 15분 정도 산을 타서 정상에 오릅니다. 산 정상에 시멘트로 조성한 평지에서 15분 정도 간단한 체조를 한 뒤 4시 반부터 약 2시간 동안 기도를 합니다. 그 후 잠시 휴식을 취하고 하산하여 7시에 아침식사를 합니다. 이전에는 할 일이 없어 아침 10시나 11시까지 자리에서 일어나지 않았는데 말이지요.

한 달에 한두 번은 금식기도도 했습니다. 그런데 묘하게도 한 달이 못되어 회개의 은사를 받게 되었습니다. 성경을 펼치면 눈물이 쏟아졌습니다. 마음이 말할 수 없이 괴로웠습니다. 이전에 지었던 많은 죄와 행동들이 떠올라 눈물로 회개했습니다. 마태복음과 마가복음을 읽으며 예수의 행적을 접할 때마다 눈물이 계속 쏟아졌습니다. 이후로 오전과 오후에 다 함께 성경을 읽고 오후 4시 반이 되면 오후기도를 했습니다. 5시 반에 저녁식사를 하고 저녁에는 개인적으로 성경을 연구했습니다. 이렇게 2년을 생활했습니다. 물론 중간에 어려움도 있었습니다. 2000년 무렵에 정부에서 교회를 파괴하는 등 핍박이 있었습니다. 우리가 있는 곳도 파괴되어 다른 곳으로 옮겨야 했습니다. 이런 경험이 저에게 큰 영향을 미쳤고 하나님의 사역자로 부르심을 받게 되었습니다.

저자: 어떻게 항저우에서 사역하게 되셨나요?

현지 전도사: 2003년 무렵에 원저우에서 항저우로 와 사역을 시작했습니다. 처음에는 한 달에 한두 번 정도 다녀가다가 2010년부터 가족과 함께 완전히 이주하여 항저우의 대학생과 청년들을 대상으로 사역하게 되었습니다.

저자: 원저우나 닝보를 방문하면서 교회도 지역마다 특색이 있음을 느꼈는데 그렇다면 항저우 교회는 어떤 특색을 지녔나요?

현지 전도사: 항저우 교회는 크게 두 부류로 나뉘는데 우선 오래된 교회들은 니붜성의 영향으로 매우 보수적입니다. 크리스마스도 세속

적이라고 지키지 않을 정도입니다. 그런데 시 중심을 벗어나 개발지역과 대학가를 중심으로 청년과 대학생 중심의 교회가 늘어나고 있습니다. 베이징이나 상하이처럼 항저우도 '대학도시'입니다. 그래서 2000년대 이후 청년과 대학생 중심의 교회가 항저우 교회의 중심이라고 할 수 있습니다. 그러다보니 세대를 아우르는 교회가 부족합니다. 원저우에는 신앙의 전통을 이어가는 교회가 많아 3세대, 4세대, 5세대를 아우르는 교회가 많습니다. 그런데 항저우는 장년층 교회가 따로 있고 청년층 교회가 따로 있습니다.

저자: 그리스도교와 관련된 항저우의 유명 유적지나 인물이 있다면 소개해주십시오.

현지 전도사: 항저우에는 가톨릭 선교사였던 마르티노 마르티니의 무덤이 있는데, 항저우시는 이를 문화재로 보호하고 있습니다. 또한 레이턴 스튜어트(可徒雷登)가 유명하지요. 저장대학도 그리스도교와 연관이 깊습니다.

저자: 중국 교회의 발전을 위해 어떤 점이 필요하다고 생각하십니까?

현지 전도사: 첫째로, 인재를 육성해야 합니다. 신앙이 있는 대학생과 청년들을 목회자로 양성할 수 있는 신학교육이 정립되어야 합니다. 둘째로, 한국 교회들처럼 중국 교회의 제도와 규칙 그리고 시스템을 정비해야 합니다. 또한 교회의 세속화에 대비해야 합니다. 현재 세계적으로 그리스도교구가 점차 줄어드는 추세입니다. 반면에 중국은 그리스

도교구가 증가 추세에 있습니다. 따라서 삼자교회와 가정교회가 각자의 영역에서 발전하는 것도 중국 교회의 특수한 역할이라고 생각합니다. 한국 교회는 경제 성장과 맞물려 대형교회로 성장하였으나 예전의 순수함을 잃어버린 느낌입니다. 상대적으로 중국 교회는 성장 과정에 있기 때문에 예전 한국 교회와 같은 모습을 간직하고 있다고 생각합니다.

저자: 저희도 중국 교회의 성장과 발전을 확신합니다.

현지 전도사: 14억 중국 인구 가운데 그리스도교인을 1억 명으로 추산합니다. 그럼에도 교회의 사회적 영향력은 아직 미미합니다. 이를 더욱 확대할 필요가 있습니다.

저자: 오랜 시간 좋은 말씀 감사합니다.

호텔을 나와 전도사님과 작별인사를 나눴다. 전도사님은 우리와 헤어진 뒤 자전거를 타고 청년 그리스도교인들과 한 약속을 지키기 위해 총총히 인파 속으로 사라졌다. 그의 뒷모습에서 미등록교회의 어려움을 체감할 수 있었다. 그러나 어려운 환경 속에서도 신앙을 지키고 예수와 동행하며 항저우 젊은이들에게 복음의 씨앗을 뿌리고 있는 젊은 일꾼을 보며 항저우와 중국 그리스도교의 밝은 미래를 꿈꿀 수 있었다.

항저우 출신 미국인 선교사, 존 레이턴 스튜어트

전도사님과 헤어지고 난 뒤 항저우의 그리스도교 관련 장소를 찾아 나섰다. 한국인들은 '외국인 선교사'라 하면 제일 먼저 언더우드Underwood 가문과 아펜젤러Henry Appenzeller를 떠올린다. 그렇다면 중국인들이 제일 먼저 떠올리는 외국인 선교사는 누구일까? 상하이 부분에서 다루었던 티모시 리처드(李提摩太, Timothy Richard, 1845~1919)와 존 레이턴 스튜어트이다. 바로 그 존 레이턴 스튜어트가 항저우 출신이다.

존 레이턴 스튜어트(司徒雷登, John Leighton Stuart, 1876~1962)는 1876년 6월 24일, 항저우에서 미국 남장로회 선교사 부부의 아들로 태어났다. 스튜어트 가문은 스코틀랜드 귀족의 후예로 미국 이민 후 레이턴 이전에 3대에 걸쳐 목사직을 감당하고 있었다. 레이턴의 아버지 존이 항저우에서 활동하면서 펄 벅의 아버지 압살롬Absalom Sydenstricker과 동역하기도 했다. 항저우 방언을 유창하게 구사하는 11세 소년 레이턴은 1887년에 미국으로 건너가 버지니아주에 정착했다. 이때 그는 영어를 잘 못해 놀림을 받기도 했다. 햄프턴 시드니대학 신학원에 들어가 무디 전도사가 시작한 '학생 해외지원 선교운동' 조직에 가입했다. 그리고 1902년 목사 안수를 받았다. 1904년, 아이린(路愛玲, Aline Rodd)과 결혼한 후 스튜어트 부부는 항저우로 돌아와 16년 만에 아버지, 어머니와 재회했다. 미국 남장로회 선교사로서 대를 이어 선교사역을 계승한 것이다. 스튜어트는 다시 중국어를 공부하며 아버지와 함께 중국 전역을 돌았다. 1906년에는 항저우에서 외아들 잭을 낳았고, 1907년에는 남북장로회가 연합하여 기존의 항저우 위잉서원育英書院을 확충해 첸탕강변에 새로운 캠퍼스를 짓고 즈장之江학당을 건립하는데 참여했다. 이 즈장학당이 즈장대학의 전신이다.

1908년, 스튜어트는 난징의 진링金陵신학원 교수로 초빙되어 그리스어를 비롯한 여러 과목과 교무부장을 담당했고 1910년에는 난징교무위원회 회장직을 맡았다. 1911년에 신해혁명이 일어나 신학원이 휴교 상태가 되자 그는 미국 신문계 연합통신사의 난징 특파원으로 활동했다. 쑨원이 임시대통령으로 선출된 뒤 총통부 인사들과 친분을 맺어 1912년 4월에 거행된 임시국무회의에 유일한 외국인으로 참가했다. 스튜어트는 쑨원을 '탁월한 재능을 지닌 정치가이자 국가를 위해 헌신한 애국자'로 높이 평가했다. 1914년 여름, 아내의 병을 치료하기 위해 잠시 귀국한 스튜어트는 워싱턴 제일장로교회에서 설교하던 중 예배에 참석한 우드로 윌슨 대통령(Thomas Woodrow Wilson, 1856~1924)의 초청을 받아 백악관을 방문해 중국의 선교 상황과 정세에 대해 의견을 교환했다.

1918년 하반기에 미국 남북장로회에서 스튜어트에게 종합대학 신설을 정식 제안했다. 1900년 의화단운동 이후 수차례에 걸쳐 베이징에 있는 후이원滙文대학과 셰화協和대학의 합병을 시도했으나 내부 모순이 많아 1918년까지 결론을 내리지 못하고 있었다. 그런데 1918년 양교 관계자들이 외부 인사에게 총장을 맡기기로 합의하고 스튜어트를 적임자로 선택한 것이다. 주위의 많은 이가 거절하라고 충고했지만 스튜어트는 남북장로회의 제안을 과감하게 수락하고 1919년 1월에 베이징으로 올라가 양교 관계자들과 만나 실무를 상의했다. 차이위안페이蔡元培 등 교명위원회 5명과 토의를 거쳐 최종적으로 청징이誠靜怡 박사의 건의안을 채택해 '옌징燕京대학'이라는 교명을 확정지었다. 스튜어트가 맡은 옌징대학은 훗날 중국 최고 명문대인 베이징대학이 된다.

† 존 레이턴 스튜어트 생가 앞 흉상

스튜어트는 1919년 봄 옌징대학 초대 총장에 취임했고 1921년에는 중국 교회교육조사단원에 초빙되었다. 그가 옌징대학을 맡았을 때는 학교 규모도 작고 학생도 94명뿐이었다. 교원도 중국인 박사학위 소지자는 2명뿐이었고 외국인 교사도 자격미달인 사람이 많았다. 스튜어트는 학교 발전을 위해 1922년부터 15년 동안 미국을 열 번이나 드나들며 기금을 모집했다. 한번은 당시에 천문학적 액수인 150만 달러를 유치하기도 했다. 그래서 지금의 부지를 마련하고 새 건물을 지어 1929년부터 정식으로 사용하게 되었다. 스튜어트는 캠퍼스 설계도 주도했으며 "세계에서 가장 아름다운 캠퍼스로서 학생들이 세계적인 꿈을 펼치기에 충분하다"고 자부할 정도였다. 후에 그는 학생들의 국제교류를 위해 하버드대학과 자매결연을 맺고 미국과 중국의 문화교류에 앞장섰다. 하버드대학 내의 옌칭학사도 스튜어트가 건립했다. 그는 여러 선교사와 논의한 뒤 '진리로 자유를 얻어 봉사하라Freedom Through Truth for Service'라는 교훈을 지었다. 이는 마태복음 20장 28절 "인자가 온 것은 섬김을 받으려 함이 아니라 도리어 섬기려 하고 자기 목숨을 많은 사람의 대속물로 주려 함이니라"와 요한복음 8장 32절 "진리를 알지니 진리가 너희를 자유롭게 하리라"에서 따온 문장이다. 스튜어트는 학생들이 그리스도의 사랑을 깨닫고 진리를 탐구하여 나라와 국민에 봉사하기를 바라는 진심을 이 한 문장에 담아냈다. 학생들도 그의 진심에 공감하고 공유했다. 옌칭대학 졸업생이자 유명문인인 빙신(氷心, 1900~1999)의 딸 우칭吳靑은 다음과 같이 말했다. "옌칭대학 학생들이 배운 것은 세계적 가치, 즉 자유와 민주와 박애였다."

1931년 일본의 만주침략을 알리는 9·18사변이 일어나자 스튜어트는 수백 명의 옌칭대학 교수, 학생들과 함께 거리로 나가 맨 앞에서 '일본 제국주의 타도!'를 외쳤다. 1933년에는 미국 프랭클린 루스벨트 대통령의 초청을 받아 중국 시국에 대한 의견을 제시했다. 1934년 미국에 머물던 그는 학생들이 국민당 정부의 대일對日 무저항정책에 반대하여 수업을 거부하고 청원단을 조직하여 당시 국민당 정부청사가 있던 난징으로 향한다는 소식을 접했다. 그러자 즉시 귀국하여 학교 전체회의를 소집했다. 그런데 회의석상에서 일부 우려와 달리 스튜어트는 이렇게 말했다. "상하이에 도착해 배에서 내리면서 제일 처음 우리 학생들이 난징으로 갔는지부터 물었죠. '그렇습니다'란 답을 듣고 안심했습니다. 이번에 옌칭대학 학생들이 청원단에 참가하지 않았다면 수년간 이어온 제 교육이 완전히 실패했음을 의미하기 때문입니다."

이처럼 사회 참여를 독려한 스튜어트의 영향으로 1935년 '1·29학생

† 항저우 즈장대학

운동' 때에도 중국 동북부를 점령 통치하려는 일본의 제국주의 야욕에 맞서 옌징대학 학생들이 반일 시위를 주도했다. 1941년 태평양전쟁이 발발한 뒤 일본군은 스튜어트에게 협조를 강요하다가 거절당하자 그를 수용소에 억류했다. 결국 그는 1945년에야 일본의 항복과 함께 풀려났다. 미국 언론에서 언급한 대로 그는 당시 '중국에서 가장 존경받는 미국인'이었다. 종전 이후 다시 옌징대학의 총장과 교무처장을 역임했고, 1946년 7월 11일 주중 미국대사에 임명되었다. 같은 해에 국민당 정부로부터 항저우 명예시민증을 받았다.

대사가 된 스튜어트는 중국의 안보를 위해 연합정부 개설을 요구했다. 또한 중국공산당과 비밀리에 접촉해 미중관계를 논의했다. 그러나 곧 내전이 일어나면서 그의 노력은 물거품이 되고 말았다. 당시 미국에서는 국무장관 조지 마셜에 의해 마셜 플랜Marshall Plan이 시작되었다. 제2차 세계대전으로 황폐해진 유럽을 재건하고 미국 경제를 복구하며 세계로 확산되는 공산주의를 방지한다는 정책이었다. 그래서 미국은 중국에서 장제스의 국민당 정권을 지원해 마오쩌둥의 공산당에 대항했다. 그러나 민심은 마오쩌둥 쪽으로 기울었다. 1949년 4월에 중국 인민해방군이 난징을 점령했을 때 스튜어트는 국민당 정부와 광저우로 가지 않고 중국공산당 측과 교섭하기 위해 난징에 남아 있었다. 마오쩌둥을 비롯하여 저우언라이 등 중국공산당의 주요 인사들이 그의 베이징행을 원했지만 국민당 편에 서 있던 미국 정부의 반대로 끝내 갈 수 없었다. 결국 중화인민공화국 성립을 앞두고 미국의 대중국정책 실패를 통감한 스튜어트는 1949년 8월 2일에 난징에서 미국 군용기에 올라 회한에 잠긴 채 평생을 사랑한 중국을 떠나 귀국길에 올랐다.

마오쩌둥은 8월 8일 신화사 통신에 〈잘 가요, 레이턴 스튜어트別了, 司徒雷登〉란 글을 실었다. 중국 내전에서 국민당 편에 섰던 스튜어트가 미국의 침략전쟁이 완전히 실패했음을 보여주는 상징이라며 비판한 것이다. 마오쩌둥은 글을 마무리하며 이렇게 꼬집었다. "인민해방군이 양쯔강을 건너자 난징의 미국 식민정부는 뿔뿔이 흩어졌다. 레이턴 스튜어트 대사 영감만이 자리를 지키고 앉아 눈을 부릅뜨고 새로운 기회를 노렸다. 레이턴 스튜어트는 무엇을 보았는가? 전진하는 인민해방군 부대들과 노동자와 농민, 학생들이 일어나는 모습을 보았으리라! 또한 중국의 자유주의자와 민주주의자들이 노동자와 농민, 병사와 학생들과 함께 구호를 외치고 혁명을 주장하는 모습을 보았으리라! 결국 누구도 그를 거들떠보지 않았고, '외롭게 홀로 서서 자신의 그림자와 벗하는 수밖에' 없었다. 아무것도 할 수 없어 가방을 옆에 끼고 길을 나설 수밖에 없었다." 이 글은 후에 중학교 국어책에 실려 스튜어트는

† **잘 가요, 레이턴 스튜어트**　마오쩌둥이 신화사 통신에 게재한 〈잘 가요, 레이턴 스튜어트〉라는 글

중국인들에게 악명을 떨치게 되었다. 이후 스튜어트는 많은 업적에도 불구하고 제국주의의 앞잡이이자 양의 탈을 쓴 늑대의 모습으로 중국인들의 뇌리에 각인되었다.

스튜어트는 미국에 돌아간 후에 미국 국무원으로부터 '발언금지조치'를 받았다. 그리고 극단적 반공 열풍인 매카시즘이 횡행할 때 반공주의자들에게 많은 질타를 받았다. 그 결과 그는 뇌혈전 질환을 앓다가 몸 절반이 운동마비가 되었고 실어증 증세도 보였다. 그럼에도 세계 평화와 중국의 통일을 기도하다가 결국 1962년 9월 19일에 워싱턴에서 86세의 나이로 세상을 떠났다.

스튜어트는 말년에《중국에서 보낸 50년 Fifty Years in China》이라는 회고록을 남겼다. 그 첫 줄은 다음과 같이 시작된다. "나는 일생 동안 중국이 내 집이라고 생각했다. 끈끈한 정신적 유대는 나를 그 위대한 나라와

† 조셉 매카시   미국 전역을 공산주의자 색출과 백색테러의 광풍으로 몰고 간 조셉 매카시

위대한 국민들과 하나로 만들었다. 그 나라에서 태어났을 뿐만 아니라 오랫동안 살면서 많은 벗과 사귀었다. 행복하게도 그곳에서 어린 시절을 보냈고, 다시 그곳으로 돌아가 선교사로 지냈으며, 중국 문화를 연구하고 복음파 신학원의 교수와 대학교 총장을 지냈다. 1946년에 뜻하지 않은 상황에서 난징 주재 미국대사에 올랐지만 1949년에는 대사로서 결과적으로는 유쾌하지 않게 그 나라를 떠났다."

그는 죽기 전에 옌징대학 졸업생이며 개인 비서였던 푸징보(傅涇波, Philip Fugh)에게 그의 나이 50세 때 베이징에서 병으로 죽은 아내 아이린의 곁(베이징대학 내 묘지)에 묻어달라고 유언했으나 오랫동안 그 꿈을 이룰 수 없었다. 그러던 중 2006년 당시 저장성 당서기였던 시진핑習近平이 미국을 방문하여 푸징보의 아들 존 푸 장군에게 스튜어트의 유언을 듣게

† **안현원 레이턴 스튜어트의 묘** 스튜어트는 일생 동안 항저우를 일컬어 자신의 두 번째 고향
이라고 부르며 각별한 애정을 쏟았다. 그 항저우가 마침내 그
에게 최후의 안식처가 되었다.

되었다. 그때까지 스튜어트의 유골은 푸 장군 집에 모셔져 있었다.

시진핑은 논의 끝에 정치적으로 민감한 베이징 대신 스튜어트의 출
생지인 항저우에 그의 유골을 안치하기로 합의했다. 2008년 11월 17일,
스튜어트의 유골은 클라크 랜트 주중 미국대사를 비롯한 많은 인사가
참석한 가운데 시후西湖가 내려다보이는 반산半山 안현원安賢園에 안치
되었다. 항저우시는 2005년에 스튜어트가 나고 자란 생가를 스튜어트
박물관으로 조성했다.

우리가 찾아갔을 때에는 저녁이라 박물관 내부를 둘러볼 수 없었다.
주위 건물들 속에 묻혀 쉽게 찾을 수는 없으나 스튜어트는 여전히 항
저우 땅에 자신의 존재와 행적을 각인하고 있었다. 아울러 골목 입구
에는 스튜어트의 흉상을 세워 이를 기념하고 있다. 중국의 민족시인

윈이둬聞一多 선생은 1946년 7월에 행한 '최후의 강연最後一次演講'에서 스튜어트에 대해 이렇게 언급했다. "지금 스튜어트는 주중 미국대사를 맡고 있습니다. 스튜어트는 중국인의 친구이자 교육자로 중국에서 태어나 자랐고, 미국식 교육을 받았습니다. 미국보다 중국에서의 생활이 더 길어서 중국 유학생 같은 느낌입니다. 전에 베이징에서 자주 만났는데, 온화한 학자로서 중국인들의 요구를 정확히 아는 사람이었습니다. 이는 결코 그가 능력이 탁월해서 중국인을 대신해 모든 것을 해결해줄 수 있음을 뜻하지 않습니다. 미국인의 상황을 대변하지만 미국에도 이런 전환적 인물이 있었음을 말하는 것입니다."

또한 옌징대학 졸업생이자 유명한 문인인 빙신도 스튜어트를 이렇게 추억했다. "수십 년간 소소한 일로 몇 번 그와 간단한 대화를 나눴지요. 대화할 때마다 나는 그가 엄한 아버지의 침묵과 자애로운 어머니의 온유를 겸비한 사람이라고 느꼈어요. 그는 환히 웃는 얼굴로 당신의 앞이나 옆에 앉아 두 손을 무릎 위에 올려놓고 부드럽고 진지한 눈빛으로 당신을 바라보지요. 당신이 먼저 입을 열지 않으면 그도 말수가 적어집니다. 그는 언제나 되도록 당신에게 먼저 기회를 주어 당신이 찾아온 용건을 말하도록 하지요. 그런 뒤에 낮고 부드러운 음성으로 진지하게 말해 당신에게 가르침과 위안을 준답니다."

은혜의 물길, 톈수이탕과 스청탕

시후 남쪽으로 첸탕강이 흐르고 그 강변에 류허탑六和塔이 우뚝 솟아 항저우시를 굽어보고 있다. 그 류허탑 인근에 중국 내에서 유명대학으로 손꼽히는 저장대학의 전신인 즈장之江대학 옛터가 자리 잡고 있다. 그리고 즈장대학 설립의 중심에 저드슨 선교사가 있다. 주니어스 저드 슨(裴德生, Junius H. Judson, 1852~1930)은 미국 뉴욕연합신학원을 졸업하고 제니와 결혼한 뒤 북장로회의 파견 선교사로서 1879년에 중국 선교를 위해 미국을 떠났다. 샌프란시스코에서 요코하마까지 3주, 다시 요코 하마에서 상하이까지 1주가 걸린 끝에 1879년 중국에 도착했다. 그는 다시 상하이에서 배를 타고 8일 동안 항저우만을 거쳐 이동한 뒤 1879 년 12월 12일에 마침내 항저우에 도착했다. 당시 네비우스 선교사가 닝 보에 있던 사립학교 위잉의숙育英義塾을 항저우로 옮겨와 초대 교장을 맡고 있었다. 저드슨은 항저우에서 중국어를 공부하고 항저우의 면면 을 살피는 과정에서 자신의 진로를 고민하던 중 교육선교에 전력하기 로 결정했다.

당시 중국은 여전히 팔고문八股文 위주의 과거제도에 머물러 있었 다. 중국 전체 인구 중 식자층은 소수였고 과거에 응시할 수 있는 사람 은 극소수에 불과했다. 항저우는 당시에도 저장성의 행정중심도시로서 1만5,000명이 동시에 시험을 볼 수 있는 시험장인 공원貢院을 보유하 고 있었다. 그래서 항저우 도처의 사설 글방에서는 팔고문에 대비해 유 가경전을 낭송하는 소리를 들을 수 있다. 저드슨은 중국의 교육 현실 을 안타깝게 여기고 대중에게 일반 지식을 전달하는 학교를 설립하겠 노라 다짐했다. 얼마 후 산둥으로 떠난 네비우스를 대신해 위잉의숙을 맡게 된 저드슨은 학생 수가 100여 명으로 늘어나자 다타얼항大塔兒巷 에 신식건물을 짓고 서원 이름을 위잉서원育英書院으로 바꿨다.

학생들은 학비를 면제받고 식비와 생활비까지 지원을 받았다. 이에 필요한 자금은 파견기관인 북장로회에서 지원을 받았다. 초창기에는 과거제도를 무시할 수 없어 중국 고전과 팔고문 과목도 포함시켰고 그 외에 성경과 그리스도교서적, 닝보어 병음자모로 인쇄된 '지리계몽서' 등으로 가르쳤다. 저드슨은 1911년까지 위잉서원을 운영하다가 학생 수가 지속적으로 증가하자 1911년 봄에 학교 부지를 첸탕강변 얼룽터우二龍頭로 옮기고 즈장之江대학으로 이름을 바꿨다. 이 학교가 훗날 저장대학浙江大學이 되었다.

1885년에 휴가 차 미국을 다녀온 저드슨은 증기발전기와 모터, 전기발전기, 천체망원경, 현미경, 육분의 등을 중국으로 가져와 학생들과 항저우 인사들에게 소개했다. 그리고 뉴욕의 친구가 보내온 전보장치를 학교와 자택에 연결해 항저우 최초로 전화를 설치했다. 이런 저드슨의 노력은 큰 힘을 발휘해 1923년에는 입학생이 300명에 이르렀고 많은 중국인이 그의 교육방식을 전수받아 신식학교를 설립했다. 훗날 과거시험장으로 쓰이던 공원은 철거되었고 그 자리에 커다란 사범학교가 들어섰다. 그는 교장에서 물러난 뒤에도 항저우 교육선교를 위해 헌신하다가 병을 치료하기 위해 잠시 상하이에 머물렀다.

저드슨이 1879년에 처음 중국에 도착했을 때, 상하이에서 항저우까지는 무려 8일이 걸렸지만 중국을 떠나던 해인 1924년에는 불과 8시간까지 이동시간이 단축되었다. 항저우에서 상하이와 닝보를 잇는 철도가 개설되어 가능했던 일이다. 그리고 집집마다 전등을 사용하게 되었고 전화선이 연결되었으며 거리마다 자동차가 달렸다. 당나귀 수레와 인력거, 유등과 촛불이 사라지고 여러 문명의 이기가 중국의 변화를 선도하고 있었다. 이런 변화에는 저드슨의 교육선교가 큰 비중을 차지했다. 지금은 항저우에서 상하이까지 고속철로 1시간 남짓이면 충분하니 현대 중국의 변화를 실감하면서도 그 변화를 최초로 가져온 근대 중국의 근원과 저드슨의 헌신을 새삼 되새기게 된다. 저드슨은 45년간의 중국 생활을 접고 1925년에 미국으로 완전히 귀국했다. 그는 귀국 후에도 뉴욕의학도서관에서 근무하면서 열정적으로 활동하다가 1930년에 세상을 떠났다.

스튜어트박물관에서 저드슨의 행적을 돌아보고 거리를 빠져나올 즈음 오래된 예배당이 눈에 들어왔다. 항저우에서 가장 오래된 그리스도교 예배당인 톈수이탕天水堂이었다. 1860년에 미국 남장로회 휴스턴(胡思登, Houston)과 헬름(郝理美, Helm)이 항저우에 와 선교를 시작했다. 처음에는 집회소를 읍내에 있는 성황산城隍山 위에 마련했다. 그곳에는 사원과 정부 관리의 주택이 즐비했다. 집회소 아래에 있던 맞은편 집도 루판타이蘆藩臺라는 관원의 집이었다. 그런데 그 집 아이가 병이 들어 관원이 의사와 점쟁이들에게 이유를 묻자 위에서 사악한 기운이 내려와 그렇다지 않은가? 이에 관원은 맞은편 집회소를 지목하고 이를 옮기기 위해 산 아래의 황무지를 마련해 이사를 종용했다.

당시 항저우는 태평천국 군대의 침략을 받아 일대 민가가 모두 파괴되고 농지도 황폐화된 상태였다. 휴스턴과 헬름은 할 수 없이 선교회의 후원을 받아 새로운 부지에 방 두 칸짜리 건물을 짓고 집회소를 차렸는데 이때가 1868년이었다. 집회소가 완공되자 루판타이는 축하하는 의미로 휴스턴과 헬름의 한자이름 첫 글자를 조합해 '후하오예배당'이라고 새긴 현판을 가져왔다. 그래서 초창기에는 '후하오胡郝예배당'이나 '예쑤탕耶蘇堂'으로 불렸고, 그 무렵부터 일대를 '예쑤탕골목耶蘇堂弄'으로 부르기 시작해 오늘에까지 이르게 되었다.

1874년에 레이튼 스튜어트의 아버지 존 스튜어트가 부임하여 재건축에 들어갔고, 이와 더불어 교육기관, 의료기관, 자선기관, 선교사의

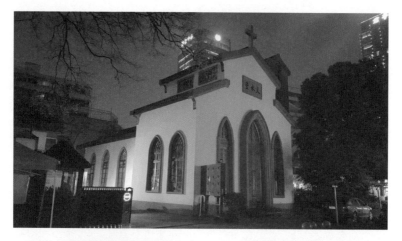

† 재건축된
　그리스도교텐수이탕

그리스도교텐수이탕天水堂은 송나라 때 건립된 텐수이차오天水橋
다리 인근에 지어졌기에 '하늘의 물天水'이란 이름을 갖게 되었다.

숙소 등 부속건물도 추가되어 부지면적이 크게 증가했다. 그리고 예배
당을 '그리스도교텐수이탕天水堂'으로 정식 명명했다. 레이튼 스튜어트
도 바로 이곳에서 태어났다. 텐수이차오는 없어졌지만 이름이 '하늘에
서 내려오는 은혜의 물길'과 같은 느낌을 주기에 자못 의미심장하다.

1913년에 존 스튜어트가 세상을 떠나고 상젠탕桑堅堂, 류더성劉德勝, 저우하이좡周海裝, 정몐위鄭勉餘 등의 중국인 목사가 뒤를 이었다. 1958년 이후 집회가 금지되었다가 1984년에 회복되었다. 그 과정에서 건물이 노후하여 붕괴 위험 진단을 받고 원형을 유지하는 선에서 재건축에 들어가 2009년 9월에 지금 모습으로 완공되었다.

토요일 저녁이라 교회는 비어 있었다. 크지는 않지만 잘 복원되어 마음을 평안하게 해줬다. 교회 정문에 걸린 잠언 9장 10절 "여호와를 경외하는 것이 지혜의 근본이요, 거룩하신 자를 아는 것이 명철이니라 (敬畏耶和華是知慧的開端, 認識至聖者便是聰明)"라는 글귀가 새삼 시선을 잡아끌었다. 본당 입구에서는 톈수이탕과 함께 건립되었던 페이더培德여학교로부터 기증받은 편액과 그 글귀 '예수님이 계셔 행복하여라(幸有耶蘇)'가 우리를 맞이해주었다. 본당 벽에는 산상수훈의 핵심인 '팔복八福'의 내용이 새겨져 있었다.

톈수이탕과 함께 항저우에서 역사가 가장 오랜 교회로 제팡루解放路 132호에 쓰청탕思澄堂이 있다. 쓰청탕은 미국 북장로회의 선교사역과 연관이 있는데 한국과도 인연이 깊은 네비우스 부부가 1859년 항저우에 와서 복음을 전파했다. 그 영향으로 1868년에 중국인 장청자이張澄齋 목사가 처음 목회를 시작해 1872년에는 펑러차오豊樂橋 인근의 집을 사서 예배당으로 사용했다. 교인이 점차 늘면서 기존의 예배당으로는 감당할 수 없자 1924년에 원래 자리에 재건축을 시작해 1927년에 새 예배당을 완공했다. 그러고는 '장청자이 목사를 기념'하는 의미로 '쓰청탕'이라 명명했다. 3층으로 된 십자형 건축물로 당시로서는 상당한 규모를 자랑했다. 특이한 점은 다른 초기 교회당과 달리 기와를 얹고 처마 끝이 올라간 전형적 중국스타일을 채택하였다는 것이다. 교회 건축 당시 중국과 서양의 건축양식을 조화하려 한 의지가 엿보이는 예배당이다. 문화대혁명 중에는 항저우도서관의 창고로 사용되다가 개혁개방 이후 1981년에 교회로 복원되어 8월 30일에 복당예배를 드렸다.

그 뒤 쑨시페이孫錫培 목사에 이어 2008년부터 장야오파張耀法 목사가 주임목사를 맡고 있다. 현재 쓰청탕의 신도는 약 5,000명에 이른다. 항저우가 세계적인 유명 관광지인 덕분에 쓰청탕은 외국의 주요 종교 인사들이 항저우에 올 때마다 들르는 교회이자 외국인 관광객들의 발길이 끊이지 않는 주요 종교활동 장소가 되었다.

중국 교회의 미래, 총이탕

다음 날은 예배를 드리기 위해 아침 일찍 항저우를 대표하는 총이탕崇一堂을 찾았다. 5,500명을 수용하는 총이탕은 항저우 최대 예배당으로 꼽힌다. 그러나 이런 기록은 교회의 대형화에 따라 계속 갱신될 것이다. 한때 2013년에 완공된 원저우의 류스탕柳市堂이 중국 최대 예배당으로 손꼽혔지만 지금은 더 큰 대형교회가 건립되었으리라.

총이탕은 매년 성탄절이 되면 1만 명이 모일 정도로 큰 규모를 자랑한다. 그곳에서 드린 예배는 감격 그 자체였다. 수많은 인파가 몰려들어 빈자리를 꽉 채우는 것도 놀라웠지만 약 60명으로 구성된 유소년 합창단이 하모니를 이뤄 찬양하는 모습이 매우 인상적이었다.

총이탕의 역사는 1866년으로 거슬러 올라간다. 내지선교회를 설립한 허드슨 테일러가 항저우로 와서 항저우본부를 세웠다. 1867년에는 진료소를 열었고 1901년에 교회당 부지를 마련하여 1902년에 총이탕을

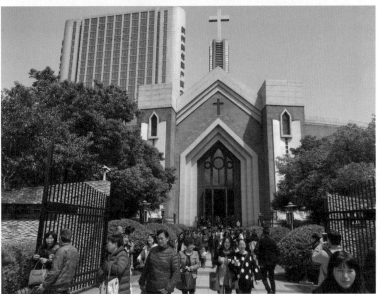

✝ **현대 총이탕의 외관과
교회 건물의 정면**

총이탕에서는 매년 성탄절을 앞두고 23일 저녁부터 25일 저녁까지
각종 행사가 열리는데 최대 1만여 명이 모인다고 한다.

완공했다. 1935년에는 총이소학교를 설립하여 1949년까지 운영했다. 1951년에 삼자운동에 참여했고 1958년에 항저우교회가 연합되면서 철도병원과 창고 건물로 사용되었다. 2000년에 항저우 시정부가 총이 탕을 이전해 재건하기로 결정하고 2003년부터 현재 부지에 건축을 시작해 2005년 5월 5일에 예배당이 완공되었다.

택시에서 내리자마자 교회 규모에 압도되었다. 다른 지역과 달리 총이탕은 시내 중심의 대로변에 자리 잡고 있어 접근성이 뛰어났다. 주변 빌딩 사이로 십자가를 높이 받쳐 든 총이탕을 보고 있으니 마치 한국에 와 있는 듯 친근함을 느낄 수 있었다. 정문에서는 붉은색 유니폼을 입은 자원봉사자들이 교회 방문자를 맞이할 준비를 하고 있었다. 한쪽에서는 '과학을 숭상하고 사교에 반대하며 이단을 근절하고 참 진리를 선양하자!'는 플래카드를 내걸고 이단경계 캠페인을 벌이고 있었다. 아직 신앙이 성숙되지 않은 초신자들이 많은 상황에서 각종 이단이 성행하는 중국의 현실을 방증하는 광경이었다. 한국 이단들이 재력을 내세워 중국으로 진출해 피해를 끼치는 사례가 증가하면서 중국 그리스도교인들 사이에서 한국의 종교는 모두 이단이라는 오해가 생길 정도이다.

잠시 무거워졌던 마음은 본당에 들어서자마자 곧 놀라움으로 바뀌었다. 예배 시작 전임에도 자리를 가득 채운 교인들이 리허설 중인 찬양단과 함께 찬송가를 부르고 있었다. 5,500명을 수용하는 항저우 최대 예배당답게 우리가 자리에 앉은 후에도 수많은 인파가 몰려들었고 빈자리를 찾을 수 없었다. 안내를 맡은 자원봉사자들이 수시로 오가며 참석자들의 착석을 도왔다.

이후 진행된 예배 전 과정은 놀라움과 감사의 연속이었다. 예배 중간에 자리를 뜨는 사람들도 있었으나 예배의 감동은 끝까지 이어졌다.

† 총이탕교회 유소년합창단

† 현대 총이탕에서 예배를 진행하는 모습

본예배가 시작되고 유소년합창단이 찬송가를 부르는 모습을 보면서 항저우와 중국 그리스도교의 미래를 조심스럽게 낙관할 수 있었다. 이 예배만 놓고 본다면 중국 그리스도교의 발전을 염려할 필요가 없을 듯했다. 물론 현실은 그리 순탄치만은 않겠지만 말이다.

실제로 2014년부터 저장성에서 중국 정부는 당서기의 주도 아래 등록교회와 미등록교회를 불문하고 노후건축물과 불법건축물을 철거한다고 통보했다. 그리고 그 구실로 십자가를 수거하고 교회 건물을 파괴하는 사건이 벌어졌다. 십자가가 제일 먼저 철거된 곳은 원저우가 아닌 항저우였다고 한다. 이에 총이탕의 주임목사이자 저장성그리스도교협회장이었던 구요셉 목사가 교회 탄압을 규탄하는 공동성명서를 발표했다. 그러자 중국 그리스도교 양회에서 2016년에 구요셉 목사를 구속 감금했다. 표면적인 이유는 횡령이었으나 이는 누명일 뿐 누가 보아도 보복성 처분이었다는 것이 중론이다. 그리스도교 양회 내의 인사권은 종교국에 있다. 그렇기 때문에 중국 정부는 등록교회 목회자들을 하루아침에 교체해버릴 수도 있다. 구요셉 목사는 평소에 양회 내에서도 좋은 평을 받았지만 중앙의 견책을 피할 수는 없었다. 구요셉 목사는 이런 결과를 예상했음에도 중국 그리스도교를 위한 십자가를 짐으로써 2017년 당시 수감되어 있었다. 죄를 인정할 경우 방면될 수 있지만 부정할 경우 구금기간이 3년 더 연장될 것이라는 이야기가 들려왔다. 이처럼 지금도 린셴가오와 왕밍다오, 니퉈성 등의 뒤를 이어 중국 그리스도교 발전을 위한 희생이 줄을 잇고 있는 상황이다.

미등록교회에서 요구하는 것도 바로 교회의 사안은 교회법대로 처리하도록 해달라는 것이다. 그야말로 '가이사의 것은 가이사에게, 하나님의 것은 하나님께'라는 성경 말씀대로다. 물론 교회법에 따른 처분은 미등록교회의 요구이나 '법치'를 내세우는 현정권에서는 용납될 수 없는 부분이다. 사회 각 계층에서 신앙인에 대한 규제와 탄압도 여전하다. 특히 공산당원과 군대 조직에서는 신앙을 허락지 않는다. 신앙인은 교사와 공직사회에서도 많은 제약이 따른다. 물론 이런 제약과 탄압 속에서도 그리스도인은 점차 증가하는 추세이다. 예배를 마치고 나오는 인파 속에서 우리는 중국 그리스도교의 희망을 품을 수 있었다. 그러고는 난징으로 이동하기 위해 항저우동역으로 가 고속철에 올랐다.

중국 그리스도교 인구수는 빠르게 증가하고 있다. 개신교와 가톨릭을 포함한 그리스도교인이 매년 10퍼센트 안팎으로 성장해 1억 명을 웃돌면서 총원에서 공산당원 총인원을 넘어섰다. 개신교인은 9,000만 명이고 가톨릭 신자는 1,200만 명으로 추산된다. 이 기세라면 중국의 그리스도교인은 2030년에 2억4,000만 명에 달해 미국을 제치고 세계 최대 그리스도교 국가가 될 것이라는 전망도 나왔다. 특히 바티칸이 홍콩 주교로 친중 성향 인사를 내정하면서 빠른 시일 내에 수교를 맺을 수도 있다는 주장이 제기되기도 했다.

하지만 중국에 그리스도교가 종교의 자유를 누리면서 뿌리를 내리는 데는 여러 장애물이 산적해 있다. 중국 정부가 종교단체들이 공산당의 정책을 숙지하도록 학습 시스템을 구축하는 방안을 추진 중이며 종교 인사를 선정하는 문제에도 관여하려는 움직임을 보이고 있기 때문이다. 특히 미등록교회에 대한 제재가 나날이 심화되어 2018년 이후 100개가 넘는 미등록교회가 폐쇄된 것으로 알려졌다. 또한 중국 정부는 사제 인명록을 만들고 여기에 등록하지 않는 사제를 '반란 사제'로 규정했다. 이런 상황에서 중국 그리스도교인들은 지난 1,400년 역사를 통해 굳건히 지켜왔던 신앙을 이어가기 위해 부단히 노력하고 있다.

10장

닝보,
미국의 서양귀신과
스코틀랜드의
착한 마녀

† 중국 대륙에서 닝보의 위치

사람들이 어느 한곳에 정착해 터전을 일구고 마을을 키워가는 데는
나름의 이유가 있다. 닝보 역시 중국 역사에서 7,000여 년 전 '허무두
河姆渡문화'의 발상지로서 중국인들이 양쯔강 하류 퇴적층에서 벼를
재배하면서 일찌감치 독특한 역사와 문화를 형성한 곳이다.

고대 중국의 해상관문, 닝보

양쯔강 지류인 위야오余姚강을 끼고 양안에 위야오와 닝보, 저우산舟山열도가 이어져 있으며 항저우만杭州灣을 끼고 거대도시인 상하이와 마주 보고 있다. 2,400년 전에 이미 닝보와 항저우를 잇는 운하가 건설되었고 후에 항저우에서 베이징까지 이어지는 '경항대운하京杭大運河'가 건설되면서 닝보에서 출발한 배가 카이펑開封과 베이징까지 운항할 수 있었다. 당대까지는 '밍저우明州'로 불리다가 명대에 이르러 '파도를 잔잔케 한다'는 '닝보寧波'란 이름을 갖게 되었다. 최근에는 항저우만을 가로지르는 해상도로가 건설되어 상하이와 닝보의 거리가 한층 가까워졌다.

닝보는 당대에 해상 실크로드의 기점으로 양저우, 광저우와 함께 중국의 3대 무역항으로 이름을 날렸다. 현대에는 상하이가 베이징을 제치고 중국 최대 도시로 부상했지만 이는 제1차 아편전쟁 이후에 일어난 변화이고 그전에는 닝보가 양쯔강 하구 최대도시였다. 송대에도 광저우와 취안저우泉州와 함께 대외무역항의 명성을 이어갔다. 이런 명성은 아시아는 물론 일찍부터 유럽에까지 전해졌다.

프란치스코회 신부인 이탈리아인 오도릭(Friar Odoric, 1286~1331)의 여행기를 보면 닝보는 '멘주(明州, Menzu)'라는 명칭으로 기록되어 있으며, 유럽에서 제작된《1375년 카탈루냐 지도》에 중국의 해안 도시로 '민지오Mingio'라고 표기되어 있다. 이처럼 원대에 이미 유럽은 닝보의 존재를 알고 있었다. 16세기에 유럽 국가들이 항로를 개척해 아시아로 진출하는 과정에서 포르투갈의 모험가들과 상인들이 저장성 연안을 탐사하면서 주요 항구도시인 리암포Liampo를 알게 되었다. 이곳은 지금도 상하이 국제물류의 핵심 허브로서 세계 80개 국가, 400여 항구와 항로가 개설되어 있다. 그 결과 닝보는 현재 저장성은 물론 중국 전체에서도 개인소득 4위와 소비수준 2위를 차지할 정도로 최고의 경제발달지역이 되었다.

위와 같은 경제적 기반 덕분에 닝보에서는 일찍부터 문화가 발달해 학문과 예술의 성취도 뛰어났다. 당 초반의 문인이며 서예가로 유명했던 우세남虞世南과 명대 사상가 왕수인王守仁, 양명陽明의 고향이 바로 닝보이다. 왕수인은 육구연陸九淵의 심학心學을 발전시켜 요강姚江학파, 즉 양명학파를 이끌면서 유가의 고정관념을 타파하는 데 공헌했다. 명대에 건축된 톈이거天一閣는 30만 권의 장서를 보관하는 장서각으로서 중국에 현존하는 사립 장서각 중 가장 오래된 건축물이다. 닝보에는 톈이거뿐만 아니라 '저둥浙東 제2의 장서루'로 불리는 우꾸이러우五桂樓와 고서를 11만 권 보관하고 있는 푸푸스伏跗室 등도 남아 있다.

닝보는 또한 200년 역사의 민간예술인 용극甬劇의 고장이기도 하다. 용극은 지역 농민들이 지역방언으로 부르는 노래극으로서 '촨커串客'라고도 불렸다. 이 용극은 단순 노래에서 악기 반주가 곁들여지며 성장하다가 상하이 지역으로 진출하면서 '닝보탄황寧波灘簧'으로 발전해 현대에 이른 닝보를 대표하는 전통극이다. 아울러 민간무용인 '펑화奉化용춤'도 유명하다. 농사와 어업을 위해 풍성한 수확과 안전을 기원하는

† 리암포　　1570년 포르투갈인이 제작한 지도에 나오는 'LIAMPO'

민간신앙을 바탕으로 사람들이 각종 색상과 장식을 한 용의 마디마디 속에 들어가 생동하는 용을 표현하는 민간예술로 지역민의 단결과 평화를 기원하는 축제로 성장했다.

　종교적으로는 해안도시의 특성상 각종 종교가 고루 발전했다. 생명의 위협이 늘 존재하는 해양활동에서 안전한 항해와 무사 귀환을 기원하면서 아소카사阿育王寺로 대표되는 많은 불교사원과 후이후이탕回回堂과 같은 도교사원은 물론이고, 오랜 역사 속에서 자리 잡은 각종 민간신앙과 국제무역항의 영향으로 전래된 이슬람사원에 이르기까지 다양한 종교활동이 이어졌다. 이런 닝보에 그리스도의 복음도 네스토리우스파 그리스도교를 필두로 가톨릭 선교사들에 의해 간간이 명맥을 이어오다가 제1차 아편전쟁을 전후해 본격적으로 전해지기 시작했다. 물론 그 과정에서 오해와 갈등은 피할 수 없었다. 1854년 닝보에 와서 6년 정도 활동했던 네비우스 선교사가 1869년 뉴욕에서 출판한 《중국과 중국인China and the Chinese》을 보면 닝보의 가톨릭회당 건립에 관한 기록이 남아 있는데 상호 문화에 대한 무지에서 비롯된 동서 문화의 충돌을 잘 보여준다.

"몇 년 전, 외국인이 닝보성에 가톨릭성당을 짓게 되었다. 현지인들은 처음부터 걱정이 많았다. 그 후 건물이 점차 높아져 성안의 다른 건물들을 압도하자 사람들의 걱정도 점차 증폭되었다. 첨탑 위로 건물의 완공을 알리는 닭 모양 풍향계가 올라가자 현지인들은 공포감이 극에 달해 어찌할 바를 몰랐다. 성내에는 복잡하기로 유명한 '지네거리蜈蚣街'가 있었다. 경사도가 심하고 골목골목 상가들이 밀집되어 있어 마치 지네다리 같다고 해서 붙은 이름이다. 그런데 이 지네거리에서 고개를 들면 성내에서 제일 높은 건물인 가톨릭성당의 종탑이 보였다. 현지인들의 눈에는 그 종탑이 마치 꼿꼿하게 치켜든 지네의 머리처럼 보였다. 닝보성의 지형상 신축된 가톨릭당의 첨탑은 현지인들에게는 그야말로 사악함의 상징이었다. 더욱이 첨탑의 높이가 기존의 종루鍾樓를 압도하였기에 흉물로 간주되었다. 또한 첨탑 꼭대기의 닭 모양 풍향계는 지네거리와 상극이었다. 수탉은 지네를 비롯한 곤충의 천적이었기 때문이다. 한 풍수가가 사람들에게 이런 흉조를 알렸지만 외국인들은 귀담아듣지 않았다. 그런데 얼마 뒤 정말로 지네거리에서 사고가 났다. 종루 일대에 큰 화재가 일어난 것이다. 현지인들은 이 화재를 불행의 징조로 보았다. 반면에 그 풍수가는 이 화재로 자신의 명성을 드날릴 수 있었다. 영사관에 항의하는 중국인들이 나날이 증가했지만 돌아오는 것은 외국인들의 조롱뿐이었다. 현지인들은 집에 돌아가 혀를 끌끌 찼다. '외국인들은 우둔해서 도대체 풍수를 모르는구나!' 현지인들은 하는 수 없이 풍수가에게 기댈 수밖에 없었다. 그때 한 주술사가 기다렸다는 듯이 해결 방법을 제시했다. '수탉이 지네를 잡아먹듯이 들고양이를 찾아 수탉을 잡아먹게 합시다.' 그래서 사람들은 유명한 화가를 불러와 음산하고 공포스러운(?) 외국 성당 한쪽 벽면에 사나운 표정을 한 들고양이를 그려 넣었다. 그런데 공교롭게도 오래지 않아 건물이 무너져 내렸다. 그리고 현지인들은 시위라도 하는 듯이 소실된 종루를 재건하면서 이전보다 더 높이 지었다. 그 뒤 닝보성은 예전처럼 평안을 회복했다. 혹자는 성당이 붕괴된 원인을 건축에 쓰인 벽돌의 강도가 약해서라고 보았다. 그러나 현지인들은 외국인들이 풍수에 무지해서 벌어진 일이라고 한목소리를 냈다."

네비우스가 위에서 언급한 가톨릭성당은 야오항제藥行街가톨릭성당으로 1855년에 완공되었다가 2년 뒤에 붕괴되었다. 그러나 그 후 재건되어 오늘에 이른다. 지금도 닝보에서 유명한 톈이광장天一廣場 옆에 우뚝 솟아 고층 빌딩들과 어깨를 나란히 하고 있다.

닝보의 선교 역사

현재 전해지는 기록에 따르면 닝보에 처음 들어온 선교사는 명 숭정崇禎 원년 1628년에 온 포르투갈인 가톨릭 신부 피구에레도(費樂德, Rui de Figueiredo, 1594~1642)이다. 그 후 이탈리아 선교사인 루이스(利婁思, Leuis Buglis)가 신자인 주종위안朱宗元의 초청으로 닝보를 방문해 선교를 하면서 신자 15명을 얻었다고 하는데 대부분 지식인이었다. 그 무렵 가톨릭 예수회 신부 마르티노 마르티니가 항저우를 중심으로 활동했다. '9장 항저우, 하늘과 맞닿은 물의 도시'에서 살펴봤듯이 마르티니는 유럽 최초로 중국지도책인《신중국지도총람》을 출판했다. 이 지도책으로 짐작건대 마르티니도 닝보를 답사했을 가능성이 크지만 선교를 통해 어떤 성과를 거두었는지는 지금까지 이어지는 기록이 없어 알 수 없다.

마르티니 이외에 또 다른 이탈리아 신부와 프랑스 신부도 닝보에 발을 디뎠다. 1687년에 프랑스 루이 14세가 중국에 파견한 제1차 예수회 선교단 5명이 태국에서 마카오 상인인 왕화스王華士의 상선을 타고 7월 23일에 인저우(鄞州, 현재 닝보시 인저우구)에 상륙했다. 이들은 4개월 동안 베이징 입성을 기다렸다. 또 다른 프랑스 예수회 신부 2명은 인저우에서 선교하다가 1721년에 떠났다. 그 후로 청 조정에서 가톨릭 선교 금지령을 내려 선교가 크게 위축되었다가 제1차 아편전쟁 전후로 다시 확대되었다. 특히 다울 뮤리 레노(자오바오로趙保祿, Daul Murie Reynoud)는 1879년 중국에 도착한 뒤 닝보에서 40여 년을 지내면서 성당을 짓고 신부들을 양성하고 신문을 발행하는 등 크게 활약했다. 그래서 현지인들 사이에 '닝보 총독의 도장 하나보다 자오바오로의 편지 한 통이 더 낫다!'는 말이 돌 정도였다.

중국 최초의 불평등조약인 난징조약 체결 후 닝보도 통상 개방 항구로 선정되었다. 그 결과로 닝보에서 외국인의 상거래와 선교의 문이 열리면서 1844년 1월 1일부터 정식으로 서양 선교사들의 유입이 시작되었다. 미국 장로회에서는 중국 진출에 앞서 닝보의 장점에 대해 다음과 같이 분석했다고 한다. "우선 날씨가 좋아 미국과 비슷하다는 것, 다음은 닝보의 말이 배우기 쉽고 다른 지역 방언과 유사하다는 점, 그다음은 닝보가 아직 푸젠성이나 광둥성처럼 외국의 영향을 받지 않았기에 교화가 비교적 수월하다는 점이다." 무엇에 근거한 분석인지 모르겠으나 분석이 참으로 소박하고 낭만적이다.

중국 선교 초기에는 내륙으로 접근하기가 어려웠기 때문에 해안 도시들에서부터 선교를 시작할 수밖에 없었다. 또한 서구 열강들이 상거래를 우선하다보니 닝보는 매력적인 도시로 다가왔을 것이다. 개신교 선교사 최초로 닝보에 발을 내디딘 사람은 앞서 '5장 상하이, 중국 근대사의 거대한 소용돌이와 구국선교'에서 살펴봤던 네덜란드 선교회

† **1655년에 암스테르담에서 출간된 마르티노 마르티니의 《신중국지도총람》의 표지**

마르티니는 이 지도책에서 저장성 일대를 집중적으로 다뤘고 그중에서도 항저우와 닝보에 관해 매우 상세한 정보를 담았다.

(후에 영국 런던선교회로 유입) 소속 독일인 카를 귀츨라프였다. 귀츨라프는 1831년 8월 초에 상선 순리順利호를 타고 저장성 연해를 탐사하며 일기에 닝보와 저우산舟山열도 그리고 딩하이定海 등지의 상황을 기록했다. 영국 동인도회사 직원이었던 그는 제1차 아편전쟁이 시작되자 영국 함대사령관 조지 엘리엇과 헨리 포팅거의 통역을 맡았다. 1841년 8월, 영국군이 닝보를 공격할 때 귀츨라프도 헨리 포팅거와 함께 닝보에 들어와 영국군을 도왔다. 이때 귀츨라프는 선교사 신분이 아니라 침략군의 일원으로 행동했다. 많은 선교사의 뛰어난 업적에도 불구하고 그리스도교 선교사가 중국인들에게 비판받는 이유가 여기에 있다. 아울러 귀츨라프는 닝보에서 선교에 관련된 활동을 전혀 하지 않았다.

사실 여부를 떠나 귀츨라프에 대한 중국인의 반감을 그대로 보여주는 일화가 전해진다. 그가 닝보의 사당을 살펴보다가 대문 입구 양측에 세워진 백무상白無常과 흑무상黑無常 조각상을 보고 큰 반감을 표했다고 한다. 백무상은 생전에 착한 일을 한 사람을 거두는 임무를 맡은 저승사자이고 흑무상은 못된 일을 한 사람을 거두는 임무를 맡은 저승사자를 말하는데, 모두 중국신화에서 유래한 형상이다. 귀츨라프는 흑인을 천시하여 흑백의 조각상이 함께 서 있는 모습이 불만이었다. 그래서 흑무상을 백무상 앞 계단 아래로 옮기도록 지시했다고 한다. 귀츨라프는 아시아 선교를 일생의 과업으로 삼았으니 흑백 간의 인종차별 의식을 가졌으리라 생각할 수 없지만 이 일화 자체에 귀츨라프에 대한 반감이 개입된 것 같아 착잡해졌다.

선교사로서 실질적인 선교를 위해 닝보에 도착한 사람은 미국 북침례회 의사인 맥고완(瑪高溫, D. J. MacGowan)이었다. 그는 1843년 11월 11일에 닝보에 들어와 의료선교를 시작했다. 1844년 6월 20일에는 미국 장로회 의사 매카티도 닝보에서 의료선교를 시작하였으며 같은 해에 스코틀랜드 장로회 동방여성교육촉진협회의 올더시(奧特緩, Aldersey) 여사가 닝보에 도착하여 중국 최초의 여학교 '닝보여숙'을 열었다.

디비 매카티(麥嘉締, Divie Bethune McCartee, 1820~1900)는 미국 장로회 선교사 중 최초로 중국에 왔다. 사실 그의 행적에는 여러 논란이 있지만 펜실베이니아대학 의학박사로서 의료선교에 치중했다. 이후 의료, 선교, 교육, 외교, 문화연구가로서 세계적인 업적을 남겼다. 매카티는 1844년 닝보에 도착해 1872년 일본으로 건너갈 때까지 중간에 몇 번 외유가 있었으나 닝보에서 약 20년을 머물렀으니 그에게 닝보는 제2의 고향이라 할 만하다. 매카티는 닝보에 도착한 뒤 성 북문 근처의 도교사원인 여우성관佑聖觀에 방을 얻어 서구식 진료소를 차리고 의료선교를 시작했다. 매주 월, 수, 금요일에 진료를 했는데 주로 외과 치료였다. 매카티는 결막염과 백내장 치료 같은 안과 진료부터 출혈과 골절, 이질과 습진, 총상과 중독 등에 이르기까지 자신이 할 수 있는 한 거의 모든 질병을 치료했다. 당시에는 아편을 다량으로 삼켜 자살하는 경우도 허다했다. 이렇게 1년 동안 그가 치료한 환자는 무려 2,238명에 달한다. 전근대 중국이라는 열악한 환경 속에서도 그는 정성스럽게 환자를 돌봤고 그 덕분에 오래지 않아 닝보인들의 명망을 얻었다. 심지어 그가 죽은 사람을 살릴 수 있다는 소문까지 나돌았다.

매카티는 당시 상황을 다음과 같이 기록했다. "한번은 시골로 왕진 요청을 받았다. 나를 찾아온 사람은 내가 거절할까봐 가야 할 곳이 닝보에서 가깝고, 그 여성이 아편을 삼킨 지 몇 시간 되지 않았다고 주장했다. 그러나 사실 모두 거짓말이었다. 나는 지붕 없는 가마를 타고 출발해 한밤중에야 그 집에 도착했다. 밥 먹을 새도 없이 곧 환자를 찾았는데 정작 그를 보고는 놀랄 수밖에 없었다. '이 여인은 이미 죽은 지 오랜 시간이 지났네요!' 그러자 그녀 남편이 답했다. '그렇습니다. 그렇지만 당신은 제 아내를 살려낼 수 있지 않나요?' 나는 하나님이 아니어서 죽은 자를 살려낼 수는 없다고 말했다. 전부터 내가 죽은 지 며칠 지난 사람도 살려낸다는 헛소문이 퍼져 있었다. (중략) 물론 현지인들도 떳떳하지 않은 목적으로 거짓말을 하는 자들을 경시했지만 생명을 구하거나 자선을 목적으로 하는 거짓말에는 관대했던 것이다." 그는 귀천을 가리지 않고 뛰어난 의술을 펼친 덕분에 닝보인들의 존경과 사랑을 받았고 이것이 선교사역에 긍정적으로 작용했다.

닝보 선교 역사를 살펴보면 초기에 불미스러운 일이 있기도 했다. 가장 대표적인 것은 미국 장로회 소속으로 프린스턴신학원을 졸업한 월터 로우리(婁禮華, Walter M. Lowrie, 1819~1847) 피살사건이다. 로우리는 수많은 선교사 중에서도 현지 사람들과 가장 잘 어울린 것으로 알려진 청년 선교사였다. 그는 1842년 5월 중국에 도착했으나 제1차 아편전쟁이 진행 중이어서 마카오에 머물며 중국어를 익혔으며 마침내 전쟁이 끝나고 난징조약이 체결된 뒤인 1845년 4월 11일에 닝보에 들어갈 수 있었다. 로우리는 매카티와 함께 성 북문 근처의 도교사원인 여우성관에 머물렀다. 20대 청년인 로우리에게는 모든 것이 새로웠고 적지 않은 문화충격을 경험했다. 매카티와 함께 현지인의 초대를 받아 참석한 식사 자리에서 젓가락을 처음 사용하며 난감해하기도 했고, 상대방이 자기 젓가락으로 음식을 집어 건넸을 때는 음식을 받지 않으면 실례임을 알면서도 정중히 거절하기도 했다. 또 식사를 마친 뒤 동석한 사람들이 같은 수건을 돌려가며 손과 입을 닦는 모습을 보고 기겁하기도 했다. 그는 인근 불교사원인 톈퉁사天童寺와 아소카사阿育王寺 등과 둥첸호東錢湖 등을 둘러보고 여행기를 남기기도 했다. 로우리는 적극적으로 중국인에게 다가가 중국 문화를 이해하고자 노력했고 1년 만에 닝보어를 터득해 현지인들로부터 "당신은 외국인이지만 닝보어를 푸젠 사람보다 더 잘한다!"는 칭찬을 들을 정도였다.

그런데 2년 정도 지난 1847년 8월에 상하이에서 열린 회의를 마치고 배를 타고 돌아오던 중 자푸乍浦 인근 바다에서 해적을 만나 28세의 젊은 나이에 피살되었다. 이 '로우리피살사건'은 중미 외교 사상 최초의 선교사 피살사건이었고 제1차 아편전쟁 이후 최초의 그리스도교 관련 사건이었다. 미국 상원의원이었던 아버지 월터 로우리(Walter Lowrie, 1784~1868)는 아들의 죽음을 기리기 위해 그가 보낸 편지와 일기를 정리해《중국 선교사 월터 로우리 목사의 회고록Memoirs of the Rev: Walter M. Lowrie, missionary to China》을 출판했다. 비록 로우리는 비극적인 사건으로 사망했지만 그의 아버지가 엮어서 출간한 회고록은 유럽과 미국 청년들에게 사랑을 받았으며 해외 선교가 크게 진작되는 계기가 되었다.

중국내지선교회의 시초가 된 닝보선교회

영국과 미국 교회는 중국 선교 초기에 닝보를 중국 선교의 교두보로 삼기 위해 심혈을 기울였다. 미국 장로회는 뉴욕에서 총회를 열고 "타지에 2명을 파견하면 닝보에는 반드시 5명을 파견해야 한다"고 결정했을 정도이다. 그래서 영국과 미국은 1844년부터 1850년까지 6년 동안 닝보에 선교사를 16명이나 파견했다. 선교회 측에서는 닝보인의 품성이 돈독하여 선교가 비교적 수월하다는 이유를 내세웠다. 이렇게 닝보를 교두보로 하여 이후 사오싱, 항저우, 후저우, 진화 등지로 선교지를 확장해나갔다.

1848년 5월 13일에는 영국 성공회의 중국선교회 소속 로버트 코볼드(戈柏, 哥伯播義, Robert Henry Cobbold, 1820~1893)와 윌리엄 러셀(祿賜, William Armstrong Russell, 1821~1879) 선교사가 닝보에 도착했다. 코볼드는 1851년 9월에 잠시 영국으로 돌아갔다가 1853년 1월에 부인과 함께 다시 닝보에 와서 1857년 3월까지 총 8년을 닝보에서 사역했다. 아더 에반스 모울(慕雅德, Arthur Evans Moule, 1836~1918)이 성공회 소속으로 코볼드의 뒤를 이었다. 모울 가문은 선교사 가정으로 유명하다. 아더의 큰형인 조지(慕稼谷, George E. Moule, 1828~1912)는 케임브리지대학을 졸업하고 1857년 닝보에 왔다. 그 후 신혼이던 아더 부부가 1861년에 닝보에 와 50년 동안 닝보와 항저우, 상하이 등지에서 사역했다. 그 덕분에 조지 모울의 아들인 아더 크리스토퍼 모울(慕雅德, Arthur Christopher Moule, 1873~1957)은 세계적으로 유명한 중국학자가 되어 케임브리지대학 중국학교수를 지냈으며, 아더 에반스 모울(慕雅德)의 둘째 아들인 월터 모울(慕華德, Walter Stephen Moule, 1864~1949)은 30여 년 동안 닝보 성삼위서원(三一書院, Trinity College, 지금의 닝보제3중학)의 운영을 담당했다. 아더 크리스토퍼 모울(慕雅德)은 닝보 성내에 머물면서 태평천국군이 청의 군대와 벌인 치열한 공성전을 상세하게 기록했다. 태평천국군은 1861년 12월에 닝보를 점령해서 1862년 5월까지 머물렀다.

1853년 9월, 중국 선교사로 유명한 존 네비우스(倪維思, John Livingston Nevius, 1829~1893)와 헬렌 네비우스(海倫, Helen S. C. Nevius, 1833~1910) 부부가 미국 장로회의 파견으로 중국에 왔다. 네비우스 부부는 40년 동안 항저우와 상하이를 거쳐 옌타이煙台와 덩저우(登州, 지금의 펑라이蓬萊) 등 주로 산둥 지역에서 사역했고 존 네비우스는 옌타이에서 세상을 떠났다. 이들 부부는 첫 6년을 닝보에서 보냈다. 헬렌 네비우스는 음악적 재능을 살려 당시 닝보에 설립된 남학교인 총신의숙崇信義塾과 여학교인 닝보여숙에서 음악 교육을 담당했다. 헬렌의 회고록에는 교회 합창단에서 남녀 학생들이 쪽지를 주고받으며 연애하는 장면이 묘사되어있다. 그런데 그들 가운데 진바오위안金寶元과 아훙阿紅은 실제로 부부가 되었고 진바오위안은 닝보 장로회 전도사가 되었다. 불행히도 이들 부부가 전염병에 걸려 일찍 세상을 떠나자 매카티 선교사가 그들의 자녀를 돌보았다. 그들의 딸인 진야메이(金雅妹, 金韻梅)는 후에 매카티 부부와 함께 일본을 거쳐 미국으로 건너가 1885년에 뉴욕여자의과대학을 우수한 성적으로 졸업했다. 이로써 진야메이는 중국 여성 최초의 대학졸업자이자 중국 최초의 여자유학생이 되었다. 그는 1907년에 톈진베이양天津北洋여성병원의 원장으로 초빙되었고 이듬해에는 위안스카이袁世凱의 지원을 받아 톈진에서 중국 최초의 공립 간호학교인 베이양北洋여성의학당을 건립했다.

1855년에는 영국 중국선교회 소속 허드슨 테일러(戴德生, James Hudson Taylor)가 파커와 볼튼과 함께 상하이에서 배를 타고 항저우만을 건너온 뒤 세푸蟹浦를 거쳐 닝보로 들어와 의료선교를 시작했다. 허드슨 테일러는 '7장 전장, 쉔터탕의 기적과 푸른 눈의 애국자들'에서 살펴봤듯이 닝보에서 '닝보선교회'란 이름으로 독립선교를 시작해 훗날 '중국

내지선교회'의 기틀을 마련했다. 아울러 1912년에는 미국인 여성 네티 니콜라스(倪歌勝, Nettie Nicolas)가 상하이에서 고아 네 명을 데리고 닝보로 건너와 고아원을 열고 베델의 집(伯特利, Bethel Home)으로 명명했다.

서양귀신, 윌리엄 마틴

19세기는 서양 자본주의가 제국주의 단계로 전환되던 시기였다. 그리스도교는 이런 특수한 역사적 상황에서 서구 열강의 제국주의 침공정책과 맞물려 중국에 들어왔다. 그래서 중국은 제국주의가 그리스도교를 중국 침략의 도구로 이용했다고 여긴다. 이는 견강부회한 관점이지만 서구 열강이 중국에 불평등조약을 강제할 때 일부 선교사들이 주요한 역할을 함으로써 '평화의 복음 전파'를 강조하는 선교 역사에 큰 오점을 남긴 것도 사실이다.

앞에서 자세히 다룬 미국 장로회 의사 디비 매카티는 닝보 주재 초대 미국영사가 되었고 더 나아가 상하이 주재 미국부영사, 우편국 주임, 청 정부의 일본 파견 특사 고문 등의 직무를 담당했다. 아울러 일본 문부성 초청으로 도쿄대학東京大學의 전신인 도쿄카이세이東京開成학교의 법률 및 박물학교수를 지내기도 했다.

매카티 외에도 특히 1850년에 닝보에 온 미국 장로회 윌리엄 마틴(丁韙良, W.A.P. Martin, 1827~1916) 선교사는 논란의 중심에 있는 인물이다. 윌리엄 마틴은 미국 인디애나주의 목사 가정에서 태어나 1849년에 장로회 목사가 되었고, 1850년에 북장로회 해외 선교단에 가입한 뒤 닝보로 파견되어 10년 동안 닝보에서 선교했다. 마틴은 5개월에 가까운 항해 끝에 1850년 4월 10일 홍콩에 도착했다. 홍콩에서 닝보로 이동을 기다리던 중 광저우 관광을 위해 배를 타러 나섰는데 현지인들의 공격을 받았다. 많은 홍콩인이 마틴 일행을 둘러싸고 "양귀洋鬼들아, 양귀들아, 죽어라! 죽어!"를 외치며 위협한 것이다. 마틴은 큰 충격을 받고 잠시 회의를 느꼈다. '이것이 바로 그들이 자부하는 중국 문명이란 말인가? 이런 사람들을 위해 고향을 등지고 이곳에 왔단 말인가?' 그러나 곧 마음을 다잡았다. '그들이 이교도가 아니라면 머나먼 이곳에 올 이유도 없었겠지!' 그리고 한 달 정도 지난 5월 초 아내와 함께 닝보에 첫발을 디뎠다.

그가 도착했을 당시 미국 장로회의 첫 번째 선교지였던 닝보에는 매카티의 노력으로 이미 교회와 학교, 인쇄소 등이 잘 갖춰진 상태였다. 교회 측에서 닝보 교외에 집을 마련해주었으나 마틴은 중국인들과 왕래하며 현지의 생활을 익히기 위해 시내에 숙소를 마련했다. 그는 각종 언어 습득에 천부적 소질이 있어 이미 프랑스어와 독일어, 라틴어, 그리스어, 히브리어 등에 능숙했다. 그래서 닝보에 도착하자마자 학습에 열중해 오래지 않아 닝보어에도 능숙해졌다. 훗날 그의 유창한 닝보어에 놀란 중국인들은 그의 말소리가 "연극 보는 것보다 재밌다!"며 칭찬을 아끼지 않았다. 그는 자신의 닝보어 학습 과정에 착안해 다른 이와 함께 라틴어 자모를 이용한 닝보어 병음체계를 완성했다. 당시 대부분 문맹이던 중국인들에게 중국어를 가르쳐 성경 해독을 돕기 위한 조치였다. 이를 활용해 찬송가를 제작하기도 했다. 따라서 윌리엄 마틴은 한어병음의 창시자라 할 만하다.

마틴은 닝보에서 10년간 활동하면서 두 가지 행동 때문에 훗날 논란에 휩싸이게 되었다. 첫째는 태평천국운동을 혁명으로 간주해 적극 지지하고 나선 것이다. 그는 당시 미국 법무부장관이던 쿠싱Cushing에게 태평천국을 승인해줄 것을 요청하는 서신을 보냈다. 마틴은 태평천국이 그리스도교에 유리하고 이 정권이 선교사들에게 개방적이라고 여겼다. 아울러 '예수 그리스도의 형제'라고 자칭하는 홍수전이 '천자'라고

† **윌리엄 마틴** 윌리엄 마틴은 선교 활동을 하면서 닝보어 병음체계를 완성하여 한어병음의 창
시자로 일컬어졌다. 하지만 다른 한편으로는 중국에 대한 미국의 식민정책에
가담하기도 하여 역사적으로 논쟁이 된 인물이기도 하다.

자부하는 황제보다 그리스도교 신앙에 가깝다고 믿었다. 1865년 당시
에는 태평천국운동을 두고 "혁명운동의 성공은 그리스도교에 큰 도움
이 될 것이며, 반대로 그 소멸은 큰 폐해를 가져올 것이다"라고 판단
하기도 했다. 그러나 그의 생각은 오판이었으며 역사는 그의 바람대로
진행되지 않았다.

둘째는 미국의 외교활동에 적극 가담한 것이다. 1858년에는 당시 미
국공사이던 리드 윌리엄Reed William의 통역을 맡아 톈진조약의 체결에
가담했고, 1860년에는 신축辛丑조약(베이징조약)의 체결업무에 관여했
다. 1900년 8개국 연합군이 의화단을 진압할 때에도 중요한 역할을 함
으로써 선교사의 역할에 충실하지 않았다. 마틴의 행위는 분명 문제가

있었지만 전체 선교사들의 선교와 중국인들에 대한 헌신을 고려해보면 극히 예외적인 경우라고 할 수 있다. 중국에서 활동한 대부분 선교사들은 자신의 소명을 받들고 중국 복음화에 일생을 바쳐 헌신했다.

중국인들의 자립 노력도 꾸준히 이어졌다. 1924년에 중국인 런신징任莘畊과 러우쓰하이樓四海 등이 원래의 미국 침례회 소속 교단에서 탈퇴하여 자립회를 발족했다. 또 1935년, 중국인 의사인 왕자샹王家祥이 닝보의 집에서 기도하고 떡을 떼며 집회를 했다. 이런 형태의 교회를 자칭 '지방교회' 또는 '소모임小群'이라고 부르다가 후에 '그리스도교인집회소基督徒聚會處'로 굳어졌다. 이들은 각 종파(공회 조직) 반대를 표방하면서 영국과 독일, 스위스 등의 '형제회'를 지향했다.

아울러 독립 전도자로 소설의 주인공 같은 삶을 산 쉬바울(徐保羅, 1906~1989)이 닝보와 인연이 깊다. 안후이성 우후蕪湖에서 태어난 그는 어린 나이에 천연두에 걸려 죽었다 살아나기도 하고 실명 위기에서 회복하기도 했다. 그때마다 어머니의 간구와 금식기도로 기적을 체험했다고 하며 우창無昌교회에서 '바울'이라는 이름을 얻었다. 그러나 그 뒤로 가출과 축첩, 공산당 가입과 국민당 정부의 탄압, 불교 승려 생활 등 파란만장한 삶을 살다가 상하이에서 예수의 부름을 받고 거듭나게 되었다. 그리고 쑹상제를 만나 전도자의 길로 나서 전국을 돌며 많은 이를 하나님께로 인도했다. 닝보에 거주하면서 문서선교에 힘써 총 6기에 걸쳐《감람산橄欖山》을 출판했는데 중국인민공화국 성립 이후 폐간되었다.

1949년 중화인민공화국 성립 이후 삼자애국운동이 펼쳐졌는데 왕밍다오처럼 삼자 가입을 거부해 정부로부터 3년 동안의 노동개조 형을 선고받고 복역했다. 그래서 "베이징에 왕밍다오가 있다면, 닝보에는 쉬바울이 있다(北京王明道, 寧波徐保羅)"는 말을 들으며 유명해졌다. 1966년에 문화대혁명의 광풍이 일자 닝보체육관에서 열린 만인투쟁대회에 끌

려가 비판을 받으며 배교를 강요당했다. 그러나 쉬바울은 다음의 시로
자신의 결의를 표현했다.

〈쉬바울의 신앙고백〉

왜 배교하지 않느냐 묻지만,

원래 내가 수호자로 불렸소.

수호자로 불렸으니 배교할 수 없다오,

배교하면 어떻게 수호자로 불리겠소?

옛날 바울이 용감하게 순교했듯이,

바울인 내가 어찌 신앙을 짓밟으리오.

결연히 신앙을 지켜 순교를 기다리면,

하늘로 돌아가 보상이 있을 것이오.

이 몸 외에 것들은 개의치 않으니,

명예와 지위에 미혹되지 않겠소.

오직 그리스도를 보물로 여기니,

마음 깊이 깨달아 결코 굽히지 않으리다.

하나님 향한 나의 믿음 한결 같으니,

소중한 내 영혼 의지할 곳 있소.

이것을 반혁명이라 말한다면,

원컨대 이 늙은 몸 달아매겠소.

〈徐保羅的信仰告白〉

問我爲何不退道,

原來我叫徐守道.

旣叫守道不退道,

退道怎能叫守道?

當年保羅勇殉道,

我叫保羅何足道.

堅守聖道待殉道,

歸回天家好報到.

身外之物無所謂,

名譽地位不迷醉.

惟以基督爲至寶,

深感內心決不兌.

我信我神信到底,

寶貝靈魂有歸依.

若說這是反革命,

願意上繳老殘體.

　　결국 1976년에 문화대혁명의 종결과 함께 쉬바울 부부의 10년에 걸친 고초도 끝이 났다. 이때에도 그는 "한바탕 악몽이 지나고, 다시금 해를 보는 오늘이 왔네. 하나님 아버지의 은혜 어찌나 기묘한지, 사탄과 악마는 어리석을 뿐(一場惡夢已過去, 重見天日今到來. 父神恩待何奇妙, 撒但惡魔發痴呆)"이라는 시구로 하나님에 대한 감사를 표현했다. 쉬바울은 자유의 몸이 된 뒤에도 노구를 이끌고 전도에 매진하다가 1989년 6월에 84세로 세상을 떠났다.

중국과 결혼한 닝보의 착한 마녀, 메리 올더시

닝보여숙은 닝보 최초의 서구식 학교이자 중국 최초의 여학교이다. 1844년에 이 닝보여숙을 건립한 사람은 스코틀랜드 여선교사인 메리 올더시(阿德希, 奧特緻, 艾迪緻, Mary Ann Aldersey, 1797~1868)였다. 메리는 1797년에 런던 해크니Hackney의 부유한 그리스도교가정에서 태어났다. 그의 어릴 적 보모가 선교사와 결혼해 인도로 가서 여학교를 세웠는데 그에 영향을 받은 것으로 추측된다. 메리의 전기를 쓴 오스트레일리아 작가는 그를 이렇게 평가했다. "메리는 몸이 약했지만 어릴 때부터 보살핌을 받고 자랐으며 정결한 것을 좋아하고 교양을 갖추었다. 그러나 중국 최초의 여선교사가 되어 열정을 갖고 목표를 실현해나가는 과정에서 비범한 용기를 보여줬다."

메리는 1824년부터 1826년까지 스코틀랜드로 돌아와 있었는데 마침 해크니에 머물고 있던 중국 최초의 개신교 선교사 로버트 모리슨을 교회에서 만나게 되었다. 이때부터 그는 모리슨의 열렬한 추종자가 되었다. 모리슨이 조직한 중국어반에 들어가 중국어를 배우면서 중국 선교의 꿈을 키웠다. 집안 사정으로 잠시 선교학습을 멀리했을 때에도 아시아 부녀자의 교육문제에 지속적인 관심을 가지면서 여선교사의 아시아 파송을 지지했다.

1837년, 40세의 메리는 동방여성교육촉진협회The Society for Promoting Female Education in the East 회원이 되어 마침내 해외 선교의 기회를 얻었다. 같은 해 8월, 메리는 런던선교회에서 파송한 최초의 여선교사로 인도네시아 자바로 가 중국인 여학생을 대상으로 한 학교를 세웠다. 이것이 근대 중국 여성교육의 효시이다. 그가 자바의 수라바야를 떠나 자카르타에 도착한 12월 2일은 부모의 결혼기념일이었다. 메리는 그날 부모님께 편지를 보내며 자신의 결심을 밝혔다. "오늘 여기 도착했습니다. 그리고 중국인들 속에 서게 되는 그날은 내 결혼기념일이 될 것입니다. 오랫동안 나는 내 마음을 사로잡은 민족과 연을 맺기로 했습니다." 그는 이렇게 선교를 위해 중국과 결혼했음을 선언하고 평생을 독신으로 지냈다.

1842년 7월, 메리는 마카오에 도착했고 오래지 않아 홍콩으로 가 중국 내지로 들어갈 기회를 기다렸다. 그는 적합한 장소를 찾아 여학교를 건립할 계획이었다. 그러던 중 로버트 모리슨 선교사의 아들 존(马儒翰, John Robert Morrison)의 건의로 학교 설립 장소를 닝보로 결정했다. 1843년, 46세가 된 메리는 영국 '동방여성교육촉진협회'의 선교사 자격으로 홍콩을 출발해 닝보에 도착했다. 처음 닝보에 도착했을 때는 집을 구하지 못해 성 밖 강변에 반 칸짜리 나무집을 얻어 첫 번째 학교를 열었다. 이런 열악한 환경에서 메리는 당시 중국사회 상황을 더욱 명확히 이해할 수 있었다. 예를 들어 그는 셋집 여주인이 과부가 된 어린 며느리를 학대하는 상황을 직접 보고 들었다. 훗날 그 며느리는 메리의 학교에 들어와 그리스도교인 교사와 결혼했다. 1844년에 드디어 성안에 집을 얻어 '닝보여숙'이라는 여자기숙학교를 열었다. 이곳은 교육과 선교, 자선사업을 병행하는 기관이었다.

메리는 중국인들의 편견 앞에서 시련을 겪기도 했다. 메리 같은 외국인이 여학생을 위한 기숙학교를 세우려 하자 현지인들이 격하게 저항했고 그 과정에서 몇 번이나 곤경에 처했던 것이다. 중국 전통 관념으로 봤을 때 여자에게 교육은 언감생심이었다. 중국 여성들에게 필요한 것은 '삼종사덕三從四德'뿐이라는 게 당시 사회상이었다. '삼종'은 평생 아버지, 남편, 아들이라는 세 남자를 따르는 것이고, '사덕'은 순종심, 공손한 말, 단정한 용모, 뛰어난 살림살이를 일컬었다. 이렇듯 중국에서 여성은 무재주가 상팔자였고 학문과 교육은 남자의 전유물이었다. 이런 상황에서 여성교육은 전근대 교육체계에 대한 도전이자 위협이었다. 또한 서양문화를 중국인들은 아직 이해하지 못했기 때문에 메리의 선의는 의심받기 일쑤였다.

당시 닝보 거리에는 해괴한 소문이 나돌았다. 영국 아이들은 파란 눈이지만 모두 맹인이기 때문에 수상한 아줌마가 아이들을 납치해 눈을 파내어 영국에 보내려 한다는 것이었다. 더 해괴한 것은 요망한 무당이 아이들과 그들의 부모를 죽이고 아이들을 잡아먹는다는 소문이었다. 메리는 점차 '닝보의 마녀'가 되어갔다. 당시 중국사회에는 외세 배척 심리가 보편적이었기 때문에 이런 헛소문이 난무했고 메리의 숙소에 수차례 돌이 날아들기도 했다. 현지 관리들도 생트집을 잡아 그를 괴롭혔고 학생 모집도 용납되지 않았다. 훗날 메리는 편지에서 당시 상황을 다음과 같이 묘사했다. "나에 관한 소문이 퍼지자 학부모와 친구들이 수시로 학교로 찾아와 아이들이 아직 살아 있는지 확인하곤 했다. 며칠 전에는 아주머니들이 방문해 레이스크Leisk 양의 강의를 들었다. 이야기를 마치고 방문객들이 방 안을 둘러보며 학생들을 살펴보는 동안 레이스크 양은 차를 준비해왔다. 그런데 아줌마들은 1층 응접실에 앉아 있다가 차를 내오는 레이스크 양을 보더니 놀라 도망쳤다. 우리가 독을 탔을까 두려웠던 것이다."

그럼에도 메리는 자신의 목표를 포기하지 않았다. 그는 여러 고난을 극복하고 다음의 조치를 취했다. 우선 빈민층을 찾아가 옷과 침구를 세탁해주고 음식을 제공했으며 병을 치료하고 약을 처방했다. 이런 헌신적인 행동 앞에서 중국인들은 서양인에 대한 적대감과 수구적인 관념을 서서히 내려놓을 수 있었다. 그다음으로 메리는 일단 학비를 받지 않고 오히려 학생에게 의식주에 필요한 경비를 제공했다. 빈민층 여학생에게는 가사노동에서 빠지게 되어 생기는 손실을 보상하는 차원에서 매일 일정금액을 지불했다. 이는 현지 빈민층 학생을 모집하기 위한 특수한 방법이었지만 이후 교회 여학교의 보편적 모집 형태가 되었다.

당시 메리는 다른 선교사들처럼 중국어에 능통하지 못했다. 그래서 자바에서 데려온 학생과 조수들의 도움에 의지했다. 또한 영국에서 교육받은 아그네스(愛尼絲, Agnes)란 중국 시각장애인 소녀가 언제나 그의 곁에서 큰 도움을 주었다. 아그네스는 원래 광저우 거리를 떠돌며 걸인으로 살았지만 귀츨라프의 아내를 만나 그를 따라 영국으로 건너가 런던맹인학교에서 공부할 수 있었다. 시골에 들어가 선교할 때면 마을 사람들이 파란 눈에 금발인 메리는 멀리하고 자신들과 외모가 같은 아그네스에게 다가갈 정도였다. 아그네스도 닝보 방언을 익혀 현지인들과 소통하면서 메리의 사역을 도왔다. 아울러 아그네스는 눈이 보이지 않아서 현지인들의 동정을 받기도 했지만 그가 점자 책자를 읽고 악기를 연주할 때면 사람들이 오히려 감탄하고 존경을 표했다. 이렇게 해서 점차 많은 사람이 메리의 여학교가 유익하다는 사실을 깨닫고 자신들의 아이를 맡기기 시작했다. 아그네스는 후에 메리가 세운 '맹인공업학교' 교사로 활동했다.

메리는 이렇게 중국인과 신뢰를 쌓아가면서 다양한 계층의 부녀자들과 폭넓게 교류했다. 그러면서 전족을 강요받고, 학대를 받으며 교육받을 권리를 잃고 공허한 삶을 사는 중국 부녀자들을 일깨우기 시작했다. 여성교육으로 아시아 여성의 자의식과 독립 능력을 키우는 것이 그의 목표였다. 메리의 노력은 헛되지 않아 닝보여숙은 오래지 않아 크게 발전하여 그야말로 '학생이 너무 많아 걱정'인 상황에까지 이르렀다. 1845년에 15명이던 학생이 다음 해에는 23명으로 늘었고 4년 차에는 46명이 되었다. 그 후로 정원을 50명으로 제한했기 때문에 늘 45~50명을 유지했다. 그래서 교사와 일꾼을 포함해 70명 정도 인원이 닝보여숙에서 활동했다. 당시 건립된 서양식 학교 중에서는 큰 규모에 속했으며 메리는 외부에 닝보여숙을 '대가정'이라고 소개했다. 특히 태평천국군이 닝보성 내에 진입하자 학교 직원과 학생들이 모두 자발적으로 메리를 보호하려고 했다. 이렇듯이 메리는 닝보 주민들의 존경과 사랑을 받으며 선교 초기 '닝보의 마녀'로 불리던 오해를 씻고 '메리 아가씨馬利姑娘'로 대접받게 되었다.

† 닝보교육박물관

† 옛 용장여중 건물의 주춧돌   본래 용장여중이었던 건물은 현재 닝보교육박물관으로
쓰이고 있다.

닝보여숙은 커리큘럼도 특별했다. 커리큘럼에는 중국어와 닝보방
언, 영어, 수학, 지리, 음악에 더해 자수, 재봉, 직포 등의 일부 기능훈련
도 있었다. 특히 중국어 학습의 비중이 커서 매주 나흘 동안 오후 내내
중국어 수업을 했다. 학생들은 반드시 장로회 선교사인 윌리엄 마틴(丁
韙良, W. A. P. Martin)이 만든 병음표기법을 배워야만 전통 중문을 배울 수

있었다. 이 병음법이 배우기 쉬워 비교적 단기간에 성경 읽기능력을 향상할 수 있다는 것이 메리의 판단이었다. 물론 신앙교육에도 만전을 기해 매일 아침기도와 저녁기도를 메리가 주재했으며 주일에는 미국 장로회 선교사를 초빙하여 예배를 드렸다. 또 야간 성경 강독반을 개설하여 학생들을 신앙의 길로 인도했다.

세월이 흘러 메리는 오스트레일리아로 건너가 조카와 함께 노후를 보내기로 결심했다. 학교 운영도 여의치 않았다. 개인이 출자한 자금과 영국, 미국 선교회의 찬조금으로 겨우 학교를 운영했지만 힘에 부쳤다. 메리는 1858년 초에 닝보여숙을 미국 장로회 여성 선교사인 커에게 넘기고 맹인공업학교는 아그네스에게 넘겨줬다. 그리고 1861년에 18년 동안 정이 든 닝보를 떠났다. 그 이후 커 여사는 닝보여숙과 자신의 여학교를 합병하여 '총더崇德여학교'를 열었다. 사실 장로회는 학교 이름을 '올더시'로 하고 싶었지만 정작 메리 올더시가 정중히 거절했다고 한다. 또 다른 여학교로는 미국 침례회 선교사인 로羅 여사가 1860년에 세운 성무聖模여학교가 있었다. 1919년에 총더여학교와 성무여학교는 합병되었고 1923년에 용장甬江여자중학교란 명칭을 얻게 되었다.

《중국교육대사전》은 닝보여숙에 대해 "1844년에 설립된 닝보여숙은 중국 내륙 최초의 교회학교이자 중국 최초의 여학교"라고 평하고 있다. 이처럼 닝보여숙은 여성교육을 실현한 위대한 첫걸음이었으며 이후 중국 여성교육의 모범이 되었다. 사료 통계에 따르면 메리가 여성교육의 길을 틔우고 난 뒤 1860년에는 11개 여학교로 발전했고, 1902년에는 교회학교 여학생이 4,373명이었다.

2015년에 중국 여성 최초로 노벨상 수상자가 나왔다. 투유유(屠呦呦, 1930~)가 개똥쑥을 이용해 말라리아 치료성분인 아르테미시닌을 발견함으로써 말라리아 사망률을 크게 감소시켰고 그 공로로 윌리엄 캠벨, 오무라 사토시와 함께 노벨 생리학·의학상을 수상한 것이다. 사실

투유유는 박사 학위도 없고, 유학 경험도 없으며, 권위 있는 학자들에게 부여되는 '원사' 칭호도 없는 '삼무三無' 학자로 불렸다. 그런 투유유가 바로 용장여자중학교 졸업생이었다. 메리의 헌신이 가져온 또 하나의 결실이었다. 용장여자중학교 건물은 현재 닝보교육박물관이 되어 과거 선교사들의 노력에서 비롯된 닝보 교육의 역사를 기록·전시하고 있다.

오스트레일리아로 간 메리는 8년 뒤인 1868년에 조카와 함께 사우스오스트레일리아 애들레이드Adelaide 아래에 있는 맥라렌 베일McLaren Vale에 여학교를 열었다. 그런데 학교 이름을 '좡차오庄橋학교'라고 붙였다. 좡차오는 닝보 위야오余姚강 북쪽의 작은 마을로서 메리가 닝보에 있을 때 자주 찾던 곳이었다. 메리는 중국을 떠나 오랜 시간이 흐른 뒤에도 중국과의 인연, 닝보와의 인연을 끊을 수 없었던 것이다. 1868년 9월 30일, 메리는 바로 그 맥라렌 베일에서 세상을 떠났다.

맥라렌 베일에는 지금도 올더시 거리가 남아 있다. 그곳에는 작은 교회당이 있고 그 뒤편에 메리 올더시의 묘비가 세워져 있다. 메리의 묘비 아래에는 'NINGPO CHINA'라는 글자가 선명하게 새겨져 있다. 메리 올더시가 중국을 얼마나 사랑했는지, 그 땅을 위해 얼마나 많은 눈물로 씨를 뿌렸는지, 그 삶이 전해지는 듯하다.

닝보 현지 탐방기:
닝보의 새벽 5시, 성자오탕 새벽예배와 축복의 노래
(2016, 2017년)

새벽예배라 하면 한국 교회만의 예배형식으로 알고 있다. 하지만 중국 교회에서도 뜨거운 새벽예배가 진행되고 있다. 닝보의 새벽 5시, 성자오탕聖敎堂에서 올린 새벽예배의 잔잔한 여운이 아직도 가시지 않는다.

원저우에서 출발한 고속철이 닝보에 도착했을 때 비가 내리고 있었다. 닝보 역시 첫 방문이라 여러모로 설레게 했다. 닝보에서는 등록교회 중국인 목사님을 만나 현지의 그리스도교와 교회 상황을 전해 들을 수 있었다. 닝보는 원저우와 달리 등록교회의 활동이 두드러졌다. 닝보는 상하이와 항저우 등 대도시와 이웃하고 있어서인지 개방적이고 유연하며 자유로운 분위기를 느낄 수 있었다. 초면의 이방인인 우리에게 대륙의 목회자로서 과분할 정도의 배려와 친절로 본을 보여주었다. 닝보의 주요 장소와 교회를 직접 소개해주었고, 유명 식당을 찾아 닝보의 맛을 선사해주었다.

채홍방彩虹坊은 닝보시 중심에 있는 고건축물이다. 1818년 청 가경嘉慶 3년에 우밍하오吳明鎬의 아내 바오包 씨를 위해 지어진 석조 패방牌坊이다. 석재를 마치 목재처럼 잘라 네 기둥에 3단으로 지은 특이한 구조이다. 우밍하오 집안은 대대로 이곳에 살면서 여러 장醬류와 절인 채소를 파는 가게를 운영했다. 우밍하오가 가업을 이어받을 즈음 장사가 잘되어 번창했는데, 아내와 6개월 된 아들을 남기고 갑작스러운 죽음을 맞았다. 그런데 젊은 과부 바오 씨는 수절하며 어린 아들을 잘 길러냈다.

† 현대 닝보 시가지

아들은 그런 어머니에 대한 고마움과 감사의 마음을 간직한 채 잘 자
라 과거에 급제하여 관리가 되었다. 바오 씨가 늙어 세상을 떠나자 우
씨 가문은 모자母子가 보여준 절개와 효성의 삶을 기리기 위해 가문 사
당 앞에 '절효방節孝坊'을 세웠다.

　이 '절효방'은 단순하면서도 웅장한 멋을 자랑한다. 맨 위에는 중간
과 양측에 처마를 이고 있고, 중앙에는 '절효節孝'란 글씨가 새겨져 있
으며, 그 아래로 사자와 용과 봉황과 기린 등이 조각되어 있다. 일부 깨
진 부분도 있지만 돌을 조각한 솜씨도 매우 뛰어나다. 닝보시에 현존
하는 고건축 가운데 가장 잘 보전된 석조건물로서 조각 역시 청대 석
각예술을 살필 수 있는 귀한 자료라고 한다. 그 부근에는 원래 무지개
를 닮은 '무지개다리彩虹橋'가 있었기 때문에 '무지개길彩虹路'이 생겨
났다. 그래서 닝보 사람들은 이 석조건물을 '절효방' 대신 '채홍방'이라

† 감동적인 성자오탕교회의
새벽기도

성자오탕교회에서 간절하고도 신실하게 새벽기도를 올리고 있는
중국 그리스도교인들. 마치 1970년대 한국 시골 교회들의 새벽
기도를 연상케 한다.

부르게 되었다.

이 고건축물을 활용해 현재 식당을 운영하고 있는 모습이 놀라웠다.
패방을 식당의 상징으로 삼고 이름도 패방의 설립 연대를 따 작명했
다. 패방을 식당의 정문으로 활용하고, 내부도 고풍스럽게 꾸며 손님
들의 시각을 사로잡았다. 이런 역사에 대한 책임감(?) 때문인지 음식도
훌륭했다. 유명식당으로 자리 잡았는지 빈자리를 찾을 수 없을 정도였
다. 지방문화재이긴 하나 문화재를 정문 삼아 음식점을 운영하는 일이
중국에서는 가능했다. 놀라운 일이었다. 중국에는 한국에서는 상상할
수 없는 일이 비일비재하다.

목사님에게서 다음 날 새벽예배가 있다는 이야기를 듣고 일찌감치
일어나 숙소 인근의 등록교회(삼자교회)인 성자오탕聖敎堂을 찾았다. 5
시가 안 되어 어둠이 짙었지만 큰길 옆이고 십자가를 높이 세우고 있어
쉽게 찾을 수 있었다. 이전에 중국에서 지낼 때 주로 한국인들이 모이는

† 성자오탕 외관

† 차이훙방

† 절효방 첫 번째 사진은 성자오탕, 두 번째 사진은 차이훙방 입구, 세 번째 사진은 절효방 입구이다. 닝보에는 이렇듯 오래된 고건축물이 많지만 사람들은 보수적이지 않고 친절하며 닝보의 멋을 맘껏 느낄 수 있도록 배려한다.

교회에서만 예배를 드렸던 터라 중국인 교회는 처음이었다. 옆문을 거쳐 안으로 들어서니 이미 많은 성도가 본당 바닥에 엎드려 기도 중이었다. 잠시 뒤 예배인도자가 찬송과 기도를 이어갔다.

바닥에는 방석들이 깔려 있었는데, 허리가 아픈 사람들은 방석을 앞에 쌓아 책상처럼 활용했다. 스크린을 통해 찬송 가사가 투사되어 참석자들의 찬송을 도와주었다. 주로 40대 이상 여성이 많았고, 간간이 남성과 젊은이들을 볼 수 있었다. 뒷부분에 가 자리를 잡으니 주위의 성도들이 미소로 반갑게 맞아주며 방석을 끌어다주었다. 우리는 무릎 꿇고 머리 숙여 중국 일정을 예비하고 인도해주신 하나님께 기도했다. 우리로서는 놀라운 광경이었다. 중국의 이 새벽에 이처럼 많은 그리스도인이 교회에 나와 기도하는 모습을 보며 기존의 편견을 깰 수 있었다. 그때 흥미로운 찬송이 이어졌다.

〈중국의 새벽 5시〉
중국의 새벽 5시
기도 소리 울려 퍼지네
기도는 부흥과 화평을
하나 된 승리를 부르네
중국의 새벽 5시
경배 소리 울려 퍼지네
모두가 진정한 사랑 바쳐
한맘 한뜻으로 중국을 위하네
중국의 새벽 5시
기도 소리 울려 퍼지네

만고강산 뛰어넘어

차가운 심령 어루만져

더 이상 속박이 없도록

더 이상 전쟁이 없도록

중국을 위해 축복하네

운명을 바꾸니

다시금 응답받으리라

中國的早晨五點鐘

傳來祈禱聲

祈神帶來復興和平

帶來合一得勝

中國的早晨五點鐘

傳來敬拜聲

人人都獻出眞誠的愛

一心一意爲中國

中國的早晨五點鐘

傳來祈禱聲

飛越了萬水千山

融化冰冷的心靈

再沒有捆鎖

再沒有戰爭

爲中國祝福

扭轉了命運

찬송가의 제목대로 '중국의 새벽 5시'에 기도소리가 울려 퍼지고 있었다. 교인들은 중국을 위해, 속박과 전쟁을 뒤로하고 사랑과 축복이 넘치는 그날을 위해 한마음 한뜻으로 기도하고 있었다. 다소 애국적 색채가 묻어나는 찬송이었으나, 처음으로 중국 교회의 새벽예배에 나와 보고 느낀 감동을 대변해주는 찬송이라 떨림이 배가되었다.

이 찬송은 뤼샤오민呂小敏이라는 여성이 성령의 감동을 받아 작사 작곡한 노래집인《가나안시가迦南詩歌》268장에 나온다. 허난河南성 난양南陽의 빈농 가정에서 태어난 뤼샤오민은 13세 때에 병으로 초등학교를 중퇴한 뒤 집에서 농사일을 도우며 요양해야 했다. 당시 외숙모로부터 복음을 접하고 예수를 믿게 된 후 19세 때에 주님께 자신이 가진 모든 것을 바치겠노라 결심하자 성령의 감동으로 작곡과 작사 능력을 받게 되었다.

뤼샤오민은 정식으로 음악 교육을 받아본 적이 없지만 어느 날 밤 무의식중에 찬송이 흘러나왔고 오빠의 도움으로 가락과 가사를 악보에 기록하기 시작했다. 그래서 지금까지 찬송가 1,500여 수를 작사 작곡했다. 처음에는 자작곡임을 숨기고 주위 사람들에게 들려주었는데 사람들이 크게 호응해주었고, 뤼샤오민의 찬송은 빠르게 확산되어나갔다. 1992년에는 집회 도중 체포되어 6개월 동안 구금되기도 했다. 그런데 구금 중에도 옥사에서 다른 재소자들과 함께 찬송을 쉬지 않아 주위를 놀라게 했다.

지금도 뤼샤오민은 작사와 작곡을 이어가고 있다. 그는 마음속으로 들려오는 멜로디와 가사를 입으로 내뱉을 뿐이라고 담담히 말한다.

† 중국의 유명한 찬송가
  작곡가 뤼샤오민

뤼샤오민은 1992년에 집회 도중 체포되어 6개월 동안 구금되기도 했다.
그런데 구금 중에도 옥사에서 다른 재소자들과 함께 찬송을 쉬지 않아
주위를 놀라게 했다.

그가 언제나 하는 말이 있다. "성령이야말로 이 시가의 작가이고, 나는
예수님이 사용하는 그릇일 뿐입니다." 그가 900여 수를 기록하였을
즈음, 아버지가 놀라며 이렇게 말했다고 한다. "애가 어디서 이런 걸
배웠을까? 여덟아홉 개면 모르겠으나 900개라니! 이건 정말 신이 우리
중국에 주신 선물이구나!"

　뤼샤오민의 천재성을 전해 들은 해외의 많은 음악가가 음악교육 기
회를 주겠다고 초청했지만, 자신에게 영감을 주는 땅이자 창작의 원천
인 중국을 떠나지 않겠다며 정중히 거절했다고 한다. 《가나안시가》는
현재 중국 전역과 해외에 널리 알려져 불리고 있다. 뤼샤오민의 곡들은
알게 모르게 허난河南 일대 전통가락인 예극豫劇의 풍격을 담고 있다고

평가받고 있다.《가나안시가》는 토속적인 가락과 중국 그리스도교인 특유의 희로애락을 담고 있기에 중국 그리스도교인들에게서 많은 사랑을 받고 있다. 그런데 최근 중국 정부의 통제 때문에 유통이 금지되었다는 안타까운 소식을 접하게 되었다.

교회를 나와서 비가 그친 뒤 어느새 밝아진 닝보의 새벽길을 걸어 숙소로 향했다. 삼자교회와 가정교회, 등록교회와 미등록교회 등의 구분을 무색하게 하는 새벽예배의 감동으로 중국 교회를 이해하는 데 한 발 더 다가간 느낌이었다.

닝보 개신교의 성장과 과제

영국 성공회 선교사 코볼드(戈柏, 哥伯播義, Cobbold)와 러셀(祿賜, Rusell)이 1848년에 닝보에 들어와 저장浙江교구를 개설한 뒤 선교를 시작했다. 성공회는 사역 초기에 '런언탕仁恩堂'을 짓고, 1877년에 샤오원제孝聞街에 고딕식 교회당을 지었으며, 전밍루鎭明路의 사당 앞에도 집회소를 마련했다. 그리고 샤오원제에 런쩌仁澤의원을 설립했다. 이 의원은 1930년대에 항저우의 광지廣濟의원과 합병되었고, 오늘날 항저우의 '저장 제2浙二병원'으로 성장했다.

그리고 중화인민공화국 성립 전인 1948년 5월에 닝보 선교 100주년을 기념하여 새로운 교회당을 짓기 시작하면서 '바이녠탕百年堂'으로 명명했다. 하지만 중국은 제2차 국공내전 중이어서 건립기금 모금이 매우 힘들었다. 그래서 실제로는 1950년에야 완공되어 헌당예배를 드릴 수 있었다. 1965년에 다른 예배당들은 모두 폐쇄되었으나 바이녠탕만 유일하게 개방되어 연합예배장소로 사용되었다. 그러나 설교 내용은 극히 제한될 수밖에 없었다. 이마저도 1966년에 문화대혁명이 시작되면서 폐쇄되었다. 그 후 개혁개방이 시작되기도 전인 1979년 4월 8일에 중국 대륙 최초로 다시 개방되어 예배가 재개되었다. 1990년대에 다시 보수와 증설과정을 거쳐 1996년에 감사예배를 드렸고, 지금은 닝보 그리스도교의 중심교회이자 양회 소재지로서 중요한 역할을 감당하고 있었다.

숙소에서 아침식사를 마친 뒤 현지 목사님의 안내를 받아 가게 된 바이녠탕은 시 중심에 자리하고 있었다. 교회는 옛 모습을 그대로 간직한 채 사방의 고층빌딩들 사이에서 십자가를 높이 들고 밝게 빛나고 있었다. 마침 평신도 사역자들을 위한 교육이 있어 성도들이 분주히 오가는 모습이 보였다.

중화인민공화국 성립 이후 가톨릭인은 감소했는데 개신교인은 증가한 이유는 무엇일까? 정부에서 신부들의 활동을 금지하자 가톨릭은 구심점을 잃고 신도들이 흩어졌다고 한다. 그런데 개신교인은 목사의 활동이 금지되자 평신도들이 사역을 대신했다. 그 결과 오히려 신자 수가 늘어난 것이다.

이처럼 개신교에서는 신도들이 모두 '제사장' 역할을 담당할 수 있기 때문에 이런 일이 가능하다. 지금도 닝보의 한 교회에는 성도 3,000여 명이 있으나 목회자가 부족하여 그 빈자리를 '이공義工'이라 불리는 평신도 사역자들이 대신하고 있다.

이들은 일정한 훈련과정을 거친 뒤 수료증을 받고 목사와 전도사와 함께 설교와 축도 등 예배를 주관할 수 있는 자격을 갖춘 평신도들이다. 이렇게 평신도 사역자들이 목회자를 대신하는 것은 닝보뿐만 아니라

† **신축 중인 닝보국제예배당 조감도** 이 교회는 저장浙江대학 디자인연구소에서 설계한 '매의 양 날개' 형상을 채택하여 양쪽으로 날개를 편 매의 모습으로, 세상을 초월하여 하늘의 생명에 속한 그리스도인의 모습을 형상화했다고 한다.

목회자가 절대적으로 부족한 현 중국 교회의 일반적인 상황이다. 현재 닝보 인구 800만 명 가운데 약 25만 명이 그리스도교인일 것으로 추정된다. 현지 목사님은 원저우교회의 특징을 '성경 중심'으로 규정한다면, 닝보교회의 특징은 '기도 중심'으로 한국 교회와 유사하다고 소개했다.

닝보는 방문 당시 다른 대도시처럼 대형교회를 신축 중이었다. '닝보국제예배당'은 닝보 동부의 뉴타운 인근 푸칭루福慶路 동쪽에 자리잡고 있다. 이 교회는 각각 바깥쪽은 높고 안쪽이 낮은 동서 두 건물로 이루어져 있고, 가운데에는 광장이 자리 잡고 있다. 서쪽의 주예배당은 약 3,000명을 수용하는 규모이다. 동쪽 건물은 500명 규모의 소예배실 역할을 하는 국제관과 사무실 등 부속기능을 하는 건물이라고 한다. 방문 당시인 2017년 말 완공을 목표로 한다고 해 완공 소식을 기다렸지만 2019년 현재 알 수 없는 이유로 공사가 잠시 중단된 상태이다. 원저우에서 이동해 닝보에 도착한지라 여러모로 비교가 되었던 방문이었다.

11장

허페이,
헤아릴 수 없는
눈물의 대지

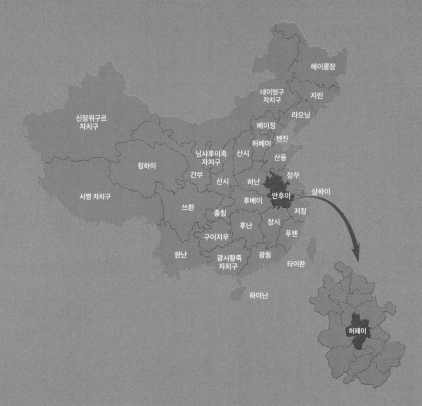

† 중국 대륙에서 허페이의 위치

허페이에는 십자가를 높이 세운 현대식 건축물인 허페이그리스도교
당이 있다. 1896년에 지은 허페이그리스도교당은 100여 년 역사를 자
랑한다. 교회를 들어서면 그리스도교 주요 인사의 글과 그림, 교인들
의 작품들이 벽면을 아름답게 장식하고 있다. 2008년에 복원된 허페
이그리스도교당은 허페이시의 랜드마크 중 하나가 되었다.

안후이성에 불어온 선교 열풍

광저우 바이윈白雲공항에서 이륙한 비행기는 저녁 무렵 허페이 신차오新橋공항에 도착했다. 비에 젖어 있던 광저우와 달리 쾌청했고 해가 길었다. 중국의 주요 도시를 많이 다녀보았지만 안후이安徽성은 황산黃山에 오른 이후 두 번째 방문이었고 허페이合肥는 처음이었다. 숙소로 향하는 차 안에서 차창 밖 풍경을 바라보며 짧은 방문이지만 오랜 역사의 땅, 슬픔을 간직한 땅 안후이와 허페이를 만날 기대감에 부풀었다.

안후이성과 허페이는 그리스도교와 어떻게 인연을 맺었을까? 역사 기록에서 그간 단편적인 사실을 알 수 있다. 원대 말기 위췌에(餘闕, 1303~1358)의 《청양집靑陽集》에 실린 〈허페이성보수기合肥修城記〉를 보면 네스토리우스파 그리스도교가 안후이성에 존재한 기록이 있다. 원대에 예르게운也里可溫교인이었던 마스더馬世德가 허페이의 관리로 있으면서 허페이성을 수리하는 데 공헌한 이야기를 담고 있는데 이것이 안후이성 내에서 그리스도교가 언급된 가장 오래된 기록이다. '예르게운'은 원대에 그리스도교인과 선교사를 통칭하는 단어였다. 당대에 성행했던 경교 신자들이 각 지역에 흩어져 명맥을 이어가다가 몽골 정권인 원이 성립되면서 다시 수면 위로 부상했다. 원 정부가 각지의 유목민족을 흡수 정착시키고 각종 종교를 포용하는 정책을 펼치면서 그리스도교 인구 역시 증가했다. 그 덕분에 마스더의 이야기가 사료에 남게 되었던 것이다.

원나라 초기에 전쟁으로 허페이성벽이 무너지고 도시가 파괴되었다. 원 정부 관리였던 마스더는 쑤저우와 화이난을 거쳐 허페이의 지방장관을 맡게 되었다. 《원시선元詩選》에는 그의 시 〈임천사를 지나며過林泉寺〉 두 수가 실려 있는데 작가를 소개하면서 '준이浚儀 사람으로 형부상서刑部尙書를 지냈다'고 언급되어 있다. 마스더가 허페이성벽의 복구와 도시의 재건을 지휘했다. 그 결과 마스더의 공적을 기리는 《허페이성보수기》가 기록되었다. 아버지인 시리기스習禮吉思가 금金대에 평샹鳳翔의 병마판관兵馬判官을 지냈는데 당시 관리의 자손은 아버지 관직명을 성씨姓氏로 삼는다는 관례가 있었다. 그래서 마스더가 마씨馬氏 성을 갖게 된 것이다. 마스더의 아들 마주창馬祖常은 원대 유명 문인이었는데 그의 작품을 수록한 《서호죽지집西湖竹枝集》에는 마주창을 일컬어 '준이의 예르게운교인浚儀可溫'이라고 하였다. 이로써 마스더 가문이 대대로 네스토리우스파 그리스도교인이었음을 알 수 있다. 그밖의 기록은 찾아볼 수 없지만 당시 허페이에서 그리스도교와 관련된 집회와 신앙 행위가 있었으리라는 것은 미루어 짐작할 수 있다.

명 말기에서 청 초기에는 마테오 리치와 요한 애덤 샬(湯若望, Johann Adam Schall von Bell)과 같은 예수회 선교사가 황제의 지지를 얻고 전국에 큰 영향을 미쳤다. 당시 윈난雲南과 구이저우貴州성을 제외한 전국 15개 성에 가톨릭성당이 건립되었는데 그중 교세가 제일 강했던 강남江南에 강남교구가 설치되었다. 강남성은 1667년에 현재의 장쑤와 안후이성으로 나뉘었지만 강남교구는 근대에 이르기까지 예전대로 관리되었다.

초기에는 포르투갈 예수회가 선교 활동을 하다가 후에 프랑스 선교사들이 그 뒤를 이었다.

청 초기에 안후이성의 주요 선교 거점은 우허五河, 안칭安慶, 츠저우池州, 후이저우徽州 등이었다. 안후이성은 수도인 베이징과 남부 해안 도시들에 비해 선교 시기가 상대적으로 늦었다. 선교도 주로 경항대운하와 양쯔강 같은 수로 인근 도시에서 시작되었다. 1649년에 애덤 샬이 우허五河의 여러 곳에 가톨릭 성당을 세웠다는 기록이 있다. 그리고 화이안淮安에서 활동하던 벨기에인 예수회 신부 프란시스 노엘(衛方濟, François Noël, 1651~1729)이 1699년 전후로 지역민 초청으로 우허에 들어와 단기간에 신자를 수백 명 확보했다고 한다. 노엘은 1702년에 유럽으로 돌아가고 다른 선교사들이 그의 뒤를 이었다. 1720년경 프랑스 선교회에서 우허에 또 다른 성당을 건립했다. 그러나 우허의 성당들은 옹정제와 건륭제의 가톨릭 포교 금지조치 이후 폐쇄되었다.

안칭安慶은 양쯔강변의 도시여서 난징에서 비교적 쉽게 접근할 수 있었기 때문에 난징의 영향을 많이 받았다. 1701년경 프란치스코회 선교사가 안칭에 거주지를 마련하고 난징 선교회의 관리 아래 선교의 거점으로 활용했다. 이후 프랑스인 선교사 리온(梁弘仁, Artus de Lionne)이 츠저우池州에 거처를 마련했다. 프랑스 예수회 선교사 앙리 하브레(夏鳴雷, Henri Havret, 1848~1901)의 저작인 《강남선교》에 따르면 1842년 전에도 이처럼 안후이성 내에서 가톨릭 예수회와 프란치스코회 선교사들이 활발하게 활동했음을 알 수 있다.

제1차 아편전쟁 이후 난징조약의 후속으로 왕샤조약望廈條約과 황푸조약黃埔條約이 체결되었다. 그 세부 규정을 보면 선교사들의 선교를 허가하고 보호하는 내용이 포함되어 있다. 선교사들은 공개적인 선교를 위한 전기가 마련되었다고 크게 고무되었지만 청 정부는 선교사들의 내륙 진출에 여전히 방어적이었다. 더욱이 태평천국운동이 안후이성 전역을 휩쓸면서 선교사들의 입지는 더욱 좁아졌다. 1855년부터 1864년 사이에 안후이성의 선교 거점이었던 우허五河현이 전란에 휩싸여 교회당이 불타면서 교인들이 뿔뿔이 흩어졌고 또 다른 선교 거점인 둥먼東門진도 태평천국군의 공격으로 큰 피해를 입었다. 그러나 태평천국운동이 실패로 끝나면서 가톨릭 예수회와 그리스도교 내지선교회는 안후이성에 대한 선교 활동에 박차를 가했다. 몇 년 지나지 않아 가톨릭 예수회는 우허와 안칭安慶, 닝궈寧國 등지에 선교 거점을 마련하고 적극적인 포교에 나섰다. 그래서 1876년 청 정부가 영국과 옌타이조약을 체결한 뒤 2년도 지나지 않아 안후이성 각지에 30여 개 성당이 건립되었다. 1908년에는 안후이성 내에 성당이 406개소 있었는데 그중에서도 닝궈부에 45개소, 츠저우부에 47개소, 쉔청宣城에 37개소, 우후蕪湖에 23개소로 가장 많은 성당이 지어졌다.

개신교도 가톨릭에 뒤질세라 로버트 모리슨의 아들 존이 제1차 아편전쟁 기간에 일곱 차례에 걸쳐 배를 타고 안후이성을 돌아보았고 1844년 미국 성공회는 안후이성과 장쑤성을 선교 지역에 포함시켰다. 1885년 이후에는 개신교의 각 교파가 안후이성으로 속속 진출했다. 특히 1880년대에 미국에서는 역사상 유례없는 선교 열풍이 불어 젊은 대학 졸업생들이 선교 대열에 대거 합류했다. 그들 중에는 '9장 항저우, 하늘과 맞닿은 물의 도시'에서 다루었던 존 레이턴 스튜어트(司徒雷登, John Leighton Stuart, 1876~1962)와 케네스 스콧 래터레트(來德理, Kenneth Scott Latourette, 1884~1968), 할리 맥네어(宓亨利, Harley Fransworth MacNair,1891~1947)도 있었다. 그래서 1900년대 초에는 프랑스와 영국, 미국, 독일, 이탈리아 등에서 8개 선교단체가 안후이성 각지에서 선교 활동을 벌였다. 그중 미국인과 영국인 선교사가 각각 32명과 28명으로 가장 많았다. 그 결과 1913년 통계에 따르면 안후이성 전체에 그리스도교 교회가 113개였으며, 안후이성 남부의 후이저우徽州부, 닝궈부, 타이핑太平부,

광더廣德주 등지의 교인 수가 5만 명에 달했다고 한다. 그중에서도 양쯔강변 우후蕪湖 지역이 난징과 가까운 지리적 특성 때문에 안후이 선교의 중심지 역할을 했다.

그런데 안후이성을 대상으로 실질적인 선교 활동을 벌인 기관은 허드슨 테일러의 내지선교회였다. 내지선교회 소속 선교사 매도우(宓道生, James J. Meadows, 1835~1914)와 윌리엄슨(衛養生, James Williamson)은 1869년에 안칭安慶에 선교 거점을 마련했다. 매도우는 아내 마르타Martha와 함께 1862년 상하이에 도착해 허드슨 테일러를 만나 중국내지선교회의 전신이었던 닝보선교회에서 최초 선교사가 되었다. 그러나 마르타는 이듬해에 콜레라로 세상을 떠나고 말았다. 한편 매도우는 얼마 뒤에 엘리자베스 로즈Elizabeth Rose 선교사와 재혼해 선교 활동을 이어갔다. 그는 안후이 최초의 개신교 선교사로서 1869년 4월에 안칭 시여우팡西右坊에 집을 구해 '성아이탕聖愛堂'이라는 편액을 내걸었다. 그리고 닝궈(寧國, 1874), 츠저우(池州, 1875), 시歙현(1875) 등지에 분회를 개설하고 교회를 세웠다. 그러나 이 교회들은 오래지 않아 그리스도교 혐오세력에게 파괴되었다. 그 후로도 매도우는 안칭을 거점으로 16년 동안 열정적으로 활동하면서 푸양阜陽, 타이허太和, 리우안六安, 정양관正陽關, 수청舒城, 광더廣德, 쉬안청宣城, 징셴涇縣, 랑시郎溪, 우후蕪湖, 통청桐城 등지에 선교 거점을 마련했다. 그러나 초기 안후이 지역의 사역은 고난의 연속이었다.

오해가 부른 비극, 안칭사건

1869년 가을, 3년마다 치러지는 지역 과거시험이 곧 안칭에서 열릴 예정이었다. 각 현縣의 현시縣試가 끝나고 인근의 현시를 마친 응시생들이

상급 지역인 안칭부安慶府에 모여 부시府試를 보는 절차였다. 안칭부 관원은 유생들과 선교사들의 충돌을 우려해 부시가 있기 전에 매도우와 윌리엄슨 선교사를 찾아가 주의를 주었다. 이제 곧 안칭에 많은 유생이 몰려올 텐데 당분간 출입을 자제하거나 아예 잠시 안칭에서 떠나줄 것을 당부했다. 그러나 매도우와 윌리엄슨은 중국 문화에 이해가 부족해 관원의 청을 심각하게 받아들이지 않았다.

결국 각지에서 안칭으로 모여든 응시생들이 후난과 장시江西성에 나붙은 벽보를 가져와 내용을 공유하면서 사건이 커졌다. 그 벽보는 서양 종교, 즉 가톨릭과 개신교가 전통 유가사회의 기강을 어지럽힌다고 사실을 왜곡하고 서양 종교를 척결해야 한다고 중국인들에게 호소하는 내용이었다. 어려서부터 전통 유가학문의 세례를 받고 자란 유생들에게 이 벽보는 불에 기름을 붓는 격이었다. 불행히도 전국적으로 반그리스도교 운동이 급속히 확산되고 있었기 때문에 안칭의 응시생들은 사실 여부를 확인하지도 않고 벽보 내용에 미혹되어 반그리스도교 대열에 합류했다.

그런데 당시 선교사들이 불미스러운 행동을 하여 안칭 주민의 감정을 자극하고 충돌의 빌미를 제공한 것도 사실이다. 1869년으로부터 수년 전에 예수회 신부 피에르 허드(韓石貞, Pierre Heude, 1836~1902)가 현지에서 주택을 헐값에 구입하여 성당으로 개조하면서 원성을 샀고 새로 온 선교사가 전도 과정에서 현지인들에게 조상과 공자에 대한 제사를 금지해 분란을 일으켰던 것이다. 또한 선교사들이 현지 법규를 무시하면서 가마를 타고 관청에 드나들며 관원들에게 무리한 요구를 하기도 해서 지역 관리에게 미움을 샀다. 이런 내용을 전해 들은 유생들은 1869년 11월 2일에 자신들의 명의로 시험장 벽에 첫 번째 벽보를 붙였다. "이교도가 창궐하니 우리 유생들은 이를 환난으로 규정하고 오늘 성아이탕을 부수기로 결의한다."

11월 3일, 전날의 벽보 사건을 전해 들은 영국인 선교사 두 명은 외교 업무를 담당하는 관리를 찾아가 자신들의 신변을 보호하고 벽보 주동자들에 대한 수사를 해달라고 요구했다. 그러나 담당자는 업무를 핑계로 면담을 거절하고 수하 관리를 시켜 유생과 관련된 일은 관청에 가서 문의하라고 답변했다. 이에 선교사들은 가마를 타고 관청을 찾아갔다. 그런데 마침 관청에 있던 유생들이 가마를 탄 선교사들을 보고 "양놈을 때려잡자"고 외치면서 우르르 달려들어 가마를 뒤엎었다. 이에 선교사들은 황급히 도망쳐 관아에 몸을 숨겼다. 화가 난 유생과 주민 수백 명은 그 길로 시여우팡에 있는 선교사 숙소로 몰려가 '성아이탕' 편액을 부쉈다. 그리고 창문과 가구들을 때려 부수고 천장에 구멍을 냈다. 이어서 똥여우팡東右坊으로 이동해 프랑스 예수회 성당도 파괴했다. 유생과 주민들은 관아로 몰려가 밤늦도록 외세척결 구호를 외쳤다.

당시 예수회 신부 피에르는 강변에서 병 치료를 위해 상하이로 떠날 준비를 하고 있었다. 성당이 파괴되었다는 소식을 들은 피에르는 즉시 마을로 향했다. 그러나 성당까지 가는 길에 많은 이에게 돌팔매질을 당했다. 그는 할 수 없이 강으로 돌아와 다음 날 일찍 배를 타고 상하이로 피신했다. 매도우 가족과 윌리엄슨도 안칭 관원의 보호 속에 한밤중 배를 타고 인근의 주장九江으로 피신했다. 이 안칭사건을 시작으로 양쯔강을 사이에 두고 안칭과 마주하고 있는 젠더(建德, 지금의 뚱즈東至현)에서 11월에 대규모 소요가 발생해 현지 그리스도교인 22명이 피살되는 비극이 벌어졌다. 이것이 젠더사건이다.

영국 정부는 발 빠르게 움직였다. 11월 19일, 영국 공사가 군함을 타고 안칭으로 올라와 안후이성 순무 잉한英翰에게 참사관을 보내 피해 보상과 주동자 체포, 사태를 방치한 관리들에 대한 문책을 요구했다. 그러면서 조속한 시일 내에 요구사항 일체를 해결하지 않을 경우 무력을 사용하겠다고 협박했다. 이에 겁을 먹은 잉한은 시간을 벌고 유생들이 또 사건을 벌일 위험을 줄이기 위해 요구사항 이행 시한을 부시 이후로 정했다.

프랑스도 영국의 뒤를 이었다. 상하이 주재 프랑스 총영사가 공문을 보내 막대한 보상금을 요구하는 한편, 중국 주재 프랑스 공사는 일련의 불미스러운 사태에 분노하여 '선교권 보호' 명목으로 함대를 조직해 직접 무력으로 사건을 해결하겠노라고 청 정부를 압박했다. 12월이 되자 프랑스 공사는 직접 군함 4척을 이끌고 상하이를 출발해 난징, 안칭, 주장, 한커우 등을 순회하면서 무력시위를 벌였다. 그리고 상당액의 보상금과 교회 재건축, 주동자 처벌 등을 요구했다. 또한 관아에 공문을 붙여 유사한 사태의 재발을 금지토록 강압했다.

지역 관리들은 이런 압력을 견디지 못하고 영국과 프랑스의 요구조건을 그대로 수용할 수밖에 없었다. 다음 해인 1870년 3월에 프랑스 군함이 다시 안칭까지 올라와 무력시위를 벌이자 젠더사건으로 투옥되었던 젠더의 그리스도교인들이 5월에 모두 석방되었다. 5월 24일, 안후이 책임자 잉한은 이후로 지역민과 그리스도교가 영원히 화목하고 서로 공경하여 더 이상 이런 일이 생기지 않도록 힘쓰라는 내용의 비석을 세웠다.

그러나 안칭사건의 주동자 검거와 처벌은 제대로 이루어지지 않았다. 용의자가 몇 명 있었지만 심문한 결과 혐의를 입증하지 못하여 처벌할 수 없었다. 당시에는 반그리스도교 정서가 팽배해 있었기 때문에 현지인과 관리들이 주모자를 동정하고 비호하여 숨겼을 가능성이 높다. 또 현지 관리들이 수사를 덮으면서 중국인 처벌이 촉발할 반그리스도교 정서의 확산과 그 뒤를 이을 난동을 사전에 방지했다고 볼 수 있다.

젠더사건을 비롯한 일련의 반그리스도교 정서와 소동은 일부 선교사들이 중국 문화를 존중하지 않았으며, 갈등을 해결하는 과정에서 영국과 프랑스 관료들이 종교적 사안을 정치·외교 사안으로 왜곡했고, 중국의 전근대적인 지식인들이 새로운 시대를 살면서도 구태의연한 태도와 관습에서 벗어나지 못해 무지와 착오가 결합되어 빚어낸 비극이었다. 문제는 반그리스도교 정서와 소동이 반복되고 서구 열강도 무력으로 협박을 일삼으면서 중국 선교는 의료선교와 교육선교와 같이 수많은 헌신에도 불구하고 제국주의의 앞잡이라는 오명을 뒤집어 썼다는 것이다. 그리고 중국은 스스로 구태를 타파하지 못하여 새로운 중국을 만드는 데 기여한 많은 선교사의 헌신에 오랫동안 빚진 자가 되어야 했다. 한편 청 정부는 위와 같은 일련의 사건으로 외교 분쟁 처리에 관한 뼈아픈 경험과 교훈을 얻게 되었다.

헌신과 순교, 프레데릭 밸러와 헨리 퍼거슨

프레데릭 밸러(鮑康寧, Frederick. W. Baller, 1852~1922)와 헨리 퍼거슨(伏格思, Henry S. Ferguson, 1869~1932)은 안후이 선교를 논할 때 절대 빼놓을 수 없는 이들이다. 영국인 밸러는 17세에 그리스도교인이 되어 잉글랜드 선교학원에서 공부했다. 1873년에 내지선교회의 선교사가 되어 중국으로 건너가 난징에서 중국어를 익혔다. 초기에는 안후이성과 장쑤성을 중심으로 활동하다가 후에 산시山西, 산시陝西, 후난, 후베이, 구이저우 등지를 조사하고 기록을 남겼다.

한번은 밸러가 지우장九江의 미국 감리교 선교사와 함께 배를 타고 우후蕪湖로 향했다고 한다. 그런데 중간에 정박하는 곳마다 그리스도교에 관심이 있는 사람들을 만날 수 있었다. 통링銅陵현 강가에 정박했을 때 옆 선박에 있던 사람이 밸러를 초대해 이야기를 나눴다. 그 사람은 한커우에서 여러 번 복음을 전해 듣고 신앙에 궁금한 것이 많았고 곧 그리스도교를 진리로 믿게 되었으나 주일을 지키는 문제를 놓고 고민 하던 중이었다. "선생님, 저는 손님을 태우고 여기저기를 다닙니다. 그 들은 물론 복음을 알지 못하지요. 그래서 주일에 배를 멈출 수가 없습 니다. 게다가 제가 정박한 곳에 예배당이 없으면 어떻게 합니까?" 밸 러는 그의 고민을 이해하면서 고린도후서 8장 12절을 인용해 이렇게 말했다. "기쁜 마음으로 각자의 형편에 맞게 바치면, 하나님께서는 그 것을 기쁘게 받으실 것입니다. 하나님께서는 없는 것까지 바치는 것을 바라지 않으십니다." 그리고 예배당 참석이 경배의 핵심은 아니라고 권면했다. 또 밤이 깊도록 '신령과 진정으로 드리는 예배'라는 주제로 깊은 이야기를 나눴다.

밸러는 통링현을 떠나 투차오土橋에 이르렀을 때 군중 속에서 수심 이 가득한 우吳 씨라는 사람을 만났다. 밸러는 다음 날 아침 그를 배로 불러 이야기를 나눴다. 우 씨는 2년 전 다퉁大通에서 복음을 접한 뒤 고 민에 빠졌다. 자신이 무엇을 해야 하나님의 일을 할 수 있을까 하는 고 민이었다. 이에 밸러는 "우리가 받은 은혜는 행위가 아닌 믿음에 따른 것입니다"라는 주제로 이야기를 했다. 그리고 당신이 무슨 일을 하든 지 그 믿음이 자신이 해야 할 일을 안내할 것이라고 말해주었다. 우 씨 는 점포를 운영하는 사람으로서 형제 모두 배움이 있는 이들이었다. 그래서 밸러는 그에게 선교 책자를 주고 한 달 뒤에 다시 만나자고 약 속했다. 이렇듯이 선교사들의 복음 사역은 서서히 안후이의 구석구석 에 뿌리를 내리기 시작했다.

1877년, 밸러는 안칭에 훈련기관을 세우고 선교사들의 중국어 학습 을 전담했다. 그러나 오래지 않아 훈련기관은 전장鎭江으로 옮겨졌다. 그는 1900년부터 1918년까지 중국어성경 수정위원회의 위원으로 활동 하면서 중국어中文和合本성경 개정 작업에 참여했으며《늙은 선교사가

† 프레데릭 밸러 중국 선교에 큰 뜻을 품고 평생을 바친 밸러는 중국 선교 역사에서도 위대한
그리스도교인으로 추앙받는다. 그는 1922년에 《허드슨 테일러 전기》 집필을
끝내고 얼마 지나지 않아 숨을 거뒀고 상하이에 묘비가 세워졌다.

조카에게 보내는 편지》(1907)를 비롯해 《영중사전英華詞典》 등 많은 저
작을 남겼다. 중국 선교에 큰 뜻을 품고 평생을 바친 밸러는 1922년에
《허드슨 테일러 전기》 집필을 끝내고 얼마 지나지 않아 숨을 거뒀고
상하이에 묘비가 세워졌다.

한편 타이허太和에는 1892년에 선교기지가 세워졌고 오스트레일리
아인 클린턴(寧德恩, T.A.P. Clinton)과 벤슨 바넷(必爾修, C. Benson Barnett), 뉴질
랜드인 윌리엄 말콤(馬春山, William R. Malcolm) 등이 사역했다. 그 후 1895년
10월부터 캐나다인 헨리 퍼거슨이 뒤를 이었다. 토론토 출신인 헨리는
1895년 2월 15일 중국에 도착해 안칭으로 가서 밸러로부터 중국어를
배웠다. 10월 중순에 언어 교육을 마치고 타이허에 배치되어 선교를

시작했다. 1897년에는 정양관(正陽關, 지금의 정양전正陽鎭)으로 자리를 옮겨 존 블록(博春臣, John Brock) 선교사와 함께 활동했다. 1898년에는 의료선교사인 윌리엄스(勞敬修, J. E. Williams)와 함께 진료소를 세웠는데 의료활동 덕분에 현지인들의 시각이 많이 호전되었다.

헨리 퍼거슨은 1898년 9월에 상하이에서 릴리안 콥Lilian Cobb과 결혼했다. 릴리안은 미국 펜실베이니아 출신으로 미국여성연합선교회 소속 선교사였다. 헨리와 릴리안은 결혼 후 내지선교회에 가입했고 장쑤성 칭장푸(淸江浦, 지금의 화이양淮陽)로 파견되었다. 1900년에 의화단 운동이 벌어지자 철수했다가 사태가 진정된 뒤인 1901년 5월에 다시 칭장푸로 돌아와 사역했다. 1902년 봄, 산둥 옌타이煙台의 명문학교인 즈푸芝罘학교 교사가 되어 옌타이에 머물면서 첫딸인 엘리자베스를 낳고 잠시 캐나다로 돌아갔다.

1904년 12월에 중국으로 돌아온 헨리 가족은 안후이 타이허에 배치되어 활발하게 활동했다. 1908년 여름부터는 잉저우潁州부로 파견되어 활동하던 중 1910년 가을로 접어들 무렵 폭우가 쏟아졌고 홍수와 대기근이 이어져 이재민이 2만여 명 발생했다. 이재민을 구호하기 위해 동분서주하던 중 1911년 1월에 아내 릴리안이 두 딸과 아들을 남긴 채 장티푸스로 사망했다. 헨리는 슬퍼할 겨를도 없이 잉저우와 정양관, 타이허 일대의 선교사역을 총괄해 많은 결실을 맺었다. 당시 현지인들에게는 아편이 가장 심각한 문제였다. 아편 가격이 폭등하자 많은 농민이 앞다퉈 아편을 재배하고 피웠다. 1913년 7월, 헨리는 상하이에서 교사인 엘리자베스 버치Elizabeth S. Birch와 재혼한 뒤 1916년 8월까지 잉저우에서 사역했다.

헨리는 1924년 3월에 우후蕪湖에서 열린 안후이성 선교 연합집회에 참석해 놀라운 광경을 목격했다. 1,500명을 수용할 수 있는 큰 천막에서 내지선교회 찰스 랙(饒裕泰, Charles N. Lack) 목사가 집회를 인도했는데 첫 주일예배에 900여 명이 참가했고, 오후 집회에는 학생 1,200여 명이 참가했다. 이후로 매일 밤 1,400여 명이 참가해 복음을 나누었다. 여드레 동안 열린 집회에서 1,020명이 그리스도교인이 되기로 서원했다. 안칭사건과 젠더사건 이후 선교사들의 노력과 복음에 대한 중국인들의 갈급함이 이뤄낸 성과였다.

그런데 1926년 말부터 정양관에 제1차 국공내전(1927~1936)의 소용돌이가 휘몰아쳤다. 국민군은 1927년 4월에 정양관을 점령하고 관내 모든 사유지를 몰수해 군대시설로 활용했다. 아울러 반그리스도교 선전활동을 벌여서 선교기지들이 크게 위축되었다. 설상가상으로 홍수, 대기근, 내전이 이어지는 힘든 상황에서도 부녀자와 아이들에게 헌신하던 엘리자베스마저 병으로 쓰러져 투병하다가 1930년 4월 3일, 58세의 나이로 세상을 떠나고 말았다. 이에 더해 헨리 가족은 1931년 여름에 또다시 큰 물난리를 겪어야 했다. 헨리는 당시 상황을 이렇게 기록했다.

"유사 이래 최대의 천재지변으로 정양관의 8할이 물에 잠겨버렸다. (중략) 거리는 지대가 높은 곳을 빼고는 전부 물바다가 되었다. 그나마 우리 집은 마을에서 제일 높은 곳에 있고 집을 지을 때 지반을 높이 돋우었기에 물이 문 앞까지 차올랐을 뿐이다. (중략) 우리 집은 이재민들로 가득 찼다. 대부분 돌아갈 곳이 없는 신자와 그 가족이었다. 경찰서가 물에 잠기자 경찰들은 푸인탕福音堂을 점령해버렸다. (중략) 화이허淮河 연안은 모두 붕괴되었고 모든 계곡은 강물로 가득했다. 범람 지역은 끝없이 이어졌는데 매년 여름 쌀과 보리를 수확하던 농지였다. 이는 내가 목도한 네 번째 홍수와 기근이었다. 유사 이래 최대 수재로 전무후무한 기근이 이어질지 모른다. (중략) 더욱이 멀지 않은 곳에서 홍군의 위협이 커지고 있다. 홍군은 극단적 무신론자들이며 자신들의 세력 범위에서 모든 선교사역을 금지한다. 그들의 관할 지역에서는 사람을 보내 그들의 명령을 집행한다. 그들이 바로 사회의 집행자이다."

헨리의 우려대로 물난리가 지나간 뒤 대기근이 이어졌다. 국제수해구제본부는 헨리에게 구제기금의 집행 책임을 맡겼다. 헨리는 36년간의 중국 선교 생활을 마치고 곧 캐나다로 돌아갈 참이었지만 처참한 중국의 현실을 외면할 수 없었다. 그는 수재민을 위한 식량을 확보하고, 배급하고, 거처를 마련해주기 위해 부단히 애썼다. 하지만 1932년 5월 11일, 홍군이 정양관에 접근하고 있다는 소식이 전해지자 지역민들은 구제기금도 마다하고 헨리를 멀리했다. 교인들도 헨리에게 피신할 것을 권했다. 그러나 헨리와 현지인 추이崔 목사는 구제 활동에 전념했다. 다음 날인 5월 12일, 장궈다오張國燾가 이끄는 홍군 1,000여 명이 정양관에 들어왔고 헨리와 추이 목사는 체포되었다. 그동안 헨리의 커다란 헌신과 피나는 노력을 옆에서 봐왔던 마을사람 200여 명이 홍군 장교에게 무릎 꿇고 헨리를 석방해달라고 애원했다. 홍군 장교도 마음이 흔들렸지만 상부의 명령을 어길 수 없었다.

그 이후 헨리가 압송된 곳과 신변에 대한 소식이 간간이 전해졌다. 헨리는 훠치우霍邱, 류안六安을 거쳐 허난성 상청商城까지 압송되었으며 비록 체포된 상태지만 홍군 장교들이 잘 대우한다는 소식이었다. 헨리와 친구처럼 지내던 셴빙위안洗秉元이라는 그리스도교인은 헨리의 안전이 걱정되어 직접 홍군 지역으로 들어가 그의 행방을 수소문하다가 간첩으로 오인받고 체포되었다. 셴빙위안은 자신이 술과 도박에 빠져 지내다가 헨리를 만나 신앙을 갖게 된 이야기를 홍군에게 전했다. 홍군은 위험을 무릅쓰고 헨리를 찾아온 셴빙위안의 진정성을 믿고 헨리와 만남을 허락했으며 얼마 후 풀어주었다고 한다.

그 뒤로도 헨리를 구출하기 위한 여러 노력이 이어졌지만 성과는 없었다. 홍군은 헨리의 몸값을 요구하기보다 자신들의 안전을 보장하고 협상을 위한 인질로 활용하려 했다고 한다. 실제로 홍군은 당시 국제공산당 활동으로 난징법원으로부터 유죄 판결을 받고 억류되어 있던 놀런Noulens 부부와 맞교환할 생각을 하고 있었다. 하지만 그 이후로 헨리의 행방은 묘연했다. 그리고 국제수해구제본부장인 존 심슨Sir John H. Simpson경이 1933년 1월 31일에 헨리 자녀들에게 다음의 편지를 보냈다.

"현재 우리는 헨리 퍼거슨 목사의 생사와 행방에 관한 정확한 증거가 없습니다. 그런데 두 달 전 중국으로 돌아왔을 때 신뢰할 만한 소식을 듣게 되었습니다. 홍군이 정부군의 맹렬한 공격을 받게 되었고 헨리 목사를 처형했다고 합니다. 어떻게 그가 여전히 쓰촨성과 산시성 경계지역의 홍군 진영에 남아 있었는지 알 수 없습니다. 제가 후베이와 허난에 가면 조금 더 정확한 소식을 알 수 있을 겁니다. 헨리와 직접 만날 기회가 없었다는 것이 유감입니다. (중략) 그러나 안후이성의 가장 심각한 재난지역에서 헨리처럼 믿음직하고 능력 있으며 전적으로 헌신하는 사람이 구제업무를 이끌었다는 사실에 안심이 됩니다. 구제본부의 구호기금 집행업무가 아니었다면 그는 일찌감치 그 자리를 떠날 수 있었으리라 믿습니다. (중략) 그에게 이 모든 책임을 지운 것에 대해 본부는 깊이 죄송할 뿐입니다. 불행하게도 헨리가 공무 중 순직한 사실이 확인된다면, 그를 위해 진심 어린 추도회를 열도록 본부 측에 건의하겠습니다. (중략) 헨리 퍼거슨 목사도 자신에 대한 최선의 기념 방식은 재난지역 구제라고 말할 것임을 믿습니다."

헨리 퍼거슨 목사는 이렇게 중국과 안후이성 선교를 위해, 어려움에 처한 중국인을 돕기 위해 헌신하다가 40년 가까운 중국 선교 생활을 마감했다.

부부 순교자, 존과 베티

존 코넬리우스 스탐(史達能, John Cornelius Stam, 1907~1934)은 미국 뉴저지

주에서 6남 3녀 중 일곱째로 태어난 내성적인 아이였다. 아버지 피터 스템Peter Stam은 네덜란드 출신으로 미국에 건너와 건축·부동산·보험업·목재업으로 부를 일구었다. 피터는 미국에 도착했을 때 예수 그리스도에 대해 알지 못했다. 그런데 이웃사람에게서 네덜란드어와 영어로 된 신약성경을 받았고 신약성경을 읽으며 영어를 익히고 그리스도교를 믿게 되었다. 그 뒤로 스탐 가문은 독실한 그리스도교 가정으로서 선교사역을 후원했고 '희망의 별 선교회Star of Hope Mission'를 창립해 알코올중독자와 부랑인을 위한 선교에 앞장섰다.

존은 15세에 집을 나와 사업을 해보려 했으나 4년 뒤에 그의 마음은 선교사로 굳어졌다. 시카고 무디Moody신학대학에서 공부하면서 해외 선교 활동에 뜻을 두고 중국내지선교회 소속 아이작 페이지(裵忠謙, Isaac Page) 목사와 교류하며 중국 선교의 비전을 품었다. 그리고 상급생이었던 베티 스콧(史文明, Betty Scott Stam, 1906~1934)을 만나 동역자이자 연인이 되었다. 베티 스콧은 1931년 봄에 졸업하고 중국내지선교회에 가입한 뒤 가을에 존에 앞서 중국으로 향했다.

존 스탐도 1932년 7월 초에 내지선교회 선교사 자격으로 중국행 배에 올라 10월 12일 상하이에 도착했고 마중 나온 베티 스콧과 반갑게 재회했다. 존은 먼저 안후이 안칭의 언어학교에서 중국어를 익힌 뒤 수청舒城으로 가서 선임자인 조지 버치(白安基, George Birch) 부부와 함께 선교를 시작했다. 존은 현지 교회의 쑹宋 장로와 함께 인근의 마을을 돌며 복음을 전했으며 쑹 장로로부터 언어와 문화 등 선교에 필요한 소중한 정보를 얻었다. 존과 베티는 1933년 10월 25일에 산둥 지난濟南에서 결혼식을 올리고 부부가 되었다. 그러곤 11월 말에 수청으로 돌아가 주일예배와 각종 집회를 열고 인근의 각 거점을 순회하며 전도에 힘썼다. 베티는 부녀자들과 아이들에 대한 선교에 집중했다. 부부의 친절한 대응과 진실한 마음에 지역민들이 점차 호감을 갖게 되면서 그들의 선교는 결실을 맺기 시작했다.

출산을 앞둔 베티는 1934년 9월까지 수청에 머물다가 기차를 타고 우후蕪湖로 가서 11월에 딸 헬렌(愛連, Helen Priscilla Stam)을 낳았다. 베티가 산후조리를 위해 우후에 머물고 있을 때 존은 코필드(顧芳德, Erwin A. Kohfield) 선교사와 함께 수청 남부의 징더旌德현을 찾았다. 귀국을 앞둔 새뮤얼 워렌(任明光, Samuel Warren) 부부 후임으로 징더현 선교를 맡게 되어 인수인계를 위해 방문한 것이다. 전임자들의 노력으로 그리스도교인이 된 현지인들이 그들을 살뜰히 보살펴주었다. 존은 당시 상황을 이렇게 기록했다. "먀오서우廟首에 와 다시 친애하는 왕 선생댁으로 갔다. 왕 선생은 하나님의 자녀로 매월 한두 차례씩 약 8킬로미터를 걸어 교회 집회에 참석한다. 그는 토요일에 집을 나서 주일 하루를 온전히 예배에 바친다. 그러곤 월요일에 집으로 돌아간다. 심지어 농번기에도 예배를 거르지 않는다. (중략) 왕부인은 정말 자상한 할머니 같다. (중략) 그들의 가정 집회는 나에게 아름다운 추억으로 남아 있다. 시편 22편, 23편, 24편의 말씀을 나누었고, 부활하신 예수에 관한 성경 구절을 함께 나누기도 했다. (중략) 신자들을 방문하기도 하고 먀오서우 거리에서 전도지를 나눠주고 복음서를 건네며 사람들에게 다가갔다. 주님이 주신 놀라운 복음을 나누기 위해!"

그런데 당시 안후이성은 국공내전의 전쟁터가 될 처지였다. 수청과 징더 지역도 예외는 아니었다. 징더 지역에 홍군이 자주 출몰하면서 존과 코필드는 안전을 보장받을 수 없었다. 징더 현장縣長인 펑彭이 존과 코필드를 환영하며 위험이 생기면 병사들을 보내 보호해주겠노라 약속했지만 상황은 점차 악화되고 있었다. 1934년 11월 말, 스탐 부부는 갓난아이인 헬렌과 함께 징더현에 도착해 숙소를 잡고 징더 생활을 시작했다. 도착하자마자 징더 인근의 선교사역을 점검하며 바쁘게 움직였고 펑 현장과 다시 만나 안전 문제를 상의했다.

그런데 1934년 12월 6일 아침, 존이 헬렌을 목욕시키는데 사방에서 총소리가 들려왔다. 곧 홍군이 마을을 점령하고 집집마다 수색을 벌이고 있다는 소식이 전해졌다. 징더현은 공포에 휩싸였다. 베티는 헬렌에게 두꺼운 옷을 입히고 옷 속에 비상금과 먹을 것을 챙겨넣었다. 그리고 스탐 부부는 꿇어 앉아 기도를 올렸다. 오래지 않아 홍군이 들이닥쳤고 스탐 부부는 헬렌과 함께 체포되었다.

홍군은 스탐 부부를 인질로 잡고 부부 몸값으로 2만 위안이라는 거액을 책정한 후 이 내용을 내지선교회 본부에 전달하도록 시켰다. 다음은 존이 쓴 편지의 전문이다. "사랑하는 상하이 내지선교회 형제 여러분, 오늘 저는 징더현에서 아내 그리고 아이와 함께 홍군에게 체포되었습니다. 그들은 우리의 몸값으로 2만 위안을 요구하고 있습니다. 그들은 이미 우리의 전 재산을 몰수했습니다. 그러나 감사하게도 마음이 평안합니다. 오늘 저녁 식사시간에도 주님께 감사하며 찬양했습니다. 주님께서 여러분에게 이 일의 처리에 대해 지혜를 주시고 우리에게 용기와 평안을 주시리라 믿습니다. 전능하신 주님은 이 상황에서도 놀라운 은혜를 보여줍니다. 오늘 아침 일은 급작스럽게 발생했고 전부터 많은 소문이 떠돌더니 마침내 우려하던 일이 생겼습니다. 홍군이 두세 시간 만에 온 마을을 점령했고 미처 피난할 시간이 없었습니다. 주님께서 여러분에게 복을 내리시고 우리를 인도해주시길 기도합니다. 살아도 주님께 영광이요, 죽어도 주님께 영광을 돌립니다! 주 안에서 존 스탐이 씁니다. 1934년 12월 6일 안후이 징더."

홍군은 내지선교회 본부의 답장을 기다리지 않고 스탐 부부를 처형하기로 결정했다. 12월 8일, 스탐 부부는 처형 전에 군중 사이로 끌려갔다. 사람들은 스탐 부부에게 조롱과 야유를 퍼부었다. 이때 장스성張師聖이라는 그리스도교인이 뛰쳐나와 스탐 부부를 처형하지 말라고 애원했다. 사실 장스성은 평소 독실한 신앙인도 아니었지만 스탐 부부를

† 부부 순교자, 존과 베티 스탐 부부는 진심을 다해 중국인을 섬겼지만 국공내전에 휘말렸고 어린 딸을 남긴 채 순교했다.

살리기 위해 용기를 냈던 것이다. 그러나 그의 애원은 묵살되었고 그역시 체포되어 스탐 부부와 함께 인근 매산鷹山의 처형장으로 끌려갔다. 스탐 부부와 장스성은 어느 묘지 앞에서 무릎을 꿇린 채 차례대로 참수형에 처해졌다. 이로써 스탐 부부는 중국내지선교회의 73번째와 74번째 순교자가 되었다.

먀오서우廟首에서 스탐과 만나기로 약속했던 중국인 뤄羅 전도사는 뒤늦게 비보를 접하고 12월 9일 오후에 버려져 있던 헬렌을 찾아내 거뒀다. 그리고 언덕 위에서 스탐 부부를 수습해 각각의 관에 눕히고 장례를 치렀다. 그는 장례에 함께한 사람들에게 이렇게 기도했다. "여러분은 이 광경을 보면서 우리 친구들이 당한 고통에 안타까움을 느낍니다. 그러나 그들은 하나님의 자녀이기에 그들의 영혼은 이미 아버지 품에서 안식을 얻었음을 아셔야 합니다. 그들은 여러분을 위해 중국에 와서, 먀오서우에 와서, 하나님의 사랑과 주 예수의 은혜를 전했고 여러분이 예수를 믿고 영생을 얻도록 애썼습니다. 여러분은 이미 그들이 전한 복음을 들었습니다. 그들의 희생을 목격한 것이 확실한 증거입니다. 그들의 말을 잊지 마십시오! 회개하고 복음을 믿으십시오!"

뤄 전도사는 헬렌을 데리고 수천 리 먼 길을 돌아 산둥의 외조부 댁으로 향했다. 도중에 맘씨 고운 유모들에게 젖동냥을 하여 헬렌을 먹였고, 산둥에 도착해서는 중국인 유모를 구해 헬렌을 보살폈다. 후에 스탐 부부의 시신은 우후蕪湖로 옮겨져 정중한 추도식과 함께 외국인 묘지에 안치되었다. 스탐 부부의 묘를 보면 십자가를 가운데 두고 좌우로 존과 베티가 잠들어 있다. 그리고 묘비에는 두 사람을 기리는 의미로 '살든지 죽든지 내 몸에서 그리스도가 존귀하게 되게 하려 하나니'와 '이는 내게 사는 것이 그리스도니 죽는 것도 유익함이라'라는 빌립보서 1장 20~21절 구절이 새겨졌다. 또한 받침돌에는 '네가 죽도록 충성하라. 그리하면 내가 생명의 관을 네게 주리라'라는 요한계시록 2장 10절 구절이 새겨졌다.

순교자의 딸 헬렌은 외부와 접촉을 끊고 조용히 살았다. 중국의 교회역사가 천이펑陳一萍은 〈헬렌에게〉라는 글에서 중국인을 대신하여 이렇게 사과했다. "특별히 우리 중국인을 용서해주세요. 당신에게 영원히 갚지 못할 피의 빚, 외롭게 자라도록 한 빚(먀오서우에서의 그날 밤 강보에 누워 있을 때나 그 후로 어떻게 지냈을지, 당신 마음을 그 누가 헤아리겠습니까), 심지어 복음의 빚을 지고 있는데 당신이 이렇게 힘들어하시니. (중략) 우리의 진심 어린 사과를 받아주세요. 부모님의 피가 헛되지 않았음을 믿어주세요. 피로 얼룩진 중국 땅에도 영혼의 꽃이 피고 있으니까요. (후략)"

놀라운 일은 스탐 부부 순교 이후에 이어진 역사이다. 존 코넬리우스 스탐의 가족 중 12명이 선교에 뛰어들었고 지금은 증손녀 격인

† 뤄 전도사와 어린 헬렌

† 버려져 있다가 뤄 전도사에게
발견된 어린 헬렌

뤄 전도사는 스탐 부부가 순교한 후 인근에 버려져 있던 부부의 어린 딸 헬렌을 극적으로 구출한 후 국공내전의 화마로부터 지켜내기 위해 수천 리 길을 여행했다.

클라라 스탐Clara Stam이 베이징에서 중국어를 배우며 중국 선교를 이어가고 있다. 클라라 스탐은 간증에서 스탐 가문에 역사한 예수 그리스도의 섭리를 밝혔다. 여덟 살 때 아버지로부터 순교 전에 존과 베티가 남긴 편지의 내용을 전해 듣고 눈물을 흘렸다고 한다. '살아도 주님께 영광이요, 죽어도 주님께 영광이라!'는 존과 베티의 마지막 말이 클라라의 마음을 흔들어 중국 선교라는 꿈이 된 것이다.

스탐 부부의 순교 이후 86년이 지난 2020년 중국에서는 전 지역에 교회가 건립되고 수많은 그리스도교인이 복음을 전파하고 있다. 이는 1,000명이 넘는 선교사의 피와 땀과 눈물의 결실이다. 이는 또한 스탐 부부를 조롱하던 군중 속에 숨어 있지 않고 용기를 낸 장스성, 순교자의 딸 헬렌을 구출하여 먹이고 보살핀 뤄 전도사, 그리고 이들을 비롯한 선량한 중국인들이 있었기에 가능한 일이었다.

유럽 문화와 중화사상의 충돌

스탐 부부의 순교와 같이 선교 과정에서는 불상사도 적지 않았다. 이에 더해 앞서 살펴보았듯이 일부 선교사들의 무리한 사역으로 현지인들과 토지 문제와 같은 갈등이 발생했고, 이에 화가 난 일부 중국인들이 교회와 선교사 사택 그리고 학교를 불태우고 교인을 살해하는 사건도 여러 차례 벌어졌다. 아울러 당시 안후이성 각지의 수공업이 매우 낙후된 상태에서 서양인들의 제품이 유입되자 중국인들은 경쟁에서 뒤처질 수밖에 없었다. 중국의 전통적 방식으로 제작한 방직 제품은 기계로 생산한 값싸고 질 좋은 서양 제품에 밀려 제작 기반이 무너졌다. 그러자 안후이성 주민들은 서양 선교사들과 외세 진입에 반감을 갖게 되었다. 또한 우후蕪湖의 제련 제철업과 염직染織업, 강남의 차 생산이

**✝ 안후이에 만들어진
존과 베티의 묘**

스탐 부부의 시신은 우후로 옮겨져 정중한 추도식과 함께 외국인 묘
지에 안치되었다. 스탐 부부의 묘를 보면 십자가를 가운데 두고 좌우로
존과 베티가 잠들어 있다.

서양 제품 유입으로 빠르게 쇠락했다. 엎친 데 덮친 격으로 교세 확장,
교인 확보 경쟁 등 외국 선교사들의 무리한 선교 활동은 안후이성 주민
들의 반감에 불을 붙였다.

당시 중국은 그야말로 혼돈의 도가니였으며 안후이성도 예외는 아
니었다. 특히 태평천국운동에 이어 기근이 지속되고 외지 난민과 갈
등이 겹치면서 안후이성 선교는 큰 혼란에 휩싸이게 된 것이다. 부랑
자나 난민들은 삶의 기반을 잃고 전전하다가 신앙에 상관없이 외국
인 선교사와 교회에 접근해 친분을 쌓고 교인 행세를 하는 경우가 적
지 않았다. 선교사들은 교세 확장을 위해 그런 자들의 그릇된 행동을 못
본 체하고 오히려 감싸기까지 했다. 그래서 지역민과 문제가 생겼을 때

재판에 관여해 유리한 결과를 얻을 때까지 지방 관리들을 압박했다. 이는 지역민들의 반발을 야기해 방화·폭력·살인사건을 불러왔다. 당시 민간에서는 "교인이 되기 전에는 쥐새끼처럼 굴더니 교인이 된 뒤에는 호랑이처럼 나대는구나!"라는 말이 나돌 정도였다.

또한 선교사들의 유럽 문화 우월주의가 중국인의 중화사상과 충돌하면서 현지인들의 반감을 키웠다. 어느 선교지에 이런 글이 실렸다. "공자는 사람이지만 예수는 하나님의 아들이다. (중략) 만일 공자가 지금 중국에 다시 태어난다면 반드시 예수의 제자가 되길 원했을 것이다." 예수와 공자의 유대를 꾀한 것인지 그 의도는 불분명하지만 이처럼 과장과 몰이해에 따른 유럽 문화 우월주의가 지역민들의 반감을 증폭한 것은 분명했다. 안후이성 같은 내륙지방은 해안지방보다 상대적으로 더 보수적이고 유가 전통에 충실했다. 더욱이 그리스도교 사상에 입각한 태평천국운동을 겪은 이후로는 전통적인 중화사상에 입각해 외세와 그리스도교를 부정하는 사고가 팽배했다. 그래서 사소한 일이라 해도 오해와 악의가 결합되면서 비참한 결과를 낳곤 했다.

사실 안후이성에서 그리스도교를 전도하는 일이 매우 어려워진 것은 리훙장의 영향이 컸다. 그는 안후이성과 허페이에서 가장 영향력 있는 인물이었다. 태평천국운동 당시에 리훙장은 향토군을 이끌고 태평천국군과 싸워서 수차례 전과를 올렸다. 이런 경험은 이후 회군淮軍을 정립하고 확장하는 발판이 되었다. 그리고 회군은 근대 중국 국방력의 핵심이 되었다.

허페이 출신인 리훙장은 양무운동의 발기인이자 북양함대北洋水師의 창립자로서 기울어가는 청 정부를 세우고 외세의 침략을 막기 위해 노력했다. 이처럼 태평천국운동을 진압한 리훙장의 영향으로 전통 문화에 대한 지역민들의 자부심이 상승하면서 서양 문물과 서양 종교에 대한 부정적 사고가 팽배했다. 그리스도교는 리훙장이 사망한 후

† 리훙장

리훙장은 그리스도교를 외세 침략의 연장선에 두었기 때문에 자신의 고향인 허페이에 그리스도교가 전파되는 것을 원치 않았다.

에야 비로소 안후이성과 허페이에서 활기를 되찾을 수 있었다.

　태평천국운동으로부터 160년, 스탐 부부의 순교로부터 90년 가까운 긴 시간이 흐른 지금도 안후이성과 허페이의 그리스도교는 저장성과 장쑤성과 달리 여전히 보수적이고 외부인을 극도로 경계하는 상황이다. 예부터 안후이와 허페이는 중국 내륙의 심장부인 중원中原의 요충지로서 북방과 남방 그리고 서방의 세력이 충돌했기에 그들만의 정서와 문화를 기반으로 외부로부터 유입되는 모든 것에 대해 강한 경계심과 거부감을 형성하였음을 1박 2일의 짧은 방문 일정 동안에도 확실히 체험할 수 있었다.

허페이 현지 탐방기:
포청천의 포공원과 100년 역사가 깃든 교회당을 방문하다
(2015, 2016, 2017년)

'완晥'으로 불리는 안후이성은 중국 대륙의 동남부 지역에 자리 잡은 내륙 행정구역으로 화이허淮河와 양쯔강이 성의 위아래를 흐르고 있기에 크게 화이베이淮北, 장화이江淮, 장난江南의 세 구역으로 나뉜다. 사계절이 분명하고 온난다습하며 평원과 구릉이 어우러져 다양한 경관을 연출한다. '안후이'는 안칭安慶과 후이저우徽州의 첫 글자를 따 만들어진 이름이다. 중국 5대 담수호에 속하는 차오후巢湖와 홍저후洪澤湖를 품고 있으며 다비에산大別山과 톈주산天柱山, 지우화산九華山과 황산黃山 등이 연이어 산맥을 이루고 있다. 그래서 안후이 지역에서는 이런 민요가 전해진다. "두 줄기 젓가락이 그릇을 끼고 있고, 병풍이 서쪽과 남쪽을 막고 있으며, 동쪽은 산이 높고 북쪽은 평지라, 황산의 기세가 구화산을 뛰어넘는구나(兩根筷子夾着碗, 屛障在西也在南, 東面不平北邊平, 黃山勝過九華山)." 두 줄기 젓가락은 화이허와 양쯔강이요, 그릇은 차오후를 일컫는다.

이런 산수를 바탕으로 안후이성은 《삼국지》의 영웅 조조曹操, 명의 개국황제 주원장, 공자의 유가를 재정립한 주희朱熹, 청말 회군淮軍 사령관 리훙장李鴻章, 신문학 운동의 기수 후스胡適, 《신청년新靑年》의 창간인 천두슈陳獨秀와 같은 인재를 배출했다. 그리고 명과 청대에 후이저우문화徽州文化를 꽃피웠으며 300여 년 동안 중국 상방商幇의 한 축을 담당했던 후이상徽商을 길러냈다. 청대에 베이징에 입성하여 경극京劇 탄생에 일익을 담당했던 후이반徽班, 중국 4대 희곡의 하나로

† 허페이 신차오국제공항

꼽는 황메이시黃梅戲와 '동방의 발레'로 불리는 화구덩花鼓燈도 이곳 안
후이의 문화유산이다.

　허페이 시내로 접어들자 과거 역사와 다른 풍경이 눈을 압도했다.
6,500만 인구를 자랑하는 안후이성의 성도省都답게 허페이도 다른 도시
들과 마찬가지로 '무한변신' 중이었다. 찌를 듯이 치솟은 고층빌딩들이
허페이의 스카이 라인Sky Line을 잇고 있었다. 허페이는 페이수이淝水와
스수이施水가 합쳐지는 곳이라 '허페이合肥'라는 이름을 갖게 되었으
며 현재 안후이성의 수도이자 중심지로서 중국을 동서와 남북으로 잇
는 주요 교통요지이다.

　이처럼 허페이는 2,000년 역사를 간직한 고도古都로서 '삼국지의
무대이자 포청천包拯의 고향'으로 유명하다. 다른 한편으로는 예부터

'강남의 머리이자 중원의 목줄(江南之首, 中原之喉)'이라는 말처럼 중원의 전략적 요충지였기에 시대마다 많은 전란에 휩싸였던 곳이다. 그래서 송대 우즈吳資라는 시인은 "허페이란 도읍은 모두가 전쟁터라 부른다 (合肥一都會, 世號征戰地)"고 노래했다. 진秦대에 이미 허페이현이 설치되었으며 수隋대부터 명·청대에 이르기까지 루저우廬州부에 속했기 때문에 '루저우'나 '루양廬陽'으로 불리기도 했다.

허페이에 도착하고 이틀째 아침, 새로 개통된 지하철을 타고 시의 중심부에 있는 교회를 찾아 나섰다. 도심부에 리훙장의 고택인 '리푸 李府'가 옛 위용을 자랑하며 관광객들을 맞고 있었다. 태평천국 군대의 공격을 받아 한때 파괴되었고 이후에도 몇 번이고 훼손되었으나 지역사회와 근대 중국사에 미친 업적을 기리기 위해 지금은 전시관을 겸하여 잘 복원되어 있다.

스마트폰 지도에 의지하여 길을 가던 중 도심 빌딩들 사이로 드디어 목적지를 찾아낼 수 있었다. 십자가를 높이 세운 현대식 건축물인 허페이그리스도교당이었다. 허페이그리스도교당은 옛날 '중화기독회' 소속으로 원래 1896년에 짓기 시작했으며 무려 100여 년의 역사를 가진 교회이다. 그런데 1997년에 건물이 낡아 붕괴 위험이 있다는 전문가들 진단이 있었고 1999년에 철거 후 복원을 결정했다. 2006년부터 복원을 시작하여 2008년에 지금의 전형적인 고딕식 형태로 7층 규모의 교회당이 완공되었다. 현재 안후이성의 그리스도교 인구는 150만 정도이고 허페이의 그리스도교 인구는 13만~14만 명 정도로 추정한다. 그리고 이 교회의 예배 참석자는 6,000명에 달하며 주일에 세 번 예배가 있다고 한다. 특이하게 별도로 한국인 예배가 있어 60명 정도가 참석한다.

교회당을 들어서니 1층 예배당에 있던 신도들이 처음에는 친절히 맞이해주었다. 하지만 교회에 대한 인터뷰를 청하자 그들끼리 안후이 방언으로 한참 의견을 나누더니 구체적인 대화를 꺼렸다. 아직 목사님이 나오지 않았으니 기다렸다가 목사님과 대화를 나누라고 일러주었다. 그렇게 하겠노라 대답하고 교회를 둘러보았다. 승강기를 타고 6층으로 올라갔다. 목회자실과 사무실이 갖춰져 있고 안후이성과 허페이를 대표하는 교회답게 이곳을 방문한 주요 인사의 글과 그림 그리고 교인들의 신앙 관련 서화작품이 벽면을 가득 메우고 있었다.

한참 후에 교회 목사님이 도착하여 인사를 나누고 신분을 밝혔다. 그리고 인터뷰를 요청했지만 목사님은 시간이 많지 않다며 질문에 짧게 대답했기 때문에 교회에 관해 자세한 설명을 들을 수는 없었다. 허페이의 목사님과 신도들의 반응에서 저장성이나 장쑤성 교회와 대비되는 온도차를 느낄 수 있었다. 안후이성 정부 그리스도교정책의 단면을 보는 것 같아 착잡했다. 안후이는 상대적으로 등록교회가 아닌 미등록교회 중심으로 활동하고 있는 지역이라고 짐작할 수밖에 없었다. 실제로 안후이성과 허페이에는 규모가 큰 가정교회들이 많아 삼자교회가 상대적으로 위축되어 가정교회에 경계심이 있음을 전해 들을 수 있었다.

교회를 나와 무거운 마음으로 길을 걷던 중 근처에 있는 포공원包公園을 찾았다. 시내 중심의 포공원은 '포청천包靑天'으로 유명한 포증(包拯, 999~1062)을 기념하는 공원이다. 포증은 북송의 관리로서 당시 수도였던 변경(汴京, 지금의 카이펑開封)의 시장으로 재직한 인물이다. 포증이 허페이 출신인지라 사당과 묘가 이곳 포공원 안에 안치되어 있었다. 그는 권문세가의 농단에 휘둘리지 않고 공정한 법 집행으로 백성의 존경을 받았다. 중국과 타이완에서 그의 활약을 드라마로 제작했고 한국에서도 큰 인기를 끌었다.

포공원은 도시 개발이 한창 진행되는 허페이 시내에서 나무와 호수로 가꿔진 공원이라는 특색이 있었다. 어린이와 노인을 비롯한 많은 시민이 공원 곳곳을 산책하고 있었다.

공원을 둘러본 뒤 또 다른 교회인 팡저우탕方舟堂을 방문하기 위해 택시를 타고 목적지 근처에 내렸다. 하지만 교회는 진입로도 제대로 갖추지 않은 채 도로에서 한참 들어간 곳에 자리하고 있었다. 신분을 밝히고 관리인과 이런저런 이야기를 나눠보았으나 그는 의무적으로 간단하게 대답할 뿐 자세한 설명을 들을 수 없었다. 주일에 500~600명 정도 모인다고 하지만 일정 규모를 갖추지 못한 미등록교회로서 명목만 유지한 채 남아 있는 교회라는 인상을 받고 발걸음을 돌려야 했다.

† 허페이그리스도교당 외관

† 허페이그리스도교당 내부　허페이그리스도교당은 시내 중심가인 수저우로宿州路에 자리 잡고
　　　　　　　　　　　　있으며 허페이시의 랜드마크 중 하나가 되었다.

† **포공원과 포공묘**   포공원은 '포청천包靑天'으로 유명한 포증을 기념하는 공원이다.

† **팡저우탕 내부**　　원래 있던 교회를 지금 자리로 옮겨 2007년에 완공된 팡저우탕은 외부를 현대
식으로 꾸몄지만 내부는 단층으로 소규모 예배당을 갖추고 있다.

12장

타이완,
명나라와 청나라의
황혼이
내려앉은 섬

† 중국 대륙에서 타이완의 위치

아름다운 섬, 타이완에는 일찍이 그리스도교가 전파되어 꽃을 피웠다.
중국이 공산주의 국가가 된 이후 중국에서 떠나온 선교사들이 타이완
에서 다시 선교를 시작했다. 1960년대 이후 주춤하던 타이완 교회는
새로운 부흥을 꿈꾸고 있다.

타이완은 어떤 나라인가

포모사 타이완! 타이완은 중국 동남부 해안에서 180킬로미터 떨어져 있는 섬으로 남북으로 394킬로미터, 동서로 144킬로미터로서 국토가 마치 고구마 같은 형태를 띤다. 전체 면적은 3만6,192제곱킬로미터로 북한을 제외한 대한민국 국토의 3분의 1 수준이며 타이완섬을 발견한 포르투갈 선원들이 그 아름다운 모습에 반해 '아름다운 섬(Ilha Formosa, 美麗島)'이라고 이름 붙였다. 물론 포르투갈 선원들이 세계 각지를 탐험하면서 '아름다운 섬'이라고 명명한 섬은 10개 이상이라고 한다. 그런 이름이 타이완의 영문명으로 굳어져 이제는 타이완을 일컫는 고유명사가 되었다.

인접한 중국 동남부의 낮은 지형과 달리 타이완은 국토의 4분의 3이 산악지대로서 해발 3,000미터가 넘는 산이 62개나 된다. 그중에서도 가장 높은 위산玉山은 정상이 해발 4,000미터에 달한다. 이런 산악지형의 영향으로 주거지는 전 국토의 겨우 4분의 1에 불과해 인구 2,360만 가운데 95퍼센트가 서해안에 분포해 있다. 그런 만큼 인구밀도가 극도로 높아서 1제곱킬로미터당 650명 수준으로 전 세계 제2위를 차지하고 있다.

타이완은 '이민사회'여서 인구 구성이 매우 복잡하다. 가장 처음 이민 온 말레이폴리네시아계 원주민이 전체 인구의 2퍼센트, 객가인客家人이 14퍼센트, 명말청초 17세기에 이민 온 민난인閩南人이 70퍼센트, 그리고 1949년 장제스의 국민당과 함께 중국 대륙에서 피난 온 중국인을 가리키는 외성인外省人이 14퍼센트를 차지하고 있다. 그래서 타이완인을 크게 원주민과 내성인內省人, 외성인으로 분류한다. 그리고 다시 원주민 가운데 산악지대에 사는 가오산高山족과 평지에 살며 한족과 통혼한 평푸平埔족으로 나눈다. 그래서 타이완 정부에서는 평푸족을 원주민으로 인정하지 않는다. 가오산족과 평푸족은 서로 언어와 문화가 달라서 마치 중국 대륙의 축소판 같지만 각 민족 안에서 갈등도 여전히 존재한다. 특히 내성인閩南人과 외성인 사이의 갈등은 큰 사회문제로 지적된다. 국민당 정부는 한때 중국어를 표준어로 정하고 국어 교육을 실시하였으나 완전한 언어 통일은 이루어지지 않았다. 더욱이 타이완의 독립의식이 강하게 부상하면서 각 민족의 고유어 교육을 강화하는 추세다.

아름다운 섬에 온 조지 칸디디우스

스페인 관할하에 있던 네덜란드는 1568년부터 1648년까지 80년간 독립운동을 펼쳤다. 그 과정에서 네덜란드는 1588년에 공화국을 선포하고 정치적 안정을 이룬 뒤 스페인과 포르투갈의 뒤를 이어 해외 진출에 박차를 가했다. 네덜란드 상인들은 정향과 육두구 등 향신료 수입과 중국과 일본을 잇는 중개무역을 위해 1602년에 인도네시아 자바섬 자카르타에 연합동인도회사를 설립했다. 이 동인도회사는 암스테르담에 총본부를 둔 세계 최초의 주식회사였다. 이때부터 동인도회사 소속 네덜란드 상인과 용병들은 남아프리카와 동남아시아, 오세아니아 등지에 무역항과 식민지를 여럿 개척했다. 타이완은 그러한 식민지 중 하나였다.

동인도회사의 용병부대는 1603년에 타이완을 처음 방문한 뒤 1622년 7월에 타이완섬 인근 펑후澎湖섬에 상륙해 마공馬公요새를 건설하면서 명나라 정부와 대치했다. 네덜란드 동인도회사는 명 정부와 정전협정을 논의하던 중 의외의 결과를 얻었다. 명 측이 네덜란드가 펑후에서 철수하는 조건으로 타이완을 할양하겠다고 한 것이다. 당시 명 정부는 타이완을 해적과 왜구의 소굴로 인식했을 뿐 자국 영토로 여기지 않았기 때문에 가능한 일이었다. 동남아시아와 중국과 일본을 잇는 무역벨트를 노리던 네덜란드로서는 그야말로 횡재나 다름없었다. 이렇게 해서 네덜란드는 1624년 명나라 말기의 혼란한 정세를 틈타 타이난臺南 안핑安平을 점령했다. 이때부터 타이완은 비록 일부 지역에 국한된 상황이긴 하나 네덜란드 식민지가 되었다.

네덜란드는 식민통치의 편의를 위해 정치와 종교 등의 일체를 동인도회사에 일임하여 위임 통치했다. 따라서 네덜란드 점령 기간에 동인도회사는 선교사를 총 36명 타이완에 파송해 선교사역과 함께 세금 징수, 영업허가증 발급, 상담, 관리 등 각종 업무를 일임했다. 따라서 선교사라기보다 동인도회사 직원으로 활동한 것이다. 이처럼 정치와 상업과 종교를 혼합한 선교 활동으로 많은 오해와 분쟁이 일어났다.

네덜란드 연합동인도회사는 자국 군인들의 신앙을 돌봐주고, 식민지 백성들을 회유하기 위해 선교사들을 파견했다. 그러나 선교사들은 본연의 임무에 충실하고자 노력했다. 타이완 최초의 선교사는 네덜란드개혁교회 소속 조지 칸디디우스(甘治士, Georgius Candidius, 1597~1647) 목사로서 1627년 5월 4일 타이완에 도착했다. 따라서 일부에서는 중국 최초의 개신교 선교사는 로버트 모리슨이 아니라 조지 칸디디우스라고 주장한다. 가톨릭 선교가 항상 앞섰던 대륙과 달리 타이완은 시작부터 개신교가 먼저 진출했다는 점이 특이하다. 그즈음 스페인은 필리핀 마닐라를 출발해 1626년 5월에 타이완 북쪽을 점령했다. 이때 동행한 가톨릭 신부들이 지룽基隆, 단수이淡水, 진산金山, 이란宜蘭 등지에서 활동했지만 영향력은 없었다. 그리고 1642년에 네덜란드 군대에 축출되었다.

칸디디우스는 독일에서 태어났지만 그의 어머니는 스코틀랜드인이었다. 칸디디우스 가족은 신교와 구교의 종교전쟁에서 국가 간의 전쟁으로 확대된 '30년 전쟁'의 전란을 피해 개혁교회의 본거지를 자처하던 네덜란드로 이주했다. 칸디디우스는 레이던대학을 거쳐 개혁교회 신학원을 졸업한 뒤 암스테르담에서 목사가 되었다. 그는 해외 선교에 투신해 말레이반도 인근 플라카로 파견되었다. 그러다가 타이완을 점령한 동인도회사의 결정으로 타이완에 발을 디딘 것이다. 그는 현재의 타이난을 중심으로 타이완의 풍습과 여러 언어를 익히면서 식민지 정부의 보호 아래 선교사역을 전개했다.

칸디디우스는 1년 반 동안 답사하며 타이완섬의 지리를 파악하고 원주민들을 만나 알게 된 지식을 정리해 1628년 12월 말에 《타이완섬에 관한 간단한 기록(A short Description of the Isles of Formosa, 臺灣略記)》이라는 책으로 출간했다. 칸디디우스는 1629년에 합류한 로버트 유니우스(尤羅伯, Robertus Junius, 1606~1655) 목사와 함께 안핑 인근 신강新港 시라야(西拉雅, Siraya) 핑푸平埔족을 대상으로 활동했다. 1636년에는 신강에 학교를 세우고 알파벳과 그리스도교 교리를 가르쳤다. 이런 노력 덕분에 신자가 120여 명 생겼다. 그러나 신앙이 충분치 않아 세례를 베풀지는 않았다. 이때를 그의 선교 전기(1624~1643)로 볼 수 있다.

유니우스는 부부라는 개념이 없었던 타이완 원주민들에게 결혼 문화와

† 로버트 유니우스,
   다니엘 그라비우스

로버트 유니우스와 다니엘 그라비우스는 타이완 원주민에게 각각 결혼
문화와 시라야족 언어로 된 신약성경 일부를 전달했다.

일부일처제를 전파하여 정착시켰다. 칸디디우스와 달리 유니우스는
1643년에 네덜란드로 돌아가기 전 6개 부락에서 신자 6,400명에게 세
례를 베풀었고 1,000쌍에게 결혼식을 베풀었다.

  1643년부터 1662년까지는 칸디디우스의 선교 후반기로 볼 수 있다.
당시 타이완섬에는 대륙에서 이주하는 한족이 증가하고 정치적 혼란
이 이어지면서 선교 활동이 점차 위축되었다. 그래도 다니엘 그라비우
스(倪但理, Daniel Gravius)가 시라야족 언어로 마태복음과 요한복음을 번역
했고 사이먼 브린(范布錬, Simon van Breen)은 후웨이룽虎尾壟 지역을 개척
했다. 칸디디우스는 1631년에 자카르타로 돌아가기 전 원주민 50명에
게 세례를 베풀었다. 이로써 이들은 타이완인 최초의 개신교 신자가 되
었다. 칸디디우스는 1633년에 타이완섬에 돌아왔다가 1637년에 네덜
란드로 귀국한 뒤로 다시는 타이완 땅을 밟지 못했다. 그는 인도네시아
자카르타에 가서 학교 교장을 지내다가 1647년 4월에 세상을 떠났다.

1661년 4월 30일에 타이완의 민족영웅 정성공鄭成功이 명의 잔존세력을 이끌고 타이완 안핑을 거쳐 상륙한 뒤 네덜란드 군대가 머물던 질란디아(熱蘭遮, Zeelandia)성을 포위 공격했다. 이 과정에서 목사 다섯 명이 순교했다. 그 가운데 함브룩(韓布魯, Antonius Hambroek) 목사는 아내와 3남매가 정성공 군대의 포로가 되자 아내의 석방을 위해 네덜란드 지휘관인 프레드릭 코이트Frederick Coyett를 찾아가 항복을 권유했다. 그러나 코이트는 항복을 거부했다. 코이트의 결정을 전해 들은 정성공은 화가 나 함브룩 목사를 참수했으며, 어린 딸은 후에 정성공의 후궁이 되었다고 전해진다.

결국 정성공은 네덜란드 군대를 몰아내고 독자적인 정권을 수립했다. 그리고 정성공과 그 후손들이 23년 동안 청에 대항했으나 결국 실패하고 타이완은 1683년 청에 귀속되었다. 정씨 일가가 가톨릭인이었기 때문에 그들의 점령기에는 개신교 선교사들이 모두 추방되었다. 그래서 칸디디우스를 비롯한 네덜란드 선교사들의 초기 타이완 선교사역은 깊게 뿌리내리지 못한 채 다음 파종을 기다려야 했다. 그러나 알파벳에서 비롯된 '신강문자'는 오래도록 유전되었고, 시라야족은 대대로 서양인을 '붉은 털紅毛의 형제'로 기억했다. 이는 훗날 복음 전파에 큰 밑거름으로 작용했다.

200년 만에 재개된 타이완 선교와 청년의사들

중국은 제2차 아편전쟁에서도 서구 열강에 패했다. 1858년 6월 26일에 영국, 프랑스, 미국, 러시아 등 서구 열강은 중국과 톈진조약을 체결했다. 그 결과 타이완도 지룽, 후웨이滬尾, 안핑, 다거우(打狗, 지금의 가오슝高雄) 등이 개방 항구로 지정되었고, 더불어 조계지에서 선교 자유가 보장되었다. 이 때문에 타이완 선교 초기에 그리스도교와 선교사는 타이완 주민들에게 제국주의의 앞잡이로 여겨져 많은 어려움을 겪었다. 다행히 19세기 말, 유럽과 미국에서 아시아와 아프리카, 라틴아메리카 대륙을 향한 해외 선교 열풍이 불어 선교사들의 헌신이 줄을 이었다. 타이완 선교는 기존의 개발지역인 가오슝과 타이난 중심의 남부 지역에서 시작해 점차 동부와 북부 지역으로 확대되었다.

타이완이 개항되자 가톨릭에서도 발 빠르게 움직였다. 1859년, 마닐라에 있던 도미니코회 신부가 타이완으로 건너와 척박한 환경을 극복하고 첸진좡(前金莊, 지금의 가오슝시)과 완진좡(萬金莊, 지금의 핑둥屛東현) 등지에 성당을 세웠다. 1887년에는 허상저우(和尙洲, 지금의 루저우蘆洲)에도 성당을 세웠다.

이런 변화 속에서 영국 장로회도 타이완 선교에 관심을 갖고 1860년 9월, 샤먼厦門에서 활동하던 더글라스(杜嘉德, Carstairs Douglas)와 산터우汕頭에서 활동하던 매켄지(馬肯査, H. L. Mackenzie) 선교사를 파견했다. 이들은 단수이淡水와 멍자艋舺 등지를 방문하고 탐사활동을 벌였다. 그 결과 타이완에서도 민난어閩南語를 사용하고 그리스도교 복음에 대해 큰 반감이 없다는 사실을 확인하고 의료선교 중심의 선교 활동을 건의했다. 영국 장로회 소속 의료선교사 맥스웰 장로도 1864년에 샤먼에 도착해 민난어를 배웠다. 맥스웰(馬雅各, James L Maxwell, 1836~1921)은 스코틀랜드 출신으로 1860년에 에든버러대학 의과를 졸업하고 버밍엄병원에서 활동했던 의학박사였다.

1865년 5월 29일, 맥스웰 장로가 천즈루(陳子路, 장화彰化, 전도자), 황자즈(黃嘉智, 약사), 우원수이(吳文水, 관리인) 등과 함께 이미 답사했던 다거우로 입항해 6월 16일부터 정식 선교를 시작했다. 이로써 칸디디우스 이후 200여 년 만에 타이완 선교가 재개되었다. 타이완 개신교계에서는 이 날을 타이완선교기념일로 지정하여 기념하고 있다. 처음에는 타이완의 행정수도 타이난에서 활동을 시작했는데 거주민들의 반대로 가오슝高雄 치진旗津으로 내려갔다. 1866년에 처음으로 예배당과 서구식 진료소를 세웠고, 이곳에서 천칭허陳淸和, 천지陳齊, 천웨이陳圍, 가오창高長 등 한족 신자들에게 세례를 베풀었다.

1867년에 비터우(埤頭, 지금의 평산鳳山)에 예배당을 세웠지만 1868년에 주민과의 갈등으로 예배당이 파괴되고 가오창이 집단 폭행을 당했으며 교인인 좡칭펑莊淸風이 살해되는 사건이 벌어졌다. 이 '비터우사건'은 청 관리들의 선동에서 비롯되었다. 이 일로 영국 전함이 안핑항을 점령하자 청의 푸젠福建 총독은 영국 영사와 합의해 선교사 보호와 선교의 자유를 명문화했다.

사랑과 평화의 복음을 들고 타이완에 섰지만 타이완 사람들은 선교사들을 침략자와 동일시하면서 간이나 눈알을 빼내 약을 만든다는 헛소문을 퍼뜨렸다. 이처럼 한족에 대한 선교가 어려워지자 선교사들은 원주민인 핑푸족 선교에 집중하게 되었다. 맥스웰은 1865년 말에 영국 상인 피커링(必麒麟, William A. Pickering)과 함께 인근의 핑푸족들을 찾아 의료선교를 펼쳤다. 시라야족은 '붉은 털의 형제'에 대한 과거 기억을 되살려 맥스웰을 비롯한 외국 선교사들에게 호의를 베풀었다. 그 덕분에 수령인 리순이李順義가 교회 리더가 되어 타이난 신스新市, 쥐전左鎭 등 인근 각지에 핑푸족 교회가 생겨났다. 1871년에는 사냥 도중 부상을 당한 펑위안豐原 안리岸里의 수령 판카이산潘開山을 치료해준 일을 계기로 안리, 난터우南投 뉴미엔산牛眠山, 화롄花蓮 리위탄鯉魚潭 등 파제흐족(巴宰族, Pazeh) 마을에도 복음이 전파되었다. 1897년에는 타이난에 병원을 신축해 1900년에 완공했다. 이 병원은 타이완 최초의 서구식 병원으로서 맥스웰이 아들과 함께 평생 진료를 담당했으며, 현재 신러우新樓기독병원으로 이어지고 있다.

맥스웰은 당시 상황을 이렇게 언급했다. "이 작은 땅의 상황이 너무나

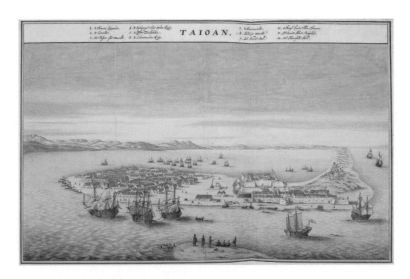

† 질란디아 요새, 함브룩의
이야기를 다룬 삽화

타이난 안핑에 자리 잡은 네덜란드 질란디아 요새 그림과 함브룩의
이야기를 다룬 삽화

안타까웠다. 아편 운반선이 쌀과 식량 운반선보다 많았다. 연약한 제
비와 같은 얼굴을 볼 때마다 언제나 마음이 괴로웠다." 통상 개방 이후
아편 유통이 합법화되면서 타이완에서 아편의 피해는 내륙보다 더 심
각했다. 아편 수입이 타이완 총수입의 60~80퍼센트를 차지할 정도였
다. 당시 타이완 인구 약 200만 명 중 50만 명 이상이 아편 흡연자였
다. 맥스웰은 이런 상황을 접하고 아편중독 치료와 아편 근절을 위해
애썼다. 그리고 의료선교뿐만 아니라 문서선교에도 힘을 써 영어 알파
벳을 이용해 민난어를 음역한 민난어성경을 출판했다.

　이에 영국 장로회는 선교사들을 증파하여 타이완 선교를 적극 지원
했다. 휴 리치(李庥, Hugh Ritchie, 1835~1879)는 객가인과 핑푸족 마을에 교
회를 세우고 동부 화렌 지역까지 활동범위를 넓혔다. 특히 아내인 일
라이자(伊萊莎, Eliza C. Cooke)와 함께 여성교육에 힘썼다. 여학교를 운영
하면서 학생들에게 내건 유일한 입학 조건은 전족纏足의 해제였다. 타
이완의 초기 역사 연구와 선교에서 큰 업적을 남긴 인물로 스코틀랜드
글래스고 출신의 윌리엄 캠벨(甘爲霖, William Campbell, 1841~1921)을 빼놓을
수 없다. 윌리엄 캠벨은 타이완에서 열정적으로 선교 활동을 하면서
맹아와 농아교육을 전문으로 하는 쉰쿠탕訓瞽堂을 세웠고 펑후澎湖 선
교의 필요성을 역설했다. 그는 한족을 포함해 타이완 원주민이 성직자
로 임명되어 활동하는 데 큰 지지를 보내기도 했다. 그는 1871년부터
1917년까지 무려 46년 동안 선교 활동을 계속했다.

　토머스 바클레이(巴克禮, Thomas Barclay, 1849~1935)는 다거우와 타이난의
선교사 양성반을 통합해 대학을 만들었다. 이 학교는 후에 타이난신
학원으로 발전했다. 그는 또 샤먼廈門음 성경을 타이완어 성경으로 개
역해 문어체를 지양하고 회화체를 지향하는 백화운동을 선도했으며
인쇄와 출판을 담당하는 쥐전탕聚珍堂을 설립했다. 1881년에는 영국
에서 인쇄기를 들여와 1885년부터 타이난에서 월간 《교회보敎會報》

† **토머스 바클레이와
샤먼어 음역 성경**

토머스 바클레이와 그가 샤먼어로 음역한 성경. 바클레이는 타이완에서
교육선교를 활발하게 전개했으며 전족을 금지하는 등 악습을 철폐하는
데 앞장섰다.

(지금의 타이완교회공보)를 발행했다. 1885년에는 스코틀랜드 에든버러
에서 교육학을 전공한 조지 에드George Ede가 타이난에 창룡중학교長
榮中學校를 설립하여 교육선교를 전개했다. 2년 후에는 여학교를 설립

하기도 했다.

그러나 선교 과정에서 현지인들과 갈등을 피할 수는 없었다. 앞서 언급했듯이 1868년 장나오樟腦사건으로 촉발된 비터우사건, 1884년 청과 프랑스의 전쟁이 한창이던 1884년에 타이베이 신디엔新店과 명자艋舺 등지의 교회가 파괴된 사건 등 크고 작은 충돌이 일어났다. 이 과정에서 좡칭펑이 타이완 최초의 그리스도교 순교자가 되었고, 토머스 캠벨 선교사는 바이수이시白水溪에서 현지인들에게 수난을 당하기도 했다. 비록 교회가 파괴되고 교인들이 핍박받는 일들이 벌어졌으나 맥스웰 선교사를 비롯한 영국 장로회 선교사들은 타이난을 중심으로 타이완 남부의 선교 기반을 구축했다. 이 시기에 펑둥屛東 옌푸鹽埔의 우줘吳著, 옌수이鹽水의 리바오李豹, 아허우阿猴의 펑건彭根, 가오슝 지우청舊城의 황샹黃香 등 한족 출신 그리스도교인이 속속 생겨났다. 이들은 타이완 특유의 '그리스도교가족사'의 원조가 되었다. 그리스도교인이 된 뒤 대대로 믿음을 잇고 사회적 지위를 높인 그리스도교인 가정이 타이완 사회의 본보기로 자리 잡은 것이다.

타이완 북부 선교는 남부보다 조금 늦게 출발했다. 19세기 말에 타이완의 북부개발이 점차 확대되면서 선교사들의 활동도 그 뒤를 이었다. 캐나다 장로회 소속 조지 매케이(馬偕, George Leslie Mackay, 1844~1901) 목사가 1871년 12월 29일 가오슝高雄에 도착해 언어와 풍습을 익히던 중 북부지역 개척을 자원했다. 스코틀랜드 출신의 아버지가 캐나다로 이주한 뒤 낳은 아들인 매케이는 미국 프린스턴대학에서 신학을 공부한 뒤 영국 에든버러대학에 가 의학을 공부한 인재였다. 그래서 타이완에서는 그를 '매케이박사'로 통칭한다.

매케이는 28세 때인 1872년 3월 7일에 타이베이의 단수이淡水에 도착했다. 타이완 장로회에서는 이날을 북부교회의 선교일로 기념하고 있다. 처음에는 범신론에 입각한 각종 민간신앙에 의지하던 주민들이 그를 심하게 박대했다. 주민들은 매케이에게 인분 세례를 퍼붓기도 하고 세운 지 얼마 되지 않은 교회를 부수기도 했다. 그러나 매케이는 주민들의 학대에도 아랑곳하지 않았다. 언어능력이 남달랐던 매케이는 목동들과 함께 들판에서 생활하며 타이완어를 배웠다. 그는 많은 선교여행을 통해 설교, 교육, 의술 등 다방면에서 뛰어난 능력을 발휘해 타이완 북부의 선교기지를 착실히 확보했다. 특히 '치과 의료선교'에 종사한 경험을 살려 주민들에게 다가가 선교사에 대한 적대감을 씻어내고 선교 영역을 넓혀갔다. 그는 타이완에서 30년 동안 선교하면서 2만 개 이상의 충치를 치료했다. 아울러 주민들에게 '죽을병'으로 알려져 있던 말라리아 치료를 위해 키니네를 투약하면서 많은 성과를 보았다. 또 배추를 비롯한 채소 씨앗 8종을 가져와 단수이에 전파했다. 2년 뒤 캐나다 장로회는 프레이저(華雅各, J. B. Fraser) 목사를 파송해 매케이 목사를 돕도록 해서 타이완 북부 선교를 강화했다.

매케이 목사는 30년 동안 타이완 북부의 각 지역에 진료소를 겸한 총 60개 교회를 설립했고, 현지인 목사 2명과 전도사 60명, 여성 전도자 24명을 양성해 신자 2,633명을 인도했다. 1879년에는 단수이에 '후웨이매케이의원滬尾馬偕醫館'을 세웠고, 1882년에는 옥스퍼드학당牛津學堂을 세웠다. 옥스퍼드학당은 타이완 북부 최초의 현대식 고등교육기관으로 이후 타이완신학교를 거쳐 지금의 진리대학眞理大學으로 발전했다. 이곳에서 양육된 현지인 목회자들은 타이완 북부 교회의 튼튼한 기반이 되었다. 1884년에는 타이완 최초의 여학교인 단수이여학당을 세워 남녀평등에 입각한 여성교육의 출발을 알렸다. 매케이는 현지 주민인 장총밍張聰明 여사와 결혼해 타이완인의 삶을 살았다. 그의 아들은 후에 단장淡江중학교를 설립했다.

매케이 목사는 이렇게 타이완 북부의 대부분 지역에 발자취를 남겼다. 처음에는 타이베이분지를 중심으로 활동하다가 선교 후반기에는 동부 이란宜蘭과 쑤아오蘇澳로 영역을 확대해 카바란(噶瑪蘭, Kavalan)족 교회를 세웠다. 그리고 먀오리苗栗와 궁관公館 및 화롄花蓮까지 흔적을 남겼다. 그러던 중 매케이 목사는 1901년 6월 2일에 단수이에서 58세의 나이로 생을 마치고 단장중학교 뒤편 타이완인 묘지에 묻혔다. 타이완 장로회는 그의 선교 정신을 기념하기 위해 타이베이 중심가에 '매케이기념병원馬偕紀念醫院'을 건립했다. 한국의 세브란스병원과 같은 규모로 이 병원은 지금도 많은 환자를 돌보고 있다.

일본의 강점기와 원주민 선교

1894년 7월 25일 시작된 청일전쟁에서 패배한 중국은 1895년 4월 17일에 시모노세키馬關조약을 체결했다. 그 결과 타이완과 평후彭湖제도가 일본의 식민 통치를 받게 되었다. 이에 분노한 청의 관리와 지역 유지들이 5월에 '타이완민주국'을 선언했지만 일본 점령 이후 해체되었다. 그런데 일본이 타이완을 점령하는 과정에서 일부 그리스도교인이 일본군을 도와 현지인들의 미움을 샀다. 그 결과 적지 않은 그리스도교인들이 살해되거나 실종되었다. 토머스 바클레이 목사도 일본군의 타이난 진입을 도왔다는 혐의를 받았지만 양측의 유혈 충돌을 막았다는 이유로 '평화의 사자'라는 영예(?)를 얻기도 했다.

식민 통치 초기에 일본 정부는 타이완 주민들을 회유하기 위해 종교를 비롯한 각 분야의 자유로운 활동을 보장했다. 그래서 1895년부터 1905년까지 타이완 교회는 2배가 성장할 정도로 부흥했다. 남부 교회는 신도 수가 배가되었고, 중부 교회는 캠벨 무디(梅藍霧, 梅甘霧, Campbell N. Moody) 목사와 데이비드 랜스보로 3세(蘭大衛, David Landsborough, 1870~1957)의 노력으로 빠르게 성장했다. 무디와 랜스보로 목사는 타이난 안핑安

平에 도착해 타이중 장화彰化로 이동한 뒤 병원을 세우고 40여 년간 타이완 사람들의 신체를 치료하고 영혼을 구원하는 일에 매진했다. 저우진야오周金耀라는 이름의 어린이가 피부에 손상을 입어 이식이 필요하자 선교사로 와서 간호 업무를 맡고 있던 마조리 러너Marjorie Learner 부인이 자기 피부를 떼어내 이식하여 치료하고 사랑을 실천했던 일화도 매우 유명하다. 이들은 수술 이후에도 장학금을 마련해 저우진야오를 공부시켰고 저우진야오는 타이난신학원을 졸업한 뒤 목사가 되었다. 랜스보로 가족의 헌신으로 지역사회 선교의 중심이 되었던 장화그리스도교병원은 여전히 건재하다. 북부 교회도 윌리엄 걸드(吳威廉, William Gauld) 목사의 지도 아래 선교단을 만들어 신학교육과 의료 및 부녀교육 등의 분야에서 조직적으로 활동했다. 특히 던컨 맥러드(劉忠堅, Duncan MacLeod) 목사가 다자大甲와 위안리苑裡 일대를 개척함으로써 선교 영역을 확장했다.

이 시기에 타이완 장로교회는 비로소 조직을 갖추기 시작했다. 1896년에 타이난 장로회가 성립되었고 1898년에는 타이완 남부 지역 최초로 현지인 판밍주潘明珠와 류쥔천劉浚臣을 목사로 임명했다. 북부 지역에서는 매케이 목사가 1895년에 자체적으로 옌칭화嚴淸華와 천룽휘陳榮輝를 목사로 임명한 적이 있다. 1904년에는 타이베이 장로회가 성립되어 타이난 장로회와 함께 대의제代議制의 기틀을 마련했다. 그리고 1912년 10월 24일에 장화彰化에서 '타이완장로회'를 발족했다. 이때부터 '타이완그리스도교장로회'란 이름을 갖게 되었고 찬송가와 각종 간행물, 교재를 통일했다. 당시 리춘성(李春生, 1838~1924) 장로의 역할이 두드러졌다. 샤먼 출신인 그는 타이완 최초의 사상가로서 그리스도교 세계관에 입각해 동서양의 사상을 결합하여 타이완 개혁을 이끌었다. 많은 지식인이 전통문화를 부정하고 전반적인 서구화를 주장할 때, 그는 "문화 전반이 부정적인 것은 아니다. 우수한 정신은 보존하고 불량한 현상을 제거하면 된다. 반대를 위한 반대를 하지 말고 문제의 근원을 뿌리 뽑아야 한다"고 역설했다. 아울러 타이베이의 다다오청교회(大稻埕教會, 지금의 다룽둥大龍峒교회)와 지난濟南교회 건립에 크게 기여했다. 후에 그의 자손들이 다룽둥교회 인근에 다시 리춘성기념교회李春生紀念教會를 건립했다.

이렇게 조직을 갖추자 타이완 교회는 점차 자립의 방향으로 나아갔다. 핑둥屛東 출신의 우시룽吳希榮 목사는 타이완 남부 그리스도교 성립 50주년이던 1915년에 타이완 그리스도교의 자립을 호소했다. 그리고 1921년에 최초의 현지인 교회인 핑둥교회를 건립했다. 이후 린옌천林燕臣, 가오두싱高篤行, 정시판鄭溪泮, 랴오더廖得 목사 등이 적극 참여하면서 교회 자립과 부흥이 함께 일어났다. 그 결과 1930년에 타이완 남부에는 타이중臺中, 타이난臺南, 자이嘉義, 가오슝高雄을 아우르는 자립교회단체인 '사중회四中會'가 발족되었다.

반면에 북부 지역은 남부 지역과 달리 내부적으로 어려움이 많았다. 매케이 목사의 원칙은 현지 자립이었다. 그런데 1925년에 캐나다장로회가 분열된 뒤 그 여파로 많은 선교사가 타이완을 떠났고 일부 교회 지도자들이 독단과 전횡을 일삼았다. 이에 1930년대에 일본에 머물던 청년 기독인과 평신도 지도자들을 중심으로 교회 자립을 위한 '새사람운동新人運動'이 일어났다. 그 결과 1938년에 타이베이臺北, 신주新竹, 둥부東部를 아우르는 '삼중회三中會'의 성립을 이끌어냈다.

일제의 억압 아래서도 포기하지 않은 타이완 선교

일본의 타이완 점령 이후 일본인 이주가 늘면서 일본 교회의 각 교파도 목회자를 파견해 일본인 교회를 세우는 한편으로 선교사도 파견하여 타이완 선교에 참여했다. 이때 일본 교회를 중심으로 성공회, 감리교, 성결교, 안식일교 등 여러 교파가 들어왔다. 중국 독립교회로는 '참그리스도교회眞耶穌敎會'가 대륙에서 타이완으로 진출했다. 1926년에 장바나바(張殿擧, Barnabas, 1880~1961) 등이 샤먼에서 타이완으로 들어와 타이난, 화롄, 타이베이 등지에 참그리스도교회 예배당을 세웠다. 참그리스도교회는 웨이언보(魏恩波, 웨이바울魏保羅, 1879~1919)에 의해 1917년 베이징에서 성립된 독립교회로서 초대교회 신앙으로 돌아가자고 주장하며 기존 교회와 선을 그었다. 그 후 참그리스도교회는 얼굴을 아래로 하는 세례, 방언, 토요일을 주일로 지킴, 서로 발 씻어주기 등을 행동강령으로 삼았다. 그래서 장로교회 위주였던 타이완 그리스도교는 점차 장로교와 기타 교파 및 독립교회 간 경쟁과 갈등의 양상을 띠게 되었다. 그래도 장로교 비중이 압도적이어서 1903년 자료에 따르면 타이완 그리스도교인 1만3,055명 중 1만316명이 장로교 교인으로 79.2퍼센트를 차지했다. 1942년 자료에는 그리스도교인 6만9,189명 중 5만4,540명(78.83퍼센트)이 장로교 교인으로 여전히 우세를 점하고 있었다.

일본은 1931년부터 군국주의의 본색을 드러내면서 각종 억압정책을 펼쳤다. 중일전쟁이 벌어진 1937년부터는 타이완 그리스도교인들에게 '정신총동원운동'을 강요했다. 황국신민화 정책을 내세워 천황 숭배와 신사참배를 강요하는 등 교회에 많은 압력과 핍박을 가했다. 예배 중에는 반드시 일본어를 써야 했으며 기미가요를 불러야 했다. 그리고 천황궁을 향해 허리를 굽히는 '국민의례'를 강요했다. 이런 억압이 계속되면서 교회에 소속된 학교와 병원들은 문을 닫아야 했다. 1940년에는 영국과 캐나다를 비롯한 외국 선교사들이 모두 본국으로 쫓겨났으며 1944년에는 점령군의 압력으로 타이완의 신학교가 폐쇄되었다. 그래서 타이완 교회는 1944년 11월 23일부터 본의 아니게 외국 선교기관으로부터 완전 독립하여 자치적으로 운영되었다. 그러나 일본 총독부의 통제에서 벗어날 수는 없었다. 1943년 2월 25일, 타이완그리스도교장로회는 강요에 의해 장화彰化에서 총회를 열었고 1944년 4월 29일에는 다른 교파와 함께 '일본그리스도교타이완교단'에 가입했다. 이 단체는 일본이 항복한 이후 1945년 10월 2일에 해체되었다.

그래도 일본 강점기 때 원주민 선교에 큰 진전이 있었다. 타이완 원주민의 원류는 정확히 알 수 없지만 말레이폴리네시아계 남방민족의 후손이라는 학설이 중론이다. 그들의 언어 구조가 남방계통의 언어와 매우 흡사하기 때문이다. 앞서 잠시 언급했듯이 그들은 평지에서 농업에 종사하고 있었으나 명말청초에 정성공 세력이 타이완으로 이주하면서 고산지대로 쫓겨가야 했다. 그래서 그들을 고산족 또는 산지족이라고 부른다. 타이완 원주민은 타이완 인구의 2퍼센트밖에 안 되지만, 그 부족은 크게는 9족, 세분하면 15족으로 분류될 정도로 복잡하다. 이렇듯 '고산족'이라는 호칭은 한족내성인과 일본인, 그리고 외성인으로 이어지는 외부 점령세력에 의해 소외되고 격리되어 분리통치 대상이 된 원주민의 아픔을 대변하는 정치적 용어이다. 사실 '타이완臺灣'이라는 호칭도 원주민 시라야(西拉雅, Siraya)족이 외부인이나 손님을 가리킬 때 부르던 '타이안Taian'이나 '타얀Tayan'이 '타이오안Taioan'으로 표기되면서 생겨났다. 이를 한인들이 '타이위안臺員'이나 '다완大灣'으로 사용하다가 명 말에 '타이완臺灣'으로 굳어진 것이다. 이렇듯 정복의 역사는 나그네와 주인을 뒤바꿔놓았다. 마치 북아메리카와 남아메리카 및 오스트레일리아의 원주민처럼 말이다.

일본은 원주민들을 일본 문화로 동화하기 위해 50년 통치기간에 그리스도교 전파를 엄격히 금지했다. 그러나 이때 원주민 선교에 크게 이바지한 외국인 2명이 나타났다. 일본인 자비량 선교사인 이노우에 이노스케井上伊之助와 캐나다 성공회의 자비량 선교사 예이츠(葉貴, Narsissus Peter Yates) 목사였다. 이들은 하나님의 계획과 섭리를 인간의 힘으로 막을 수 없다고 믿고 선교를 계속했다. 이노우에의 부친은 타이완의 일본 식민정부 관리였는데 1906년에 원주민에게 살해되었다. 그럼에도 이노우에는 그리스도교인으로서 원수를 사랑하라는 예수의 정신을 실천하고자 원주민 선교에 전념했다. 예이츠 목사는 원주민 선교를 위해 일본의 우체국에서 일하면서 언어를 익혔다. 1934년 타이완에 왔을 때는 일본어를 유창하게 했다. 그는 타이둥臺東 지역의 원주민들에게 복음을 전했는데, 원주민들과 함께 생활하면서 그리스도의 사랑을 실천하며 많은 원주민을 감동시켰다. 아울러 타이루거太魯閣족 츠왕(姬望, Ciwang Iwal)과 위란 타코(高添旺, Wilan Takoh) 등이 제임스 딕슨(孫雅各, James I. Dickson) 부부의 도움을 받아 여러 어려움을 무릅쓰고 동포 선교에 헌신함으로써 큰 진전을 이뤘다.

일본이 원주민 선교를 막자 고산지대 원주민이 직접 산에서 내려와 그리스도교인과 접촉하면서 신앙을 갖게 되는 경우가 생겨났다. 그중에서도 즈위안芝苑 여사가 대표적 인물이었다. 즈위안은 1924년 6월 1일에 단수이淡水에서 세례를 받아 공식적으로 원주민 최초의 그리스도교인이 되었다. 즈위안 여사는 단수이의 여학교에서 8개월 동안 교육을 받고 타이완 장로회 북부 여전도회로부터 동부의 화렌花蓮 지역에 파견되어 복음을 전했다. 그는 일본 정부의 온갖 박해와 고문에도 굴하지 않고 원주민 교회를 개척함으로써 '원주민 교회의 어머니'로 칭송받고 있다.

해방 이후 타이완 그리스도교의 발전

1945년 8월에 제2차 세계대전이 끝나면서 타이완은 50년 만에 일본으로부터 해방되었다. 그러나 제2차 국공내전을 벌이던 장제스張介石

의 국민당 정부가 타이완을 점령하면서 또 다른 혼란을 겪게 되었다. 특히 1947년 2월 28일에는 동족상잔의 비극인 2·28사건이 벌어졌고, 1949년에는 내전에서 패한 국민당 세력이 타이완으로 대거 이주하면서 혼란이 지속되었다. 그 당시 이주한 인구가 무려 150만 명에 이르렀다. 이들 외성인(外省人, 새로 이주해온 국민당 세력)이 당시 인구의 14퍼센트를 차지하게 되었고, 군사력을 바탕으로 내성인(內省人, 본토 출신 타이완인) 중심의 기존 질서를 흔들어 사회 전 분야의 주도권을 장악하기 시작했다. 이는 이후 타이완 북부 개발로 이어졌고 상대적으로 기존 내성인이 중심이었던 남부는 소외되고 쇠락하기 시작했다.

이런 혼란한 정국에서 선교사들은 선교에 더욱 박차를 가했다. 내성인과 외성인 모두의 마음속에 정국의 불안정에 대한 극심한 공포와 불안, 그리고 미래에 대한 불확실성 등이 팽배한 상태였기 때문이다. 이때 외성인 중 선교 훈련을 받은 일부 그리스도교인들이 시대적 사명감으로 선교사역에 나선 것이다. 아울러 일본에 의해 추방된 외국 선교 기관이 타이완 정세를 관망하던 중 1950년대 이후 정국이 점차 안정되면서 다시금 선교사들을 파견하기 시작했다.

사회주의 국가가 된 중국에서 대다수 외국 선교사는 더 이상 선교 활동이 어려워져 1951년과 1952년 사이에 대륙 곳곳을 떠나 타이완과 홍콩, 마카오 등지로 옮겨가 선교사역을 이어갔다. 타이완으로 건너온 선교사들은 중국어(國語, 즉 표준 중국어)를 익힌 뒤 대륙에서 건너온 중국인들을 선교 대상으로 삼아 사역했다. 극소수 선교사만 민난어를 배운 뒤 토착인들을 대상으로 선교 활동을 벌였다.

그 결과 타이완의 그리스도교는 전무후무하게 발전했다. 해방 전후 겨우 3만7,000명 정도였던 그리스도교 인구가 1960년에는 38만 명으로 증가해 15년 만에 무려 10배 이상 고속 성장했다. 해방 전에는 영국과 캐나다 장로회 등밖에 없었지만 해방 후에는 교파도 다양해졌다.

특히 1950년대 이후에 많은 선교 단체가 속속 타이완 선교에 참여하여 1955년에는 36개 교파가 진출했다. 또한 현지 목회자를 양성하기 위해 10개 신학교가 속속 설립되었다. 선교단체도 1948년에는 4개뿐이었으나 1960년에는 33개에 달했다. 국민당 지도자 장제스張介石 총통과 쑹메이링宋美齡 여사가 그리스도교인이었고, 정부 관료들 중에도 그리스도교인이 적지 않았다.

역사의 평가와는 별도로 장제스는 쑹메이링과 결혼한 이후 그리스도교인의 삶을 살았다. 상하이 부분에서 살펴봤듯이 쑹메이링의 부모는 독실한 그리스도교인이었다. 메이링의 어머니 니구이전倪桂珍이 장제스에게 제시한 유일한 조건은 신앙이었다. 장제스는 결혼을 위해 함부로 장담할 수는 없지만 그리스도교인이 되기 위해 노력하겠다고 답했다. 이런 솔직한 대답이 오히려 니구이전의 마음을 열어 승낙을 받을 수 있었다. 장제스는 결혼 뒤 장모와 아내와 약속한 대로 성경공부와 기도로 신앙을 키워갔고, 3년 뒤인 1930년 10월 23일에 상하이 무어탕(慕爾堂, 지금의 무언탕沐恩堂)에서 세례를 받고 그리스도교인이 되었다. 이후 그는 틈날 때마다 기도와 묵상으로 생활했고, 아침마다 아내와 함께 기도로 하루를 시작했으며 매주일 예배를 거르지 않았다. 이렇게 경건한 일상을 살다가 1975년 4월 5일에 세상을 떠났다.

타이완장로교회는 타이완 수복 이후 큰 부흥운동이 이어졌다. 1954년에 타이완선교 100주년을 기념하는 '신자배가倍加운동'이 일어났고, 1966년에는 '신세기新世紀선교운동'이 일어나 도시와 농촌 및 산지와 해외이민 등 선교의 다각화가 이루어졌다. 아울러 평신도 사역과 자립·상호 협조의 정신을 강조했다. 타이완장로교회는 1951년에 총회를 세우고 세계교회협의회(WCC, World Council of Churches), 세계개혁교회연맹(WARC, The World Alliance of Reformed Churches), 아시아그리스도교협의회(CCA, Christian Conference of Asia) 등의 국제조직에 가입했다.

아울러 타이완 수복 이후 뤄셴춘駱先春, 후원츠胡文池, 쉬여우차이
許有才, 좡성마오莊聲茂, 린베드로林彼得, 천야오종陳耀宗 등 많은 평지
목회자가 고산지역에 들어가 원주민 선교에 힘썼다. 원롱춘溫榮春은
1946년 화롄花蓮에 현재 위산玉山신학원의 전신인 '타이완성서학원'을
열고 원주민 선교사를 양성했다. 그 덕분에 수천 명에 불과했던 원주
민 그리스도교인이 1965년에 10만 명으로 늘어나면서 '20세기의 기
적'이라는 영예를 얻었다. 1970년대 이후로 원주민 교회는 수차례에 걸
쳐 영성 부흥운동이 일어났으며, 해외 선교에도 적극적으로 참여했다.
최근의 통계에 따르면 원주민들 중 85퍼센트가 그리스도교인이라고
한다.

그러나 애석하게도 타이완 교회는 1960년대 중반 이후 답보상태를
보이고 있고 일부 지역에서는 오히려 퇴보하기까지 했다. 여러 가지
원인이 있겠지만 1960년대 이후 타이완이 생활이 안정되고 경제발전
에 주력하게 되면서 교회가 적절히 대응하지 못한 부분이 있다. 또 공
업화와 도시화가 진행되면서 시골의 교인들이 도시로 이동하는 과정
에서 도시교회에 적응하지 못하고 이탈하는 상황이 벌어지기도 했다.
아울러 목회자들을 속성으로 양육하다보니 당연히 질적인 문제가 발
생했고, 성도들에 대한 체계적인 교육이 미흡했다. 또 현지교회와 선교
본부의 갈등도 교회 발전에 적지 않은 장애 요소가 되었다. 반면에 민
난어를 사용하는 비주류교회인 성교회聖敎會, 참그리스도교회, 집회소
聚會所 등은 꾸준히 성장했다.

1980년대에는 오순절계통 영은파靈恩派 성향의 교회가 도시 지역을
중심으로 발전했다. 1982년에 '먀오리苗栗기도산'으로 불리는 중화그
리스도교인기도원이 생기면서 민난어교회와 국어교회, 원주민교회를
막론하고 큰 반향을 일으켰다. 그러나 그들의 차별의식이 기존 교회와
갈등을 일으키면서 교회 분열을 야기하기도 했다. 중국에서 생겨난 참

그리스도교회는 예배당을 늘리고 문자선교를 확대하는 노력을 바탕으로 중산층과 신흥 부유층에게까지 교세를 확장하고 있다. 근래에는 영성운동과 셀 교회 모델을 결합한 생명의양식교회(靈糧堂, Bread of Life Christian Church), 싱다오후이行道會, 진리교회眞理堂 등의 독립교회가 활동하고 있다.

타이완그리스도교자료센터에서 2018년 9월 27일에 발표한 〈2017년 교세 보고서〉에 따르면 타이완 전역에 4,409개의 교회가 있고, 그중에 1,000명 이상 교인이 있는 교회는 75개, 전체 교인은 154만 명이라고 한다. 45만 명이었던 1990년도 자료와 비교할 때 타이완의 그리스도교가 20여 년 만에 급성장했음을 알 수 있다. 가톨릭 인구도 약 40만 명이고 성당은 1,500여 개소에 달한다. 그러나 앞서 살펴봤듯이 현재 타이완 교회는 크게 민난어로 예배드리는 내성인 계통의 교회와 국어(표준어)로 예배드리는 외성인 계통의 교회로 나뉘어 있다는 문제를 안고 있다. 이를 하나로 통합하는 것도 타이완 교회가 시급히 해결해야 할 문제 중 하나이다.

타이완 현지 탐방기:

'검은 수염의 이방인' 매케이와 영화 〈말할 수 없는 비밀〉의 작중 배경(2018년)

2018년 타이완을 방문했을 때 단수이를 찾았다. 홍마오청紅毛城에는 오래된 서양건물이 나란히 자리 잡고 있었다. 그 옛날 원주민들이 스페인과 포르투갈, 네덜란드에서 온 이방인들을 일컫던 말, 붉은 털 홍마오! 이제 그들은 가고 이름만 남아 이곳 단수이를 지키고 있었다. 많은 이가 타이완 영화 〈말할 수 없는 비밀〉로 유명해진 진리대학을 찾고 있었다.

그러나 매케이를 아는 이는 드물었다. 진리대학 안에는 그 모태가 된 옥스퍼드학당 건물이 그대로 보존되어 있었고, 그 맞은편에는 대예배당이 자리하고 있었다. 홍마오청에서와 마찬가지로 이곳 진리대학에서도, 내륙에서 타이베이 옆을 지나 바다와 합류하는 단수이강淡水江의 물줄기를 굽어볼 수 있었다.

진리眞理대학교! 진리라는 이름이 무겁게 다가왔다. '내가 길이요 진리요 생명이니'라고 했던 예수의 말씀에서 따왔으리라. 그 '진리'라는 뜻의 그리스어 '알레테이아Aletheia'는 '망각의 강'이라고 하는 '레테Lethe'의 신화와도 연결되어 있다. 이렇듯 진리나 진실은 그리스인들에게 '잊히지 않는 것'이나 '잊을 수 없는 것'으로 인식되었다.

반면에 인간은 망각의 동물이다. 어떤 기억은 시간 속에 사라지고 어떤 기억은 추억으로 남는다. 진리와 진실은 결코 쉽게 쥐어지지 않는다. 각자 마음에 담은 진리와 진실이 제각각일 수도 있다. 그러나 끝내

† 영화 〈말할 수 없는 비밀〉과 작중 배경이 된
  진리대학 내부 옥스퍼드학당 건물

종착점에 이르지 못하더라도 진리와 진실을 향해 발걸음을 내딛는 것,
그것이 인생 아닐까?

　햇빛을 받아 반짝이는 단수이강을 바라보며 잊어야 할 것과 잊지
말아야 할 것, 진리와 진실을 생각하는 시간을 가졌다.

거리를 걷다가 타이완그리스도교장로회 단수이교회를 발견했다. 그 옆에서 후웨이매케이의원의 옛 모습도 찾아볼 수 있었다. 지금은 작고 볼품없이 보이지만 당시로서는 병자들의 영육의 아픔을 달래고 치유와 기쁨을 선사했던 기적의 장소였으리라. 그리고 근처 자그마한 공원에서 검은 수염을 길게 늘어뜨린 매케이 두상을 만났다. '검은 수염의 이방인' 매케이가 그곳에 있었다. 그는 캐나다인으로 예수의 가르침을 잊지 않고 그 사랑을 나누기 위해 타이완에 왔다. 그 뒤 평생을 타이완과 함께하며 타이완인으로 생을 마감함으로써 진정한 타이완인이 되었다.

그의 헌신은 이후 타이완의 발전과 타이완 그리스도교인들의 커다란 신앙에 큰 밑거름이 되었다. 그리고 타이완인들의 마음속에서 영원히 살아가게 되었다.

† **단수이교회 외관**　단수이교회는 오랜 역사를 간직한 채 건재했다. 교회 근처 공원에는 '검은 수염의 이방인' 매케이의 두상도 있다.

13장

선양,
최초의 한국어성경과
만주 벌판의
봄바람

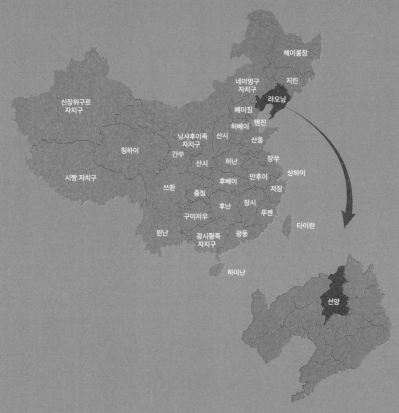

† 중국 대륙에서 선양의 위치

선교사들의 헌신은 교회의 모습으로 남아 있다. 선양에는 한국어성경
번역에 심혈을 기울인 존 로스 목사의 둥관東關교회를 비롯해 선양 최
초의 교회당인 난관南關가톨릭당 등이 자리하고 있다. 중국 그리스도
교인들과 나 같은 방문자들은 이곳 그리스도의 터 위에 세워진 교회에
서 선교사들의 헌신적인 삶과 중국인들을 향한 애정을 발견하곤 한다.

만주 벌판에 불어온 훈풍

중국 둥베이(東北地方, 중국 동북지방)는 예부터 중원을 기준으로 봤을 때 변방에 불과했다. 삭막한 환경과 혹독한 날씨 때문에 주민들도 적었다. 그런데 청대 강희제와 건륭제 시기에 중원 인구가 증가하면서 각종 사회문제가 발생했다. 이 시기에 산둥과 산시, 허베이와 허난 등지에서 생계 터전을 잃고 유랑하던 난민들이 살길을 찾아 중원을 벗어나 둥베이로 이동했다. 그리고 동북 각 지방에 터전을 일구며 정착하기 시작했다. 이런 이주민들 중에는 복음을 접한 신앙인도 적지 않았다. 이들 중 일부는 가톨릭 신자들이었다. 예를 들어 지린 지역 바자즈八家子촌의 경우 1796년에 형성되었는데 여덟 가정 중 다섯 가정이 가톨릭 신자들이었다. 이처럼 중국 동북지방은 다른 지방과 달리 신자들이 먼저 존재했고 목회자들이 나중에 들어와 교회를 세우고 예배를 인도했던 특이한 곳이다.

이런 이들에게도 복음의 훈풍이 불어왔다. 중국 둥베이의 그리스도교는 잉커우에서 출발했다. 잉커우는 근대에 동북지방 최초의 개방 항구로서 관문역할을 담당했다. 그래서 근대 문물과 문화 유입의 창구가 되어 다양한 분야에서 중국 동북지방 최초라는 수식어를 갖고 있다. 잉커우는 지금도 중국 동북지방 무역과 물류, 교통의 허브로서 큰 역할을 감당하고 있다. 그리스도교 복음도 이곳 잉커우를 통해 동북지방 전역으로 전파되었다. 1841년, 프랑스 파리외방전교회 소속으로 교구 조정을 통해 만주교구 주교가 된 엠마누엘 장 프란시스 베롤(方若望, Emmanuel Jean François Verrolles, 1805~1878) 신부가 잉커우에 도착해 둥베이 각지를 순시했다. 그리고 먼저 와서 목회자들을 애타게 기다리던 신자들을 위로하고 체계를 갖추기 시작했다.

개신교는 1852년 이후 독일과 영국, 프랑스 등의 선교사가 잉커우에 들어와 선교를 시작했다. 1852년, 독일인 선교사가 태국에서 배를 타고 잉커우 가이저우盖州에 들어와 선교하면서 두 곳에 푸인탕福音堂을 지었다. 이는 잉커우 최초의 교회이자 중국 동북지방 최초의 교회였다. 1866년 2월에는 영국인 런던선교회 선교사 알렉산더 윌리엄슨(韋廉臣, Alexander Williamson, 1829~1890) 부부가 잉커우에 와 선교를 시작하면서 장로교회의 첫 장을 열었다. 이를 시작으로 청일전쟁 이후 영국 장로교의 선교중심은 산둥에서 중국 둥베이3성(遼寧省, 吉林省, 黑龍江省)으로 이동했다.

1868년에는 스코틀랜드인 목사 윌리엄 찰머 번스(賓惠廉, William Chalmers Burns, 1815~1868)와 존 로스(羅約翰) 등이 잉커우에 와 선교를 시작했고, 중화그리스도교회를 창설했다. 이는 지금의 잉커우 그리스도교총언탕崇恩堂으로 이어지고 있다. 번스 목사는 어린 시절 《천로역정(天路歷程, The Pilgrim's Progress)》을 읽고 깊은 감명을 받아 선교의 비전을 품었다. 그의 좌우명은 "주여, 제가 여기 있습니다. 저를 보내주십시오!"였다. 그는 허드슨 테일러의 영적 멘토로서 내지선교회 탄생에 큰 영향을 미쳤다. 1870년에는 아일랜드인 제임스 매커먼(康慕恩, James McCommon) 목사가 도착해 잉커우그리스도교회를 설립했다. 매커먼 목사는 1930년에

† **윌리엄 찰머 번스와 두걸드 크리스티**　윌리엄 찰머 번스는 《천로역정》을 중국어로 번역한 최초의 인물이다. 두걸드 크리스티는 중국 최초의 적십자병원을 설립해 수많은 중국인의 생명을 구한 선교사다.

잉커우성경학원도 설립했다. 1872년에는 프랑스에서 시몬(錫夢, Simons) 선교사가 도착해 후에 가톨릭 성당을 지었다.

다른 지역과 마찬가지로 잉커우의 선교사들도 의료선교에 힘썼다. 1870년에 푸지普濟의원이 세워졌는데, 이는 중국 동북지역 최초의 그리스도교병원이자 서양식 의원이었다. 개원 첫 달에만 환자 667명을 치료했다고 한다. 이 의원은 현재 잉커우시 중신中心의원이라는 이름으로 건재하다.

스코틀랜드 선교사 두걸드 크리스티(司督閣, Dugald Christie, 1855~1936)는 중국 최초의 적십자병원을 설립한 것으로 유명하다. 1895년 3월에 청일전쟁의 여파가 잉커우까지 미치자 그는 부상자들을 치료하기 위해 적십자병원을 설립했다. 두걸드 크리스티는 스코틀랜드의 가난한 가정에서 태어나 신학을 공부한 뒤 목사가 되었다. 1877년에는 에든버러대학

의대에 들어가 의학박사가 되었고 이윽고 스코틀랜드 장로회의 선교사가 되어 1882년 말에 잉커우에 들어왔다. 다음 해에 선양으로 들어가 활동하다가 청일전쟁의 전란을 피해 1894년 10월에 다시 잉커우로 돌아왔다. 그러나 잉커우도 전란 속에서 벗어날 수 없었다. 그는 안전한 곳으로 피신할 수도 있었으나 잉커우에 머무는 길을 선택했다. 당시 청 군대에는 의무부대가 없었다. 부상병들은 치료는커녕 최소한의 보호도 받지 못했다. 그래서 배고픔과 추위에 시달리다가 목숨을 잃는 경우가 허다했다. 이에 두걸드 선교사는 1894년 12월 13일에 여관을 빌려 중국 최초의 전시 적십자병원을 세웠다.

1895년 3월 6일에 일본군이 잉커우를 점령하자 적십자병원은 군인과 일반인들의 피난처가 되었다. 두걸드 선교사는 병원 앞에 '영국인 거주'와 '외국교회'라는 팻말을 내걸고 적십자 깃발을 달아 부상자와 주민들을 보호했다. 이렇게 세워진 7개 적십자병원에서 1,000여 명의 부상자를 치료해 부상 이후의 각종 감염과 패혈증을 예방할 수 있었다. 두걸드의 친구는 당시 상황을 이렇게 회상했다. "두걸드 선생은 온몸과 마음을 다해 치료에 매달려 뛰어난 의술과 경험을 충분히 활용했다. 임시방편과 응급조치로 상상하기 어려운 많은 어려움을 극복했다. (중략) 중국인과 외국인을 가리지 않고 똑같이 대했다. 그래서 두걸드 선생은 만주 전체에서 명망을 얻었고 사람들의 존경을 받았다." 청일전쟁이 마무리된 뒤 청 정부는 두걸드를 비롯한 관련자들에게 감사의 표시로 훈장을 수여했다.

1911년에는 중국 둥베이와 내몽골 일부 지역에 페스트가 기승을 부렸다. 청 정부의 의학고문을 맡은 두걸드 선교사는 각 기차역에 검역소를 설치해 페스트의 확산을 막았고 격리수용실과 실험실, 방역실을 설치해 치료와 퇴치에 힘썼다. 이 과정에서 두걸드가 영국에서 초청한 친구 아서 잭슨Arthur Jackson이 26세의 젊은 나이로 세상을 떠나는 아픔도 있었다. 이런 노력과 희생 덕분에 페스트는 진압되었고 중국과 세계 각국의 찬사를 받았다.

창춘長春에는 1886년에 아일랜드인 토머스 풀턴(傅多瑪, Thomas. C. Fulton) 목사가 처음 교회를 세웠다. 그 뒤 1893년에 영국인 존 길레스피(紀禮備, Dr. John Gillespie) 목사가 합류했다. 길레스피 목사 일행은 1894년 청일전쟁 당시 잠시 잉커우로 피신했다가 1895년에 다시 창춘으로 돌아왔다. 1896년에 교회 부설 베푥의원(施醫院, 지금의 창춘시산부인과의원)을 세웠다. 1907년에는 교회학교인 추이원萃文학교가 세워졌다. 그런데 길레스피 목사가 1920년에 세 번째로 창춘을 방문해 선교를 하던 중 도적들에게 피살되는 사건이 벌어졌다. 창춘의 교인들은 1933년에 길레스피 목사의 헌신을 기념하기 위해 기금을 모아 학도관學道館 건립을 시작해서 이듬해인 1934년에 완공했다. 1층 벽면에 길레스피 목사를 추모하는 글을 새겨놓았는데 지금은 난관南關교회 전시관으로 옮겨 보관 중이다. 추모의 글은 다음과 같다. "길레스피 선생은 1893년부터 1920년까지 창춘에서 선교했다. 사역에 충실했고 벗들의 사랑을 받았다. 이에 정성을 모아 이 건물을 짓고 그의 행적을 남겨 기념한다."

위대한 수염과 사과나무를 심은 자

중국 선교가 확대되면서 선교사들의 활동 영역이 남동부 해안 도시를 벗어나 내륙과 북동부로 확산되었다. 잉커우와 함께 옌타이煙臺에도 복음의 물결이 밀려들었다. 옌타이에 첫발을 디딘 개신교 선교사는 알렉산더 윌리엄슨이다. 이후 알렉산더 윌리엄슨 가족은 중국과 중국 선교에 커다란 족적을 남겼다.

1855년 9월 24일, 영국 런던선교회 선교사 알렉산더 윌리엄슨(衛廉臣,

Alexander Williamson, 1829~1890)과 이사벨Isabelle 부부가 산둥山東성 옌타이에 도착했다. 윌리엄슨은 스코틀랜드 팔키릭Falkirk 출신으로 글래스고 대학에서 법학과 신학박사 학위를 받고 선교회에서 목사 안수를 받았다. 이들은 도착하자마자 옌타이와 인근의 퉁선通伸에 땅을 마련해 영국식 교회당과 저택을 짓고 선교와 개간에 힘썼다. 아울러 병원과 학교를 짓고 의료선교와 교육선교를 병행했다. 당시 윌리엄슨은 인근 마을을 순회할 때 항상 말을 타고 다녔는데 얼굴 가득한 수염 덕분에 '위대한 수염'이라는 별명을 얻었다. 그리고 옌타이에 정성을 쏟은 덕분에 많은 사람이 그를 '옌타이 윌리엄슨'이라고 부를 정도이다. 또한 스코틀랜드성서공회 소속으로 화베이華北과 둥베이東北, 외몽골 등지를 답사하기도 했다. 1866년에 옌타이에서 배를 타고 출발해 잉커우를 거쳐 1868년 5월에 쌍청雙城을 비롯한 헤이룽장성을 방문했는데 이는 개신교 선교사 최초의 방문 기록이다.

이후 윌리엄슨은 선교와 함께 번역과 저술·학술활동 등 문화선교에도 두각을 나타냈다. 그는 중국의 유명학자인 리산란李善蘭과 함께 근대 중국 최초의 식물학 책인《식물학기초Element of Botany》를 번역했으며, 서양의 새로운 개념들을 소개하는《격물탐원格物探原》을 펴내 중국인들의 세계에 대한 인식의 지평을 넓혔다. 그는 〈격물궁리론格物窮理論〉이라는 글에서 이렇게 밝혔다. "국가의 강성은 국민에서 비롯되고, 국민의 강성은 마음에서 비롯되며, 마음의 강성은 세상의 이치와 원리를 깨닫는 것(格物窮理)에서 비롯된다. (중략) 천문학에 정통하면 항해와 통상에 이롭고, 기상을 관찰하면 태풍을 피할 수 있으며, 각종 원리를 터득하면 갖가지 기계를 만들고, 전기를 알면 만 리 밖에서도 말과 편지로 즉시 소통할 수 있다. 그래서 마음의 강성은 세상의 이치와 원리를 깨닫는 것에서 비롯된다고 하는 것이다."

아울러 '익지서회益智書會'와 '광학회廣學會'를 조직했다. '익지서회'는 후에 '중화교육회'로 발전했다. 익지서회와 광학회는 종교서적을 출판해 그리스도교 전파에 힘썼을 뿐만 아니라 서양의 정치와 경제 그리고 과학 등 다방면의 서적을 출판함으로써 자유와 민주의식 등 서양에서 선행되었던 선진사상을 전수했다. 그는 신앙과 과학의 결합을 주장하며 이렇게 지적했다. "과학과 하나님을 분리하면 중국의 대재앙이 될 것이다. 학생들이 하나님을 불신한다면 성현과 조상들의 업적도 불신하게 된다." 중국을 개혁하려면 신앙과 과학을 병행해야 함을 역설한 것이다. 앞서 살펴봤듯이 이런 작업은 후에 청 말의 개혁가들에게 직접적인 영향을 미쳤다. 그는 1890년 8월 28일에 61세의 나이로 옌타이에서 병으로 사망해 아내와 함께 옌타이에 묻혔다.

아내인 이사벨도 옌타이에서 자선활동과 교육선교에 앞장섰다. 가난한 여자아이들을 위해 여학교를 세워 30여 명에게 교회에서 숙식을 제공하며 정성으로 보살폈다. 옌타이그리스도교장로회 신자인 류즈탕劉滋堂은 1937년에 〈내가 기억하는 윌리엄슨 박사〉란 글에서 그녀를 다음과 같이 회상했다. "윌리엄슨 부인은 인자하고 선했어요. 가난한 사람을 만나면 반드시 구제했지요. 고아와 과부를 만나면 반드시 거두어 먹이고 재웠습니다. 그래서 학생과 교인들은 모두 이사벨을 인자한 어머니로 모셨습니다." 이사벨은 1884년에《중국의 오래된 길Old Highways in China》이라는 여행기도 남겼다. 1880년대에 옌타이를 비롯해 산둥반도를 여행하며 남긴 기록으로서, 만청晩晴의 산둥 일상을 살펴볼 수 있는 귀중한 사료이다.

윌리엄슨 부부의 외동딸인 마거릿 윌리엄슨(마거릿 킹Margaret King 혹은 베로니카 킹Veronika King)은 중국에서 작가로 활동하며 많은 유명인과 교류했다. 이사벨의 남편 폴 킹(Paul H. King, 1853~1938) 역시 중국세관에서 일하면서 청 말 중국사에 직간접으로 참여했다. 이런 경험을 1924년에《중국세관에서: 47년의 기록》이라는 제목의 책으로 남겼는데 중국 근대사의 중요한 참고자료로 평가된다. 마거릿의 아들이며 윌리엄슨 부부의 손자인 루이스 킹(金路易, Louis Magrath King, 1886~1949)은 주장九江 에서 태어나 영국에서 학업을 마친 뒤 영국 정부 외교관으로 활동하면 서 티베트 분야 전문가로 이름을 남겼다.

랴오닝성과 선양을 중심으로 활동하진 않았으나 한국 선교에 큰 영 향을 준 네비우스의 행적을 잠시 살펴보자. 네덜란드계 미국인인 존 리 빙스턴 네비우스(倪維思, John Livingstone Nevius, 1829~1893)는 1829년에 미국 뉴욕에서 태어났다. 그는 1848년에 유니온대학을 졸업하고 조지아주 의 학교에서 2년 정도 교사로 재직했으며 프린스턴신학원에서 공부하 며 선교사가 되기로 결심했다. 그래서 그는 24세이던 1853년에 미국 장로회 본부에 중국 선교를 위한 지원서를 제출했고 장로회 선교회에 서는 그의 요청을 받아들였다. 네비우스는 같은 해에 뉴욕 출신의 헬 렌 샌포드 코언Helen Sanford Coan과 결혼한 후 곧바로 중국 선교사로 파 송되었다. 1854년 2월, 4개월여의 긴 항해 끝에 마침내 상하이에 도착 하여 닝보로 건너가 중국 선교사의 삶을 시작했다. 항저우에서도 선 교 활동을 했고 일본으로 건너가 8개월 동안 활동하기도 했다. 1861년 에 산둥성 덩저우(登州, 지금의 펑라이蓬萊)로 옮겨가 불교 사찰인 관음당 觀音堂에 교회를 열고 선교 활동을 벌였다. 1862년 겨울에는 아내 헬렌 과 함께 산둥성 최초의 여학교를 설립했다.

특이한 점은 농업에 종사하던 집안에서 태어난 네비우스가 어린 시 절 배운 과수재배기술을 중국에 전수했다는 것이다. 산둥성의 기후와 토질이 미국과 비슷하다고 판단한 네비우스는 미국에서 사과, 배, 포도 등의 종자를 들여오고 일본에서 딸기 종자를 가져와 우수한 품종으로 개량 작업을 했다. 이렇게 개량한 종자를 현지 농민들에게 무상으로 제 공하고 재배 기술을 전수했다. 네비우스가 개량한 종자로 재배한 과일은 현지인들에게 큰 환영을 받았다. 1871년에 다시 옌타이로 선교지를 옮긴 뒤에도 미국에서 들여온 나무와 중국 나무로 사과 품종을 개량했다. 이 사과가 크게 성공하자 인근 지역 농민들이 앞 다투어 재배하면서 농가의 주요 부업이 되었다. 그 결과 옌타이 일대는 전국적으로 유명한 '옌타이사과' 산지가 되었고, 지금도 옌타이사과는 지역을 대표하는 특산물이다. 그래서 네비우스는 '옌타이사과의 아버지'란 호칭을 갖게 되었다.

네비우스는 1873년에 약 965킬로미터에 이르는 거리를 도보로 이동하며 선교여행을 감행했다. 1877년부터 근 10년간 중국 북부에 대기근이 일자 네비우스는 기금을 7,600냥 모아 음식배급소를 세우고 곡물 배급을 통한 구조체계를 세우는 데 중요한 역할을 했다. 당시 한국에서는 젊은 선교사들이 복음 전파를 위해 번역을 마친 한글성경을 가지고 열심히 활동 중이었다. 그들은 한국 선교를 더욱 효과적으로 수행하는 방안을 고민하다가 경험이 풍부한 네비우스 박사를 초청하기로 했다. 네비우스는 당시 선교 경력 37년의 베테랑으로서 안식년을 맞아 미국으로 돌아갈 예정이었다. 한국 청년들의 초청을 받은 네비우스는 61세가 되던 1890년에 아내와 함께 처음이자 마지막으로 제물포항을 거쳐 한국에 들어왔다.

제물포항에서 서울로 이동한 네비우스는 2주 동안 한국에 머물며 장로교 선교사들과 토론하면서 자신의 선교전략을 제시했다. '네비우스 선교전략Nevius Method'의 핵심은 '자립(自立, Self-Supporting), 자치(自治, Self-Governing), 자전(自傳, Self-Propagating)'의 '삼자(三自, Three-Self) 교회'였다. 현지 언어와 문화를 이해하고 교회를 현지화해야 한다는 것이다. 네비우스 선교전략을 받아들인 한국의 선교사들은 한국 교회들을 빠르게 안착시키고 성장시켰다. 아울러 네비우스의 선교전략은 후에 중국 교회 삼자운동의 기반이 되었다. 미국에서 안식년을 마치고 옌타이로 돌아와 선교 활동을 이어가던 네비우스는 64세이던 1893년에 옌타이 자택에서 세상을 떠났다.

엔타이 선교의 역사를 논할 때, 네비우스와 함께 캐나다인 선교사 조나단 고포스(古約翰, 顧約拿單, Jonathan Goforth, 1859~1936)는 결코 빼놓을 수 없는 위인이다. 그는 1888년에 엔타이에서 선교를 시작해 허난 지역으로 이동했다. 그는 성령 대부흥의 은사로 19세기 말까지 허난 지역에서만 수만 명에게 복음을 전했다. 이후 그는 평양으로 건너가 1907년의 평양 대부흥을 인도했다. 아울러 펑위샹馮玉祥의 군대에 복음을 전파해 장군과 장교를 비롯해 일반 병사들이 그리스도교인이 되는 데 공헌했다. 또한 지린성 창춘長春과 쓰핑제四平街 등지에 선교 거점을 마련했고, 랴오닝遼寧 지역까지 선교 영역을 넓혔다.

존 로스와 한국어성경

스코틀랜드인 존 로스(羅約翰, John Ross, 1842~1915) 목사는 스코틀랜드 서북쪽의 조그마한 항구에서 8남매 중 장남으로 태어나 부모의 신앙을 물려받았다. 존 로스가 태어난 마을은 농업과 어업을 병행하는 곳으로서 무역선들이 자주 드나들었기 때문에 그는 어릴 때부터 자연스럽게 국제적 감각을 키울 수 있었다. 또한 아버지는 전문 양복업자여서 가정이 비교적 부유했다. 당시 스코틀랜드 장로교회는 분열 상태를 종식하기 위해 연합 논의가 활발하게 진행되고 있었다. 로스는 바로 그 연합장로교회 교인으로서 자기 진로를 목회자로 선택하고 글래스고대학과 에든버러신학원에서 신학을 공부했다.

로스는 신학을 공부하던 중 선교사의 꿈을 갖게 되었고 당시 연합장로교회 해외 선교부 총무였던 맥길 박사의 도움으로 입학한 지 4년이 되던 해에 중국 선교를 결심했다. 1872년 2월에 스코틀랜드 장로회 인버네스Inverness 노회에서 목사 안수를 받은 로스는 곧 스튜어트와

† 조나단 고포스 조나단 고포스는 20세기 초반 평양 대부흥 운동을 벌였으며 중화민국 장군과
장교들이 그리스도교를 믿게 하는 데 큰 영향을 미치기도 했다.

결혼했다. 그리고 신혼의 30세 청년 로스는 스코틀랜드장로회 연합선
교회의 파송을 받아 당시 만주滿洲로 불리던 중국 동북부 지역 선교사
로 중국에 첫발을 디뎠다.

　존 로스는 갓 결혼한 아내와 함께 긴 항해 끝에 잉커우성 상부뉴좡
商埠牛庄에 도착했다. 그는 중국인에게서 중국어를 배우는 한편으로
선교를 하면서 아편에 찌든 상인들과 관리들을 치료해주었다. 이들은
후에 그의 선교에 뛰어난 조력자가 되었다. 아울러 지식인들을 대상으
로 선교 활동을 하여 왕징밍王靜明과 린완이林萬縊 등에게 세례를 베풀
고 그리스도교에 입교시켰다.

　1876년에 존 로스는 중국인들의 도움을 받아 펑톈성(지금의 선양瀋陽)

에 들어와 샤오베이관小北關에 세를 얻어 교회당을 세웠다. 아울러 동북지역 최초의 현대식 고등교육기관인 원톈원후이文會서원을 설립했다. 원후이서원은 이후 문리대와 의대, 신학대를 아우르는 평톈대학으로 발전했다. 20세기 초에 원후이서원은 중국 내 그리스도교장로회의 최고학부로서 베이징의 후이원匯文서원(이후 옌징燕京대학으로 개명)과 난징의 진링金陵대학, 상하이의 푸단復旦대학과 어깨를 나란히 하는 명문대학이었다. 지금도 칭다오靑島과학기술대학이라는 이름으로 건재하다. 1877년에는 교회를 시화문西華門으로 옮겼고, 오래지 않아 다시 쓰핑제(四平街, 지금의 중제中街 일대)로 옮겼는데 이것이 둥관東關교회의 초기 형태였다.

로스 목사는 1883년에서 1884년 사이에 성징盛京베풂施의원의 창립자인 두걸드 크리스티(司督閣, Dugald Christie, 1855~1936) 등과 함께 청 지방정부를 도와 전염병 환자 치료에 앞장서서 무료로 약을 나눠주고 빈민들을 구제했는데, 이때 많은 이가 그리스도교를 믿게 되었다. 1883년에 건립된 성징베풂의원의 표어는 "섬김을 받으러 온 것이 아니라 섬기러 왔노라(非以役人, 迺役於人)"는 예수의 말씀이었다.

성징베풂의원은 의화단운동 당시 병원이 불에 타 무너졌다. 그 후로 재건축을 시작했지만 러일전쟁이 일어나 공사가 중단되었고 1907년에 비로소 새로운 건물로 완공되었다. 성징베풂의원을 토대로 1912년에는 동북지방 최초 의과대학인 평톈의과대학이 설립되었다. 성징베풂의원은 평톈의과대학 대학부설병원으로 이어지다가 2003년에 120주년을 맞이하여 '성징의원'이라는 이름을 되찾아 지금에 이른다. 지금도 성징의원은 선양을 대표하는 병원 중 하나이다.

1888년, 로스는 다둥먼大東門 밖에 땅을 마련해 800명을 수용할 수 있는 둥관교회 대예배당을 짓기 시작하여 1889년 10월 22일에 성대한 낙성식을 했다. 이는 당시 동북지역 최대 그리스도교회였다. '둥관

† 존 로스   존 로스는 베풂의원을 설립해 많은 중국인을 구했다. 베풂의원은 그 이름답게 진료비가
무료였고 환자들은 식비만 부담하면 되었다. 치료를 받은 환자들은 자연스럽게 그리스
도교를 접하게 되었다.

東關교회'라는 명칭은 성城의 동문 밖에 지어졌기 때문에 '둥먼東門교
회'라고 부른 데서 비롯되었다. 당시에는 성내에 그리스도교당의 건축
을 허가하지 않았기 때문이다. 이 교회는 안타깝게도 1900년에 일어난
의화단운동으로 파괴되었지만 원래 자리에 새롭게 지어졌고 그 이후
로는 문화혁명 때에도 크게 파괴되지 않았으며 지금도 중국 동북지방
의 대표 교회로 그 기능을 유지하고 있다.

　　로스는 선양을 중심으로 중국 동북 선교에 주력하는 한편 성경의 조
선어 번역과 조선 선교에도 심혈을 기울였다. 그는 1874년에 고려문高
麗門을 방문했는데 '고려문'은 당시 청과 조선 국경 인근의 평황(鳳凰, 지
금의 평청鳳城)성에 있던 작은 마을로 1년에 네 번 시장을 열어 양국의

문물을 거래하던 공식 통로였다. 의주義州에서 청으로 넘어와 펑톈奉天으로 가는 길목의 마을이었다. 1876년에 로스는 두 번째로 그곳을 방문하여 조선에서 온 무역상 이응찬李應贊을 만났다. 이렇듯 로스는 한국인과 만나면서 신약성경을 한국어로 번역하기로 결심하고 이응찬에게 조선어를 배웠다. 이응찬은 술과 아편을 즐겼으나 로스 선교사를 만나 선교사역의 중요한 역할을 담당했다. 이후 로스는 한글이 현존하는 문자 가운데 가장 완벽한 문자라고 극찬했다.

그리고 로스는 선양에서 홍삼장사를 하는 서상륜徐相崙이라는 조선 청년을 만나게 되었다. 로스 선교사가 중국인 전도자와 함께 노방전도를 하다가 서상륜과 그 동료들을 만났고 마침 성경을 한글로 번역하는 일을 염두에 두고 있던 그는 이렇게 말했다. "이 홍삼으로 얼마를 법니까? 이 일은 그만하고 나에게 한글을 가르쳐주세요. 내가 더 많은 대가를 지불하겠습니다!" 그 뒤 로스는 중국어성경을 교재로 해서 한글 공부를 시작했다. 서상륜 역시 중국어성경을 공부하면서 그리스도교를 접했고 이후 세례를 받아 그리스도교인이 되었다.

1877년에는 학습한 내용을 토대로 다른 선교사들을 위해 한국어 문법 및 단어집인《조선어 첫걸음Corean Primer》을 출간했다. 이는 영어로 기록된 최초의 한국어 교재였는데 이 책을 계기로 한글 띄어쓰기와 가로쓰기가 처음 시도되었다. 1879년에는《한국의 역사A History of Corea》라는 제목의 책을 발간했다. 이것 역시 영어로 기록된 최초의 한국사 책이었다.

로스는 1879년에 4복음서(마태복음, 마가복음, 누가복음, 요한복음)와 사도행전 번역 초고를 들고 스코틀랜드로 돌아간 후 한국어성경을 인쇄할 인쇄기 모금운동을 벌였다. 그 사이 존 매킨타이어가 로스의 빈자리를 지켰다. 존 매킨타이어J. McIntyre는 존 로스와 처남과 매부 사이였다. 즉, 존 로스의 아내인 스튜어트의 오빠가 존 매킨타이어였다. 매킨타이어는 1876년에 이응찬과 백홍준白鴻俊, 이성하李成夏, 김진기金鎭基에게 세례를 베풀어 한국인 최초의 개신교 신자를 탄생시켰다. 이것이 한국인 최초 개신교 세례이다. 이후 1879년에 서상륜이, 그리고 1883년에 김청송이 세례를 받았다.

존 로스는 스코틀랜드 성서공회와 친구들의 재정 지원을 받아 한국인 이응찬, 김진기, 서상륜, 백홍준 등과 함께 성경의 한글 번역을 시작했다. 1881년 안식년 휴가를 마치고 돌아온 로스 목사는 둥관교회를 세우고 1882년 하반기에는 교회 구내에 펑티엔奉天조선어인쇄소를 건립했다. 여기서 번역과 함께 한글로 된 문서들을 인쇄했다. 즉, 세례문답과 전도용 문서인 〈예수성교문답〉과 〈예수성교요령〉, 최초 한글 성경인 《예수성교 누가복음서》 3,000부와 《예수성교 요한복음》 등을 인쇄했다. 그리고 1885년에는 《4복음서》를 번역 출간했으며, 1887년에는 신약 전체의 번역을 마쳤다. 이렇게 인쇄된 한글성경은 백홍준과 서상륜 등을 통해 압록강을 건너 의주로 전달되었고 한반도 남쪽으로 그리스도교가 전파되기 시작했다. 존 로스의 성경이 최초의 한글 성경 (신약)인 것이다.

성경의 한글 번역에는 '서상륜역'이라는 명칭이 붙을 만큼 서상륜의 공로가 컸다. 서상륜을 비롯한 의주인들의 노력으로 펑텐(선양)에서 인쇄된 '쪽복음'이 의주를 중심으로 급속히 퍼져나갔고 이로써 세례를 자원하는 사람들이 크게 늘어났다고 한다. 이는 그리스도교를 포함해 종교사에서 매우 독특한 사례로 소개된다. 왜냐하면 복음이 전달되기 전에 자국어 성경을 가진 예는 그리스도교 역사상 유례없는 일이었기 때문이다. 다만 아쉬운 점은 평안도식 표현 때문에 타 지역 사람들이 성경을 독해하는 일이 순탄치 않았다는 것이다. 그래서 미국인 선교사인 언더우드와 아펜젤러 등이 1890년에 서울에서 우리말 성경의 수정본을 만들기 시작했다.

현재 등관교회 대예배당 동남쪽의 작은 건물(지금의 등관교회역사전시관)이 당시 로스 목사가 한글 번역과 출판 작업을 했던 곳이다. 그래서 한국 그리스도교계에서는 이곳을 한국 교회의 산실로 평가한다. 로스 목사는 1887년 3월에 한글 번역본《예수셩교젼셔》(신약성경) 3만 부와 다른 그리스도교 서적들을 갖고 한양에 가서 교회를 세우고 장로 12명을 두었다. 이들은 후에 모두 한국그리스도교 교회의 지도자가 되었다. 1892년에는 한국에서 활동하다가 선양으로 건너간 캐나다 장로교 제임스 게일(James Scarth Gale, 1863~1937) 선교사가 존 로스를 만나 한국 선교와 한글성경 번역에 대해 논의했다.

1910년, 70세가 다 된 로스는 건강상 이유로 4월 8일에 은퇴한 뒤 스코틀랜드로 돌아갔다. 그러나 그는 귀국 후에도 저술과 강연으로 스코틀랜드중국협회를 도왔고 만주와 한국에 대해 여전히 큰 관심을 갖고 지켜봤다. 1915년, 존 로스는 스코틀랜드 고향에서 사망했다. 로스의 부고가 전해지자 중국 선양의 등관교회 교인들이 설교단 뒤에 그의 업적을 기리는 비문을 새기고 애도했다. 지금도 등관교회 대예배당 강단 중앙 벽에 높이 1미터, 폭 1.6미터에 달하는 비문이 보존되어 있다.

조선족 그리스도교인

19세기 중반 이후 조선인들 중 기근과 폭정, 정치적 박해에 시달리다가 새로운 터전을 위해 압록강과 두만강을 건너 만주 땅에 정착하는 인구가 서서히 늘어났다. 이후 일제강점기가 시작되고 민족 박해가 더해지면서 중국 둥베이3성으로 이주하는 조선인이 크게 증가했다. 이들이 지금의 중국 조선족을 형성하게 되었다. 둥베이3성은 춥고 척박한 타향이었지만 조선인은 강인한 정신력과 끈기로 박토를 옥토로

THE CLOUD DREAM
OF THE NINE 🙠 *A KOREAN*
NOVEL : A STORY OF THE TIMES
OF THE TANGS OF CHINA ABOUT
840 A.D.   BY KIM MAN-CHOONG
(1617 - 1682 A.D.)   PRESIDENT OF
THE CONFUCIAN COLLEGE 🙠 🙠
TRANSLATED BY *JAMES S. GALE*
30 YEARS RESIDENT IN KOREA
WITH AN INTRODUCTION BY
ELSPET KEITH ROBERTSON SCOTT
AND SIXTEEN ILLUSTRATIONS

PUBLISHED BY DANIEL O'CONNOR
LONDON : 90 GREAT RUSSELL
STREET, W.C.1 🙠 🙠 MCMXXII

† 제임스 게일이 번역한 구운몽의 표지

일구고 생활의 터전을 마련했으며 중국에서 조선족의 입지를 키우고 조국을 위해 일하면서 독립에 크게 이바지했다. 아울러 한국 그리스도교 선교 분야에서도 상부상조하는 모습을 보였다.

앞서 언급했듯이 백홍준(白鴻俊, 1848~1894)은 존 로스를 도와 최초의 한글성경을 탄생시킨 주역 가운데 한 사람이다. 그는 언더우드 목사가 개설한 신학반에서 공부한 뒤 서상륜, 최명호 등과 함께 한국 최초의 개신교 전도사가 되었다. 그들은 의주, 위원, 강계 등지를 다니면서 전도했으며 숙소에 신자들을 모아 집회를 했다. 그러던 중 1892년에 의주에서 '나쁜 책을 간행했다'는 죄목으로 붙잡혀 투옥되었고 1894년에 옥사하여 한국 최초의 개신교 순교자가 되었다. 당시에는 성경뿐만 아니라 모든 서양 서적의 출판과 휴대·유포가 금지되어 있었다. 그러나 깨우침에 대한 열망은 제도와 법으로 막을 수 있는 것이 아니었다.

이처럼 한글성경이 인쇄되어 나오자 성경을 읽고 복음을 받아들인 신자들이 늘어났고 이들을 중심으로 신앙공동체가 조직되었다. 국내에서는 의주에 교회가 처음 설립되었고 평안북도 구성을 거쳐 선천과 평양으로 그리스도교가 전파되었다. 그리고 서상륜과 서경조 형제를 통해 황해도 소래(솔내, 송천松川)와 서울까지 복음이 전파되었다. 압록강을 따라 만주 땅에 형성되었던 한인촌에서도 그런 신앙공동체가 조직되었다.

조선족에 대한 그리스도교 선교는 크게 동서 양쪽에서 전개되었다. 동쪽은 지린성 옌벤 지역을 중심으로 지린성과 헤이룽장성 일대에서 선교 활동을 했다. 20세기 초에 캐나다 선교사이자 의사인 로버트 그리어슨(具禮善, Robert G. Grierson)과 한국인 김진근金振瑾, 한경희韓敬熙 등이 당시 조선에서 올라와 옌지 일대 조선족을 대상으로 복음을 전파했다. 그래서 1917년까지 두만강을 건너와 헤이룽장성 무단장牧丹江, 무렁穆棱, 지시미산鷄西密山, 하얼빈哈爾濱 등지의 조선족에게 지속적으로 복음을 전파했다. 서쪽은 지린성 퉁화通化를 중심으로 랴오닝성에 거주하던 조선족에 대한 선교 활동이 이루어졌다. 존 로스 목사 등이 1873년에 퉁화와 린장臨江, 싱징(興京, 지금의 신빈新賓현) 등지에서 복음을 전파했고 이후 평톈(奉天, 지금의 선양) 등지로 확대되었다.

그중에도 로스 목사를 도와 성경 교정과 인쇄 일을 맡아보았던 김청송의 전도로 1898년 설립된 지안集安현 리양즈裡楊子교회가 유명하였다. 임오군란(1882년) 때 피난 온 한국인들이 집단 거주하던 리양즈 산골짜기에 교회가 세워졌다. 이를 계기로 압록강 연변의 20여 개 한인촌마다 교회가 설립되었다. 통계에 따르면 1945년 해방을 전후하여 중국 동북지방에 장로교와 감리교 등 조선족 그리스도교인이 2만 3,000여 명에 달했다고 한다. 이처럼 외국 선교사들의 선교 이전에 이미 만주에서 세례교인이 생겨났고, 한반도에서 한글로 번역된 성경을 읽은 그리스도교인이 생겨나 세례를 기다리는 형편이었다. 이를 두고 언더우드는 "우리는 씨를 뿌리러 한국에 온 것이 아니라 이미 뿌려진 씨의 결실을 얻는 것으로 일을 시작했다"고 밝혔다. 이는 당시 한국인들이 주체적으로 복음을 수용하고 전파한 결과 '성경 중심적' 교회의 역사가 이 땅에서 시작되었다는 중대한 의미가 있다.

선양 현지 탐방기:

조선글성경 번역 유적지와 100인 선교사 조각상

(2017년)

베이징 서우두首都공항을 이륙한 비행기는 어둠을 뚫고 불빛이 반짝이는 선양瀋陽공항에 도착했다. 전에 대학 교류와 관련하여 선양과 장춘, 하얼빈을 방문한 뒤 두 번째 방문이었다. 방문 목적이 첫 번째 방문과 다른 만큼 감회도 컸다. 갑자기 선양에서 창춘까지 이어지는 고속도로 양옆으로 끝없이 펼쳐져 있던 푸른 평원이 떠올랐다. 감사하게도 늦은 시간임에도 공항까지 마중 나온 현지 목사님의 차에 올라 선양 시내로 향했다. 저녁시간이어서인지 도심이 차분하고 한산했다. 사실 우리가 선양에 도착했던 때는 중국 내에서 랴오닝성과 선양의 경기가 가장 침체되어 있었다. 그에 관한 여러 설명을 들으며 우리는 지역 분위기를 짐작할 수 있었다.

공항에서 시내로 들어가는 주도로인 청년대가靑年大街를 타고 선양을 가로지르는 훈허渾河를 건넜다. 랴오닝도 서울처럼 구도심은 강북이고 신도심은 강남이었다. 역사적인 장소는 대부분 구도심에 밀집해 있었다. 일반적으로는 비가 자주 오는데 봄에 매우 가물었다고 한다. 큰 장마 때에는 훈허가 넘치는 경우도 있다고 했다.

랴오닝성은 중국 동북부 연해지역에 있는 행정구역으로 랴오닝반도를 포함하여 2,100킬로미터 정도의 해안선을 갖고 있다. 북쪽은 평원이고 동쪽은 창바이長白산맥이 가로누워 있으며 서쪽은 랴오닝반도 앞쪽으로 황하이黃海와 보하이渤海가 펼쳐져 있다. 옛 명칭은 펑톈奉天

† 현대 선양 시가지

성이며 만주족의 발상지로서 베이징의 고궁과 함께 선양 고궁은 청대 봉건왕조의 왕궁 형태를 온전히 간직하고 있다. 지금도 청 왕조가 베이징에 입성하기 전의 '세 군데 도읍지와 네 왕릉三京四陵'이 모두 랴오닝성에 남아 있다.

이처럼 랴오닝성은 중국 동북경제와 보하이경제의 중심도시이며 러시아와 북한과 국경을 마주하고 있어 러시아와 북한의 교역 창구 역할을 감당하고 있다. 아울러 랴오닝성 수도인 선양은 중국 둥베이 최대 도시답게 정치, 경제, 문화, 교통의 중심지로서 오랜 역사와 많은 유적지를 품고 있다.

목사님과 늦은 저녁식사를 하면서 랴오닝성과 선양의 그리스도교 상황에 대해 기본적인 이야기를 나눌 수 있었다. 선양에서는 오명봉 목사가 그리스도교계를 잘 이끌고 있다고 평가받는다. 오명봉 목사는 선양 그리스도교 양회 회장으로서 서탑교회와 등관교회를 동시에 담임하고 있는 조선족 목사다. 선양에는 허가를 받은 교회가 230~240개 정도이다. 그중 장로교회를 비롯한 주요 교단의 교회가 대부분이고 안식일교회와 중국의 자생교회인 참그리스도교회 등이 20~30개 정도 있다. 그중 참그리스도교회는 삼위일체를 부인하고 토요일 성수를 고집하는 등 교리적 문제를 안고 있지만 삼자애국회에 가입해 정식으로 활동하고 있다. 정부 집계로는 선양의 개신교 인구가 20만 명 정도라고 한다. 선양과 랴오닝성은 삼자교회가 발달해 있고 가정교회와 관계도 양호하다. 선양의 그리스도교 양회가 힘이 있고 관리를 잘한다는 평가를 받는다. 가정교회도 극단적 반대파와 우호파로 양분할 수 있는데 이제는 우호파가 대다수이다.

예배당은 중국 정부에서 정한 기준에 따라 갑급甲級과 을급乙級 등 등급을 나눈다. 이것 역시 성마다 차이가 있는데 랴오닝성의 경우 갑급은 출석 성도 1,000명, 건물 규모 1,000제곱미터, 당회와 목회자 일정 인원 이상 등의 기준을 충족해야 한다. 을급의 경우 예배당 명칭도 '집회소聚會點'라 부른다. 그러나 을급 판정을 받은 교회라 하더라도 규모가 큰 경우도 있다. 목사님의 교회도 등록인원은 6,000명에 달하고 1,700명 정도가 고정적으로 예배에 참석한다고 했다. 반면에 한국인 교회와 조선족교회는 성도가 급감하는 추세라고 했다.

한국 목회자는 종교비자를 받고 입국하는데 1년마다 등록을 갱신해야 한다고 한다. 종교비자는 본인만 유효하며 가족은 발급 대상이 아니다. 그리고 한국 목회자는 중국 주재 한국인을 위한 예배 인도가 원칙이기 때문에 한국 목회자가 인도하는 예배에는 현지인의 참석이 불가능하다.

아울러 목회자 양성과 관련하여 평신도 목회인 '이공義工'에 대해 설명을 들었다. 이공은 전업이 아니고 직장을 가지고 교회에서 일하는 이들을 말한다. 짧게는 석 달에서 길게는 2년 동안 성경훈련반을 이수한 뒤 자격증을 받으면 주일 설교까지 가능하다고 한다. 예전에는 장로안수까지 가능했다. 지금은 성경훈련반을 거쳐 둥베이신학원의 전문과정을 이수하면 목회가 가능하고 안수까지 가능하다고 한다. 시타西塔교회에는 조선족 신학반도 개설되어 있다.

이야기를 나누며 고속철의 위력에 대해서도 실감할 수 있었다. 중국 정부에서는 베이징을 기준으로 중국 전역을 12시간 이내에 도달한다는 목표를 세웠다고 한다. 예전에는 선양에서 옌벤까지 14시간이 걸렸는데 지금은 고속철로 3시간이면 간다고 하니 놀라운 변화가 아닐 수 없다. 현재 선양에서 베이징까지는 5시간이 걸린다. 더 빨리 달릴 수 있지만 2011년 원저우 고속열차 추락사고 이후 시속 250~350킬로미터 정도로 속도를 규제하고 있다고 한다.

선양 그리스도교의 성지, 둥관교회

선양에서 맞은 이틀째 아침, 지도에 의지해 선양 그리스도교의 성지 聖地인 둥관교회를 찾아 나섰다. 웅장한 성문을 나서니 바로 교회가 눈에 들어왔다. 앞에는 원래의 예배당이 자리 잡고 있었고 뒤쪽으로는 새롭게 건립한 현대식 부속건물이 십자가를 높이 받쳐 들고 있었다. 행사 때문인지 평일인데도 많은 교인이 예배당에 가득했다. 규모가 무척 큰 예배당 앞에서 우리는 놀랄 수밖에 없었다.

교회를 둘러보다가 '조선글성경번역유적지翻譯朝鮮文聖經舊址'라는 석판을 단 교회역사전시관을 둘러보려 했으나 문이 잠겨 있었다. 그래서 정문 경비실로 찾아가 참관을 요청하니 흔쾌히 문을 열어주었다. 그러나 전시관에 들어선 뒤에는 다소 실망스러웠다. 한국어 번역문도 수정할 부분이 많았다. 그리고 벽면에 관련 사진들이 걸려 있을 뿐이었고 한쪽에는 잡동사니 물건들을 쌓아놓아 평소에는 문을 잠가놓고 창고로 사용하는 듯했다. 이곳이 바로 존 로스 목사가 한국어성경 번역을 했던 역사적인 장소라 생각하니 아쉬움이 컸다.

둥관교회는 원래 이름이 그리스도교장로회 평톈그리스도교회였다. 1889년 10월 22일에 둥관교회당이 완공되어 성대한 기념식이 열렸다. 800명을 수용하는 예배당은 중국식과 서양식이 결합된 건물이었다. 둥관교회는 청조와 중화민국, 위만僞滿, 중화인민공화국 등 네 개 정부를 거쳐 존재한 교회로 중국 동북부 지역에서 가장 오래되고 교인도 가장 많은 교회이다. 원래 건물은 서양식 2층 적조건물로 지어졌으나 1900년 의화단운동 기간에 파괴되어 1907년에 존 로스 목사가 원래 자리에 재건했다.

존 로스 목사는 앞서 살펴보았듯이 선양에서 30여 년을 사역하며 교회를 세워 그리스도교를 전파하는 한편으로 다른 전도사들과 함께 병원과 자선기관, 현대식 학교 등을 세워 남녀평등과 여성교육, 예술교육 등에 힘썼다. 1910년, 칠순에 가까운 존 로스 목사는 은퇴하여 귀국한 뒤 오래지 않아 세상을 떠났다. 이 소식을 접한 동북지역 중국인 그리스도교인들은 그의 공로를 기념하기 위해 비문을 만들었고, 반복되는 전란 속에서 비문을 보호하기 위해 교회당 북벽에 비문을 박아놓았다. 지금도 이 비문이 본당 북벽에 그대로 보존되어 있다. 아쉽게도

† 조선글성경 번역 유적지와 안내 석판

한국 그리스도교 역사를 통틀어 무척 유서 깊은 장소라고 할 수 있지만 전시관이라고 하기에는 전시물이 매우 부족했다. 한국과 중국의 교회가 이곳을 역사적 의의를 재발견할 수 있는 곳으로 만드는 게 시급하다.

이번 방문에서는 집회 도중이었고 커튼으로 가려져 있어 북벽의 비문을 볼 수 없었다.

1979년 12월 23일에 등관교회의 집회가 재개되면서 신자가 증가하자

1990년에는 북쪽 예배당을, 1992년에는 서쪽 예배당을 확장 건설했다. 1998년에는 본당 뒤편에 5층짜리 부속건물을 증축했다. 현재는 오명봉 吳明峰 담임목사의 인도 아래 매주 일요일에 성도 1만여 명이 각 기관을 중심으로 활동하고 있다. 오명봉 목사는 조선족으로서 장신대 목회학 석사를 취득하였으며, 현재 둥관교회 제7대 담임목사이자 선양 그리스도교 양회 주석으로 활동 중이다. 큰아버지는 독립투사였고 고모는 선양 교계의 대모인 오애은吳愛恩 목사다. 오명봉 목사는 둥관교회와 시타西塔교회의 담임목사를 겸하고 있다.

둥관교회를 나와 근처에 있는 선양 고궁과 동북 군벌軍閥로서 '동북의 왕東北王'으로 불렸던 장쉐량(張學良, 1901~2001)의 저택인 장씨수부張氏帥府를 잠시 둘러보고, 인근의 천주당을 찾았다. '선양예수성심당瀋陽耶穌聖心堂'은 '성城 남쪽'이라는 위치 때문에 '난관南關가톨릭당'이라고 불렸다. 선양 최초의 교회당으로서 전통적인 고딕식 형태를 띠었기 때문에 건립 초기에는 '서양건물洋樓'로 불렸다. 엠마누엘 베롤(方若望, Emmanuel Jean Francois Verrolles, 1805~1878) 주교가 1876년에 건축을 시작해 1878년에 완공했다. 1892년에 제4대 만주滿洲교구 로랑 기용(紀隆, Laurent Guillon, 1854~1900) 주교가 주교부를 잉커우에서 펑톈으로 옮기면서 주교당이 되었다.

1900년 7월 3일에 의화단원들이 교회당에 난입하여 기용 주교를 살해하고 프랑스 신부 5명과 중국인 신부 2명, 프랑스 수녀 2명과 신도 400여 명이 피신해 있던 교회를 완전히 불태웠다. 그 뒤 청 정부로부터 받은 배상금으로 1912년에 프랑스 파리대학 출신의 앙리 라마세(梁亨利, Henry Lamasse) 신부의 설계에 따라 프랑스인 마리 펠릭스 슐레(蘇斐理斯, Marie Félix Choulet, 1854~1923) 주교가 원래 자리에 적조건물 교회당을

† **둥관교회 내부**　1990년대 예배당을 확장하며 규모가 조금씩 커졌다. 둥관교회는 교회 자체뿐 아니라 목회자와 그 가문이 한국 역사에서 큰 의의를 가지고 있다는 점이 특별했다.

재건하여 지금에 이른다. 그리고 1927년에는 프랑스인 장 마리 블루아(衛忠藩, Jean Marie Michel Blois) 주교가 본당 서쪽에 5층 주교관을 건립했다. 서원西院은 광화光華소학교와 인쇄소로 사용 중이고, 동원東院은 수녀 숙소와 후이화惠華의원으로 사용하고 있으며 가운데에 본당이 자리하고 있다.

　문화대혁명 기간에 선양예수성심당에서 교역자는 추방되고 모든 활동이 금지되었으며 건물 내부도 크게 파손되었다. 1979년에 비로소 종교활동이 재개되었고 1981년에 선양, 푸순撫順, 러허熱河, 잉커우 4개 교구가 랴오닝교구로 합병되었다. 현재 '예수성심당'은 랴오닝성 가톨릭 양회 소재지이기도 하다. 1980년부터 2000년까지 수차례 수리작업을 거쳐 원형을 회복하였으며 2001년에는 선양시가 교회당 앞에 큰 공원을 조성하여 시민들이 즐겨 찾는 명소가 되었다. 중국의 아름다운 교회당 10개 중 하나로 손꼽히는 교회를 둘러보는 동안 신혼부부가 교회당을 배경으로 웨딩사진을 찍기 위해 분주히 움직이고 있었다. 내부 역시 웅장한 외관에 걸맞게 아름답게 꾸며져 있었다. 아름답지만 아픈 역사를 간직한 예수성심당을 뒤로하고 선양을 대표하는 또 다른 교회인 시타西塔교회로 향했다.

시타 지역은 선양의 코리아타운으로 유명한 곳이다. 그런 시타 지역을 신앙으로 지켜온 시타교회는 1913년에 신도 20여 명으로 시작하여 100년이 넘도록 유지되고 있다. 이 교회 집사였던 오애은 전도사가 동북신학원을 졸업한 뒤 1981년 봄에 목사 안수를 받았다. 이로써 문화대혁명 이후 목사 안수를 받은 첫 여성 성직자가 되었다. 이번에 찾아간 건물은 1993년에 완공된 새 교회당인데 대로변의 6층 건물이라 쉽게 찾을 수 있었다.

평일이라 교회는 한산했다. 관리인에게 양해를 구하고 교회의 각층을 살펴보았다. 층마다 주요 인물과 사건을 담은 자료 사진이 전시되어 있어 큰 도움이 되었다. 오명봉 목사가 둥관교회와 함께 이곳 시타교회도 담임하고 있다. 고모인 오애은 목사의 뒤를 이어 교회를 이끌고 있는 것이다. 오애은 목사의 남편인 서파徐波는 랴오닝성 신빈新賓 출신으로 황포군관학교를 나와 대한민국 임시정부의 광복군으로 활동한 독립투사로서 독립유공자로 지정된 인물이다. 오애은 목사와 함께 시타교회의 산증인인 송희숙宋姬淑 선생이 80대의 노령에도 불구하고 아직 교회 봉사에 열심이라는 얘기를 들었다. '선양의 어르신'인 송 선생님을 뵙고 싶었으나 짧은 일정 때문에 미처 뵐 수 없어 무척 아쉬웠다.

† **선양예수성심당** 선양예수성심당은 아름답기로 중국에서 손꼽히는 교회이다. 교회 바닥 석판에는
설립자 슐레 주교의 이력이 새겨져 있다.

선양 그리스도교문화공원

정말 놀라운 일은 선양에 중국 유일의 그리스도교테마파크가 조성되어 있다는 사실이다. 이전에 창사長沙에도 비슷한 공원이 조성되었는데 결국 철거되었다고 한다. 목사님의 말씀을 듣고 들러보고 싶었으나 일정이 촉박해 직접 가보지는 못했다. 그러나 이런 공원이 건립되어 존속하고 있다는 사실에 어리둥절하면서도 감사와 찬양이 절로 나왔다. 자료를 찾아 알아본바 선양시 동쪽 교외에 있는 이 테마파크의 정식 명칭은 '선양간란산橄欖山성경문화주제공원'이며 쑨원칭孫文清 형제가 세웠다.

쑨원칭은 현지 기업인으로서 장례업으로 부를 일구었다. 원래는 불교도였으나 개종하여 그리스도교인이 되었다. 그에게는 애초에 이런 공원을 만들고 예배당을 세울 계획이 꿈에도 없었다. 그러나 그는 성령이 자기 마음을 움직였다고 말했다. "성전 건축은 신성한 일입니다. 중국에는 저보다 신앙심이 깊은 분이 많습니다. 그럼에도 하나님께서 저 같은 사람을 써주시니 하나님의 무한한 은혜라고 말할 수밖에 없습니다."

공원 조성은 준비 단계부터 쉽지 않았다. 그리고 공사 기간 내내 여러 어려움에 직면해야 했다. 당연히 행정 당국의 협조를 구하는 일도 첩첩산중이었다. 당시 쑨원칭의 아내는 그리스도교를 믿기 전이었기에 남편의 열성을 이해할 수 없었다. 그러나 쑨원칭은 자기 계획을 묵묵히 실행해나갔다. 그런데 놀랍게도 고비마다 새로운 진로가 열렸다. 공원 옆으로 도로가 생겨 진출입이 수월해진 것도 놀라운 일 중 하나였다. 그는 공원을 지으며 "하나님께서는 제가 어느 순간부터 예배당 건립을

† 시타교회 내부와 외관

원하고 있다는 것을 알고 계셨습니다. 그리고 거기에 맞는 모든 환경을 허락하고 예비해주셨습니다"라고 말하기도 했다.

쑨원칭은 예배당과 공원을 건립하기 위해 치밀한 조사를 마치고 갈릴리호수와 요단강의 물, 올리브유와 가지, 우슬초, 겨자씨, 사해死海의 석청, 양피지, 무화과 열매와 가지, 상수리 열매와 가지 등 이스라엘 성지의 물건들을 수집해나갔다. 또한 영국이 이스라엘에 선물한 5미터 높이의 금등대와 예수의 행적지 등을 살펴보았고 한국에 가서 성경에 근거한 성막 모형도 살펴본 뒤 공원의 전체적인 구도와 방향을 확립했다. 아울러 중국 그리스도교사에서 의미가 큰 '대진경교유행중국비'의 모형을 만들었고 마테오 리치와 허드슨 테일러, 존 로스 등 중국을 위해 헌신한 100인의 선교사 조각상도 전시 목록에 포함시켰다. 사실 쑨원칭은 공원 건립 전에 완전한 계획과 복안이 없었다. 그런데 준비 과정에서 이런 목표가 가시화되었다. "완벽한 설계도와 계획이 없다고 걱정하지 마세요! 하나님께서 설계하시고 계획하실 것입니다!" 당시 어느 목사님의 이런 권면이 쑨원칭 형제에게 큰 위로가 되었다.

공원은 2011년에 공사를 시작해 2015년에 완공되었고 그 이후 매년 5월부터 10월까지 무료로 개방되어 많은 이들이 찾고 있다. 공원에 들어서면 노아의 방주로 향하는 쌍쌍의 동물들 모습과 대홍수 이후 언약의 징표로 나타났던 무지개, 원형을 재현한 성막 등을 볼 수 있다. 그리고 거대한 금등대와 감람산 눈물교회 모형, 예수 생애의 주요 상황을 22개 벽화로 표현하고 해설을 붙인 길도 만날 수 있다.

공원 안의 예배당은 선양의 대표교회인 둥관탕東關堂의 옛 모습을 바탕으로 지어졌다. 기존 둥관탕이 의화단운동 당시 화재로 소실되어 현재는 1907년에 중건된 모습을 간직하고 있는데 이곳 공원의 예배당은

† 선양고궁 입구와 '동북의 왕'
  장쒜량 저택 앞 석상

고증을 받아 화재 이전 모습으로 복원한 것이다. 물론 내부는 현대식으로 꾸며져 있다. 일요일이 되면 이곳에서 예배가 진행된다. 아울러 지역에서 활동하다가 영면에 든 성도들을 위한 묘소도 자리 잡고 있다.

중국 선양에 이런 공원이 자리 잡고 예수의 삶과 중국 그리스도교의 역사를 나누고 있다는 사실 자체가 놀라운 일이 아닐 수 없다. 그것도 국가가 아닌 개인의 노력으로 일궈낸 성과라 더욱 값지다. 창사에서는 유사한 공원이 건립되었다가 폐쇄되었는데 이곳 선양에서는 여전히 운영되고 있다는 사실이 우리를 감동시킨다. 그만큼 선양과 동북 그리스도교인들이 노력한 결과일 것이다. 아울러 종교 관련 시설에 대해 엄격한 기준을 적용해 폐쇄하지 않고 열린 마음으로 허가해준 랴오닝성과 선양시 정부 관계자들의 배려에 감사할 따름이다. 이 또한 하나님의 놀라운 섭리이리라. 그러나 최근 중국의 종교정책이 급속하게 경색되면서 이 공원 또한 영향을 받지 않을까 걱정이 앞선다.

선교를 받는 나라에서 선교를 주도하는 나라로

중국 정부의 통계에 따르면 선양의 개신교 신자는 20만 명이라고 한다. 랴오닝성과 선양도 등록교회가 활성화되어 있고 미등록교회와 교류도 원만하다. 현지 미등록교회, 즉 가정교회는 앞서 언급했듯이 등록교회를 극단적으로 반대하는 측과 원만한 관계를 유지하는 측으로 크게 양분된다. 등록교회 다수는 스코틀랜드 장로회 계열의 개신교회이고 참예수회 등 중국자생교회도 있으나 교리적 차이를 안고 있다. 1998년 11월, 중국 북방의 어느 마을에서 4개 가정교회에 속한 동역자同工

† 선양간란산의 100인 선교사 조각상

† 성경주제공원 내 옛 둥관교회 복원 교회 외관

† 성경주제공원 내 옛 둥관교회 복원 교회 내부

10여 명이 그리스도 예수 안에서의 연합을 소원하며 교회를 하나로 합했다. 이와 관련하여 회의를 거쳐 26일에 〈중국가정교회의 신앙고백〉과 〈중국가정교회가 정부와 종교정책 및 삼자三自를 대하는 태도〉라는 글을 발표했다.

〈중국가정교회의 신앙고백〉은 중국가정교회의 동일한 신앙 기준과 성령의 권세와 삼위일체론, 그리스도의 구속 등을 선포하면서 현재 만연하고 있는 이단 교리를 배척한다는 내용을 담고 있다. 〈중국가정교회가 정부와 종교정책 및 삼자를 대하는 태도〉는 가정교회가 하나님과 국민, 교회와 국가를 사랑함을 밝히고 삼자에 등록하지 않고 가입하지 않는 이유를 설명하며 중국 정부에 자신들의 정교분리를 이해해줄 것을 요청하는 내용을 담고 있다. 이는 중국가정교회 최초의 신앙고백이자 중국 정부와의 대화를 바라는 최초의 시도라는 점에서 의미가 남다르다.

중국 동북지역에도 신학원이 세 곳 있다. 선양에 있는 둥베이신학원이 가장 대표적인 신학원으로서 4년제 신학대학교로 성장했다. 처음에는 1년 6개월 과정의 이공 학제였는데 점차 이수기간이 늘어 현재는 4년제 신학대학교로 바뀌었다. 둥베이신학원의 경우 4개반 200명 정원이고 50여 명 정원의 성악반은 별도로 운영 중이다. 물론 1년에서 2년 정도 이공 과정도 계속 운영 중이다. 예전에는 선양 시내의 청년대가에 있었는데 지금은 교외에 새 캠퍼스를 지어 이전했다. 둥베이신학원과 함께 하얼빈의 헤이룽장성신학원과 지린의 지린성신학원이 있다. 그럼에도 여전히 목회자는 태부족인 상황이다. 그래서 평신도 사역자가 활발하게 활동하고 있다. 이들은 직장을 가지고 교회를 섬기는 일꾼들로서 짧게는 3달, 길게는 2년 정도 성경 학습반 과정을 거쳐 교회사역에 동참할 수 있다. 편입 장로가 되어 안수도 가능하고 주일 설교도 담당할 수 있다.

과거에는 한국선교사들이 조선족선교와 북한선교를 위해 이 동북 지방에 진출하여 선교에 많은 노력을 기울였다. 그러나 현지 교회를 존중하지 않고 기존 교인들을 데려가서 새로운 교회를 만드는 형태를 반복했다. 이러한 행위는 현지 교회에 적지 않은 악영향을 미쳤다. 중국에서 만난 목회자들은 이와 같은 일방적 선교 방식을 바꿔야 한다고 한목소리로 지적했다. 중국은 이미 선교를 받는 나라가 아닌 선교를 주도하는 나라가 되었다. 다만 목회자가 절대적으로 부족하고 전문성이 떨어진다는 면에서 한국 교회의 역할이 매우 중요한 시점이다.

공항으로 이동하기 전에 공항에서 멀지 않은 곳에 있는 목사님의 교회를 방문했다. 중국인들을 대상으로 한 등록교회였는데 현재 교인들이 꾸준히 증가해 교회 확장을 계획하고 있었다. 이 교회는 순수하게 중국인 대상의 교회로 한인 예배는 없다고 했다. 청년층이 60퍼센트이고 중장년층이 20퍼센트, 유소년층이 20퍼센트로 청년 중심 교회였다. 반면에 이웃한 교회는 순복음 계열의 조선족 교회로 한국 목회자들이 종교비자로 들어와 사역하고 있다고 한다. 그런데 근래 들어 조선족들이 한국과 중국의 각지로 진출하면서 교인이 급감해 힘든 상황이라고 했다. 이처럼 중국 그리스도교와 동베이3성 교회의 외연은 계속 성장하고 있으나 내부적으로는 많은 어려움에 직면해 있었다.

목사님의 배웅을 받으며 공항에 도착한 뒤, 대합실에 앉아 그간의 일정을 되돌아보았다. 시안으로부터 시작해 이곳 선양까지 일정은 짧지만 강렬한 인상을 남긴 여행이었다. 한편으로는 그동안 무지로 증폭되었던 중국 그리스도교에 대한 오해를 불식하고 현실에 한 걸음 가까이다가가는 귀한 여정이었다. 그리스도교에서 '땅 끝'으로 여겨지던 중국은 '중국식 사회주의 체제'라는 특수한 상황 속에서 많은 선구자의 '피와 땀'으로 일군 역사를 통해 '자신만의 색깔'을 갖고 또 다른 '땅 끝'을 향해 큰 걸음을 걷고 있었다.

중국 그리스도교의 '진면목'과 만나보겠다는 큰 목표에 크게 못 미치는 발걸음이었다. 그러나 중국에 펼쳐진 신의 섭리와 놀라운 역사를 실감했던 소중한 시간에 감사하며 이런 감동을 온전히 한국의 교인들에게 전달해보리라 다짐하면서 귀국길에 올랐다.

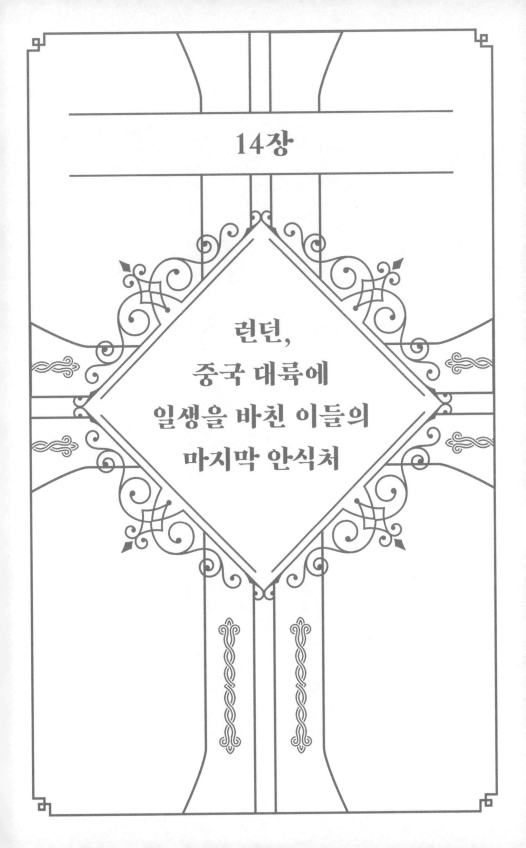

14장

런던,
중국 대륙에
일생을 바친 이들의
마지막 안식처

† 영국과 아일랜드

지금까지 선교사들의 헌신을 살펴봤는데, 유달리 많은 영국인 선교사의 등장이 눈에 띄었다. 더욱이 제1차 아편전쟁 이후 세 번째로 찾아온 중국 선교의 열기 속에서 영국인 선교사들의 활약은 눈부셨다. 특히 영국인 중에서도 스코틀랜드인이 다수를 차지했다. 왜 스코틀랜드 출신 선교사들이 이렇게 헌신했으며 그 동력은 어디에 있었을까?

엉겅퀴의 나라, 스코틀랜드

이 책에서 다룬 주요 영국인 선교사들의 출신과 활동지 등을 다음 도
표로 정리해보았다.

이름	생존연도	출신지	소속	활동지역	참고사항
그리피스 존	1831~1912	사우스웨일스 스완지	런던선교회	허페이, 후난, 쓰촨, 후베이	
데이비드 랜스버리	1870~1957	스코틀랜드		타이완	글래스고대학 문학석사, 에든 버러대학 의학
두걸드 크리스티	1855~1936	스코틀랜드 글랜코	장로회	잉커우	에든버러대학 의학박사
로버트 모리슨	1782~1834	잉글랜드 노섬벌랜드 모패스	런던선교회	마카오, 광둥	글래스고대학 명예 신학박사
로버트 헨리 코볼드	1820~1893		성공회	닝보, 저장	
마리아 다이어	?~1808		런던선교회	저장	페낭, 믈라카, 싱가포르
맥길		스코틀랜드	스코틀랜드 연합장로회		해외 선교부 총무
매켄지	1833~1899	스코틀랜드 인버네스	장로회	산터우, 타이완	애버딘대학, 에든버러대학 신학

메리 마틴		스코틀랜드	스코틀랜드 장로회		티모시 리처드 부인
메리 올더시	1797~1868	잉글랜드 런던	스코틀랜드 장로회	닝보	
알렉산더 웨일리	1815~1887	잉글랜드 런던	런던선교회	상하이	스코틀랜드 유년시절
알렉산더 윌리엄슨	1829~1890	스코틀랜드 팔키릭	런던선교회, 스코틀랜드 성서공회	옌타이	글래스고대학 법학·신학박사
에이욜트	1906~1997		감리회	원저우	
월터 헨리 메드허스트	1796~1857	잉글랜드 런던	런던선교회	믈라카, 상하이	
윌리엄 록하트	1811~1896	잉글랜드 리버풀	런던선교회	마카오, 상하이	
윌리엄 무어헤드	1822~1900	잉글랜드	런던선교회	상하이	
윌리엄 밀른	1785~1822	스코틀랜드 애버딘셔 케네스몬트	런던선교회	믈라카, 마카오, 광둥	
윌리엄 암스트롱 러셀	1821~1879	아일랜드 티페라리	성공회	저장	
윌리엄 에드워드 수트힐	1861~1935	잉글랜드 요크셔 핼리팩스	감리회	원저우	
윌리엄 찰머 번스	1815~1868	스코틀랜드 킬시스	장로회	장쑤, 푸젠, 광둥	애버딘대학 법학, 글래스고 대학 신학
제임스 레그	1815~1897	스코틀랜드 애버딘셔 헌틀리	런던선교회	믈라카, 홍콩	애버딘대학
제임스 맥스웰	1836~1921	스코틀랜드	장로회	푸젠, 타이완	에든버러대학 의대
제임스 허드슨 테일러	1832~1905	잉글랜드 요크셔 반즐리	내지선교회	저장, 전지역	
조셉 에드킨스	1823~1905	잉글랜드 글로스터셔 네일스워스	런던선교회	상하이, 베이징	
조지 매케이	1844~1901	캐나다	캐나다 장로회	타이완	스코틀랜드인 부친 / 에든버러 대학 의대
조지 에드				타이완	에든버러대학 교육학
조지 스콧	1835~1889	스코틀랜드 애버딘 벨헬비	내지선교회	원저우, 저장	
존 레이턴 스튜어트	1876~1962	항저우		항저우, 난징	스코틀랜드 귀족 후예
존 로스	1842~1915	스코틀랜드 이스터로스	스코틀랜드 연합장로회	선양, 랴오닝	글래스고대학, 에든버러신학원
존 맥고완	1835~1922	아일랜드 벨파스트	런던선교회	샤먼	
존 쇼 버든	1826~1907	스코틀랜드 글래스고	성공회	상하이	

존 스티븐슨	1836~1903	스코틀랜드	성공회		애버딘대학 신학
카테어 더글라스	1830~1877	스코틀랜드 킬바찬	장로회	샤먼, 민난, 푸젠, 타이완	글래스고대학 예술, 에든버러 대학 신학
칸디디우스	1597~1647	독일	네덜란드 개혁교회	타이완	스코틀랜드인 모친
토머스 바클레이	1849~1935	스코틀랜드 글래스고	장로회	타이완	글래스고대학
토머스 풀턴		아일랜드			
티모시 리처드	1845~1919	남웨일스 카마덴셔	침례선교회	상하이, 베이징, 산시	
프레드릭 볼러	1852~1922	잉글랜드	내지선교회	안후이, 장쑤	
휴 리치	1835~1879	스코틀랜드	장로회	타이완	글래스고대학

표에서 보듯이 중국에서 활동한 영국 선교사 중 상당수가 스코틀랜드와 연을 맺고 있다. 그 배경에는 영국이 산업혁명과 함께 대영제국으로 발돋움하기 이전에 스코틀랜드에서 일어난 종교개혁과 계몽운동이 자리하고 있다.

예수의 12제자 중 안드레(안드레아)는 베드로의 동생으로 그리스도교에서 성인으로 추앙받는 인물이다. 그는 로마 네로 황제의 박해가 있자 그리스로 피신했는데 파트라스에서 체포되어 심문 끝에 십자가에 못 박혀 순교했다. 그런데 그리스어로 '그리스도'란 단어의 첫 글자가 'X'였기 때문에 안드레는 본인의 의사에 의해 'X'자 형태의 십자가에 매달렸다. 십자가에 매달린 뒤에도 이틀 동안 고통을 참으며 설교를 이어갔다. 이틀 후에는 군중의 요청으로 십자가에서 내려오게 되었는데 하늘에서 쏟아진 빛줄기에 싸여서 숨을 거두었다. 이후 가톨릭과 동방정교회, 영국교회(성공회)에서는 11월 30일을 성 안드레St. Andrew 축일로 지정해 기념하고 있으며 러시아와 스코틀랜드는 그를 수호성인으로 채택했다. 스코틀랜드는 수호성인인 성 안드레의 행적을 기리며 'X'자 형태의 깃발을 국기로 채택했다.

스코틀랜드의 국화는 엉겅퀴이다. 스코틀랜드를 침공한 바이킹들이 어둠을 틈타 기습을 위해 소리 없이 접근하던 중 엉겅퀴에 찔려 소리를 내는 바람에 기습에 실패하고 전투에 패해 물러났다는 일화가 전해온다. 또한 스코틀랜드인들이 즐겨 쓰는 말 가운데 "엉겅퀴를 단단히 쥐다Grasp the thistle firmly"가 있다. 아픔을 참고 잔가시같이 억센 털을 움켜쥘 정도의 각오로 "용기 내어 난국에 대처하자!"라는 뜻을 담고 있다. 스코틀랜드의 거친 야생과 대자연이 말해주듯이 스코틀랜드인들은 완고하면서도 자부심이 대단하다. 그들은 역사적인 순간마다 엉겅퀴의 생명력으로 위축되지 않고 위기를 극복해 찬란한 문화를 이룩했다.

주지하듯이 영국은 잉글랜드와 웨일스, 스코틀랜드와 북아일랜드를 아우르는 연합국가United Kingdom이다. 잉글랜드는 역사적으로 국왕에 의한 강력한 중앙집권제를 유지했다. 아울러 앵글로색슨족 문화의 영향으로 수직적 인간관계를 중시했다. 그래서 잉글랜드 교회는 가톨릭은 물론이거니와 국교회(성공회)와 구세군 등 감독 정치를 핵심으로 하는 수직적 체계를 선호했다. 반면에 스코틀랜드는 북부의 산악지대Highland와 남부의 평야지대Lowland에서 분권적 통치체계를 형성했고 수평적 인간관계와 자유를 중시하는 경향을 강했다. 그래서 스코틀랜드교회는 회중이 지도자를 선출하는 장로회를 탄생시켰다. 이전에는 북부 산악지대에 가톨릭이 우세했고 남부 평야지대는 개혁교회가 우세했는데 지금은 오히려 북부 산악지대에 개혁교회의 원형이 보존되어 있다.

스코틀랜드는 또 오래전부터 교육과 연구를 중시했다. 스코틀랜드의 제임스 1세(1406~1437 재위)는 영국이 옥스퍼드와 케임브리지 두 개 대학을 가지고 있던 것처럼 스코틀랜드도 두 개 대학을 갖길 원했다. 참고로 영어권 최초의 대학인 옥스퍼드대학은 1096년에 설립되었고 케임브리지대학은 1209년에 설립되었다. 제임스 1세는 글래스고의 윌리엄 턴불 추기경Bishop William Turnbull이 대학을 설립할 수 있도록 교황 니콜라스

† **1650년의 글래스고대학** 글래스고대학은 중세 유럽의 위대한 지적 전통을 계승했으며 경제학자
애덤 스미스와 공학자 제임스 와트 같은 역사적인 인물을 배출했다.

† **지금의 애버딘대학 킹스칼리지 건물**

5세(Pope Nicholaus V, 1447~1455 재위)에게 도움을 요청했다. 그 결과 1410년
에 스코틀랜드 최초로 성 안드레대학University of St. Andrews이 설립되었다.

40년 뒤에는 두 번째 대학인 글래스고대학University of Glasgow이 설립되었다. 개교 당시 1088년에 세워진 세계 최초의 볼로냐대학University of Bologna을 모델로 삼았다. 당시 중세 유럽 지성의 핵심이었던 도미니코회 수도사들로부터 많은 도움을 받기도 했다.

스코틀랜드의 세 번째 대학인 애버딘대학University of Aberdeen은 제임스 4세가 1495년에 왕립대학으로 설립한 킹스칼리지King's College로 시작해 이후 시내 중심에 세워진 마샬칼리지Marshall College, 1593가 1860년에 병합되면서 지금과 같은 애버딘대학이 되었다. 네 번째 대학인 에든버러대학University of Edinburgh은 1582년에 설립되었다. 스코틀랜드 수도 에든버러에 대학이 제일 늦게 들어섰다는 사실이 의아하지만 이후 스코틀랜드 최고 대학으로 발돋움했다. 특히 의과대학은 당시 유럽 과학의 중심지 역할을 하면서 세계적으로 명성을 떨쳤다. 철학자 데이비드 흄, 생물학자 찰스 다윈, 소설가 코난 도일, 과학자 알렉산더 그레이엄 벨, 작가 월터 스콧 등 다양한 분야의 인재들이 에든버러대학에서 공부했다. 이처럼 좁은 스코틀랜드의 평야지대에 18세기까지 다섯 개 대학이 집중해 있었다는 것은 학문을 탐구해 현실을 타개하고 미래를 개척하고자 하는 스코틀랜드인들의 열망을 단적으로 보여준다. 대학 설립뿐만 아니라 1496년에 교육법 통과를 계기로 스코틀랜드는 교육 네트워크를 구축해 향후 인문 발전의 기틀을 마련했다.

인본주의에 입각한 학구열은 종교개혁에도 영향을 미쳤다. 영국에서의 종교개혁도 스코틀랜드 에든버러에서 시작되었다. 찬란한 문화의 중심지로서 '북방의 아테네Athens of North'로 불렸던 에든버러는 존 녹스를 중심으로 한 스코틀랜드 종교개혁의 중심지이자 장로회의 탄생지로서 600년 즈음에 탄생했다. 18세기에는 계몽운동의 중심지이기도 했다. 그래서 미국 건국의 중심인물이자 미국 독립선언서를 작성한 토머스 제퍼슨(Thomas Jefferson, 1743~1826)은 "이 세계의 어느 곳도

† 자일스성당 외관과 내부

에든버러와 경쟁할 수 없다"고 칭찬했다. 존 녹스(John Knox, 1513?~1572)
는 가톨릭 사제였으나 스위스 제네바에서 장 칼뱅의 영향으로 개혁
신학을 공부한 뒤 스코틀랜드와 영국의 개혁교회를 이끌면서 성경 중
심의 장로교회를 수립했다. 그래서 그가 복음주의 교리를 설파한 세
인트 자일스 대성당 St. Giles Cathedral은 '세계 장로회의 어머니 교회 The
mother church of the world presbyterianism'라는 별명을 갖고 있다.

이처럼 우수한 교육 기반과 선도적 종교개혁을 기반으로 스코틀랜
드 계몽운동 Scottish Enlightenment이 일어났다. 1707년, 스코틀랜드는 잉
글랜드와 통합되어 웨일스와 함께 그레이트브리튼왕국 Kingdom of Great
Britain에 편입되었다. 권력의 중심이 잉글랜드로 이동하면서 스코틀랜
드는 변방으로 변했다. 스코틀랜드 정치인과 귀족을 비롯한 권력 집단
이 런던으로 이주했다. 그러나 별도의 법체계를 유지하고 있던 스코틀
랜드에서 법학자와 변호사, 의사와 목사 등 남아 있는 중산층 엘리트
들이 학문을 탐구하고 활발하게 토론함으로써 새로운 흐름을 이끌었
다. 당시 스코틀랜드는 변화된 세계무역의 중심에 놓여 큰 혜택을 누
렸다. 이민자들로 인해 아메리카 대륙의 경제가 급속히 팽창하면서 스
코틀랜드는 아메리카와 유럽 사이에서 중개무역의 특수를 누렸다. 아
메리카에는 각종 공산품을 공급하고 유럽에는 아메리카에서 가져온
담배를 공급함으로써 자본을 축적할 수 있었다. 그 결과 1695년에 스
코틀랜드은행이 설립되고 1727년에 스코틀랜드왕립은행이 설립되는
등 금융업도 동반 성장했다. 이런 경제 기반은 창업과 사회기반사업 확
충과 무역 진흥에 이용되었다.

계몽운동은 각종 클럽을 통해 토론 문화가 활성화되면서 사회 전반
에 영향을 미쳤다. 에든버러를 중심으로 시작되어 점차 글래스고 같은
다른 도시로 확대되었다. 인쇄업자인 토머스 러디맨 Thomas Ruddiman이
세운 이지클럽 Easy Club, 학자와 상인들 간의 교류를 목적으로 세워진

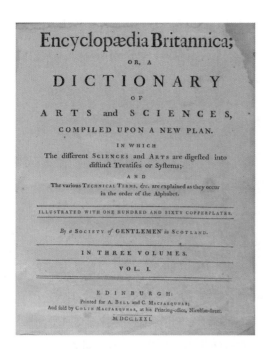

Encyclopædia Britannica;
OR, A
DICTIONARY
OF
ARTS and SCIENCES,
COMPILED UPON A NEW PLAN.
IN WHICH
The different SCIENCES and ARTS are digested into
distinct Treatises or Systems;
AND
The various TECHNICAL TERMS, &c. are explained as they occur
in the order of the Alphabet.

ILLUSTRATED WITH ONE HUNDRED AND SIXTY COPPERPLATES.

By a SOCIETY of GENTLEMEN in SCOTLAND.

IN THREE VOLUMES.

VOL. I.

EDINBURGH:
Printed for A. BELL and C. MACFARQUHAR;
And sold by COLIN MACFARQUHAR, at his Printing-office, Nicolson-street.
M.DCC.LXXI.

† 브리태니커백과사전   이 백과사전은 스코틀랜드 계몽운동의 산물로서 당시 영국 지식인들이
  1771년 초판본 표지   총동원되어 세계의 지식을 집대성한 대작이었다.

정치경제클럽, 명사회The Select Society, 포커클럽Poker Club 등을 통해 당시
유명 학자와 경제인, 목사들과 여러 지식인이 현안들을 토론하면서 사
회의 진보를 이끌었다. 신지식을 전파하기 위한 출판이 잇따르면서 인
쇄업도 크게 발달했다. 에든버러에는 1763년에 제지소 세 곳과 인쇄
소 여섯 곳이 있었는데 20년 뒤인 1783년에는 열두 개 제지소와 열여
섯 개 인쇄소로 늘어났다. 그만큼 에든버러를 기점으로 스코틀랜드와
잉글랜드의 지적 소비를 선도했다는 증거이다. 그 중심에《브리태니
커 대백과사전》이 있었다.《브리태니커 대백과사전》은 스코틀랜드인
의 자랑을 넘어 영연방의 선진문화를 과시하는 상징물이 되었다. 1768
년에서 1771년 사이에 콜린 맥파커와 앤드루 벨이 1~3권으로 처음 발
간했고, 1810년에 이르러서는 20권까지 늘어났다. 1898년까지 에든버

러에서 출판되다가 이후 미국 출판사에 판권이 매각되었다. 사전의 상징이 엉겅퀴인 것은 스코틀랜드인의 자긍심을 담아내기 위함이었다. 그리고 축적된 지식과 정보는 국가의 힘으로 표출되었다.

참고로 스코틀랜드는 잉글랜드보다 인쇄술 도입이 늦어서 종교개혁 초기부터 잉글랜드의 성경이 유통되었고 그 과정에서 표준 영어가 유입되었다. 1611년에 잉글랜드의 제임스 1세(1567~1625 재위)가 종교개혁의 영향을 받아 국교회(성공회)와 개혁교회에서 공동으로 사용할 수 있는 성경 번역본을 출간했다. 이 성경이 바로 제임스왕의 지시에 따라 제작되어 국교회에서 인정한《흠정역 성경 Authorized Version》, 즉《킹 제임스 성경 KJV》이다. 당시《킹 제임스 성경》은 잉글랜드 남동부 중심의 표준 영어로만 출간됐다. 스코틀랜드는 스코트어를 사용했으나《킹 제임스 성경》이 유통되면서 스코틀랜드 영어 Scottish English가 형성돼 토착 언어들을 밀어내기 시작했다. 그레이트브리튼왕국으로 병합된 이후에는 스코트어 쇠락이 더욱 가속화했다.

이와는 별도로 1678년에는 존 번연의《천로역정(天路歷程, The Pilgrim's Progress)》제1부가 출간되었다. 존 번연(John Bunyan, 1628~1688)은 잉글랜드 베드퍼드 Bedford 엘스토 Elstow 출신으로서 대장장이의 아들로 태어났다. 청교도인 아내 메리와 결혼하면서 베드퍼드 침례교회 신자가 되었다. 그 후 복음 전도자로서 설교활동을 하다가 무허가 집회를 열었다는 혐의로 체포되었다. 당시 찰스 2세가 개혁교회를 탄압하던 시절이라 12년간 옥고를 치러야 했다. 번연은 옥중에서 그리스도교인의 삶을 순례 여정으로 묘사한《천로역정》을 저술했다.

칼뱅은 초기교회를 이상적 교회로 삼아 오르간을 포함해 그동안 가톨릭 성당에서 사용하던 모든 장식물을 배제했다. 따라서 한동안 무미건조한 예배를 드리다가 대안으로 제시된 것이 독일과 프랑스 운율을 살린 시편 찬송이었다. 1539년에 성경의 시편에 국한한 찬송집인

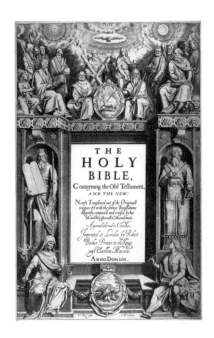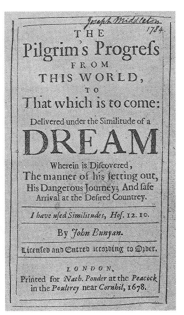

† 1611년 킹 제임스 버전 성경 초판본 표지와 1678년 천로역정 초판본 표지

《스트라스부르 시편가Strasbourg Psalter》가 출판되었고 이후 개혁교회의 새로운 예배형식으로 자리 잡았다. 칼뱅과 함께 생활했던 존 녹스도 영향을 받아 스코틀랜드로 돌아온 뒤 1561년에《스코틀랜드 시편가Scottish Psalter》를 제작했다. 처음에는 편수가 적었지만 후에 스코틀랜드 교회 측에서 시편 전체로 확대하자고 제안해 이후로 판본을 거듭하면서 편수가 늘어났다. 그래서 현재 찬송가 중에는 스코틀랜드에서 비롯된 곡이 적지 않다. 대표적으로 스코틀랜드 음률에 시편 23편의 가사를 단〈주는 나의 목자시니The Lord Is My Shepherd〉는 1650년에 처음 선보인 이후 여러 버전으로 유통되면서 전 세계적인 찬송가로 발돋움했다. 그리고 잘 알려진 대로 〈천부여 의지 없어서〉는 스코틀랜드 민요인 〈올드 랭 사인Auld Lang Syne〉의 곡을 담고 있다. '올드 랭 사인'은 '그리운 옛날, 즐거웠던 한때, 흘러간 지난날'을 뜻하는 'Old Long Since'

의 스코틀랜드 사투리로 스코틀랜드를 대표하는 시인 로버트 번스가 채록한 시이다. 이 시는 윌리엄 쉴드의 오페라 〈로지나〉에 실리면서 유명해졌다. 아울러 〈하늘 가는 밝은 길이〉라는 찬송가도 스코틀랜드 민요 〈애니 로리Annie Laurie〉가 원작이다.

연구에 따르면 18세기 중반까지 스코틀랜드는 에든버러와 글래스고, 애버딘 등 주요 도시를 중심으로 대학과 도서관, 박물관, 독서협회 등을 통해 지적 인프라와 네트워크를 구축했다고 한다. 그런데 사회경제적 기반이 점차 취약해지고 기계화와 산업화의 영향으로 경제의 중심이 리버풀과 맨체스터, 버밍엄과 런던 등 잉글랜드와 남부지역으로 이동하면서 교육과 연구의 중심축이 스코틀랜드의 5개 대학에서 잉글랜드의 옥스-브리지(Oxford와 Cambridge)와 런던대학으로 이동했다. 1830년대에 옥스-브리지의 개혁 모델은 바로 에든버러대학이었다. 그러나 스코틀랜드 계몽운동의 열매는 뒤늦게 다른 곳에서 열렸다. 그것은 바로 계몽운동의 풍토에서 자란 스코틀랜드 선교사들이 머나먼 중국에서 복음과 함께 꽃을 피우고 열매를 맺은 것이다.

영국의 그리스도교, 존 녹스와 존 웨슬리

지금도 지구촌 곳곳에서 분쟁이 이어지고 있는데 그 저변에는 종교 갈등이 깔려 있다. 종교 갈등이 민족 문제와 정치 문제와 결합되면서 그 갈등 양상은 해소되기는커녕 더 심화되고 첨예해지는 모습이다. 더욱이 경우에 따라 종교계가 사회 권력과 결탁하면서 갈등의 폭과 깊이를 심화하는 역할을 한다. 인류 역사에서 그리스도교 역시 이 문제에서 예외일 수 없었다. 유럽 역사에서 대부분 갈등과 충돌은 종교문제와 결부되어 있다. 주지하듯이 유럽 그리스도교 세력은 수차례에 걸친 십자군

† **1684년에 그려진 존 번연의 초상화** 존 번연은 옥중에서 《천로역정》을 집필했으며 이 책은 서구사회에서 성경 다음으로 많이 출판된 서적이 되었다. 또한 선교사들에 의해 중국어와 한국어로 번역되어 양국의 그리스도교인에게 지대한 영향을 미쳤다.

전쟁으로 이슬람 세력의 확장에 맞섰다. 성전聖戰을 표방했지만 실제로는 갖가지 선전과 선동에 의한 희생과 상처뿐인 영광이었다. 그 뒤로 가톨릭의 부패가 심화되고 종교개혁이 잇따르면서 구교와 신교의 대립이 시작되었다.

종교개혁운동은 유럽 대륙에서 먼저 시작되었다. 당시 사회 지배세력의 주축이던 가톨릭에서는 주교직을 매매했을 뿐 아니라 교황청을 유지하고 성당을 건축하기 위해 성도들에게 면죄부 판매를 강요하는 등 추태가 만연했다. "모금함에 돈을 떨어지는 소리와 함께 연옥에서 고통받던 영혼이 천국으로 간다"라는 허황된 말로 면죄부를 선전했고 면죄부를 사면 성모 마리아를 능욕해도 깨끗이 용서받을 수 있다고 광고했다. 더 나아가 면죄부를 사면 미래의 죄까지도 전부 소멸된다고 주장했다.

독일인 가톨릭 신부 마르틴 루터(Martin Luther, 1483~1546)가 면죄부 판매의 부당성을 지적하고 교단의 신성모독을 비판하기 위해 1517년 10월 31일 비텐베르크 만인 성자 교회 문에 〈95개조 반박문〉을 내걸면서 종교개혁이 촉발되었다. 〈95개조 반박문〉의 본래 명칭은 〈면죄부의 능력과 효용성에 관한 토론〉이었다. 루터의 핵심은 '믿음으로 구원以信稱義'과 '성경 중심 복음주의'였다. 다만 한편으로 루터는 정치사회적 사안에 대해서는 보수적 면모를 보이기도 했다.

루터는 가톨릭에서 파문되고 지배 권력으로부터 살해 위협에 시달렸지만 민중의 절대적 지지를 받았다. 이후 그는 독일어성경 번역과 새로운 교회 설립에 주력했다. 이렇게 가톨릭에 대항한 개혁교회가 출현했지만 초창기부터 여러 개별사안에 대한 의견이 분분하여 불가피하게 분파의 길을 걷게 되었다.

사회적으로 도시민과 상공인이 성장하면서 기존의 계급사회와 봉건질서가 무너지기 시작했다. 프랑스인 장 칼뱅(Jean Calvin, 1509~1564)은 '정당한 부의 축적'을 긍정하면서 신흥 세력의 주장을 반영했다. 칼뱅은 신비 체험과 은사를 부정하는 대신 루터의 주장을 가다듬어 더 현실적이며 핵심적인 강령을 제시했다. 칼뱅과 칼뱅주의의 강령은 '다섯 솔라Five Solas와 5대 강령TULIP'으로 요약된다. 먼저 다섯 솔라는 오직 성경 Sola Scriptura, 오직 그리스도Solus Christus, 오직 은혜Sola Gratia, 오직 믿음Sola Fide, 오직 하나님께 영광Soli Deo Gloria을 일컫는다. 다음으로 5대 강령은 인간의 완전한 타락Total Depravity, 하나님의 무조건적인 선택Unconditional Election, 제한된 속죄Limited Atonement, 저항할 수 없는 은혜Irresistible Grace, 성도의 견인Perseverance of Saints을 일컫는다. 칼뱅은 프랑스 왕권과 가톨릭 교권의 탄압을 피해 스위스로 망명했고 제네바를 기점으로 개혁을 주장하고 실천했다. 이후 제네바는 종교개혁의 중심지가 되었으며 루터와 칼뱅의 개혁이론은 전 유럽으로 퍼져나갔다.

한편 영국에서는 1533년에 국왕 헨리 8세와 궁녀 앤 불린의 결혼 문제로 왕실이 가톨릭과 결별하고 영국교회(성공회)를 만드는 사상초유의 사태가 벌어졌다. 교황이 둘의 결혼을 불허하자 헨리 8세는 왕권을 교권 위에 두는 왕위지상권Royal Supremacy을 의결했고 영국교회(성공회)는 가톨릭의 치리에서 벗어나 독립했다. 이에 가톨릭 교황청은 헨리 8세를 비롯한 관련자들을 파문했다. 그런데 헨리 8세가 여섯 번이나 결혼하는 과정에서 정쟁이 끊이지 않게 되자 국교회는 왕권과 불화를 피하기 위해 극단적 편향을 지양하고 중도적 견지를 취하게 되었다. 이 같은 흐름에 따라 국교회는 변화하는 현실을 외면한 채 부패의 길을 걷게 된다. 영국교회는 이름만 바뀌었을 뿐, 교회 전례는 가톨릭을 답습했다. 이에 영국에서도 루터의 개혁교회와 장로회 같은 개혁세력이 등장했다.

장로회는 스코틀랜드인 존 녹스에 의해 탄생했다. 존 녹스(John Knox, 1513?~1572)는 글래스고대학에서 공부한 뒤 성 안드레대학에서 신학을 배웠다. 사실 그는 가톨릭 신부 서품을 받았지만 조지 위샤트(George Wishart, 1513~46)의 설교를 듣고 개혁사상을 접한 뒤 스코틀랜드의 종교개혁을 이끌게 되었다. 당시 스코틀랜드는 그리스도교국가임에도 해석의 오류를 방지한다는 명목으로 '성경 읽기'가 법으로 금지되었고 신약성경은 금서로 지정될 정도였다. 잉글랜드에서는 존 위클리프와 윌리엄 틴데일이 라틴어가 아닌 영어로 성경을 번역하고 유통했다는 이유로 화형을 당했다. 스코틀랜드에서는 성 안드레대학 학생이던 패트릭 해밀턴이 개혁사상을 담아 설교했다가 이단으로 몰려서 24세이던 1528년에 화형을 당했고 조지 위샤트도 33세이던 1546년에 화형을 당했다. 그들이 화형을 당한 곳은 세인트앤드루스(성 안드레)였다. 이에 분노한 개혁세력이 세인트앤드루스를 점거했지만 왕실과 교회가 프랑스 군대를 끌어들여 세인트앤드루스를 회복한 뒤 개혁세력을 탄압했다. 체포된 녹스는 프랑스로 끌려가 갤리선의 노잡이 형벌을 받으면서 개종을 강요받았지만 주장을 굽히지 않았다.

그 뒤 박해를 피해 스위스 제네바로 건너간 녹스는 칼뱅을 만나 개혁사상을 진전시켰다. 종교 박해를 피해 제네바에 거주하던 영국 난민들을 보살피면서 평등·자율·연합을 바탕으로 한 장로회 운영을 실천했다. 그는 이렇게 기도했다. "스코틀랜드를 주십시오. 아니면 내 목숨을 거두어 가십시오!" 스코틀랜드 여왕이자 프랑스 여왕이기도 했던 메리 1세(Mary, Queen o Scots, 1542~1567 재위)는 자신의 지지 기반인 프랑스 때문에 가톨릭 편에 서서 존 녹스와 맞섰다. 녹스는 12년의 망명 생활을 마치고 1559년에 스코틀랜드로 돌아와 에든버러 자일스성당에서 복음주의 교리를 설파했다. 그리고 자신을 소환한 메리 1세 앞에서도 가톨릭의 폐단을 통렬히 비판했다. 메리 1세가 스코틀랜드를 가톨릭 국가로 회귀시키려 하자 녹스는 "한 번의 미사가 1,000만 군사보다 무서운 것입니다!"라고 경고하기도 했다. 의회가 개혁신학을 정죄하려 하자 존 녹스를 포함한 6명의 존이 1560년에 〈스코틀랜드 신앙고백서The Scot Confession〉를 발표했다. 〈스코틀랜드 신앙고백서〉는 훗날 〈웨스트민스터 신앙고백The Westminster Confession of Faith (1647)〉과 〈웨스트민스터 소요리문답Westminster Shorter Catechism〉과 〈웨스트민스터 대요리문답Westminster Larger Catechism〉으로 이어졌다.

1560년에 스코틀랜드는 마침내 교회 개혁을 지지하고 장로교를 국교로 지정했다. 이후 장로교는 잉글랜드와 아일랜드를 비롯해 영연방과 미국, 캐나다, 오스트레일리아 등으로 전파되었다. 아울러 존 로스를 비롯한 장로회 선교사들을 매개로 중국과 한국에 큰 영향을 미쳤다.

가톨릭의 개혁교회 탄압을 상징적으로 보여주는 사건이 성 바르톨로메오 축일의 학살이다. 이 또한 정략결혼으로 시작해 왕권과 교권의

† 스코틀랜드의 메리 1세와
  존 녹스

메리 1세가 구교 강국 스페인의 펠리페 1세와 결혼하는 것을 존 녹스가 반대하면서 두 사람은 극도로 대립하기 시작했다. 심지어 메리 1세는 존 녹스 앞에서 울음을 터뜨리며 "당신이 내 결혼과 무슨 상관이란 말이에요!"라고 외쳤다고 전해진다.

이해관계가 얽히면서 개혁교회 세력을 희생양으로 삼은 역사의 비극이었다. 1572년 8월 24일 밤에 샤를 9세의 명령으로 파리를 비롯해 프랑스 전역에서 개혁교회 신자(위그노) 수천 명이 살해되었다. 8월 24일은 예수의 12제자 중 바르톨로메오(바돌로매)를 기리는 가톨릭의 축일이었기 때문에 '성 바르톨로메오 축일의 학살'이라는 이름이 붙여졌다. 당시 교황 그레고리오 13세Pope Gregorius XIII는 이 학살 소식을 듣고 안타까워하면서도 결과적으로는 '하나님을 위한 일'이었다며 축포를 터뜨렸다고 한다. 아울러 대학살을 기념하는 벽화 제작을 지시하고 기념주화를 제작했다. 이 일을 계기로 개혁교회 세력은 전제군주와 가톨릭에 대한 저항의식을 키워갔다. 가톨릭과 개혁교회는 위와 같은 사회적 변화와 맞물려 대립하고 충돌했으며 '30년 전쟁(1618~1648)'을 계기로 유럽의 판도는 새롭게 형성되었다. 스위스와 네덜란드도 합스부르크왕조 같은 왕정주의와 가톨릭 중앙집권제에 대한 반감으로 개혁교회를 만들어 국가 독립과 종교 독립을 꾀하였다. 이후 시민의 자유가 최대한 보장되고 상공업이 발달하면서 개혁교회는 민주적인 장로제를 선호하게 되었다.

17세기에는 아메리카 신대륙 개발이 본격화되면서 이민이 줄을 이었다. 1620년에 순례시조들Pilgrim Fathers이 영국을 떠나 뉴잉글랜드로 종교적 이민을 시작했다. 이들과 함께 영연방을 비롯한 많은 유럽인이 아메리카 대륙으로 이동했다. 신대륙 정착 과정에서 아메리카 인디언들과 접촉하면서 선교로 이어졌다. 그러나 선교사의 신분에도 불구하고 선교 대상지와 대상자들에 대한 무지와 문화적 우월의식 때문에 긍정적인 결과를 얻지는 못했다. 인디언들은 자연의 이치 속에 담긴 신의 위대함을 경험적으로 알고 있었기 때문에 당시 유럽인들이 상호 이해와 존중의 마음으로 다가갔다면 더욱 긍정적인 결과를 얻을 수도 있었겠지만, 저들에게는 소유와 정복의 욕망이 가득했고 결과적으로 비극의 역사를 만들고 말았다.

아메리카 대륙에서 노동력을 확보하기 위해 아프리카와 아메리카를 잇는 '노예사업'이 번창하는데 그 중심에 영국이 있었다. 영국은 노예사업의 수혜자이자 당사자였다. 리버풀은 아프리카에서 데려온 흑인을 미국으로 운송하는 최대 항구였다. 1783년에서 1793년까지 10년간 리버풀에서 배를 탄 흑인 노예가 약 30만 명에 달했다. 당시 노예선의 참혹한 실태를 살펴보면 인간의 무지와 오만 그리고 욕심이 얼마나 큰 비극을 초래하게 되는지 절감할 수 있다.

당시 유럽인들은 스스로 문명인이라 일컬었고 피부색이 다른 인간에게는 무자비한 폭력을 가했다. 이는 아프리카뿐 아니라 남북아메리카와

**† 성 바르톨로메오 축일의
학살을 묘사한 그림**   개혁교회 신자가 학살당하고 당시 교황이 이에 축포를 터뜨리면서
구교와 신교는 돌아올 수 없는 다리를 건너고 말았다.

오스트레일리아에서도 동일하게 자행되었다. 노예상인들은 흑인을 인
간이 아닌 화물로 처리했다. 노예선 운항 과정에서 절대다수가 죽음을
맞았다. 당시 영국 정부는 이 노예사업을 육성하고 지원했다. 그런데 영
국 국교회조차 노예의 비참한 처지에는 눈을 감았다. 그리스도의 이름
으로 세례를 베풀었다 해도 그들의 외적 지위와는 무관하다는 것이 교
회의 견해였다. 노예의 처지를 동정하고 해방시킨 교인들이 오히려 교
회로부터 비난을 받았다.

이런 교계에 새 바람을 불러일으킬 인물들이 등장했다. 바로 웨슬리
형제와 조지 화이트필드였다. 존 웨슬리(John Wesley, 1703~1791)는 동생인
찰스 웨슬리(Charles Wesley, 1707~1788)와 함께 영국 교회의 개혁에 앞장선
인물로서 감리회 탄생을 주도했다. 존 웨슬리는 어머니 스잔나 웨슬리
에게서 가장 큰 영향을 받았다고 한다. 스잔나는 평생 국교회에 교적
을 두었지만 청교도적 생활의 규칙과 준칙Method을 고수했으며 존 웨
슬리에게 그대로 전수했다. 웨슬리는 옥스퍼드대학 크라이스트처치

칼리지Christ Church College에 진학했고, 동생 찰스와 함께 링컨칼리지에서 신성모임Holy Club을 조직해 규칙적인 신학 공부와 경건 운동을 이끌었다. 형무소와 공장을 방문해 자선활동도 펼쳤다. 원칙주의자Methodist란 별명을 얻은 이들을 통해 감리회Methodist Church가 시작되었다.

존 웨슬리는 1735년에 '난폭한 인디언들을 개종해달라'는 조지아Georgia주 주지사의 부탁을 받고 미국으로 가는 배에 올랐다. 웨슬리는 침몰할 듯 요동치는 배 안에서 모라비안 공동체의 침착한 모습을 목격하고 그들이 보여준 믿음에 대한 확신에 깊은 감명을 받았다. 그러나 인디언 선교는 원칙을 엄격하게 적용하려고 한 웨슬리의 방식 때문에 결국 실패로 끝났고 그는 영국으로 돌아왔다.

존 웨슬리가 만난 인디언들이 대부분 주정뱅이와 도둑과 사기꾼이었다고 전한다. 이런 관점은 인디언을 바라보는 유럽인들의 사고를 짐작하게 한다. 인디언 선교 실패는 웨슬리로 하여금 자신의 신앙을 되돌아보는 계기가 되었다. 형식만 있고 참 믿음이 없었다는 깨달음을 얻은 그는 영국으로 돌아온 뒤 1738년에 런던 올더스게이트Aldersgate에서의 회심回心으로 '오직 믿음으로'의 신앙을 갖게 된다. 그래서 사회 개혁에 눈을 떠 세금과 고용 제도의 개혁, 부의 재분배와 노예 해방 등을 개인 구원과 연계해 추진하게 된다. 이로써 감리교가 개혁교회 중 최초로 노예제도 폐지에 앞장섰다.

이처럼 존 웨슬리와 감리회는 사회적 약자에 관심을 가졌다는 면에서 의미가 깊다. 약자를 위한다는 것은 너무나 당연한 행동이지만 당시 교계 현실이 이를 특별하게 만들었다. 도시빈민과 노동자들은 교회를 찾을 여유와 입고 갈 번듯한 옷이 없었다. 당시 국교회가 개혁교회의 강단설교를 금지했기 때문에 웨슬리는 화이트필드와 함께 빈민이 있는 논밭과 공장과 탄광을 찾아가 야외 집회를 열었다. 좁은 오두막과 들판처럼 장소는 볼품없었지만 예배 참석자들은 기성교회와는 다른

† **설교하는 존 웨슬리**   존 웨슬리의 회심을 계기로 감리교는 사회문제에 관심을 갖게 되었으며 노예 제도 철폐에 개신교 교파 중 최초로 참여하게 되었다.

편안함을 누릴 수 있었다. 웨슬리는 찾아가는 예배를 위해 순회설교자를 조직하고 빈민과 노동자들의 찬송예배를 권장하는 등 복음 전도를 위한 최선의 방법을 강구했다. 웨슬리는 당시 열악한 교통 환경에도 평생 40만 킬로미터를 다니며 4만 번 설교했다고 한다. 현재 한국의 도로가 총 1만 킬로미터 정도라고 하니 그의 커다란 헌신은 가늠조차 힘들다. 설교도 하루 평균 2회꼴이었다. 아울러 모인 신자들을 양육하고 교육하고 조직하는 능력을 발휘했다. 1791년에 존 웨슬리가 사망했을 당시 감리회 신도는 7만 2,000여 명이었다. 그런데 1850년대에 약 50만 명으로 증가했다. 이들을 중심으로 당시 영국 총인구의 10퍼센트인 약 200만 명이 감리회의 영향을 받았다.

감리교 신자들의 내부모임인 속회 Class Meeting는 이후 영국 노동자들이 노동조합을 결성할 때 본보기가 되었다. 감리교 신자들은 대부분 빈민가와 소도시의 하층노동자와 공장노동자들이었다. 이들은 설교자들의 인도 아래 찬송과 참회와 통성기도 그리고 그룹 토론 등의 형태로 예배를 진행했다. 각 그룹(속회)은 리더를 선정해 토론을 이끌었고 노동자들이 자연스럽게 민주주의 훈련과 지도자 수업을 받게 되었다. 개인의 인권을 존중하고 동류의식과 형제애를 느끼며 자율과 창조의 기풍을 습득하기도 했다. 이러한 움직임은 감리교의 생활방식인 메소디즘(신앙부흥운동)으로 확산되었고 사회·정치적 개혁운동과 결합되었다. 이런 변화가 영국이 프랑스혁명과 같은 급진적 유혈 사태를 겪지 않도록 했다고 분석되기도 한다.

조지 화이트필드(George Whitefield, 1714~1770)는 존 웨슬리와 함께 영국 국교회의 개혁을 이끈 인물이다. 글로스터 출신인 화이트필드는 두 살 때 아버지가 갑작스레 사망한 이후로 힘든 유년기를 보냈다. 학업을 포기하고 어머니가 운영하는 여인숙의 급사를 자처했지만 친구들이 등교하는 모습을 지켜보며 마음의 상처를 입기도 했다. 그는 유년기의 상처를 강한 신앙심과 많은 독서로 이겨냈다. 이후 연극 활동을 통해 연기와 웅변의 소질을 키웠다. 청소년기에는 욕설, 거짓말, 절도, 저주 등 온갖 죄악에 물들기도 했지만 17세이던 어느 날 밤에 꿈속에서 부르심을 받고 목사의 길을 걷게 되었다. 이후 옥스퍼드대학 펨브로크칼리지에 진학하면서 신성모임Holy Club을 통해 존 웨슬리와 찰스 웨슬리를 만나게 되었다. 화이트필드는 존 웨슬리를 '존경하는 선생님'으로 대했다.

1739년 봄부터 화이트필드는 웨슬리와 함께 야외 설교를 시작했다. 브리스틀 근교의 탄광과 런던 빈민가 등 기존의 국교회가 돌보지 않던 곳으로 가서 노동자와 빈민에게 복음을 전했다. 그들은 가톨릭과 국교회의 전통에 얽매이지 않고 야외설교와 철야설교 등으로 지성과 감성을 겸비해 복음을 전했다. 화이트필드는 젊은 설교자였지만 탁월한 웅변술로 '영국에서 가장 위대한 설교자'라는 극찬을 받으며 전국적인 명성을 얻게 된다. 그는 한때 교만의 늪에 빠지기도 했지만 곧 회개하고 이후 겸손과 무욕의 삶을 실천했다. 화이트필드는 저작을 거의 남기지 않았으며 지도자의 역할을 한사코 거부했다. 그는 말씀의 씨앗을 퍼뜨리는 능력을 발휘해 전도여행과 순회강연의 삶을 선택했다. 특별히 아동교육에 진력해 브리스틀 킹스우드 광산촌에서 광부 자녀들을 위한 학교를 설립한 뒤에도 지속적인 교육과 조직 관리를 위해 소유권을 웨슬리에게 양보하기도 했다.

한편 화이트필드는 칼뱅주의의 영향으로 웨슬리가 주장한 '값없이 베푸신 은혜Free Grace'에 이견을 보였다. 하나님의 은혜가 모든 이에게 동일하게 값없이 베풀어진다는 웨슬리의 주장에 대해 화이트필드는 하나님의 은혜란 선택된 이들에게 한정되기 때문에 값없이 베풀어지는 것은 아니라고 주장했다. 이런 논쟁으로 두 사람은 한때 격하게 대립했지만 결국에는 화해했다. 화이트필드는 웨슬리를 일컬어 '앞으로 죽어서 하나님 나라에 가면 주님 곁에 가까이 있을 사람'이라고 극찬했다.

1770년, 화이트필드는 임종을 앞두고 웨슬리를 '존경하는 형제'라고 불렀고 웨슬리도 화이트필드를 '참으로 귀한 내 옛 친구'라고 부르며 손을 잡았다. 화이트필드는 자신의 장례 설교를 웨슬리에게 맡겼다. 웨슬리와 화이트필드의 감리회는 국교회(성공회)의 변혁을 주도했고 윌리엄 에드워드 수트힐 등의 선교사에 의해 중국에 전해졌다. 그리고 미국 선교를 거쳐 1885년에 아펜젤러에 의해 한국까지 전해졌다.

산업혁명의 환상과 대영제국의 민낯

18세기 영국에서 인류 생활의 패러다임을 바꾸는 혁신적 변화가 일어났다. 애덤 스미스의 지적대로 인류의 역사가 수렵과 목축에서 농업 단계를 거쳐 상업 단계로 전환된 것이다. 토지 의존 경제인 유기경제Organic Economy에서 탈토지 경제인 무기경제Inorganic Economy로 전환이 시작된 것이다. 역사에서는 이를 '산업혁명'으로 부른다. 그 이전에도 많은 국가가 기계를 개발하고 사용했지만 지속적인 활용에 따른 생산구조의 실질적 변화는 18세기 말 영국에서 시작되었다. 1760년에 제임스 하그리브스가 방직기계를 발명해 섬유산업이 발전했고 1765년 제임스 와트가 석탄을 이용한 증기기관을 발명하여 탄광 채굴과 제철산업이 발달했다. 그리고 곧 이 여파는 기차와 선박 같은 운송업으로 확대되었다. 이로써 영국사회는 기계화·산업화·도시화의 길을 걷게 된다. 이는 단기간에 발생해 급작스러운 사회변화를 초래한 현상이 아니라 점진적으로 발전한 사회현상이기에 '혁명'이라고 부르기는 적절치 않다. 그러나 이에 따른 사회 전반의 변화는 영국인과 세계인의 삶을 크게 뒤흔들었다.

높은 유아 사망률과 현저히 낮은 평균수명에도 불구하고 18세기 말에서 19세기 중반까지 영국 인구는 3배 이상 증가했다. 1780년에 750만 명이던 영국 인구가 1860년에 2,313만 명으로 증가한 것이다. 기계에 의해 대량생산이 가능해지면서 노동력 수요가 증가했다. 공교롭게도 당시 공유지의 사유화 법령이 제정되어 대토지 소유가 확산되면서 토지를 잃은 유휴노동력이 저임 노동자이면서 도시빈민인 계층으로 새롭게 등장했다. 이들 산업노동자는 이제 새로운 산업구조 속에서 기계와 함께 생산을 위한 도구 역할을 담당하게 되었다. 전국적으로 열악한 노동조건 아래서 저임금에 신음하는 도시빈민이 증가했다. 탄광에서는 성인 남성이 일당 1실링을 받으면서 일주일 내내 하루 16~17시간의 노동을 이어갔다. 1실링은 당시 기준으로 빵 8인분 정도에 해당했다. 또 당시에는 남녀와 노소의 구별이 없었고 아동노동을 당연시했다. 여성들은 탄광에서 일하기도 했는데 무척 가혹한 노동 환경이었다. 물이 40센티미터까지 차는 곳에서도 일해야 했고 임산부가 갱도에서 몸에 줄을 묶고 기어서 석탄 수레를 옮겨야 했다.

산업화는 급속한 도시화를 야기했다. 18세기 중반까지 영국에는 인구 70만 명인 런던을 제외하고 10만 명을 넘는 도시가 없었다. 그러나 19세기 초반에 맨체스터와 리버풀, 버밍엄 등 인구 10만 명을 넘는 공업도시가 일곱 곳으로 늘어났다. 19세기 후반에 이르면 영국 인구의 4분의 3이 도시민이었다. 주거환경은 열악하기 그지없었다. 맨체스터 노동자의 8분의 1인 1만 5,000여 명이 지하실에 거주했다. 대부분 서너 명이 한 침대에서 생활했지만 상황에 따라 10명이 넘는 인원이 같이 자기도 했으며 침대 없이 맨 바닥에서 생활하는 경우도 있었다. 석탄 난방으로 도시의 공기 오염은 심각했으며 오수처리가 되지 않아 악취와 병충해가 끊이지 않았다. 장시간 노동과 불결한 주거시설은 평균수명 단축으로 이어졌다. 당시 노동자의 평균수명은 불과 22세였다. 일 없이 구걸로 연명하는 극빈자의 평균수명인 49세와 비교해도 참담한 통계였다. 또한 당시 산업노동자의 3분의 1이 5~8세 아동이었다. 18세기 초 유아 사망률은 무려 74.5퍼센트에 달했다. 그래서 화가이자 시인인 윌리엄 블레이크(William Blake, 1757~1827)는 산업화 초기 공장을 '악마의 공장'으로 불렀으며 시인 윌리엄 워즈워스(William Wordsworth, 1770~1850)는 산업화와 기계화에 따른 대지와 하천의 오염, 전원생활의 파괴를 한탄했다.

빈민 구제를 위한 법은 유명무실했다. 교구마다 구빈원이 있었지만 말이 좋지 감옥과 다름없는 장소였다. 많은 아동이 생활형편 때문에 가족과 떨어져 구빈원으로 보내졌고 그 후로는 가족과 면회도 엄격히 통제되었다. 구빈원 측은 이해관계에 따라 여러 공장과 결탁했다. 즉, 구빈원 수용자를 공장 노동자로 제공하여 운영비를 줄이고, 공장 측은 저임금 노동력을 안정적으로 확보할 수 있었다. 이것이 18세기 말부터 19세기 중반까지 일반적인 도시 상황이었다.

산업화사회 이전인 18세기 초반에 일반 평민은 평균적으로 연간 180일을 일했다. 그만큼 많은 휴일과 주말을 즐기고 심신을 회복할 시간을 가졌다. 그러나 산업화사회에서는 휴무와 여가는 곧 게으름과 나태라고 비난하는 풍조가 역력했다. 사회구조적 가난과 빈곤을 개인적 책임으로 전가했다. 장시간 노동과 열악한 주거환경 때문에 가정에서 휴식하기는 불가능한 현실이었다. 그래서 영국에서는 짧은 여유 시간에 동료와 술잔을 기울이며 잡담을 나누는 선술집문화가 자리 잡기 시작했다. 이런 음주문화는 폭음과 독주 소비로 이어졌고 폭력과 도박과 성적 방종을 낳았다. 수입의 3분의 1 이상을 술로 탕진하는 게 다반사였다. 이것이 산업혁명 당시 일상적 놀이문화였다. 투계를 비롯한 각종 동물학대를 통한 도박이 성행하기도 했다. 곤봉과 맨주먹을 이용한 격투경기는 도박을 위한 공공연한 살인이었다. 정부도 도박을 조장했다. 복권사업의 이익으로 대영박물관과 웨스트민스터 다리 건설의 재원을 마련했다고 하니 역설이 아닐 수 없다.

여성문제는 기계화와 산업화시대에 기형적 형태로 고착되었다. 노동자계층과 달리 자본가계층의 부가 축적되면서 상류층은 빅토리아시대의 문화를 이끌었다. 상류층 여성은 외부의 현실세계와 단절되어 가정 안에 고착되었다. 이들의 사회 참여는 자선활동으로 제한되었다. 이런 상류층 여성이 '숙녀Lady'로 이상화되면서 '결혼'에 대한 환상이 생겨났다. 반면 노동자계층의 여성은 생계를 위해 저임금 경제활동에 내몰렸다. 따라서 육아와 살림이라는 이중고를 겪어야 했다. 여성은 일터와 가정에서 노동의 당사자였으나 약자이자 소수자에 머물렀다. 여가활동과 자기계발은 구조적으로 차단되었다. 이처럼 비참한 현실은 여성의 모성에까지 영향을 미쳐서 당시 여성들은 우는 아이를 달래기 위해 '당밀을 섞어 달달하게 만든 아편'을 먹이기까지 했다.

저임금과 과도한 노동에 분노한 노동자들은 산업기계들을 파괴함으로써 고용주들에게 불만을 표출했다. 레스터셔 출신의 노동자 네드 러드Ned Ludd가 1779년에 방직기를 파괴한 사건 이후 노동자들의 기계 파괴 운동을 러다이트Luddite 운동으로 명명했다. 일례로 1812년에 로폴드Rawfolds에서 150여 명 이상의 노동자가 개입된 윌리엄 카트라이트의 방직기 공격사건이 있었다. 그리고 1830~1831년의 스윙폭동Swing Riots에서는 농업 노동자들이 탈곡기를 파괴했다. 이들은 비밀결사체를 만들어 공장주와 지주에게 자신들의 요구를 적은 경고장을 보내 협박한 뒤 요구가 받아들여지지 않을 경우 기계를 파괴했다. 이는 지역적 소동이었으나 정부는 전국적 반란으로 오판하고 잔인하게 진압했다. 영국 정부는 러다이트운동 혐의자로 2,000명을 체포하고 644명을 형무소에 가뒀으며 481명을 오스트레일리아로 유배했다. 그리고 252명에게 사형을 선고하고 실제로 19명을 집행하기도 했다.

당시 영국 정부는 새로 나타난 사회계층의 정체를 파악하거나 문제를 해결할 능력이 없었다. 오히려 뇌물과 사기 같은 부패가 만연했는데 신문에 의원직 판매 광고가 실릴 정도였다. 사법부와 검찰도 원칙과 기준 없이 자의적인 법 처리가 많았다. 사형죄목이 200개 이상으로 늘었다. 이웃의 닭과 토끼를 훔쳤다는 이유만으로도 사형이 집행되었다. 감옥 내 상황은 상상 이상으로 열악했고 사형 집행과정에서도 온갖 참혹한 광경이 벌어졌다. 화형도 끊이지 않았다. 지옥도와 다름없는 풍경이 일상처럼 펼쳐졌다.

19세기 사회적 빈곤의 해결과 사회정의가 화두인 시대에 영국교회는 국교회와 개혁교회를 막론하고 소극적 태도로 일관했다. 노동 착취와 절대 빈곤을 해결하려는 의지도 미약했다. 영국교회(성공회)는 국가권력과 연합해 지배 세력의 한 축을 형성했다. 개혁교회와 타협하는 경우도 있었지만 전체적으로는 견제와 탄압으로 일관했으며 이는 자연스럽게 부패로 이어졌다. 당시 국교회 성직자들은 종교적 명망과 업적보다 정치적 배경에 따라 선출되었다. 대주교들의 연간 수입은 일반 성직자의 200배가 넘었다. 아울러 반대 세력에 대한 박해가 뒤따랐고 충성선서를 강요했다. 개혁교회 신자였던 윌리엄 3세는 명예혁명으로 왕위에 오른 뒤 1689년에 관용법(신앙자유법)을 제정해 삼위일체설을 믿는 비국교도(非國敎徒, 개혁교회)에게 종교의 자유를 허용했다. 당시 영국 국민의 10퍼센트였던 비국교도는 청교도들을 뿌리로 하는 장로회와 침례회 및 회중교회 신도가 대부분이었다. 반면에 무력 통치를 이어가며 교권을 장악하려 했던 윌리엄 3세는 종교계에 충성서약을 강요했고 거부자들은 모두 추방했다. 이후 1709년 11월부터 1800년대 중반까지 국가권력의 통제 아래 150년 동안 성직회의가 열리지 않으면서 국교회 내부의 쇄신 노력은 동력을 잃게 되었다.

그럼에도 종교개혁 노력은 영국 안팎에서 끊임없이 이어졌다. 대안으로 독일의 경건주의가 부각되었다. 대표적으로 필립 야콥 슈페너(Pillip Jakob Spener, 1635~1705)는 《경건의 소원 Pia Desideria》이라는 책에서 성직자와 신자의 전인격적 갱신, 회개와 경건생활, 설교의 개혁 등 교회개혁의 구체적 방안들을 제시했다. 이를 사회적 실천으로 연계한 이가 아우구스트 헤르만 프랑케(August Hermann Franke, 1663~1727)였다. 그는 할레 Halle 대학을 시작으로 빈민학교와 고아원 등 구제와 교육실천에 앞장섰다. 1714년 할레대학 학생이던 진젠도르프(Zinzendorf, 1700~1760)는 개혁교회 최초의 학생선교회인 '겨자씨 모임 Order of Mustard Seed'을 만들어 개혁교회 선교의 시작을 알렸고 졸업한 뒤에는 모라비안 공동체의

† 필립 야콥 슈페너와 그가 1676년에 발표한 경건의 소원

지도자가 되어 세계선교를 이끌었다. 모라비안 공동체는 모라비아 Moravia라는 체코의 지명에서 유래했는데 가톨릭의 탄압을 피해 독일 인 진젠도르프 백작의 영지에 정착한 개혁교회 신도들을 일컫는다.

그러나 이런 노력은 계몽운동과 맞물려 인간의 지성으로 하나님의 섭리를 재단하려는 시도로 이어졌다. 그것이 바로 이신론(理神論, Deism) 이다. 이신론은 성서에 담긴 하나님의 섭리와 계시, 예언과 기적을 부인 하고 인간 이성으로 임의적 해석을 시도함으로써 그리스도교의 복음을 일반 종교와 도덕과 학문의 영역으로 국한하려 했다. 이런 이유로 당 시 유럽에서는 이신론적 시각에서 유가儒家로 대표되는 중국철학을 이 해함으로써 중국 연구에 흥미를 나타내기도 했다. 국교회(성공회)는 이 이신론의 영향으로 변화와 개혁을 외면한 채 왕권과 연합하여 기득권 의 유지에 머물렀다. 반면에 독일의 새로운 움직임에 눈떠 교회 개혁을 시도하는 움직임도 생겨났다. 이처럼 가톨릭의 전통을 따르면서 성직자 위주로 학문과 이성을 앞세운 교회는 고교회High Church로 분류되었고 개혁교회의 정신을 따르면서 평신도 위주의 복음주의 운동을 이끈 교회는 저교회Low Church로 분류되었다.

이처럼 종교계는 일반적으로 산업혁명 이후 사회변화에 대해 영국의 정서를 바탕으로 보수적으로 대처했다. 국교회는 기존 사회질서를 옹호하면서 하나님이 사회계층에 따른 질서를 원하신다는 억지 논리를 내세웠다. 아래로 교인의 복종과 겸손과 감사가 요구되었고 위로 교회의 권위에 이르기까지 위계에 따른 질서체계를 원했다. 가난은 개인의 책임이자 신의 형벌로서 구제할 가치가 없다고 여겼다. 그 결과 당시에는 아사와 동사로 목숨을 잃는 인구가 적지 않았다.

1819년 8월 16일에 노동자 8만 명이 맨체스터 성 피터광장(St. Peter's Square)에 모여 곡물 가격 인상을 위한 곡물법 제정의 철폐를 요구하는 시위를 벌였다. 그 바탕에는 불합리한 기존 선거제도의 개혁 요구가 깔려 있었다. 그러자 국가는 군대를 투입해 진압하는 과정에서 총격을 가하고 대검을 휘둘러 15명이 사망하고 700여 명이 부상당했다. 이를 '워털루전투'에 견주어 '피털루학살Peterloo Massacre'이라고 부른다. 그런데 군대 투입을 결정하는 회의에 목사 2명이 참여해 찬성표를 던졌다. 개혁교회가 국교회에 비해 자성 노력과 함께 사회 구제와 교회학교 등 많은 진전을 보인 게 사실이다. 그러나 근본적인 변화를 이끌어내지는 못했다. 칼뱅주의 개혁교회는 참회와 회개와 중생을 강조하면서 신앙의 재점검을 촉구했다. 18세기 후반 감리회를 중심으로 한 복음주의자들은 당시 기득권층의 안일과 나태를 지적하면서 교회를 바탕으로 새로운 생활 준칙을 정립하려 노력했다. 기성교회의 문제를 인식해 교회를 변화시키고 성경과 성령에 입각한 그리스도교 생활문화를 일반사회에 이식하는 것을 목표로 삼았다. 그러나 결과적으로는 도덕주의와 빅토

† **피털루학살** 국민들의 평화적 시위를 국가 공권력이 폭력으로 진압한 '피털루학살'의 그림

리아시대(1837~1901)의 시민 육성으로 귀결되었다. 빈민을 위한 학교로서 일요학교를 개설했으며, 이것이 주일학교의 시작이 되었다. 그러나 당시 일요학교는 교리문답, 경건과 열심, 의무와 예배 참여 등 순종적 교인의 확대와 재생산에 초점이 맞춰져 있었다.

개혁교회 목사 토머스 쿡(Thomas Cook, 1808~1892)은 교계를 중심으로 성장하던 일요학교와 금주협회의 수요에 부응하기 위해 1841년에 여행사를 설립해 교회의 사회활동과 사업을 접목했다. 아울러 퀘이커교도인 존 캐드버리John Cadbury는 종교 때문에 진학과 취업이 제한되자 종교적 사명에 부합하는 직업을 찾던 중 금주禁酒를 위해 다른 먹거리를 제공한다는 취지에서 버밍엄을 기반으로 하는 초콜릿회사 캐드버리Cadbury를 설립했다. 종교적 신념에 근거하여 주류 판매를 금지하기 위한 노력은 최근까지도 이어졌다. 그는 또 동물 학대 방지 운동의 선구자이기도 했다.

영국인들은 노동자 계층을 중심으로 자신들의 권익을 주장하면서 1838년에 인민헌장People's Charter이라는 정치 강령을 수립했다. 남성 보통선거권, 무기명 비밀투표, 의원의 재산 제한 철폐, 의원의 세비 지급, 공정한 선거구, 매년 의회선거 실시 등 여섯 개 조항의 개혁 요구가 담긴 이 인민헌장에 따라 차티스트 운동이 전개되었다. 인민헌장 가운데 이런 구절이 있다. "고용자의 자본은 앞으로 그로부터 생기는 정당한 이윤을 빼앗겨서는 안 되며, 노동자는 앞으로 일한 데 대한 정당한 보수를 빼앗겨서는 안 됩니다. (중략) 세금은 노동에 대해서가 아니라 재산에 대해 부과되어야 합니다. 더 많은 사람이 행복해지는 것만이 도리에 맞는 유일한 목적이므로, 정부는 그것만을 향해 노력해야 합니다. (중략) 우리는 모두 법률에 복종하라는 요구를 받고 있는 까닭에, 자연히 우리에게는 법률을 제정할 때 암묵 중이라도 일반 대중의 소리에 귀를 기울여야 한다는 것을 요구할 자격이 있습니다. 우리는 자유인의 의무를 수행하고 있고, (따라서) 우리는 자유인의 특권을 가져야 합니다." 180여 년 전 외침이 지금까지도 통렬한 현실 비판으로 다가온다.

한편 아일랜드에서는 종교 탄압과 자연재앙이 겹치면서 또 다른 비극이 발생했다. 대부분 가톨릭 신자였던 아일랜드인에게 잉글랜드가 국교회(성공회) 신앙을 강제했고 잉글랜드 이주민과 국교회로 개종한 일부 아일랜드인이 지배층을 형성해 대토지를 소유하면서 대부분 아일랜드인이 소작농으로 내몰렸다. 1801년에 아일랜드가 영연방에 합병된 뒤 50년 동안 인구의 4분의 1이 토지의 86퍼센트를 독점했을 정도다. 아일랜드는 잉글랜드에서 필요한 가축과 밀의 공급지로서 소출이 나오는 대로 잉글랜드로 넘겼다. 밀도 더블린 인근에서만 작은 규모로 경작될 뿐이었다. 척박한 땅과 불안정한 기후 때문에 아일랜드인에게는 감자만이 거의 유일한 식량원이었다. 그런데 미국에서 시작된 감자 역병이 전해지면서 1845년 대기근이 시작되었다. 초기에는 잉글랜드 정부에서 적극 개입해 구제에 나섰지만 이후 곡물업자들의 반발과 교체된 정권의 무개입 원칙이 이어지면서 상황은 최악으로 치달았다. 1846년 겨울, 폭설과 한파가 겹치면서 아사자와 동사자가 속출했다. 잉글랜드와 미국 이민도 급증했는데 배 안에서도 온갖 질병과 허기에 시달렸고 끝내 땅을 밟지 못하고 죽어간 이들이 적지 않았다. 잉글랜드의 국교회에서도 아일랜드로 건너가 자선과 구제 활동을 했지만 실질적인 구휼보다는 그들의 아픔을 이용해 개종을 요구하는 경우가 많았다. 죽어가는 이에게 먹을 것을 주기보다 신앙을 다짐받으려 한 것이다. 결과적으로 대기근 이전에 800만 명이던 아일랜드 인구는 사망자와 이민자가 급증해 절반인 400만 명으로 대폭 줄어들었다. 빅토리아여왕이 1849년에 아일랜드를 방문해 관심을 보였지만 정치적 행보에 그쳤다. 잉글랜드를 향한 아일랜드인의 원한은 이렇게 시작되었다.

영국의 선교, 준비된 사람들

아메리카 신대륙을 발견하고 산업혁명이 시작된 영향으로 영국인이 세계 각지로 퍼져 활동하면서 교계에서도 각종 선교회가 조직되었다. 각종 언론매체와 서적을 통해 해외 소식이 쏟아졌고 신자들의 호응과 지원자들의 자발적 참여가 이어지면서 선교후원회도 조직되었다. 1792년에 침례회 선교회를 시작으로 1795년에는 유명한 런던선교회가 설립되었으며 1799년 국교회(성공회) 선교회와 1804년 대영성서공회 선교회, 1818년 감리회 선교회 등이 그 뒤를 이었다. 이 선교회를 통해 앞서 살펴봤던 많은 선교사가 중국에 파견되어 큰 업적을 이뤘다.

물론 선교사도 인간인지라 각양각색의 편차를 보였다. 스코틀랜드 조합교회Congregationalist 선교사인 데이비드 리빙스턴(David Livingstone, 1813~1873)의 경우 아프리카 탐험가로도 유명하다. 그런데 그의 발걸음은 곧 식민지 개척으로 이어졌고 아프리카인을 미개인으로 간주하는 인종 차별의식에서 벗어나지 못했다.

앞에서도 지적했듯이 중국 선교사들 중에서도 이런 차별과 편견을 지닌 이들이 있었다. 1847년 프랑스의 조셉 가베트(Joseph Gabet, 1808~1853) 신부는 로마로 보내는 편지에 이렇게 적었다. "이론적으로 현지 중국인 사제가 절대적으로 필요하지만 동시에 현실적으로 그들의 활동을 기대하기는 정말 어렵다. 이곳 사람들은 지혜가 부족하고 성품이 약하다. 사제직의 품위와 위대함을 깨닫지 못하고 있으며 의무를 지키는 능력이 부족하다." 한편 사절단을 이끌고 중국을 방문했던 콘스탄티니 주교는 이런 오판을 목격하고 "선교사들이 마치 종교적 식민지를 형성하고 봉건체제를 갖추고 있는 듯했다"고 지적했다. 그러나 극소수 선교사의 오만과 편견이 대다수 선교사의 수고와 헌신을 가릴 수는 없었다. 앞서 많은 영국인 선교사를 살펴봤는데 그들에게 다방면에서 귀감이 되었던 인물을 꼽으라면 윌리엄 찰머 번스를 들 수 있다.

윌리엄 찰머 번스(賓惠廉, William Chalmers Burns, 1815~1868)는 스코틀랜드 글래스고 인근 킬시스Kilsyth에서 태어났다. 아버지 해밀턴은 지역교회 목사였다. 번스는 신앙의 가풍과 풍족한 환경에서 유년기를 보냈다. 당시 어린이들에게 필독서처럼 여겨지던 《천로역정》 등 신앙 관련서적을 읽으며 소박하면서도 경건한 삶과 함께 모험의 꿈을 키웠다. 그런데 그가 변호사로 성장하기를 바라는 삼촌의 배려로 애버딘에 있는 학교로 진학했다. 그곳에서 받은 언어 교육은 훗날 중국의 각종 방언을 학습하는 데 큰 도움이 되었다. 우수한 성적으로 중고등학교를 마친

† 데이비드 리빙스턴 선교 역사의 문제적 인물인 데이비드 리빙스턴. 그는 문명과 종교를 전파했지만 한편으로는 아프리카 사람들은 유럽인보다 열등하며 계몽의 대상에 불과하다고 생각했다. 또한 리빙스턴이 탐험한 곳은 고스란히 영국의 식민지로 전락하고 말았다.

그는 곧 애버딘대학에서 법률을 전공한 뒤 에든버러로 가서 변호사의 길을 준비했다. 하지만 이는 그리스도교인의 삶을 기대했던 부모의 바람을 외면한 결정이었다. 그런 그가 어느 날 교회의 선교집회에 참석했다가 진로를 바꾸게 되었다. 당시 영국 전역에서 해외 선교의 열기가 고조되고 있었다. 번스 또한 자신의 이름처럼 선교의 불길을 지펴 어디든 가겠노라 다짐했다. 그리고 이미 얻은 변호사 자격을 버리고 글래스고대학에 편입해 신학을 공부했다.

1839년, 24세의 번스는 글래스고 장로회 강도사 자격을 얻은 뒤 고향 인근의 교회를 돌며 목회를 시작했다. 그런데 얼마 뒤 던디Dundee의 성 베드로교회 목사인 로버트 머리 매케인(Robert Murray McCheyne,

1813~1843)의 연락을 받았다. 매케인은 당시 최고 설교자로 명망이 높았다. 그런데 건강이 악화되어 후임을 모색하던 중 번스를 지목한 것이다. 번스는 두려움이 앞섰다. 유명 설교자를 대신해 스코틀랜드 최고의 지성들이 모인 교회를 감당할 수 있을지 의문이었다. 그러나 대안이 없었다.

오래지 않아 29세의 매케인 목사가 세상을 떠났고 번스가 오로지 성령에 의지한 채 담대하게 강단에 서서 복음을 선포하자 놀라운 일이 일어났다. 그의 분명하고도 확신에 찬 메시지에 많은 이가 감복해 부흥의 불길이 일었다. 이때 앤드류 머리(Andrew Murray, 1828~1917)가 번스의 영향으로 아프리카선교의 중심인물로 성장했다. 번스를 통해 스코틀랜드의 영성 부흥운동이 일어났다. 번스의 설교는 앤드류와 같은 청년들에게 강력한 도전으로 다가가 성령의 불을 지폈다. 번스의 사역은 스코틀랜드를 넘어 캐나다로 이어졌다. 1844년에 캐나다로 건너가 장로교회들을 방문해 복음을 선포하다가 1846년에 귀국했다. 이때 귀한 열매를 맺었으니 타이완 북부 선교의 개척자인 매케이의 마음을 움직인 것이다. 당시 매케이는 서너 살의 어린이였다. 그럼에도 훗날 매케이는 당시 번스의 강연을 들으며 선교의 열정을 품게 되었다고 고백했다.

두 차례에 걸친 북미 대륙 선교여행은 번스에게 과거를 돌아보고 미래를 설계하는 계기를 마련해주었다. 그는 1847년에 장로회 선교사가 되어 새로운 선교지인 중국으로 향했다. 오랜 여정을 이용해 새뮤얼 윌리엄슨(衛三畏, Samuel W. Williams, 1833~1884)이 쓴 《중국어사전英華辭典》과 로버트 모리슨이 번역한 《마태복음》을 손에 쥐고 중국어 공부에 매달렸다. 5개월 뒤인 1847년 말에 홍콩에 도착한 번스는 중국어 학습과 선교를 위해 쾌적한 주거지를 버리고 중국인 거주지역으로 들어가 생활했다. 그리고 매일 여러 지역을 다니며 전도를 시작했다. 어디를 가든지 개활지의 나무 밑에 서서 큰 소리로 성경을 읽었다. 중국어를 하는 외국인이 신기한 듯 사람들이 모여들긴 했어도 그 이상은 아니었다. 수많은 청중을 앞에 두고 설교했던 과거와 비교할 때 너무나 초라한 모습이었다. 그러나 번스는 이를 아랑곳하지 않고 묵묵히 소임을 다하였다. 이렇게 5년 동안 푸젠성 샤먼과 산터우汕頭 일대를 중심으로 활동했다. 그리고 어릴 때 감명 깊게 읽었던《천로역정》을 지역 방언과 표준어로 번역했다. 중국어판《천로역정》은 이후 중국 그리스도교인에게도 많은 위로와 깨달음을 주었다. 그는 또 "언제든지 만반의 준비를 갖춰라Always Ready!"는 자신의 생활원칙을 중국인에게 전했다. "하나님! 제가 여기 있습니다. 저를 보내주십시오!"라는 소명의식을 강조한 것으로 이 역시 많은 중국인에게 깊은 울림으로 다가갔다.

1854년, 번스는 병든 동역자를 데리고 잠시 귀국해 머무는 동안 영국 각지를 돌며 강연을 통해 중국 선교의 필요성을 알렸다. 그리고 민난의 사역을 맡게 된 카테어 더글라스Cartairs Douglas와 함께 이듬해에 다시 중국 상하이로 돌아왔다. 이때 귀중한 만남이 이어졌다. 번스보다 17세 어린 젊은 허드슨 테일러를 만나 자신의 체험을 공유한 것이다. 테일러는 훗날 당시 경험을 이렇게 회상했다. "1855년 말, 하나님의 인도 아래 영국 장로회선교회의 윌리엄 번스 목사를 알게 되었다. 우리는 의기투합해서 배에 올라 장쑤 이남과 저장 이북의 여러 마을로 다니며 복음을 전했다. (중략) 보통 어디에 가든지 매일 아침 기도로 시작해서 대략 9시에 휴대용 대나무의자를 들고 뭍에 올랐다. 적당한 자리를 찾아 한 사람은 대나무의자 위에 올라서서 복음을 전했다. 이렇게 20여 분 정도 전도할 때 다른 사람은 곁에서 기도로 도왔다. 그런 다음 자리를 바꿔 방금 전도하던 사람은 잠시 쉬었다. 이렇게 번갈아가며 한두 시간 지난 뒤 다른 곳으로 이동해 같은 방식으로 전도했다. 점심 무렵 배로 돌아와 점심을 먹고 기도와 함께 이야기를 나누다가 다시 오후 전도에 나서 해질 무렵 일정을 마무리했다."

그러면서 허드슨 테일러는 윌리엄 번스를 이렇게 평가했다. "번스 선생님은 하나님의 말씀을 사모하고 긴밀히 교제하면서 경건한 생활을 유지했습니다. 수 개월 동안 함께 지내며 많은 도움을 받았지요. 풍부한 경험과 신령한 통찰력, 그리고 선교에 대한 관점은 훗날 내지선교회를 운영하는데 꼭 필요한 도움이 되었습니다." 후에 《허드슨 테일러 평전》에서는 두 사람의 관계를 이렇게 서술했다. "번스는 기도로 호흡하였고 하나님의 말씀을 양식으로 삼아 하나님과의 동행을 온몸으로 보여주었다. 또한 풍부한 학식과 온화한 성품과 천부적인 지혜를 갖고 있었다. 그는 좋은 동반자였다. 심령이 얼마나 고상하고 생활이 어찌나 청빈하던지! 신앙에 흔들림이 없었으며 악과는 타협이 없었다. 번스의 모든 것과 그가 보여준 우정은 하나님이 허드슨 테일러에게 준 신비한 은혜였다. (중략) 그의 영향으로 테일러는 지혜와 영성이 자라 하나님이 주신 사명을 깨닫게 되었고, 훗날 그가 이룬 온전한 성과의 원동력이 되었다."

한편 미국의 유명 설교자였던 드와이트 라이먼 무디(Dwight Lyman Moody, 1837~1899)가 영국에 와 잉글랜드와 스코틀랜드, 아일랜드를 돌며 전도 집회를 했다. 무디는 가난 때문에 초등학교도 중퇴했지만 구두 외판원으로 억척같이 일하면서 사람들의 마음을 사로잡는 화술을 익혔다. 얼마 뒤 그는 그리스도교인이 되었고 시카고 빈민가에 교회를 세워 많은 이의 심금을 울렸으며 감성을 자극하는 설교로 국내외에서 유명해졌다.

무디는 1882년에 케임브리지대학 연합회 초청으로 일주일간 집회를 열고 해외 선교, 특히 아시아선교의 중요성을 설파했다. 그런데 그의 미국 발음과 투박한 말투가 학생들의 비웃음을 샀다. 집회가 끝난 뒤 한 학생이 무디의 강연 내용 중 부적절했던 어법을 교정한 쪽지를 건넸다. 쪽지를 받아든 무디는 이렇게 말했다. "나도 내 어법이 엉터리라는 걸

† 드와이트 라이먼 무디   드와이트 라이먼 무디는 가난 속에서 신앙을 키웠고 일을 하면서도 진심
을 전하는 말하기 방법을 익혀서 많은 이에게 그리스도교를 전파했다.

압니다. 그래도 나는 내가 아는 모든 어법을 하나님의 영광을 위해 사
용하고 있어요. 그런데 학생은 완전한 어법으로 하나님께 영광을 돌
리고 있나요?" 무디의 지적으로 큰 깨달음을 얻은 학생은 정중히 사과
하고 오래지 않아 신앙을 가지게 되었다.

　무디의 전도 집회의 영향으로 케임브리지대학의 그리스도교인을
중심으로 유례없는 대각성운동이 일어났다. 명문대 학생으로 전도유
망한 인재들이었으나 출세라는 세상 가치를 버리고 복음 사역에 동참
하는 학생들이 속출했다. 이때 '케임브리지 7인 Cambridge Seven'이 등장
했다. 그들은 모두 그리스도교인이었고, 허드슨 테일러의《중국의 영
적 요구와 주장 China's Spiritual Need and Claims》으로부터 큰 영감을 받았다.

자연스럽게 중국내지선교회에 가입해 중국 선교를 결정했다.

케임브리지 7인은 중국으로 떠나기 전 잉글랜드와 스코틀랜드의 대학을 순회하며 선교의 비전과 각오를 전함으로써 많은 호응을 얻었다. 이 과정에서 '케임브리지 7인'이라는 호칭을 얻게 되었다. 출발을 앞둔 1885년 2월 2일에 그들은 모교의 길드홀Guild hall을 가득 메운 학생과 시민들에게 자신들의 각오를 선포했다. "그리스도의 사랑이 우리를 강하게 사로잡아 우리를 땅 끝까지 나아가게 했습니다. 이 빛을 온 세상에 전파하지 않는다면, 지금 가지고 있는 참 빛마저 빼앗길 것입니다." 이들의 선교 비전은《세계의 복음화: 선교단체The Evangelisation of the World: A Missionary Band》라는 책으로 출판되어 영국과 미국의 많은 학생을 선교의 장으로 이끌었다.

케임브리지 7인은 이후 지속적으로 중국 선교의 주역으로 활동했다. 1885년 당시 중국내지선교회 소속 선교사가 163명이었는데 1890년에는 두 배로 증가했고, 1900년에는 약 800명까지 늘어났다. 이는 당시 중국 개신교 선교사의 3분의 1에 해당하는 숫자였다. 중국내지선교회는 늘어나는 선교사를 훈련하기 위해 1893년 런던 근교 뉴잉턴 그린에 선교센터를 마련하고 관리체계를 마련했다. 그 뒤로 중국내지선교회 선교사들은 중국 전역으로 파견되어 중국 복음화의 첨병으로 활약했다.

† **1885년 케임브리지 7인** 케임브리지 7인의 활약이 알려지면서 영국과 미국에서 지원자들이
잇따랐고 중국내지선교회는 크게 발전했다.

런던 현지 탐방기:
뿌리 깊은 나무, 영국의 오늘
(2018년~현재)

2018년은 저자에게 인생의 한 시기를 정리할 뿐 아니라 타성에서 벗어나 선물처럼 다가온 시간으로 가득했다. 그리고 예상 밖의 공간인 런던에서 한 해를 마무리하고 2019년을 맞았다. 런던에 와서 눈에 띈 문장이 있었다. 'Mind the Gap!' 지하철 승강장과 버스정류장에 수없이 박혀 있는 문장이다. 차량과 승강장 사이에 간격이 있으니 타고 내릴 때 안전에 주의하라는 경구警句였다. 하지만 나에겐 이것이 2019년의 경구였다. 이 말이 나에겐 '거리를 두고 이전의 삶을 되짚어보고 다음 발걸음을 가다듬어보세요!'라는 의미로 다가왔다.

전환기에 서서 행선지를 잃은 나그네에게 걸어온 길과 나아갈 길을 숙고하게 하는 깊은 울림의 종소리였다. 교통수단에서 간격gap은 회피하고 주의해야 할 현상이지만 인생에서 적절한 간격은 필요하다는 깨우침이 아닌가. 그래서 '거리 두기', '낯설게 하기', '소격 효과' 등의 말이 나왔을 게다. 거리를 두고 바라보면 너무나 익숙하고 타성에 젖어 보이지 않던 것이 새삼스럽게 다가온다. 문제는 그 간격을 어떻게 적절하게 유지하는가이다. 인생의 모든 문제가 이 '사이'에 있다. 현실과 이상 사이, 냉정과 열정 사이, 이성과 감성 사이, 사랑과 미움 사이, 의심과 맹신 사이 등.

런던은 뉴욕이나 파리와 비견되는 메트로폴리스로서 세계의 여러 인종과 언어가 넘실대는 다문화도시이다. 상주인구뿐 아니라 유동인

† 런던 빅 벤

구도 많아 사시사철 관광객이 끊이지 않는 국제도시이다. 또한 시대와 국적을 넘어 인류의 명작과 명인을 쉽게 만날 수 있는 시간을 초월한 도시이기도 하다. 거리를 나서 들르는 곳마다 역사의 회랑을 거니는 느낌이 든다. 길지 않은 시간이었지만 런던에 거주하면서 한국과 다른 영국의 여러 가지 면모를 실감할 수 있었다.

첫째는 종잡을 수 없는 날씨다! 비와 안개의 도시일 거라는 예상과 달리 강우량 자체는 적었지만 잦은 비바람으로 하루에도 팔색조의 모습을 보여주는 날씨는 여기만의 특색인 듯했다. 둘째로는 초라한 음식문화다! 얼마나 내세울 음식이 없으면 피시 앤드 칩스Fish&Chips가 영국의 대표 음식으로 소개된단 말인가? 그 덕분에 런던은 음식의 세계화가 실현된 도시이다. 셋째는 저렴한 생필품 가격이다. 우유나 치즈 같은 유제품과 고기, 닭고기, 계란, 채소, 과일, 빵 등 일반 생필품은 한국보다도 저렴하다. 반면에 인건비가 포함된 모든 상점과 상품은 매우 비싼 편이다. 30파운드(약 4만 5,000원)짜리 바지를 샀는데 바짓단 수선비가 12파운드(약 1만 8,000원)였으니! 외식비도 매우 비싸다. 넷째는 인내와 양보와 자선이 몸에 밴 영국인들의 삶이다. 버스와 철도의 돌발적인 지연과 운행 중단이 빈번한데도 영국인들은 괴상하리만치 침착하고 예상치 못한 상황에 순응했다. 2018년 12월 말 런던 개트윅공항에 정체 모를 드론이 수차례 출현하여 항공기들의 무더기 결항 사태가 벌어졌다. 결과적으로 많은 승객이 불편과 손해를 겪었는데 거친 항의나 폭력적인 반응은 없었다. 다섯째는 옛것을 소중히 여기고 지키려는 자세다. 새것을 선호하는 현대의 풍조와 달리 영국인은 오래된 것을 잘 관리하고 수선하여 보존한다. 그래서 언제나 공사 중인 런던을 볼 수 있고, 중고품 거래와 수리 문화가 활성화되어 있다. 여섯째는 2020년 브렉시트BREXIT라는 국가적 변화 앞에서 차분한 사회분위기다. 사실 브렉시트는 국가 미래를 결정하는 중대사인데도 감정적인 소요나 폭력사태는 거의 찾아볼 수 없다. 이방인으로서 영국의 결정에 왈가왈부할 수는 없지만 영국은 지금 매우 힘든 시기를 지나고 있기에 더욱 의외가 아닐 수 없다. 일곱째는 영국에서 목격한 대한민국의 위상이다. 비틀스의 나라에서 방탄소년단의 위력에 새삼 놀라고, 한글과 한국 문화에 친숙해지려는 영국인이 늘어나는 것을 보며 작지만 강한 한국의 힘을 새삼 깨달았다. 아울러 국내에서는 해외 대사관에 대해 부정적 시각이 있는데 적은 인원에 과다한 업무를 감당하는 대사관 직원들을 보면서 균형 잡힌 시각이 필요함을 느낀다.

물론 영국도 많은 사회문제를 안고 있다. 도심과 공원의 길을 걷다 보면 대마초 냄새가 거북하게 느껴질 때가 많다. 대로변과 지하철 역사에서는 노숙자들이 빈번하게 목격된다. 팍팍한 삶 속에서 스트레스와 분노를 순간적으로 참지 못한 영국인이 무차별 폭행과 끔찍한 범죄를 일으켰다는 뉴스를 종종 전해 듣는다. 한편에서는 치솟는 주거비 때문에 신음하는 시민들이 적지 않고 노령인구의 생활고 등도 존재한다. 그러나 타인에 대한 배려가 체화된 영국인들을 보면서 다양성을 인정하고 포용하는 유연사회의 면모를 실감하게 된다. 노숙자가 건물 앞에 자리를 차지하고 있어도 쫓아내는 걸 본 적이 없다. 테스코와 세인즈버리 등 영국의 마트 앞에는 노숙자들이 자리를 차지하고 구걸하는 경우가 있다. 그럴 때 종종 음식을 직접 사서 그 앞에 놓고 가기도 하고 직접 마트로 데리고 들어가 그들이 필요로 하는 것을 고르게 하는 광경을 자주 목격했다. 그리고 대형 마트의 계산대와 출구 앞에는 으레 기부함이 마련되어 있어서 장을 보면서 추가로 구매한 물건을 놓고 가도록 배려했다. 그곳을 지나칠 때 보면 기부함에 언제나 물건이 가득했다.

어느 날 저녁 버스를 타고 집으로 가는데 히잡을 착용한 여성이 유모차를 끌고 차에 올랐다. 자리를 잡고 앉은 뒤 오래지 않아 아이의 울음소리가 들렸다. 그러자 차 뒤편에 앉아 있던 중년 백인 여성이 짜증을 내며 큰 소리로 아이 엄마를 비난하며 내리라고 소리쳤다. 그때 버스 안에 있던 청년들이 나서서 백인 여성의 무례한 행동을 지적하며 아이 엄마를 달래주었다. 물론 그 백인 여성처럼 이기적인 사람도 있지만 인종과 종교에 상관없이 약자와 이방인을 보호하려는 이들이 더욱 많은 것을 보면서 영국사회 저변에 깔린 선의와 인류애를 느낄 수 있었다.

이처럼 문화다양성을 인정하고 포용하는 모습은 인상적이다. 한번은 영국 남부의 휴양도시 브라이튼으로 가는 기차에 올랐다. 그런데 그날 브라이튼에서 성소수자 축제가 예정되어 있었나보다. 열차 안은 행사를 위해 브라이튼으로 가는 사람들로 가득했다. 남성들끼리 여성들끼리 자신들만의 복장을 갖춰 입고 얼굴에 반짝이 분장을 하며 즐거워하고 있었다. 통념을 지닌 이방인에게는 매우 낯선 풍경이었다. 브라이튼에 도착하니 더 많은 인파가 시내 곳곳에 가득했다. 남녀노소와 인종의 구별이 없었다. 전국에서 몰려든 사람들로 도심이 혼잡했지만 경찰의 통제와 시민들의 협조로 행사는 순조롭게 진행되고 있었다. 성소수자인 당사자들뿐 아니라 그들의 정체성을 수용하고 배려하는 시민들도 별다른 거부감 없이 그들의 행사를 지켜보았다.

영국의 곳곳을 돌아다니다보면 성소수자들의 모습이 자주 눈에 띈다. 공공장소에서 신체 건장한 남성이 여성 차림새와 말투로 업무를 하는 낯선 광경과 맞닥뜨리면 적이 당황스럽다. 한편, 동성끼리 가정을 이루고 정성스럽게 아이를 돌보는 모습은 매우 인상적이었다. 귀한 생명을 낳아 버리는 사람들과 대비되면서 기존의 도덕적 잣대를 재고하게 만든다. 전통적 시각에서는 이들의 모습이 '퀴어Queer'라는 말 그대로 이상하고 색다르며 거북하게 느껴지겠지만 의도치 않게 일반인과 다른 성적 정체성을 가진 소수자임을 인식하고 객관적으로 접근할 수도 있다. 물론 성적 쾌락을 위한 편승자들과는 철저한 구별이 필요하다. 그러나 현실에서는 당사자들은 물론 이들을 배려하려는 사람에게조차 비난의 화살을 쏟아내며 비정상으로 낙인을 찍는 경우가 허다하다. 반면에 런던의 경우는 교회에서도 다양한 성정체성 소유자들LGBTQ+을 위한 모임을 별도로 운영하기도 한다.

이런 모습을 보면서 현재 영국의 교회가 몰락했다고 속단한다. 물론 과거의 활기는 잃었지만 천년신앙의 전통이 그렇게 쉽게 사라질 수는 없으리라. 오히려 이방인들이 영국 교회의 새로운 활력을 불어넣고 있다. 특히 영국인 선교사들에게 복음을 전수받은 중국인과 한국인이 중심이 되어 영국 교회의 새로운 미래를 준비하고 있다. 코리아타운으로 알려진 킹스턴과 뉴몰든 지역에는 한국인 교회가 많고, 기타 지역에서는 일반적으로 주일 오후에 기존 교회의 시간을 할애받아 예배를 드린다.

외국인예배는 중국인과 한국인 중심의 예배가 활성화되어 있다. 그런데 일부 교회의 경우 주일 오전 대예배가 남녀노소와 다양한 인종이 함께 어우러져 찬송과 간증과 말씀으로 진행되어 큰 감동을 주었다. 한편, 도심에 있는 교회의 경우 평일에는 교회 앞 공터에서 음식과 공예품을 판매하기 위한 오픈 마켓이 운영되고 콘서트와 전시회 등의 공간으로도 활용된다. 성공회 세인트마틴인더필즈St. Martin in the Fields 교회의 경우 런던 중심부라는 지리적 이점을 살려 1년의 공연계획이 잡혀 있을 정도로 문화공연의 장으로 활용되고 있다. 대부분 교회는 예배당을 개방해 심신에 지친 나그네와 노숙자를 품고 있었다.

또 매년 11월이 되면 영국의 저력을 새삼 실감하게 된다. 1918년 11월 11일, 제1차 세계대전이 끝났다. 공식적으로는 1919년 6월 28일에 베르사유조약 체결로 종전되었지만 실질적으로 적대행위가 종료된 시점은 1918년 11월 11일 11시였다. 그래서 영국은 매년 11월 11일을 현충일Remembrance Day로 지정해 기념한다. 오전 11시가 되어 영국 전역에 사이렌이 울리면 모든 이가 하던 일을 멈추고 2분간 묵념을 한다. 1914년 여름에 시작된 전쟁은 그해 겨울 전에 끝나리라는 기대와 달리 4년여를 끌면서 1,000만 명에 이르는 목숨을 앗아갔다. 교착상태에

† **세인트마틴인더필즈교회의
문화공연**

세인트마틴인더필즈교회는 평일 낮에는 무료 공연으로 성악과 기악을 막론하고 신인과 외국인 음악가들의 등용문 역할을 하고 있다.

빠진 전선을 따라 참호를 파고 지루한 소모전이 이어지던 1914년 겨울 성탄 전야에 각 진영에서 성탄 송가가 울려 퍼졌다. 지척에서 이를 듣던 양측 병사들은 상대의 노래에 호응하고 박수와 환호를 보냈다. 그리고 죽음의 전장에 평화의 기적이 일어났다. 누군가 죽음의 두려움을 떨치고 몸을 일으켜 상대 진영으로 걸어갔다. 그러자 약속이나 한 듯 상대편에서도 몸을 일으켜 그를 맞이하러 걸어 나갔다. 총성은 없었다. 한둘에서 시작된 행렬은 여럿이 되어 함께 만나 담배를 나누고 이야기를 나누고 평화를 나누었다. 이런 평화 분위기는 전선 전체로 이어져 짧게는 2, 3일에서 길게는 한 달까지 이어졌다고 한다. 물론 다시 총탄이 빗발치고 폭탄이 쏟아져 전쟁의 소용돌이 속으로 들어갔지만 말이다.

캐나다인 군의관이었던 존 맥크래(John Alexander McCrae, 1872~1918)는 자기 부하가 전선에 투입된 지 한 달 만에 전사하자 그의 주검을 땅에 묻었는데 오래지 않아 무덤가에 양귀비꽃이 만발했다고 한다. 그 장면을 보고 〈플랑드르 들판에서In Flanders Fields〉라는 시를 남겼다.

〈플랑드르 들판에서〉
플랑드르 들판에, 양귀비꽃 피었다
줄지어 서 있는, 십자가들 사이
우리 누워 있는 곳, 그리고 하늘엔
종달새, 힘차게 노래하며, 날아오르지만
아래의 총성에 묻혀버린다

우리는 사자死者, 며칠 전까지
살아서, 새벽을 느끼고, 석양을 바라보았지
사랑하고 사랑받았는데, 지금 우리는 누웠다
플랑드르 들판에
원수들과의 싸움 포기하려는 순간
힘 잃은 손으로 그대에게 던지는

햇불, 그대가 붙잡고 높이 들어라
죽어간 우리와의 신의信義 저버린다면
영영 잠들지 못하리라, 양귀비꽃 자란다 해도
플랑드르 들판에

〈In Flanders Fields〉
In Flanders fields
In Flanders fields, the poppies blow
Between the crosses, row on row
That mark our place; and in the sky
The larks, still bravely singing, fly
Scarce heard amid the guns below

We are the dead, short days ago
We lived, felt dawn, saw sunset glow
Loved, and were loved, and now we lie
In Flanders fields

Take up our quarrel with the foe
To you from failing hands we throw
The torch, be yours to hold it high
If ye break faith with us who die
We shall not sleep, though poppies grow
In Flanders fields

이 시를 읽은 이들이 전사자의 영령을 잊지 않는다는 표시로 붉은 양귀비꽃을 가슴에 달게 되었고 영국과 캐나다 전역으로 전해져 현충일의 풍습으로 굳어졌다. 그래서 현충일을 양귀비의 날Poppy Day이라고도 한다. 존 맥크래도 1918년에 종전을 앞두고 전사했다. 100년이 지난 2018년 11월 11일, 유럽 각지에서는 제1차 세계대전 종전 100주년을 기념하는 행사가 벌어졌다. 100년의 세월이 무색하게 가이아의 얼굴에는 그날의 상흔이 여전히 선명하게 남아 있었다. 그러나 인류는 아직도 세계 전역에서 국가와 민족, 종교와 이념의 이름으로 서로의 가슴에 총칼을 들이밀고 있다. 그 전쟁 속에서 누군가는 인류애와 평화의 소중함을 배우지만 히틀러와 같은 인물은 민족우월과 국가주의를 내세워 또 다른 비극을 키우기도 한다.

2019년 11월 10일 일요일 아침, 피카딜리에 있는 세인트제임스교회를 찾았다. 며칠간 흐리고 비가 내리던 날씨가 맑게 개였다. 교회로 향하는 길가로 사람들이 가득했다. 도로는 통제되었고 사람들은 길 옆을 둘러친 가로막 주위에 빽빽하게 모여 있었다. 무언가를 기다리는 듯했다. 사람들 가슴에는 붉은 양귀비꽃장식이 달려 있었다. 관광객들을 제외한 사람들은 대부분 자리를 지키고 있었다. 교회에 도착하자 예배는 전사자들의 영령을 추모하는 묵념으로 시작되었다. 현충일 기념예배인지라 설교 앞에 특별 행사가 펼쳐졌다. 연극 형식으로 추모의 장을 마련한 것이다. 독백 위주의 간략한 단막극 형태였지만 색다른 예배 형식이 신선하게 다가왔다.

연극 배역을 맡은 어린이부터 노인까지 청중석 앞을 드나들면서 제1, 2차 세계대전과 아프가니스탄·이라크 전쟁 전사자들이 남긴 편지와 가족들의 경험을 낭독하며 자유와 공의를 위한 희생의 의미를 되새졌다. 목사님 설교는 짧게 끝났다. 예배를 마치고 집으로 돌아가는데 길 가장자리에 늘어선 사람들의 모습이 좀 전과 똑같이 펼쳐졌다. 그런데 사람들 앞으로 참전자들의 행진이 이어지고 있었다. 20세기에 벌어진 각종 전쟁에 참전했던 베테랑들이 팀별로 그룹을 이루어 행진하고 있었다. 행진 앞줄에는 휠체어에 몸을 맡긴 부상자나 연로자들도 있었다. 연도를 가득 메운 시민들이 긴 행렬에 아낌없는 박수와 격려를 보냈다. 자발적으로 참여해 진심에서 우러나는 존경을 담아 희생자를 추모하고 생존자를 치하하는 광경에서 영국의 저력이 묻어났다.

그러나 우리는 무엇을 위한 전쟁이었는지 자문해야 한다. 사실 가장 옳은 길은 전쟁 발발을 막는 것이었지만 그러지 못했고 결국 수많은 희생자를 낸 다음 그들을 추모하는 모습은 아이러니하다. 따라서 과거에 그러했다면 미래에는 어떤 전쟁이든 미연에 방지해야 한다. 무고한 희생자가 없어야 한다.

그럼에도 전쟁의 위험성은 여전하다. 국가와 민족과 종교와 이념 등을 빙자한 각종 대립과 폭력이 난무하는 세태는 서글프다. 누군가는 찌르고 쏘고 생채기를 내지만 누군가는 그 상흔을 어루만지고 다독이고 바로잡고자 한다. 폭력의 순간은 짧지만 그 상흔의 치유과정은 지난하다. 대립과 폭력의 소용돌이에 휩싸이면 혼란 속에서 사태를 냉정하게 바라보기가 힘들다. 그럴 때면 격앙된 감정을 가라앉히고 문제 해결에 집중해야 한다. 혼란을 가중하는 편에 서기보다 문제를 해결하는 편에 서는 것이 낫지 않겠는가.

선교사들을 찾아서

근대사 관점에서 봤을 때, 영국에 중국은 탐나는 물건을 가진 나라였고 중국에 영국은 도적의 나라였다. 영국은 비단, 도자기, 차를 위해 중국과 인연을 맺고 아편과 영토 때문에 악연을 맺었다. 그러나 많은 영국 선교사가 중국과 중국인에게 복음을 통한 귀한 열매를 남김으로써 그 악연을 조금이나마 지울 수 있었다. 그 선교사들의 고향 영국을 방문해 그들의 행적을 살필 수 있는 선물 같은 시간과 기회를 얻었다. 그들이 나고 자라며 활동했을 공간을 직접 확보하면서 그들의 체취를 되새기니 활자로 접할 때와는 확연히 달랐다. 그들에게 한 발 더 다가서서 가까워지는 느낌이었다.

먼저 앵글로족과 색슨족에게 밀려난 켈트족이 정착한 하이랜드로 대표되는 스코틀랜드의 중심도시 에든버러를 다녀왔다. 그리고 영연방에 속해 있지만 여전히 선 굵고 우직한 존심을 간직한 스코틀랜드인들을 만났다. 에든버러는 '고색창연' 한마디로 충분했다. 에든버러는 500년 전 과거에도, 500년 후 미래에도, 지금과 같은 모습일 게 틀림없다. 짧은 일정이라 아쉬웠지만 머무는 동안 하이랜드의 알싸한 공기와 청명한 날씨를 만끽했다. 명문 에든버러대학도 개학 시즌을 맞아 학생들로 북적였다. 구캠퍼스는 신캠퍼스와 떨어져 있었으나 더욱 웅장하고 고풍스러웠다. 앞서 살펴봤던 많은 선교사가 그곳을 거닐며 미래를 준비했을 생각을 하니 분위기가 다소 숙연해졌다.

지구 북쪽에서도 중국인의 활동은 놀라웠다. 멋스러운 교회와 저택들이 매물로 나와 있고 임대하거나 매입해 한자 간판을 내걸고 각종 상행위를 하고 있었다. 그만큼 에든버러에서도 학생과 관광객을 막론하고

† 에든버러대학 구캠퍼스와 로열마일

중국인을 쉽게 볼 수 있었다. 스코틀랜드의 계몽운동을 생각하며 에든
버러성에서 홀리루드궁전에 이르는 로열마일을 거닐었다. 중간에 성
자일스성당에 들러 존 녹스를 만났고 로열마일에서는 애덤 스미스를
만났다. 골목마다 정성스럽게 건축되었던 교회가 활력을 잃은 모습은
시대의 변화를 보여주었다. 내용을 잃어가고 외형을 치장하고 세습의

폐단을 보이며 기득권으로 변해버린 한국 교회의 현실이 중첩되면서 부끄러운 마음으로 교회를 나왔다.

한글성경을 만든 존 로스의 묘소는 에든버러 뉴잉턴Newington 묘지에 있었다. 오랜 세월 속에서 검붉은 이끼를 덮고 있는 다른 묘소와 달리 존 로스의 묘역은 한국성서공회에서 마련한 대리석 테두리가 둘러져 있었다. 그리고 세인트앤드루스의 거리에는 패트릭 해밀턴과 조지 위샤트가 화형당한 곳임을 나타내는 표식이 만들어져 있었다. 신앙의 이름으로 횃불을 들어 생명을 불태운 사람들의 고성이 귓가에 맴돌았다. 당시의 불길을 느끼며 얼굴이 화끈거렸다. 그러나 패트릭과 조지의 고귀한 희생은 헛되지 않았고 지구 반대편의 사람들에게까지 전해졌다. 스코틀랜드를 대표하는 엉겅퀴처럼 억센 생명력과 백파이프 소리에 묻어나는 애잔함을 느끼며 런던으로 돌아왔다.

그 뒤 옥스퍼드대학과 케임브리지대학을 방문했다. 'Ox'와 'Fortress'의 합성어인 옥스퍼드! 케임브리지와 함께 영국을 대표하고 대학의 진수를 보여주는 옥스퍼드는 과거와 현재와 미래의 지성과 문화가 공존하는 특수한 공간으로서 그 자체로 큰 기운과 울림을 주었다. 옥스퍼드대학은 38개 독립 칼리지로 구성되어 있다. 라틴어 'Dominus Illuminatio Mea'는 옥스퍼드대학의 표어로서 '주님은 나의 빛'이라는 뜻이다. 안개비에 젖은 옥스퍼드는 이런 감성을 더욱 부각했다. 넓은 시야를 차단한 채 걸음마다 새롭게 등장하는 대학과 교회 건물들이 다음 행선지를 기대케 했다. 거리는 관광객들로 붐볐지만 학생과 연구자들은 한눈에 알아볼 수 있었다. 그들은 온몸이 피곤에 절은 듯했지만 눈만큼은 초롱초롱한 빛을 띠고 있었다.

크라이스트처치의 홀 바닥에는 존 웨슬리 탄생 300주년 기념 동판이

† 존 로스의 묘소   평장비석에는 한국의 모든 그리스도교인이 존 로스의 헌신에 감사한다는 문구가
한국어와 영어로 함께 쓰여 있다.

박혀 있었다. 그리고 웨슬리 형제가 신성회를 만들어 감리회 운동을
시작한 링컨칼리지를 둘러보며 웨슬리 형제와 조지 화이트필드의 모
습을 그려보았다. 케임브리지대학을 방문해서는 케임브리지 7인을 배
출한 성삼위Holy Trinity교회를 둘러보았다. 케임브리지대학의 표어는
'이곳으로부터 빛과 성배들을Hinc Lucem Et Pocula Sacra'이었다.

그리고 허드슨 테일러의 중국내지선교회 건물을 찾아 런던 북쪽 교
외의 뉴잉턴 그린으로 향했다. 흐리고 비 오던 날들이 지나고 아침에
하늘이 파랗게 개였다. 빛나는 해를 보며 길을 나섰다. 지하철에서 내려
10여 분을 걸어 목적지에 도착했다.

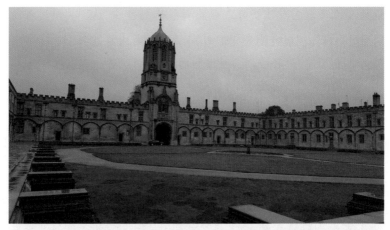

† 크라이스트처치 크라이스트처치 대성당과 '해리포터'로 더욱 유명해진 크라이스트처치칼리지.
이곳은 옥스퍼드 최대의 대학답게 많은 이야기를 담고 있었다.

　　다른 건물들 속에서도 유독 눈에 띄었다. 건물 입구에는 아직도 중국
내지선교회China Inland Mission라는 글자가 선명했다. 출입문이 잠겨 있어
서 경비원에게 방문 목적을 설명하고 잠시 둘러보기를 청하자 친절하
게도 직접 안내를 해주었다. 건물은 지금도 여러 사무실로 사용 중이라

건물 안으로 들어가진 못하고 건물 앞뒤만 살필 수 있었다. 다시 문을 나서려는데 경비원이 건물 중간의 아치형 통로 벽에 붙어 있는 문패를 가리켰다. 문패를 바라보는 순간 큰 기쁨과 감동이 몰려왔다. 그곳에는 눈에 익은 글귀가 적혀 있었다. '여호와이레'와 '에벤에셀'이었다. 앞서 허드슨 테일러를 다루면서 언급했던 글귀였다. 중국 현지에서 거주하던 건물의 대문 양측에 걸어놓은 대련對聯 글귀이자 중국내지선교회의 표어였다. 다른 흔적은 찾을 수 없었지만 '중국내지회'라는 건물 이름과 표어만으로도 가슴이 벅차오른 방문이었다. 경비원에게 감사의 말을 전하고 문을 나선 뒤에도 벅차오른 가슴은 진정되지 않았다. 길을 건너 다시 중국내지선교회 건물을 바라보며 한동안 입구로 드나드는 사람과 차량을 지켜보았다. 그리고 19세기 말 이곳을 드나들었던 선교사들의 모습을 떠올렸다.

돌아오는 길에 맑았던 하늘이 갑자기 흐려지더니 비가 쏟아졌다. 런던박물관을 둘러보고 존 웨슬리와 만났다. 웨슬리 형제는 비슷한 시기에 영적 체험을 통해 거듭 태어났다. 런던박물관 입구 옆에는 존 웨슬리의 회심 장면을 기록한 일기를 새겨놓은 커다란 동판이 세워져 있었다. "1738년 5월 24일 수요일의 일기: 그날 저녁에 나는 올더스게이트 거리에 있는 기도모임에 별로 가고 싶은 마음이 없었으나 참석했다. 거기서 어떤 사람이 루터의 로마서 강해 서문을 읽고 있었다. 밤 9시 15분 즈음, 그 낭독자가 우리가 그리스도를 믿을 때 하나님께서 우리 마음에 변화를 가져오는 일을 묘사하는 말을 듣는 중에 나는 내 마음이 이상하게 뜨거워짐을 느꼈다. 나는 내가 그리스도를 참으로 믿고 있음을 느꼈고 구원을 위해서 그리스도만을 의지한다고 느꼈다. 그리고 주께서 내 모든 죄를 없애주셨다는 확신이 생겼고 나 같은 자의 죄를 다 사하시고

† 중국내지선교회 건물 문패와 외관   중국내지선교회 문패에 '以便以設耳(여호와가 언제나 우리를 도와주신다)'와 '耶和華以拉(여호와가 미리 준비해주신다)'라는 문구가 선명하게 보인다.

죄와 죽음의 법에서 나를 구원해주셨음을 확신하게 되었다."

런던박물관을 둘러보고 나오니 비가 그친 다음이었다. 그 덕분에 한결 가벼운 마음으로 인근 웨슬리교회를 찾았다. 존 웨슬리가 오랫동안 이곳에서 목회를 했다고 한다. 마침 한국인 관광객들이 교회 입구 존 웨슬리 동상 앞에서 단체사진을 찍고 있었다. 일반 관광객들이 찾아올 만한 곳은 아니기에 감리교회 관계자들이 아닐까 생각했다. 본당은 문이 닫혀 있어 살펴보지 못하고 교회 뜰 안을 잠시 거닐었다.

마지막으로 데이비드 랜스보로의 묘소를 방문하기 위해 다시 길을 나섰다. 앞서 타이완 부분에서 데이비드 랜스보로의 사역을 잠깐 언급했다. 데이비드 랜스보로 3세(蘭大衛, 蘭戴維, 1870~1957)도 허드슨 테일러 가문처럼 대를 이어 선교사역을 감당했다. 데이비드 랜스보로 1세와 2세는 스코틀랜드에서 목사로 활동했다. 랜스보로 3세는 1890년에 글래스고대학에서 문학석사 학위를 취득했다. 그런데 이후 의료선교에 비전을 품고 에든버러대학 의대에 진학했다. 그는 1895년에 학업을 마친 뒤 그해 12월 18일에 캠벨 무디(梅藍霧, 梅甘霧, Campbell N. Moody)와 닐슨(廉德烈, A. B. Neilson) 목사와 함께 타이난 안핑安平항에 도착했다. 1895년은 일본이 타이완에 대한 식민통치를 시작한 해였다. 그들은 타이난 출신의 린옌천林燕臣에게 언어를 배우며 타이완 생활을 시작했다. 데이비드와 캠벨은 1896년에 타이중臺中 부근 장화彰化 일대를 시찰한 뒤 병 때문에 물러나게 된 선임자의 뒤를 이어 의료선교를 시작했다.

그들은 장화에 방 두 칸짜리 집을 임대해서 예배당과 의원을 세웠다. 대나무 침대 두세 개를 수술대 삼아 매일 환자 300~400명을 치료했다. 소뿔에 받히거나 개에게 물리거나 뱀독에 중독되어 찾아오는 다양한 환자를 정성스럽게 돌보았다. 그러자 당시 장화에서는 '남문에는 마조, 서문에는 란선생(南門媽祖, 西門蘭醫師)'이란 유행어가 생겨났다. 마조는 중국 남부 해안을 중심으로 민간에 널리 퍼져 있던 신앙의 대상으로 해상의 안전을 지켜주는 바다의 여신으로 여겨졌다. '마카오'란 이름도 여기서 비롯되었다. 랜스보로 3세는 아울러 '장화의 활불活佛'이라는 명성을 얻었다. 예수의 복음을 전하는 선교사가 마조나 부처라는 칭송을 받은 상황이 참으로 기이하다. 그로부터 17년이 흐른 1912년에 42세이던 그는 28세의 마조리 러너(連瑪玉, Marjorie Learner) 선교사와 결혼했고 2년 뒤 아들 데이비드 랜스보로 4세(蘭大弼)를 얻었다. 마조리는 간호와 아동교육 등을 담당하면서 랜스보로 3세의 훌륭한 조력자로 활동했다.

1928년에 저우진야오周金耀란 아이가 오른쪽 무릎을 크게 다쳐 병원을 찾았다. 상처는 허벅지까지 이어져 생명마저 위험한 상태였다. 이때 마조리 러너는 자원해서 자신의 허벅지 4곳의 피부를 떼어내 아이 다리에 이식했다. 안타깝게도 수술은 성공적이지 못했다. 그러나 데이비드 부부는 자신의 몸을 돌보지 않는 희생정신으로 예수의 사랑을 몸소 실천함으로써 타이완인들을 감동시켰다. 또한 저우진야오는 랜스보로 부부의 배려로 신앙 속에 자라나 훗날 목사가 되었다. 마조리 러너는 산부인과 의사로서 타이완 의료인에 대한 간호교육에도 힘썼고, 일반인에 대한 위생교육에도 앞장섰다. 그는 대중에게 다가가 인형을 이용해 출산과 피임 등을 쉽게 설명함으로써 산부인과 교육을 주도했다.

랜스보로 3세는 치료와 함께 의료교육에도 힘써 수많은 타이완인 의료계 인사들을 길러냈다. 40년 동안 80명이 그에게서 의술을 배우고 훗날 타이완 의료계를 책임졌다. 랜스보로 3세는 65세에 은퇴하면서 랜스보로의원(蘭醫館)을 교회에 헌납했다. 이 랜스보로의원은 장화그리스도교의원으로 발전해 지금에 이른다. 영국으로 돌아간 랜스보로 부부는 런던 남부 레드힐Redhill에 자리를 잡고 자신들의 거처를 '포모사 Formosa'라고 명명했다. '제2의 고향'인 타이완과 장화에 대한 그리움을 표현한 것이다. 그들이 장화에서 머물던 거처는 타이완 의료선교에 대한 그들의 공로를 기념해 1964년에 '랜스보로기념교회蘭大衛紀念敎會'가 되었다.

데이비드의 아들 데이비드 랜스보로 4세(蘭大弼, 1914~2010)도 의료선교 과정에서 제자의 발을 씻긴 예수의 섬김을 꾸준히 실천했다. 랜스보로 4세는 장화의 바과八卦산 아래에서 타이완인으로 자랐다. 학업을 위해 영국으로 건너간 뒤 런던대학에서 의학박사가 되었다. 다시 중국으로 돌아온 그는 푸젠성 취안저우에서 활동하다가 1952년에 장화기독교의원에 합류했다. 그 후 28년간의 의료 활동을 마무리하고 1980년에 은퇴했다. 타이완 위생국은 민간단체와 함께 '의료공로상'을 제정하여 1991년부터 매년 타이완 의료와 위생 분야에 탁월한 업적을 남긴 사람들을 표창하고 있다. 그런데 1996년 제6회 수상자에 데이비드 랜스보로 4세의 이름이 올랐다. 다만 아쉽게도 랜스보로 4세는 의료선교 활동을 마치고 은퇴해 영국으로 돌아간 상태였다. 그리고 2010년에 세상을 떠났다.

참된 선교사 데이비드 랜스보로의 소박한 묘비 앞에서

2019년 한 해가 저물어가던 어느 날, 런던 남부 레드힐에 몸을 뉘었다는 랜스보로 가족의 묘를 찾기 위해 기차에 몸을 실었다. 놀랍게도 구글지도에 그들 이름이 올라 있었다. 지도에서 가리키는 대로 레드힐을 지나 레이게이트역에 내려 15분을 걸었다. 조용한 시골의 풍경이 펼쳐졌다. 계속된 비와 차가워진 날씨로 거리는 나뭇잎들이 가득했다. 좁아진 길을 오르니 교회 첨탑이 보였고, 지도는 교회 앞을 가리키고 있었다. 그런데 교회 앞으로 들어서니 비석들의 숲이 펼쳐져 있었다. 교회 전체가 묘역으로 조성되어 있는데 그 규모가 상당히 컸다. 놀라움은 곧 난처함으로 바뀌었다. 이 넓은 곳에서 랜스보로 부부의 묘를 어떻게 찾을지 난감해졌다. 일단 한 바퀴 둘러보며 직접 찾아보려 시도했지만 어림없는 일이었다. 평일 아침이라 인적도 드물었다.

난감해하고 있는데 아주머니 한 분이 교회에서 나와 나에게로 다가오더니 "도와드릴까요?"라고 말을 건넸다. 여러 가방을 손에 들고 집으로 향하는 듯 보였다. 순간 '저분이라고 랜스보로 부부의 묘를 알 수 있을까?' 하는 걱정이 앞섰지만 도움이 절실한지라 랜스보로 부부의 이름을 건넸다. 그러자 그분은 놀라운 듯 나를 쳐다보며 미소를 지었다. 그리고는 자신이 직접 안내해주겠다며 발을 뗴었다. 나는 마음속에서 '여호와이레!'라고 외쳤다. 그분에게 감사의 말을 전하며 이런저런 이야기를 나눴다. 중국인이냐는 질문에 한국인이라 답하고 방문 목적을 말씀드리니 신기한 듯 이전의 경험을 말해주었다. 4개월 전에 타이완인 가족이 그곳을 찾아와 나와 똑같이 랜스보로 부부의 묘소를 찾았고, 그때도 자신이 그곳을 안내했다고 말했다. 그러면서 그때 찍었던 사진을 보여주셨다. 사진 속에는 젊은 부부가 어린아이와 함께 랜스보로 부부의 묘소 앞에서 포즈를 취하고 있었다. 그들은 리버풀에 사는데 특별히 랜스보로의 묘소를 참배하기 위해 이곳을 방문했다고 한다. 그 타이완인 부부 역시 랜스보로 가족이 타이완인들에게 보여준 헌신에 감사하기 위함이었으리라. 아울러 아주머니는 내게 그리스도교인이냐고 물었고 그렇다고 대답하자 하나님께 감사했다. 근처에 자기 친구가 있는데 그분도 베이징에서 선교사역을 하다가 최근에 돌아왔다고 했다. 그러면서 최근 5년간 중국 교회 상황이 많이 악화되었다는 소식을 전했다. 이런저런 이야기를 나누며 걷던 중 마침내 랜스보로 부부의 묘소에 도착했다. 먼 길을 찾아온 나그네에게 친절을 베풀어준 아주머니에게 거듭 감사의 마음을 전했다. 그분은 나를 축복한 후 작별 인사를 건넸다. 그리고 왔던 길로 돌아가 자신의 집으로 향했다.

랜스보로의 묘소는 묘역에서 제일 낮은 곳 귀퉁이에 자리 잡고 있었다. 그들의 헌신과 업적에 비해 너무나 초라해보였다. 그곳에는 랜스보로 3세의 부인인 마조리 엘렌 랜스보로(Marjorie Ellen Landsborough, 1884~1984)와 아들 데이비드 랜스보로 4세(David Landsborough, 1914~2010) 부부의 묘비가 세워져 있었다. 데이비드 랜스보로 3세의 묘비는 보이지 않았다. 마조리 묘비에는 '타이완에서 선교'라는 구절이 적혀 있었고 랜스보로 4세 묘비에는 '중국과 타이완에서 의료선교'라는 구절이 적혀 있었다. 그리고 '오직 우리에게 모든 것을 풍성히 주셔서 즐기게 하시는 하나님께 소망을 두라'는 디모데전서 6장 17절이 새겨져 있었다.

기차를 타고 런던으로 돌아오는 길에 차창 밖으로 바깥 풍경이 주마등처럼 빠르게 지나갔다. 이 책을 쓰기 위한 3년간의 오랜 여정이 끝나고 있었다. 그간의 행적이 바깥 풍경과 더불어 머릿속을 스쳐갔다.

† **데이비드 랜스보로의 묘소**   랜스보로는 평생 타이완인들을 위해 수고했던 바를 뽐내지 않고
그저 소박하게 이곳에 잠들어 있다. 그 앞에서 나는 랜스보로의
겸손함과 선한 인성을 발견할 수 있었다.

올려다본 런던 하늘 위로 비행기 궤적이 그물처럼 아로새겨져 있었다. 그동안 예수의 길을 좇아 중국에 복음의 씨를 뿌린 선구자들과 선교사들의 궤적을 되짚어보았다. 그들의 발걸음은 중국 복음의 길이 되었다. 그 발자취를 되짚어보면서 우리 발걸음을 되새기는 계기가 되었다.

에필로그
독자들과 그리스도교의 실크로드를 거닐 날을 꿈꾸며

그리스 북부 에게해 연안에 네압볼리Neopolis라는 자그마한 항구도시
가 있습니다. 네압볼리란 '신도시'라는 뜻이며 지금은 카발라Kavala라
는 지명으로 불리고 있습니다. 인구 6만여 명의 이 소도시는 그리스도
교 역사뿐만 아니라 세계사에서도 매우 중요한 의미가 있습니다.

꼭 그리스도교인이 아니더라도 사도 바울Paul이라는 역사 속 인물
은 누구나 알고 있을 겁니다. 사도 바울의 첫 유럽 기착지가 바로 네압
볼리입니다. 그는 바나바라는 친구와 함께 1차 전도여행을 다녀온 후
2차 전도여행을 계획합니다. 그렇지만 사도 바울과 바나바는 또 다른
동행자를 누구로 할지, 전도 지역은 어디로 할지에 대해 서로 의견이
달랐습니다. 바나바는 내실 있는 전도를 주장하며 구브로, 즉 지금의
사이프러스로 갔습니다. 하지만 바울은 달랐습니다. 당시 가장 거대한
제국이자 예루살렘의 정복자였던 로마의 중심부로 가겠다고 주장했
습니다. 그는 제국의 심장에 그리스도를 전파하겠다는 야심찬 계획을
세웠고 실행으로 옮겼습니다.

사도행전 16장 11절에는 '우리가 드로아에서 배로 떠나 사모드라게

로 직행하여 이튿날 네압볼리로 가고'라는 문구가 있습니다. 당시 항구도시로서 네압볼리는 동서양을 지나는 뱃길이었고 동시에 로마와 육로로 연결된 교통 요지였습니다. 사도 바울이 유럽에 최초로 세운 교회인 빌립보교회도 네압볼리에서 북서쪽으로 불과 14킬로미터 거리에 있었습니다. 이방인을 향한 선교는 저 두 길을 통해 세계로 흘러들어간 것입니다.

역사에 가정법은 없지만 만약 사도 바울이 유럽이 아니라 동쪽으로 향했다면 어떤 일이 일어났을까요. 세계사 지형과 그리스도교의 형태는 지금과 크게 달랐을지도 모릅니다. 사도 바울의 전도여행으로부터 600여 년이 흐른 후, 네스토리우스의 제자들은 이라크와 인도 그리고 중앙아시아를 거쳐 당나라 최대의 도시 장안長安에 다다랐고 중국선교를 시작했습니다. 이처럼 그리스도교는 예루살렘을 중심으로 하여 서쪽으로는 로마를 포함한 유럽 전역으로, 동쪽으로는 아시아의 중국은 물론 통일신라와 일본에도 일부 흔적을 남겼습니다.

우리 저자들은 1980년대 초반에 고등학교를 다니며 세계사 책 속에서 '대진경교유행중국비', 즉 '그리스도교'가 당나라 시기에 동아시아까지 전해졌다는 역사를 발견하고 호기심을 가진 그리스도교인이었습니다. 이윽고 대학에서 만났고 함께 중국어를 전공한 뒤 한 사람은 학자로, 한 사람은 언론인으로 살아왔습니다. 그로부터 반백이 지나 재회하여 이 책을 위해 대륙과 타이완을 넘나들며 현장을 답사했습니다. 때로는 함께, 때로는 홀로 중국 대륙 곳곳을 힘든 줄도 모르고 다녔습니다.

지난 7년의 작업 끝에 《대륙의 십자가》를 독자들에게 선보이면서 홀가분하기보다는 진한 아쉬움이 남습니다. 다섯 제국의 흥망성쇠를 함께한 그리스도교 1,400년 역사를 엄밀하게 추적하기에는 남아 있는 사료가 제한적이었습니다. 중국 그리스도교의 관련 연구도 매우 적어 연구와 집필이 쉽지 않았음을 솔직히 고백합니다.

특히 중국 그리스도교의 역사가 한반도 그리스도교 역사로 이어진 상황을 자세히 다루지 못한 점은 아쉬움으로 남습니다. 경교는 635년 장안에 전해진 후 홍왕하다가 879년에 종교탄압으로 쇠락의 길을 걷고 말았습니다. 그사이 240여 년 동안 당에서 통일신라로 경교가 어떻게 전해졌고 어느 정도까지 발전했는가는 매우 흥미로운 연구 주제입니다. 당과 통일신라는 정치, 외교, 경제는 물론이고 종교적으로도 매우 밀접한 관계를 맺고 있었기 때문입니다. 불국사에서 출토되었다는 십자가와 성모 마리아상이 경교와 어떤 연관성이 있는지는 확실히 밝혀진 바가 없습니다. 물론 그 유물들이 진짜로 십자가와 성모 마리아상인지 진위도 밝혀야겠지요. 국내 고고학자들 중에는 회의적인 시각으로 보는 분들도 있는 것으로 압니다. 그런데 발해 고고학의 권위자인 소비에트연방의 에른스트 블라디미르비치 샵쿠노프(Ernst Vladimirovich Shavkunov, 1930~2001) 박사가 1960년에 발해 유적을 탐사하면서 우수리스크 지역 인근의 고려인 마을에서 십자가를 발견해 학계에 보고한 바가 있습니다. 끝으로 갈수록 벌어지는 특이한 형태의 십자가는 바로 네스토리우스파 그리스도교의 상징물이었습니다. 학계에 논문으로 발표된 위의 사실을 상기해볼 때 경교, 당나라, 통일신라, 발해 등에 대한 관심과 연구가 계속 진행된다면 또 어떤 놀라운 역사적 사실이 밝혀질지 알 수 없는 일입니다.

이번 책은 중국 대륙의 그리스도교 역사가 주된 관심사였기 때문에 미국 감리교 선교사 아펜젤러Appen Zeller나 북장로교 선교사 언더우드Underwood처럼 미국과 캐나다, 유럽 선교사들이 1885년 4월 5일 인천 제물포항을 통해 조선 땅에 첫발을 내디딘 사실은 다루지 않았습니다. 그 대신 그들이 첫발을 내딛기 훨씬 전에 중국을 거쳐 조선을 선교지로 삼으려 했던 독일 출신 귀츨라프, 선양을 발판으로 활약했던 존 로스, 그 외에도 중국을 통해 한반도에 그리스도교를 전하려 했던 많은 선교사의 중국 내 발자취를 재조명했다는 것을 작은 위안으로 삼습니다. 아울러 다른 대륙에서는 원주민들을 강제로 개종하거나 경제적 이익을 맞바꾸는 형태로 종교를 전했던 것과 달리 한반도는 매우 특이한 그리스도교 정착의 역사를 갖고 있다는 점을 독자들에게 전했습니다. 선양에서 활약했던 존 로스 선교사가 조선 청년을 만난 뒤 그의 도움을 받아서 성경을 한글로 번역했습니다. 이 한글성경을 백홍준과 서상륜 등이 압록강을 건너 한반도까지 전파했지요. 다시 말해 한반도의 그리스도교는 선교사에 의해 전해지기 앞서 자국 언어의 성경을 먼저 갖게 된 것입니다. 이 사실은 역사학에서도 매우 특별한 의미를 갖습니다. 동시에 한국 그리스도교가 중국 대륙에 진 큰 빚으로 남아 있습니다.

그리스도교와 중국에 관한 전문지식이 깊지 않은 상태에서 여전히 사회주의 체제인 중국의 교회 역사를 다루는 일은 우리 두 저자에게 이중 삼중의 부담이 되었고 몇 번이고 집필을 중단해야 하는 건 아닌지 고민했습니다. 그렇게 힘든 시기에 만났던 중국의 평범한 그리스도교인들이 용기를 북돋아주었습니다. 고조할아버지부터 자신까지 무려 5대를 이어온 원저우의 기업가 신앙인들, 오직 믿음으로 차가운 바닥에 무릎 꿇고 방석 위에서 간절히 손을 모아 새벽기도를 올리던 닝보의 교인들, 항저우 충이탕교회에서 고사리 같은 손을 잡고 찬송가를 부르던 수십여 명의 어린 찬양대원…… 이들은 중국 대륙을 향한 신의 섭리를 되새겨보게 했고 집필을 위한 발걸음을 재촉하는 촉매제가 되었습니다.

덧붙여 독자 여러분께 한 가지 당부하고 싶은 말이 있습니다. 아직도 많은 이는 여전히 사회주의 체제와 공산당의 종교탄압이라는 프레임으로 중국을 바라봅니다. 또 일각에서는 중국 교회를 두고 낙후된 곳, 선도해야 할 대상으로 여깁니다. 한국 교회의 비약적인 성장 때문에 교만한 마음이 싹튼 것이라 할 수 있습니다. 지금의 중국 교회는 결코 후진적이지 않습니다. 실제로 중국 곳곳을 돌아본 결과, 대륙 전역에서 그리스도교 신자가 눈에 띄게 늘고 있다는 것을 두 눈으로 확인할 수 있었습니다. 과거 삼자교회는 합법이고 가정교회는 불법이라는 이분법적인 구분도 희미해졌습니다. 이제는 도시교회와 시골교회, 또는 양회에 가입한 등록교회와 미등록교회만 있을 뿐입니다. 중국인이 중국인 교회에서 신앙생활을 영위하는 데 큰 문제는 없습니다. 심지어 외국인도 중국 교회에서 얼마든지 신앙생활을 자유롭게 할 수 있습니다.

실제로 총원먼교회를 비롯해 많은 교회는 일요일마다 베이징 주재 외교관과 주재원, 유학생이 중국의 일반인 신자들과 자유롭게 예배를 합니다. 우리 저자들 역시 중국 현지에서 그리스도교를 취재하고 예배에 참석했는데 단 한 번도 중국인들이나 당국에게 방해를 받거나 탄압을 받은 적이 없습니다. 오히려 우리에게 매우 친절했습니다. 그렇다면 '중국 교회는 뒤떨어졌다', '당국이 신앙의 자유를 억압한다'와 같은 오해가 생겨난 이유는 무엇일까요. 그것은 아마도 해외 선교사가 교회를 개설해 중국인에게 직접 전도하거나 책자 또는 영상물로 직접 선교를 하는 방식을 중국 정부가 허용하지 않기 때문이 아닐까 합니다.

위와 같은 오해를 바로잡고 한국 교회에 중국 현지 상황을 알리고자 책 말미에 '중국 종교사무조례 수정안' 번역본을 덧붙였습니다. 이 번역본을 참고하면 중국 정부의 종교정책을 상세하게 알 수 있을 겁니다. 특히 '중국 종교사무조례 수정안' 제2조 "국민은 종교와 신앙의 자유가 있고 어떤 조직이나 개인도 국민이 종교를 믿거나 믿지 못하도록 강제할 수 없고 종교를 믿거나 믿지 않는 국민을 차별할 수 없다"는 항목을 통해 우리는 중국인들이 종교의 자유를 보장받고 있다는 사실을 알 수 있습니다.

다만 중국의 대형 도시를 중심으로 교회와 그리스도교가 성장했고 이를 경계한 중국 당국이 종교를 탄압했던 것은 사실입니다. 하지만 지금은 중국 정부가 종교를 탄압·통제하기보다 관리를 하겠다는 쪽으로 정책 방향을 선회한 게 분명해 보입니다. 중국 종교사무국 관계자들이 한국 정부 관계자와 종교계를 자주 방문하고 교류하여 중국 교회의 재산 관리와 교단 규범들에 관해 의견을 구했다고 합니다. 그 결과가 종교관련법과 운영체계를 취합해 개정한 '중국 종교사무조례 수정안'입니다.

　　중국 고전에 '동도합덕同道合德'이라는 말이 있습니다. '같은 뜻으로 덕을 합하라'는 노자의 가르침입니다. 대륙에 전해진 십자가의 역사와 깊이는 상상을 초월합니다. 청나라 개방 과정에서 서양과의 불평등조약에 일부 선교사들이 개입하며 중국인들에게 아픔을 준 역사도 있습니다. 하지만 중국인들은 인고의 세월을 견뎠고 경제적으로도 눈부신 발전을 이뤘습니다. 종교적으로 보더라도 중국 교회는 더 이상 선교 대상이 아닙니다. 오히려 함께 과거를 직시하고 미래를 향해 걸어가야 할 성장의 동반자가 되었습니다.

　　중국 대륙 곳곳을 누비며 그리스도교의 유적과 역사 속 선교사들의 유산을 발견했을 때 우리는 커다란 보람을 느꼈습니다. 기회가 된다면 우리가 직접 발견했던 대륙의 그리스도교 선교 역사와 그 발자취를 독자들과 함께 순례하고픈 꿈을 가져봅니다.

　　마지막으로, 책의 계획을 세운 것은 우리 저자들이지만 지난 7년에 걸쳐 모든 과정에 동행하시고 미래를 준비하신 이는 하나님임을 고백하며 이 모든 영광을 돌립니다.

2020년 4월
서울에서
민경중

참고문헌

《거인의 시대: 명말 중국 예수회이야기》, 조지 듄 지음, 문성자·이기면 옮김, 지만지, 2016

《굿모닝, 귀츨라프》, 오현기, 북코리아, 2014

《그리스도교는 어떻게 중국을 공략했는가?》, 심장섭, 자유문고, 2018

《기독교순교사화》, 존 폭스 지음, 양은순 옮김, 생명의말씀사, 1977

《기독교와 중국문화의 충돌》, 이관숙, 쿰란출판사, 1997

《동방 기독교와 동서문명》, 김호동, 까치, 2002

《마르코 폴로의 동방견문록》, 마르코 폴로 지음, 김호동 옮김, 사계절, 2000

《송경령평전》, 장롱, 존 할리데이 지음, 이양자 옮김, 지식산업사, 1992

《송미령평전》, 진정일 지음, 이양자 옮김, 한울, 2004

《신의 아들 홍수전과 태평천국》, 조너선 D. 스펜스 지음, 양휘웅 옮김, 이산, 2006

《실크로드사전》, 정수일, 창비, 2013

《오도릭의 동방기행》, 오도릭 지음, 정수일 옮김, 문학동네, 2012

《옥스퍼드영국사》, 케네스 O. 모건 엮음, 영국사학회 옮김, 한울아카데미, 2009

《제국의 상점》, 리궈룽 지음, 이화승 옮김, 소나무, 2008

《중국교회사》, 김학관, 이레서원, 2005

《중국기독교사》, 이관숙, 쿰란출판사, 1995

《중국으로 가는 길》, 정수일, 사계절, 2002

《중국의 천년왕국》, 미이시 젠키치 지음, 최진규 옮김, 고려원, 1993

《지식인과 사회-스코틀랜드 계몽운동의 역사》, 이영석, 아카넷, 2014

《차이나 링컨》, 김학관, 킹덤북스, 2012

《北京基督教史》, 佟洵, 宗教文化出版社, 2014

《變化中的中國人》, E.A.羅斯(美), 時事出版社, 1998

《從布爾什維克到傳道人》, 徐保羅, 臺北, 宇宙光文字部, 2006

《從利瑪竇到湯若望-晚明的耶穌會傳教士》, 鄧恩 (著), 余三樂·石蓉 (譯), 上海古籍出版社, 2003

《傳教士與近代中國》, 顧長聲, 上海人民出版社, 2013

《傳教偉人馬禮遜》, 海恩波(Marshall Broomhall) (著), 簡又文 (譯·香港), 基督教文藝出版社, 2002

《當代中國基督教發展史 1949~1997(全二卷)》, 趙天恩 莊婉芳, 中福, 1997

《戴德生-摯愛中華》, 史蒂亞 (著), 梁元生 (譯·香港), 福音證主協會, 2010

《帶着愛來中國》, 戴德生 (著), 陸中石 (譯), 北京, 人民日報出版社, 2004

《法國對華傳教政策(上·下)》, 衛青心, 中國社會科學出版社, 1991

《福爾摩沙紀事:馬偕臺灣回憶綠》, 馬偕, 林晚生 (譯), 前衛出版社, 2007

《革命先驅-基督徒與晚清中國革命的起源》, 梁壽華 (香港), 宣道出版社, 2007

《杭州基督教史》, 陳偉, 當代中國出版社, 2016

《花甲憶記》, 丁韙良 (著), 沈弘 (譯), 桂林, 廣西師範大學出版社, 2004

《基督教教育與中國社會變遷》, 黃新憲, 福建教育出版社, 2000

《基督教入華史(一,二冊)》, 陳垣, 中華書局, 1984

《基督教新教傳教士在華名錄》, 偉烈亞力 (英), 天津人民出版社, 2013

《基督教與近代中國社會》, 顧衛民, 上海人民出版社, 2010

《基督教與明末儒學》, 孫尚楊, 東方出版社, 1994

《基督教與中國近代中等教育》, 尹文涓, 上海人民出版社, 2007

《基督教與中國文化》, 吳雷川, 商務印書館, 2015

《基督教與中國文化》, 肖安平, 宗教文化出版社, 2011

《基督教與中國文化處境》, 卓新平, 宗教文化出版社, 2013

《基督教在華傳教史》, 賴德烈 (著), 雷立柏 靜也 瞿旭彤 成靜 (譯), 道風書社, 2009

《佳踪重尋-譯經先鋒列傳》, 趙維本, 新加坡, 新加坡神學院, 2007

《江南傳教史(合二卷)》, 史式徽(法), 上海譯文出版社, 1983

《敎會大學與神學敎育》, 徐以驊, 福建敎育出版社, 2000

《拉班掃馬和馬克西行記》, 伊兒汗國(佚名) (著), 朱炳旭 (譯), 大象出版社, 2009

《蘭醫生在臺灣》, 魏喜陽, 臺灣敎會公報社出版, 1987

《利瑪寶傳》, 平川佑弘 (著), 劉岸偉 徐一平 (譯), 光明日報出版社, 1999

《利瑪寶評傳》, 裵化行 (著), 管震湖 (譯), 商務印書館, 1993

《李提摩太在中國》, 蘇慧廉 (著), 關志遠・關志英・何玉 (譯), 廣西師範大學出版社, 2007

《林獻羔見證》, 林獻羔, 廣州, 2014

《馬禮遜-在華傳敎士的先驅》, 湯森(William Townsend) (著), 王振華 (譯), 大象出版社, 2002

《美國傳敎士與晚淸中國現代化》, 王立新, 天津人民出版社, 1997

《明末天主敎與儒學的互動-一種思想史的視角》, 孫尙揚, 宗敎文化出版社, 2013

《明末天主敎與儒學的交流和衝突》, 孫尙揚, 臺北文津出版社, 2013

《明淸之際西班牙方濟各會在華傳敎研究(1579~1723)》, 崔維孝, 中華書局, 2006

《破殼飛騰-倪柝聲的被囚與蛻變》, 吳秀良, 臺北, 比遜河出版社, 2004

《親歷晚淸四十五年-李提摩太在華回憶錄》, 李提摩太, 天津, 人民出版社, 2011

《聖靈興起: 中國敎會復興時代的事工與敎義》, 劉先康, 臺灣浸信會出版社, 1989

《司徒雷登傳》, 李躍森, 中國廣播電視出版社, 2004

《司徒雷登日記》, 司徒雷登, 陳禮頌 (譯), 黃山書社, 2009

《孫逸仙先生傳(上・下)》, 臺灣, 遠東圖書公司, 1982

《太平天國革命親歷記》, 呤唎, 上海古籍出版社, 1983

《太平天國與列强》, 茅家琦, 廣西人民出版社, 1992

《臺灣宣敎之父-馬雅各醫生》, 陳儀智, 新使者 第54期, 1999

《唐代長安與西域文明》, 向達, 商務印書館, 2015

《湯若望傳》, 李蘭琴, 東方出版社, 1995

《拓荒布道(A MISSION IN CHINA)》, 蘇慧廉, 吳慧 譯, 溫州市基督敎城西堂編印, 2008

《西學東漸與晚淸社會》, 熊月之, 上海人民出版社, 1994

《西學與變法-〈萬國公報〉研究》, 王琳, 濟南, 齊魯書社, 2004

《信仰偉人列傳》, 楊士養 (編著), 臺南, 人光出版社, 1995

《尋找.蘇慧廉》, 沈迦, 新星出版社, 2013

《王明道與中國教會》, 林榮洪 (香港), 中國神學研究院, 1987

《王明道小傳》, 陳福中 (編譯)·(香港), 基督徒出版社, 2002

《王韜日記》, 方行 湯志鈞 (整理), 中華書局, 1987

《溫州基督教史》, 莫法有 (香港), 基道出版社, 1998

《我先祖的故事: 利瑪竇 徐光啓和熊三拔》, 倪波路, 浙江大學出版社, 2010

《楊廷筠-明末天主教儒者》, 鍾鳴旦, 社會科學文獻出版社, 2002

《耶穌會士與中國科學》, 樊洪業, 中國人民大學出版社, 1992

《一八四零年前的中國基督教》, 孫尙揚.鐘鳴旦(比利時), 學苑出版社, 2004

《一條開往中國的船》, 沈迦, 新星出版社, 2016

《在傳統與現代性之間-王韜與晚清改革》, (美)柯文(Paul A. Cohen) (著), 雷頤 羅檢秋 (譯), 江蘇人民出版社, 2006

《在華五十年-司徒雷登回憶錄》, 司徒雷登 (著), 常江 (譯), 海南出版社, 2010

《早期西方傳教士與北京》, 余三樂, 北京出版社, 2001

《浙江早期基督教史》, 龔纓晏, 杭州出版社, 2010

《中國民間宗教史》, 馬西沙 韓秉方, 上海人民出版社, 1992

《中國和基督教》, 謝和耐(法), 上海古籍出版社, 1991

《中國, 開門!: 馬禮遜及相關人物研究》, 蘇精 (香港), 基督教中國宗敎文化研究社, 2005

《中國基督教簡史》, 姚民權 羅偉虹, 宗教文化出版社, 2000

《中國基督敎人物小傳》, 查時杰, 中華福音神學院出版社, 1983

《中國基督教史綱》, 王治心, 上海古籍出版社, 2011

《中國基督教史略》, 李寬淑 (著), 社會科學文獻出版社, 1998

《中國基督徒史》, (法)沙百里 (著), 耿昇 鄭德弟 (譯), 中國社會科學出版社, 1998

《中國教會的使徒行傳》, 魏外揚, 臺灣, 宇宙光文字部, 2006

《中國景教》, 朱謙之 (著), 人民出版社, 1993

《中流砥柱-倪柝聲傳》, 金彌爾 (著), 戴致進 (譯), 臺北, 中國主日學協會, 1991

《中西交通史(全二冊)》, 方豪, 岳麓書社, 1987

《中西交通史料匯編(全四冊)》, 張星烺 (編), 中華書局, 2003

《A History of Christian Missions in China, Kenneth Scott Latourette》, The Macmillan Company, 1929

《Hudson Taylor and China's Open Century: Survivor's Pact》, Broomhall, Alfred, London, Hodder and Stoughton, 1984

313년 콘스탄티누스 1세가 리키니우스와 함께 '밀라노 칙령'으로 그리스도교를 공
  인하다.

325년 니케아 공의회에서 '삼위일체론'이 교리로 확정 선포되다.

390년 테오도시우스 1세가 그리스도교를 로마의 국교로 지정하다.

431년 에페수스(에베소) 공의회에서 성모 마리아의 호칭에 관한 교리논쟁으로 네
  스토리우스가 이단으로 판정받고 파문되어 리비아로 추방되다.

446년 페르시아제국 내에서 네스토리우스파 신자 15만여 명이 학살을 당한 뒤 사
  방으로 흩어지다.

451년 칼케돈(현재의 터키 지역) 공의회에서 네스토리우스파가 완전히 이단으로 단
  죄되다. 네스토리우스 사망하다.

476년 서로마제국이 멸망하다.

481년 네스토리우스파가 동로마제국에서 축출되다.

496년 네스토리우스파가 페르시아에서 총회를 소집하고 교회 독립을 결의하다.

498년 네스토리우스교가 로마 교구들과 유대를 끊고 독립교회로 출발하다.

513년 독립한 네스토리우스 교회가 페르시아제국 내에서 거대한 교단으로 부흥하
  다. 페르시아 코스로에스Chosroes왕이 부흥하는 교회를 탄압하다.

549년 네스토리안교회 대주교가 중국 북방 헤프탈릴Hephthalites 지경의 백인 훈족에
  게 주교를 파송하다.

551년 아라비아에서 이슬람교가 사산왕국을 점령하여 페르시아가 위험해지자 선
  교사 파송을 시작하다.

581년 수隋가 중국을 통일하다.

612년 수가 113만 대군을 동원하여 고구려를 침입했으나 실패하다.

618년 고조 이연李淵이 수 왕조를 몰아내고 당唐 왕조를 건설하다.

619년 당이 문호를 개방하고 포용정책을 시행하다.

630년 태종 이세민이 외래 종교 영입정책을 시행하다.

635년 페르시아에서 파송한 올로푼과 네스토리안 선교사 21명이 장안에 도착하다.

태종은 의전재상 방현령을 서쪽 교외로 보내 선교단을 환영하다. 선교단은 태종을 만나 경교의 성서를 진상하고 황실의 초상화를 받다.

638년 태종이 경교를 격찬하는 조서를 내리다. 황제의 유서에 따라 대진사大秦寺라 는 경교 회당이 건축되다.

650년 고종은 올로푼에게 진국대법주鎭國大法主라는 관직을 하사하고 전국 10도 358주에 경교 회당인 대진사의 건축을 명하다. 매년 성탄절에 황실에서 성 탄 축하 음식을 하사하다.

749년 신라의 고선지 장군이 티베트 전투에서 큰 공을 세우다.

756년 안녹산의 난을 진압한 곽자의의 보좌관이었던 경교사 이스伊斯에게 금자광 록대부라는 직위를 하사하다. 숙종이 자기 고향 영주부에 경교 교회당 대진 사를 건립하다.

781년 이스는 곽자의와 함께 숙종, 대종, 덕종 3대의 황제를 모시다. 공로훈장을 받 은 이스는 덕종에게 경교비 건립을 청원하여 허락을 받다. 경교사 애덤景淨 이 경교비석의 원문을 기초하여 조영과장 여수암이 대진경교유행중국비를 건립하다.

845년 무종이 도교를 제외한 외래 종교를 탄압하다(회창會昌의 폐불廢佛). 외래 종교 의 교세를 조사하도록 명하여 사원 4만4,6000개소, 성직자 26만500명으로 파악하다. 경교 금지 조서가 반포되어 성직자 20만 명을 양세호로 만들다. 경교 신자들이 경교비를 땅에 묻고 도피했고, 경교가 중원에서 소멸되다.

1009년 네스토리안 선교사들이 몽골에서 케라이트Keraits족, 나미안Namians족, 메르 키트Merkites족에게 그리스도교를 전파하고 세례를 베풀다.

1054년 교회가 동서로 대분열Great Schism되어 로마 가톨릭과 동방 정교회로 나뉘다.

1206년 칭기즈 칸이 몽골제국을 건국하고 황제로 추대되다.

1236년 칭기즈 칸이 바투를 사령관으로 유럽 원정을 본격화하다.

1239년 칭기즈 칸이 유럽 원정을 나서다.

1240년 몽골제국의 고관 안마기스安馬吉思가 남방에 경교 사원인 대광명사大光明寺 를 건축하다.

1241년 오고타이 칸이 사망하면서 몽골군의 서방원정이 중단되다.

1245년 교황은 몽골의 침공을 두려워하여 지오바니Giovanni da Piano del Carpine 신부를 제왕 즉위식 사절로 파송하다. 몽골제국의 모포제국태후가 십자가교회를 건축하다.

1245년 안마기스의 제자 세르기스薛里吉思가 7개 경교사를 건축하다. 경교 신자인 대 신들이 그들을 특사로 대우해주었고, 특사는 교황의 화친 서신을 전달하다.

1246년 지오바니 신부가 몽골 3대 황제 구유크 칸을 만나다. 구유크 칸은 사신을
　　　통해 무조건 항복하라는 답신을 보내다.
1247년 교황은 페르시아 시티엔Sitens에 주둔한 몽골군 사령관 바이주拜住 장군에게
　　　화친의 서신을 보내다. 바이주 장군은 2명의 사자를 통해 무조건 항복하라
　　　는 답신을 보내다.
1250년 몽골 황제 구유크 칸이 경교 사원에 가서 자금을 하사하다. 프랑스의 루이 9
　　　세가 다비드David와 마르쿠스Marchus 두 청년으로부터 위조된 몽골 황제의 화
　　　친제안서를 받고 크게 기뻐하다. 위조된 화친제안서를 전해 받은 교황이 몽
　　　골의 페르시아 주둔군 사령관 엘카타이Elchatay 장군과 본국의 황후에게 화친
　　　특사를 파견하다.
1252년 프랑스 왕 루이 9세가 프란치스코회 뤼브뤼키 신부를 몽골에 파견하다.
1254년 1월 3일에 뤼브뤼키가 호린에 도착해 몽케 칸을 접견하다. 몽골 황제 몽케
　　　칸이 교황과 루이 9세에게 속히 투항하라는 서신을 보내다.
1260년 이탈리아인 니콜로 폴로가 콘스탄티노플을 출발해 킵차크 칸국과 부하라를
　　　거쳐 쿠빌라이 칸의 조정에 머무르다.
1265년 니콜로 폴로와 마페오 폴로 형제가 칸발리크(大都, 지금의 베이징)에 도착해
　　　쿠빌라이 칸을 접견하다. 쿠빌라이 칸은 그들을 교황청에 보내 선교사 파
　　　견을 요청하다.
1269년 니콜로 폴로가 베네치아로 돌아가다.
1271년 쿠빌라이 칸이 몽골제국 국호를 원元으로 개칭하고 수도를 칸발리크로 정
　　　하다. 마르코 폴로가 아버지 니콜로 폴로와 함께 다시 중국으로 떠나 17년
　　　동안 원 관리로 일하면서 중국과 몽골, 버마와 베트남 등을 다니다.
1275년 베이징 출신의 투르크계 몽골인이자 경교 성직자였던 바르 사우마(Bar Sauma,
　　　1220~1294)가 제자 마르 야발라하 3세(Mar Jaballaha, 1245~1317)와 함께 예루살
　　　렘으로 성지 순례길에 오르다. 마르코 폴로가 칸발리크에 도착하다.
1276년 원의 군대가 남하해 남송의 수도 임안(臨安, 지금의 항저우)을 함락시키다.
1281년 원 왕조가 전함 4,400척과 병력 14만 명을 동원하여 일본 원정에 나섰으나
　　　전함과 병력 11만의 손실을 보고 실패하다. 랍반 마르쿠스Rabban Marcos로도
　　　불린 마르 야발라하 3세가 바그다드에서 당시 그리스도교 최대 종단이던 아
　　　시리안 동방교회의 총대주교(1279~1317 재위)로 선출되다.
1287년 바르 사우마가 총대주교가 된 제자 마르 야발라하 3세에게 대사 자격을 부
　　　여받아 유럽으로 향하다.
1288년 바르 사우마가 로마 교황 니콜라스 4세(1288~1292 재위)를 만나 성직자 파견

을 요청하다.

1289년 가톨릭 프란치스코 선교사인 지오반니 다 몬테 코르비노Giovanni da Monte Corvino 신부가 교황 니콜라스 4세의 결정으로 중국으로 파송되다.

1292년 마르코 폴로가 베네치아로 돌아가다.

1293년 몬테 코르비노 신부가 인도를 경유하여 취안저우泉州를 거쳐 원의 수도 연 경에 도착하다.

1294년 몬테 코르비노 신부가 신약성서와 시편을 몽골어로 번역하다. 원 왕조의 허 락하에 몬테 코르비노 신부가 선교 활동을 벌여 교인 6,000명이 생기다.

1307년 몬테 코르비노 신부가 연경 지구 주교로 임명되었고, 선교사 5명의 증파를 요청하다. 교황 클레멘스 5세Clement V가 파견한 신부 7명 중 게라르두스 알 부이니(傑剌兒, Gerardus da Albuini), 페레그린 카스텔로(裹萊格林, Peregrine da Castello), 안드레아 페루기아(安德烈, Andrea da Perugia) 등 3명만이 대도大都에 도착하다. 이들은 이후 차례대로 취안저우의 주교직을 담당하다.

1318년 오도릭(鄂多利克, Friar Odoric) 신부와 야곱 신부가 중국에 파송되어 11개 성에 서 선교하고 중국의 사정을 교황청에 보고하다.

1328년 몬테 코르비노가 사망하다.

1336년 원의 11대 황제 토곤 테무르 칸(혜종)이 안드레아 페루기아 신부를 특사로 한 사절단 16명을 교황에게 보내다.

1342년 교황은 답례로 특사 4명을 토곤 테무르 칸에게 보내다. 토곤 테무르 칸은 자인전에서 사절단을 접견하다.

1345년 모로코 출신의 이븐 바투타가 취안저우에 도착해 항저우를 거쳐 베이징으 로 가 원 혜종을 만나다.

1346년 이븐 바투타가 광저우와 푸저우를 둘러보고 중국을 떠나다.

1368년 주원장이 원 왕조를 멸하고 명을 수립하다. 명대에 들어와 그리스도교 선교 가 금지되다.

1381년 영국인 종교개혁가 존 위클리프가 세속 권력을 추구하는 교회권력과 중세 신학을 비판하고 성서 중심 신학을 주장하다가 이단으로 몰리다.

1411년 체코인 종교개혁가인 얀 후스가 대립교황 요한 23세에게 파문당하다.

1415년 얀 후스가 콘스탄츠 공의회에 의해 이단 판결을 받고 체포되어 고문받다가 화형당하다.

1455년 교황 니콜라우스 5세가 포르투갈의 모든 특권을 연장해주다.

1489년 카이펑開封에 이스라엘교一賜樂業教 기념비를 세우다.

1493년 식민지 개척에 관한 스페인과 포르투갈의 협정이 체결되다.

1498년 포르투갈의 바스코 다 가마가 캘커타를 개척하다. 이때부터 가톨릭 선교사
　　　들의 인도 선교가 시작되다.

1509년 프랑스에서 종교 개혁가인 장 칼뱅이 태어나다.

1510년 서구에서 문예부흥운동이 일어나다.

1511년 포르투갈이 인도 고아Goa를 점령하다.

1515년 교황 레오 10세가 포르투갈의 특허권을 확대 적용하다.

1517년 마르틴 루터의 〈95개조 반박문〉을 계기로 종교개혁운동이 시작되다.

1521년 교황 레오 10세가 마르틴 루터를 파문한 것을 계기로 개혁교회가 시작되다.

1534년 이냐시오 데 로욜라와 프란치스코 하비에르 등이 종교개혁과 식민지 개척
　　　의 영향으로 예수회라는 가톨릭 수도회를 수립하여 세계 선교운동의 선봉
　　　에 서다.

1540년 교황 바오로 3세가 예수회를 정식 인준하다.

1542년 프란치스코 하비에르가 인도 고아를 기점으로 아시아 선교를 시작하다.

1549년 프란치스코 하비에르가 일본에 가톨릭을 전파하다.

1552년 프란치스코 하비에르가 중국 남부 마카오 인근의 상촨다오上川島에 도착하다.
　　　42세의 하비에르가 열병으로 11월 27일에 상촨다오에서 사망하다.

1553년 포르투갈 상단이 마카오 체류를 인정받다.

1555년 아우스부르크 화의로 개혁교회인 루터교회가 신성로마제국의 공식 승인을
　　　얻다.

1557년 예수회 신부가 마카오에 성당을 건립하다.

1559년 잉글랜드 엘리자베스 여왕이 가톨릭과 구별되는 국교회(성공회)를 수립하다.

1564년 종교 개혁가이자 개혁교회 신학자 장 칼뱅이 사망하다.

1568년 카네이로 신부가 마카오의 주교에 오르다. 진 리베이라가 마카오에 도착하다.

1571년 마테오 리치가 예수회에 입회하다.

1577년 루터교의 신앙고백이 발표되다.

1572년 명 정부가 포르투갈인의 마카오 거주권을 인정하다.

1578년 마테오 리치가 루지에리와 파시오 등 예수회원 13명과 함께 포르투갈 리스
　　　본을 출항하여 인도 고아에 머물며 해외 선교를 시작하다.

1579년 7월 20일에 미켈레 루지에리가 마카오에 도착하다.

1580년 미켈레 루지에리가 광저우에 들어가다.

1582년 8월 7일에 마테오 리치가 마카오에 도착하다.

1583년 마테오 리치가 미켈레 루지에리와 함께 자오칭肇慶에 들어가 톈닝쓰天寧寺
　　　에 거주하며 내륙 최초의 선교근거지를 건립하고, 사오저우韶州와 난창南昌

등지를 다니며 선교하다. 미켈레 루지에리가 자오칭에서 《조전천주십계祖傳天主十誡》를 출판하다.

1584년 마테오 리치와 미켈레 루지에리가 세계지도들을 제작하고 《포르투갈중국어사전葡華辭典》을 출판하다. 미켈레 루지에리가 마카오에서 유럽인 최초의 한문 저서인 《천주성교실록天主聖教實錄》을 출판하다.

1585년 중국 최초의 가톨릭 교회당이 광저우에 건립되다. 알레산드로 발리냐노 신부가 포르투갈인 선교사인 두아르테 데 샹데(Duarte de Sande, 1547~1599) 신부를 중국교구장으로 임명해 자오칭으로 파견하다.

1587년 마테오 리치가 난징南京에 가 고위층 지식인들에게 천문과 지리, 수학을 가르치다.

1588년 미켈레 루지에리가 교황에게 베이징 파견 문제를 건의하기 위해 유럽으로 돌아가다.

1589년 마테오 리치가 자오칭에서 사오저우韶州로 거주지를 옮기다.

1592년 일본의 도요토미 히데요시가 16만 명 병력으로 조선을 침공하다.

1593년 마테오 리치가 《사서四書》를 라틴어로 번역하다.

1594년 이탈리아 선교사 라차로 카타네오(郭居靜, Lazaro Cattaneo, 1560~1640)가 사오저우로 와 마테오 리치를 만나다.

1595년 마테오 리치가 난징을 거쳐 난창南昌으로 가다. 마테오 리치가 첫 한문저서인 《교우론交友論》을 출판하다. 서광계徐光啓가 광둥 사오저우韶州에서 카타네오를 처음 만나다.

1596년 마테오 리치가 예수회 중국선교회 회장에 임명되다.

1598년 마테오 리치가 카타네오와 함께 처음 베이징을 방문하다.

1599년 스페인인 예수회 선교사 디에고 데 판토하(龐迪我, Diego de Pantoja, 1571~1618)가 중국에 도착하다.

1600년 서광계가 난징에서 마테오 리치를 만나다.

1601년 마테오 리치와 판토하가 베이징에 도착해 신종 황제에게 선물을 드리다. 신종 황제는 선물을 받고 베이징 거주와 선교의 자유를 허락하는 유서를 내리다. 마테오 리치가 이지조李之藻와 함께 《곤여만국전도坤輿萬國全圖》를 제작 간행하다.

1602년 마테오 리치가 양의兩儀를 제작하여 명 조정에 바치다.

1603년 마테오 리치가 《천주실의天主實義》를 저술하다. 서광계가 로차(羅如望, Juao de Rocha, 1566~1623)에게 세례를 받고 입교하다.

1604년 서광계가 베이징에서 마테오 리치와 친분을 맺고 협력하다.

1605년 마테오 리치가 서광계의 도움으로 베이징에 남당南堂 천주당을 세우고 200
여 명의 신도를 얻다. 카이펑開封의 이스라엘교회를 답사하다.

1606년 이탈리아인 예수회 선교사 사바티노 우르시스(熊三撥) 신부가 마카오에 도
착하다.

1607년 마테오 리치와 서광계가 중국 최초의 번역서인 유클리드의 《기하원본》을
출간하다.

1610년 역법으로 측정한 일식 시간이 60분 차이가 나자 마테오 리치가 명을 받아
역법을 수정하다. 이지조가 세례를 받고 입교하다. 마테오 리치가 사망하자
교인 200여 명이 베이징에서 성대한 장례식을 치르다.

1611년 이탈리아인 예수회 줄리오 알레니(艾儒略, Giulio Aleni, 1582~1649) 신부가 중국
이스라엘교회의 비석을 탐사하다.

1613년 롱고바르디가 마테오 리치와 대립해서 제공사조祭孔祀祖에 반대하다. 줄리
오 알레니 신부가 취안저우에 들어와 선교하다.

1614년 《천주실의》가 라틴어, 프랑스어, 독일어, 스페인어로 번역 출판되다.

1616년 난징南京의 심관沈灌이 가톨릭을 멸해야 한다는 상소문을 올리면서 그리스
도교를 박해하는 난징교안敎案이 발생하다. 서광계가 가톨릭 신부들을 변
호하는 상소문인 〈변학장소辨學章疏〉를 올리다. 심관은 상소문이 윤허되기
전에 가톨릭 교인 19명을 체포하여 고문하고 죽이다. 알폰소 바뇨니(王豐肅,
高一志), 사바티노 우르시스(熊三拔), 판토하(龐迪我) 신부가 체포되어 마카오
로 압송되다.

1618년 독일을 무대로 가톨릭과 개신교 간의 종교전쟁인 '30년 전쟁'이 시작되다.

1622년 독일인 예수회 애덤 샬(湯若望) 신부가 중국에 도착하다. 스페인인 예수회 피
구에레도(費樂德, Figueredo) 신부가 중국에 도착하다.

1623년 '대진경교유행중국비'가 발굴되자 이 사실이 로마 교황청에 보고되다. 줄리
오 알레니(艾儒略) 신부가 세계인문지리서인 《직방외기職方外紀》를 출간하다.

1624년 포르투갈인 예수회 장 프뢰(伏若望, Jean Froes, 1593~1638) 신부 중국에 도착하다.

1626년 니콜라스 트리고가 《오경五經》을 라틴어로 번역하다. 티베트 최초의 예수
회 성당이 설립되다.

1627년 네덜란드개혁교회 소속의 조지 칸디디우스 목사가 타이완에 도착하다. 외
국 선교사들이 자딩嘉定 회의에서 '천주' 호칭문제를 토론하다. 양정균楊廷
筠이 사망하다.

1629년 이지조가 중국 최초의 가톨릭서적인 《천학초함天學初函》을 출판하다. 서광
계가 역국曆局 설치를 건의하고 롱고바르디 등을 추천하다. 포르투갈인 예

수회 시마오 추나(瞿西滿, Simão da Cunha) 신부가 중국에 도착하다.

1630년 애덤 샬 신부가 두 번째로 베이징을 방문해 역국曆局 관리에 임용되어 서광계와 함께《숭정역서崇禎曆書》를 편찬하다. 이지조가 사망하다. 금金의 군대가 조선을 침략하다.

1631년 조선의 정두원이 베이징에서 홍의포 제조법을 배우면서 가톨릭을 접하다.

1632년 가톨릭의 도미니코회 선교사들이 중국에 도착하다.

1633년 가톨릭의 프란치스코회 선교사들이 중국에 도착하다. 서광계가 사망하다.

1637년 이탈리아인 예수회 제롬(賈宜陸, Jérôme de Gravina) 신부가 중국에 도착하다.

1639년 서광계의《농정전서農政全書》(총 60권)가 출간되다.

1643년 도미니코회 후안 모랄레스가 교황청에 예수회의 태도를 고발하면서 제공사조 논쟁이 시작되다. 헝가리인 예수회 마르티노 마르티니(衛匡國) 신부가 중국에 도착하다.

1644년 명의 마지막 황태후가 교황에게 구원을 요청하는 서신을 보내다. 이자성의 농민군이 베이징을 점령하다. 5월, 청 군대가 베이징에 입성하다. 10월 1일, 대청제국의 건립을 선포하다. 애덤 샬이 수력 수정사업을 시작하고, 태상시와 광록대부라는 벼슬을 받다.

1645년 조선의 소현세자가 애덤 샬에게서 서양과학과 가톨릭 교리책, 마리아상을 선물로 받다. 교황 이노센트 10세가 제공사조 금지령을 내리다.

1648년 베스트팔렌조약으로 서유럽의 종교전쟁인 '30년 전쟁'이 종결되면서 칼뱅파도 루터파와 같은 자격으로 승인되다.

1656년 교황 알렉산데르 7세가 제공사조 금지령을 해제하다.

1657년 청 세조 순치 황제가 베이징 내의 가톨릭 성당 건축을 허락하고 '통현가경通玄佳境'이란 현판을 선물하다.

1658년 프랑스의 파리외방전교회가 창립되다.

1659년 명의 마지막 황제인 계왕桂王이 윈난雲南에서 탈출했으나 미얀마에서 체포되어 사형당하다. 벨기에인 예수회 페르디난트 페르비스트(南懷仁) 신부가 중국에 도착해 애덤 샬의 역국曆局 업무를 보좌하다.

1661년 정성공이 타이완을 점령하다.

1664년 무슬림 유학자 양광선楊光先이 〈벽무론闢謬論〉이란 상소를 올려 애덤 샬의 〈시헌력時憲曆〉에 담긴 열 가지 오류를 비난하다. 이방인의 국정 참여에 반대하던 고위관리 별배鱉拜가 양광선을 지지하다. 양광선의 상소로 애덤 샬이 체포되고 많은 선교사가 고문당하는 제2차 반그리스도교운동(敎案), '역옥歷獄'이 발생하다.

1666년 애덤 샬은 황태후의 명령으로 석방되었으나 옥고로 사망하다.

1669년 강희제가 애덤 샬을 복권시키고 가톨릭 선교 금지를 해제하다. 교황청에서
　　　중국 동북부지방을 베이징의 사교구로 편입시키다.

1670년 스페인인 프란치스코회 어거스틴 파스칼(利安定, Agustín de San Pascual, ca. 1637~1697)
　　　신부가 중국에 도착하다.

1676년 페르비스트가 예수회 중국 교구장에 임명되다.

1683년 타이완이 청에 귀속되다.

1685년 나문조羅文藻가 광저우에서 중국인 최초로 주교가 되다.

1687년 페르비스트가 사망하다. 예수회 선교사 마테오 리치가 번역한《논어》라틴
　　　어본이 서양 최초로 프랑스 파리에서 출판되다.

1688년 프랑스 예수회에서 조아킴 부베(白晉, Joachim Bouvet, 1656~1730)와 장 폰타니(洪
　　　若瀚, Jean de Fontaney, 1643~1710) 등을 중국에 파견하다.

1690년 교황청에서 난징과 베이징을 정식 교구로 인정하다. 나문조가 난징교구의
　　　주교가 되다.

1693년 강희제의 지원으로 구세주당(베이징 북당北堂의 전신)이 건립되다. 파리외방
　　　전교회 샤를 메그로(顔璫 또는 閻當, Charles Maigrot) 신부가 자신이 관할하는 푸
　　　젠성 교구에서 목회서신으로 제공사조 금지령을 내리다.

1695년 프랑스 예수회 안토니오 프로바나(艾若瑟, Antonio Francesco Giuseppe Provana,
　　　1662~1720) 신부가 마카오에 도착해 선교를 시작하다. 이후 1699년부터
　　　1701년까지 허난河南성 카이펑開封과 산시山西성 타이위안太原의 교무를
　　　담당하다.

1698년 예수회 선교사 도미니크 파르넹Dominique Parrenin이 중국에 와 중국 문화를
　　　소개하는 글을 써 프랑스 계몽운동가인 볼테르에게 영향을 주다.

1699년 가톨릭 라자로회 선교사가 중국에 도착하다.

1700년 강희제가 제공사조는 종교와 무관함을 지적하다.

1703년 영국 성공회 신부이자 신학자이며 감리교회Methodist Church의 실질적 창시자
　　　인 존 웨슬리John Wesley가 태어나다.

1704년 교황 클레멘트 11세가 제공사조 금지령을 내리고 도우라 신부를 특사로 파
　　　견하다.

1705년 도우라 신부가 제공사조 문제로 강희제를 접견하다.

1706년 특사의 대리인 샤를 메그로 신부가 강희제로부터 무식한 자라는 책망을 받다.

1707년 강희제와 교황 특사의 회견 결과는 선교사 추방으로 이어지다. 강희제가 안
　　　토니오 프로바나 신부를 로마 교황청에 파견해 제공사조는 중국의 문화라

는 중국 측 의견을 전달하다. 카푸친Capuchin회 신부가 이해부터 1745년까지 티베트 라싸拉薩에 머물며 선교하다가 후에 추방되다.

1708년 선교사들의 주도 아래 11년간 중국 전역을 측량하여《황여전람도皇輿全覽圖》를 제작하다.

1710년 도우라 특사가 마카오에서 객사하다. 강희제는 중국 전역에 대한 측량을 시작하다.

1712년 프랑스 예수회 선교사 앙트레콜(殷弘緖, Francois Xavier D'Entrecolles)이 징더전景德鎭에서 7년간 생활하며 도자기 제작기술을 상세히 소개하는 글을 써 프랑스에 전하다.

1716년 예수회 이폴리토 데스데리 신부가 라싸에 들어가다.

1717년 러시아 동방정교회 1차 베이징 전도단이 베이징에 도착하다.《황여전람도》가 작성되다.

1720년 교황 특사인 암브로시우스(嘉樂) 신부가 베이징에 도착하여 강희제와 13차례 접촉했지만 제공사조 문제는 끝내 해결하지 못하다. 조선 동지사 일행인 이이명이 베이징에 머무는 동안 가톨릭 신부들과 접촉하다.

1722년 옹정제 즉위 후 가톨릭 말살정책이 시작되어 베이징을 제외한 각지의 성당이 파괴되다.

1723년 외국인 선교사 전원의 추방을 원하는 상소가 올라오다. 그리스도교 선교가 금지되다.

1724년 옹정제가 조서를 내려 가톨릭 선교를 금지하다.

1727년 청·러 수호조약인 캬흐타조약이 체결되어 러시아 동방정교회의 선교가 합법화되다. 베이징에 러시아 동방정교회가 설립되다. 가톨릭에 대한 청 정부의 강경 태도가 다소 완화되다.

1736년 중국에서 반기독교 칙령이 반포되다.

1742년 제공사조 문제로 많은 신부가 희생된 후 교황 피우스 12세가 제공사조 금지령을 완전히 해제하다.

1746년 푸젠성에서 신부 5명과 수녀 5명이 음란죄를 범했다는 모함으로 고소되어 신부들이 사형당하다.

1751년 조제프 마리 아미오(錢德明, Jean Joseph Marie Amiot, 1718~1793) 신부가 서양식 분수대를 완성하다.

1763년 영국과 프랑스, 스페인이 7년간의 식민지 전쟁을 종결하는 파리조약을 체결하다.

1767년 청의 지도가 제작되다.

1773년 예수회가 해체되다.

1775년 중국 예수회가 해체되다.

1776년 미합중국이 독립을 선언하다.

1781년 바세트 신부가 바울서신을 번역하다.

1783년 가톨릭 유사회가 예수회의 중국 선교 사무를 인수하다.

1784년 조선의 동지사 사절단 이승훈이 베이징에서 가톨릭 예수회 선교사 루이 그
    라몽Louis Grammot 신부로부터 세례를 받다.

1785년 하성태 신부가 신·구약성서를 번역하다. 미국 감리교회가 시작되다.

1790년 베이징의 동서남북에 성당을 건축하다.

1792년 영국에서 윌리엄 캐리William Carey에 의해 침례교 선교회가 조직되다.

1794년 중국인 주문모周文謨 신부가 선교를 위해 조선으로 밀입국하다.

1795년 영국 런던선교회가 조직되다. 영국 감리교회가 성공회와 공식적으로 결별
    하여 독립교회가 되다.

1796년 스코틀랜드 선교회와 글래스고 선교회가 설립되다.

1799년 영국 성공회(국교회) 선교회가 조직되다.

1801년 주문모 신부가 신유박해辛酉迫害로 조선에서 순교하다.

1804년 대영 성서공회The British and Foreign Bible Society가 조직되다.

1805년 서양 선교사의 서적 출판을 금지하고 관련 법규를 개정하다.

1807년 최초의 개신교 선교사인 런던선교회의 로버트 모리슨이 마카오에 도착하다.

1810년 모리슨 선교사가 번역한 《사도행전》이 광저우에서 출판되다.

1811년 청 정부가 〈서양인선교 처벌조례〉를 반포하여 신부들을 예고 없이 귀국 조
    치하고 교회를 폐쇄하다.

1813년 밀른 선교사가 도착하다. 모리슨 선교사가 신·구약성서를 중국어로 번역하다.

1814년 7월 16일, 차이가오蔡高가 모리슨에게 세례를 받고 중국 대륙 최초의 그리
    스도교인이 되다. 모리슨 선교사가 번역한 신약성경이 출판되다. 예수회가
    회복되다.

1815년 모리슨과 밀른이 《찰세속매월통기전》을 펴내다. 모리슨 선교사가 7년에 걸
    쳐 완성한 《중영사전(華英字典)》이 첫 출간되다.

1816년 홍수전洪秀全이 출생하다. 량파梁發가 스코틀랜드인 윌리엄 밀른 선교사에
    게 세례를 받다. 프란치스코회 이탈리아 선교사가 5년간 감금되었다가 창사
    長沙에서 교수형을 받다.

1818년 모리슨 선교사가 믈라카에 영화서원을 설립하다. 영국 감리교 선교회가 조
    직되다.

1819년 모리슨 선교사가 신·구약성서를 완역하여 목판으로 인쇄 출판하다. 량파가
자신의 부인에게 세례를 주다.

1820년 2월 18일, 프랑스 수도사가 우창武昌에서 교수형을 받다.

1821년 중국어사전이 편찬되다.

1822년 대영성서공회가 중국사업을 시작하다.

1823년 교리문답서가 번역 출판되다. 모리슨 선교사가 번역한 중문판 신·구약성
서를《신천성서神天聖書》란 이름으로 믈라카에서 출판하다. 량파가 모리슨
선교사에게 중국 최초의 목사로 세움을 받고 광저우에서 활동하다. 량파의
큰아들 량진더梁進德가 모리슨 선교사에게 세례를 받다.

1825년 공리회 선교사 김판덕 여사가 싱가포르에 여학교를 설립하다. 만주어 성서
가 번역되다.

1827년 모리슨 선교사가 영문잡지를 간행하다. 량파가 중국인 최초로 선교사에 임
명되다.

1828년 영국 메드허스트(麥都思, Walter Henry Medhurst) 선교사가 천하신문을 간행하다.

1830년 미국인 최초의 개신교 선교사인 공리회의 브리즈먼(裨治文, Elijah Coleman
Bridgman)이 광저우에 도착하다. 네덜란드 선교회 소속 카를 귀츨라프(郭士立,
郭實獵, Karl Gutzlaff) 선교사가 마카오에 도착하다.

1832년 브리즈먼 선교사가 영문판 월간지《중국총보 The Chinese Repository》를 간행하
다. 량파가 성서의 내용을 담은《권세양언勸世良言》을 간행하다. 7월 25일,
조선 최초로 네덜란드 선교회 소속 독일인 카를 귀츨라프 개신교 선교사가
충남 보령의 고대도에 도착하다.

1833년 카를 귀츨라프가 광저우에서 '중국실용지식전수회'를 창립하고《동서양고
매월통기전》을 발행하다.

1834년 홍수전이 과거 응시를 위해 광저우에 갔다가 길에서 선교사에게《권세양
언》이란 중국어 전도서를 받다. 로버트 모리슨 선교사가 광둥에서 세상을
떠나다. 브리즈먼과 귀츨라프 선교사가 광저우에서 '중국익지회(中國益智會,
The Society for the Diffusion of Useful Knowledge in China)'를 설립하다.

1835년 모리슨장학회가 광저우에 설립되다. 미국 공리회 피터 파커(伯駕, Peter Parker)
선교사가 광저우에 도착하다. 파커 목사와 브리즈먼 목사가 의료선교회를
설립하다. 파커 선교사가 광저우에 중국 최초의 근대식 병원인 박제의원博
濟醫院을 설립하다.

1836년 미국 남침례회 루이스 셔크 목사가 마카오에 도착하다. 모리슨의 아들 존과
브리즈먼의 주도로 모리슨교육협회 The Morrison Education Society가 설립되다.

귀츨라프 선교사가 중국 연안에 도착하다.

1837년 영국 교회가 중국 동방부녀교육회를 설립하다. 영국 동인도회사 의사인 토머스 콜리지(郭雷樞, Thomas Richardson Colledge)가 마카오에 의료선교기구인 중국박의회(中國博醫會, Medical Missionary Society of China)를 설립하다.

1838년 가톨릭과 관련된 마찰이 심해지자 청 정부가 중국 내 가톨릭 활동을 전면 금지하다. 광둥의료선교회가 설립되다. 미국 장로회 오르 목사가 중국에 도착하다.

1839년 교황청에서 중국 동북지구를 독립사교구로 설정하다. 미국인 새뮤얼 브라운 선교사 부부에 의해 중국 최초의 서양식 학교인 '모리슨기념학교'가 마카오에 설립되다.

1840년 베를린선교회의 선교사가 중국에 도착하다. 아편전쟁이 발발하다. 프랑스 수도사가 우창武昌에서 교수형을 받다.

1842년 영국과 청이 난징조약을 체결하여 5개 항구를 개방하기로 하다. 체결 당시 선교사 4명이 영국 측 통역을 담당하다. 개신교 선교사들이 중국 내에서 개인 전도를 시작하다. 영국 교회의 부흥사 조지 스미스 목사가 중국에 도착하다. 미국 장로회 선교사가 중국에 도착하다. 영국 성공회가 홍콩에 빅토리아교구를 세워 중국과 일본, 조선과 말레이시아 선교의 거점으로 삼고 성바울서원을 설립하다. 네덜란드 개혁교회의 아비리 톰슨 목사가 중국에 도착하다.

1843년 홍수전이 과거에 낙방하고 집에서 꿈에 환상을 본 뒤《권세양언》을 탐독하다. 홍수전이 배상제회를 창립하다. 11월 11일, 미국 북침례교회 의사 맥 고완(瑪高溫, D. J. Mac Gowan)이 닝보寧波에 도착하여 침례병원(후에 화메이華美의원으로 개명)을 세우고 의료선교를 시작하다. 귀츨라프 선교사가 홍콩 영국 총독청의 통역사로 일하다. 영국인 선교사 메드허스트가 상하이에 도착해 모하이서관墨海書館을 세우다. 영화서원이 믈라카에서 홍콩으로 옮겨가다.

1844년 청이 미국과 왕샤望厦조약을 체결하여 5개 개방 항구에 교회와 병원, 묘지 건립과 부동산 매매가 가능해지다. 체결 당시 브리즈먼과 피터 파커가 미국 측 통역을 담당하다. 프랑스 선교사의 요청으로 프랑스 정부가 군함과 함께 특사인 라그레네Théodore de Lagrené를 파견하여 10월 24일 황푸黃埔에 정박해 있던 프랑스 군함에서 황푸조약을 체결하다. 미국 장로회 의사 매카티(麥嘉締, D.B. MeCartee)가 닝보에 도착하여 의료선교를 시작하다. 스코틀랜드 장로회의 동방여자교육촉진협회 소속 여선교사 메리 올더시가 닝보에 중국 최초의 교회 여학인 닝보여숙寧波女塾을 설립하다. 홍수전과 평윈산이 태평천국의 난을 준비하다. 귀츨라프 선교사가 홍콩에서 중국 내지 선교를 위한 복한회(福漢會, The Chinese Union)를 설립하다.

1845년 미국 북장로회가 항저우에 영육의숙을 설립하다. 조선인 김대건이 상하이에서 신부 서품을 받다.

1846년 프랑스 특사 라그레네의 위협으로 청 도광제道光帝가 2월 20일에 가톨릭 포교금지령을 해제하다. 미국 남침례회 선교사가 중국에 도착하다. 미국 안식일 침례회 선교사가 중국에 도착하다.

1847년 영국 런던선교회 메드허스트(麥都思, Walter Henry Medhurst)와 밀른 선교사가 상하이에서 성경을 다시 번역하기 시작하다. 바젤선교회 선교사가 중국에 도착하다. 미국 감리회의 콜린과 화이트 선교사가 중국에 도착하다. 영국 장로회 윌리엄 번스 목사가 중국에 도착하다. 홍수전이 명조의 후예인 주지우처우朱九疇가 만든 상제회上帝會에 가입하고 주지우처우가 죽자 교주로 추대되다. 청 정부의 추포를 피하기 위해 홍콩으로 도망가 귀츨라프 선교사에게 배우다.

1848년 메드허스트 등의 선교사와 중국 대중이 충돌한 칭푸淸浦사건이 발생하다. 미국 감리회에서 푸저우福州에 남녀중학교를 설립하다. 미국 감리회의 테일러 목사가 중국에 도착하다. 영국 성공회 코발드(戈柏, Cobald)와 러셀(綠賜, Rusell) 선교사가 닝보에 도착해 선교하다. 홍수전이 광시성으로 돌아가 펑윈산馮雲山과 양슈칭楊秀淸 등과 결탁하다. 왕타오王韜가 메드허스트 선교사의 초청을 받아 상하이 모하이서관墨海書館에서 일하다.

1850년 메드허스트 선교사가《신약》번역을 마치다. 홍수전이 '진톈金田에서 봉기' 한 뒤 태평천국 혁명을 선포하고 홍수전성서를 출판하다(성서 내용은 동일). 태평천국의 십계명과《삼자경》이 간행되다.

1851년 태평천국을 선포하고 각국 공사에게 청 정부에 대한 원조 금지를 요청하다. 카를 귀츨라프 선교사가 홍콩에서 사망하여 홍콩공원 묘지에 안장되다.

1852년 신·구약성서를 관화어로 번역하다. 연합성서번역위원회에서 신약성서를 번역 출판하다. 영국 감리교 선교사가 중국에 도착하다.

1853년 영국 메드허스트 선교사가 신·구약성서를 완역하다. 이 '대표역본' 성경은 영국성서회의 해외표준본이 되어 이후 중국에서 가장 많이 유통되는 번역본이 되다. 3월에 태평천국이 난징을 수도로 삼다.

1854년 3월 1일, 허드슨 테일러(載德生, James Hudson Taylor) 선교사가 영국 중국선교회福漢會의 파견을 받아 상하이에 도착하다. 5월에 미국 선교사 브리즈먼(裨治文, Elijah Coleman Bridgman)이 미국 주중대사 맥레인과 함께 태평천국 진영에 들어갔다가 상하이로 나와 〈조사보고서〉를 발표하고 태평천국을 부정적으로 평가하다. 홍수전의 동생 홍인간洪仁玕은 상하이 영국 런던선교회 모하이서관에서 천문역법을 6개월간 공부한 뒤 홍콩으로 건너가다. 미국 북장로회 네비우스(倪維思, John Livingstone Nevius) 선교사가 닝보에 도착하다.

1855년 허드슨 테일러가 파커와 볼튼과 함께 상하이에서 배를 타고 항저우만을 건너 닝보에 도착하여 의료선교를 하다.

1856년 광시廣西 지방장관 장밍푸가 프랑스 신부 샤프들레이느A. Chapdeleines를 모반선동죄로 사형시켜 프랑스가 제2차 아편전쟁에 참가하는 빌미를 제공하다. 아편 밀수선 애로호 사건을 빌미로 제2차 아편전쟁이 벌어지다.

1857년 영국과 프랑스 연합군이 광저우를 공격하여 예밍천葉名琛 총독을 포로로 잡다.

1858년 6월, 영국과 프랑스 연합군이 톈진까지 북상하여 베이징을 위협하자 청 정부가 영국과 프랑스 및 미국과 각각 톈진조약을 체결하고 선교의 자유를 보장하다. 마틴 선교사가 톈진조약문의 초안을 작성하다. 톈진조약으로 중국 내지에 교회와 학교 설립이 가능해지다.

1859년 도광제가 신교의 포교를 허용하는 유서를 내리다. 영국 침례회 선교사가 중국에 도착하다. 홍인간이 난징으로 가서 태평천국의 주요 지도자가 되다.

1860년 청 정부가 영국과 프랑스 및 러시아와 각각 베이징조약을 체결하여 선교를 전면 개방하다. 태평천국 정부가 영국 선교사에게 청 정부를 원조하지 말라고 요청하다. 교회 내에 직원을 두어 교회 조직을 체계화하다. 지주와 소작인 간의 분쟁 발생 시 교회는 소작인을 원조하다. 10월, 미국 침례회 목사 이삭 로버츠(羅孝全, Issachar Jacob Roberts)가 광저우에서 상하이와 쑤저우를 거쳐 난징에 도착해 홍수전을 접견하고 외교 관리업무를 담당하게 되다. 영국과 프랑스 연합군이 베이징에 입성해 원명원圓明園을 파괴하고 제2차 아편전쟁을 종결지은 후 청 정부와 베이징조약을 체결하다. 영국 장로회에서 푸저우에 푸저우신학원을 설립하다.

1861년 쓰촨성에서 과거 응시자들이 신부를 폭행하다. 포르투갈과 마카오조약을 체결하다. 청 정부가 동문관을 설립하다. 구이저우貴州성의 제독 전훙서田興恕가 공식적으로 교회배척운동을 지시하다. 양무파 관료들이 교회배척운동을 제재하다. 미국 감리회가 푸저우에 인쇄소를 설립하다. 홍수전의 태평천국 군대가 닝보, 항저우, 난징을 점령하다.

1862년 태평천국이 미국 등 각국 영사에게 청 정부를 원조하지 말라고 요청하다. 1월, 미국 목사 이삭 로버트가 태평천국과 불화가 생기자 난징 양쯔강에 정박해 있던 영국 선박에 구조를 청해 태평천국을 떠나다. 2월, 구이양貴陽

교안이 발생해 프랑스 파리외방전교회 선교사 지오반니 피에트로 닐(文乃爾, Giovanni Pietro Neel, 1832~1862) 신부가 능지처참되다. 프랑스 공사는 교회배척 운동을 공식적으로 지시한 전홍서의 처벌을 주장했고, 그 결과 톈싱수가 신장으로 유배되다. 후난湖南성에서 가톨릭 탄압 대책을 수립하다. 브리즈먼 선교사가 성서를 번역 출판하다. 러시아 동방정교회에서 도교종감을 출판하다. 네비우스 선교사가 중국 교회의 자립 선교정책을 주장하다. 청 정부가 동문관同文館을 설립하고 영국 성공회 선교사 버든(包爾騰, John Shaw Burdon)을 영어교사로 임명하다.

1863년 쓰촨四川성 펑저우현에서 교회를 파괴하고 신부를 폭행하다.

1864년 허진산何進善이 광둥성 포산佛山에 자립교회를 세우다. 중국에 국제적십자사가 조직되다. 미국선교회에서 장자커우張家口 전도단이 조직되다. 쓰촨성 여우양酉陽에서 교회가 파괴되고 신부가 폭행을 당하다. 화메이서관을 상하이로 이전하다. 브리즈먼의 부인 일라이자(伊莉莎, Eliza)가 베이징에 베이만여학교(貝滿女校, 현 베이징166중학)를 건립하다. 홍수전이 사망하다. 5개국 연합군이 태평천국의 수도 난징을 함락하다.

1865년 토머스 목사가 베이징에서 평양감사인 박규수를 면회하다. 토머스 목사가 산둥에서 김자평을 만나다. 허드슨 테일러가 중국내지선교회를 조직하다. 미국 북장로회에서 산둥山東성 중국인 장로회를 설립하다. 허드슨 테일러가 중국 내지 선교의 필요성을 유럽과 미주 지역에 호소하다.

1866년 샤먼廈門에서 중국 교회 자립운동이 시작되다. 장로회에서 엔타이煙臺교회를 설립하다. 허드슨 테일러가 중국내지선교회의 이름으로 선교사들과 함께 상하이에 도착하여 저장浙江성을 기지로 활동하다.

1867년 카를 마르크스가《자본론》제1권을 출판하다. 공리회에서 푸저우에 여자중학교를 설립하다. 내지선교회가 장쑤성에 들어가다.

1868년 광학회廣學會에서 월간지《만국공회》를 간행하다. 장쑤성 양저우揚州에서 반그리스도교운동으로 교회가 파괴되다. 쓰촨성 여우양酉陽에서 교회가 파괴되고 신부 3명이 피살되다. 쓰촨성 명영진에서 교회가 파괴되다. 상하이 강남제조국江南制造局에 번역사가 설립되다. 중국 최초로 서양의 과학기술을 소개한 번역출판기구로서 존 프라이어(傅蘭雅, John Fryer) 등의 선교사가 번역을 담당하다. 미국 감리회 선교사 영 알렌(林樂知, Young John Allen)이 상하이에서《만국공보萬國公報》(원명은《교회신보(教會新報, CHURCH NEWS)》)를 창간하다.

1869년 후난성에서 거짓 선전으로 교회가 비난을 받다. 안후이성에서 교회와 신부의 집이 파괴되다. 미국 장로회 윌리엄 마틴(丁韙良) 선교사가 베이징 동문관同文館 교장으로 임명되어 전면 개혁에 나서다. 존 로스 목사와 매킨타이어 목사가 동북부 지방에서 선교하다.

1870년 프랑스 가톨릭을 박해하는 톈진天津교안이 발생해 청 관리 총허우崇厚가 프랑스로 가서 사죄하다. 감리교가 쑤저우蘇州에 소양서원을 설립하다. 공리회가 홍콩에 성바울서원을 설립하다. 영국 침례회 티모시 리처드 목사가 상하이와 산둥山東성을 거쳐 산시山西성 내지로 들어가 선교하다.

1871년 캐나다 장로회 소속 조지 레슬리 매케이(偕叡理, 馬偕, George Leslie Mackay) 선교사가 홍콩과 광저우와 산터우汕頭 등지를 거쳐 타이완에 도착하여 의료선교를 시작하다. 미국 성공회가 우창武昌에 원화文華서원을 설립하다. 장시성 난창南昌에서 영국 목사가 구타를 당하다. 태평양 기선항로가 개통되다.

1872년 침례회가 덩저우登州에 여자중학교를 설립하다. 스코틀랜드 선교사와 존 로스 목사가 만주지방으로 선교여행을 떠나다.

1873년 첫 번째 여자 의사인 콤스 선교사가 베이징에 도착하다. 미국 남침례회 여선교사인 로티 문(慕拉第, Lottie Moon)이 산둥 옌타이 지역에서 선교를 시작하여 이후 40년간 헌신하다. 교회배척 세력이 쓰촨성 정강현에서 신부를 학살하다.

1874년 존 로스 목사가 고려문에서 조선 청년들에게 복음을 전하다. 왕타오王韜가 홍콩에서《순환일보循環日報》를 창간하다. 영국인 선교사 윌리엄 머레이가 베이징에 중국 최초의 맹인학교를 세우다.

1875년 내지선교회가 허난河南성에 들어가다. 영국 침례회의 티모시 리처드 선교사가 중국에 도착하다. 미국 감리회가 지우장九江에 여자중학교를 설립하다.

1876년 9월 13일, 영국과 청이 옌타이조약을 체결하다. 성공회에서 중국인 지방 목회위원회를 조직하다. 내지선교회가 산시山西, 간쑤甘肅, 쓰촨四川, 구이저우貴州성으로 들어가다.

1877년 제1차 중국 그리스도교 전국대회가 상하이에서 개최되다. 윌리엄 마틴과 알렉산더 윌리엄슨 등이 '익지서회(益智書會, 교회학교 교과서위원회)'를 조직하다.《중영사전》이 편찬되다.

1878년 산시성에서 기근이 발생하여 선교회가 구제사업을 벌이다. 성공회가 푸저우신학원을 설립하다. 성교서회가 6개 도시에 설립되다.

1879년 미국 성공회 상하이주교 스코르쇼스키(施約瑟, S. J. Sekoresehewsky)가 상하이에 중국 최초의 교회대학인 성요한학원(1905년에 성요한대학으로 개명)을 설립하다. 이후 푸저우福州에 연합신학원, 난징에 협화신학원, 산둥에 치루齊魯대학 부설 신학원, 펑톈奉天에 그리스도교 신학원 등이 설립되다.

1882년 존 로스 선교사가 최초의 한글성경인 《누가복음》을 번역하다.

1883년 미국 공리회 선교사 해거(喜嘉理, Charles Robert Hager)가 홍콩에서 쑨원孫文과 루하오둥陸皓東에게 세례를 베풀다. 공리회에서 푸저우와 홍콩에 여자중학교를 설립하다.

1884년 파커 의사가 중국 그리스도교박의회를 조직하다. 황푸조약 체결로 역대 황제의 가톨릭 금지령이 해제되고 선교의 자유를 얻다. 로스 목사가 북만주 지방 여행 중 조선인 75명에게 세례를 주다. 침례회 서국이 설립되다. 미국 북장로회의 기버 레이트Gibber Reit가 조선선교사업의 필요성을 담은 서신을 선교본부에 보내다. 중국 그리스도교 교육회를 조직하다. 상하이에서 활동하던 미국 북장로회 선교사 알렌Allen이 선교지를 조선으로 옮기기로 결정하고 서울로 출발하다. 중국 그리스도교 협진회를 조직하다. 푸저우 지방어로 신·구약성서를 번역하다. 위이 박사가 남만어 구약성서를 번역하다.

1885년 '케임브리지 7인'이 선교를 위해 중국에 도착하다. 대영 성서공회, 미국 성서공회, 스코틀랜드 성서공회가 중국에서 성서사업을 시작하다.

1886년 중국박의회가 설립되다. 만국부녀절제회 미국 대표가 중국을 방문하다.

1887년 영국 런던선교회 윌리엄슨(韋廉臣, Alexander Williamson) 선교사가 근대 중국 최초의 출판기관인 동문서회(同文書會, 광학회廣學會의 전신)를 설립해 서양과학과 문화를 소개하다.

1888년 청과 포르투갈의 통상우호조약에 따라 마카오가 포르투갈령이 되다. 미국의 중국내지선교사와 연합선교회가 중국에 도착하다.

1889년 광학회에서 월간 《만국공보》를 간행하다. 중국 각지에서 반그리스도교운동이 발생하다.

1890년 중국 여의사 21명이 의료사업에 봉사하다. 제2차 중국 그리스도교 전국대회가 상하이에서 개최되다. 티모시 리처드 선교사가 그리스도교에 대한 중국 정부의 적의敵意를 환기하고자 황제에게 상서를 올려 건의하기로 결정하고 7인 위원회를 구성하다. 미국의 신의회 전도단이 중국 전도를 시작하다. 미국 북행도선교회와 스위스의 남행회선교회가 중국에 도착하다. 네비우스 선교사가 제물포항을 통해 조선에 입국하여 서울에서 자신의 선교전략을 강연했고, 조선 선교사들이 이 네비우스 선교정책을 채택하다. 샤먼어廈門語자전과 광둥어廣東語자전을 편찬하다. 독일의 여러 교단이 중국 선교사업을 시작하다. 왕타오王韜가 《만국공보》의 특약 기고인으로 초빙되다.

1891년 스웨덴의 침례회 전도단과 영미회 전도단, 노르웨이 전도단이 중국에 도착하다. 중서목회보가 창간되다. 박제의원에서 나병치료센터麻瘋病院를 설립하다. 장로회에서 광저우에 진흥여자중학교를 설립하다.

1892년 미국 남침례회 전도단이 중국 선교사업을 시작하다. 안후이성 각 지역에서 변발을 자르는 소동이 벌어지다. 선양沈陽에 의학교가 설립되다.

1893년 신·구약성서를 광저우 지방어로 번역하다.

1895년 중일전쟁 정전회담 후에 체결된 시모노세키조약으로 타이완이 일본의 식민지가 되다. 중국 그리스도교 청년회를 조직하다. 반그리스도교 운동가 여동신이 쓰촨성 요수진을 점령하고 의병 봉기를 선언하다가 체포되다. 쓰촨성 대남현에서 교인 17명이 반그리스도교 운동가들에게 피살되다. 침례회 서국이 창설되다. 선교단체마다 인쇄국을 창설하다. 베이징에 부유의원을 개원하다. 중국 그리스도교 청년회가 조직되다. 량치차오梁啓超가 영국 티모시 리처드 선교사의 중국어 비서가 되다. 미국 공리회 선교사 테니 다니엘(丁家立,Tenney Charles Daniel)이 톈진 북양서학北洋西學 학당 교장에 임명되다.

1896년 미국 남침례회 전도단과 덴마크 동신의회 전도단이 중국 선교를 시작하다. 총리아문에서 광서 황제에게 반그리스도교운동 예방책을 상소하다. 미국 미시간 의대를 졸업한 스메이위(石美玉)가 귀국하여 지우장九江의원을 개원하다.

1897년 미국 북장로회 선교단에서 미국 기술자들의 도움으로 중국 최초의 출판기구인 상무인서관商務印書館을 설립하다. 독일 가톨릭을 핍박한 차오저우曹州교안이 발생하자 독일은 이를 빌미로 자오저우膠州만을 점령하다. 반그리스도교 운동가들에 의해 산둥성 쑤저우의 교회가 파괴되고 신부 2명이 피살되다.

1898년 장로회에서 영춘에 육현남녀중학교를 설립하다. 장로회에서 청두城都에 치미중학교를 설립하다. 자립으로 지루濟魯대학을 설립하다. 무술정변으로 과거제도를 폐지하고 교육제도를 개혁하다. 광서 황제가 교회를 보호하라는 유서를 내리다. 쑨원이 일본에서 캉유웨이와 량치차오를 여러 차례 만나다. 박제博濟의원에서 나병치료센터를 증설하다. 런던회에서 상하이에 맥규서원을 설립하다. 베이징에 협화協和의원을 개원하다. 푸저우에 협화학원을 설립하다. 교회학교가 1만5,000개, 학생 수가 98만 명으로 집계되다. 미국 북장로회 선교사 윌리엄 마틴(丁韙良)이 경사京師대학당 외국어 교장에 임명되다.

1899년 미국 정부에서 중국의 문호개방정책을 권유하다. 제1차 화서전도회담이 개최되다. 중국에 화서성교서국이 창립되다. 런던회에서 광저우에 중서학숙을 설립하다.

1900년 의화단세력이 산둥성과 베이징을 점령하고 그리스도교를 탄압하다. 베이징에서 선교사 241명, 교인 5만 1,000명이 피살되고, 산둥성 144명, 직예성 3,187명, 산시성 238명, 동북지방 1,468명, 몽골 100명의 교인이 피살되고 교회 건물이 파괴되다. 8개국 연합군이 의화단 진압을 위해 출동했고, 청 정부는 연합군에 선전포고했으며, 자희태후慈嬉太后와 광서제는 산시陝西성으로 피신하다. 런던회 전도단과 신의회 전도단이 중국 선교를 시작하다. 초대선교회의 선교사가 중국에 도착하다. 자희태후와 광서제가 산시성에서 귀경하여 연합군과 화친조약을 체결하고 전범 처리와 사회 질서 회복을 명하는 유서를 내리다.

1901년 각국의 선교사들이 난징에서 제3차 중국 선교대회를 개최하다. 난징에 진링金陵신학원을 설립하다. 쑤저우에 둥우東吳대학이 설립되다. 스코틀랜드 장로회 전도단이 중국에 도착하다. 신·구약성서를 닝보 지방어로 번역하다. 베이징, 쑤저우, 상하이, 항저우, 창사, 난징, 닝보의 그리스도교 학생들이 연합하여 그리스도교회는 열강과 결탁하지 말고 선교 대상에서 탈피하여 민족 교회로 자립하자고 주장하다. 루터라는 선교회의 선교사가 중국에 도착하다. 9월 7일, 8개국 연합군이 청 정부를 압박하여 의화단운동에 대한 배상금 지급을 주요 내용으로 하는 불평등조약인 신축조약을 체결하다.

1902년 영국 침례회 선교사 티모시 리처드가 의화단운동 배상금인 은 50만 냥으로 중서中西대학당 설립을 건의하자 중국과 영국의 합의를 거쳐 산시山西대학당을 건립하다. 안식교 전도단, 준도회 전도단, 노르웨이 신의회 전도단, 네덜란드 상서신의회 전도단이 중국에서 전도 집회를 개최하다. 영일동맹 체결로 러시아의 남하를 견제하다. 민국 시기 혁명가인 쑹자오런宋敎仁이 미국 성공회가 운영하는 우창武昌의 원화文華서원에서 학생이 되다.

1903년 하이난다오海南島에 제1장로교회가 설립되다. 랴오닝성에 문화고등학교가 설립되다. 난창南昌에 보영여자중학교가 설립되다.

1904년 동북부에서 이권경쟁을 위한 러일전쟁이 발발하다. 《교회공보》를 간행 반포하다. 하합성서번역위원회에서 신약성서를 중국어로 번역 출판하다.

1905년 미국 성결회 전도단이 중국에서 전도집회를 개최하다. 장로교에서 수용인원 400명의 서북당고아원을 개원하다. 독일 장로교회가 둥관東莞에 수용인원 300명의 나병치료센터를 개원하다.

1906년 미국 공리회 선교사 스미스(明恩溥, A. H. Smith)가 미국으로 돌아가 루스벨트 대통령을 만나 의화단운동 배상금을 중국 교육에 사용할 것을 건의하고 중국학생들의 미국 유학 지원을 요청하다. 상하이에서 중국의 자립교회인 '예수교자립회'가 탄생하다. 화베이華北여자의원이 개원하다.

1907년 중국 그리스도교 선교 100주년 기념대회를 개최하다. 광학회에서《대동보大同報》를 창간하다. 상하이 후장대학, 쑤저우 둥우대학, 상하이 둥우법학원이 설립되다. '대진경교유행중국비'를 금등사에서 장안 비림으로 옮기다. 중국 부녀절제회가 조직되다.

1908년 중화 성서공회에서 상하이 지방어로 신약성서를 번역 출판하다. 성공회에서《성공회보》를 간행하다. 미국 개량회에서 중국 분회를 조직하고 금연운동을 벌이며 중국 기독회를 발족하다.

1910년 일본이 조선을 합병하다. 항저우의 즈장芝江대학, 청두의 화시셰허華西協和대학, 우창의 화중華中대학, 화베이대학과 화베이여자대학 등이 설립되다. 13개 지회 1,170명 회원의 중국 학생입지 전도단이 조직되다. 광저우에 수용인원 375명의 명심맹아학교가 설립되다.

1910년 야외 전도 집회를 시작하다.

1911년 쑨원이 신해혁명을 일으킨 뒤 우창에서 군사정부를 수립하다. 베이징에 옌징대학이 설립되다. 후난성 축가逐家전도단이 조직되다.

1912년 1월 1일 중화민국이 선포되고 쑨원이 초대 총통에 취임하다. 조선 장로회 총회에서 선교사 세 명을 산둥성에 파송하다. 허난河南전도단을 조직하다.

1913년 가톨릭에서 수용인원 700명의 나병치료센터를 개원하다. 조선 장로회 김여훈, 박대로, 사명순 선교사가 산둥성에 도착하다. 상하이 인력거 청도회가 설립되다. 예수재림안식교회 선교사가 중국에 도착하다. 푸저우에서 만주족 전도단이 조직되다. 미국 북장로회 선교사 토리R.A.Torry 박사가 지난濟南에 도착하다. 홍콩에서 하이미엔海面전도단이 설립되다. 모덕 선교사가 13개 도시에서 부흥전도집회를 개최하다.

1914년 징린이《신학잡지》를 창간하다. 상하이에서 그리스도교 선교회가 조직되다. 제1차 세계대전이 발발하다.

1915년 조선 장로회 방효원, 박상순, 홍승환 목사가 산둥성에 도착하다. 난징 징린대학과 난징 징린여자대학, 산둥 제로대학이 설립되다. 회족回族 전도단이 조직되다. 조선 장로회 이대영 목사가 인도한 산둥 부흥전도대회에 1만 5,000명의 군중이 운집하다. 그리스도교인의 신상생활 강화운동이 전개되다.

1916년 중국 그리스도교 문자 색인이 제작되다.

1917년 그리스도교 연합회에서 노예해방, 금연, 금주, 도박금지, 거독(拒毒, 아편근절)운동을 실시하다. 조선 장로회에서 파송한 이대영, 방지일 목사가 산둥에 도착하다. 웨이언보(魏恩波, 웨이바울 魏保羅, Paul Wei)와 장바나바(張殿擧, Barnabas Tung) 등에 의해 중국 자립교회인 참그리스도교회가 설립되다. 《진광잡지》가 창간되다.

1918년 중화그리스도교회가 창설되다. 협진회 전도단이 조직되다. 중국 전도집회가 21명 집행위원을 선임하다. 허난河南여자문리대학, 어저우鄂州문리대학, 창사아례대학 등이 설립되다.

1919년 산둥성과 산시성에서 극심한 가뭄이 발생하자 북장로회 선교사 토리 박사가 기아 구제사업에 나서다. 화합성서번역위원회에서 신·구약성서를 번역 출판하다. 80여 개 도시에 중국 그리스도교협진회가 조직되다. 옌징燕京대학(베이징대학의 전신)이 설립되어 존 레이턴 스튜어트가 교장이 되다.

1921년 7월 1일 중국공산당이 창당되다.

1922년 칭화淸華대학에서 개최하는 제11차 세계그리스도교학생동맹회의 준비를 위해 간사인 존 모트 박사가 중국에 도착하다. 제11차 세계그리스도교학생동맹회에 참석하기 위해 조선 대표 신흥우, 이상재, 김활란, 김필례 등이 베이징에 도착하다. 영미 교육위원 대표가 중국 교육실정을 시찰하기 위해 중국에 도착하다. 상하이에서 비그리스도교학생동맹을 결성하여 제11차 세계그리스도교학생동맹회 베이징 대회를 반대하는 성명서를 발표하다. 3월부터 1925년 사이에 2단계에 걸쳐 중국공산당의 지도 아래 반그리스도교 운동이 펼쳐지다. 각국의 선교회에서 설립하여 운영하는 그리스도교 학교의 교육권을 회수하자는 안건이 중국 교육촉진회에 제출되다. 5월에 상하이에서 전국 대표 대의원 1,180명이 참석하여 중국 그리스도교 전국대회를 개최하다. 로마 가톨릭 교황청에서 중국에 20개 사교구를 설정하다. 중국 교회협의회를 조직하다. 만주 안산지방에서 기와로 제작한 경교 십자가가 출토되다. 그리스도교 토착화운동을 주장하는 교회에서 불교와 유교를 결합한 예배형식을 도입하다. 니퉈성이 푸저우에서 가정모임을 시작하다.

1923년 그리스도교 토착화의 명분으로 불교식 예배를 드리는 교회가 등장하다.

1924년 중국 정부에서 사립학교법을 공포하여 각 학교 이사회의 과반수를 중국인으로 개편하고 학교 운영권을 인수하다. 그리스도교 과목을 선택과목으로 하고 종교의식의 참여를 자유롭게 하다. 선교사들은 학교 운영의 자리에서 물러나 평교사로 근무하다. 링난嶺南대학장에 진영광, 진링金陵대학장에 진유광, 옌징燕京대학장에 오뢰천, 화난華南대학장에 왕세정을 임명하다. 이외 모든 학교장을 중국인으로 교체하다. 선교사들이 교육권 인수인계에 적극 동참하자 중국인들이 감동하다. 교회 주일학교는 계속하여 교회가 운영하다.

1925년 중국내지선교회의 호스트(D. E. Hoste, 1861~1946) 선교사가 유럽과 미국에서
중국에 파송할 200명의 선교사 모집을 호소하다. 베이징 셰허協和의원에서
중국 그리스도교박의회 및 중국 의학회가 180여 개 학술의제에 대해 연합
회의를 개최하다. 침례회에서 푸저우에 수용인원 5,000명의 나병치료센터
痲風醫院를 개원하다. 중국 나병痲風구제회가 탄생하다. 신해혁명의 지도자
쑨원이 사망하다. 예수가정교회가 창립되다. 베이징 협화의원이 부유의원을
증설하다. 베이징 셰허의원을 증축하여 중국 최대 병원이 되다(초진환자 29만
명, 재진환자 44만 명, 입원환자 1,206명). 병원 설립 261개소, 외국 의사 297명, 중
국 의사 567명, 외국 간호사 256명, 중국 간호사 561명, 의료기술자 1,970명,
진료침상 1,340대, 입원침상 18,266대, 입원 치료환자 204,258명, 외래환자
4,500,342명, 진료소 치료환자 185,145명.

1926년 워치만 니의 소군小群교회가 시작되다. 중국 통일을 위해 북벌군이 북상하
는 기회를 이용하여 반그리스도교운동세력이 각 병원에 피해를 주어 많은
병원이 폐쇄되다. 반그리스도교 운동가들이 사립병원 등록을 주장하다. 중
국 정부는 사립병원 등록법을 공포 시행하다.

1927년 사립병원 이사회의 과반 이상을 중국인으로 재편성하고 병원 운영권을 중
국인이 인수하다. 선교사들은 평의사와 평간호사로 봉사하다. 사립학교와
병원법에 저촉되지 않는 맹아학교 38개소, 학생 수 1,000명, 가톨릭 성모원
50개소, 수용아동 수 25,000명, 근무 직원 15,000명. 의화단운동은 그리스
도교에 물질적 타격을 주었고, 1927년의 반그리스도교운동은 정신적 타격
을 주다. 왕밍다오가 베이징에 기독도당을 설립하고 교회 자립을 주장하다.

1930년 《교회서목목록휘편》을 편집하다.

1931년 동북부 장로회가 8개 노회로 분립하다. 일본의 침략으로 만주사변이 일어
나다.

1932년 토리 박사가 외국인 산둥선교회 회장에 피선되어 부임하다. 선교사 중심의
중국 그리스도교박의회와 중국인 중심의 중국의학회가 베이징에서 합동회
의를 개최하고 중화의학회를 조직하여 중국인 의장단을 선출하다.

1936년 상하이에서 복음전도차가 운행되다. 상하이에서 복음방송이 시작되다.

1937년 중일전쟁이 발발하다.

1941년 중일전쟁이 태평양전쟁으로 확대되다.

1942년 일본군 점령지구에서 선교사가 철수하다.

1945년 제2차 세계대전이 종결되다. 호찌민이 베트남공화국 건국을 선언하다.

1947년 인도 독립안이 영국 국회를 통과하다. 인도 성공회, 인도 감리교, 인도 장로

교, 인도 조합교회가 통합되어 인도교회를 결성하다.

1948년 말레이시아 교회협의회가 결성되다.

1949년 캄보디아와 라오스가 프랑스 연방에서 독립하다. 중화인민공화국이 수립되다.

1950년 7월, 우야오종이 〈중국 그리스도교가 중화인민공화국 건설에서 노력해야 할 길〉이란 선언문을 기초하다('삼자혁신선언'으로 약칭). 이 선언에는 '자치自治, 자양自養, 자전自傳'의 기치 아래 반제국주의와 반봉건주의에 치중한 반면 정작 그리스도교 신앙문제는 언급하지 않다. 그리스도교계의 의견을 대변하지 못하고 극단적인 정치운동으로 비화되어 많은 교회가 불참하고 반대하는 요인이 되다. 10월 18일, 중화전국그리스도교협진회가 상하이에서 회의를 열고 종교적 견지에서 원래 의미로의 '삼자혁신'을 주장했으나 각하되다. 린셴가오가 '다마잔복음회당'이란 이름으로 집회를 시작하다.

1951년 초, 외국 선교사 3,000여 명이 중국 대륙을 떠나다. 유럽화교선교회가 런던에서 발족되어 화교 이주민과 유학생들을 대상으로 복음을 전파하다. 4월, 중국 그리스도교항미원조抗美援朝 삼자혁신운동위원회 준비위원회가 성립되고, 전국 교회와 관련기구들에 대한 정풍운동이 벌어지다. 4월, 니퉈성이 동북영수회의에 가던 중 체포되자 삼자애국운동에 가입한 교회들 중 많은 교회가 탈퇴하다.

1952년 말, 여전히 남아 있던 외국 선교사 500여 명도 중국 대륙을 떠나 타이완과 홍콩, 마카오 등지에서 선교사역을 이어가다. 내지선교회가 '해외기독사단Overseas Missionary Fellowship'으로 이름을 바꾸고 해외에서 사역을 이어가다.

1953년 예수가정의 창시자인 징디엔잉敬奠瀛이 체포되어 1957년 가을에 시안에서 병사하다.

1954년 그리스도교삼자혁신회 준비위원회가 베이징에서 회의를 열고 '중국 그리스도교삼자애국운동위원회'라는 전국기구로 정식 발족하다. 왕밍다오의 베이징 자립교회, 니퉈성의 기독인집회소基督徒聚會處, 징디엔잉의 예수가정 등이 삼자애국회와 갈라서다. 9월, 삼자애국회가 왕밍다오를 비판하자 베이징 그리스도교 학생과 교인들이 탄압반대운동을 시작해 톈진과 상하이 등 전국으로 번지다.

1955년 유명무실해진 '중화전국그리스도교협진회'가 정식 해체되다. 6월, 왕밍다오가 계간지《영혼의 양식靈食》의 〈우리는 신앙을 바란다〉란 글에서 신앙의 처지에서 삼자운동을 비판하여 큰 반향을 불러일으키다. 8월 7일, 왕밍다오가 '인자가 죄인의 손에 팔리다'란 마지막 설교를 하고《우리는 신앙을 바란다》가 담긴 인쇄물을 나눠주었지만 그날 밤 체포되다. 9월 14일 밤, 광저우 다마잔교회가 폐쇄되고, 린셴가오 등이 '왕밍다오 추종자'란 명목으로 체포되다. 10월, 삼자교회를 제외한 그리스도교 활동이 전면 금지되다.

1956년 니퉈성이 고발당해 4월에 15년 형을 선고받다. 9월 말, 왕밍다오가 〈나의 검토〉란 반성문에 서명하고 출옥하다.

1957년 중국가톨릭애국회가 성립되다. 봄, 제1차 타이완북부대학생연합선교회가 개최되어 외국의 지원이 없는 토착 캠퍼스선교운동이 진행되다. 10월, 미국으로 건너온 중국인 이민자와 유학생들을 대상으로 한 잡지《사자使者》가 미국에서 창간되다.

1958년 각종 교파를 초월한 연합예배가 실행되다. 4월, 왕밍다오가 부인 류징원劉景文와 함께 자발적으로 공안국에 가 반성문의 내용을 부인함으로써 무기징역형을 받고 류징원도 18년 형을 선고받다. 5월, 석방되었던 린셴가오가 다시 체포되어 20년 형을 선고받다. 왕밍다오에게 세례를 받고 1946년에 베이징 푸인탕福音堂을 설립했던 위안샹천袁相忱도 체포되어 무기징역형을 선고받다.

1961년 타이완 캠퍼스선교가 크게 발전하다. 미국 디트로이트에서 중국교인선교회가 발족되다. 선교회에서는 선교잡지를 발행하고, 중남미와 아시아에 선교사를 파송하며, 중국 대륙으로 선교방송을 송출하고 있다.

1963년,《인민일보》와 상하이의《문회보文滙報》등 대륙의 주요 신문과 잡지에서 1965년까지 '종교대토론'이 진행되다.

1966년 문화대혁명이 시작되다. '4대 악습' 중 그리스도교가 포함되어 그 후 10년간 크나큰 시련을 당하다. 8월 24일, 홍위병들이 삼자애국회 소속 교회를 포함한 상하이의 모든 구교와 신교 예배당을 폐쇄하고 집기와 자료를 모두 파괴하고 불태우다.

1968년 3월, 타이베이에서 '중화해외 선교협회'가 발족되어 1970년대에 프랑스와 오키나와, 인도네시아와 태국 등지에 선교사를 파송하다.

1970년 타이완에 초교파적인 중화복음신학원이 설립되다. 타이완에서 중국 전도대회가 열리다.

1971년 외국여행객을 위해 베이징 미스제米市街교회가 다시 문을 열다. 문화대혁명 중후반에는 교인들의 비밀집회가 많아 강한 생명력으로 '가정교회'가 출현하다.

1972년 6월, '영성신학'으로 무장하고 '지방교회'운동을 이끌었던 니퉈성이 노동개조병영에서 사망하다.

1973년 타이완에서 중국의 특수한 문화적 환경에 예수그리스도의 사랑을 실현한다는 목표로《우주의 빛宇宙光》이 창간되다.

1974년 위안둥遠東방송국이 25만 와트 출력으로 대중국 그리스도교방송 송출을 시작해 지금까지 많은 사랑을 받고 있다.

1976년 10월, '사인방'이 타도되고 덩샤오핑이 집권해 '4개 현대화'운동을 이끌다. 종교사무국도 종교정책에 대해 온건노선을 택해 삼자교회가 활동을 재개하였고, 가정교회도 크게 발전하다. 제1회 세계화인華人복음회의가 홍콩에서 열리다. '세계화인복음사역연계센터(CCCOWE, Chinese Coordination Center of World Evangelism)'가 발족되어 세계 중국인교회의 복음연합운동을 전개하다. 현재 전 세계 총 49개 지역에서 선교사역을 진행하고 있다.

1977년 12월, 황용시黃永熙 박사의《온누리찬송普天頌讚》수정본 제1판이 그리스도교문예출판사에서 출판되다. 1986년에는《온누리찬송》중영대조본이 출판되어 전 세계 중국인교회에서 사용하고 있다.

1978년 12월 18일 중국공산당 제11기 중앙위원회 제3차 전체회의에서 '4개 현대화'안이 제시되면서 시장경제 체제로의 전환과 이에 따른 개혁개방이 시작되다. 홍콩에서 '중국 교회연구센터'가 설립되어 대륙의 종교정책과 교회 발전을 연구하다.

1979년 톈진, 상하이, 항저우, 푸저우, 장저우, 샤먼, 광저우, 선양 등지의 삼자교회가 다시 개방되어 예배를 재개하다. 아울러 저장성의 샤오산蕭山과 원저우, 산둥성의 칭다오 등지의 가정교회가 크게 발전하여 교인이 400만 명에 달하다. 6월, 린셴가오가 석방되어 광저우로 돌아갔으나 5년간 공민권이 박탈되었으며, 9월부터 다마잔교회에서 예배를 재개하다. 12월, 위안샹천袁相忱이 석방되어 베이징으로 돌아갔으나 10년간 공민권을 박탈당하다.

1980년 1월, 80세의 왕밍다오가 석방되어 상하이로 가 아내와 재회하다. 2월, 삼자애국회 상무위원확대회의가 상하이에서 열려 딩광쉰丁光訓을 주석으로 선출하다. 회의에서 성경을 인쇄하고, 기관 간행물인《천풍天風》잡지를 복간하고, 난징 진링金陵신학원을 재개하기로 결정하다. 회의를 마친 뒤 '삼자애국운동위원회 상무위원회'의 명의로 〈전국의 형제자매에게 전하는 글〉을 발표하다. 5월, 중국가톨릭교무위원회가 발족되다. 7월, 타이완 캠퍼스선교회에서 제1회 청년선교대회를 개최하다. 10월, 난징에서 제3기 중국그리스도교 전국회의가 열리다. 회의에서 삼자애국회와 양립하면서 대회 선전활동을 주로 하는 기구인 중국 그리스도교협회가 발족되다. 이 회의에서 가정교회의 합법적 지위를 정식으로 승인했으나 실제로는 정책 변화에 따라 많은 차이를 보였다.

1981년 삼자교회 소속의 난징南京신학원이 개교하다.

1982년 7월, 타이완 캠퍼스선교회에서 제2회 청년선교대회를 개최하다. 12월, 광저우에서 가장 왕성한 가정교회인 다마잔교회가 불법집회로 규정되어 모임이 금지되다.

1983년 중국복음회가 대륙의 가정교회를 위해 '방송통신신학空中神學' 테이프를 제작하고 교육팀을 파견해 교회종사자들의 훈련을 돕다. 5월 말, 린셴가오가 공민권을 회복하고 6월 초부터 다마잔교회의 집회가 재개되다.

1986년 삼자교회 소속의 옌징燕京신학원이 개교하다. 9월, 중국그리스도교 제4기 전국대회가 베이징에서 개최되다.

1980년대 중반, 서양의 그리스도교인과 은퇴한 선교사들과 북아메리카의 중국 교인들이 대륙의 유학생과 방문학자들을 대상으로 영어성경반을 운영하다.

1989년 '6·4사태'의 영향으로 북아메리카의 중국학생들 사이에 '그리스도교열풍'이 불어 대륙의 '그리스도교열풍'과 맞물려 신앙을 영접하고 신학원에 진학하는 인구가 증가하다.

1990년 2월, 광저우 다마잔교회의 집회가 금지되었다가 곧 회복되다.

1991년 중국그리스도교협진회가 세계그리스도교연합회(WCC)에 가입하다. 연말, 중국그리스도교 제5기 전국대회가 베이징에서 개최되다.

1992년 1월, 베이징 총원먼崇文門교회에서 45명의 목회자가 안수를 받고 목사가 되다.

1991년 7월, 중국 교회의 거두인 왕밍다오가 세상을 떠나다.

1992년 광저우 다마잔교회의 교인 수가 1,200명이 되어 린셴가오는 매주 네 번 예배를 드리다.

1994년 류샤오펑劉小楓이 쓴《그리스도교학술사상문고》가 속속 출판되다.

1994년 3월, 타이베이에서 '그리스도교와 중국현대화 국제학술토론회'가 열리다.

1995년 '화인華人복음선교회'가 발족되어 해외 선교, 교회 건립, 제자훈련, 성경신학 교육, 대중전도 등의 사역을 진행하다. 중남아메리카와 미국 중서부, 캄보디아, 미얀마 등에 200여 교회를 건립하고 선교사 600여 명을 파송하다.

1996년 6월, 미국 보스턴에서 '그리스도교와 중국의 과거, 현재와 미래'라는 주제로 제1회 북미화인華人그리스도교학자학술토론회가 열리다.

1996년 12월, 중국그리스도교 제6기 전국대회가 베이징에서 개최되어 중국그리스도교협회를 45년간 이끌어왔던 딩광쉰丁光訓 주교가 은퇴하다.

1997년 1월, 중국그리스도교협회(CCC) 장정이 통과되다.

1997년 7월 1일, 영국이 홍콩을 중국에 이양하다.

1998년 11월, 중국 북방의 한 마을에서 4개 가정교회에 속한 사역자 10여 명이 교회를 연합하면서 〈중국가정교회의 신앙고백〉과 〈정부와 종교정책 및 삼자애국회에 대한 중국가정교회의 태도〉라는 글을 발표하다. 11월, 중국가정교회의 찬양집인 《가나안시선迦南詩選》이 해외에서 출판되다.

1999년 12월, 미국 시카고에서 '십자가와 뉴밀레니엄의 복음사명'이란 주제로 '해외중국 그리스도교인밀레니엄집회'가 열리다.

1999년 12월 20일, 포르투갈이 마카오를 112년 만에 중국에 이양하다.

2000년 9월, 중국교회가 삼자애국운동 50주년 기념식을 거행하다.

2013년 8월 3일, 린셴가오가 사망하다.

2014년 4월 3일, 원저우시 산장三江교회가 건축법 위반 명목으로 철거명령을 받다. 4월 6일, 교회와 십자가 수호를 위한 원저우 그리스도교인의 성명서에 국내외 교계 인사들이 서명하다. 4월 28일, 원저우 산장교회가 완전히 파괴되다. 8월, 중국기독교 삼자애국운동위원회 성립 60주년 기념 기독교 중국화 토론회가 상하이에서 열리다.

2015년 7월 10일, 저장성기독교협회 회장인 항저우 총이탕崇一堂 구요셉顧約瑟 목사가 저장성 교회와 십자가 파괴를 비판하는 공개서한을 발표하다. 8월, 원저우 경찰이 교회와 십자가 철거에 반대한 20여 명을 체포하다.

2016년 2월, 구요셉 목사가 자금횡령의 죄목으로 체포 수감되다. 시진핑 주석이 전국 종교업무회의에서 "사회주의사회에서 종교가 적응할 수 있도록 유도해야 한다"며 교인들이 "중국공산당의 지도와 사회주의 제도를 옹호하고 중국 특색의 사회주의 노선을 견지할 수 있도록 지도하라"고 지시하다.

2016년 9월, 중국 〈종교사무조례〉 수정안이 공시되어 의견 수렴과정을 거치다.

2018년 2월, 중국 〈종교사무조례〉 수정안이 정식 시행되다.

2018년 3월 30일부터 성경과 그리스도교 관련 출판물의 온라인 및 오프라인 구매가 금지되다.

2020년 2월, 〈종교단체관리방법〉이 공표되다.

〈종교사무조례〉(2004)와 〈종교사무조례〉 수정안(2017)

중화인민공화국 국무원령 제426호
〈종교사무조례〉:
2004년 7월 7일 국무원 제57차 상무회
의 통과, 2005년 3월 1일부터 시행.

중화인민공화국 국무원령 제686호
〈종교사무조례〉 수정안:
2017년 6월 14일 국무원 제176차 상무회
의 통과, 2018년 2월 1일부터 시행.

종교사무조례

제1장 총칙
제2장 종교단체
제3장 종교활동장소
제4장 종교교직인원
제5장 종교재산
제6장 법률책임
제7장 부칙

종교사무조례

제1장 총칙
제2장 종교단체
제3장 종교학교
제4장 종교활동장소
제5장 종교교직인원
제6장 종교활동
제7장 종교재산
제8장 법률책임
제9장 부칙

제1장 총칙

제1조 국민의 종교와 신앙의 자유를 보
장하고 종교의 화목과 사회의 화해를
유지하기 위해 종교사무 관리를 규범화
하고, 헌법과 관련 법률에 근거하여 본
조례를 제정한다.

제2조 국민은 종교와 신앙의 자유가 있
다. 어떤 조직이나 개인도 국민이 종교

제1장 총칙

제1조 국민의 종교와 신앙의 자유를 보
장하고 종교의 화목과 사회의 화해를
유지하기 위해 종교사무 관리를 규범화
하고, 헌법과 관련 법률에 근거하여 본
조례를 제정한다.

제2조 국민은 종교와 신앙의 자유가 있
다. 어떤 조직이나 개인도 국민이 종교

를 믿거나 믿지 못하도록 강제할 수 없고, 종교를 믿거나(이하 신자로 약칭) 믿지 않는(이하 불신자로 약칭) 국민을 차별할 수 없다. 신자와 불신자, 서로 다른 종교를 믿는 국민들은 마땅히 상호 존중하고 화목하게 지내야 한다.

제3조 국가는 법에 따라 정상적인 종교활동을 보호하고, 종교단체와 종교활동 장소 및 신앙인의 합법적 권익을 보호한다. 종교단체와 종교활동 장소 및 신앙인은 헌법과 법률, 법규와 조례를 준수하고, 국가의 통일과 민족의 단결 및 사회 안정을 유지해야 한다. 어떤 조직이나 개인도 종교를 이용하여 사회질서를 파괴하거나 국민의 신체 건강에 해를 끼치거나 국가 교육제도를 방해할 수 없고, 기타 국가의 이익이나 사회 공공이익 및 국민의 합법적인 권익 활동을 해쳐서는 안 된다.

제4조 각 종교는 독립·자주·자립의 원칙을 견지하고 종교단체와 종교활동 장소 및 종교사무는 외국 세력의 지배를 받지 않는다. 종교단체와 종교활동 장소 및 종교관련 인사는 우호와 평등의 기초 위에 대외 교류를 진행한다. 기타 조직 또는 개인은 대외 경제 문화 등의 합작과 교류활동에서 부가적인 종교조건을 받아들이지 않는다.

제5조 현(縣)급 이상의 인민정부 종교

를 믿거나 믿지 못하도록 강제할 수 없고, 종교를 믿거나(이하 신자로 약칭) 믿지 않는(이하 불신자로 약칭) 국민을 차별할 수 없다. 신자와 불신자, 서로 다른 종교를 믿는 국민들은 마땅히 상호 존중하고 화목하게 지내야 한다.

제3조 종교사무관리는 합법을 보호하고 비법을 제지하며 극단을 억제하고 침투를 제어하며 범죄를 공격하는 원칙을 견지한다.

제4조 국가는 법에 따라 정상적인 종교활동을 보호하고, 종교단체와 종교활동 장소 및 신앙인의 합법적 권익을 보호한다. 종교단체와 종교활동 장소 및 신앙인은 헌법과 법률, 법규와 조례를 준수하고, 국가의 통일과 민족의 단결 및 사회 안정을 유지해야 한다. 어떤 조직이나 개인도 종교를 이용하여 사회질서를 파괴하거나 국민의 신체 건강에 해를 끼치거나 국가 교육제도를 방해할 수 없고, 기타 국가의 이익이나 사회 공공이익 및 국민의 합법적인 권익 활동을 해쳐서는 안 된다. 어떤 조직이나 개인도 서로 다른 종교 간, 혹은 동일한 종교 내부 및 신자와 불신자 간의 모순과 충돌을 야기할 수 없고, 종교 극단주의를 선양하거나 지지하거나 원조할 수 없으며, 종교를 이용하여 민족 단결을 파괴하고 국가를 분열시키며 테러활동을 할 수 없다.

사무 기관은 법에 따라 국가 이익과 사회 공공이익에 관한 종교사무를 행정 관리하고, 현급 이상의 인민정부 기타 관련 부서는 각자 책임 범위 내에서 법에 따라 관련 행정관리 사무를 책임진다. 각급 인민정부는 종교단체와 종교활동 장소 및 신앙인의 의견을 청취하고 종교사무 관리업무에 협조한다.

제5조 각 종교는 독립·자주·자립의 원칙을 견지하고 종교단체와 종교활동 장소 및 종교사무는 외국 세력의 지배를 받지 않는다. 종교단체와 종교활동 장소 및 종교관련 인사는 우호와 평등의 기초 위에 대외 교류를 진행한다. 기타 조직 또는 개인은 대외 경제 문화 등의 합작과 교류활동에서 부가적인 종교조건을 받아들이지 않는다.

제6조 각급 인민정부는 종교업무에 대한 지도를 강화하고 건전한 종교업무 시스템을 구축하여 종교업무능력과 필요한 업무조건을 보장한다. 현(縣)급 이상의 인민정부 종교사무 기관은 법에 따라 국가 이익과 사회 공공이익에 관한 종교사무를 행정 관리하고, 현급 이상의 인민정부 기타 관련부서는 각자 책임 범위 내에서 법에 따라 관련 행정관리 사무를 책임진다. 향급 인민정부는 해당 행정구역의 종교사무와 관리업무에 충실해야 한다. 촌민위원회와 주민위원회는 인민정부 및 관련부서가 종교사무를 관리하는 일에 협조한다. 각급 인민정부는 종교단체·종교학교·종교활동 장소 및 신앙인의 의견을 청취하고 종교사무 관리업무에 협조하며, 종교단체·종교학교·종교활동 장소에 공공서비스를 제공한다.

제2장 종교단체

제6조 종교단체의 성립과 변경과 말소는 〈사회단체등기관리조례〉의 규정에 따라 등기 수속해야 한다. 종교단체장정은 〈사회단체등기관리조례〉의 관련 규정에 부합해야 한다. 종교단체는 장정에 따라 활동을 펼치고 법률의 보호를 받는다.

제7조 종교단체는 국가의 관련규정에 따라 종교 내부자료 성격의 출판물을 편집 인쇄할 수 있다. 공개 발행하는 종교 출판물을 출판하기 위해서는 국가 출판관리 규정에 따른다. 종교내용과 관련된 출판물은 국가 〈출판관리조례〉의 규정에 부합해야 하고 아래의 내용을 포함해서는 안 된다.
(1) 신자와 불신자의 화목을 깨는 것.
(2) 서로 다른 종교 간의 화목과 해당 종교 내부의 화목을 깨는 것.
(3) 신자 혹은 불신자를 차별하거나 모욕하는 것.
(4) 종교 극단주의를 선전하는 것.
(5) 종교의 독립·자주·자립 원칙에 위배되는 것.

제8조 종교학교 설립은 전국적 종교단체가 국무원 종교사무 부서에 신청서를 제출하거나, 성·자치구·직할시 종교단체가 종교학교를 설립하고자 하는 소재지의 성·자치구·직할시 인민정부 종교

제2장 종교단체

제7조 종교단체의 성립과 변경과 말소는 국가의 사회단체관리 관련규정에 따라 등기 수속해야 한다. 종교단체장정은 국가의 사회단체관리 관련규정에 부합해야 한다. 종교단체는 장정에 따라 활동을 펼치고 법률의 보호를 받는다.

제8조 종교단체는 아래의 책임을 갖는다.
(1) 인민정부에 협조하여 법률과 법규 및 규장과 정책을 관철하고 실현하며 신자의 합법적 권익을 보호한다.
(2) 종교 사무를 지도하고 종교 규장제도를 제정하며 실현되도록 독려한다.
(3) 종교문화연구에 종사하고 종교 교리와 규율을 상세히 밝혀 종교사상건설을 전개한다.
(4) 종교교육과 훈련을 전개하고 종교 사무인력을 배양하며 종교 사무인력을 검증하고 관리한다.
(5) 법률·법규·규장과 종교단체 장정규정에 관한 기타 책임을 갖는다.

제9조 전국적 종교단체와 성·자치구·직할시의 종교단체는 해당 종교의 필요에 따라 규정에 의거하여 종교 유학인원을 파견하거나 수용할 수 있으나, 기타 어떤 조직이나 개인도 종교 유학인원을 파견하거나 수용할 수 없다.

제10조 종교학교와 종교활동 장소 및

사무 부서에 신청서를 제출해야 한다. 성·자치구·직할시 인민정부 종교사무 부서는 신청서를 받은 날로부터 30일 이내에 의견서를 제출하고 동의할 경우 국무원 종교사무 부서에 보고하고 비준을 받아야 한다. 국무원 종교사무 부서는 전국적 종교단체의 신청서, 또는 성·자치구·직할시 인민정부 종교사무 부서가 종교학교 설립에 관한 보고서를 받은 날로부터 60일 이내에 비준 또는 비준 불허의 결정을 내려야 한다.

제9조 종교학교 설립을 위해 아래의 조건을 구비해야 한다.
(1) 명확한 배양목표와 설립규정 및 커리큘럼 설치계획
(2) 배양조건에 부합하는 학생자원
(3) 필요한 설립자금과 안정적인 경비 출처
(4) 교육 임무와 설립 규모에 필요한 교육장소와 시설 설비
(5) 전문 학교책임자와 자격을 갖춘 전문직 교사 및 내부 관리조직
(6) 합리적 구조

제10조 전국적 종교단체는 해당 종교의 필요에 따라 규정에 의거하여 종교 유학인원을 파견하거나 수용할 수 있다.

제11조 이슬람교를 믿는 중국인이 해외 순례를 갈 때에는 이슬람교 전국적 종교단체에서 조직을 책임진다.

종교 사무인력은 종교단체에서 제정한 규율제도를 준수해야 한다.

제3장 종교학교

제11조 종교학교는 전국적 종교단체, 또는 성·자치구·직할시 종교단체에 의해 설립된다. 기타 어떠한 조직 또는 개인도 종교학교를 설립할 수 없다.

제12조 종교학교 설립은 전국적 종교단체가 국무원 종교사무 부서에 신청서를 제출하거나, 성·자치구·직할시 종교단체가 종교학교를 설립하고자 하는 소재지의 성·자치구·직할시 인민정부 종교사무 부서에 신청서를 제출해야 한다. 성·자치구·직할시 인민정부 종교사무 부서는 신청서를 받은 날로부터 30일 이내에 의견을 제출하고 국무원 종교사무 부서에 보고하고 비준을 받아야 한다. 국무원 종교사무 부서는 전국적 종교단체의 신청서, 또는 성·자치구·직할시 인민정부 종교사무 부서가 종교학교 설립에 관한 보고서를 받은 날로부터 60일 이내에 비준 또는 비준 불허의 결정을 내려야 한다.

제13조 종교학교 설립을 위해 아래의 조건을 구비해야 한다.
(1) 명확한 배양목표와 설립규정 및 커리큘럼 설치계획

제3장 종교활동 장소

제12조 신자들의 집단 종교활동은 일반적으로 등록된 종교활동 장소(사원, 도관, 이슬람사원, 교회당 및 기타 고정된 종교활동 장소) 내에서 거행하고, 종교활동 장소 또는 종교단체조직이나 종교 교직원 또는 해당 종교 규정에 부합하는 기타 인원이 주재하며, 교의와 규율에 따라 진행해야 한다.

제13조 종교활동 장소의 설립 준비는 종교단체가 종교활동 장소를 설립하고자 하는 소재지의 현급 인민정부 종교사무 부서에 신청서를 신청해야 한다. 현급 인민정부 종교사무 부서는 신청서를 받은 날로부터 30일 이내에 동의할 경우 해당지역의 시급 인민정부 종교사무 부서의 심의 비준을 보고해야 한다. 해당지역의 시급 인민정부 종교사무 부서는 현급 인민정부 종교사무 부서의 보고를 받은 날로부터 30일 이내에 사원, 도관, 이슬람사원, 교회당 설립에 동의할 경우 심사의견을 제출하고 성·자치구·직할시 인민정부 종교사무 부서에 보고하여 심의 비준을 받아야 하고, 기타 고정 종교활동 장소 설립에 대해 비준 또는 비준 불가의 결정을 내려야 한다. 성·자치구·직할시 인민정부 종교사무 부서는 해당지역 시급 인민정부 종교사무 부서가 사원, 도관, 이슬람사원, 교회당의 설립에 동의한다는 보고

(2) 배양조건에 부합하는 학생자원
(3) 필요한 설립자금과 안정적인 경비 출처
(4) 교육 임무와 설립 규모에 필요한 교육장소와 시설 설비
(5) 전문 학교책임자와 자격을 갖춘 전문직 교사 및 내부 관리조직
(6) 합리적 구조

제14조 설립 비준을 거친 종교학교는 관련규정에 따라 법인 등기를 신청할 수 있다.

제15조 종교학교가 학교부지·교명·예속관계·배양목표·학제·설립규모 등을 변경하거나 합병·분교설립·폐교할 경우 본 조례 제12조 규정에 따라 절차대로 처리해야 한다.

제16조 종교학교가 교사자격 인정·직책 평가와 초빙·학생 학위수여제도 등을 실행할 때 구체적인 방법은 국무원 종교사무 부서가 별도 제정한 법에 따른다.

제17조 종교학교가 외국 국적의 전문인력을 초빙할 경우 국무원 종교사무 부서의 동의를 거친 뒤 소재지의 외국인업무관리부서에서 관련 수속을 밟아야 한다.

제18조 종교단체와 사찰·도관·모스

를 받은 날로부터 30일 이내에 비준 또
는 비준 불가의 결정을 내려야 한다. 종
교단체는 종교활동 장소의 설립을 신청
하여 비준을 얻은 뒤에야 해당 종교활
동 장소의 건립 준비사항을 처리할 수
있다.

제14조 종교활동 장소 설립은 아래의
조건을 구비해야 한다.
(1) 설립 취지가 본 조례 제3조와 제4
조의 규정에 위배되지 말아야 한다.
(2) 해당지역 신자들이 집단 종교활동
을 상시 진행하는 수요가 있어야 한다.
(3) 종교활동을 주재하는 종교 교직원
또는 해당 종교 규정에 부합하는 기타
인원이 있어야 한다.
(4) 필요한 자금이 있어야 한다.
(5) 합리적 구조로 주위 직장과 주민들
의 정상적 생산과 생활을 방해하지 말
아야 한다.

제15조 종교활동 장소의 비준과 준비
및 건설이 완공된 후에는 소재지의 현
급 인민정부 종교사무 부서에 등기를
신청해야 한다. 현급 인민정부 종교사무
부서는 신청서를 받은 날로부터 30일
이내에 해당 종교활동 장소의 관리조직
과 규정제도 및 건설 등의 상황에 대해
심사를 진행하고 조건에 부합할 경우
등기를 하고 〈종교활동장소등기증〉을
발급한다.

크·교회당(이하 사관교당으로 칭함)에서
종교 교직원을 배양하거나 3개월 이상
의 종교교육 훈련을 진행할 경우 해당
지역 시급 이상의 지방인민정부 종교사
무 부서의 심의와 비준을 받아야 한다.

제3장 종교활동 장소

제19조 종교활동 장소는 사관교당 및
기타 고정된 종교활동 장소를 포함한
다. 사관교당 및 기타 고정된 종교활동
장소의 구분 기준은 성·자치구·직할시
인민정부 종교사무 부서가 제정하고 국
무원 종교사무 부서에 안건을 구비해
보고한다.

제20조 종교활동 장소 설립은 아래의
조건을 구비해야 한다.
(1) 설립 취지가 본 조례 제4조와 제5
조의 규정에 위배되지 말아야 한다.
(2) 해당지역 신자들이 집단 종교활동
을 상시 진행하는 수요가 있어야 한다.
(3) 종교활동을 주재하는 종교 교직원
또는 해당 종교 규정에 부합하는 기타
인원이 있어야 한다.
(4) 필요한 자금이 있어야 한다. 자금의
출처와 경로는 합법적이어야 한다.
(5) 합리적 구조로 주위 직장과 주민들
의 정상적 생산과 생활을 방해하지 말
아야 한다.

제16조 종교활동 장소의 합병·분립·중지와 등기 내용을 변경할 경우 원 등기 관리기관에서 상응하는 변경등기수속을 처리해야 한다.

제17조 종교활동 장소는 관리조직을 갖추고 민주적 관리를 실행해야 한다. 종교활동 장소 관리조직 인원은 민주적 협상을 거쳐 선발하고 해당 장소의 등기 관리기관에 서류로 보고해야 한다.

제18조 종교활동 장소는 내부관리를 강화하고 관련 법률·법규·규칙의 규정에 따라 건전한 인원·재무·회계·치안·소방·문화재보호·위생방역 등의 관리제도를 수립하며 해당지역 인민정부 관련부서의 지도와 감독과 검사를 받아야 한다.

제19조 종교사무 부서는 종교활동 장소가 법률·법규·규칙을 준수하는 상황과, 장소 관리제도를 수립하고 집행하는 상황과, 등기 안건의 변경 상황 및 종교활동과 외부활동 상황에 대해 감독과 검사를 해야 한다.

제20조 종교활동 장소는 종교적 관습에 따라 국민의 기부를 받을 수 있으나 강요하거나 할당할 수 없다. 비종교단체나 비종교활동 장소는 종교활동을 조직하거나 거행할 수 없으며 종교성 기부를 받을 수 없다.

제21조 종교활동 장소의 설립 준비는 종교단체가 종교활동 장소를 설립하고자 하는 소재지의 현급 인민정부 종교사무 부서에 신청서를 제출해야 한다. 현급 인민정부 종교사무 부서는 신청서를 받은 날로부터 30일 이내에 <u>심의 의견을 제출하고 해당지역 시급 인민정부 종교사무 부서에 보고해야 한다.</u> 해당지역의 시급 인민정부 종교사무 부서는 현급 인민정부 종교사무 부서에서 보낸 자료를 받은 날로부터 30일 이내에 기타 고정 종교활동 장소 설립 신청에 대해 비준 또는 불가의 결정을 내려야 하고, 사관과 교당 설립 신청에 대해서는 심의 의견을 제출하고 성·자치구·직할시 인민정부 종교사무 부서에 보고하여 심의 비준을 받아야 한다. 성·자치구·직할시 인민정부 종교사무 부서는 해당지역 시급 인민정부 종교사무 부서가 보낸 자료를 받은 날로부터 30일 이내에 비준 또는 비준 불가의 결정을 내려야 한다. 종교활동 장소의 설립을 신청하여 비준을 얻은 뒤에야 해당 종교활동 장소의 건립 준비사항을 처리할 수 있다.

제22조 종교활동 장소의 비준과 준비 및 건설이 완공된 후에는 소재지의 현급 인민정부 종교사무 부서에 등기를 신청해야 한다. 현급 인민정부 종교사무 부서는 신청서를 받은 날로부터 30일 이내에 해당 종교활동 장소의 관리조직과 규정제도 및 건설 등의 상황에 대해

제21조 종교활동 장소 내에서는 종교용품과 종교예술품 및 종교출판물을 판매할 수 있다. 종교활동 장소로 등기한 사원·도관·이슬람사원·교회당(이하 사관교당으로 칭함)은 국가 관련규정에 따라 종교 내부자료 성격의 출판물을 출판할 수 있다.

제22조 성·자치구·직할시의 관할 범위를 넘어서고 종교활동 장소의 수용규모를 초과한 대형 종교활동을 거행하거나 종교활동 장소 밖에서 대형 종교활동을 거행할 경우 주관 종교단체와 사관교당은 행사 예정일 30일 전에 대형 종교활동을 진행하는 지역의 성·자치구·직할시 인민정부 종교사무 부서에 신청서를 제출해야 한다. 성·자치구·직할시 인민정부 종교사무 부서는 신청서를 받은 날로부터 15일 이내에 비준 또는 비준 불가의 결정을 내려야 한다. 대형 종교활동은 비준통지서에 실린 요구에 따라 종교절차를 준수하여 진행해야 하고, 본 조례 제3조와 제4조의 관련규정을 위반해서는 안 된다. 주관 종교단체와 사관교당은 유효한 조치를 취하여 의외의 사고 발생을 방지해야 한다. 대형 종교활동을 거행하는 지역의 향·진 인민정부와 현급 이상의 인민정부 관련부서는 각자의 직책에 따라 필요한 관리를 하여 대형 종교활동의 안전과 질서 있는 진행을 보장한다.

심사를 진행하고 조건에 부합할 경우 등기를 하고 〈종교활동장소등기증〉을 발급한다.

제23조 종교활동 장소는 법인조건에 부합하고 소재지 종교단체의 동의를 거쳐 현급 이상 인민정부 종교사무 부서에 보고하여 심의와 동의를 얻은 후에 민정부서에서 법인 등기를 처리할 수 있다.

제24조 종교활동 장소의 등기 내용을 폐지 또는 변경할 경우 원 등기관리기관에서 상응하는 등기수속 말소 또는 변경 수속을 처리해야 한다.

제25조 종교활동 장소는 관리조직을 갖추고 민주적 관리를 실행해야 한다. 종교활동 장소 관리조직 인원은 민주적 협상을 거쳐 선발하고 해당 장소의 등기관리기관에 서류로 보고해야 한다.

제26조 종교활동 장소는 내부관리를 강화하고 관련 법률·법규·규칙의 규정에 따라 건전한 인원·재무·자산·회계·치안·소방·문화재보호·위생방역 등의 관리제도를 수립하며 해당지역 인민정부 관련부서의 지도와 감독과 검사를 받아야 한다.

제27조 종교사무 부서는 종교활동 장소가 법률·법규·규칙을 준수하는 상황과, 장소 관리제도를 수립하고 집행

제23조 종교활동 장소는 해당 장소 내에서 중대한 사고가 발생하거나 종교금기를 위반하는 등 신자의 종교 감정을 해치고 민족단결을 파괴하며 사회안정에 영향을 주는 사건을 예방해야 한다. 앞에서 열거한 사고나 사건이 발생했을 때 종교활동 장소는 즉시 소재지의 현급 인민정부 종교사무 부서에 보고해야 한다.

제24조 종교단체와 사관교당이 종교활동 장소 밖에 대형 노천 종교조각상을 세울 경우 성·자치구·직할시 종교단체가 성·자치구·직할시 인민정부 종교사무 부서에 신청서를 제출해야 한다. 성·자치구·직할시 인민정부 종교사무 부서는 신청서를 받은 날로부터 30일 이내에 의견을 제출하고 동의할 경우 국무원 종교사무 부서에 보고하여 심의와 비준을 받아야 한다. 국무원 종교사무 부서는 종교활동 장소 밖에 대형 노천 종교조각상을 세우는 보고를 받은 날로부터 60일 이내에 비준 혹은 비준 불가의 결정을 내려야 한다. 종교단체와 사관교당 이외의 조직 및 개인은 대형 노천 종교조각상을 세울 수 없다.

제25조 관련 직장과 개인이 종교활동 장소 안에 건축물을 개축 또는 신축하거나 상업적 서비스망 설립·전시회 개최·영화와 영상물 촬영 등의 행위를 할 경우 사전에 해당 종교활동 장소와 소

하는 상황과, 등기 안건의 변경 상황 및 종교활동과 외부활동 상황에 대해 감독과 검사를 해야 한다. 종교활동 장소는 종교사무 부서의 감독과 검사를 받아야 한다.

제28조 종교활동 장소 내에서는 종교용품과 종교예술품 및 종교출판물을 판매할 수 있다.

제29조 종교활동 장소는 해당 장소 내에서 중대한 사고가 발생하거나 종교금기를 위반하는 등 신자의 종교 감정을 해치고 민족단결을 파괴하며 사회안정에 영향을 주는 사건을 예방해야 한다. 앞에서 열거한 사고나 사건이 발생했을 때 종교활동 장소는 즉시 소재지의 현급 인민정부 종교사무 부서에 보고해야 한다.

제30조 종교단체와 사관교당이 사관교당 안에 대형 노천 종교조각상을 세울 경우 성·자치구·직할시 종교단체가 성·자치구·직할시 인민정부 종교사무 부서에 신청서를 제출해야 한다. 성·자치구·직할시 인민정부 종교사무 부서는 신청서를 받은 날로부터 30일 이내에 의견을 제출하고 국무원 종교사무 부서에 보고하여 심의와 비준을 받아야 한다. 국무원 종교사무 부서는 대형 노천 종교조각상을 세우는 보고를 받은 날로부터 60일 이내에 비준 혹은 비

재지의 현급 이상 인민정부 종교사무 부서의 동의을 구해야 한다.

제26조 종교활동 장소를 주요 유람지로 하는 관광지나 명승지의 경우 소재지의 현급 이상 지방정부는 종교활동 장소와 정원·문화재·여행 등 방면의 이익관계에 협조하고 종교활동 장소의 합법적 권익을 유지 보호한다. 종교활동 장소를 주요 유람지로 하는 관광지와 명승지의 계획과 건설은 종교활동 장소의 풍격과 환경에 맞게 상호 협조한다.

준 불가의 결정을 내려야 한다. 종교단체와 사관교당 이외의 조직 및 개인은 대형 노천 종교조각상을 세울 수 없다. 사관교당 밖에 대형 노천 종교조각상을 세우는 것을 금지한다.

제31조 관련 직장과 개인이 종교활동 장소 안에서 상업적 서비스망 설립·전시회 개최·영화와 영상물 촬영과 기타 활동을 할 경우 사전에 해당 종교활동 장소의 동의를 구해야 한다.

제32조 각급 지방 인민정부는 신자의 실제 수요에 근거하여 종교활동 장소 건설을 토지이용의 전체 계획과 도시 계획에 포함시켜야 한다. 종교활동 장소·대형 노천 종교조각상의 건설은 토지이용의 전체 계획·도시 계획·프로젝트 건설·문화재 보호 등의 관련 법률과 법규에 부합해야 한다.

제33조 종교활동 장소 안에서 건축물을 개축 또는 신축할 경우 소재지의 현급 이상 지방 인민정부 종교사무 부서의 비준을 받은 뒤 법에 따라 계획 및 건설 등의 수속을 거쳐야 한다. 종교활동 장소를 확장하고 다른 곳에 중건할 경우 본 조례 제21조의 규정에 따라 절차대로 처리한다.

제34조 관광지 안에 종교활동 장소가 있을 경우 소재지의 현급 이상 지방정

부는 종교활동 장소와 관광지 관리조직 및 정원·산림업·문화재·여행 등 분야의 이익관계를 고려해 처리하고, 종교활동 장소와 종교 교직원 및 신자의 합법적 권익을 유지 보호하며, 정상적인 종교활동을 보호한다. 종교활동 장소를 주요 유람지로 하는 관광지의 계획과 건설은 종교활동 장소의 풍격과 환경에 맞게 상호 협조한다.

제35조 신자들은 상시적인 집단 종교활동의 수요가 있으나 종교활동 장소 설립을 신청할 조건이 아직 구비되지 않은 경우 신자 대표가 현급 인민정부 종교사무 부서에 신청서를 제출하고, 현급 인민정부 종교사무 부서는 소재지의 종교단체와 향급 인민정부의 의견을 구한 뒤 이를 위해 임시활동 장소를 지정할 수 있다. 현급 인민정부 종교사무 부서의 지도 아래 소재지의 향급 인민정부는 임시활동 장소의 활동에 대해 관리 감독을 진행한다. 종교활동 장소의 설립조건이 구비된 뒤에는 종교활동 장소 설립의 심의 비준과 등기수속을 처리한다. 임시활동 장소에서의 종교활동은 본 조례의 관련규정에 부합해야 한다.

제4장 종교 교직원

제27조 종교 교직원은 종교단체의 인정을 거쳐 현급 이상의 인민정부 종교사무 부서에 서류를 등록해야 종교 교무활동을 할 수 있다. 티베트 불교의 활불 계승문제는 불교단체의 지도 아래 종교 의궤와 역사적으로 확립된 제도에 따라 해당지역 시급 이상의 인민정부 종교사무국 부서, 또는 시급 이상의 인민정부로부터 비준을 받는다. 가톨릭의 주교는 가톨릭의 전국적 종교단체가 국무원 종교사무국 부서에 서류를 등록한다.

제28조 종교 교직원이 종교활동 장소의 주요 직책을 담임하거나 이임할 때에는 해당 종교단체의 동의를 거쳐 현급 이상의 인민정부 종교사무 부서에 서류를 등록한다.

제29조 종교 교직원이 종교활동을 주재하고, 종교의식을 거행하고, 종교서적을 정리하고, 종교문화를 연구하는 등의 활동에서 법률의 보호를 받는다.

제5장 종교 교직원

제36조 종교 교직원은 종교단체의 인정을 거쳐 현급 이상의 인민정부 종교사무 부서에 서류를 등록해야 종교 교무활동을 할 수 있다. 티베트 불교의 활불 계승문제는 불교단체의 지도 아래 종교 의궤와 역사적으로 확립된 제도에 따라 성급 이상의 인민정부 종교사무국 부서, 또는 성급 이상의 인민정부로부터 비준을 받는다. 가톨릭의 주교는 가톨릭의 전국적 종교단체가 국무원 종교사무국 부서에 서류를 등록한다. 종교 교직원의 자격을 취득하지 못했거나 상실한 사람은 종교 교직원의 신분으로 활동할 수 없다.

제37조 종교 교직원이 종교활동 장소의 주요 직책을 담임하거나 이임할 때에는 해당 종교단체의 동의를 거쳐 현급 이상의 인민정부 종교사무 부서에 서류를 등록한다.

제38조 종교 교직원이 종교활동을 주재하고, 종교의식을 거행하고, 종교서적을 정리하고, 종교문화를 연구하고, 공익 자선활동을 전개하는 등의 활동에서 법률의 보호를 받는다.

제39조 종교 교직원은 법에 따라 사회 보장에 참여하고 관련된 권리를 누린다. 종교단체·종교학교·종교활동 장소

는 규정에 따라 종교 교직원을 위해 사
회보험 등록을 처리해줘야 한다.

제6장 종교활동

제40조 신자들의 집단 종교활동은 일
반적으로 종교활동 장소 내에서 거행하
고, 종교활동 장소 또는 종교단체조직
이나 종교 교직원 또는 해당 종교 규정
에 부합하는 기타 인원이 주재하며, 교
의와 교율에 따라 진행해야 한다.

제41조 비종교단체·비종교학교·비종
교활동 장소·비지정 임시활동 장소는
종교활동을 조직하거나 거행할 수 없
고, 종교적 헌금을 받을 수 없다. 비종
교단체·비종교학교·비종교활동 장소
는 종교교육과 훈련을 할 수 없으며, 내
국인이 출국해 종교적 훈련·회의·활동
등에 참가하는 일을 조직할 수 없다.

제42조 성·자치구·직할시의 관할 범위
를 넘어서고 종교활동 장소의 수용규모
를 초과한 대형 종교활동을 거행하거나
종교활동 장소 밖에서 대형 종교활동을
거행할 경우 주관 종교단체와 사관교당
은 행사 예정일 30일 전에 대형 종교활
동을 진행하는 지역의 시급 인민정부
종교사무 부서에 신청서를 제출해야 한
다. 해당지역 시급 인민정부 종교사무
부서는 신청서를 받은 날로부터 15일

이내에 해당지역 인민정부 공안기관의 의견을 청취한 뒤 비준 또는 비준 불가의 결정을 내려야 한다. 비준이 결정되면 비준기관은 성급 인민정부 종교사무 부서에 보고한다. 대형 종교활동은 비준통지서에 실린 요구에 따라 종교절차를 준수하여 진행해야 하고, 본 조례 제4조와 제5조의 관련규정을 위반해서는 안 된다. 주관 종교단체와 사관교당은 유효한 조치를 취하여 의외의 사고 발생을 방지해야 하고, 대형 종교활동의 안전과 질서 있는 진행을 보장해야 한다. 대형 종교활동을 거행하는 지역의 향급 인민정부와 현급 이상의 인민정부 관련부서는 각자의 직책에 따라 필요한 관리와 지도를 해야 한다.

제43조 이슬람교를 믿는 중국인이 해외 순례를 갈 때에는 이슬람교 전국적 종교단체에서 조직을 책임진다.

제44조 종교학교 이외의 학교 및 기타 교육기관의 포교·종교활동의 거행·종교조직의 성립·종교활동 장소의 설립을 금지한다.

제45조 종교단체와 종교학교 및 사관교당은 국가의 관련규정에 따라 종교 내부자료 성격의 출판물을 편집 인쇄할 수 있다. 공개 발행하는 종교 출판물을 출판하기 위해서는 국가 출판관리 규정에 따른다. 종교내용과 관련된 출판물

은 국가의 출판관리 규정에 부합해야 하
고 아래의 내용을 포함해서는 안 된다.
(1) 신자와 불신자의 화목을 깨는 것.
(2) 서로 다른 종교 간의 화목과 해당
종교 내부의 화목을 깨는 것.
(3) 신자 혹은 불신자를 차별하거나 모
욕하는 것.
(4) 종교 극단주의를 선전하는 것.
(5) 종교의 독립·자주·자립 원칙에 위
배되는 것.

제46조 개인적이고 합리적인 수준을
넘어선 수량의 종교적 인쇄물과 음향
및 영상 제품이 수입되거나, 기타 방식
으로 수입되는 종교적 인쇄물과 음향
및 영상 제품은 관련규정에 따라 처리
되어야 한다.

제47조 인터넷 종교정보서비스 종사자
는 성급 이상의 인민정부 종교사무국
부서의 심의와 동의를 거쳐 인터넷 정
보서비스 관리의 관련 법률과 법규에
따라 일을 처리해야 한다.

제48조 인터넷 종교정보서비스의 내용
은 반드시 국가 관련 법률·법규·규장
및 종교사무 관리의 관련규정에 부합해
야 한다. 인터넷 종교정보서비스의 내용
은 본 조례 제45조 제2항의 규정을 위
반할 수 없다.

제5장 종교재산

제30조 종교단체와 종교활동 장소가 합법적으로 사용하는 토지와, 합법적으로 소유하거나 사용하는 건물·건축물·시설 및 기타 합법적 재산과 수익은 법률의 보호를 받는다. 어떤 조직이나 개인도 종교단체와 종교활동 장소의 합법적 재산을 침범·강탈·사사로운 분할·훼손·불법 차압·압류·동결·몰수·처분할 수 없고, 종교단체와 종교활동 장소가 점유하고 사용하는 문화재를 훼손할 수 없다.

제31조 종교단체와 종교활동 장소가 소유한 건물과 사용하는 토지는 법에 따라 현급 이상의 인민정부 부동산·토지관리 부서에 등기를 신청하고 소유권과 사용권 증명서를 받아야 하고, 재산권을 변경할 때에는 적시에 변경수속을 해야 한다. 토지관리부서는 종교단체와 종교활동 장소의 토지사용권을 확정하거나 변경할 때 해당 인민정부 종교사무 부서의 의견을 청취해야 한다.

제32조 종교활동 장소가 종교활동을 위해 사용하는 건물과 건축물 및 종교 교직원이 생활하는 부속 건물은 양도·저당·실물투자를 할 수 없다.

제33조 도시계획이나 중점 건설공사로 인해 종교단체나 종교활동 장소의 건물·

제7장 종교재산

제49조 종교단체와 종교학교 및 종교활동 장소는 법에 의해 점유하고 있는 국가귀속 및 집단소유의 재산에 대해 법률과 국가 관련규정에 따라 이를 관리하고 사용한다. 기타 합법적 재산은 법에 따라 소유권 또는 기타 재산권을 누린다.

제50조 종교단체와 종교학교 및 종교활동 장소가 합법적으로 사용하는 토지와, 합법적으로 소유하거나 사용하는 건물·건축물·시설 및 기타 합법적 재산과 수익은 법률의 보호를 받는다. 어떤 조직이나 개인도 종교단체와 종교학교 및 종교활동 장소의 합법적 재산을 침범·강탈·사사로운 분할·훼손하거나 불법 차압·압류·동결·몰수·처분할 수 없고, 종교단체와 종교학교 및 종교활동 장소가 점유하고 사용하는 문화재를 훼손할 수 없다.

제51조 종교단체와 종교학교 및 종교활동 장소가 소유한 건물과 사용하는 토지는 법에 따라 현급 이상의 인민정부 부동산등기 부서에 등기를 신청하고 부동산 권리증서를 수령한다. 재산권을 변경하거나 이전할 때에는 적시에 변경과 이전 등기 수속을 해야 한다. 종교단체와 종교학교 및 종교활동 장소의 토지사용권을 변경하거나 이전할 경우 부

건축물을 철거·이전할 경우 요구자는 해당 종교단체나 종교활동 장소와 협상해야 하고, 관련 종교사무 부서의 의견을 청취해야 한다. 양측의 철거·이전 협상 동의를 거쳐 당사자는 철거·이전할 건물과 건축물을 중건하거나, 국가의 관련규정에 의거 철거·이전할 건물과 건축물의 시장 평가가격에 따라 보상해야 한다.

제34조 종교단체와 종교활동 장소는 법에 따라 사회 공익사업을 운영할 수 있다. 획득한 수익과 기타 합법적 수익은 재무에 포함시키고 회계를 관리하여 해당 종교단체와 종교활동 장소의 취지에 부합하는 활동 및 사회 공익사업에 사용해야 한다.

제35조 종교단체와 종교활동 장소는 국가의 관련규정에 따라 국내외 조직과 개인의 기부를 받을 수 있고, 해당 종교단체와 종교활동 장소의 취지에 부합하는 활동에 사용한다.

제36조 종교단체와 종교활동 장소는 국가의 재무·회계·세무 관리제도를 집행해야 하고, 국가의 관련 세무규정에 따라 세금감면 혜택을 누린다. 종교단체와 종교활동 장소는 소재지의 현급 이상 인민정부 종교사무 부서에 재무 수입과 지출상황과 기부금의 접수 및 사용상황을 보고하고, 적절한 방식으로 신

동산 등기부서는 해당 인민정부 종교사무 부서의 의견을 청취해야 한다.

제52조 종교단체와 종교학교 및 종교활동 장소는 비영리성 조직으로서 그 재산과 수익은 그 취지와 부합하는 활동과 공익 자선사업에 사용해야 하며, 분배해서 사용할 수 없다.

제53조 조직이나 개인이 기부하여 세운 어떤 종교활동 장소도 해당 종교활동 장소의 소유권과 사용권을 누릴 수 없고, 해당 종교활동 장소로부터 경제적 수익을 얻을 수 없다. 종교활동 장소나 대형 노천 종교조각상의 도급을 맡아 경영하는 일을 금지하고, 종교 명의로 하는 상업 선전활동을 금지한다.

제54조 종교활동 장소가 종교활동을 위해 사용하는 건물과 건축물 및 종교 교직원이 생활하는 부속 건물은 양도·저당·실물투자를 할 수 없다.

제55조 공공이익의 필요를 위해 종교단체나 종교학교 및 종교활동 장소의 건물·건축물을 징수할 경우 국가의 건물 징수 관련규정에 따라 집행해야 한다. 종교단체와 종교학교 및 종교활동 장소는 금전적 보상을 선택할 수 있고, 건물의 재산권을 조정하거나 중건할 수도 있다.

도들에게 공포해야 한다.

제37조 종교단체와 종교활동 장소가 말소되거나 종결될 경우 재산 청산절차를 밟아야 하고, 청산 후의 잉여재산은 해당 종교단체와 종교활동 장소의 취지에 부합하는 사업에 사용해야 한다.

제56조 종교단체·종교학교·종교활동 장소·종교 교직원은 법에 따라 공익 자선사업을 운영할 수 있다. 국가의 규정에 따라 관련 우대정책을 누린다. 어떤 조직이나 개인도 공익 자선활동을 이용하여 포교할 수 없다.

제57조 종교단체와 종교학교 및 종교활동 장소는 국가의 관련규정에 따라 국내외 조직과 개인의 기부를 받을 수 있고, 그 취지에 부합하는 활동에 사용할 수 있다. 종교단체와 종교학교 및 종교활동 장소는 국외 조직과 개인의 기부를 받을 때 부대조건을 달 수 없고, 기부금액이 10만 위안을 초과할 경우 현급 이상 인민정부 종교사무 부서의 심의와 비준을 받아야 한다. 종교단체와 종교학교 및 종교활동 장소는 종교적 관습에 따라 국민의 기부를 받을 수 있으나 강요하거나 분담시킬 수 없다.

제58조 종교단체와 종교학교 및 종교활동 장소는 국가가 통일한 재무·자산·회계제도를 집행해야 하고, 소재지의 현급 이상 인민정부 종교사무 부서에 재무 상황·수입과 지출상황·기부금의 사용상황을 보고하고, 관리 감독을 받아야 하며, 적절한 방식으로 신도들에게 공포해야 한다. 종교사무 부서는 관련 부서와 관련 관리 정보를 공유해야 한다. 종교단체와 종교학교 및 종교활동 장소는 국가의 관련 재무 회계제도

에 근거하여 건전한 내부 회계·재무보고·재무공개 등의 제도를 건립하고, 건전한 재무관리기구를 건립하며, 필요한 재무회계 인원을 배치하여 재무관리를 강화해야 한다. 정부의 관련 부서는 종교단체와 종교학교 및 종교활동 장소에 대해 재무와 자산 검사 및 회계 감사를 조직할 수 있다.

제59조 종교단체와 종교학교 및 종교활동 장소는 법에 따라 세무등기를 처리해야 한다. 종교단체와 종교학교와 종교활동 장소 및 종교 교직원은 법에 따라 납세 신고를 하고, 국가의 관련규정에 따라 세금우대 혜택을 누린다. 세무부서는 법에 따라 종교단체와 종교학교와 종교활동 장소 및 종교 교직원에 대해 세무관리를 실시한다.

제60조 종교단체와 종교학교 및 종교활동 장소가 말소되거나 종결될 경우 재산 청산절차를 밟아야 하고, 청산 후의 잉여재산은 그 취지에 부합하는 사업에 사용해야 한다.

제6장 법률 책임

제38조 국가 공무원이 종교사무 관리업무 중에 직권을 남용하거나 직무에 태만하거나 사사로운 이익을 위해 부정행위를 하고 범죄가 성립되었을 경우

제8장 법률 책임

제61조 국가 공무원이 종교사무 관리업무 중에 직권을 남용하거나 직무에 태만하거나 사사로운 이익을 위해 부정행위를 하면 수사에 넘겨 법에 따라 처

법에 따라 형사 책임을 추궁하고, 범죄가 성립되지 않았을 경우에도 법에 따라 행정 처분을 부여한다.

제39조 국민에게 종교적 신앙과 불신앙을 강제하거나 종교단체와 종교활동 장소의 정상적 종교활동을 방해하는 경우 종교사무 부서가 책임을 묻고 시정 조치한다. 치안관리 행위를 위반할 경우 법에 따라 치안관리 처벌을 부여한다. 종교단체와 종교활동 장소 및 신앙인 국민의 합법적 권리를 침범할 경우 법에 따라 민사 책임을 추궁하고 범죄가 성립되면 법에 따라 형사 책임을 추궁한다.

제40조 종교를 이용하여 국가안전과 공공안전을 위협하고, 국민의 신변 권리와 민주 권리를 침범하며, 사회 관리질서를 방해하고 공공재산과 사유재산을 침범하는 등의 위법활동을 하여 범죄가 성립되었을 경우 법에 따라 형사 책임을 추궁하고, 범죄가 성립되지 않았을 경우에도 관련 주관부서가 법에 따라 행정처벌을 부여한다. 국민과 법인 및 기타 조직이 손실을 끼쳤을 경우 법에 따라 민사 책임을 진다. 대형 종교활동 과정에서 공공안전을 위협하거나 사회질서를 심각하게 파괴하는 상황이 발생했을 경우 집회와 시위에 관한 법률과 행정 법규에 따라 현장 조치와 처벌을 내리고, 주관한 종교단체와 사관교당이 책임을 지고 등기관리기관은 그 등기를

분한다. 범죄가 성립되었을 경우 법에 따라 형사 책임을 추궁한다.

제62조 국민에게 종교적 신앙과 불신앙을 강제하거나 종교단체·종교학교·종교활동 장소의 정상적 종교활동을 방해하는 경우 종교사무 부서가 책임을 묻고 시정 조치한다. 치안관리 행위를 위반할 경우 법에 따라 치안관리 처벌을 부여한다. 종교단체·종교학교·종교활동 장소·신앙인 국민의 합법적 권리를 침범할 경우 법에 따라 민사 책임을 추궁하고 범죄가 성립되면 법에 따라 형사 책임을 추궁한다.

제63조 종교 극단주의를 고취·지지·지원하거나, 종교를 이용하여 국가안전과 공공안전을 위협하며, 민족 단결을 파괴하고 국가를 분열시키며 테러활동을 하고, 국민의 신변 권리와 민주 권리를 침범하며, 사회 관리질서를 방해하고 공공재산과 사유재산을 침범하는 등의 위법활동을 하여 범죄가 성립되었을 경우 법에 따라 형사 책임을 추궁하고, 범죄가 성립되지 않았을 경우에도 관련 주관부서가 법에 따라 행정처벌을 부여한다. 국민과 법인 및 기타 조직이 손실을 끼쳤을 경우 법에 따라 민사 책임을 진다. 종교단체와 종교학교 및 종교활동 장소가 앞에 언급한 모든 행위를 하여 사태가 심각할 경우 관련부서는 필요한 조치를 취해 사태를 정돈하고, 정

파기한다. 대형 종교활동을 무단으로 거행할 경우 종교사무 부서가 책임을 추궁하고 활동을 정지시키며, 위법한 소득은 몰수하고 위법한 소득의 1배 이상 3배 이하의 벌금을 부과할 수 있다. 대형 종교활동이 종교단체와 종교활동 장소가 무단으로 거행한 경우 등기관리기관은 해당 종교단체와 종교활동 장소에 책임을 추궁하고 직접적인 책임자를 대체할 수 있다.

제41조 종교단체와 종교활동 장소가 아래 열거한 행위를 했을 경우 종교사무 부서는 책임을 추궁하고 시정을 명령한다. 사안이 비교적 중할 경우 등기관리 부서는 해당 종교단체와 종교활동 장소에 책임을 추궁하고 직접적인 책임자를 대체할 수 있다. 사안이 엄중할 경우 등기관리 부서는 해당 종교단체와 종교활동 장소의 등기를 파기하고 불법 재물은 몰수한다.
(1) 규정에 따르지 않고 등기를 변경하거나 등록 수속할 경우.
(2) 종교활동 장소가 본 조례 제18조 규정을 위반하고 관련 관리제도를 수립하지 않거나 관리제도의 요구에 부합하지 않을 경우.
(3) 종교활동 장소 내에 중대한 사고와 중대한 사건이 발생하였는데 적시에 보고하지 않아 심각한 결과를 초래했을 경우.
(4) 본 조례 제4조 규정을 위반하고 종

돈을 거부하고 수용하지 않을 경우 등기관리 기관이나 설립비준 기관은 법에 따라 그 등기 증서나 설립 허가를 파기한다.

제64조 대형 종교활동 과정에서 국가 안전과 공공안전을 위협하거나 사회질서를 심각하게 파괴하는 상황이 발생했을 경우 관련 부서는 법률과 법규에 따라 조치와 처벌을 진행한다. 주관한 종교단체와 사관교당이 책임을 지고, 등기관리 기관은 주요책임자에게 책임을 추궁하고 교체를 명령하며, 사태가 엄중할 경우 등기관리 기관은 그 등기증서를 파기한다. 대형 종교활동을 무단으로 거행할 경우 종교사무 부서는 관련부서와 함께 책임을 추궁하고 활동을 정지시키며, 10만 위안 이상 30만 위안 이하의 벌금을 부과할 수 있다. 위법한 소득과 불법 재물이 있으면 그 위법한 소득과 불법 재물은 몰수한다. 종교단체와 종교활동 장소가 대형 종교활동을 무단으로 거행한 경우 등기관리기관은 해당 종교단체와 종교활동 장소에 책임을 추궁하고 직접적인 책임이 있는 주관자를 교체할 수 있다.

제65조 종교단체·종교학교·종교활동 장소가 아래 열거한 행위를 했을 경우 종교사무 부서는 책임을 추궁하고 시정을 명령한다. 사안이 비교적 중할 경우 등기관리 기관이나 설립비준 기관은 해

교의 독립·자주·자립 원칙을 위배했을 경우.

(5) 국가의 관련규정을 위반하고 국외의 기부를 받았을 경우.

(6) 등기관리기관이 적법하게 실시하는 관리감독을 거부하고 수용하지 않을 경우.

제42조 종교적 내용의 출판물에 본 조례 제7조 제2항에서 금지한 내용이 포함되었을 경우 관련 책임기관과 책임자는 관련 부서에 의해 법에 따라 행정처벌을 받고 범죄가 성립될 경우 법에 따라 형사 책임을 추궁받는다.

제43조 종교활동 장소를 무단으로 설립하거나, 종교활동 장소가 이미 등기가 파기되었음에도 여전히 종교활동을 진행하거나, 종교학교를 무단으로 설립할 경우 종교사무 부서가 이를 단속하고 위법 소득을 몰수한다. 위법 건물과 건축물은 건설 주관부서에서 법에 따라 처리하고, 치안관리 행위를 위반할 경우 법에 따라 치안관리 처벌을 한다. 비종교단체와 비종교활동 장소가 종교활동을 조직하고 거행하여 종교적 기부를 받을 경우 종교사무 부서가 활동 정지 명령을 내리고, 위법한 소득은 몰수한다. 상황이 심각할 경우 위법 소득의 1배 이상 3배 이하의 벌금을 부과할 수 있다. 신앙인 국민의 국외 참배를 무단 조직할 경우 종교사무 부서는 활동 정

당 종교단체·종교학교·종교활동 장소에 책임을 추궁하고 직접적인 책임이 있는 주관자를 교체할 수 있다. 사안이 엄중할 경우 등기관리 기관이나 설립비준 기관은 일상활동 정지 명령을 내리고, 관리조직을 개편하고 정리와 개조에 필요한 시한을 부여한다. 정리와 개조를 거부할 경우 법에 따라 그 등기증서 또는 설립허가를 파기한다. 위법한 소득이나 불법 재물은 몰수한다.

(1) 규정에 따르지 않고 등기를 변경하거나 등록 수속할 경우.

(2) 종교학교가 교육목표와 건학규정 및 교과과정의 설치 요구를 위반할 경우.

(3) 종교활동 장소가 본 조례 제26조 규정을 위반하고 관련 관리제도를 수립하지 않거나 관리제도의 요구에 부합하지 않을 경우.

(4) 종교활동 장소가 본 조례 제54조 규정을 위반하고 종교활동을 위해 사용하는 건물과 건축물 및 종교 교직원이 생활하는 부속 건물을 양도·저당·실물투자를 할 경우.

(5) 종교활동 장소 내에 중대한 사고와 중대한 사건이 발생하였는데 적시에 보고하지 않아 심각한 결과를 초래했을 경우.

(6) 본 조례 제5조 규정을 위반하고 종교의 독립·자주·자립 원칙을 위배했을 경우.

(7) 국가의 관련규정을 위반하고 국외의 기부를 받았을 경우.

지 명령을 내리고, 위법한 소득은 몰수
하며, 위법 소득의 1배 이상 3배 이하의
벌금을 부과할 수 있다.

제44조 본 조례 규정을 위반하고 대형
노천 종교 조각상을 건립할 경우 종교
사무 부서가 시공 정지명령을 내리고
철거 시한을 정한다. 위법한 소득은 몰
수한다.

제45조 종교 교직원이 종교 교무활동
중 법률과 법규 및 규례를 위반할 경우
법에 따라 관련 법률의 책임을 추궁하
고, 종교사무 부서가 관련 종교단체에
그 종교 교직원의 신분을 취소할 것을
건의한다. 종교 교직원을 사칭하여 종
교활동을 진행할 경우 종교사무 부서는
활동 정지를 명하고 불법 소득은 몰수
한다. 치안관리 행위를 위반할 경우 법
에 따라 치안관리 처벌을 내린다. 범죄
가 성립되면 법에 따라 형사 책임을 추
궁한다.

제46조 종교사무 부서의 구체적 행정
행위에 불복할 경우 법에 따라 행정심
의를 신청할 수 있고, 행정심의의 결정
에 불복할 경우 법에 따라 행정소송을
제기할 수 있다.

(8) 행정관리기관이 적법하게 실시하
는 관리감독을 거부하고 수용하지 않을
경우.

제66조 임시활동 장소에서의 활동이
본 조례의 관련규정을 위반할 경우 종
교사무 부서는 책임을 물어 개정을 명
령하고, 사안이 엄중할 경우 활동을 정
지시키고 임시활동 장소를 폐쇄한다.
위법한 소득이나 불법재물은 몰수한다.

제67조 종교단체·종교학교·종교활동
장소가 국가의 관련 재무·회계·자산·
세무관리 규정을 위반할 경우 재정과
세무 등의 부서는 관련규정에 의거하여
처벌을 진행한다. 사안이 엄중할 경우
재정과 세무 부서의 제안을 거쳐 등기
관리 기관이나 설립비준 기관이 그 등
기 증서나 설립 허가를 파기한다.

제68조 종교적 내용의 출판물이나 인
터넷 종교정보서비스에 본 조례 제45
조 제2항에서 금지한 내용이 포함되었
을 경우 관련 부서는 관련 책임기관과
인물에 대해 법에 따라 행정처벌을 내
리고, 범죄가 성립될 경우 법에 따라 형
사 책임을 추궁한다. 인터넷 종교정보
서비스에 무단으로 종사하거나 비준과
등록 범위를 벗어난 서비스를 제공할
경우 관련부서는 관련 법률과 법규에
따라 처리한다.

제69조 종교활동 장소를 무단으로 설립하거나, 종교활동 장소가 이미 등기 파기 또는 등기증서 파기되었음에도 여전히 종교활동을 진행하거나, 종교학교를 무단으로 설립할 경우 종교사무 부서가 관련 부서와 함께 이를 단속하고 위법한 소득과 불법재물이 있을 경우 위법한 소득과 불법재물을 몰수한다. 위법 소득을 확정할 수 없을 경우 5만 위안 이하의 벌금을 부과하며, 범죄가 성립될 경우 법에 따라 형사 책임을 추궁한다.

제70조 국민이 출국해서 종교 분야의 훈련·회의·활동 등에 참가하는 일을 임의로 조직하거나 종교 교육훈련을 임의로 전개할 경우 종교사무 부서는 관련부서와 함께 활동 정지 명령을 내리고, 2만 위안 이상 20만 위안 이하의 벌금을 부과할 수 있다. 위법한 소득이 있으면 이를 몰수하고, 범죄가 성립되면 법에 따라 형사 책임을 추궁한다.

제71조 위법한 종교활동을 위해 조건을 제공할 경우 종교사무 부서는 경고하고, 위법한 소득이나 불법 재물이 있으면 이를 몰수한다. 사안이 심각한 경우 2만 위안 이상 20만 위안 이하의 벌금을 부과할 수 있다. 위법한 건물과 건축물은 도시계획과 건설 등의 부서에서 법에 따라 처리하고 치안관리 행위를 위반한 경우 법에 따라 치안관리 처벌을

내린다.

제72조 본 조례 규정을 위반하고 종교 활동 장소를 경영하거나 대형 노천 종교조각상을 건립할 경우 종교사무 부서는 상공·도시계획·건설 등의 부서와 함께 시공 정지 명령을 내리고 철거 시한을 정한다. 위법한 소득이 있으면 이를 몰수한다. 사안이 심각할 경우 조각상 건설 공사비용의 5퍼센트 이상 10퍼센트 이하의 벌금을 부과한다. 종교활동 장소를 경영하거나 대형 노천 종교조각상에 투자·하청을 받은 경우 종교사무 부서는 상공·도시계획·건설 등의 부서와 함께 시정을 명하고 위법한 소득은 몰수한다. 사안이 심각할 경우 등기관리 기관은 해당 종교활동 장소의 등기 증서를 파기하고 법에 따라 관련자의 책임을 추궁한다.

제73조 종교 교직원이 아래의 행위를 할 경우 종교사무 부서는 경고를 내리고 위법한 소득과 불법 재물을 몰수한다. 사태가 심각할 경우 종교사무 부서는 관련 종교단체·종교학교·종교활동 장소에 그가 주재하는 교무활동을 잠정 중단하거나 그 종교 교직원의 신분을 취소할 것을 건의하고, 관련 종교단체·종교학교·종교활동 장소의 책임자에게 책임을 추궁한다. 치안관리 행위를 위반한 경우 법에 따라 치안관리 처벌을 내린다. 범죄가 성립되면 법에 따라 형사

책임을 추궁한다.

(1) 종교 극단주의를 선양·지지·원조
하거나 민족 단결을 파괴하고 국가를
분열시키고 테러활동을 진행하거나 관
련활동에 참여할 경우.

(2) 국외 세력의 지배를 받아 국외 종교
단체나 기구로부터 임의로 교직을 위임
받거나, 종교의 독립·자주·자립의 원칙
에 위배되는 기타 행위를 할 경우.

(3) 국가의 관련규정을 위반하고 국내
외의 기부를 받은 경우.

(4) 비준을 받지 않고 종교활동 장소 밖
에서 거행하는 종교활동을 조직하거나
주재하는 경우.

(5) 기타 법률과 법규 및 규장을 위반하
는 행위를 할 경우.

제74조 종교 교직원을 사칭하여 종교
활동을 진행하거나 금품을 사취하는 등
위법활동을 할 경우 종교사무 부서는
활동 정지를 명하고 위법한 소득과 불
법 재물이 있으면 이를 몰수한다. 아울
러 1만 위안 이하의 벌금을 부과한다.
치안관리를 위반한 행위는 법에 따라
치안관리 처벌을 내린다. 범죄가 성립되
면 법에 따라 형사 책임을 추궁한다.

제75조 종교사무 부서의 행정행위에 불
복할 경우 법에 따라 행정재심을 신청
할 수 있고, 행정재심의 결정에 불복할
경우 법에 따라 행정소송을 제기할 수
있다.

제7장 부칙

제47조 내지에서 홍콩특별행정구와 마
카오특별행정구 및 타이완 지역과 종교
적 왕래를 진행할 경우 법률과 행정법규
및 국가의 관련규정에 따라 처리한다.

제48조 본 조례는 2005년 3월 1일부터
시행한다. 1994년 1월 31일 국무부에서
반포한 〈종교활동장소 관리조례〉는 이
와 동시에 폐지한다. (끝)

제9장 부칙

제76조 내지에서 홍콩특별행정구와 마
카오특별행정구 및 타이완 지역과 종교
적 왕래를 진행할 경우 법률과 행정법규
및 국가의 관련규정에 따라 처리한다.

제77조 본 조례는 2018년 2월 1일부터
시행한다. (끝)

〈종교단체관리방법〉

제1장 총칙

제1조 종교단체 관리를 규범화하고, 종교단체의 건강한 발전을 촉진
하며, 종교와 사회주의 사회와의 상호 적응을 적극 유도하기 위
하여, 국가 사회단체 관리와 종교사무 관리에 관한 관련 규정에
근거해 본 방법을 제정한다.

제2조 본 방법에서 지칭하는 종교단체는 신앙을 가진 국민의 자원으
로 조성되어 국가와 해당 종교의 단결과 종교의 건강한 발전을
촉진하기 위해 그 규정에 따라 활동하는 비영리 사회조직을 가
리킨다. 종교단체는 중국공산당과 정부가 종교계 인사와 신앙
을 가진 많은 국민과 단결하고 연계하는 교량이자 유대이다.

제3조 종교단체의 성립은 국가 사회단체 등록 관리와 종교사무 관리
규정에 따라 인민정부 종교사무 부서의 심사와 동의를 거쳐 인
민정부 민정 부서에 등록해야 한다. 인민정부 종교사무 부서의
심사와 동의를 거쳐 인민정부 민정 부서에 등록하지 않으면 종
교단체 명의로 활동을 펼칠 수 없다.

제4조 종교단체 규정은 국가 사회단체 관리와 종교사무 관리의 관련
규정에 부합해야 한다. 종교단체는 규정에 따라 활동을 펼치고

법률의 보호를 받는다.

제5조 종교단체는 반드시 중국공산당의 지도를 견지하고, 헌법·법률·
법규·규정과 정책을 준수하며, 독립과 자주와 자치의 원칙을
견지하고, 종교의 중국화 방향을 견지하며, 사회주의 핵심 가치
관을 실천하고, 국가의 통일과 민족 단결 및 종교 화해와 사회
안정을 수호한다.

제6조 인민정부 종교사무 부서는 종교단체의 업무 주관부서이다. 종
교단체는 인민정부 종교사무 부서의 업무 지도와 감독 관리를
받아야 한다.

제2장 종교단체 조직기구

제7조 종교단체는 국가 사회단체 관리와 종교사무 관리에 관한 관련
규정 및 본 단체의 규정에 근거하여 민주적이고 노련하며 효율
적인 원칙에 따라 조직기구를 건립한다.

제8조 대표회의는 종교단체의 최고 권력기구이며, 이사회(위원회)는
대표회의의 집행기구이다. 이사회(위원회) 회원 수가 많은 종교
단체는 상무이사회(상무위원회)를 설립할 수 있고, 상무이사회
(상무위원회)는 이사회(위원회)를 책임진다.

제9조 종교단체 대표회의와 이사회(위원회)와 상무이사회(상무위원회)는 국가 사회단체 관리 관련규정과 본 단체 규정에 따라 정기적으로 회의를 소집하고, 관련 사항을 결정하며, 직권을 행사한다.

제10조 종교단체의 이사(위원)·상무이사(상무위원)·회장(주석·주임)·부회장(부주석·부주임)·비서장(총간사)·부비서장(부총간사)은 국가 사회단체 관리 관련 규정과 본 단체 규정에 따라 생겨나 직책을 수행한다.

제11조 회장(주석·주임)은 종교단체를 포함한 기타 사회단체의 회장(주석·주임)을 겸임할 수 없으나, 회장(주석·주임)을 맡고 있는 사회단체가 합동 사무를 보는 상황은 예외로 한다. 회장(주석·주임)의 연령은 일반적으로 70세를 넘을 수 없다. 회장(주석·주임)의 매 임기는 5년이고, 일반적으로 1회 연임할 수 있다. 회장(주석·주임)은 일반적으로 단체에서 회의를 주재하고 사무를 처리하는데, 특수한 상황에서 회장(주석·주임)이 회의를 주재할 수 없을 경우 상무부회장(상무부주석·상무부주임)이 단체의 일상 사무를 책임진다. 부회장(부주석·부주임) 가운데 최소 1명이 회의를 주재해야 한다.

제12조 종교단체 법정대표는 일반적으로 회장(주석·주임)이 담당한다. 종교단체 법정대표는 기타 사회단체의 법정대표를 겸임할 수 없다.

제13조 종교단체는 업무범위와 실제업무의 필요에 따라 합리적으로 사무기구를 설치한다.

제14조 종교단체가 하위기구·대표기구를 설립하려면 본 단체 규정의 취지와 업무범위에 부합해야 하고, 이사회(위원회) 또는 상무이사회(상무위원회)의 토론을 거쳐 통과시킨 뒤 인민정부 종교사무 부서의 심의를 받아야 한다. 하위기구는 분회·전문위원회·업무위원회·특정기금위원회 등으로 칭할 수 있다. 대표기구는 대표처·사무처·연락처 등으로 칭할 수 있다. 하위기구·대표기구는 법인 자격을 갖지 않고, 별도의 규정을 제정할 수 없으며, 각종 법인 조직의 명칭을 그 명칭으로 사용할 수 없고, '중국'·'중화'·'전국'·'국가' 등의 단어를 사용할 수 없으며, 활동을 펼칠 때 소속 종교단체 명칭의 표준 전체 명칭을 사용해야 한다. 종교단체는 지역성 하위기구를 설립할 수 없고, 하위기구·대표기구 아래에 다시 하위기구·대표기구를 설립할 수 없다.

제15조 종교단체는 지도부 설립을 강화하여, 정치적으로 신뢰할 만하고 민주적이며 효율적인 기준에 따라 자질이 뛰어난 지도부를 세워야 한다.

제3장 종교단체 기능

제16조 종교단체는 법률과 규정에 따라 업무를 진행하고, 법률·법규·규정과 본 단체규정에 따른 기능을 실행한다.

제17조 종교단체는 신앙을 가진 국민에게 중국공산당의 방침과 정책 및 국가 법률·법규·규정을 선전하고, 신앙을 가진 국민이 중국공산당의 지도를 지지하도록 교육하고 인도하며, 중국 특색의 사회주의 노선을 견지하고, 법률·법규·규정과 정책을 준수하며, 국법과 종교법규의 관계를 정확히 처리하고, 국가의식·법치의식·국민의식을 강화한다.

제18조 종교단체는 종교 교직원과 신앙을 가진 국민을 연계하고, 종교계의 의견과 합리적 요구를 반영하며, 종교계의 합법적 권익을 보호하고, 신앙을 가진 국민이 국민의 의무를 이행하도록 인도한다.

제19조 종교단체는 헌법·법률·법규·규정·정책 및 실제 업무 수요에 근거하여, 업무 범위 내에서 종교교육시설·종교활동장소·종교교직원·종교활동 등 부문과 관련된 규정제도를 제정하고 이행을 독촉한다.

제20조 전국성 종교단체와 성·자치구·직할시 종교단체는 종교 교육시설의 운영주체로서의 책임을 지고, 운영하는 종교 교육시설에 대해 일상적 관리와 지도감독을 진행하고, 종교 교육시설이 정확한 운영방향을 견지하도록 지도하며, 운영 품질을 제

고하고, 이사회 등의 의사결정 제도를 정비하며, 종교 교육시설 내부관리와 운영구조를 정비한다. 그리고 종교 교육시설이 운영조건을 개선하도록 지지하고, 운영 중 겪게 되는 곤란과 문제를 해결하도록 도와주며, 종교 교육시설의 안정적 운영경비를 보장한다.

제21조 종교단체는 종교 활동장소가 관리조직을 갖추고, 내부관리제도를 정비하며, 민주관리를 실행하고, 종교 활동과 재무관리를 표준화하도록 지도한다. 종교단체는 종교 활동장소가 협상을 통해 종교 활동장소의 주요 교직원을 선출하도록 지도하고, 종교 활동장소의 주요 직무를 담임하거나 이임하는 종교 교직원에 대해 심의하며, 심의에 동의한 뒤 인민정부 종교사무 부서에 안건을 보고한다. 종교단체는 실제 필요에 근거해 법에 따라 종교 활동장소 설립을 신청하여, 법인 등기를 신청한 종교 활동장소에 대해 의견을 제출한다.

제22조 종교단체는 종교문화·종교문헌연구를 진행하고, 종교사상 수립을 전개하며, 교리 가운데 사회적 화해·시대적 진보·건강한 문명에 유리한 내용을 심도 있게 발굴하여, 교리에 대해 현대 중국의 발전과 진보에 부합하고 중화의 우수한 전통문화에 부합하는 해석을 내놓는다.

제23조 종교단체는 전국성 종교단체가 제정한 종교 교직원 인정방법에 따라 종교 교직원을 인정하고, 인민정부 종교사무 부서에

안건을 보고한다. 종교단체는 종교 교직원에 대한 국민교육·법치교육·정치교육·종교교육을 강화하고, 종교 교직원의 종합적 소양을 제고한다. 종교단체는 종교 기풍 확립을 강화하고, 종교 교직원의 상벌제도와 진입·퇴출제도를 완비하며, 법률·법규·규정과 본 단체 규정제도를 위반한 종교 교직원에 대해 법규에 따라 처벌한다.

제24조 전국성 종교단체와 성·자치구·직할시 종교단체는 본 종교의 수요에 근거하여, 국가 관련 규정에 따라 종교 유학 인원을 선발 파견하거나 수용할 수 있으며, 유학 인원과 유학 경로를 규범화한다. 전국성 종교단체는 본 종교의 유학 인원 선발 파견과 수용방법을 제정하고, 국가종교사무국에 안건을 보고한다.

제4장 감독관리

제25조 인민정부 종교사무 부서는 업무 주관부서의 책임을 이행하고, 국가의 관련 법률·법규에 근거하여 종교단체의 아래 사무에 대해 지도와 관리를 진행한다.
(1) 종교단체의 설립·변경·등록말소 및 규정 비준 이전의 업무 심사를 책임지고, 종교단체의 연도별 업무보고에 대한 심사를 책임지며, 관련기관과 회동하여 종교단체의 등록말소와 청산사무를 지도한다.
(2) 종교단체가 법과 규정에 따라 활동을 펼치고 기능을 수행하는가

를 감독·지도하고, 종교단체가 법률·법규·규정·정책과 본 단체
의 규정을 위반한 행위에 대해, 법에 따라 처리한다.
(3) 종교단체가 법에 따라 인민정부 종교사무 부서에 비준을 신청한
사항에 대해 비준과 감독과 관리를 진행한다.
(4) 종교단체가 헌법·법률·법규·규정·정책 및 실제 업무 수요에 근
거하여 건전한 규정제도를 건립하고, 사상건설·조직건설·기풍건
설과 제도건설을 완비하도록 감독하고 지도한다.
(5) 법률과 법규와 규정의 기타 수요에 대한 지도와 관리의 사항.

제26조 종교단체의 아래 사항은 인민정부 종교사무 부서의 심의와
동의를 거쳐야 한다.
(1) 법률·법규 규정과 인민정부 종교사무 부서의 심의를 거쳐야 하는
사항
(2) 본 단체 회장(주석·주임)·부회장(부주석·부주임)·비서장(총간사)과
사무기구 및 사무기구 책임자
(3) 하위기구와 대표기구의 설립·변경·말소
(4) 중대 회의와 활동과 교육훈련 거행
(5) 인민정부 종교사무 부서를 지지부서와 주관부서로 사칭하는 등의
상황
(6) 대외 교류활동 전개
(7) 경제실체의 성립과 경영활동의 전개
(8) 사회조직의 성립
(9) 국외 조직 또는 개인으로부터 10만 위안을 초과하는 종교서적과
음향영상제품 및 기증금을 받을 경우

(10) 인민정부 종교사무 부서의 심의를 받아야 하는 기타 중요 업무

제27조 종교단체의 아래 사항은 사전에 인민정부 종교사무 부서에
　　　 사전 서면보고해야 한다.
(1) 업무계획·연도별 업무계획·연도별 업무결과
(2) 거액의 재무 지출·중대한 자산 처리·중대한 건설공사 항목
(3) 안전사고가 발생하거나, 인명 상해 또는 재산 손실이 발생한 경우
(4) 본 단체 내부 또는 본 단체와 기타 분야에서 모순과 갈등이 발생
　　　해 본 단체 업무의 정상 활동에 영향이 있는 경우
(5) 중대한 법규 위반 문제가 발생한 경우
(6) 회장(주석·주임)·부회장(부주석·부주임)·비서장(총간사)이 매체의
　　　인터뷰 요청을 받거나 문건에 서명 발표하거나 도서에 서명 발표
　　　할 경우
(7) 회장(주석·주임)·부회장(부주석·부주임)·비서장(총간사)이 사적으
　　　로 출국할 경우
(8) 회장(주석·주임)·단체의 일상 업무를 책임지는 상무부부회장(상무
　　　부주석·상무부주임)·비서장(총간사)이 공적 또는 사적으로 본 단체
　　　가 소재한 성·자치구·직할시를 벗어날 경우
(9) 인민정부 종교사무 부서에 보고해야 할 기타 사항
특수한 상황에서 사전 서면 보고가 불가능할 경우 사중 또는 사후에
라도 적시에 인민정부 종교사무 부서에 서면 보고해야 한다.

제28조 종교단체는 국가 사회단체 관리 관련 규정과 본 단체 규정에
　　　 따라 대표회의·이사회(위원회)·상무이사회(상무위원회)·회장

(주석·주임)회의·회장(주석·주임)집무회의제도를 정례화하고 민주결정기구를 완비해야 한다.

제29조 종교단체는 업무계획과 연도별 업무계획을 제정하고, 장기목표와 단기임무를 명확히 하며, 계획을 관철하고 집행할 수 있도록 보장한다.

제30조 종교단체는 본 단체의 종사자 관리제도를 제정하고, 업무책임과 업무규율을 명확히 하며, 업무인력의 종교 활동·사회활동·대외교류 등을 규범화한다. 종교단체 종사자는 친인척 기피제도를 실행한다. 종교단체 종사자는 회장(주석·주임)·부회장(부주석·부주임)·비서장(총간사)·부비서장(부총간사)·사무기구 종사자를 포함한다.

제31조 종교단체는 회장(주석·주임)·부회장(부주석·부주임)·비서장(총간사)의 업무보고회와 민주평의제도를 건립한다.

제32조 종교단체는 학습제도를 건립하고, 단체 종사자가 중국공산당의 중대 결정부서·국가정책법규·우수한 전통문화·종교지식 등을 학습하도록 조직한다.

제33조 종교단체는 인터넷 종교정보서비스를 전개하면서 관련 내부 관리제도를 완비하고, 인터넷 종교정보서비스 관련규정을 준수하며, 당의 종교이론과 정책 및 종교분야 법률·법규·규정을

선전하고, 종교학술연구를 전개하며, 종교지식 등을 소개한다.

제34조 종교단체는 국가의 통일된 재무·자산·회계제도를 집행하고, 건전한 회계 산출·재무 보고·재무 공개 등의 제도를 정립하며, 건전한 재무관리기구를 건립하고, 필요한 회계인력을 갖추어 재무관리를 강화하며, 정기적으로 소재지의 현급 이상 인민정부 종교사무 부서에 재무상황·수입지출상황과 기증금의 수납·사용 상황 등을 보고한다.

제35조 종교단체의 법정대표·재무담당 책임자 및 재무부서 책임자가 해당기관에서 이임·퇴직·전출될 때 재무심사를 받아야 한다.

제36조 종교단체는 법에 따라 세무등기와 납세신고를 처리하고, 국가의 관련규정에 따라 세제 혜택을 누린다.

제5장 법률책임

제37조 종교단체의 내부 치리가 규범적이지 않고 법규에 따라 직책을 이행하지 않는 등 문제가 있을 경우, 인민정부 종교사무 부서는 그 회장(주석·주임)과 업무회담을 진행하고, 상황이 심각할 경우 주의를 통보하거나 한시적 정리기간을 부여한다.

제38조 종교단체가 국가 사회단체 관리와 종교사무 관리 관련 규정을

위반한 경우 인민정부 종교사무 부서와 민정 부서 등은 법에 따라 처리하고, 기타 법률과 법규를 위반한 경우 법에 따라 그 법률 책임을 추궁한다.

제6장 부칙

제39조 본 방법은 국가종교사무 부서가 해석을 책임진다.

제40조 본 방법에서 미진한 사항은 국가 관련 규정에 따라 집행한다.

제41조 본 방법은 2020년 2월 1일부터 실시한다.

찾아보기

636

셰허의원   224

소군교회   126, 127, 252, 254~256

송나라   8, 73, 430

숙종(당나라)   45, 46

순치제(청, 세조)   400

쉔더탕   338, 344~350, 352~355

쉬바울   456, 457

쉬자후이가톨릭성당   228, 260

스구가톨릭성당   300

스다카이   276

스윙폭동   615

스코틀랜드   458, 459, 556, 557,
560~562, 588~600, 603~605,
624~628, 641~643

〈스코틀랜드 신앙고백서〉   604

《스트라스부르 시편가》   599

시리기스   482

시모노세키조약   530, 683

《시사신론》   243

시안   22~27, 30~32, 36~39,
55~69, 114, 302

시온교회   133~137

시타교회   574, 577

시황제(진나라)   59

신강문자   522

신교(프로테스탄트)   92, 361, 364,

520, 601, 607, 679, 689

신모설   35

《신보》   238

신성모임   608, 610

신세기선교운동   537

신약(신약성경)   42, 44, 50, 87,
150, 152, 160, 192, 194, 236, 331,
496, 521, 560~562, 668, 675, 678,
684, 685

신유박해   158, 675

《신유조서》   160

신자배가운동   537

《신중국지도총람》   401, 403, 445,
447

《신천성서》   160

신축조약   193

신해혁명   115, 117, 250, 280, 283,
301, 418, 685

실크로드   36~38, 47, 66, 82, 141

심관   102, 232, 397, 671

《십삼경》   237

십삼행   174, 176, 177

쑤저우   292, 309, 358~389

쑨시페이   432

쑨원   174, 175, 249~252, 280~286,
418, 683, 685, 687

쑨원칭   576, 578